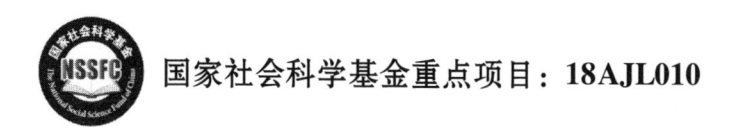

国家社会科学基金重点项目：18AJL010

区域协调发展战略引领中国城市群新型城镇格局优化研究

曾鹏 唐婷婷 胡月 著

中国财经出版传媒集团
经济科学出版社
Economic Science Press

图书在版编目（CIP）数据

区域协调发展战略引领中国城市群新型城镇格局优化研究/
曾鹏，唐婷婷，胡月著．—北京：经济科学出版社，2020.11
ISBN 978 - 7 - 5218 - 2115 - 4

Ⅰ.①区… Ⅱ.①曾…②唐…③胡… Ⅲ.①区域经济发展 -
协调发展 - 研究 - 中国 Ⅳ.①F127

中国版本图书馆 CIP 数据核字（2020）第 234947 号

责任编辑：李晓杰
责任校对：蒋子明
责任印制：李　鹏　范　艳

区域协调发展战略引领中国城市群新型城镇格局优化研究
曾　鹏　唐婷婷　胡　月　著
经济科学出版社出版、发行　新华书店经销
社址：北京市海淀区阜成路甲 28 号　邮编：100142
总编部电话：010 - 88191217　发行部电话：010 - 88191522
网址：www.esp.com.cn
电子邮箱：esp@esp.com.cn
天猫网店：经济科学出版社旗舰店
网址：http://jjkxcbs.tmall.com
北京季蜂印刷有限公司印装
787 × 1092　16 开　33 印张　820000 字
2021 年 9 月第 1 版　2021 年 9 月第 1 次印刷
ISBN 978 - 7 - 5218 - 2115 - 4　定价：118.00 元
(图书出现印装问题，本社负责调换。电话：010 - 88191510)
(版权所有　侵权必究　打击盗版　举报热线：010 - 88191661
QQ：2242791300　营销中心电话：010 - 88191537
电子邮箱：dbts@esp.com.cn)

本成果出版获得广西与东南亚民族研究人才小高地、民族学一流学科、中国南方与东南亚民族研究基地支持

作者简介

曾鹏，男，1981年7月生，汉族，广西桂林人，中共党员，哈尔滨工业大学管理学博士，中国社会科学院研究生院经济学博士（第二博士），中央财经大学经济学博士后，经济学二级教授，现任广西民族大学研究生院院长，重庆大学、广西民族大学博士生导师，国家社会科学基金重大项目首席专家、教育部哲学社会科学研究重大项目首席专家、"广西五一劳动奖章""广西青年五四奖章"获得者。入选国家民委"民族问题研究优秀中青年专家"，国家旅游局"旅游业青年专家"，民政部"行政区划调整论证专家"和"全国基层政权建设和社区治理专家"，广西区党委、政府"八桂青年学者"，广西区政府"广西'十百千'人才工程第二层次人选"，广西区党委宣传部"广西文化名家暨'四个一批'人才"，广西教育厅"广西高等学校高水平创新团队及卓越学者"，广西区教育工委、广西教育厅"广西高校思想政治教育杰出人才支持计划"卓越人才，广西知识产权局"广西知识产权（专利）领军人才"等专家人才称号。

曾鹏教授主要从事城市群与区域经济可持续发展方面的教学与科研工作，主持国家社会科学基金项目5项（含重大项目1项、重点项目1项、一般项目1项、西部项目2项）、教育部哲学社会科学研究后期资助重大项目1项、中国博士后科学基金项目1项、省部级项目20项。出版《珠江—西江经济带城市发展研究（2010—2015）（10卷本）》《中国—东盟自由贸易区带动下的西部民族地区城镇化布局研究——基于广西和云南的比较》《中西部地区城市群培育与人口就近城镇化研究》《西南民族地区高速公路与特色旅游小城镇协同研究（中、英、日、朝鲜四种语言版本）》等著作8部（套）；在《科研管理》《自然辩证法研究》《社会科学》《国际贸易问题》《农业经济问题》等中文核心期刊、CSSCI源期刊、EI源期刊上发表论文103篇，在省级期刊上发表论文25篇，在省部级报纸理论版上发表论文34篇，在CSSCI源辑刊、国际年会和论文集上发表论文26篇。论文中有9篇被EI检索，有4篇被ISTP/ISSHP

检索，有88篇被CSSCI检索，有3篇被《人大复印资料》《社会科学文摘》全文转载。学术成果获省部级优秀成果奖26项，其中国家民委社会科学优秀成果奖二等奖1项、三等奖1项；广西社会科学优秀成果奖一等奖1项、二等奖4项、三等奖7项；商务部商务发展研究成果奖三等奖1项、优秀奖1项；团中央全国基层团建创新理论成果奖二等奖1项；民政部民政政策理论研究一等奖1项、二等奖4项、三等奖3项、优秀奖1项。

唐婷婷，女，1997年8月生，侗族，广西桂林人，中共预备党员。桂林理工大学理学院统计学硕士，主要从事应用统计方面的研究。参与的国家自然科学基金项目1项；在省级期刊上发表论文1篇。

胡月，女，1994年10月生，汉族，安徽合肥人，中共预备党员。阜阳师范大学经济学学士、桂林理工大学管理学在读硕士。主要从事城市群与区域经济协调发展方向的科研工作。

序 一

中国社会科学院学部委员、中国社会科学院大学首席教授、
博士研究生导师 程恩富教授

改革开放以来，中国在区域发展总体战略的指引下，其区域发展的空间布局逐步得到优化，区域良性互动的格局也加速形成，但在经济发展新常态、内外发展环境不断发生变化的背景下，区域经济协调发展也遇到很多机遇和挑战。在"九五"时期，中国开始实施区域协调发展战略，这是中国经济发展进入一个新时期的标志。党的十九大报告更是明确从促进区域发展层面提出中国东部、中部、西部及东北四大区域的定位和发展方向。党的十九届四中全会再次明确要构建区域协调发展新机制，形成主体功能明显、优势互补、高质量发展的区域经济布局。区域协调发展战略作为新时代下党中央对我国区域经济发展的目标要求，是我国区域发展战略演进与政策变迁的必然结果，对未来我国经济发展方式实现战略性转型至关重要。

城市群这一紧密联系的空间结构是通过区域内城市遵循客观发展规律而形成的，是新时代下国家新型城镇化发展的主要空间形式。中国城市群的发展面临着人口城镇化与工业化、土地城镇化失衡，人口过于集中在超大城市以及由大城市病与中小城市功能性萎缩引发的环境资源承载力不足等方面的问题。在以城市群为主体的区域协调发展战略下，大中城市对周围城市的经济辐射带动作用得以增强，产业升级与转移得以推动，欠发达地区发展速度得以加快，从而使城市群新型城镇格局得到优化。同时，党的十九大报告中明确提出以城市群为主体构建大中小城市和小城镇协调发展的城镇格局，因此，尊重经济发展的客观规律，对城市群进行科学合理的规划，构建城市群整体的协调发展机制，梳理城市间的关系，以便实现对城市群的有效管理成为重点。

2014年3月16日，党中央国务院批准实施的《国家新型城镇化规划（2014~2020年）》提出，中国的城镇化发展主题形态应为城市群，推动大中小城市和小城镇协调发展也应以城市群为主体形态。党的十九大提出要强化推

进西部大开发形成新格局，深化改革加快东北等老工业基地振兴，发挥优势推动中部崛起，创新引领东部优化发展，建立更加有效的以城市群为主体构建的大中小城市和小城镇协调发展的城镇格局，统筹推进西部大开发、东北振兴、中部崛起、东部优化发展四大区域的空间竞争与合作。可以认为，未来中国城市群新型城镇格局应在区域协调发展战略引导下进行，解决中国区域不平衡不充分发展的现实困境，带动中小城市和小城镇发展，促进区域协调发展和城乡差距的缩小。

目前，关于区域协调发展战略引领中国城市群新型城镇格局优化的研究仍然没有一个为大家所认同的理论体系。这也体现了区域协调发展与中国城市群新型城镇格局问题研究的繁杂和难度。一方面，我国四大区域协调影响下的城市群研究包含了我国31个省份的19个城市群，研究区域范围广，涉及国际贸易，影响因素众多，资料获取、数据统计与分析研究都存在很大的阻碍。另一方面，区域协调发展战略引领中国城市群新型城镇格局优化问题研究涉及多个学科，特别是城市经济学、国际贸易学、发展经济学、城市规划学、地理经济学、区域经济学、产业经济学以及社会学、民族学等。

近年来，曾鹏教授等作者一直关注着区域协调发展战略引领中国城市群新型城镇格局优化问题。他们在广泛收集国内外有关区域协调发展、城市群新型城镇格局、区域协调发展与城市群新型城镇格局相互作用等研究文献的基础上，研究区域协调发展战略引领中国城市群新型城镇格局优化，重点探讨了区域协调发展战略和城市群新型城镇格局优化互动模式的作用机制、演化规律、实现路径、区域协调发展战略和城市群新型城镇格局优化互动模式的空间范围界定、综合发展水平评估、三大结构特征（职能结构、等级规模结构、空间布局结构）、人口日常流动网络等内容。曾鹏教授等作者从区域协调发展战略和城市群新型城镇格局之间的关系出发，运用区域经济学理论、空间经济学理论、数量经济学理论构建"区域协调发展战略引领城市群新型城镇格局构建—城市群新型城镇格局构建优化区域协调发展"互动模式，具有较强的系统性和创新性，有利于多元化、多角度地开展区域协调发展战略引领中国城市群新型城镇格局优化问题的研究。同时，弥补了国内外学者研究区域协调发展、城市群问题时，多数以"发展"的评价代替对"协调"的评价，两方面研究相互割裂的不足。

这部著作的问世，体现了学术性、时代性和实践性的统一，反映了曾鹏教授等作者对现实深切关注、对学问孜孜以求的精神风貌。在本书出版之际，我欣然接受他们的请求,乐为此序。治学无止境。望曾鹏教授在既得成果的基础上,继续发扬虚心好学的精神,与时俱进,不断攀登,在治学上达到更高的水平,取得更多、更丰硕的成果。

程恩富

2020 年 7 月

序　二

山东大学经济研究院院长、长江学者特聘教授、博士研究生导师　黄少安教授

区域协调发展战略是新时代下党中央对中国区域经济发展的目标要求，反映出中国经济社会发展的现实状况。习近平总书记在党的十九大报告中指出，"实施区域协调发展战略""建立更加有效的区域协调发展新机制"。这是对我国区域发展的新部署、新要求，是新时代解决"人民日益增长的美好生活需要"和"不平衡不充分的发展"之间矛盾的重要途径，对加快建设现代化经济体系、促进高质量发展、实现"两个一百年"奋斗目标，具有重大战略意义。

《国家新型城镇化规划（2014~2020年）》将中国的城镇化发展主体形态明确为城市群。城市群的发展反映出城镇化对区域经济社会的空间影响作用，城市间、城乡间的协调发展是城市群新型城镇格局优化的关键。城市群的新型城镇格局是地理空间与经济社会发展的有机统一，也是城市间经济联系在空间格局上的分布形态和基本特征。城市群新型城镇格局一方面需要以特大城市为增长极，明确城市群中心，发挥特大城市的辐射带动作用，另一方面也需要数个大中城市形成城市群的次中心以及具备良好发展基础的中小城市、小城镇，从而构建完整的城镇格局。可见，"区域协调发展战略"和"以城市群为主体构建大中小城市和小城镇协调发展的城镇格局"作为党和国家区域发展和城市群发展的重大战略决策，是我国在经济新常态下城市群新型城镇格局优化的重要方向。

目前我国仍存在区域间发展差距较大以及城市群内部在经济分工合作、空间组织管理、生态建设保护等方面的不协调、不均衡、不系统等问题，这与缺乏系统、深入的理论指导有着直接的关系。曾鹏教授等作者正是结合区域协调发展与城市群发展，对我国城市群展开了区域协调发展战略引领城市群新型城镇格局优化的研究，第一次构建起"区域协调发展战略引领城市群新型城镇格局构建—城市群新型城镇格局构建优化区域协调发展"的互动模式及其实现路径，从空间经济学角度，研究区域经济系统，揭示区域经济运动规律，探索区域协调发展战略与中国城市群新型城镇格局的互动机制、演化规律、实现路

径，取得了丰硕的成果。

　　本书观点鲜明，论证严密，既有学术价值，又有实践意义。重点探讨了区域协调发展战略和城市群新型城镇格局优化互动模式的作用机制、演化规律、实现路径、区域协调发展战略和城市群新型城镇格局优化互动模式的空间范围界定、综合发展水平评估、三大结构特征（职能结构、等级规模结构、空间布局结构）、人口日常流动网络等内容，探寻区域协调发展战略和城市群新型城镇格局优化互动模式的具体实现路径。在研究中，通过丰富的理论和实证模型，构建和验证了区域协调发展战略和城市群新型城镇格局优化互动模式的作用机制，提出了切实可行的对策建议，具有很强的现实操作性，如书中所提出的促进区域协调发展战略引领中国城市群新型城镇格局优化要分别由城市群体系优化、个体城市优化与大中小城市和小城镇协调发展三个维度进行展开，对区域协调发展战略和城市群新型城镇格局优化互动模式的实现具有直接的指导意义。

　　面对范围广、内容复杂的论题，这本书中所涉及的研究或许还存在一些值得推敲的地方，有待进一步深化和完善，但总体而言不失为一项较高水平的研究成果。理论来源于实践，反过来指导实践，在实践中发展并接受实践的检验。我相信《区域协调发展战略引领中国城市群新型城镇格局优化研究》对于有效解决中国区域不平衡不充分发展的现实困境，带动中小城市和小城镇发展，进而促进区域协调发展和城乡差距的缩小，具有重要参考价值和理论支持意义。本著作的出版，凝结了曾鹏教授等作者的智慧和汗水，是一件值得庆贺的事情。

2020 年 7 月

序 三

哈尔滨工业大学发展战略研究中心主任、博士研究生导师 于渤教授

习近平总书记在党的十九大报告中,从促进区域协调发展层面提出加强分类指导,统筹推进西部大开发、东北振兴、中部崛起、东部优化发展四大区域的空间竞争与合作和"以城市群为主体构建大中小城市和小城镇协调发展的城镇格局"的未来中国城市群新型城镇格局的模式、路径和重点战略部署。在此背景下,进行区域协调发展战略引领中国城市群新型城镇格局优化的研究,对于各地区经济建设和城镇化发展具有很强的带动示范效应。研究如何实现区域协调发展战略和城市群新型城镇格局优化互动模式,无论学界还是实践工作部门都充满关注与期待。

曾鹏教授等作者撰写的《区域协调发展战略引领中国城市群新型城镇格局优化研究》,在"区域协调发展战略"和"以城市群为主体构建大中小城市和小城镇协调发展的城镇格局"作为党和国家区域发展的重大战略决策的大背景下,论证了区域协调发展战略和城市群新型城镇格局优化互动模式作为经济新常态下我国城市群新型城镇格局优化的重要方向。曾鹏教授等作者以区域协调发展战略引领中国城市群新型城镇格局优化为研究对象,由理论层面对区域协调发展战略和城市群新型城镇格局优化互动模式的作用机理进行理论框架构建,对区域协调发展战略和城市群新型城镇格局优化互动模式的实现关系以及演化过程展开讨论研究,从而为"区域协调发展战略"和"以城市群为主体构建大中小城市和小城镇协调发展的城镇格局"提供关键的理论依据和现实依据。研究成果对于解决中国区域不平衡不充分发展的现实困境,带动中小城市和小城镇发展,进而促进区域协调发展和城乡差距的缩小,具有重要的理论价值和现实意义。

《区域协调发展战略引领中国城市群新型城镇格局优化研究》一书,在理论和实践上拓展了我国区域发展战略与城市群新型城镇格局优化问题的研究视野,综合运用定性分析和定量分析的方法,从静态和动态两个维度构建区域协调发展战略和城市群新型城镇格局优化互动模式的理论框架。通过对区域协调

发展战略和城市群新型城镇格局优化互动模式进行实证检验，得到一个多元数据分析框架模型，动态地模拟出区域协调发展战略和城市群新型城镇格局优化互动模式的作用机理。纵观全书，在研究方法、理论上和应用上都具备一定的创新性。

第一，从文献回顾的角度，寻找当前区域协调发展战略和城市群新型城镇格局优化中普遍存在的东西部差距在城市缩小、农村扩大；省域内中心与外围、城市群或都市圈与周边地区差距较大；城镇空间分布和规模职能结构不合理；体制机制不健全等一系列突出问题产生的背景、原因和发展趋势。

第二，对区域协调发展战略和城市群新型城镇格局优化互动模式展开理论框架分析。曾鹏教授等作者在界定区域协调发展战略和城市群新型城镇格局优化互动模式的内涵基础上，分析其特征和构成维度，阐释区域协调发展战略和城市群新型城镇格局优化互动模式的必要性和可行性，探析区域协调发展战略和城市群新型城镇格局优化互动模式的格局及趋势，总结区域协调发展战略和城市群新型城镇格局优化互动模式演化的一般规律，并构建出区域协调发展战略和城市群新型城镇格局优化互动模式演化过程理论框架图。

第三，对区域协调发展战略和城市群新型城镇格局优化互动模式展开实证分析。通过对中国城市群三大结构（等级规模结构、职能结构、空间分布结构）特征、GIS辐射场能模型、城市流动人口情况展开测度研究，以构建多元分析框架数学模型的方法全方位、多角度地分析区域协调发展战略和城市群新型城镇格局优化互动模式的主要影响因素及发展过程中存在的突出问题。

第四，针对区域协调发展战略和城市群新型城镇格局优化互动模式进行现实分析。从制度顶层设计的角度，通过对国家相关区域协调发展战略与新型城镇格局优化政策的梳理，提出促进区域协调发展战略引领中国城市群新型城镇格局优化的政策建议。从城市体系优化实现路径的角度，分别由建立城市群发展协调机制，促进各类城市协调发展，强化综合交通运输网络支撑三个维度展开分析。从个体城市优化实现路径的角度，分别对强化城市产业支撑、优化城市空间结构和管理格局、提升城市基本公共服务水平、提高城市规划建设水平、加强和创新新城市社会治理五个维度展开分析。在上述基础上，在促进资源高效配置、推动产业高质量发展、中心城市的经济优势三个维度为大中小城市和小城镇协调发展实现路径提供了相关政策建议。

目前我国城市群与城镇化问题的研究尚未形成系统的理论总结，区域协调发展战略引领中国城市群新型城镇格局优化的研究更是一个新课题。曾鹏教授等作者从四大区域协调发展战略出发，对区域协调发展战略引领中国城市群新型城镇格局优化问题展开研究，并形成系统的理论体系。填补了关于区域协调发展战略与中国城市群新型城镇格局作用关系方面的理论空白，进一步丰富了空间经济学、区域经济学等学科研究的理论内涵。通过展开区域协调发展战略和城市群新型城镇格局优化互动模式的实证分析，为政府科学落实区域发展战略，合理进行城市群新型城镇格局优化指导方向提供了理论支撑。研究成果对于解决以城市群为核心的大中小城市和小城镇协调发展、缩短地区间经济发展差距具有十分重要的决策参考价值。

在当前区域经济一体化的大环境中，提出立足现实的研究思路、实施方案和政策建议，定会为有关方面提供有益的借鉴和启示，引起活跃的讨论，促进区域协调发展战略引领城市群新型城镇格局优化的研究。作为最先阅读这本书的读者，我很高兴将这本书推荐给广大读者，同时也对他今后的发展，表示诚挚的祝愿。

2020 年 7 月

目　　录

第一章　绪论 ………………………………………………………………… 1
　　第一节　研究背景与问题提出 ………………………………………… 1
　　第二节　基于文献计量学的研究综述 ………………………………… 6
　　第三节　研究目的与意义 ……………………………………………… 62
　　第四节　研究内容、研究方法和技术路线 …………………………… 64

第二章　区域协调发展战略和城市群新型城镇化格局优化互动的
　　　　　逻辑演进 ………………………………………………………… 68
　　第一节　区域协调发展战略和城市群新型城镇格局优化互动的内涵、特征 …… 68
　　第二节　区域协调发展战略和城市群新型城镇格局优化互动的必要性
　　　　　　和可行性 ……………………………………………………… 73
　　第三节　区域协调发展战略和城市群新型城镇格局优化互动的格局和趋势 …… 75

第三章　区域协调发展战略和城市群新型城镇格局优化互动的理论架构 …… 77
　　第一节　区域协调发展战略和城市群新型城镇格局优化互动的研究框架 ……… 77
　　第二节　区域协调发展战略和城市群新型城镇格局优化互动的作用机理分析 …… 81
　　第三节　区域协调发展战略和城市群新型城镇格局优化互动的演化过程
　　　　　　及动力机制 …………………………………………………… 87

第四章　中国城市群发育格局识别实证研究 …………………………… 94
　　第一节　测定的方法与数据来源 ……………………………………… 94
　　第二节　全国城市群发育范围界定与分析 …………………………… 96
　　第三节　研究发现与讨论 ……………………………………………… 101

第五章　中国城市群大中小城市和小城镇协调发展实证研究 ………… 103
　　第一节　测定方法和数据来源 ………………………………………… 103
　　第二节　城市群协调发展测算 ………………………………………… 104
　　第三节　研究发现与讨论 ……………………………………………… 138

第六章　中国城市群城市体系三大结构实证研究 ……………………… 140
　　第一节　测定方法与数据来源 ………………………………………… 140

第二节　城市群城市体系三大结构特征测算 …………………………… 144
　　第三节　研究发现与讨论 …………………………………………………… 298

第七章　职能结构对中国城市群新型城镇格局优化影响实证研究 ………… 306
　　第一节　测定方法与数据来源 ……………………………………………… 306
　　第二节　城市体系职能结构特征测算 ……………………………………… 308
　　第三节　研究发现与讨论 …………………………………………………… 384

第八章　等级规模对中国城市群新型城镇格局优化影响实证研究 ………… 386
　　第一节　测定方法与数据来源 ……………………………………………… 386
　　第二节　实证模型分析 ……………………………………………………… 389
　　第三节　研究发现与讨论 …………………………………………………… 395

第九章　空间结构对中国城市群新型城镇格局优化影响实证研究 ………… 398
　　第一节　测定方法与数据来源 ……………………………………………… 398
　　第二节　城市体系空间结构要素特征测算 ………………………………… 399
　　第三节　研究发现与讨论 …………………………………………………… 437

第十章　中国城市群人口流动网络实证研究 ………………………………… 439
　　第一节　测定方法与数据来源 ……………………………………………… 439
　　第二节　中国城市群内城市人口流动网络测算 …………………………… 440
　　第三节　研究发现与讨论 …………………………………………………… 452

第十一章　区域协调发展战略和城市群新型城镇格局互动模式实现
　　　　　　路径的研究 ………………………………………………………… 454
　　第一节　区域协调发展战略和城市群新型城镇格局优化互动模式构建的
　　　　　　政策含义 …………………………………………………………… 454
　　第二节　区域协调发展战略推动城市群体系优化 ………………………… 458
　　第三节　区域协调发展战略引导城市群个体城市优化 …………………… 464
　　第四节　区域协调发展战略构建大中小城市和小城镇协调发展 ………… 472

结论 ………………………………………………………………………………… 476
参考文献 …………………………………………………………………………… 479
后记 ………………………………………………………………………………… 510

第一章 绪 论

第一节 研究背景与问题提出

一、研究背景

新中国成立以来,中国区域经济发展经历了一个从区域经济平衡发展到区域经济非均衡发展再到区域协调发展的政策变迁过程。区域经济协调发展是从新中国成立以及改革开放以来经济社会发展实践的一个科学内涵概念,也就是各区域间在经济方面的联系不断加强,即不同区域间达到经济可持续发展的过程。区域经济协调发展,从量的角度来看,是指在一个特定的区域范围内,在经济、社会、生态等多个维度上的全面协调发展,有利于充分发挥各区域间的比较优势,来提高区域整体的发展效率,有利于在经济发展水平方面缩小各区域间的发展差距;从质的角度来看,是指在一个特定的区域内,增强区域内生发展动力,打造要素有序自由流动、主体功能约束有效、基本公共服务均等及资源环境可承载的协调发展,来提高各区域间的经济发展质量。从区域经济协调发展的短期层面来看,缩小地区间经济发展差距是基石,而从长期发展层面来看,经济的高质量发展是区域协调发展更高层次的发展目标。区域经济的协调发展关系着经济长期稳定增长以及区域间、区域内发展差距的收敛。

城市群是区域内城市遵循客观发展规律而形成的联系紧密的空间结构,是新时代下国家新型城镇化发展的主要空间形式。从空间政策角度来看,以城市群为主体的区域协调发展战略可以通过提高大中城市对周围城市的经济辐射带动作用,推动产业升级与转移,加快欠发达地区的高速发展,从而促进城市群新型城镇格局的优化。从学术空间角度来看,城市群的形成与发展是市场发展的客观规律,可以通过区域要素的流动与集聚趋势展开城市群的识别工作。

《国家新型城镇化规划(2014~2020年)》将中国的城镇化发展主体形态明确为城市群。城市群的发展反映出城镇化对区域经济社会的空间影响作用,城市间、城乡间的协调发展是城市群新型城镇格局优化的关键。城市群的新型城镇格局是地理空间与经济社会发展的有机统一,也是城市间经济联系在空间格局上的分布形态与基本特征。城市群新型城镇格局一方面需要以特大城市为增长极明确城市群中心,发挥特大城市的辐射带动作用;另一方面也需要数个大中城市形成城市群的次中心以及具备良好发展基础的中小城市、小城镇从而构建完整的城镇格局。

区域协调发展战略是新时代下党中央对中国区域经济发展的目标要求，反映出中国经济社会发展的现实状况，是中国区域发展战略演进与政策变迁的必然结果。中国区域协调发展可分为三个阶段：第一阶段是1979年前的均衡发展战略，这时中国还处于一个经济基础薄弱和区域经济发展不平衡的阶段。为了能够缩小沿海和内地之间经济发展差距，从"一五"开始，产业发展与规划布局促使各地区形成均衡发展的格局；在"二五"时期，国家大型项目、重工业发展布局呈现向内陆地区转移的趋势，以大庆油田、江汉油田、贵昆铁路为主要代表的重点工程项目均是在该时期建成的；在"三五"时期，"三线"建设达到了高潮期，重点发展国内重工业产业。在"四五"时期，仍然把加强"三线"建设，作为重要目标；在改革开放前，计划经济导向下中国区域经济以均衡发展为目标，通过产业布局上的均衡发展实现了各地区发展差距的缩小，在这一阶段区域协调发展的基本思路也逐渐成熟。第二阶段是1979～1995年的非均衡发展战略，1978年改革开放后，通过利用沿海地区工业基础和区位优势，在提高沿海地区经济增长率的同时，也导致了区域间发展差距的扩大、区域间的利益冲突激增以及地方保护主义等问题的出现，这给中国区域经济的发展带来巨大的影响。从"六五"时期到"七五"时期过渡的阶段，区域协调发展的思想被提出，进而"七五"时期在处理东部沿海、中部、西部之间的关系时，区域协调发展的思想得到了充分的体现；在"八五"时期，根据"统筹规划、合理分工、优势互补、协调发展、利益兼顾、共同富裕"的原则对国家整体协调发展进行了规划。第三阶段是1995年以来区域协调发展战略。在"九五"时期，中国开始实施区域协调发展战略，这是中国经济发展进入一个新时期的标志。"十五"计划中的西部大开发战略，有效地促进了西部地区发展，推动区域协调发展。目前中国区域协调发展还存在着较多的问题，区域之间的发展还存在着较大的差距。根据国家统计局数据，从人均GDP来看，2017年东部地区的人均GDP为55317元，东北、中部、西部地区的人均GDP分别为39866元、33950元、32429元，分别相当于东部地区的72%、61%、59%。有些地区间的发展差距更为明显，如2017年北京市人均GDP为128994元，而贵州市人均GDP为37956元，前者是后者的3.4倍。各地区间的基础设施、教育、科学技术的差距较为明显，如北京市的教育、社会保障、科学技术在2017年的人均财政投入为9408元，而贵州省仅为4157元，不足北京的50%。全国主体功能区的建设仍处在初步阶段，相关技术规范和标准仍未构建合理，在相关程序的执行上还缺乏明确的制度，生产力和人口布局以及环境生态承载能力较不协调。中国区域协调发展存在产业梯度退役受阻、制度障碍、法律体系不完善等问题。中国区域发展向城市倾斜的政策、国有企业改革也是促使中国地区差距加剧的重要原因，外资水平对区域协调发展水平的综合效率具有较为积极的影响，但能源消耗、产业结构、人力资本存量和技术水平对其有负面影响。

国家"十三五"规划指出要不断开拓区域经济发展新格局，以创新理念为核心，通过科技、理论、制度等全方位、系统化创新来实现区域发展动力的转换升级。党的十九大报告中提出从促进区域协调发展层面要加强分类指导，统筹推进西部大开发、东北振兴、中部崛起、东部优先发展四大区域的空间竞争与合作和"以城市群为主体构建大中小城市和小城镇协调发展的城镇格局"的未来中国城市群新型城镇格局的模式、路径和重点战略部署，这是区域发展和城镇化发展都到了一定阶段的必然选择。

中国地理学家胡焕庸在1935年提出"胡焕庸线",东部地区以占全国约36%的国土面积承载了约96%的人口,西部地区以占全国约64%的国土面积仅承载了约4%的人口,还存在经济总量、城镇化水平、交通路网建设、教育资源等方面的巨大差距。党的十九大报告中指出"实施区域协调发展战略",积极发挥中西部特色优势,注重培育中西部城市群,促进集约化发展,从而推动中西部地区与东部地区一体化发展、齐头并进,让"胡焕庸线"两侧的民众共享发展成果,进一步增强区域协调发展的协同性和整体性。

东部地区的经济总量大、经济发展水平较高,国家的重大基础投资、产业布局重心倾向于东部沿海地区,但其内部的发展也存在较多问题。长三角城市群在发展过程中存在"内源式"和"外延式"两种扩展现象,上海核心城市地位和辐射带动作用日益巩固,城市群的综合经济实力强,但其也存在行政级别划分意识严重,行政区划和经济区域边界较不一致,区域规划体系不清、规划范围变动过大、网络化发展不足,其产业结构同构性较为严重,城市群的建设缺乏协调规划,生态系统功能退化、环境质量区域恶化。京津冀城市群保持着单核心的空间结构,在中心城市周围较为容易产生"集聚阴影",城市物流发展水平两极差异较大,区域内缺乏合理的城市梯度层级,网络中缺乏桥梁城市,中心城市不能很好地对周围城市产生辐射带动作用,反而会促使各类要素资源流向中心城市,进而产生负面影响。珠江三角洲城市群的地势北高南低,内部多为平原和河谷,外部多为山地丘陵,形成了一个相对闭合的空间格局,其空间结构在"点—线—面—域"四个层面均呈现明显单极化的态势,广州市为核心城市,区域网络结构呈现"缺位型金字塔形结构",可以通过优化区域空间结构和发展环境,来增强各城市竞争力,再通过加强产业发展协调、功能分工进一步提升区域的城市功能和综合竞争力。辽中南城市群在东北老工业基地振兴中充分发挥了其区位优势,该城市群由辽宁中部和辽宁南部城市群构成,其中大城市较多,而中小城市则相对发展较弱,城市群内发展较不平衡,不利于整体区域协调发展,其内部正在形成"两核—两轴、多圈层分布"的空间发展形态,以沈阳市和大连市为两核,以沈大交通轴、南部沿海轴为两轴,依托"两核—两轴"发展起来的多圈层在沈阳经济区和沿海经济带建设的辐射带动下,促进区域内经济社会的蓬勃发展。长江中游城市群资源集聚能力的空间相关性较弱,空间溢出效应较小,受城市间地理距离影响较大,其内部产业转型升级整体上呈较为缓慢的变化趋势,第二产业仍是其主要发展方向,可以通过加强核心城市联系、促进区域合作、培育区域中心城市、打破行政壁垒,促进省际毗邻城市组团的发展,从而加快城市群一体化的进程。成渝城市群在空间上呈现整体增长与局部收缩并存的状况,其收缩的主要原因是经济发展水平不高、人口自然增长率与老龄化程度高共同作用的结果,可以通过引导规划城市的空间布局,集约高效地利用城市的土地资源,避免出现人口流失和空间扩张的悖论,进一步提升城市生产、生活和生态品质,推动城市转型,从而提高城市的宜居性和城镇化的发展质量。关中平原城市群内城市的总体规模偏小,等级结构存在断层的现象,其内部城市间的经济联系较弱,未能形成网络化的发展格局,城市间的职能分工较不明确,产业同构性的问题明显,可以通过提升城市规模结构,增强中心城市集聚辐射功能,做强重要节点城市,推动大中小城市和小城镇的协调发展,着力构建网络化城镇布局形态,强化城市的职能分工,进而推进横向错位发展和纵向分工合作。

中国的东部、东北、中部和西部地区的发展形成了马太效应,也就是强者越来越强、弱者越来越弱，反映在区域发展现状上就是东部地区的经济发展快、优势强、对各类要素资源的吸引力大，东北、中部和西部地区的经济发展要明显滞后，优势也不足，吸引力减弱，各区域的经济发展较不均衡。

在东北地区老工业基地战略、国家西部大开发和中部崛起战略的推动下，快速推动国外与东部沿海发达地区的产业转移，促使东北、中部和西部地区的交通基础设施和投资环境得到明显改善，产业的承接能力也有所增强。国务院还采取了一系列区域规划，通过大力培育城市群推进东北、中部和西部城市群的一体化进程。在《国家新型城镇化规划（2014～2020）》中提出，要有序地推进农业转移人口市民化，推动大中小城市和小城镇的协调发展要以城市群为主体形态。东部地区的长江三角洲城市群、珠江三角洲城市群和京津冀城市群位列重点建设的3大世界级城市群，东北、中部和西部地区的长江中游城市群、哈长城市群、成渝城市群、中原城市群、北部湾城市群、关中平原城市群、呼包鄂榆城市群、兰西城市群位列重点建设的6大国家级城市群，海峡西岸、山东半岛和呼包鄂榆城市群属于稳步建设的10大区域性城市群。在中国城市化和工业化进程中，城市群在人口和经济集聚方面的吸引力不断增强，城市群也成为中国城镇化发展过程中最有活力和潜力的核心地区，把握着中国经济发展的命脉。党的十八大以来，全面推进各地区的均衡发展，着力发展京津冀一体化格局，长江经济带建设和"一带一路"倡议构想的实施，以高质量的协调发展为重点，加大解决区域发展不均衡的力度，以便能够实现中国各个地区经济社会多极化的发展，实现东部、东北、中部和西部地区的全面发展。国家发展改革委员会发布的《长江中游城市群发展规划》将长江中游城市群的发展定位为中国经济新的增长极、中西部新型城镇化先行区、内陆开放合作示范区以及"两型"社会建设引领区。党的十九大提出要强化举措推进西部大开发形成新格局，深化改革加快东北等老工业基地振兴，发挥优势推动中部崛起，创新引领东部优化发展，建立以城市群为主体的大中小城市和小城镇协调发展的城镇格局，这是区域发展和城镇化发展到一定阶段的必然选择。

二、问题提出

长期以来，中国在区域发展总体战略的指引下，其区域发展的空间布局逐步得到优化，区域良性互动的格局也加速形成。但在经济发展新常态、内外发展环境不断发生变化的背景下，区域经济协调发展也遇到很多机遇和挑战，区域间发展差距较大，东部地区的转型压力增加，东北、中部和西部地区发展相对落后，资源型产业的比重仍较高，局部区域无序开发的问题仍较为突出。中国城市群在发展的过程中，其内部城市群在经济分工合作、空间组织管理、生态建设保护等方面的不协调、不均衡、不系统的问题，促使城市群内部呈现不经济、空间不均衡等发展问题。中国城市群的数量较多，但大部分城市群的经济发展规模不足，其内部各城市间的协调机制缺乏，很难形成一个有机系统性的整体。城市群在发展的过程中缺少一个完整的全局性规划方案，城市内逐渐出现产业趋同、过度竞争、合作不足等问题，争夺"入群"资格的现象普遍，在一定程度上阻碍了城市群的健康发展。中国大部分城市群经济的快速发展主要依赖于资源消耗性产业，缺乏对生态环境保护思想。"城市群病"的现象较为明显，其内在原因是政府对城市群规划战略主导过多，往往会忽视城市的客观发展规律，把城市群的扩大看作一种政绩，导致城市群盲目扩张，各城市产业结构趋同化发展，进而导致竞争的加剧与合作的不足。城市群内部首位城市的经济辐射作用较差，会促使其内城市间的经济发展差距拉大。东部沿海地区的人口流动表现为多中心的集聚，中西部地区是单中心的集聚，大量的农业人口趋向大城市转移，从而会导致"大城市病"日益严重。部分地区逐渐开始推行"重点发展小城镇"的城镇化模式。小城镇在土地使用方面存在布局不合理现象，同时还缺乏产业的支持，因而很难获得效益。随着小城镇的发展，不仅会面临人口城镇化，同时会带来"失业"和"失地"的双重困境。城镇化的本质是通过生产方式和生活空间的转变，既要使产出和人均收入持续增长，又要集约节约资源、保护生态环境。中国城镇化的发展面临人口城镇化与工业化、土地城镇化的失衡，人口集中在超大城市，大城市病与中小城市功能性的萎缩会促使环境资源承载力不足以及城市发展缺少特色。各城市发展要注重土地城镇化、人口城镇化、经济城镇化和社会城镇化的协调发展，通过产业转移承接及集聚要素创新、提升交通便捷度、充分利用农产品和能源以及加强生态文明的建设。在区域协调发展的过程中，政府要尊重经济发展的客观规律，对城市群进行科学合理的规划，同时也要构建城市群整体系统全局的协调发展体制机制，梳理城市间的关系，以便实现对城市群的有效管理。

党的十九大报告在促进区域协调发展层面提出加强分类指导，统筹推进西部大开发、东北振兴、中部崛起、东部优化发展四大区域的空间竞争与合作和"以城市群为主体构建大中小城市和小城镇协调发展的城镇格局"的未来中国城市群新型城镇格局的模式、路径和重点战略部署，这是区域发展和城镇化发展都到了一定阶段的必然选择。通过构建"区域协调发展战略引领城市群新型城镇格局构建—城市群新型城镇格局构建优化区域协调发展"互动模式并进行系统政策设计，拓宽发展空间、增强发展后劲，构建协调机制补短板、强弱项为抓手，在规划和建设上高效推进西部大开发、东北振兴、中部崛起、东部优化发展，有效解决中国区域不平衡不充分发展的现实困境，带动中小城市和小城镇发展，进而促进区域协调发展和城乡差距的缩小。

因此，本书以区域协调发展战略引领中国城市群新型城镇格局优化为研究对象，首先从文献梳理的理论角度对当前区域协调发展战略和城市群新型城镇格局优化中普遍存在的东西差距城市缩小和城市扩大、省域内中心与外围、城市群或都市圈与周边地区差距较大、城镇空间分布和规模职能结构不合理、体制机制不健全等一系列突出问题产生的背景、原因和发展趋势展开研究讨论。由理论层面对区域协调发展战略和城市群新型城镇格局优化互动的作用机理进行理论框架构建，对区域协调发展战略和城市群新型城镇格局优化互动模式以及演化过程展开研究讨论。再从理论结合实际角度出发，选取西部、东北、中部、东部四大区域中具有典型性和代表性的川渝、辽中南、长江中游、长三角、珠三角、京津冀等城市群进行调查，结合其内在基础和外部挑战，研判区域协调发展和城市群新型城镇格局优化存在突出问题的现实背景、原因和未来走向。通过提出区域协调发展战略引领城市群新型城镇格局优化是破解中国不平衡不充分发展关键的理论与现实依据，并结合区域协调发展战略和城市群新型城镇格局优化过程中呈现的独有特征，研判"区域协调发展战略引领城市群新型城镇格局构建—城市群新型城镇格局构建优化区域协调发展"互动模式的政策走向以及后续影响。通过实证研究的方法对中国城市群发育格局识别、大中小城市和中小城镇协调发展、中国城市群结构特征（等级规模结构、职能结构、空间布局结构)、城市人口流动对城市群新型城镇格局优化格局影响展开研究,为区域协调发展战略和城市群新型城镇格局优化互动模式提供理论依据和现实依据。

第二节　基于文献计量学的研究综述

文献综述简称综述,是研究者对所研究领域的已有相关资料做出综合性阐述的一种文献研究方法,通过对大量相关资料进行整理和提炼出该课题领域最新的发展状况及学术方向。然而随着学术研究不断发展,传统的文献综述方法越来越无法满足日益庞大的文献数量,因为学术研究的文献数量不断增多,大量的时间会浪费在文献权威性低或与所研究领域不相关的文献上,从而降低了学术研究的效率。所以,可以通过将所研究的文献量化来进行分析,进而高效率地提取出权威文献、热点领域和权威期刊等,文献计量学的应用也逐渐变成文献研究的一种热门方法。

文献计量分析涉及文献学、数学、统计学等多个学科,是较为注重量化的综合性知识体系,也是一个对所有知识载体通过统计学、数学等方法进行定量分析的交叉学科。其计量的主要对象是以各种出版物为代表的文献数量、以个人、集体或团队为代表的作者数量、以各种文献标识为代表的词汇数量,这些的共同特征均在于对"量"的输出。从20世纪70年代后期,中国在文献计量学方面才逐渐传播与兴起,刘植惠研究员通过《文献计量学的研究对象和应用》等系列文章有效推动了中国的文献计量学的发展,在研究、教育及实际应用等方面均有着较为深刻的影响,并且还在不断取得新的进展,因而也成为图书馆科学评价领域一个非常重要的分支学科。

根据上面的分析,本书将采取文献计量学的研究方法对"区域协调发展与城市群新型城镇格局"进行研究综述,通过使用陈超美教授开发的 Citespace 软件对引文进行分析。Citespace 软件被用来分析所研究领域的知识拐点、演进路径、知识结构和前沿新趋势。该软件的使用者可以将某一个知识领域进行瞬时"抓拍",通过动态、历时和多元化信息的可视化技术将这些顺时抓拍的照片链接起来,从而形成色彩带代表引文年代和通过时间线来显现聚类的动态知识图谱。本书对"区域协调发展与城市群新型城镇格局"的文献分析主要通过对区域协调发展的研究、对城市群新型城镇格局的研究以及二者互动模式的研究三个方面进行分析。

通过参考其他 Citespace 文献计量的文献,本书将每个方面文献计量的大致步骤确定为:

第一步,选择数据来源并构建检索式。逻辑表达式、截词检索表达式及位置检索表达式是检索表达式的主要形式,逻辑表达式是最为常用的形式。逻辑表达式通过利用布尔逻辑算符对检索词的关系进行表达,也称布尔逻辑表达式,布尔逻辑是目前计算机检索最简单、最基本的匹配模式,也是计算机检索领域广泛采用的逻辑表达方式,布尔算符有"逻辑与"("AND")、"逻辑或"("OR")、"逻辑非"("NOT")等。

第二步,对相应领域进行文献研究。其中包括对所研究领域发文量的分析,对所研究领域国家的分析,对所研究领域文献所属核心期刊的分析,对所研究领域研究团队(包括作者团队及机构团队)的分析以及对所研究领域重要文献的分析。

第三步,对所研究领域热点与前沿进行分析,其中对于所研究领域热点的分析可以通过高频被引文献以及高频关键词实现，一方面在一段时期内被引的次数能够很好地反映出该文献在相关领域内的重要性和影响力，被引次数越高，说明文献在该领域内占据的位置越重要或得出过重要结论；另一方面，关键词能够准确地反映出文章的新内容和落脚点，能够对文章的关键所在进行精准描述，所以在研究领域中高频的关键词通常被认为最新研究热点。此外，对于所研究领域前沿的确定，需要通过膨胀词探测算法提取变化率高的关键词来实现。

第四步，得出结论，为研究选取相关文献，为判断研究前沿热点等问题提供指导。

一、关于区域协调发展的文献计量

基于中国的现实发展过程，区域协调发展理论对区域经济的运行机理进行了深度的剖析。在政策导向方面，根据中国各区域的发展状况，通过对四大经济区域发展进行战略定位，也就是东部领跑、东北转型、中部强化、西部开发，加大对中西部地区发展的支持力度尤为重要。其中主体功能区的建设并不能很好地解决区域协调发展问题，特别是地区间差距的扩大，它在一定程度上还会进一步加剧空间的不均衡，所以在推进主体功能区建设基础上，要科学合理地划分关键区域，积极推进基本服务均等化，从而促进人口与产业分布的适度空间均衡。通过加快创新驱动来促进区域协调发展，充分发挥中心城市的科技创新辐射带动能力，加大对中西部和偏远地区在科技资源配置、资金投入、人才培养等方面的支持力度。通过对新技术的开发和应用，能够提高劳动生产率，加快落后地区的产业结构升级。再通过完善区域的互动机制和完善生态补偿的长效机制来促进区域的协调发展。中国应建立健全区域协调管理制度、深化财税体制改革、探索形成区域互利机制等制度来促进区域协调发展，也要加大对西部落后地区、粮食主产区以及生态功能区的扶持力度和完善区域管理架构。

（一）研究数据及发文量的初步分析

英文数据以 WOS（Web of Science）为来源，由于通过所有数据库进行文献收集会存在字段缺失的现象，因此通过核心数据库（Web of Science Core Collection）进行文献收集。构建检索式为：主题＝Regional coordinated development，或主题＝Regional coordination；语种为英语；文献类型：期刊；时间跨度：1989 年 1 月～2019 年 12 月，检索时间为 2019 年 12 月 31 日，对检索出的文献进行筛选，删除与之不相关的文献，得到 634 条检索信息并导出相关文献信息，将文献数据导入 Citespace 中对数据进行初步检验，发现字段缺失数据有 5 条，最终进行知识产权链条领域文献计量分析所用有效数据为 629 条。

中文数据以中国知网为来源，构建检索式为：主题＝"区域协调发展和城市群"或主题＝"区域协调和城市群"。时间限定为：1989 年 1 月～2019 年 12 月，检索时间为 2019 年 12 月 31 日；对检索出的文献进行筛选，将不相关的文献剔除后，得到有效文献数量为 1332 篇，将文献数据导入 Citespace 中对数据进行初步检验，软件运行结果良好，没有数据丢失，最终进行知识产权链条领域文献计量分析所用有效的中国知网文献数据有 1332 条。

将上述区域协调发展文献的数据再次导出，按照发文年份以及发文数量将对应信息提取出来并放入 Excel 中进行分析，可以得到 1989 年 1 月～2019 年 12 月区域协调发展领域外文文献与中文文献的发文数量趋势比较，如图 1-1 所示。

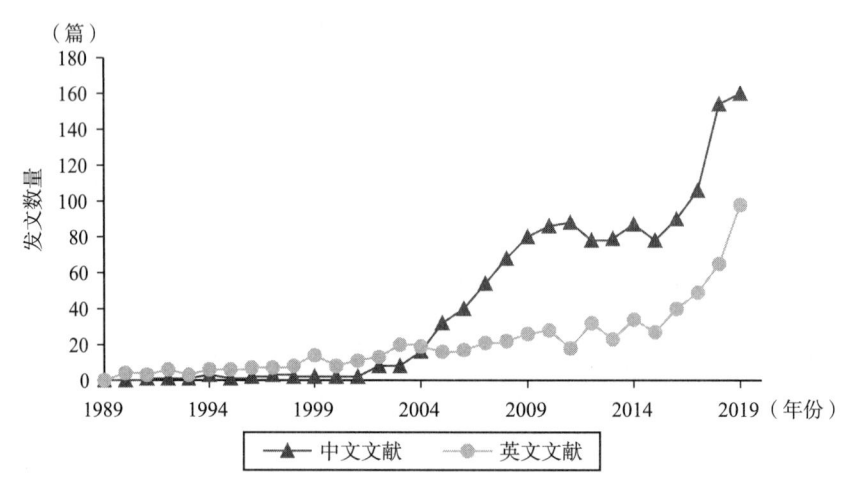

图 1-1 中英文区域协调发展领域研究文献分布

通过图 1-1 可以看出，中英文关于区域协调发展的发文量从 2008 年开始出现较大差异。1989～2004 年，关于区域协调发展各年度研究的中文发文量均低于英文，说明在这一时期，中国对于区域协调发展领域的研究还处于起步阶段，并且发展较为缓慢，需要与国际相关方面接轨。2004～2019 年，关于区域协调发展各年度研究的英文发文量均低于中文，说明在这一时期，中国对于区域协调发展领域的研究逐渐步入正轨。1989～2004 年，关于区域协调发展研究中英文发文量的增长趋势大致相同，均呈现较为缓慢的增长趋势，其中，中文文献发文量的增长较为稳定，英文文献发文量的增长呈现波动状态。2008～2019 年，关于区域协调发展中英文发文量的增长趋势开始出现明显差异，中英文文献发文量呈现迅速增长的趋势，其中，中文文献发文量的增长速度更快。

（二）区域协调发展研究的国家分析

在对所研究领域进行文献计量的过程中，可以对文献进行国家分析，以便学者能够更好地掌握该研究领域在国际上较为权威的国家。一个国家在某科研领域的发文量以及与其他国家合作的密切程度，反映出该国家在该领域的国际影响力。通过对国家共现网络可视化研究和对各国在某科研领域国家共现网络各节点中心性的分析，得出该研究领域的国家共现网络的关键节点，进而分析出具有较大影响力的国家，能够为学者在该领域的研究提供一定的指导，从而帮助学者能够正确地认识自己所在的国家在该研究领域的国际地位，也为今后的发展提供了很好的方向。

将英文数据库文献数据导入 Citespace 中，节点类型设置为国家，首选标准 N 设置为 60，其余设置均选用默认值，再将 Citespace 软件所整理的数据导入 Excel 中，提取"国家"和"发文量"两个字段下的数据，得到不同国家在区域协调发展研究领域发文量排名，如图 1-2 所示。发文量排名前十的国家除了中国之外，其余九个国家均为发达国家。区域协调发展研究领域发文量排名前三的国家分别为中国、美国、英国，其中，发文量排名第一的是中国，发文数量为 279 篇，约占发文总量的 43.12%；发文量排名第二的是美国，发文数量为 172 篇，约占发文总量的 26.58%；发文量排名第三的是英国，发文数量为 35 篇，约占发文总量的 5.41%。

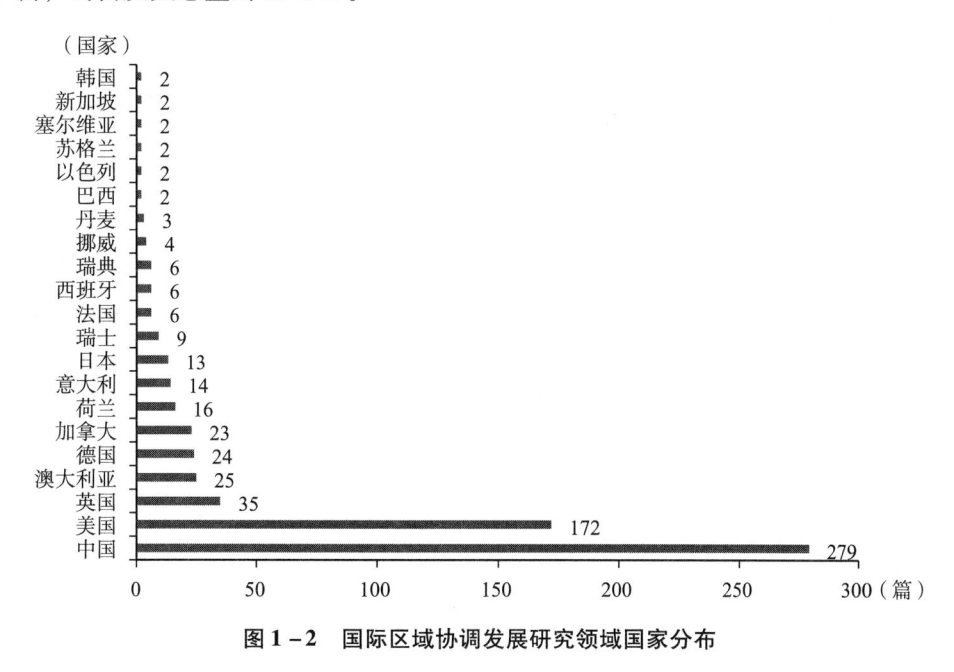

```
(国家)
韩国      2
新加坡    2
塞尔维亚  2
苏格兰    2
以色列    2
巴西      2
丹麦      3
挪威      4
瑞典      6
西班牙    6
法国      6
瑞士      9
日本      13
意大利    14
荷兰      16
加拿大    23
德国      24
澳大利亚  25
英国      35
美国      172
中国      279
         0    50   100  150  200  250  300 (篇)
```

图 1-2　国际区域协调发展研究领域国家分布

通过把将 Web of Science 数据库文献数据导入 Citespace 软件中，节点类型设置为国家，首选标准 N 设置为 60，其余设置均选用默认值，进行可视化分析，得到区域协调发展研究国家知识图谱，如图 1-3 所示。

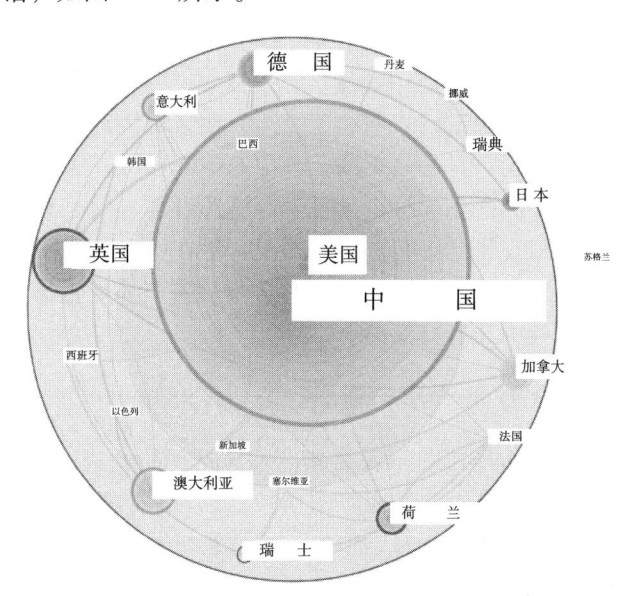

图 1-3　区域协调发展的国家共现可视化分析结果

由图 1-3 可知，区域协调发展领域的研究国家中，中国居于核心地位，与大部分国家的合作比较紧密，说明中国在区域协调发展领域的研究地位较高，仅次于中国的国家是美国，美国与英国、德国、澳大利亚、加拿大等国家也均有合作。

在 Citespace 软件的分析结果中，中心性的数值大小代表该节点关键性的大小，因而通过对各个国家发文量中心性的分析，得出各个国家所在节点的关键性，进而表明该国家与其他国家合作的紧密性，及在区域协调发展领域的国际研究中所处的地位。通常认为中心度大于 0.1 的节点，可以被看作关键节点，本书中心度大于 0 的国家如表 1-1 所示。

表 1-1　　　　　　　　区域协调发展领域国家发文中心度排名

发文量（篇）	国家	首次发文年份	中心度
172	美国	1991	0.56
25	澳大利亚	2003	0.37
14	意大利	2005	0.30
16	荷兰	2007	0.27
35	英国	2002	0.26
279	中国	2004	0.14
9	瑞士	1998	0.11
24	德国	2001	0.07
6	法国	2007	0.07
23	加拿大	2002	0.04
6	瑞典	2014	0.02
4	挪威	2008	0.01

由表 1-1 可以看出，只有 12 个国家的中心度大于 0，剩余国家的中心度均小于 0，说明只有美国、澳大利亚、意大利等 12 个国家与其他国家在区域协调领域有一定的合作，中心度排名前五的国家均为发达国家，说明发达国家在区域协调发展领域研究的国际地位比较高，与其他国家合作更为紧密。中心度大于 0.1 的国家为美国、澳大利亚、意大利、荷兰、英国、中国和瑞士 7 个国家，表明这 7 个国家在区域协调发展领域国家合作网络中位于关键节点。首次发文年份最早的是美国，其中心度不仅位于第一且发文量也较多，说明美国在区域协调发展方面的理念形成得比较早，再通过与各国家深入的合作，其在区域协调发展研究的国际地位也在不断提高。中国的发文量在所有的国家中排名第一，其中心度的监测值为 0.11，说明中国在国际上区域协调发展文献具有一定影响力，但其中心度数值相对较低，其国家的影响力还有待提高。

（三）区域协调发展研究的期刊分析

通过对期刊文献进行分析来帮助学者更加准确地把握所研究领域具有权威性的期刊，在一定程度上有利于指导学者选择合适有效的期刊，也为后期的研究奠定了基础。期刊共被引分析方法是文献计量学和科学计量学中的一种定量研究方法，现已被国内外学者广泛应用在多个学科领域的研究。期刊的共被引是指两本期刊被同一篇文献引用的现象，可以通过共被引关系的强弱来确定期刊之间关系的紧密程度，进而来探索期刊之间的内部联系，再通过分析期刊的共被引对期刊进行定位和分类，从而确定其在学科领域中的核心或者边缘位置，以便对学术期刊进行评价。在此过程中，还可以通过对区域协调发展领域期刊共被引网络各节点的中心性进行分析，得出网络中的关键节点，也为进一步确定载文质量高的期刊提供一定帮助。同时，期刊载文量反映出某一期刊在一定时间段刊载论文数量的多少，载文量的多少在一定程度上也能够反映出该期刊的信息占有、传递和输出能力。

因此，对期刊进行分析时应通过期刊共被引可视化分析，并综合中心性分析以及载文量分析两方面来确定在这一领域的权威期刊。

首先，对英文区域协调发展的期刊进行分析：

将检索得到的 Web of Science 的数据导入 Citespace 软件中，节点类型栏选择引用期刊，首选标准 N 设置为 30。同时，由于数据量较大，涉及期刊较多，直接进行可视化所得图像将不够直观易读，因此需对网络进行修剪，故选中修剪栏下的核心期刊以及修剪片状网，使图像更加简明易读，其余选项均保持默认，点击左侧"GO！"按钮进行可视化分析，得到英文知识产权链条研究期刊共被引可视图，如图 1-4 所示。

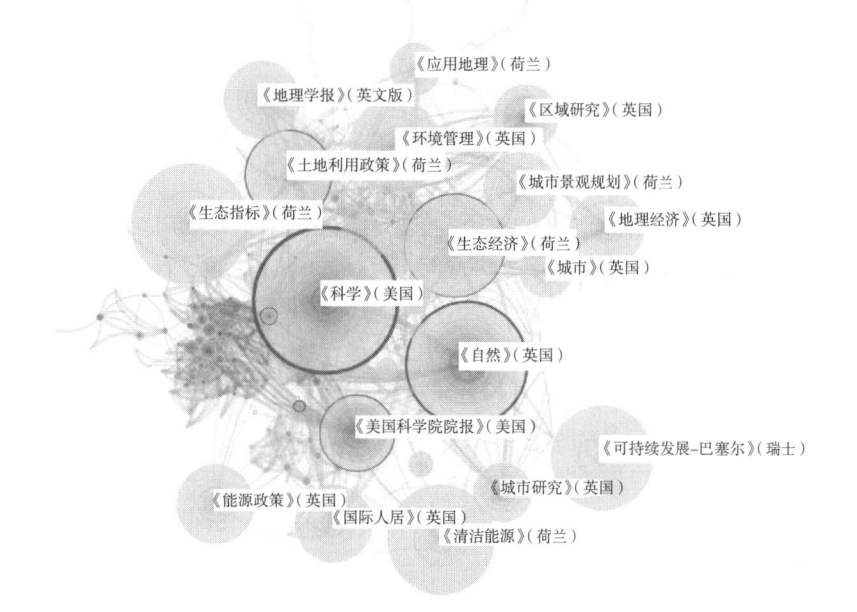

图 1-4 区域协调发展领域英文期刊共被引可视图

由图 1-4 可知，区域协调发展领域英文期刊被引频次排名较为靠前的期刊明显多于其他期刊，其中《科学》（Science）是被引频次最高的期刊，该期刊是著名的自然科学综合类学术期刊，其科学新闻报道、综述、分析及书评等部分，具有一定的权威性。其在 2009 年共发表论文 886 篇，影响因子 26.37，在 6417 种科学类刊物中排名第 14 位。同时可以发现英文区域协调发展研究的被引期刊还集中在《自然》（Nature）、《生态指标》（Ecological Indicators）、《清洁能源》（Journal of Cleaner Production）、《生态经济》（Ecological Economics）、《可持续发展—巴塞尔》（Sustainability - Basel）、《环境管理》（Journal of Environmental Management）、《土地利用政策》（Land Use Policy）、《美国科学院院报》（Proceedings of the National Academy of Sciences of the United States of America）、《地理经济》（Economic Geography）、《国际人居》（Habitat International）、《能源政策》（Energy Policy）、《城市景观规划》（Land Scape Urban Plan）等。期刊的研究方向多分布在自然学、环境科学、经济学、管理学、社会学以及政府与法律领域中。

从被引期刊中心性的角度分析,将 Citespace 对区域协调发展领域英文期刊共被引分析所得数据导出至 Excel,按照中心度大于 0.1 的标准提取数据,得到区域协调发展领域英文期刊共被引网络的关键节点,如表 1-2 所示。

表 1-2　　　　　区域协调发展领域英文期刊共被引网络关键节点

刊物名称（简称）	被引频次	首次出现年份	中心度
《科学》	141	1991	0.51
《自然》	122	1991	0.27
《美国科学院院报》	78	1991	0.18
《美国经济评论》	20	2001	0.17
《气候》	12	2009	0.13
《生态经济》	96	2009	0.11
《土地利用政策》	82	2009	0.11
《生态模型》	47	2011	0.1

通过表 1-2 可以看出,《科学》《自然》《美国科学院院报》的中心度和被引频次均较高,表明这三个期刊所刊载的区域协调发展研究论文质量较高,对区域协调发展领域的学术研究起到支撑作用,因此,从中心性的角度出发,《科学》《自然》《美国科学院院报》三个期刊在区域协调发展研究领域居于核心地位。

从发文集中情况来看,将检索得到的 Web of Science 的数据导入 Citespace 软件中,节点类型栏选择来源,首选标准 N 设置为 30,其余选项均选择默认,点击左侧"GO!"按钮运行数据,将运行结果导入 Excel 中对期刊名称进行计数,得到 1989~2019 年区域协调发展英文期刊分布,其中载文量排名前十的期刊如表 1-3 所示。

表 1-3　　　　　1989~2019 年区域协调发展英文期刊分布（前十）

刊物名称（简称）	载文量（篇）	占比（%）	刊物名称（简称）	载文量（篇）	占比（%）
《地理学报》	9	1.83	《区域研究》	7	1.42
《清洁能源》	8	1.63	《可持续发展》	7	1.42
《中国地理科学》	8	1.63	《国际人居》	6	1.22
《生态指标》	7	1.42	《应用地理》	4	0.81
《神经影像》	7	1.42	《发育生物学》	4	0.81

根据表 1-3 可知,区域协调发展领域发文量排名前十位的英文期刊一共发文 67 篇,占比约 13%,其发文量并没有高出其他期刊很多,说明了论文在期刊上的集中度不高,区域协调发展领域的研究均匀分布在英文期刊中,并没有形成较为稳定的期刊群和代表性期刊。此外,结合图 1-4 可以看出,在区域协调发展领域发文量排名前十位的英文期刊中只有《科学》《可持续发展》《国际人居》的被引频次明显高于其他期刊,因此从期刊载文量的角度出发,可以认为《科学》《可持续发展》《国际人居》三个期刊在区域协调发展研究领域的权威性较高。

下面对区域协调发展研究的中文期刊进行分析:

由于通过中国知网导出的论文文献数据,缺少"参考文献"字段,无法通过 Citespace 软件对中国知网导出的论文文献数据进行共被引分析,因此对于区域协调发展研究的中文期刊分析,将从该领域期刊的载文量以及学科研究层次展开研究。

首先,将检索得到的中国知网的数据导入 Excel 中对期刊名称进行计数,得到 1989~2019 年区域协调发展文献期刊分布,其中载文量排名前十的期刊如表 1-4 所示。

表 1-4　　　　　　　1986~2019 年区域协调发展中文期刊分布（前十）

刊物名称（简称）	载文量（篇）	占比（%）	刊物名称（简称）	载文量（篇）	占比（%）
《区域经济评论》	79	7.58	《改革》	37	2.77
《城市规划》	68	5.1	《规划师》	35	2.62
《经济地理》	63	4.73	《经济纵横》	25	1.18
《城市发展研究》	48	3.6	《宏观经济管理》	24	1.65
《中国工业经济》	48	3.6	《地域研究与开发》	15	1.1

由表 1-4 可知,区域协调发展领域发文量排名前十位的中文期刊共发文数量为 472 篇,占比约为 35%,要远高于其他期刊的数量,说明国内区域协调发展的论文在期刊的集中度比较高,区域协调发展相关领域的研究在国内形成了较为稳定的期刊群和比较有代表性的期刊。其中,《区域经济评论》在该领域刊登 79 篇文章,数量是最多的,该期刊刊登的区域协调发展领域的文献主要集中在区域格局与产业发展、区域创新发展、区域协调发展、区域开放与合作、城市经济与城市群研究等方面,涉及学科主要有经济体制改革、企业经济、宏观经济管理与可持续发展、工业经济等,是研究区域协调发展领域最为核心的期刊。《城市规划》是排名第二的期刊,发文量为 68 篇,该期刊刊登的现有区域协调发展领域文献主要集中在国土规划、区域经济、城市管理、环境保护、社会服务等方面,涉及学科主要有建筑科学与工程、宏观经济管理、工业经济、经济学等,也是研究区域协调发展领域较为核心的期刊。排名第三的期刊为《经济地理》,发文量为 63 篇,该期刊刊登的区域协调发展领域的文献主要集中在区域经济理论与方法、产业经济与产业集群、城市与城市群、产业经济与创新发展、城市地理与新型城镇化等方面,涉及学科主要有宏观经济管理与可持续发展、经济体制改革、农业经济、旅游、工业经济、环境科学与资源利用等。其他期刊的发文量较低,均低于 60 篇。由此看出排名前三的期刊在区域协调发展研究领域具有一定的权威性,能够较好地把握区域协调发展研究方向和研究状态。

接下来将排名前十的期刊按照中国知网期刊检索之后的研究层次分组来进行分类,以便进一步确认在区域协调发展研究领域比较权威期刊的文献研究层次,也为研究选取参考文献作出指导。分类结果如表 1-5 所示。

表 1-5　　　　　　区域协调发展领域研究中文核心期刊研究层次

研究层次	期刊名称
基础研究（社科）	《经济地理》《城市发展研究》《中国工业经济》《经济纵横》《地域研究与开发》
政策研究（社科）	《城市规划》《改革》《宏观经济管理》
行业指导（社科）	《区域经济评论》《规划师》

由表 1-5 可知,国内区域协调发展研究主要集中分布在社会科学领域的基础研究层次、社会科学领域的政策研究层次以及社会科学领域的行业指导研究层次,其中《经济地理》《城市发展研究》《中国工业经济》《经济纵横》《地域研究与开发》的研究集

中在基础研究（社科），所以，在进行有关区域协调发展领域的社会科学基础研究时，重点参考这几个期刊。《城市规划》《改革》《宏观经济管理》的研究集中在政策研究（社科），所以，在进行有关区域协调发展领域的社会科学政策研究时，重点参考这几个期刊。《区域经济评论》《规划师》的研究集中在行业指导（社科），所以，在进行有关区域协调发展领域的社会科学行业指导时，重点参考这几个期刊。

根据对中英文期刊研究的发现，在区域协调发展的研究领域，外文文献可重点选取《科学》《可持续发展》《国际人居》《地理经济》等期刊中的文献作参考，中文文献可以重点选取《区域经济评论》《经济地理》《中国工业经济》《经济纵横》《宏观经济管理》等期刊中的文献作参考。

（四）区域协调发展领域的研究团队分析

本书将研究团队分为作者研究团队和机构研究团队两类进行研究，其中，根据 Web of Science 数据库导出数据和中国知网数据库导出数据信息的适用范围，对英文文献的研究，作者研究团队分析主要通过共被引分析来进行，机构研究团队分析主要通过合作网络分析来进行，对中文文献的研究，仅通过合作网络进行分析。首先，对区域协调发展领域的英文文献作者研究团队及机构研究团队进行分析。

对区域协调发展领域的英文文献作者研究团队分析：

将检索得到的 Web of Science 的数据导入 Citespace 软件中，节点类型栏选引用作者，首选标准 N 设置为 30，选中修剪栏下的核心期刊以及修剪片状网，使图像更加简明易读，其余选项均保持默认，点击左侧"GO!"按钮进行可视化分析，得到区域协调发展英文文献的作者研究团队共被引可视图，如图 1-5 所示。

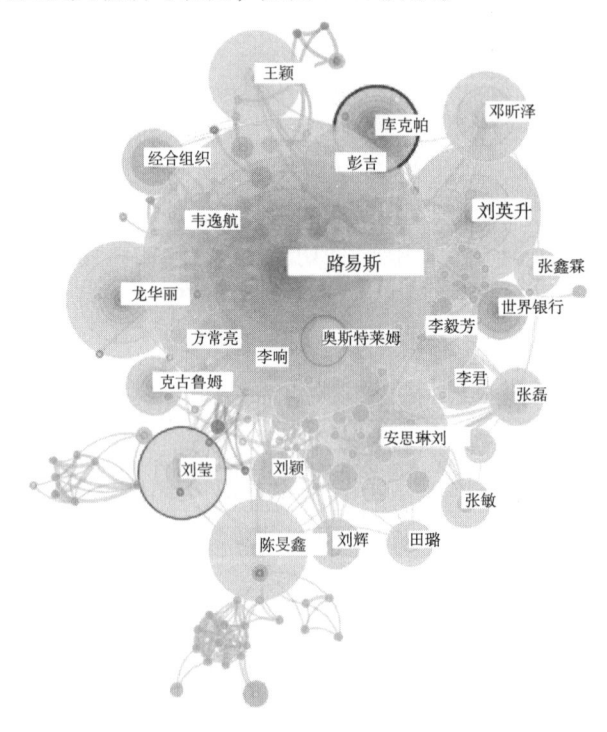

图 1-5 区域协调发展领域英文文献作者共被引可视图

由图 1-5 可知，在国际上区域协调发展研究领域的被引频次较高的作者为路易斯、安思琳刘、龙华丽等人，将 Citespace 软件运行结果导出，得到区域协调发展英文文献作者被引频次排名，被引频次高的作者才可被认为在这一领域具有一定权威。

按照中心度大于 0.1 视为关键节点的标准，将区域协调发展领域英文文献作者共被引网络关键节点提取出来，如表 1-6 所示。

表 1-6　　　　区域协调发展领域英文文献作者共被引网络关键节点

作者	被引频次	中心度	首次出现年份
库克帕	18	0.22	2007
刘颖	19	0.11	2009
奥斯特莱姆	10	0.11	2014
龙华丽	25	0.1	2009
露丝帕比	9	0.1	2005

由表 1-6 可知，库克帕、刘颖、奥斯特莱姆、龙华丽、露丝帕比与其他作者的关联程度较高，形成了以上作者为中心的多个学术研究联盟。从这一角度出发，也可认为以上作者在区域协调发展领域的研究具有一定权威性。

区域协调发展研究领域英文文献的机构研究团队分析：

将检索得到的 Web of Science 的数据导入 Citespace 软件中，节点类型栏选择机构，首选标准 N 设置为 30，其余选项均保持默认，点击左侧"GO!"按钮进行可视化分析，得到区域协调发展英文文献机构研究团队合作可视图，如图 1-6 所示。

图 1-6　区域协调发展英文文献机构研究团队合作可视图

通过图 1-6 可以看出，中国科学院的发文量最高，并且与多个机构有所合作，整体来看，机构之间的连线有 58 条，节点（即发文机构）有 68 个，贡献网络密度仅为 0.0288，说明在国际上，各机构间合作良好，但仍需要加强与国际间的研究合作，建立适度规模化的研究机构群体。将 Citespace 软件运行的数据导出，得到英文文献发文量在 5 篇以上的机构研究团队如表 1-7 所示。

表1-7　　　　区域协调发展英文文献发文量高的机构研究团队

发文量（篇）	机构名称	机构性质	地区
71	中国科学院	高校	中国
25	北京师范大学	高校	中国
17	南京大学	高校	中国
11	武汉大学	高校	中国
9	中国地质大学	高校	中国

根据表1-7可以看出，区域协调发展领域英文文献发文量排名前三的机构为中国科学院、北京师范大学及南京大学。从研究机构的类别上看，区域协调发展研究机构较为单一，发文的研究机构集中在高校，表明目前在国际上对区域协调发展研究的主力位于世界范围内各大高校。从地域上看，中国在区域协调发展方面的研究规模较大，前五位机构全在中国，说明中国高校在区域协调发展研究领域具有一定国际影响力。

下面，对区域协调发展领域的中文文献作者研究团队及机构研究团队进行分析。

对区域协调发展领域中文文献的作者研究团队分析：

将检索得到的中国知网的数据导入Citespace软件中，节点类型栏选择作者，首选标准N设置为30，选中修剪栏下的核心期刊以及修剪片状网，使图像更加简明易读，其余选项均保持默认，点击左侧"GO！"按钮进行可视化分析，得到区域协调发展中文文献作者研究团队合作网络可视图，如图1-7所示。

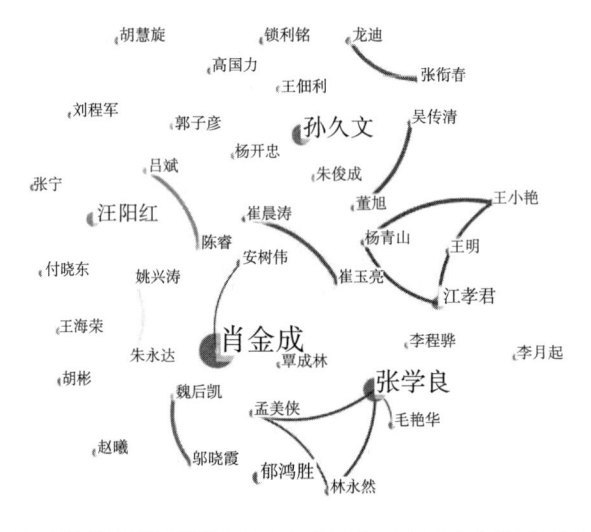

图1-7　区域协调发展领域中文文献作者研究团队合作网络可视图

通过观察图1-7可以看出，肖金成的发文量最高，但也仅与一位学者有所合作，整体来看，作者之间的连线仅有14条，而节点（即作者）有41个，共现网络密度为0.0173，说明在国内各个作者联系较弱，大多未形成科研合作团队。将Citespace软件运行的数据导出，得到区域协调发展中文文献发文量排名前五的作者研究团队如表1-8所示。

如表1-8所示，肖金成、张学良、孙久文等是区域协调发展研究领域的重要学者，在区域协调发展研究领域具有较强影响力，因此可以重点选取以上学者的文章进行参考。其中，来自中国宏观经济研究院的肖金成致力于区域协调发展、都市圈经济带、区域发展体系与城镇化的研究；来自上海财经大学的张学良致力于城市群经济、区域经济增长、经济收敛与区域协调发展的研究；来自中国人民大学的孙久文致力于经济体制改革、区域经济与区域协调发展；来自上海社会科学院的郁鸿胜致力于研究城市群、区域一体化与区域协；来自东北师范大学的江孝君致力于空间格局优化与协调发展研究。

表1-8　　　　　　　区域协调发展中文文献发文量高的作者研究团队

作者	发文量（篇）	单位
肖金成	9	中国宏观经济研究院
张学良	6	上海财经大学
孙久文	5	中国人民大学
郁鸿胜	4	上海社会科学院
江孝君	3	东北师范大学

对区域协调发展领域的中文文献机构研究团队分析：

将检索得到的中国知网的数据导入 Citespace 软件中，节点类型栏选择机构，首选标准 N 设置为30，其余选项均保持默认，点击左侧"GO!"按钮进行可视化分析，得到区域协调发展中文机构研究团队合作可视图，如图1-8所示。

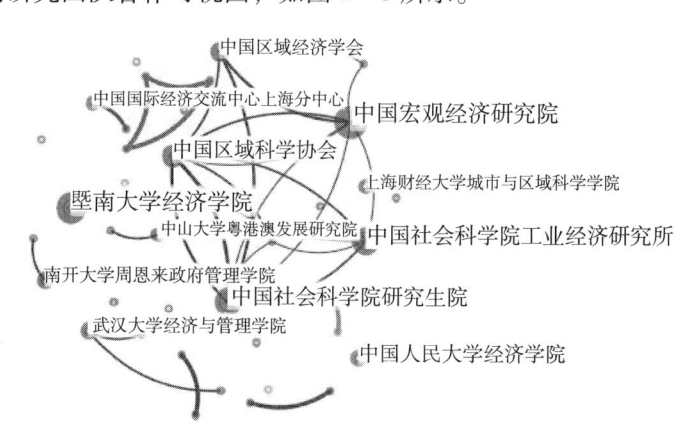

图1-8　区域协调发展中文文献机构研究团队合作可视图

通过图1-8可以看出，中国宏观经济研究院有关区域协调发展的发文量最高，同时与多个机构有所合作，暨南大学经济学院和中国社会科学院的发文量也较多。整体来看，机构之间的连线有29条，节点（即发文机构）有38个，贡献网络密度仅为0.0413，说明在国内各机构间合作良好，但仍需要加强与国际的研究合作，还可以建立适度规模化的研究机构群体。上海财经大学与中山大学粤港澳发展研究院，形成了较小规模的研究机构群体；北京大学城市与环境学院、东南大学建筑学院以及香港大学建筑学院也形成了一定规模的机构群体，还需要进一步扩大其规模的发展。将 Citespace 软件运行的数据导出，得到区域协调发展研究中文文献发文量排名前五的机构研究团队如表1-9所示。

根据表1-9可以看出，区域协调发展领域中文文献发文量排名前三的机构为中国宏观经济研究院、暨南大学和中国社会科学院。从研究机构的类别上看，区域协调发展研究机构较为单一，发文的研究机构集中在高校，表明目前国内对区域协调发展研究的主力为各大高校，中国社会科学院工业经济研究所依托在中国社会科学院，中国区域科学协会挂靠在北京大学。从地域上看，区域协调发展中文文献的机构研究团队主要集中在华北、华南地区，华中、华东等地区对区域协调发展的研究规模较小。

表1-9　区域协调发展中文文献发文量高的机构研究团队

发文量（篇）	机构名称	机构性质	地区
7	中国宏观经济研究院	科研机构	华北地区
7	暨南大学	高校	华南地区
6	中国社会科学院	高校	华北地区
5	中国社会科学院工业经济研究所	科研机构	华北地区
4	中国区域科学协会	科研机构	华北地区

（五）区域协调发展领域的重要文献分析

对重要文献进行分析，可以为更加详细的文献综述提供帮助，可以直观地展示区域协调发展领域研究发展过程中的奠基性文献以及核心文献，从而准确地梳理出区域协调发展领域研究发展过程中的重要研究成果，为后续研究提供重要参考。

对区域协调发展领域英文重要文献进行分析，将检索得到的 Web of Science 文献数据导入 Citespace 软件中，节点类型栏选择关键词，首选标准 N 设置为 30，时间切片选择为 2，其余选项均保持默认，点击左侧"GO!"按钮进行可视化分析，得到区域协调发展英文文献共被引运行图，在运行图中选择时间轴的显示方式，如图 1-9 所示。

图 1-9　区域协调发展领域英文文献共被引参考文献聚类分析

由图 1-9 可知，区域协调发展领域英文文献的共被引参考文献知识图谱中有节点 315个、链接 783 条，密度值为 0.0158。Web of Science 核心合集期刊的文献共被引网络中有多个突出的节点，直观地反映了区域协调发展的基础文献，高频被引文献发挥了较为良好的媒介作用，也是网络连接中一个时间段到另一个时间段过度的关键点。所以挖掘出关键节点对区域协调发展的研究具有非常重要的意义。

按照中心度大于 0.1 则视为关键节点的标准，提取区域协调发展英文文献共被引网络的关键节点，得到区域协调发展领域英文核心文献，如表 1-10 所示。

表 1-10　　　　　　　　　区域协调发展领域英文核心文献

中心度	作者	题目
0.26	何柏华	用结构与功能评价城市化质量案例分析中国杭州湾城市群研究
0.24	龙华丽	新世纪以来我国转型发展分析
0.14	王世杰	京津冀地区城市化与生态环境关系的探讨
0.13	李毅芳	中国城镇化：优化城市区域发展的启示
0.12	刘英升	中国土地利用的关键问题及政策建议
0.11	刘楠楠	城市化与生态环境协调性的空间耦合分析：以中国为分析案例

由表 1-10 可知，中心度最高的文章为何柏华发表于 2015 年的《用结构与功能评价城市化质量案例分析中国杭州湾城市群研究》，该研究结果表明，城市化质量受系统结构、功能及其相互关系的强烈影响。为了保持可持续的城镇化进程，提出了一套中国新型城镇化发展的优化方法；排名第二的为龙华丽于 2011 年发表的《新世纪以来我国转型发展分析》，该文章主要以 2000~2008 年政府社会经济数据为依据，以农村发展水平、农村转型水平和城乡协调水平三个评价指标体系为基础，对中国农村转型发展进行了实证研究。作者认为，在新世纪工业化、城镇化快速发展的压力下，农村转型发展，特别是沿海地区农村转型发展，需要更多地关注推动农村转型发展的强大因素，以协调城乡发展。针对不同类型农村转型发展的农村发展政策，可能是中国构建更加协调的城乡发展格局的最有效途径。排名第三的为王世杰发表于 2014 年的《京津冀地区城市化与生态环境关系的探讨》，该文章以 1980~2011 年的面板数据为样本，研究了中国京津冀地区的交互胁迫关系、耦合协调度和协调模式。

对区域协调发展领域中文重要文献进行分析，由于中国知网导出文献信息的残缺性，无法使用 Citespace 软件对中文文献做共被引分析，因此对中文的重要文献进行被引频次分析，如表 1-11 所示。

表 1-11　　　　　　　　　中文区域协调发展领域研究核心文献

排名	被引频次	作者	题目
1	589	张晓东、池天河	20 世纪 90 年代中国省级区域经济与环境协调度分析
2	588	陈剩勇、马斌	区域间政府合作：区域经济一体化的路径选择
3	471	吴玉鸣、张燕	中国区域经济增长与环境的耦合协调发展研究
4	410	生延超、钟志平	旅游产业与区域经济的耦合协调度研究——以湖南省为例
5	338	刘浩、张毅、郑文升	城市土地集约利用与区域城市化的时空耦合协调发展评价——以环渤海地区城市为例
6	326	刘定惠、杨永春	区域经济—旅游—生态环境耦合协调度研究——以安徽省为例
7	317	张晓东、朱德海	中国区域经济与环境协调度预测分析
8	300	张少军、刘志彪	全球价值链模式的产业转移——动力、影响与对中国产业升级和区域协调发展的启示
9	283	徐现祥、李郇	市场一体化与区域协调发展
10	272	李裕瑞、王婧、刘彦随、龙花楼	中国"四化"协调发展的区域格局及其影响因素

由表 1–11 可知，被引频次排名第一的是张晓东、池天河于 2001 年 8 月发表的《20 世纪 90 年代中国省级区域经济与环境协调度分析》，被引频次为 589 次，该文献以经济环境协调理论为基础，建立了环境承载力和经济发展水平之间的协调度模型，以中国 20 世纪 90 年代省级区域为研究对象，得出中国空间区域经济环境协调度较符合"U"形曲线，在区域协调发展的模式中多以牺牲环境为代价，尤其中西部地区的问题较为严重。被引频次排名第二的是陈剩勇、马斌于 2004 年 2 月发表的《区域间政府合作：区域经济一体化的路径选择》，该文献从对中国区域经济一体化实现的体制性障碍分析入手，讨论现阶段中国区域经济一体化路径选择，作者认为区域政府合作是在现有体制下实现区域经济一体化较为理性的选择，通过构建区域政府合作机制，以合理的组织安排来完善区域合作规则。被引频次排名第三的为吴玉鸣、张燕于 2008 年 1 月发表的《中国区域经济增长与环境的耦合协调发展研究》，该文献通过构建耦合协调度模型和熵值法来对中国 31 个省份的区域经济增长和环境耦合协调度进行实证分析，作者认为中国多数区域经济增长和环境发展还处于低强度低协调的发展阶段，各区域经济增长和环境相互作用的耦合度与耦合协调度存在较为明显的区域差异且区域的分布和经济发展水平之间存在较大的空间对应关系。

（六）区域协调发展领域的研究热点及前沿分析

通过对文献关键词的共词分析以及突变分析可以直观地反映出区域协调发展领域的研究热点及前沿，从而准确把握这一领域的学术研究范式，更易从中发现目前该领域研究中的学术空白，为更好地选择学术研究方向提供帮助。

首先对区域协调发展领域的研究热点进行分析。

在英文文献方面，将检索得到的 Web of Science 文献数据导入 Citespace 软件中，节点类型栏选择关键词，首选标准 N 设置为 20，选中修剪栏下的核心期刊以及修剪片状网，使图像更加简明易读，其余选项均保持默认，点击左侧"GO!"按钮进行可视化分析，得到区域协调发展英文关键词共现图后，选择时间线显示，采用关键词聚类，选择 LLR 对数极大近似率（Log – Likeli-hood Ratio），调整图像后得到图 1–10。

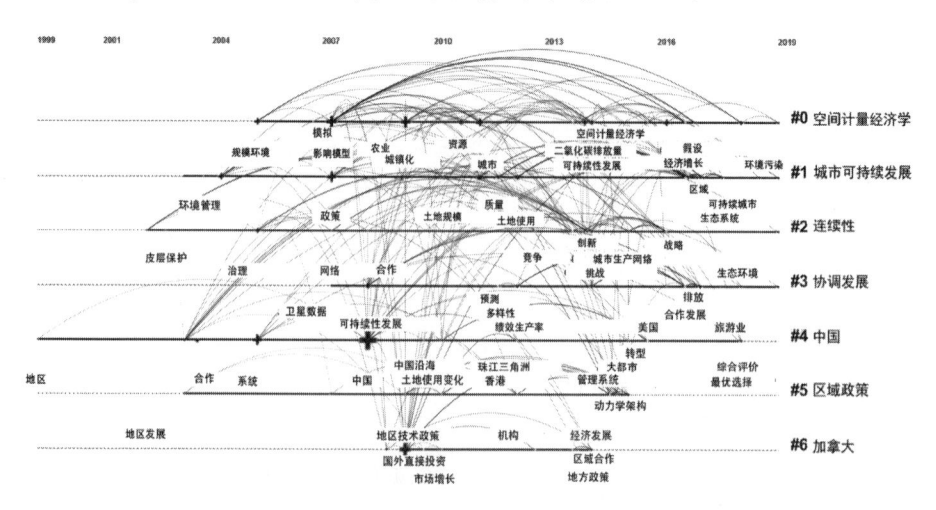

图 1–10　区域协调发展英文文献研究热点

由图 1-10 可知，区域协调发展领域高频关键词聚类分 7 个类别，即空间计量经济学、城市可持续发展、连续性、协调发展、中国、区域政策、加拿大这 7 个类别代表了区域协调发展领域的具体研究热点。在聚类图中，通过对关键词提取，并按照时间顺序梳理，如表 1-12 所示，可以清晰地分析区域协调发展英文文献研究热点。

表 1-12　　　　　　　　1999~2019 年区域协调发展英文文献研究热点

年份	关键词
1999	地区，地震，地震灾害评估
2002	保护，音猬因子
2003	合作，地区发展，激活，长期压力，突变小鼠
2004	管理，生态
2005	系统，管理，环境
2006	经皮冠状动脉介入
2007	影响，模型，政策，气候变化，科技，卫星数据
2008	中国，可持续发展，地区，合作，数据同化，开发大脑皮层
2009	城镇化，州，地区政策，农业
2010	土地使用变化，中国海滨，外国直接投资，遥感
2011	城市，模式，资源
2012	土地使用，表现，预测，机构，香港，沉淀
2013	全球化，加拿大，竞争，地区规划，回复
2014	可持续性，二氧化碳排放，城镇，创新，生产力，工业，连续性，产生，机会，地区合作
2015	经济发展，经济，地理经济，欧盟，管理系统，组织，乡村发展，转变
2016	经济发展，空气污染，地理，快速城镇化，全球发展网络，投资，空间计量经济学，美国
2017	能源，扩展，能源消耗，合作发展，排放，地区经济，地区，碳排放，系统动力学，国家，城市群，生态效率
2018	生态系统服务，效率，可持续的城市化，综合评价，地区差异，不平等，京津冀地区，发展中国家，中国城镇化，空间分析，可持续性发展，城市扩张
2019	世界，价格，制药，所有权，组织，开放创新，生活，生态环境，耦合协调度，农业工业化，地区差异，空间格局、政策

由表 1-12 可以看出各个时期的区域协调发展研究方向，1999 年，区域发展正式成为热点，研究学者在这一阶段主要是对区域发展本身的研究，研究全球地震灾害相关的话题；随着研究学者的增多，各个研究学者的研究视角各有不同，学者们开始关注区域发展所带来的其他影响。2007 年，区域和协调发展等首次成为研究热点，在一定程度上反映了国际上区域协调发展领域的研究逐渐成熟。此后的研究热点逐渐向区域协调发展环境和经济发展的方面转移，如区域经济可持续发展、区域环境可持续发展，根据 2019 年研究热点词，发现区域协调发展的研究正受到各个领域学者的重视，涉及工业、生态环境、制度研究等多个领域。

可以看出，区域协调发展英文学术文献正朝着实践、跨学科研究等多个角度发展，同时也可以看出在 30 年的发展过程中，对区域协调发展的研究文献较少，在这方面的研究还有待开拓。

在中文文献方面，将检索得到的中国知网文献数据导入 Citespace 软件中，节点类型栏选择关键词，首选标准 N 设置为 20，选中修剪栏下的核心期刊以及修剪片状网，使图像更加简明易读，其余选项均保持默认，点击左侧"GO！"按钮进行可视化分析，得到区域协调发展中文文献关键词共现图后，选择时间线显示，采用关键词聚类，选择 LLR 对数极大近似率，调整图像后得到图 1-11。

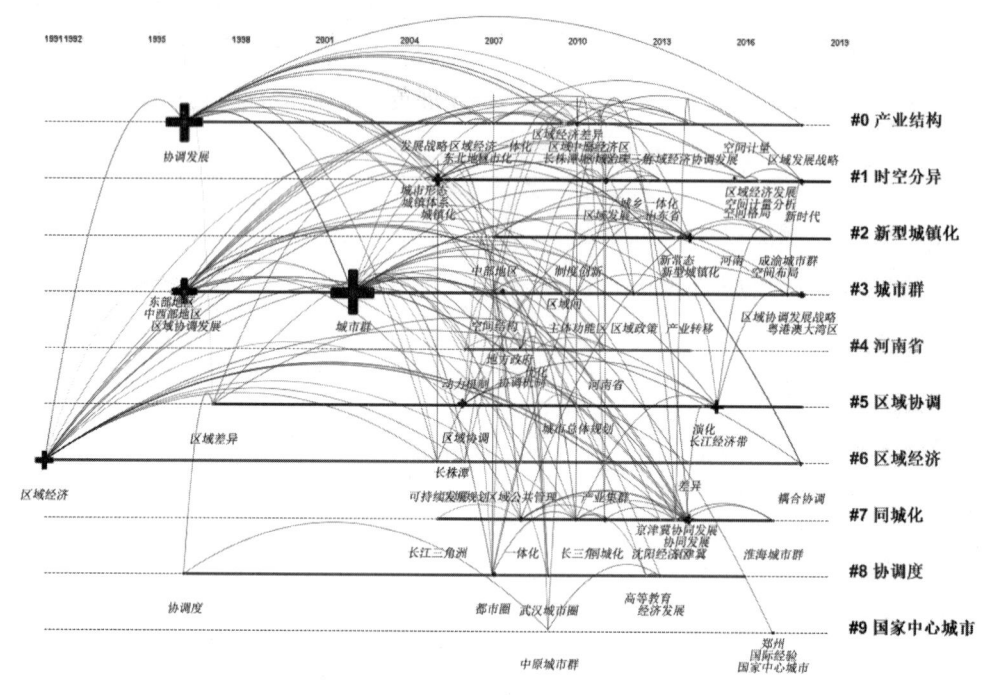

图 1-11　区域协调发展中文文献研究热点

由图 1-11 可知，区域协调发展中文文献的高频关键词聚类分为 10 类，分别为产业结构、时空分布、新型城镇化、城市群、河南省、区域协调、区域经济、同城化、协调度、国家中心城市。在聚类图中，通过对关键词提取，并按照时间顺序梳理，得到最近十年区域协调发展中文文献的研究热点，如表 1-13 所示。

表 1-13　　　　　　　　2009~2019 年区域协调发展中文文献研究热点

年份	研究热点
2009	武汉城市圈、中原城市群、一体化交通
2010	路径选择、经济一体化、皖江城市带、形成、基本公共服务均等化、城市总体规划、协调发展机制、区域间、产业结构、主体功能区规划、"十二五"时期、区域经济差异、制度创新、主体功能区、区域一体化、长株潭城市群、长三角
2011	路径、对策建议、发展模式、产业集群、河南省、中原经济区、区域治理、同城化、区域发展
2012	统筹发展、珠三角、府际关系、广西北部湾经济区、科学发展观、区域政策
2013	城乡一体化、发展、政策、山东省、高等教育、行政区划、经济发展
2014	生态文明、模式、建议、差异、大都市区、体制机制、长江中游城市群、新常态、区域经济协调发展、京津冀协同发展、产业转移、协同发展、新型城镇化、综合评价
2015	T 空间、演化、指标体系、城镇化质量、影响因素、长江经济带
2016	辽中南、边界效应、资源环境、空间计量、河南、新区域主义、产业分工、"十三五"规划、"一带一路"、空间格局
2017	空间计量分析、雄安新区、郑州、职业教育、空间布局、淮海城市群、时空演变、国际经验、国家中心城市、区域经济增长、区域经济发展、"一带一路"、"五化"协调发展、区域协同发展
2018	耦合协调度、改革开放、区域发展战略、京津冀城市群、长三角城市群、成渝城市群、新发展理念、区域协调发展战略、耦合协调、新时代、粤港澳大湾区
2019	中国、粤港澳、时空分异、高质量发展

由表1-13可以看出，区域协调发展中文文献研究热点相对于英文文献较多，这与中国近年来的发展战略有较大关系，尤其自习近平总书记在十九大报告中在促进区域发展层面提出中国东部、中部、西部及东北四大区域的定位和发展方向，以城市群为主体构建大中小城市协调发展的城镇格局。过去十年中国的区域协调发展研究持续保持热度，2009~2018年已对区域协调发展与城市群的关系开展了大量研究，同时已逐渐出现城乡一体化、产业分工、高质量发展等关于区域协调发展与城市群方面的研究，在区域协调发展的研究视角上比国外研究丰富得多，具有一定的前瞻性。此外，还可以看出，中文文献研究热点的发展也遵循中国的改革与发展，其中"一带一路"这一关键词在2016年和2017年连续两年均为热点凸显关键词，说明随着中国区域发展协调性增强，"一带一路"建设取得显著成效。2018~2019年则开始更多关注国家中心城市、职业教育、高质量发展等方面的研究。

下面对区域协调发展领域的研究前沿进行分析。研究前沿可以反映科学研究的新进展和新趋势，以及研究中具有创新性、发展性和学科交叉性的主题等。运用Citespace对研究前沿的新趋势和突变特征进行分析，其膨胀词探测算法可以将词频变化率高的词从大量的主题词中提取出来，以便确定研究领域的前沿。

对区域协调发展领域的英文文献研究前沿进行分析，将检索得到的Web of Science文献数据导入Citespace软件中，节点类型栏选择关键词，首选标准N设置为20，其余选项均保持默认，点击左侧"GO!"按钮并可视化分析，下一步进行突变分析，由于研究时间跨度较大，涉及关键词较多，故将突发性下的最短持续性设置为3，提取突变最少保持3年的关键词，得到表1-14。

表1-14　　　　　　　　　区域协调发展英文文献前沿术语

关键词	强度	开始年份	结束年份	突变年份分布（1999~2019年）
区域	2.2694	1999	2011	
区域发展	4.1872	2003	2010	
管理	3.9267	2005	2013	
技术	2.0726	2007	2015	
协作	2.2951	2008	2013	
区域政策	1.8066	2009	2015	
经济	1.7852	2015	2019	
环境	2.621	2017	2019	
协调发展	2.6381	2017	2019	

注："▬▬▬"为关键词频次突然增加的年份，"━━━"为关键词频次无显著变化的年份。

如表1-14所示，1999~2011年区域协调发展英文文献突现关键词为区域（region）、区域发展（regional development），说明区域协调发展在国际上成为热点，学者们重点研究区域协调发展所代表的区域本身以及区域发展问题。2005~2015年突现关键词在区域和区域发展的基础上出现了管理（governance）、技术（technology）、协作（cooperation）、区域政策（regional policy），说明在这一阶段学者们开始关注区域协调发展相关区域管理以及信息技术中区域协调发展的应用问题，在这一过程中，对区域协调发展的研究不断深入，区域协调发展中各区域间的协作发展逐渐明显；2008年，协作这一关键词开始突变，成为该领域的研究前沿术语，至2013年突变结束；区域政策在2009年开始突变，成为该领域的研究前沿，至2015年突变结束。2015~2019年，突现关键词分别为经济（economy）、环境（environment）以及协调发展（coordinated development），说明在该时期对区域协调发展的经济、环境以及协调发展研究已经成为学者们的研究重点。通过对区域协调发展英文文献研究前沿的分析可知，在国际环境下区域协调发展的研究前沿在于区域协调发展的经济以及区域协调发展内部环境的研究，这也符合目前中国对区域协调发展的战略部署，近年的区域协调发展领域英文文献对中国区域协调发展研究具有参考价值。

对区域协调发展领域的中文文献研究前沿进行分析，将检索得到的中国知网文献数据导入Citespace软件中，节点类型栏选择关键词，首选标准N设置为20，其余选项均保持默认，点击左侧"GO!"按钮并选择可视化分析，下一步进行突变分析，由于研究时间跨度较大，将突发性下的最短持续性设置为3，提取突变最少保持3年的关键词，得到表1-15。

表1-15　　　　　　　　区域协调发展中文文献前沿术语

关键词	强度	开始年份	结束年份	突变年份分布（2006~2019年）
区域协调	3.2.28	2006	2010	
对策	2.8852	2006	2010	
东北地区	3.8638	2006	2011	
空间结构	5.9564	2007	2014	
区域经济一体化	4.1021	2007	2011	
主体功能区	3.0832	2010	2014	
同城化	4.5705	2011	2014	
协同发展	4.8768	2014	2017	
长江经济带	7.8281	2015	2019	
新型城镇化	5.2277	2014	2019	

注："▬▬▬"为关键词频次突然增加的年份，"━━━"为关键词频次无显著变化的年份。

如表1-15所示，2006年之前没有出现区域协调发展突现关键词，说明在2006年前，中国对于区域协调发展的研究尚处起步阶段，还没有形成较为鲜明的学术前沿。2006~2010年区域协调发展中文文献突现关键词为区域协调、对策、东北地区，说明学者们重点研究区域协调发展相关的政策问题以及东北地区的协调发展问题。2007~2014年突现关键词为空间结构、区域经济一体化、主体功能区、同城化，说明在这一阶段学者开始关注区域协调发展内部的区域经济一体化、空间结构与同城化问题以及主体功能区问题。2014~2019年，突现关键词为协同发展、长江经济带、新型城镇化，说明中国区域协调发展战略的提出得到了广大学者的广泛认可，也为本书选取城市群新型城镇格局作为变量之一提供了一定的思路。

二、关于城市群新型城镇格局的文献计量

城市群是指区域内各城市依靠自身的发展从而形成较为紧密的空间结构，也是国家新型城镇化发展到一定水平后的主体形态和经济、社会发展的重要空间载体。从学术空间角

度来看，城市群是各类要素资源分布较为密集的区域，可以通过内部城市间各类要素资源的紧密联系来识别城市群。在《国家新型城镇化规划（2014～2020年）》中提出城市群已经成为中国推进城镇化发展的主体形态，实施区域协同发展战略，以核心城市为支点，重视协同发展，强调政府角色和职能的转变以及体制机制的创新。

（一）研究数据及发文量的初步分析

英文文献数据来源于 WOS（Web of Science），由于对所有数据库进行文献收集会存在字段缺失的现象，因此通过核心数据库（Web of Science Core Collection）进行文献收集。构建检索式：主题 =（Urbanpattern of Urban），或主题 =（Urbansystem of Urban），或主题 =（Urbanlayout of Urban）；语种为英语；文献类型：期刊；时间跨度：1989年1月～2019年12月，检索时间为2019年12月31日，对检索出的文献进行筛选，删除与之不相关的文献，得到498条检索信息并导出相关文献信息，将文献数据导入 Citespace 中，对数据进行初步检验，发现字段缺失数据有3条，最终进行文献计量分析所用有效数据为495条。

中文文献数据以中国知网为来源，构建检索式：主题 ="城市群和城镇格局"，或主题 ="城市群和城镇体系"，或主题 ="城市群和城镇布局"。时间限定为：1989年1月～2019年12月，检索时间为2019年12月31日，对检索出的文献进行筛选，将不相关的文献剔除之后，得到有效文献数量为1332篇，将文献数据导入 Citespace 中，对数据进行初步检验，软件运行结果良好，没有数据丢失，最终进行文献计量分析所用有效数据为1245条。

将上述城市群新型城镇格局文献的数据再次导出，按照发文年份以及发文数量将对应信息提取出来并导入 Excel 中进行分析，可以得到1989年1月～2019年12月城市群新型城镇格局领域英文文献与中文文献的发文数量趋势比较图，如图1-12所示。

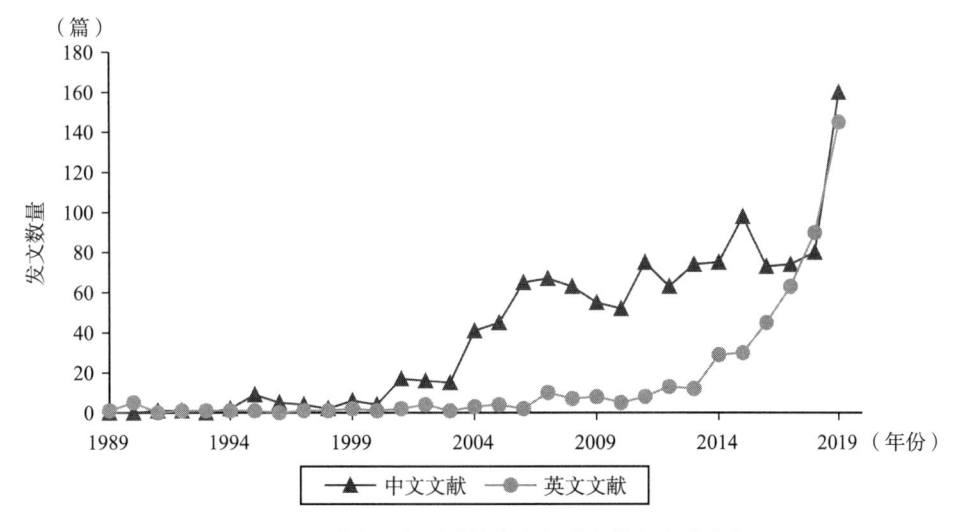

图1-12 城市群新型城镇格局领域中英文文献分布

由图1-12可以看出，关于城市群新型城镇格局的中英文文献发文量从2004年开始出现较大差异。1989～2000年，城市群新型城镇格局研究中文文献发文量与英文文献发文量相差不多，说明在这一时期，国际上对于城市群新型城镇格局领域的研究还处于起步阶段，并且发展较为缓慢。2004～2017年，城市群新型城镇格局中英文文献发文量的增长趋势出现明显差异，中文文献发文量呈波动迅速增长的趋势，英文文献发文量呈先平稳后迅速增长的趋势，且城市群新型城镇格局各年度的中文文献发文量均高于英文文献发文量，说明在这一时期，中国对于城市群新型城镇格局领域的研究逐渐步入正轨，在国内学术研究领域中迅速发展起来。2017~2019年，城市群新型城镇格局研究中英文文献发文量的增长趋势大致相同，均大体呈现较为迅速的增长趋势且在未来仍具有增长的趋势。

（二）城市群新型城镇格局研究的国家分析

将 Web of Science 数据库文献数据导入 Citespace 软件中，节点类型设置为国家，首选标准 N 设置为 60，其余设置均选用默认值，再将 Citespace 软件所整理的数据表格导入 Excel 中，提取"国家"和"发文量"两个字段下的数据，得到不同国家在城市群新型城镇格局研究领域发文量排名，如图 1-13 所示。发文量排名前十的国家包括中国在内共有 3 个发展中国家，其余 7 个均为发达国家。城市群新型城镇格局研究领域发文量排名前三的国家分别为中国、美国、澳大利亚，其中，发文量排名第一的是中国，发文数量为 335 篇，约占发文总量的 68.36%；发文量排名第二的是美国，发文数量为 80 篇，约占发文总量的 16.38%；发文量排名第三的是澳大利亚，发文数量为 13 篇，约占发文总量的 5.41%。

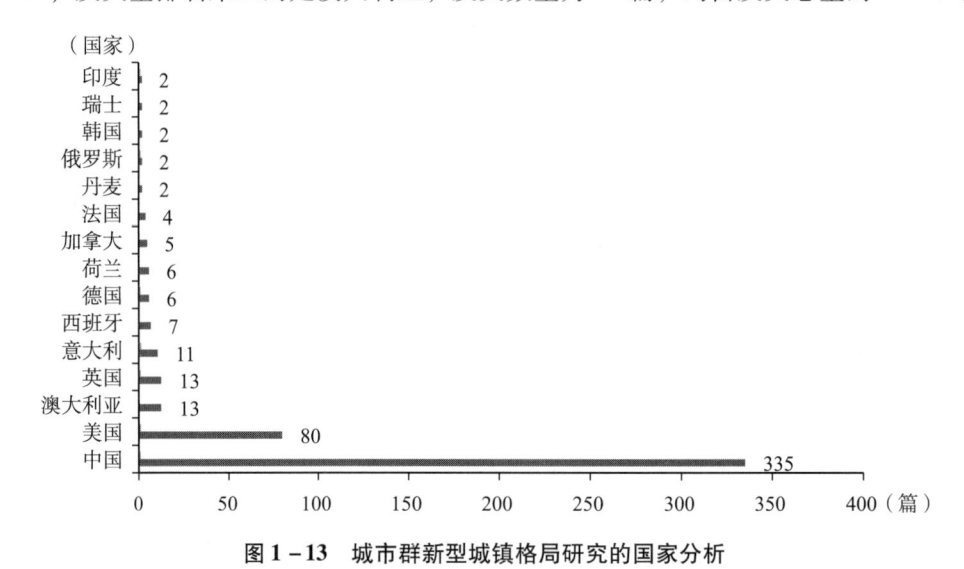

图 1-13　城市群新型城镇格局研究的国家分析

通过将 Web of Science 数据库文献数据导入 Citespace 软件中，节点类型设置为国家，首选标准 N 设置为 60，其余设置均选用默认值，进行可视化分析，得到城市群新型城镇格局研究国家共现图，如图 1-14 所示。

由图 1-14 可知，城市群新型城镇格局领域的国家分析中，中国居于核心地位，与大部分国家的合作比较紧密，说明中国在城市群新型城镇格局领域的研究地位较高，仅次于中国的国家是美国，美国与意大利、德国、澳大利亚、英国等国家也均有合作。

在 Citespace 软件的分析结果中，中心性的数值大小代表该节点关键性的大小，因而通过对各个国家发文量中心性的分析，得出各个国家所在节点的关键性，进而表明该国家与其他国家合作的紧密性，及在城市群新型城镇格局领域的国际研究中所处的地位。通常认为中心度大于 0.1 的节点，可以被看作关键节点，本书中心度大于 0 的国家如表 1-16 所示。

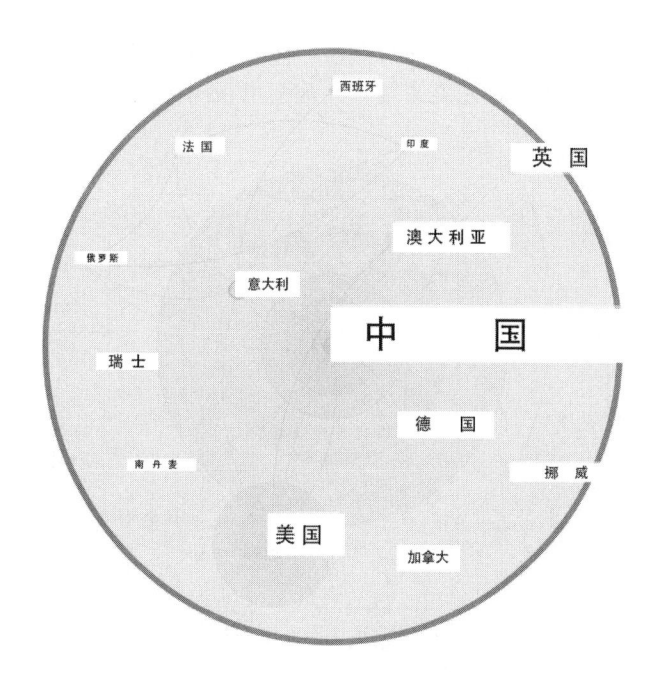

图 1-14　城市群新型城镇格局的国家共现图

表 1-16　　　　　城市群新型城镇格局领域国家发文量中心度排名

发文量（篇）	国家	首次发文年份	中心度
335	中国	2007	1.23
11	意大利	2014	0.35
80	美国	2007	0.09
2	俄罗斯	2018	0.05
2	印度	2018	0.05
13	英国	2014	0.02
6	德国	2014	0.01

由表 1-16 可以看出，只有 7 个国家的中心度大于 0，剩余国家的中心度均小于 0，其中，中心度大于 0.1 的国家为中国和意大利 2 个国家，表明这 2 个国家在城市群新型城镇格局领域国家合作网络中位于关键节点。首次发文年份最早的是中国和俄罗斯，中国的中心度不仅位于第一且发文量也是最多的，说明中国在城市群新型城镇格局研究的理念形成比较早，再通过与各国家深入合作，其在城市群新型城镇格局研究的国际地位也在不断提高。中国的发文量在所有国家中排名第一，其中心度的监测值为 1.23，远远超过其他国家，说明中国在国际上城市群新型城镇格局文献具有一定影响力，在该方面的研究具有权威性。

（三）城市群新型城镇格局研究的期刊分析

首先，对城市群新型城镇格局的英文期刊进行分析，因国外没有提出城市群新型城镇格局的概念，对于英文期刊的分析就通过城市群城镇格局研究的文献进行分析。

将检索得到的 Web of Science 的数据导入 Citespace 软件中，节点类型栏选择引用期刊，首选标准 N 设置为 30。同时，由于数据量较大，涉及期刊较多，直接进行可视化所得图像将不够直观易读，因此需对网络进行修剪，故选中修剪栏下的核心期刊以及修剪片状网，使图像更加简明易读，其余选项均保持默认，点击左侧"GO！"按钮进行可视化分析，得到城市群新型城镇格局研究英文期刊共被引可视图，如图1-15所示。

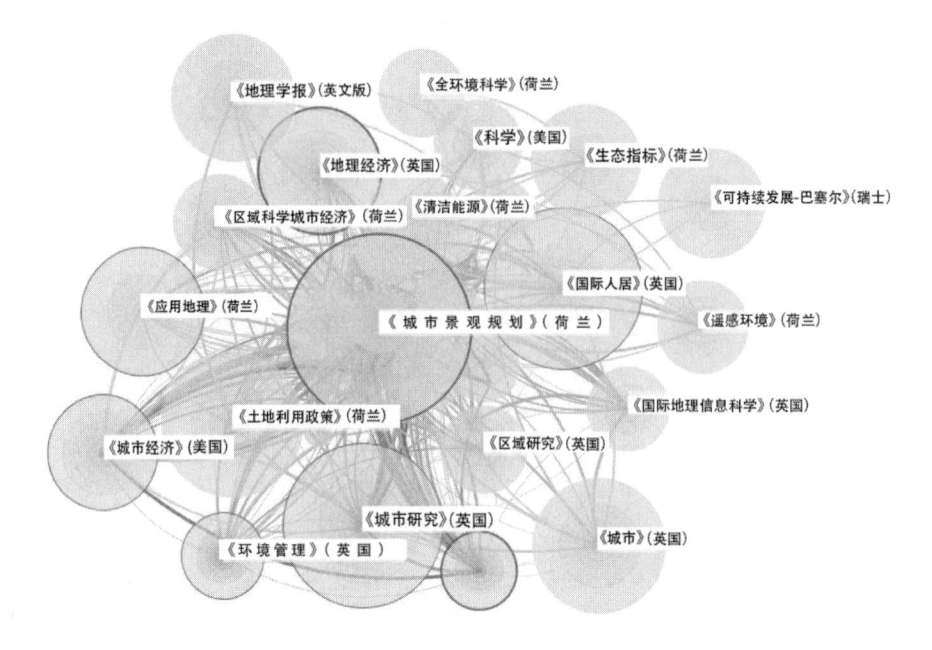

图1-15　英文城市群新型城镇格局领域期刊共被引可视图

由图1-15可知，《城市景观规划》是被引频次最高的期刊，该期刊主要涉及城市和区域规划、生态工程、环境科学等方面刊，具有一定的权威性。2015年《城市景观规划》发表论文144篇，影响因子3.037，在所有6417种科学类刊物中排名第41位。同时可以发现城市群新型城镇格局研究的被引英文文献还集中在《城镇研究》《国际人居》《土地利用政策》《地理学报》《地理经济》《应用地理》《城镇经济》《生态指标》《可持续发展—巴塞尔》《区域科学城市经济》《遥感环境》《科学》《清洁能源》等。期刊的研究方向多分布在城市和区域规划、环境科学、地理学、城市经济、管理学、社会学等领域。

从被引期刊中心性的角度分析，将Citespace对城市群新型城镇格局领域英文期刊共被引分析所得数据导出至Excel，按照中心度大于0.1的标准提取数据，得到城市群新型城镇格局领域英文期刊共被引网络的关键节点，如表1-17所示。

表1-17　英文城市群新型城镇格局领域期刊共被引网络关键节点

刊物名称（简称）	被引频次	首次出现年份	中心度
《环境规划》	87	1999	0.38
《城市景观规划》	202	2007	0.27
《地理经济》	135	2007	0.24
《城镇经济》	125	1999	0.16
《城镇研究》	178	1999	0.15
《美国地理学家协会年报》	28	2005	0.14
《应用地理》	135	2012	0.12
《国际人居》	170	2012	0.11
《区域科学》	35	1999	0.1

通过表1-17可以看出,《城市景观规划》《城镇研究》《国际人居》《地理经济》《应用地理》的中心度和被引频次均较高,表明这五个期刊所刊载的城市群新型城镇格局研究论文质量较高,对城市群新型城镇格局领域的学术研究起到支撑作用,因此,从中心性的角度出发,《环境规划》《城市景观规划》《地理经济》《城镇经济》《城镇研究》五个期刊在城市群新型城镇格局研究领域居于核心地位。

从发文集中情况来看,将检索得到的 Web of Science 的数据导入 Citespace 软件中,节点类型栏选择来源,首选标准 N 设置为 30,其余选项均选择默认,点击左侧"GO!"按钮运行数据,将运行结果导入 Excel 中对期刊名称进行计数,得到 1989~2019 年城市群新型城镇格局英文文献期刊分布,其中载文量排名前十的期刊如表1-18 所示。

表1-18　　1989~2019 年英文城市群新型城镇格局文献期刊分布(前十)

刊物名称(简称)	载文量(篇)	占比(%)	刊物名称(简称)	载文量(篇)	占比(%)
《中国科技期刊》	14	3.24	《应用地理》	6	1.39
《地理科学》	9	2.08	《城市》	6	1.39
《国际人居》	8	1.85	《欧洲城市规划研究》	5	1.16
《城市景观规划》	7	1.62	《遥感》	5	1.16
《区域科学》	7	1.62	《可持续发展》	5	1.16

根据表1-18 可知,城市群新型城镇格局领域发文量排名前十的英文期刊共发文72篇,占比约17%,其发文量并没有高出其他期刊很多,说明了论文在期刊上的集中度不高,城市群新型城镇格局领域的研究均匀分布在英文期刊中,并没有形成较为稳定的期刊群和代表性期刊。此外,结合图1-15 可以看出,在城市群新型城镇格局领域发文量排名前十英文期刊中,只有《城市景观规划》《城镇研究》《国际人居》《应用地理》的被引频次明显高于其他期刊,因而从期刊载文量的角度出发,可以认为《城市景观规划》《应用地理》《国际人居》三个期刊在城市群新型城镇格局研究领域具有一定的权威性。

下面对城市群新型城镇格局研究的中文期刊进行分析,由于中国知网导出的论文文献数据缺少"参考文献"字段,无法通过 Citespace 软件对中国知网导出的论文文献数据进行共被引分析,因此将对该领域期刊的载文量以及学科研究层次展开研究。

首先,将检索得到的中国知网数据导入 Excel 中对期刊名称进行计数,得到 1989~2019 年城市群新型城镇格局中文文献期刊分布,其中载文量排名前十的期刊如表1-19 所示。

表1-19　　1989~2019 年中文城市群城镇格局文献期刊分布(前十)

刊物名称(简称)	载文量(篇)	占比(%)	刊物名称(简称)	载文量(篇)	占比(%)
《城市规划》	23	1.84	《城市》	10	0.08
《经济地理》	20	1.6	《地理学报》	10	0.08
《地域研究与开发》	16	1.28	《人文地理》	9	0.07
《城市问题》	12	0.09	《规划师》	9	0.07
《现代城市研究》	12	0.09	《城市发展研究》	8	0.06

由表1-19 可知,城市群新型城镇格局领域发文量排名前十的中文期刊共发文数量为127 篇,占比约为10%,说明国内城市群新型城镇格局的论文在期刊上面的集中度较低,

城市群新型城镇格局相关领域的研究在国内还未形成较为稳定的期刊群和比较有代表性的期刊。其中,《城市规划》在该领域刊登 23 篇文章,数量是最多的,该期刊刊登的城市群新型城镇格局领域文献主要集中在国土规划、区域经济、城市管理、环境保护、社会服务等方面,涉及学科主要有建筑科学与工程、宏观经济管理、工业经济、经济学等。排名第二的期刊为《经济地理》,发文量为 20 篇,该期刊刊登的城市群新型城镇格局领域的文献主要集中在区域经济理论与方法、产业经济与产业集群、城市与城市群、产业经济与创新发展、城市地理与新型城镇化等方面,涉及学科主要有宏观经济管理与可持续发展、经济体制改革、农业经济、旅游、工业经济、环境科学与资源利用等。排名第三的期刊为《地域研究与开发》,发文量为 16 篇,该期刊刊登的城市群新型城镇格局领域的文献主要集中在区域研究、旅游研究、城市研究、生态环境、区域创新与发展、区域开发与发展等方面,涉及学科主要有宏观经济管理与可持续发展、经济体制改革、工业经济、地理、农业经济等。由此看出排名前三的期刊在城市群新型城镇格局研究领域具有一定的权威性,能够较好地把握城市群新型城镇格局研究方向和研究动态。

接下来将发文量前十的期刊按照中国知网期刊检索之后的研究层次分组来进行分类,以便进一步确认在城市群新型城镇格局研究领域比较权威期刊的文献研究层次,也为研究选取参考文献提供指导意见。分类结果如表 1 - 20 所示。

表 1 - 20　　　　　　　城市群新型城镇格局领域核心期刊研究层次

研究层次	期刊名称
基础研究(社科)	《经济地理》《城市发展研究》《城市问题》《现代城市研究》《地域研究与开发》《地理学报》《人文地理》
政策研究(社科)	《城市规划》
行业指导(社科)	《城市》《规划师》

由表 1 - 20 可知,国内城市群新型城镇格局研究主要集中在社会科学领域的基础研究层次、社会科学领域的政策研究层次以及社会科学领域的行业指导研究层次,其中《经济地理》《城市发展研究》《城市问题》《现代城市研究》《地域研究与开发》《地理学报》《人文地理》的研究集中在基础研究(社科),所以,在进行有关城市群新型城镇格局领域的社会科学基础研究时,重点参考这几个期刊。《城市规划》的研究集中在政策研究(社科),所以,在进行有关城市群新型城镇格局领域的社会科学政策研究时,重点参考这一期刊。《城市》《规划师》的研究集中在行业指导(社科),所以,在进行有关城市群新型城镇格局领域的社会科学行业指导时,重点参考这几个期刊。

根据对中英文期刊的分析发现,在城市群新型城镇格局的研究领域,英文文献可重点选取《城市景观规划》《应用地理》《国际人居》等期刊中的文献作参考,中文文献可以重点选取《城市规划》《经济地理》《地域研究与开发》《城市问题》《现代城市研究》等期刊中的文献作参考。

(四)城市群新型城镇格局领域的研究团队分析

对城市群新型城镇格局领域英文文献的作者进行分析,将检索得到的 Web of Science 的数据导入 Citespace 软件中,节点类型栏选择引用作者,首选标准 N 设置为 30,选中修剪栏下的核心期刊以及修剪片状网，使图像更加简明易读，其余选项均保持默认，点击左侧"GO！"按钮进行可视化分析，得到城市群新型城镇格局英文文献作者共被引可视图，如图 1-16 所示。

图 1-16 城市群新型城镇格局领域英文文献作者共被引可视图

由图 1-16 可知，在国际上城市群新型城镇格局研究领域的被引频次较高的作者为安娜塞林、福基塔梅、斯提欧、刘靖语、拜荻曼等人，将 Citespace 软件运行结果导出，得到城市群新型城镇格局英文文献作者被引频次排名，被引频次较高的作者才能被认为在这一领域具有一定权威。

按照中心度大于 0.1 为关键节点的标准，将城市群新型城镇格局领域英文文献作者共被引网络关键节点提取出来，如表 1-21 所示。

表 1-21　英文城市群新型城镇格局领域作者共被引网络关键节点

作者	被引频次	中心度	首次出现年份
拜荻曼	40	0.29	2009
安娜塞林	58	0.19	2012
何春玉	36	0.16	2014
格拉尔斯戈	27	0.15	2002
刘靖语	41	0.14	2013
赫恩德尔桑杰	23	0.14	2007
都瑞唐古德	34	0.12	2007
哈尔皮	17	0.12	2007
比尔隆尔	6	0.11	2002
斯提欧	42	0.1	2009
福塔梅基	30	0.1	2007
埃鲁比尔德	26	0.1	2012

由表 1-21 可知，拜荻曼、安娜塞林、何春玉、格拉尔斯戈、刘靖语与其他作者的关联程度较高，形成了以上作者为中心的多个学术研究联盟。从这一角度出发，也可认为以上作者在城市群新型城镇格局领域的研究具有一定权威性。

对城市群新型城镇格局领域英文文献的机构研究团队进行分析，将检索得到的 Web of Science 的数据导入 Citespace 软件中，节点类型栏选择机构，首选标准 N 设置为 30，其余选项均保持默认，点击左侧"GO！"按钮进行可视化分析，得到城市群新型城镇格局英文文献研究机构合作可视图，如图 1-17 所示。

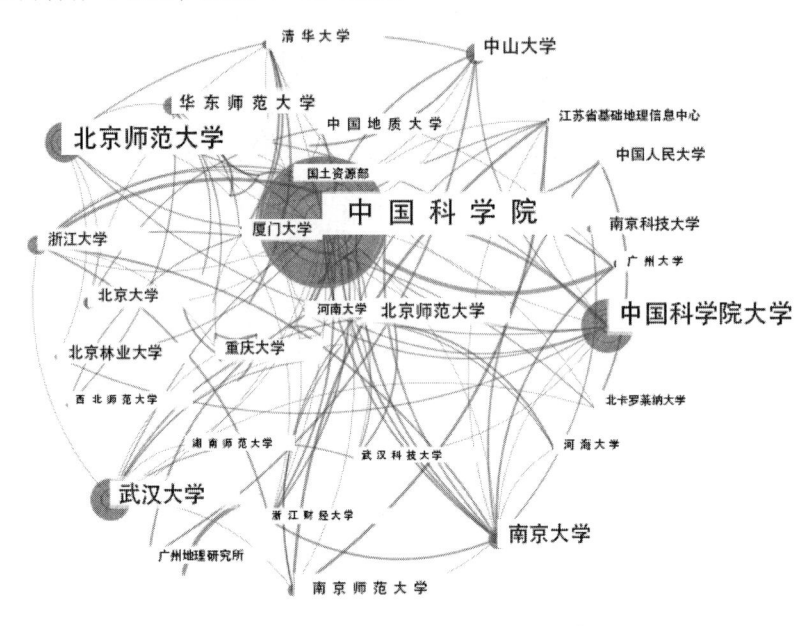

图 1-17 城市群新型城镇格局英文文献机构研究团队合作可视图

通过图 1-17 可以看出，中国科学院的发文量最高，同时其与中国科学院大学、北京师范大学、武汉大学间的联系较为紧密，整体来看，机构之间的连线有 129 条，节点（即发文机构）有 71 个，贡献网络密度仅为 0.0519，说明在国际上各机构间合作良好，但仍需要加强与国际间的研究合作，建立适度规模化的研究机构群体。将 Citespace 软件运行的数据导出，得到城市群新型城镇格局英文文献发文量在 10 篇以上的机构如表 1-22 所示。

表 1-22　　城市群新型城镇格局英文文献发文量高的机构研究团队

发文量（篇）	机构名称	机构性质	地区
94	中国科学院	研究机构	中国
43	中国科学院大学	高校	中国
32	北京师范大学	高校	中国
30	武汉大学	高校	中国
17	中山大学	高校	中国
15	南京大学	高校	中国
13	华东师范大学	高校	中国
12	浙江大学	高校	中国
11	北京大学	高校	中国
10	南京师范大学	高校	中国

根据表 1-22 可以看出，英文城市群新型城镇格局领域发文量排名前三的机构为中国科学院、中国科学院大学以及北京师范大学。从研究机构的类别分析，城市群新型城镇格局研究机构较为单一，发文的研究机构集中在高校，表明目前在国际上对城市群新型城镇格局研究的主力位于世界范围内各大高校。从地域上看，中国在城市群新型城镇格局方面的研究规模较大，排名前十的机构全在中国，说明中国高校在城市群新型城镇格局研究领域具有一定国际影响力。

对城市群新型城镇格局领域的中文文献作者进行分析，将检索得到的中国知网的数据导入 Citespace 软件中，节点类型栏选择作者，首选标准 N 设置为 30，选中修剪栏下的核心期刊以及修剪片状网，使图像更加简明易读，其余选项均保持默认，点击左侧"GO!"按钮进行可视化分析，得到城市群新型城镇格局研究中文文献的作者合作网络可视图，如图 1-18 所示。

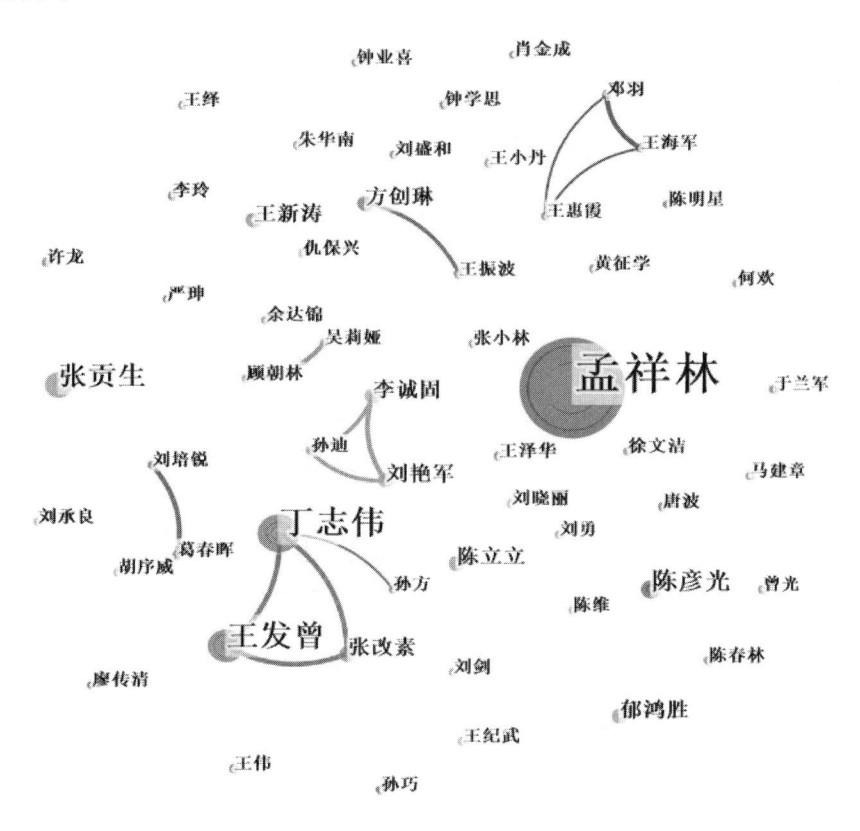

图 1-18 城市群新型城镇格局领域中文文献作者合作网络可视图

由图 1-18 可以看出，孟祥林的发文量最高，但未与其他学者有合作，整体来看，作者之间的连线仅有 14 条，而节点（即作者）有 56 个，共现网络密度仅为 0.0091，说明在国内，各个作者联系较弱，大多未形成科研合作团队。将 Citespace 软件运行的数据导出，得到城市群新型城镇格局研究中文文献发文量排名前五的作者，如表 1-23 所示。

如表 1-23 中所示，孟祥林、丁志伟、王发曾等是城市群新型城镇格局研究领域的重要学者，在城市群新型城镇格局研究领域具有较强影响力，因此可以重点选取以上学者的文章进行参考。其中，来自华北电力大学的孟祥林致力于城镇体系、行政区划、区域经济、城市群、城市化进程的研究；来自河南大学的丁志伟致力于城镇体系、城市体系、城市群、城市—区域系统、经济差异、城镇化的研究；来自河南大学的王发曾致力于城市群、新型城镇化、城镇体系、空间格局的研究；来自兰州商学院的张贡生致力于城乡一体化、城镇体系、空间布局城市群、区域发展总体战略的研究；来自北京大学的陈彦光致力于城市体系、城市规模分布、城镇体系、空间结构的研究。

表1–23　　　　　　城市群新型城镇格局研究中文文献发文量高的作者

作者	发文量（篇）	单位
孟祥林	20	华北电力大学
丁志伟	8	河南大学
王发曾	7	河南大学
张贡生	5	兰州商学院
陈彦光	4	北京大学

对城市群新型城镇格局研究中文文献的机构研究团队进行分析，将检索得到的中国知网的数据导入 Citespace 软件中，节点类型栏选择机构，首选标准 N 设置为30，其余选项均保持默认，点击左侧"GO!"按钮进行可视化分析，得到城市群新型城镇格局研究中文文献机构研究团队合作可视图，如图1–19所示。

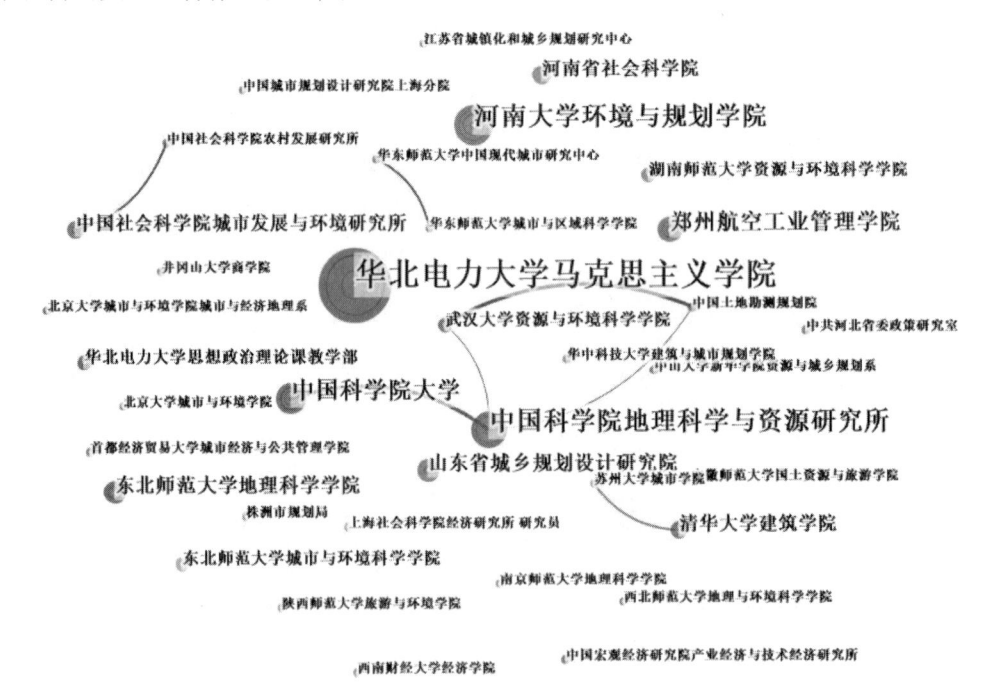

图1–19　城市群新型城镇格局研究中文文献机构研究团队合作可视图

由图1–19可以看出，华北电力大学马克思主义学院的发文量最高，但与其他机构没有合作，究其原因，其发文量虽然较高，但是质量偏低，因此没有与其他机构形成学术联盟，整体来看，机构之间的连线仅有0条，而节点（即发文机构）有42个，贡献网络密度仅为0.0105，说明国内的各机构应加强国际间的研究合作，建立适度规模化的研究机构群体。清华大学与苏州大学有所合作，形成了小规模研究机构群体；中国社会科学院与武汉大学、中国上海勘测规划学院也形成了一定规模的机构群体，还有待于进一步发展。将 Citespace 软件运行的数据导出，得到城市群新型城镇格局研究中文文献发文量排名前五的机构如表 1-24 所示。

表 1-24　　　中文城市群新型城镇格局研究中文文献发文量高的机构

发文量（篇）	机构名称	机构性质	地区
16	华北电力大学	高校	华北地区
9	河南大学	高校	华中地区
8	中国科学院地理科学与资源研究所	科研机构	华北地区
7	中国科学院大学	高校	华北地区
6	东北师范大学	高校	华北地区

根据表 1-24 可以看出，城市群新型城镇格局领域中文文献发文量排名前三的机构为华北电力大学、河南大学、中国科学院地理科学与资源研究所。从研究机构的类型上看，城市群新型城镇格局研究机构较为单一，发文的研究机构集中在高校，表明目前国内对城市群新型城镇格局研究的主力为各大高校，唯一一个中国科学院地理科学与资源研究所是科研机构。从地域上看，城市群新型城镇格局中文文献研究主要集中在华北、华中地区，华东、华南等地区对城市群新型城镇格局的研究规模较小。

（五）城市群新型城镇格局领域的重要文献分析

对城市群新型城镇格局领域英文重要文献进行分析，将检索得到的 Web of Science 文献数据导入 Citespace 软件中，节点类型栏选择关键词，首选标准 N 设置为 30，时间切片选择为 2，其余选项均保持默认，点击左侧"GO!"按钮进行可视化分析，得到城市群新型城镇格局领域英文文献共被引运行图，在运行图中悬着时间线的显示方式，得到图 1-20 所示。

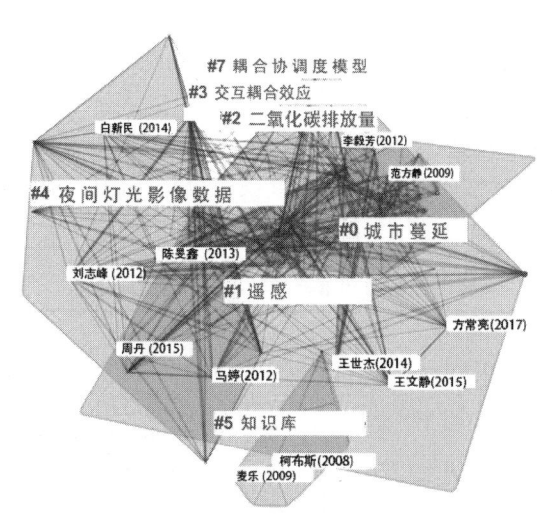

图 1-20　城市群新型城镇格局领域英文文献共被引参考文献聚类分析图

由图 1-20 可知，城市群新型城镇格局领域英文文献共被引参考文献知识图谱中有节点 138 个、链接 478 条，密度值为 0.0506。Web of Science 核心合集期刊的文献共被引网络中有多个突出的节点，这直观地反映了城市群新型城镇格局的基础，高频被引文献发挥了较为良好的媒介作用，也是网络连接中一个时间段到另一个时间段过度的关键点。所以挖掘出关键节点对区域协调发展的研究具有非常重要的意义。

按照中心度大于 0.1 视为关键节点的标准，提取城市群新型城镇格局英文文献共被引网络的关键节点，得到城市群新型城镇格局领域英文核心文献，如表 1-25 所示。

表 1-25　　　　　　　城市群新型城镇格局领域英文核心文献

中心度	作者	题目
0.2	邓西泽	中国的经济增长与城市土地扩张
0.15	刘志峰	利用 DMSP-OLS 夜间灯光数据提取 1992~2008 年中国城市扩张动态
0.15	龙华丽	中国东部沿海地区工业化和城市化驱动下的农村发展差异
0.13	陈旻鑫	1960~2010 年中国城市化演进与评估：城镇化不足还是城镇化过度？
0.1	田高静	长江三角洲城市群城市增长、规模分布与时空动态格局

由表 1-25 可知，中心度最高的文章为邓西泽发表于 2010 年的《中国的经济增长与城市土地扩张》，该文研究经济增长与城市核心区之间的关系，以面板数据来衡量中国土地的利用效率，作者认为核心城市的扩张与中国的经济结构变化有关。排名第二的为刘志峰于 2012 年发表的《利用 DMSP-OLS 夜间灯光数据提取 1992~2008 年中国城市扩张动态》，城市扩张的动态信息可以用来揭示城市扩张与土地之间的关系优化。该文运用修正后的夜间灯光数据提取出城市扩张的动态信息，研究表明，这种方法能够有效减少夜间灯光数据的异常差异，也提高了连续性和可比性。排名第三的为龙华丽发表于 2009 年的《中国东部沿海地区工业化和城市化驱动下的农村发展差异》，该文以中国东部沿海地区农村为研究对象，根据影响农村长期发展的主要因素和农村社会功能的发挥，建立了农村度指标体系，以区分不同类型的农村度。在一定程度上，农村发展指数可以准确反映农村发展的现状和农村社会功能的发挥，也可以反映同一农村发展类型在不同地区所处的不同阶段。

对城市群新型城镇格局领域中文重要文献进行分析，由于中国知网导出文献信息的残缺性，无法使用 Citespace 软件对中文文献做共被引分析，因此对中文重要文献进行被引频次分析，如表 1-26 所示。

表 1-26　　　　　　　城市群新型城镇格局领域中文核心文献

排名	被引频次	作者	题目
1	189	魏后凯	中国城镇化进程中两极化倾向与规模格局重构
2	173	刘涛、齐元静、曹广忠	中国流动人口空间格局演变机制及城镇化效应——基于 2000 和 2010 年人口普查分县数据的分析
3	158	胡序威	有关城市化与城镇体系规划的若干思考
4	152	刘静玉、王发曾	城市群形成发展的动力机制研究
5	113	李震、顾朝林、姚士媒	当代中国城镇体系地域空间结构类型定量研究
6	110	岳文泽、徐建华、颉耀文	甘肃城镇体系结构及其分形模型研究

续表

排名	被引频次	作者	题目
7	108	邹军、陈小卉	城镇体系空间规划再认识——以江苏为例
8	103	杨璐璐	中部六省城镇化质量空间格局演变及驱动因素——基于地级及以上城市的分析
9	101	孙一飞	城镇密集区的界定——以江苏省为例
10	100	何剑锋、庄大方	长江三角洲地区城镇时空动态格局及其环境效应

由表 1-26 可知，被引频次第一的是魏后凯于 2014 年 3 月发表的《中国城镇化进程中两极化倾向与规模格局重构》，被引频次为 181 次，该文使用系统数据揭示大城市偏向的两极化倾向，从传统发展理念、市场极化效应与农民迁移意愿等综合视角探讨城镇化规模格局的战略选择。研究表明，中国社会由城乡二元结构向城乡之间、城镇之间、城市内部三种二元结构相互叠加的多元结构进行转变，中国应实行多中心网络发展战略，着力提高中小城市和小城镇综合承载能力，推动形成以城市群为主体形态，大中小城市和小城镇合理分工、协调发展、等级有序的城镇化规模格局。被引频次第二的是刘涛、齐元静、曹广忠于 2015 年 4 月发表的《中国流动人口空间格局演变机制及城镇化效应——基于 2000 年和 2010 年人口普查分县数据的分析》，基于 2000 年和 2010 年全国人口普查分县数据，对中国流动人口空间格局的演变特征、形成机制及其城镇化效应进行了系统分析，研究发现，流动人口分布的空间格局具有较强的稳定性，长三角、珠三角和京津冀等沿海城市群仍然是其主要集中地，在沿海集中区逐渐出现了连绵化的趋势，但城市群内部的空间分布模式仍有较大的差异。城市群内部的人力资源明显向大型城市集聚，省内县际的流动人口规模已接近于省际流动，同时其变成城镇居民的能力越发强力，在未来省内的县际迁移会成为中国人口城镇化的主导模式。被引频次排名第三的为胡序威 2000 年 1 月发表的《有关城市化与城镇体系规划的若干思考》，国内城市化严重滞后于工业化，并且已经制约了国民经济的正常发展，为此，应调整城市发展方针，基于现实情况将城镇体系的规划不断层次化和合理化，利用相关政策引导，逐渐形成空间规划系列政策。

（六）城市群新型城镇格局领域的研究热点及前沿分析

通过对文献关键词的供词分析以及突变分析可以直观地反映出城市群新型城镇格局领域的研究热点及前沿，从而准确把握这一领域的学术研究范式，更易从中发现目前该领域研究中的学术空白，为更好地选择学术研究方向提供帮助。

首先对城市群新型城镇格局领域的研究热点进行分析。

在英文文献方面，将检索得到的 Web of Science 文献数据导入 Citespace 软件中，节点类型栏选择关键词，首选标准 N 设置为 20，选中修剪栏下的核心期刊以及修剪片状网，使图像更加简明易读，其余选项均保持默认，点击左侧"GO!"按钮进行可视化分析，得到城市群新型城镇格局英文关键词共现图后，选择时间线显示，采用关键词聚类，选择 LLR 对数极大近似率，调整图像后得到图 1-21。

由图 1-21 可知，城市群新型城镇格局领域高频关键词聚类分为 7 个类别，为城市内生增长、城市扩张、耦合协调发展模型、城市群、土地利用热度、地理信息系统、城镇化。这 7 个类别代表了城市群新型城镇格局领域的具体研究热点。在聚类图中，通过对关键词提取，并按照时间顺序梳理，如表1-27所示，可以清晰地分析英文城市群新型城镇格局学术研究热点脉络。

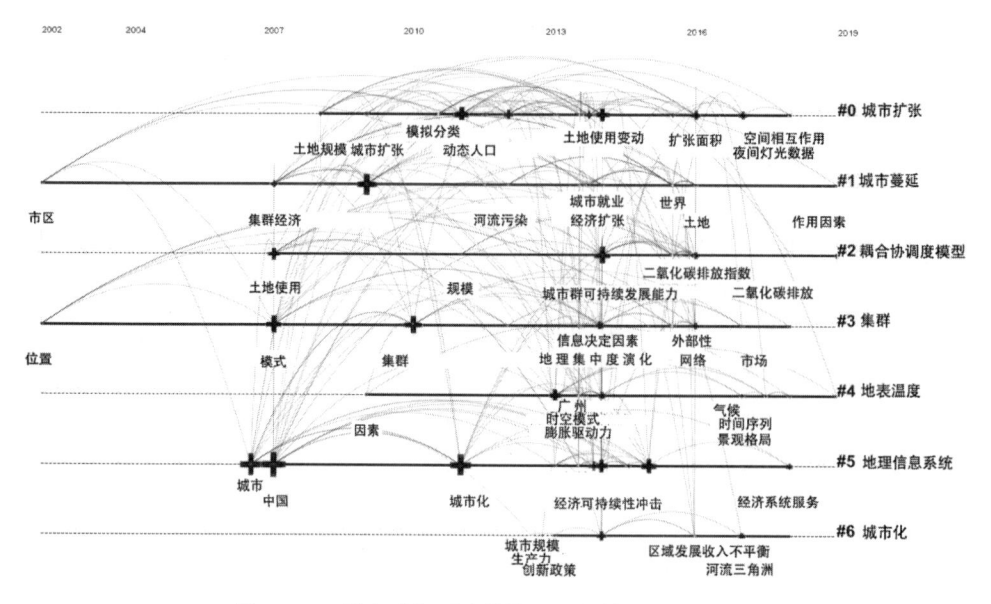

图1-21 城市群新型城镇格局研究英文文献热点图

表1-27　　　　2002~2019年城市群新型城镇格局领域英文文献热点关键词

年份	关键词
2002	地区，大都市，郊区化
2007	中国，城市，土地利用，模式，尺码，扩张
2008	聚集经济，城市园林
2009	增长，指数，城镇增长，
2010	聚集
2011	细胞自动机，分类，维度，动力学，模拟，城镇化
2012	排放，地理集中度，污染，人口，回归，河流
2013	易获得性，城市规模，扩张性，创新，生产力，城镇，
2014	协会，城市，城市规模分布，人类，覆盖变化，行列式，驱动力，经济增长，经济，生态系统，就业，环境影响，进化，地理信息系统，广州，人类居住地，信息，土地利用变化，安吉拉，模型，性能，政策，研发，时空模式，系统，转换，城市聚集，城市扩张，武汉城镇聚集
2015	美化，北京，耦合，耦合协调度模型，环境，影响，质量，地区，旅游
2016	地区，自相关，二氧化碳排放，消费，经济发展，欧洲城市，外部性，公司，外国直接投资，地理，收入差距指标，工业，基础设施，土地级别，光，制造业，网络分析，多中心城市区域，区域发展，卫星，空间，可持续性，城市生态，城市扩张，城市形态，世界
2017	能源消耗，热土，市场，珠三角，视角，空间格局，时间序列
2018	二氧化碳排放，气候，生态系统服务，夜间灯光数据，上海，空间相互作用，空间结构，美国，法律
2019	影响因素，景观格局，管理

由表1-27可以看出，各个时期的城市群新型城镇格局研究方向。2002年，在城市群新型城镇格局正式成为热点，学者们在这一阶段主要对城市群新型城镇格局本身的研究，研究城市群新型城镇格局内部城市群和大城市的城镇化发展情况。2007~2013年，学者们开始关注城市群新型城镇格局内部城市的扩张发展、城市的规模结构以及城市经济发展带来

的影响等方面。2014年,研究热点词比往年明显增多,表明城市群新型城镇格局的研究目前正受到各个领域学者的重视,各学者主要关注环境问题、城市扩张、城市群发展等多个领域。2015~2019年,学者们主要关注城市群城镇格局中城市的空间布局、发展中国家城镇发展问题及城市发展过程中带来的环境问题等。因此,可以直观地看出国外对城市群新型城镇格局方面的研究还处于城市的扩张及城市化发展状况的研究阶段,对于城市群新型城镇格局的研究尚未起步。

在中文文献方面,将检索得到的中国知网文献数据导入Citespace软件中,节点类型栏选择关键词,首选标准N设置为10,选中修剪栏下的核心期刊以及修剪片状网,使图像更加简明易读,其余选项均保持默认,点击左侧"GO!"按钮进行可视化分析,得到城市群新型城镇格局研究中文文献关键词共现图后,选择时间线显示,采用关键词聚类,选择对数极大近似率,调整图像后得到图1-22。

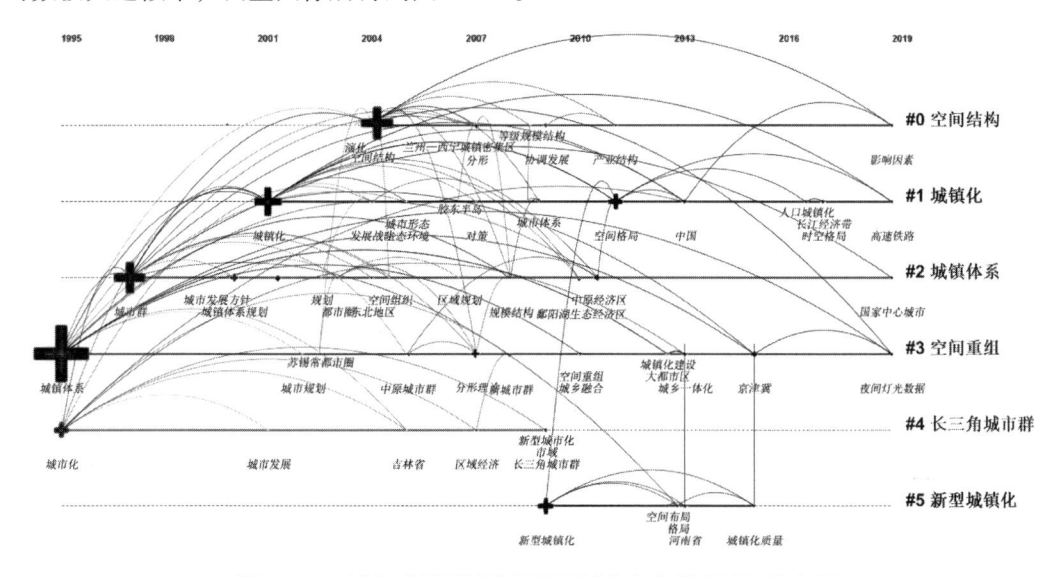

图1-22 城市群新型城镇格局领域中文文献关键词热点图

由图1-22可知,城市群新型城镇格局研究中文文献的高频关键词聚类分为6类,分别为空间结构、城镇化、城镇体系、空间重组、长江三角洲、新型城镇化。其中,空间结构、城镇化、城镇体系和空间重组的研究在近年来持续保持热度,其中对城市群城镇格局空间结构的研究自2004年城市群城镇格局的相关研究热点出现至今持续保持热度,说明近年来中国学界对城市群城镇格局的研究热情高涨,此外,长江三角洲城市群从1995年开始出现热度,至2009年逐渐减退,新型城镇格局从2009年开始出现热度,至2015年热度逐渐减退。在聚类图中,通过对关键词提取,并按照时间顺序梳理,得到城市群新型城镇格局领域的中文文献研究热点,如表1-28所示。

表1-28　　　　　城市群新型城镇格局领域中文文献研究热点

年份	研究热点
1995	城镇体系、城市化
1997	城市群
2000	城镇体系规划、城市发展方针

续表

年份	研究热点
2001	城镇化、优化、城市发展
2002	城市规划
2003	都市圈、区域、规划、苏锡常都市圈、发展、中等城市、20世纪
2004	空间结构、发展战略、东北地区、演化
2005	中原城市群、吉林省、空间组织、生态环境、城市形态
2007	分形理论、分形、区域经济、胶东半岛、对策、区域规划、兰州—西宁城镇密集区
2008	规模结构、新城市群
2009	新型城镇化、协调发展、城市体系、等级规模结构、动力机制、长三角城市群、职能结构、新型城市化、市域、城市化进程、中心城市
2010	鄱阳湖生态经济区、空间重组、城乡融合
2011	空间格局、中原经济区、城镇空间结构、产业结构
2013	中国、河南省、城乡一体化、格局、空间布局、大都市区、大城市群、城镇化建设
2015	城镇化质量
2017	长江经济带、时空格局、京津冀协同发展、节点中心地、人口城镇化
2019	影响因素、国家中心城市、高速铁路、夜间灯光数据

由表1-28可以看出，自1995年开始，中国城镇化发展成为研究热点，因此城市群城镇格局研究中文文献的热点时间段主要集中在1995~2019年，近年来中国城市群新型城镇化的进程不断加深，取得了卓越成就，2013~2019年每年的热点凸显关键词不断增多，自2013年以来，对于城市群新型城镇化的各方面研究开始被各领域学者广泛关注，具体来看，2013年，学者主要关注城市群的空间布局和城乡一体化发展及城市群的城镇化发展。2014~2019年，对城市群新型城镇格局的关注重心在城镇化的高质量可持续发展、城市群间的协调发展以及人口城镇化等方面。

下面对城市群新型城镇格局领域的研究前沿进行分析。

对城市群新型城镇格局领域英文文献的研究前沿进行分析，将检索得到的Web of Science文献数据导入Citespace软件中，节点类型栏选择关键词，首选标准N设置为20，其余选项均保持默认，点击左侧"GO！"按钮并可视化分析，下一步进行突变分析，由于研究时间跨度较大，涉及关键词较多，故将突发性下的最短持续性设置为5，提取突变最少保持5年的关键词，得到表1-29。

表1-29 城市群新型城镇格局英文文献前沿术语

关键词	强度	开始年份	结束年份	突变年份分布（2002~2019年）
地域	3.9379	2002	2015	
大城市区域	1.7525	2002	2016	
集聚经济	2.1986	2008	2016	
城镇增长	2.095	2009	2014	
等级	2.2873	2011	2014	
规模	2.5091	2011	2013	
时空模式	3.0225	2014	2016	
区域	3.7853	2015	2017	
时间序列	2.9219	2017	2019	

注："▬▬▬"为关键词频次突然增加的年份，"━ ━ ━"为关键词频次无显著变化的年份。

如表1-29所示，2002~2016年英文城市群新型城镇格局文献突现关键词为地域、大城市区域、集聚经济、城市扩大（城镇增长）、等级、规模、时空模式，在城市群新型城镇格局在国际上成为热点的初期，学者们重点研究城市群新型城镇格局领域的大都市区域、城市经济集聚及城市扩张问题，之后开始重点关注城市等级、规模与时空模式及区域等问题；2016年至2019年，突现关键词为区域、时间序列，说明城市群新型城镇格局的研究经过多年发展，学者们开始基于前人多角度的系统研究对城市群新型城镇格局领域的区域政策以及城市群新型城镇格局在各个领域的影响作用进行重点研究。通过以上对城市群新型城镇格局领域英文文献研究前沿的分析，可以看出，在国际环境下目前对于城市群新型城镇格局的研究前沿对城市群新型城镇格局领域的研究较不充足，近年的城市群新型城镇格局领域英文文献对中国城市群新型城镇格局领域的参考价值较小。

对城市群新型城镇格局领域中文文献的研究前沿进行分析：将检索得到的中国知网文献数据导入Citespace软件中，节点类型栏选择关键词，首选标准N设置为20，其余选项均保持默认，点击左侧"GO!"按钮并选择可视化分析，下一步进行突变分析，由于研究时间跨度较大，将突发性下的最短持续性设置为3，提取突变最少保持3年的关键词，得到表1-30。

表1-30 城市群新型城镇格局中文文献前沿术语

关键词	强度	开始年份	结束年份	突变年份分布（1995~2019年）
城市化	5.7061	1995	2008	
城镇体系	3.5393	1995	1998	
城镇体系规划	4.1154	2000	2006	
都市圈	5.3349	2003	2008	
分形理论	4.8645	2008	2012	
协调发展	4.2723	2009	2012	
中原经济区	4.2816	2011	2014	
城乡一体化	4.0476	2013	2016	
河南省	4.0567	2014	2016	
新型城镇化	19.5297	2014	2017	
京津冀	4.55431	2015	2019	
空间格局	8.2565	2016	2019	

注："▬▬▬"为关键词频次突然增加的年份，"―――"为关键词频次无显著变化的年份。

如表1-30所示，1995年之前没有出现有关城市群新型城镇格局文献突现关键词，说明在1995年前，中国对于城市群新型城镇格局的研究尚处起步阶段，没有形成较为鲜明的学术前沿。1995~2008年城市群新型城镇格局中文文献突现关键词为城市化、城镇体系、城镇体系规划、都市圈，说明这一阶段是国内城市群新型城镇格局领域学术前沿产生的初期，学者们重点研究城市群新型城镇格局的城市化和城镇体系规划问题。2008~2014年突现关键词为分形理论、协调发展、中原经济区，说明在这一阶段学者开始关注城市群新型城镇格局领域的城市群经济发展状况及其内部城市间协调发展的问题，说明国内对城市群新型城镇格局的研究逐渐发展起来，涉及领域逐渐广泛。2014~2019年，突现关键词分别为城乡一体化、河南省、新型城镇格局、京津冀、空间格局，说明在中国城市群新型城镇格局得到了广大学者的广泛认可，学者们开始基于前人多角度的系统研究对城市群新型城镇格局政策以及城市群新型城镇格局在各个领域的影响进行重点研究，为城市群新型城镇格局的构建做出贡献。

三、关于二者相互作用的文献计量

在区域协调发展战略中构建中国城市群的新型城镇格局，就是要重塑城市群中大中小城市和小城镇间的关系，构建协调机制补齐短板、强弱项，在规划和建设上高效集聚地推进西部大开发、东北振兴、中部崛起、东部优先发展，实现中国区域协调发展的全面协调可持续。对城镇格局优化、城市群发展与区域协调发展的关系方面所取得的成就较少，因而本书通过"城市群职能结构""城市群等级规模结构""城市群空间布局结构"三个方面对"区域协调发展与城市群新型城镇格局之间关系"进行研究。区域协调发展与城市群新型城镇格局之间关系（以下简称为"二者关系"）的文献综述是通过分析城市群的三大结构（职能结构、等级规模结构、空间布局结构）的相关文献进行的。

（一）研究数据及发文量的初步分析

英文文献数据以 WOS（Web of Science）为来源，由于通过所有数据库进行文献收集会存在字段缺失的现象，因此通过核心数据库（Web of Science Core Collection）进行文献收集。构建检索式为：TS =（Functional Structure of Urbanlization），或 TS =（Hierhical Scale of Urbanlization），或 TS =（Spatiallay out of Urbanlization），语种为英语，文献类型为期刊，时间跨度为 1989 年 1 月~2019 年 12 月，检索时间为 2019 年 12 月 31 日，对检索出的文献进行筛选，删除与之不相关的文献，得到 417 条检索信息并导出相关文献信息，将文献数据导入 Citespace 中对数据进行初步检验，发现字段缺失数据有 4 条，最终进行区域协调发展与城市群新型城镇格局之间关系领域英文文献计量分析所用有效数据为 413 条。

中文文献数据以中国知网为来源，构建检索式为：主题 = "城市群职能结构"或主题 = "城市群等级规模"，或主题 = "城市群空间布局结构"。时间限定为 1989 年 1 月~2019 年 12 月，检索时间为 2019 年 12 月 31 日，对检索出的文献进行筛选，将不相关的文献剔除之后，得到有效文献数量为 1112 篇，将文献数据导入 Citespace 中对数据进行初步检验，软件运行结果良好，没有数据丢失，最终进行区域协调发展与城市群新型城镇格局之间关系领域中文文献计量分析所用有效数据有 1348 条。

将上述"二者关系"文献的数据再次导出，按照发文年份以及发文数量将对应信息提取出来并放入 Excel 中进行分析，可以得到 1989 年 1 月~2019 年 12 月"二者关系"领域英文文献与中文文献的发文数量趋势比较图，如图 1-23 所示。

由图 1-23 可以看出，区域协调发展与城市群新型城镇格局之间相互作用的中英文文献发文量从 2004 年开始出现较大差异。1989~2004 年，各年度关于区域协调发展与城市群新型城镇格局之间相互作用的研究的中文发文量与英文发文量相差不多，说明在这一时期，国际上对于区域协调发展与城市群新型城镇格局之间相互作用的研究还处于起步阶段，并且发展还较为缓慢。2004~2016 年，"二者关系"中英文发文量的增长趋势开始出现明显差异，中文文献发文量呈波动迅速增长的趋势，英文文献发文量呈先平稳后迅速增长的趋势，且英文发文量均低于中文发文量，说明在这一时期，中国对于"二者关系"的

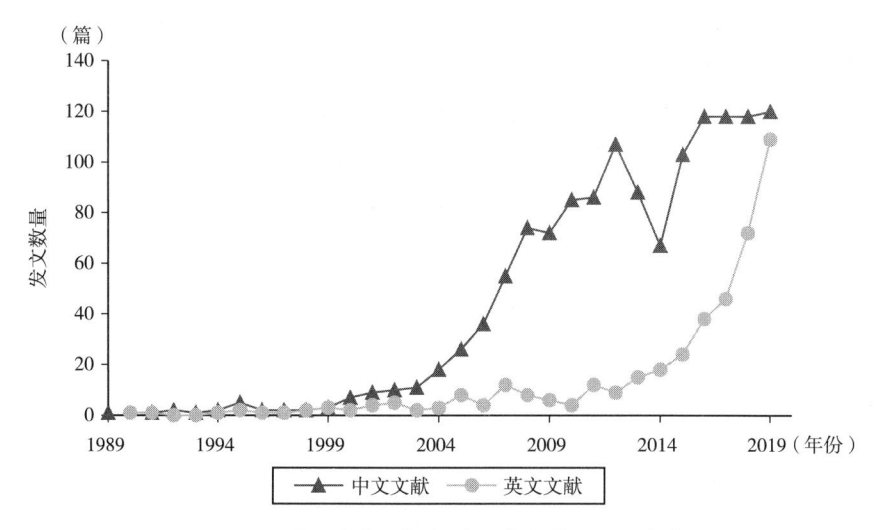

图1-23 "二者关系"领域研究中英文文献分布图

研究开始逐渐步入正轨,对于"二者关系"领域的研究在国内学术研究领域迅速发展起来。2016~2019年,"二者关系"研究中英文发文量都有所增长,但英文发文量的增长速度较为迅速且在未来仍具有增长的趋势。

(二)"二者关系"研究的国家分析

将Web of Science数据库文献数据导入Citespace软件中,节点类型设置为国家,首选标准N设置为60,其余设置均选用默认值,再将Citespace软件所整理的数据表格导入Excel中,提取"国家"和"发文量"两个字段下的数据,得到不同国家在"二者关系"研究领域发文量排名,如图1-24所示。

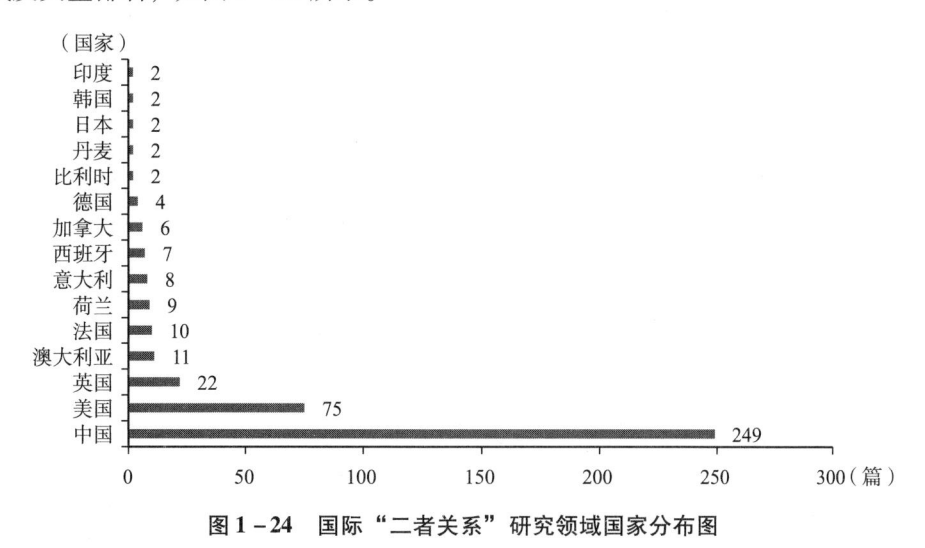

图1-24 国际"二者关系"研究领域国家分布图

由图1-24可知,发文量排名前十的国家除了中国和印度之外,其余八个国家均为发达国家。"二者关系"研究领域发文量排名前三的国家分别为中国、美国、英国,其中,发文量排名第一的是中国,发文数量为249篇,约占发文总量的60.58%;发文量排名第二的是美国,发文数量为75篇,约占发文总量的18.25%;发文量排名第三的是英国,发文数量为22篇,约占发文总量的5.35%。

通过将Web of Science数据库文献数据导入Citespace软件中,节点类型设置为国家,首选标准N设置为60,其余设置均选用默认值,进行可视化分析,得到"二者关系"研究国家知识图谱,如图1-25所示。

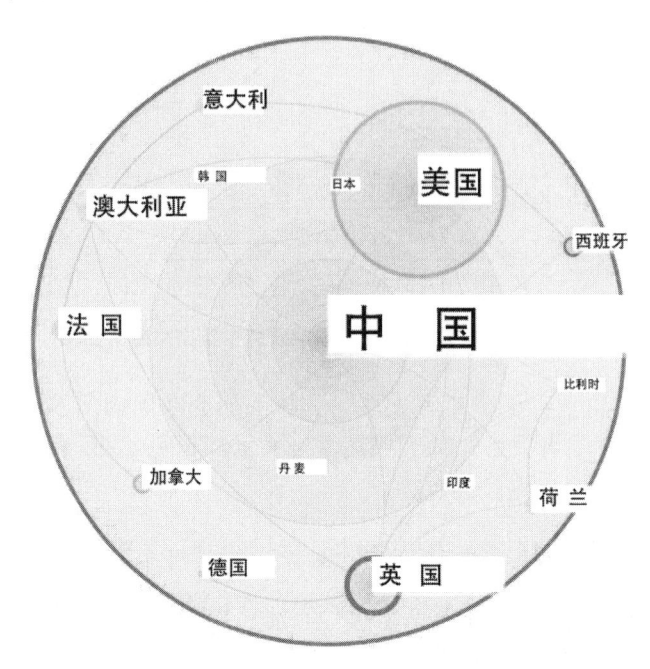

图1-25 "二者关系"的国家共现图

由图1-25可知,"二者关系"研究领域的国家中,中国居于核心地位,与大部分国家的合作比较紧密,说明中国在"二者关系"领域的研究地位较高,仅次于中国的国家是美国,美国与英国、德国、澳大利亚、加拿大等国家也均有合作。

在Citespace软件的分析结果中,中心性的数值大小代表该节点关键性的大小,因而通过对各个国家发文量中心性的分析,得出各个国家所在节点的关键性,进而表明该国家与其他国家合作的紧密性,及在"二者关系"领域的国际研究中所处的地位。通常认为中心度大于0.1的节点,可以被看作关键节点,中心度大于0的国家如表1-31所示。

表1-31　　　　　　　　"二者关系"领域国家发文中心度排名

发文量(篇)	国家	首次发文年份	中心度
22	英国	2005	0.74
250	中国	2006	0.54
75	美国	1999	0.44
7	西班牙	2013	0.24
6	加拿大	2007	0.2
8	意大利	2013	0.06
10	法国	2011	0.04
2	比利时	2019	0.02

由表 1-31 可以看出，只有 8 个国家的中心度大于 0，剩余国家的中心度均小于 0，说明只有中国、美国、英国、意大利等 8 个国家与其他国家在"二者关系"领域有一定的合作，中心度排名前五的国家除了中国是发展中国家，其余均为发达国家，说明发达国家在"二者关系"领域研究的国际地位比较高，与其他国家合作更为紧密。中心度大于 0.1 的国家是英国、中国、美国、西班牙、加拿大 5 个国家，表明这 5 个国家在"二者关系"领域国家合作网络中位于关键节点。首次发文年份最早的是美国，其中心度不仅位于第一且发文量也较多，说明美国在"二者关系"研究的理念形成得比较早，再通过与各个国家深入合作，其在"二者关系"研究的国际地位也在不断提高。中国的发文量在所有的国家中排名第一，其中心度的监测值为 0.54，其中心度数值相对较高，说明中国在国际上"二者关系"文献具有一定影响力。

（三）"二者关系"研究的期刊分析

首先，对英文"二者关系"的期刊进行分析。将检索得到的 Web of Science 的数据导入 Citespace 软件中，节点类型栏选择引用期刊，首选标准 N 设置为 30。同时，由于数据量较大，涉及期刊较多，直接进行可视化所得图像将不够直观易读，因此需对网络进行修剪，故选中修剪栏下的核心期刊以及修剪片状网，使图像更加简明易读，其余选项均保持默认，点击左侧"GO!"按钮进行可视化分析，得到"二者关系"研究英文期刊共被引可视图，如图 1-26 所示。

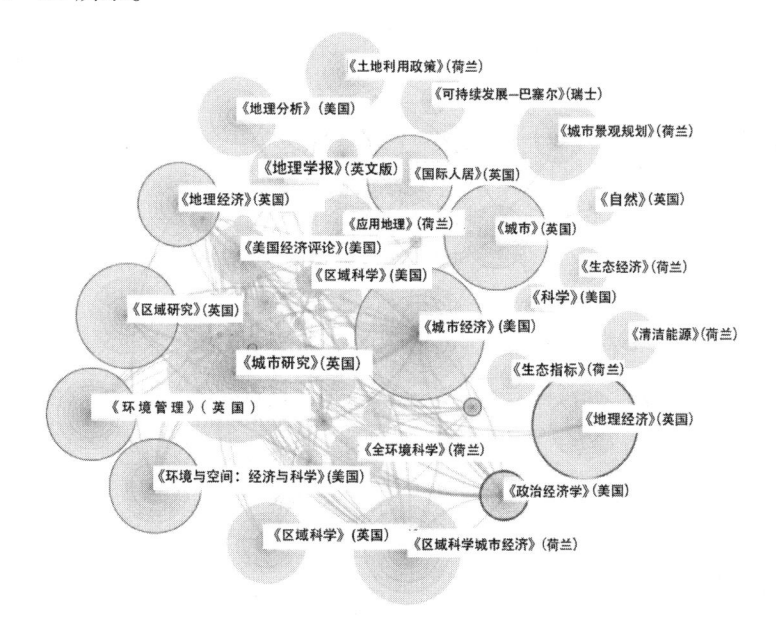

图 1-26 "二者关系"领域英文期刊共被引可视图

由图 1-26 可知，《城镇研究》是被引频次最高的期刊，该期刊是著名的城市研究类学术期刊。同时可以发现"二者关系"研究的英文被引期刊还集中在《城镇经济》《城镇科学经济》《地理经济》《区域研究》《城市》《环境规划》《城市景观规划》《区域科学》《国际人居》《地理经济》《地理分析》《土地利用政策》等。期刊的研究方向多分布在地理学、经济学、社会学、政治学以及规划和公共管理等领域。

从被引期刊中心性的角度分析，将 Citespace 对"二者关系"领域英文期刊共被引分析所得数据导出至 Excel，按照中心度大于 0.1 的标准提取数据，得到"二者关系"领域英文期刊共被引网络的关键节点，如表 1-32 所示。

表 1-32　　　　　　"二者关系"领域英文期刊共被引网络关键节点

刊物名称（简称）	被引频次	首次出现年份	中心度
经济政策	63	1999	0.24
地理经济	122	2005	0.23
环境规划	112	2000	0.14
城镇经济	157	1999	0.13
区域研究	122	1999	0.13
城市	119	2008	0.13
地理经济	97	2007	0.12
科技经济	23	2006	0.12
运输地理学	12	2008	0.12
国际人居	97	2008	0.11
土地利用政策	93	2013	0.1

由表 1-32 可以看出，《地理经济》《环境规划》《区域研究》《城市》的中心度和被引频次均较高，表明这三个期刊所刊载的"二者关系"研究论文质量较高，对"二者关系"领域的学术研究起到支撑作用，因此，从中心性的角度出发，《科技经济》《地理经济》《环境规划》三个期刊在"二者关系"研究领域居于核心地位。

从发文集中情况来看，将检索得到的 Web of Science 的数据导入 Citespace 软件中，节点类型栏选择来源，首选标准 N 设置为 30，其余选项均选择默认，点击左侧"GO!"按钮运行数据，将运行结果导入 Excel 中对期刊名称进行计数，得到 1989~2019 年"二者关系"英文文献期刊分布，其中载文量排名前十的期刊如表 1-33 所示。

表 1-33　　　　　　1989~2019 年英文"二者关系"文献期刊分布（前十）

刊物名称（简称）	载文量（篇）	占比（%）	刊物名称（简称）	载文量（篇）	占比（%）
中国地理科技	11	2.66	应用地理	6	1.45
地理科学学报	8	1.93	城市	6	1.45
地理科学	8	1.93	国际人居	6	1.45
城镇经济	8	1.93	可持续发展	6	1.45
城镇研究	8	1.93	生态指标	5	1.45

根据表 1-33 可知，"二者关系"领域发文量排名前十的英文期刊一共发文 67 篇，占比约 16%，其发文量并没有高出其他期刊很多，说明了论文在期刊上的集中度不高，"二者关系"领域的研究均匀地分布在英文期刊中，并没有形成较为稳定的期刊群和代表性期刊。此外，结合图 1-4 可以看出，在"二者关系"领域发文量排名前 10 位的英文期刊中只有《城市》《国际人居》的被引频次明显高于其他期刊，因此从期刊载文量的角度出发，可以认为

《城市》《国际人居》两个期刊在"二者关系"研究领域具有一定的权威性。

其次,对"二者关系"研究的中文期刊进行分析:

由于通过中国知网导出的论文文献数据缺少"参考文献"字段,无法通过 Citespace 软件对中国知网导出的论文文献数据进行共被引分析,因此将从该领域期刊的载文量以及学科研究层次展开研究。

将检索得到的中国知网的数据导入 Excel 中对期刊名称进行计数,得到 1989～2019 年"二者关系"中文文献期刊分布,其中载文量排名前十的期刊如表 1-34 所示。

表 1-34   1989～2019 年中文"二者关系"文献期刊分布(前十)

刊物名称(简称)	载文量(篇)	占比(%)	刊物名称(简称)	载文量(篇)	占比(%)
《经济地理》	54	4	《长江流域资源与环境》	21	1.55
《地域研究与开发》	29	2.15	《地理研究》	17	1.26
《城市发展研究》	27	2	《城市问题》	16	1.18
《规划师》	22	1.6	《城市规划》	15	1.11
《地理科学》	21	1.55	《城市规划学刊》	11	0.08

由表 1-34 可知,"二者关系"领域发文量排名前十的中文期刊共发文数量为 233 篇,占比约为 17%,说明国内"二者关系"的论文在中文期刊上面的集中度比较低,"二者关系"相关领域的研究在国内还没有形成较为稳定的期刊群和比较有代表性的期刊。其中,《经济地理》在该领域刊登 54 篇文章,数量是最多的,该期刊刊登的"二者关系"领域的文章主要集中在区域经济理论与方法、产业经济与产业集群、城市与城市群、产业经济与创新发展、城市地理与新型城镇化等方面,涉及学科主要有宏观经济管理与可持续发展、经济体制改革、农业经济、旅游、工业经济、环境科学与资源利用等。排名第二的期刊为《地域研究与开发》,发文量为 29 篇,该期刊刊登的"二者关系"领域的文章主要集中在区域研究、旅游研究、城市研究、生态环境、区域创新与发展、区域开发与发展等方面,涉及学科主要有宏观经济管理与可持续发展、经济体制改革、工业经济、地理、农业经济等。排名第三位的期刊为《城市发展研究》,发文量为 27 篇,该期刊刊登的"二者关系"领域的文章主要集中在城市经济、城市规划、城乡规划、城镇化、区域与城市、城市空间等方面,涉及学科主要有宏观经济管理与可持续发展、建筑科学与工程、经济体制改革、环境科学与资源利用等。由此看出排名前三的期刊在"二者关系"研究领域具有一定的权威性,能够较好地把握"二者关系"研究方向和研究状态。

接下来将发文量前十的期刊按照中国知网期刊检索之后的研究层次进行分类,以便进一步确认在"二者关系"研究领域比较权威期刊的文献研究层次,也为研究选取参考文献提供指导意见。分类结果如表 1-35 所示。

表 1-35   "二者关系"领域研究核心期刊研究层次

研究层次	期刊名称
基础研究(社科)	《经济地理》《城市发展研究》《地理科学》《地域研究与开发》《长江流域资源与环境》《地理研究》《城市问题》
政策研究(社科)	《城市规划》
行业指导(社科)	《城市规划学刊》《规划师》

由表 1 - 35 可知，国内"二者关系"研究主要集中在社会科学领域的基础研究层次、社会科学领域的政策研究层次以及社会科学领域的行业指导研究层次中，其中《经济地理》《城市发展研究》《地理科学》《长江流域资源与环境》《地域研究与开发》《地理研究》《城市问题》的研究集中在基础研究（社科），所以，在进行有关"二者关系"领域的社会科学基础研究时，重点参考这几个期刊。《城市规划》的研究集中在政策研究（社科），所以，在进行有关"二者关系"领域的社会科学政策研究时，重点参考这一个期刊。《城市规划学刊》《规划师》的研究集中在行业指导（社科），所以，在进行有关"二者关系"领域的社会科学行业指导时，重点参考这两个期刊。

根据对中英文期刊研究发现，在"二者关系"的研究领域，英文文献可重点选取《城市》《国际人居》等期刊中的文献作参考，中文文献可以重点选取《地域研究与开发》《经济地理》《城市发展研究》《规划师》《地理科学》等期刊中的文献作参考。

（四）"二者关系"领域的研究团队分析

根据 Web of Science 数据库导出数据和中国知网数据库导出数据信息的适用范围，对英文文献的研究，作者分析主要通过共被引分析来进行，机构分析主要通过合作网络分析来进行，对中文文献的研究，仅通过合作网络进行分析。首先，对"二者关系"领域英文文献的作者研究团队及机构团队进行分析。

对"二者关系"领域英文文献的作者研究团队分析，将检索得到的 Web of Science 的数据导入 Citespace 软件中，节点类型栏选择引用作者，首选标准 N 设置为 30，选中修剪栏下的核心期刊以及修剪片状网，使图像更加简明易读，其余选项均保持默认，点击左侧"GO！"按钮进行可视化分析，得到"二者关系"研究英文文献作者研究团队共被引可视图，如图 1 - 27 所示。

由图 1 - 27 可知，在国际上"二者关系"研究领域的被引频次较高的作者为格拉尔斯戈、福塔梅基、安娜塞林、都瑞唐古德等人，将 Citespace 软件运行结果导出，得到"二者关系"英文文献作者被引频次排名，因为作者数量过多，同时被引频次高的作者才被认为在这一领域具有一定权威。

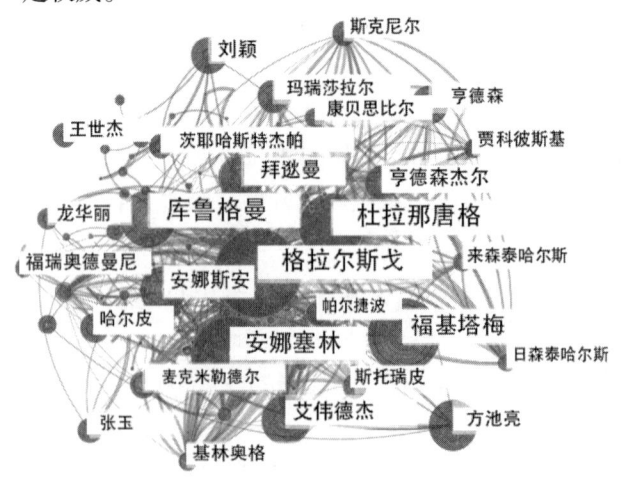

图 1 - 27 "二者关系"领域英文文献作者共被引可视图

按照中心度大于0.1视为关键节点的标准,将"二者关系"领域英文文献作者共被引网络关键节点提取出来,如表1-36所示。

表1-36 "二者关系"领域英文文献作者共被引网络关键节点

作者	被引频次	中心度	首次出现年份
安娜塞林	57	0.33	2004
巴斯厄林	5	0.14	2015
玛瑞莎拉尔	24	0.13	2007
帕尔捷波	14	0.13	2012
安龙索	37	0.12	2005
格拉尔斯戈	66	0.11	1999
拜荻曼	35	0.11	2010
赫恩德尔桑杰	28	0.11	2005

由表1-36可知,安娜塞林、巴斯厄林与其他作者的关联程度较高,形成以上作者为中心的多个学术研究联盟。从这一角度出发,也可认为以上作者在"二者关系"领域的研究具有一定权威性。

对"二者关系"领域英文文献的机构研究团队进行分析,将检索得到的 Web of Science 的数据导入 Citespace 软件中,节点类型栏选择机构,首选标准 N 设置为30,其余选项均保持默认,点击左侧"GO!"按钮进行可视化分析,得到"二者关系"研究英文文献机构研究团队合作可视图,如图1-28所示。

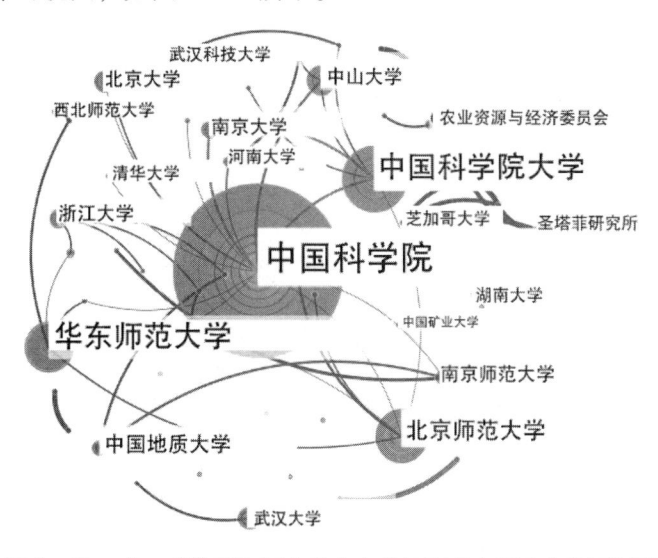

图1-28 "二者关系"研究英文文献机构研究团队合作可视图

由图1-28可以看出,中国科学院大学的发文量最高,整体来看,机构之间的连线仅有51条,而节点(即发文机构)有58个,贡献网络密度仅为0.0309,说明各机构间应加强国际间的研究合作,建立适度规模化的研究机构群体。将 Citespace 软件运行的数据导出,得到"二者关系"研究英文文献发文量在5篇以上的机构如表1-37所示。

表 1-37　　"二者关系"研究英文文献发文量高的机构研究团队

发文量（篇）	机构名称	机构性质	国家
68	中国科学院	科研机构	中国
27	中国科学院大学	高校	中国
22	北京师范大学	高校	中国
19	华东师范大学	高校	中国
13	中山大学	高校	中国
10	武汉大学	高校	中国
9	北京大学	高校	中国
7	南京大学	高校	中国
7	中国地质大学	高校	中国
6	南京师范大学	高校	中国
6	浙江大学	高校	中国
5	圣塔菲研究所	高校	美国

由表 1-37 可以看出，"二者关系"领域英文文献发文量排名前三的机构为中国科学院、中国科学院大学及北京师范大学。从研究机构的类型上看，"二者关系"研究机构较为单一，发文的研究机构集中在高校，表明目前"二者关系"研究的主力是世界范围内各大高校。从地域上看，中国对于"二者关系"的研究规模较大，排名前五的机构均在中国，其中，中国科学院发文量排名第一，说明中国在"二者关系"研究领域具有一定国际影响力。

下面，对"二者关系"领域中文文献的作者团队及机构团队进行分析。

对"二者关系"领域中文文献的作者进行分析，将检索得到的中国知网的数据导入 Citespace 软件中，节点类型栏选择作者，首选标准 N 设置为 30，选中修剪栏下的核心期刊以及修剪片状网，使图像更加简明易读，其余选项均保持默认，点击左侧"GO！"按钮进行可视化分析，得到"二者关系"研究中文文献作者合作网络可视图，如图 1-29 所示。

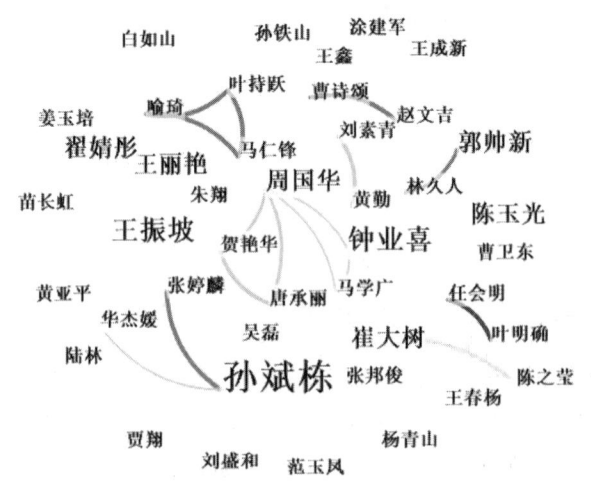

图 1-29　　"二者关系"领域中文文献作者合作网络可视图

由图1-29可以看出，孙斌栋的发文量最高，但也仅与两位学者有合作，整体来看，机构之间的连线仅有19条，而节点（即作者）有43个，共现网络密度仅为0.0231，说明在国内各个作者联系较弱，未形成科研合作团队。将Citespace软件运行的数据导出，得到"二者关系"研究中文文献发文量排名前十的作者如表1-38所示。

表1-38　　　　　　　　"二者关系"研究中文文献发文量高的作者

作者	发文量（篇）	单位
孙斌栋	7	华东师范大学
钟业喜	4	江西师范大学
王振坡	4	天津城建大学
郭帅新	3	四川大学
翟婧彤	3	天津城建大学
王丽艳	3	天津城建大学
周国华	3	湖南师范大学
崔大树	3	浙江财经大学
孙铁山	3	北京大学
黄亚平	3	华中科技大学

如表1-38中所示，孙斌栋、钟业喜、王振波是"二者关系"研究领域的重要学者，在"二者关系"研究领域具有较强影响力，因此可以重点选取以上学者的文章进行参考。其中，来自华东师范大学的孙斌栋致力于城市与区域规划、城市与区域经济政策、城市交通政策研究；来自江西师范大学的钟业喜致力于经济地理与空间规划、空间分析在人文社会领域应用的研究；来自天津城建大学的王振坡致力于土地经济与管理、房地产经济与管理的研究；来自四川大学的郭帅新致力于城市空间结构、协同创新、产业协同的研究；来自天津城建大学的翟婧彤致力于区域协同、分形特征、城市规模分布的研究；来自天津城建大学的王丽艳致力于产业融合、新型城镇化、制度变迁的研究；来自湖南师范大学的周国华致力于地域分异、空间格局、乡村功能的研究；来自浙江财经大学的崔大树致力于城市经济学、区域经济学、产业经济学、都市圈经济、城市发展的研究；来自北京大学的孙铁山致力于城市和区域经济学、城市增长与空间结构、城市经济空间分析的研究；来自华中科技大学的黄亚平致力于城市规划、新型城镇化、同城化、空间结构的研究。

对"二者关系"研究领域中文文献的机构团队分析，将检索得到的中国知网的数据导入Citespace软件中，节点类型栏选择机构，首选标准N设置为30，其余选项均保持默认，点击左侧"GO!"按钮进行可视化分析，得到"二者关系"研究中文文献机构研究团队合作可视图，如图1-30所示。

由图1-30可以看出，中国科学院地理科学与资源研究所"二者关系"研究中心的发文量最高，同时其与多个机构有所合作，其中发文量较高的还有湖南师范大学、东北师范大学、四川大学，整体来看，机构之间的连线仅有18条，而节点（即发文机构）有44个，贡献网络密度仅为0.019，说明在国内各机构间应加强国际间的研究合作，建立适度规模化的研究机构群体。但是，中国科学院地理科学与资源研究所与中国科学院大学合作形成了小规模研究机构群体，还有待进一步发展。将Citespace软件运行的数据导出，得到"二者关系"研究中文文献发文量排名前十的机构如表1-39所示。

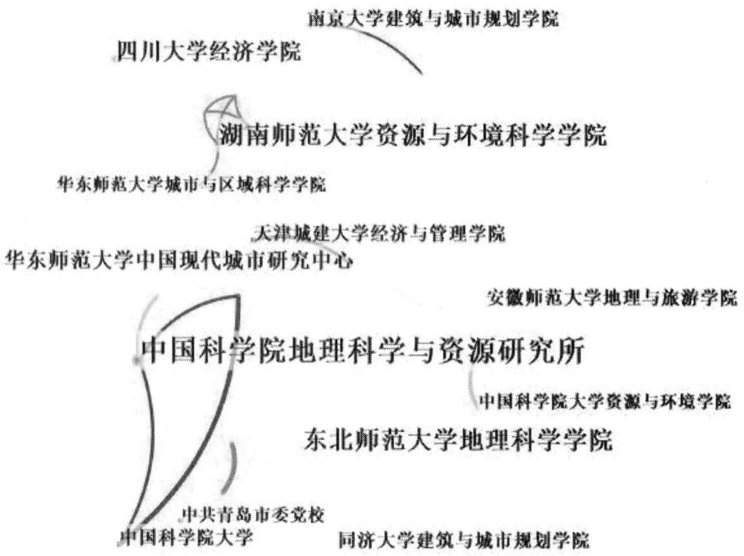

四川大学经济学院　南京大学建筑与城市规划学院
湖南师范大学资源与环境科学学院
华东师范大学城市与区域科学学院
天津城建大学经济与管理学院
华东师范大学中国现代城市研究中心
安徽师范大学地理与旅游学院
中国科学院地理科学与资源研究所
中国科学院大学资源与环境学院
东北师范大学地理科学学院
中共青岛市委党校
中国科学院大学　同济大学建筑与城市规划学院

图1-30　"二者关系"研究中文文献机构研究团队合作可视图

表1-39　"二者关系"研究中文文献发文量高的机构研究团队

发文量（篇）	机构名称	机构性质	地区
22	中国科学院地理科学与资源研究所	科研机构	华北地区
17	湖南师范大学	高校	华中地区
7	东北师范大学	高校	东北地区
6	四川大学	高校	西南地区
5	华东师范大学中国现代城市研究中心	科研机构	华东地区
4	同济大学	高校	华东地区
4	天津城建大学	高校	华北地区
4	中国科学院大学	高校	华北地区
4	安徽师范大学	高校	华东地区

根据表1-39可以看出，"二者关系"领域中文文献发文量排名前三的机构为中国科学院地理科学与资源研究所、湖南师范大学、东北师范大学。从研究机构的类型上看，"二者关系"研究机构较为单一，发文的研究机构集中在高校，表明目前国内对"二者关系"研究的主力为各大高校。从地域上看，"二者关系"研究主要集中在华东、华北地区，东北、西南等地区对"二者关系"的研究规模较小。

（五）"二者关系"领域的重要文献分析

对重要文献进行分析，可以为更加详细的文献综述提供帮助，可以直观地展示"二者关系"领域研究发展过程中的奠基性文献以及核心文献等，从而准确地梳理出"二者关系"领域研究发展过程中的重要研究成果，为后续研究提供重要参考。

对"二者关系"领域英文重要文献进行分析，将检索得到的Web of Science文献数据导入Citespace软件中，节点类型栏选择关键词，首选标准N设置为30，时间切片选择为2，其余选项均保持默认，点击左侧"GO！"按钮进行可视化分析，得到"二者关系"领域英文文献共被引运行图,在运行图中悬着时间线的显示方式,得到图1-31所示。

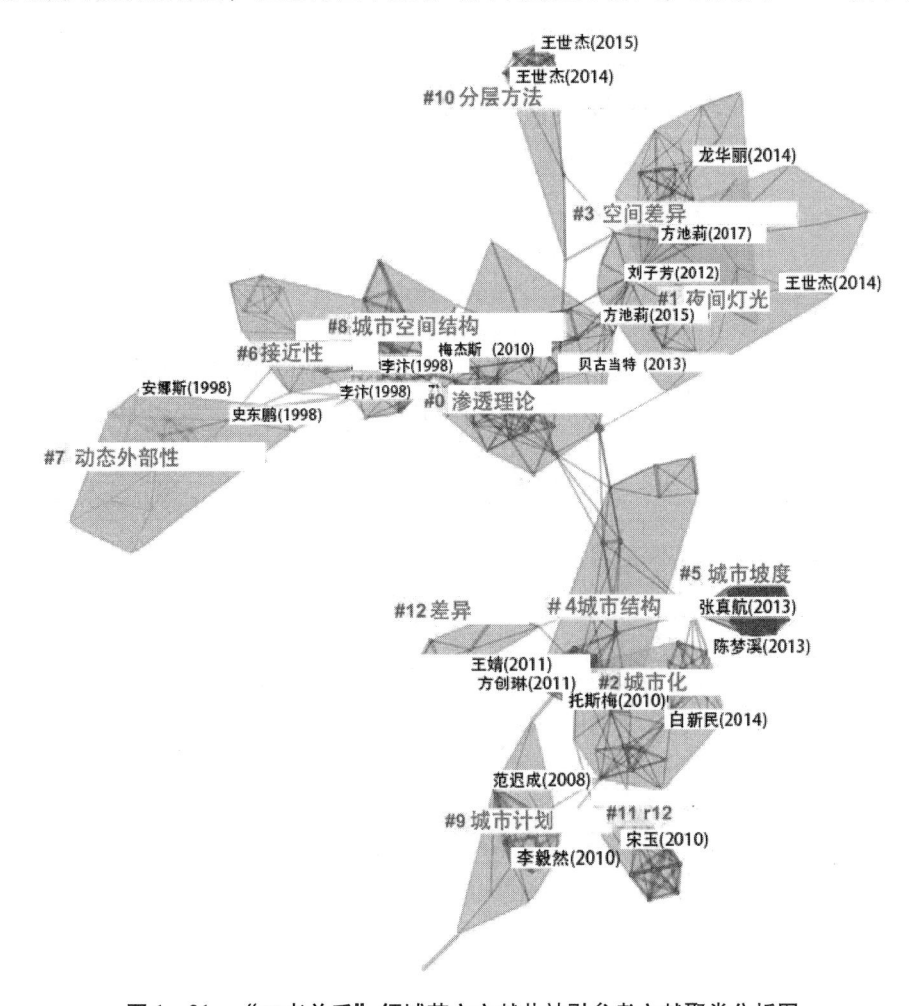

图1-31 "二者关系"领域英文文献共被引参考文献聚类分析图

由图1-31可知,"二者关系"领域英文文献的共被引参考文献知识图谱有节点272个、链接877条,密度值为0.0238。Web of Science核心合集期刊的文献共被引网络中有多个突出的节点,这直观地反映了区域协调发展的基础,高频被引文献发挥了较为良好的媒介作用,也是网络连接中一个时间段到另一个时间段过渡的关键点。所以挖掘出关键节点对区域协调发展的研究具有非常重要的意义。

按照中心度大于0.1则视为关键节点的标准,提取英文城市群新型城镇格局研究文献共被引网络的关键节点,得到城市群新型城镇格局领域英文核心文献,如表1-40所示。

表1-40　　　　　　　　　　"二者关系"领域英文核心文献

中心度	作者	题目
0.45	钟超	通过空间网络分析检测城市结构的动态
0.39	张真航	用结构与功能评价城市化质量案例分析中国杭州湾城市群研究
0.35	池吉	用于演示图形分析的空间回归模型
0.35	马毅林	广州市城市扩展的遥感监测与海洋分析

续表

中心度	作者	题目
0.31	胡韦婷	城市经济的演化研究与分析
0.24	福基塔梅	中国城市化研究的重要进展与未来发展方向
0.23	贝吉瑞	谁是对的，马歇尔·雅各布斯？本地化还是城市化的争论
0.23	瓦娜莎	功能多中心：通过城市副中心的连通性考察大都市空间结构
0.22	池柏瑞尔	全球城市形成的多重路径：一个功能方法和中国近期证据综述
0.21	刘志峰	利用DMSP-OLS夜间灯光数据提取1992~2008年中国城市扩张动态
0.18	基尔拉帕责玛	就业分散：巴塞罗那是多中心还是分散的情况？
0.17	斯皮罗	面对面接触与城市经济
0.17	赵美霞	从企业网络视角审视珠三角多中心城市区域的转型过程
0.16	盖博尔	1/2排序法：改进尾指数OLS估计的一种简单方法
0.13	李波	"边缘"还是"边缘"城市？1980~2000年美国大城市的城市空间结构
0.11	理查德博尔	中国的反垄断政策

由表1-40可知，中心度最高的文章为钟超发表于2014年的《通过空间网络分析检测城市结构的动态》，该文将网络科学的最新方法应用到空间分析中，以识别城市中心、中心和边界的空间结构，通过比较3年的数据结果发现新加坡即使在如此短的时间序列中，也在朝着多中心的城市形态快速发展，新的副中心和社区在很大程度上符合城市的总体规划。排名第二的是张真航于2013年发表的《用结构与功能评价城市化质量案例分析中国杭州湾城市群研究》，该文采用空间自相关回归方法确定城市景观变化的地理因素。随着城市化进程的推进，城市中心对城市扩张的影响逐渐减弱，坡度因子是影响城市增长的最主要因素。排名第三的是池吉发表于2008年的《用于演示图形分析的空间回归模型》，该文首先总结了人口动力学的空间显式和隐式理论。然后通过对20世纪90年代威斯康星州人口变化进行空间回归分析，最后提出未来空间人口理论与实践研究的机遇与方向。

对"二者关系"领域重要中文文献进行分析，由于中国知网导出文献信息的残缺性，无法使用Citespace软件对中文文献做共被引分析，因此对重要的中文文献进行被引频次分析，如表1-41所示。

表1-41 "二者关系"领域核心中文文献

排名	被引频次	作者	题目
1	367	胡际权	城市群研究进展与展望
2	318	方创琳	中国城市群研究取得的重要进展与未来发展方向
3	275	马勇、董观志	武汉大旅游圈的构建与发展模式研究
4	270	顾朝林、吴莉娅	中国城市化研究主要成果综述
5	203	吴启焰	城市密集区空间结构特征及演变机制——从城市到大都市带
6	201	薛东前、王传胜	城市群演化的空间过程及土地利用优化配置
7	187	薛东前、姚士谋、张红	关中城市群的功能联系与结构优化
8	182	周春山、叶昌东	中国城市空间结构研究评述
9	152	刘静玉、王发曾	城市群形成发展的动力机制研究
10	123	李震、顾朝林、姚士媒	当代中国城镇体系地域空间结构类型定量研究

由表 1-41 可知，被引频次第一的是胡际权于 2011 年 5 月发表的《城市群研究进展与展望》，被引频次为 367 次，该文综合了城市群的概念、城市群的国外研究、城市群的早期研究、中国城市群为国家战略研究进行文献综述，为城市群的发展进行展望，结果表明，中国城市群的形成机制要比发达国家和地区要复杂很多，需要结合中国的国情进行理论与方法的创新。被引频次第二的是方创琳于 2014 年 8 月发表的《中国城市群研究取得的重要进展与未来发展方向》，该文认为中国城市群选择和培育的重点方向要以问题为导向，深刻反思中国城市群在发展过程中暴露出来的新问题，应以城市群为主体，重点推进"5+9+6"城市群空间结构新格局，以城市群为依托，重点推动"以轴串群、以群托轴"的国家新型城镇格局，科学计算城市群高密度集聚的资源环境承载力，创新城市群形成发育的管理体制和政府协调机制，以便研究制定城市群规划编制技术规程和城市群空间范围界定标准。被引频次排名第三的是吴汉东于 1996 年 2 月发表的《武汉大旅游圈的构建与发展模式研究》，该文对武汉市旅游业的发展战略模式——大旅游圈的构成要素、职能结构等特点进行分析，提出武汉大旅游圈功能结构和空间结构的具体拓展方案。

（六）"二者关系" 领域的研究热点及前沿分析

首先对"二者关系"领域的研究热点进行分析。

在英文文献方面，将检索得到的 Web of Science 文献数据导入 Citespace 软件中，节点类型栏选择关键词，首选标准 N 设置为 20，选中修剪栏下的核心期刊以及修剪片状网，使图像更加简明易读，其余选项均保持默认，点击左侧"GO！"按钮进行可视化分析，得到"二者关系"英文文献关键词共现图后，选择时间线显示，采用关键词聚类，选择 LLR 对数极大近似率，调整图像后得到图 1-32 所示。

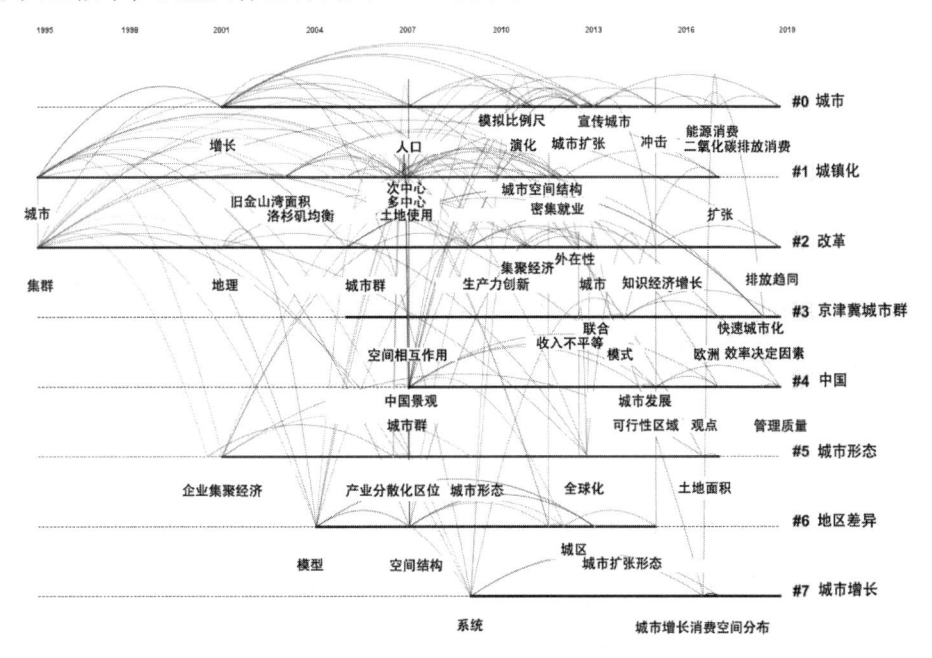

图 1-32 "二者关系"英文文献研究热点

由图 1-32 可知,"二者关系"领域高频关键词聚类分为 7 个类别,为经济内生增长、"二者关系"、协调化、贫困问题、商业机密、开放创新、与贸易有关的"二者关系"协议。这 7 个类别代表了"二者关系"领域的具体研究热点。在聚类图中,通过对关键词提取,并按照时间顺序梳理,如表 1-42 所示,可以清晰地分析英文"二者关系"学术研究热点脉络。

表 1-42　　　　　　1995~2019 年"二者关系"领域英文文献热点关键词

年份	关键词
1995	城市,聚集
2001	增长,地理,公司,聚集经济
2002	景观结构
2003	洛杉矶
2004	模型
2005	城市集聚,规模,均衡,气候效应
2007	城市集聚,次中心,空间结构,空间相互作用,人口,多中心,位置,景观,土地利用,工业,分散化,中国
2009	城市形态,系统,生产力,芝加哥
2010	兰斯塔德
2011	溢出,模拟,规模,创新,演化,经济,集群
2012	城市空间结构,大都市地区,地理信息,就业,边缘城市,密度
2013	世界城市网络,工资,城市化,城地,城市,空间结构,遥感,生产服务,人口密度,网络,收入质量,全球化,形式,外部性,扩张,需求
2014	政策,模式,连通性,城市分布,关联
2015	法律,城市,城市扩张,城市发展,区域,知识,影响,经济增长,动态,北京,可行性
2016	土地利用变化
2017	城镇增长,扩张,空间分布,透视,土地,欧洲,能源消耗,数据包络分析,消费,二氧化碳排放,二氧化碳排放,面积
2019	可持续性,快速化,质量,珠江三角洲,管理,影响因素,排放,效率,决定因素,分解,聚合,碳排放

由表 1-42 可以看出各个时期的"二者关系"研究方向,1995 年,城市群的发展正式成为热点,2001~2011 年,学者们开始进行城市群的经济、规模、空间结构等方面的研究,2012 年开始关注城镇化方面的研究,2015 年开始关注城市的扩张和区域的发展,2017 年开始关注环境问题、快速城镇化、影响等方面的研究。

在中文文献方面,将检索得到的中国知网文献数据导入 Citespace 软件中,节点类型栏选择关键词,首选标准 N 设置为 20,选中修剪栏下的核心期刊以及修剪片状网,使图像更加简明易读,其余选项均保持默认,点击左侧"GO!"按钮进行可视化分析,得到"二者关系"中文文献关键词共现图后,选择时间线显示,采用关键词聚类,选择 LLR 对数极大近似率,调整图像后得到图 1-33 所示。

由图 1-33 可知,"二者关系"研究中文文献的英文高频关键词聚类分为 9 类,分别为品牌建设、公共利益、供给侧结构性改革、财产权、知识经济、传统知识、TPP、"二者关系"贸易、科技型中小企业。其中,除了"二者关系"贸易和科技型中小企业近年来热度有些不足,其余各类均在过去二十年间保持稳定热度。在聚类图中,通过对关键词提取,并按照时间顺序梳理,得到 1992～2019 年"二者关系"领域中文文献的研究热点,如表 1-43 所示。

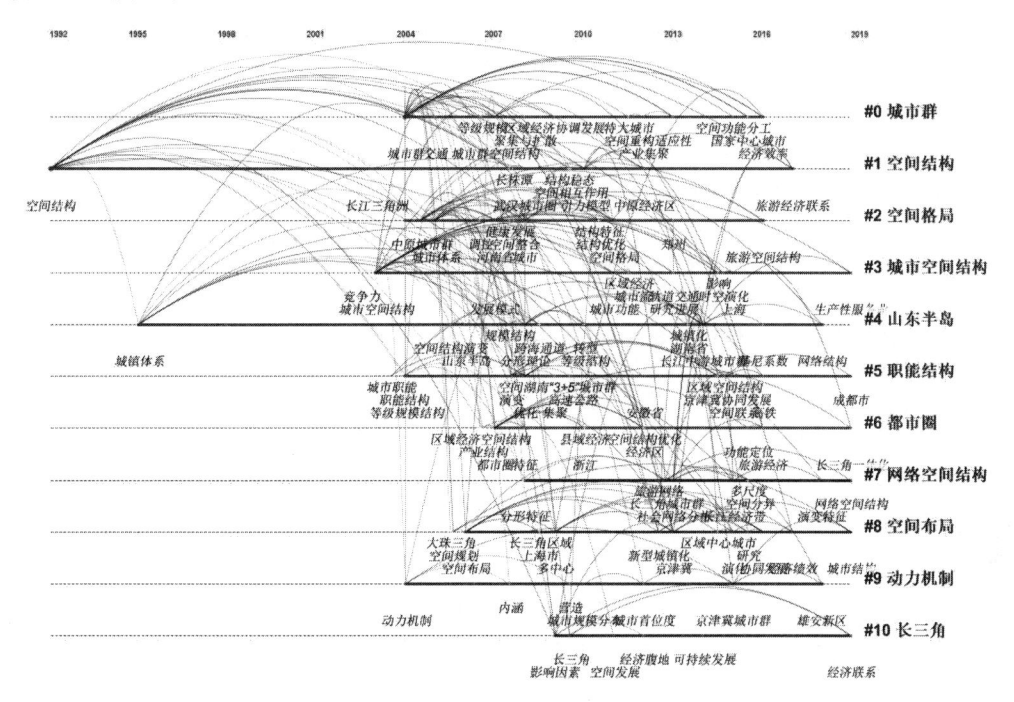

图 1-33 "二者关系"领域中文文献研究热点

表 1-43　　　　　　　1992～2019 年"二者关系"领域中文文献热点关键词

年份	关键词
1992	空间结构
1995	城镇体系
2000	建制镇、关中城市群
2002	长江三角洲城市群
2003	长江三角洲、竞争力、城市空间结构
2004	职能结构、等级规模结构、城市职能、城市群、城市化、动力机制、东北地区
2005	行政区划、城市体系、区域发展、交通、中原城市群
2006	资源型城市、空间规划、空间结构演变、空间布局、成渝经济区、山东半岛、大珠三角、中心性指数
2007	都市连绵区、都市圈、调控、等级规模、空间组织、珠三角城市群、珠三角、河南省、河北省、广东、城市群规划、城市群空间结构、发展模式、区域经济空间结构、区域协调发展、产业结构、主成分分析
2008	长株潭、重力模型、规模结构、聚集与扩散、纵向分离、空间整合、空间、珠江三角洲、特征、演变、武汉城市圈、旅游城市群、战略、小城市、城镇空间结构、城市质量、城市群协调发展、城市、分形理论、分形特征、分形、内涵、健康发展、优化
2009	集聚、陕西省、长三角区域、跨海通道、西部地区、皖江城市带、物流需求、物流区位、渤海海峡、影响因素、多中心、城市空间形态、城市空间、区域经济发展、区域经济协调发展、北部湾经济区、上海市
2010	高速公路、长株潭城市群、长三角、转型、营造、结构稳态、等级结构、空间相互作用、环鄱阳湖城市群、湖南"3+5"城市群、浙江、泊松分布、次核心城市、模式、旅游空间结构优化、微观空间结构、形成机制、引力模型、山东半岛城市群、宏观空间结构、城市规模分布、城市能级、发展战略、县域经济、京沪高铁、中观空间结构
2011	辽宁省、资源基础型城市群、结构特征、结构优化、空间格局、空间发展、机制、城市规模、城市功能、可达性、区域城市

续表

年份	关键词
2012	高速铁路、经济腹地、经济空间结构、经济带、经济区、空间重构、空间结构优化、福建、特大城市、安徽省、天津、城市首位度、城市集群、城市流、城市化空间结构、城市—区域系统、协调发展、区域经济、北部湾城市群、产业集聚、中原经济区
2013	长三角城市群、郑州、适应性、轨道交通、社会网络分析、研究进展、环长株潭城市群、淮河流域、浙中城市群、旅游网络、新型城镇化、对策建议、城际铁路、关中地区、优化策略、京津冀
2014	长江中游城市群、湖南省、城镇化、可持续发展、区域旅游
2015	长江经济带、经济效应、空间联系、空间功能分工、空间优化、演化、济南市、江苏省、时空演化、整合、影响、夜间灯光数据、城镇化率、城市群旅游、地区差距、哈长城市群、区域空间结构、区域中心城市、北京、体育旅游带、人口空间结构、京津冀协同发展、产业、中部地区、丝绸之路经济带、上海
2016	高铁、经济效率、空间组织模式、空间扩展方式、空间形态、空间分异、研究、沈阳、江淮城市群、旅游经济、旅游空间结构、多尺度、基尼系数、城市网络、土地利用空间结构、国家中心城市、发展轴、协同发展、功能定位、京津冀地区、中西部地区、东北振兴
2017	经济绩效、旅游经济联系
2018	网络结构、演变特征、中心城市
2019	长三角一体化、网络空间结构、经济联系、粤港澳大湾区、生产性服务业、演化机理、成都市、大数据、城市结构、优化对策

由表1-43可以看出,"二者关系"中文文献研究热点相对于英文文献较多,但其热点关键词的类别较为单一,研究"二者关系"的关键词较为分散,说明中国在"二者关系"领域的研究并未形成合理体系,通过对各年度热点关键词的梳理可以发现,"二者关系"的研究大致分为两个阶段,2013年之前,侧重点在于城市群经济方面的研究,2013年之后,在城市群经济之外更加侧重于协调发展、城镇化以及产业等多方面的研究,因此可以看出在2013年之后的研究,对于本书研究更具参考价值。

其次,对"二者关系"领域的研究前沿进行分析。研究前沿反映了科学研究的新进展和新趋势,以及研究中具有创新性、发展性和学科交叉性的主题等。运用Citespace进行研究前沿的新趋势和突变特征分析,其膨胀词探测算法可将词频变化率高的词从大量的主题词中提取出来,以确定研究领域的前沿。

对"二者关系"领域英文文献的研究前沿分析,将检索得到的Web of Science文献数据导入Citespace软件中,节点类型栏选择关键词,首选标准N设置为20,其余选项均保持默认,点击左侧"GO!"按钮并可视化分析,下一步进行突变分析,由于研究时间跨度较大,涉及关键词较多,故将突发性下的最短持续性设置为5,提取突变最少保持5年的关键词,得到表1-44。

表1-44   "二者关系"英文文献前沿术语

关键词	强度	开始年份	结束年份	突变年份分布(1995~2019年)
聚集	4.1242	1995	2007	
城市	8.1432	1995	2010	
城市群经济	3.0793	2001	2014	
平衡	2.0978	2005	2013	
次级中心城市	4.3934	2007	2014	
经济	4.592	2011	2016	

续表

关键词	强度	开始年份	结束年份	突变年份分布（1995~2019年）
城市空间结构	2.2443	2012	2014	
经济全球化	3.4163	2013	2016	
人口密度	1.5469	2013	2019	
城市规模分布	2.3958	2014	2016	
区域	1.7516	2015	2017	

注："▬▬▬"为关键词频次突然增加的年份，"━━━"为关键词频次无显著变化的年份。

如表1-44所示，1995~2007年"二者关系"英文文献突现关键词为聚集（城市群）、城市，说明"二者关系"在国际上成为热点的初期，学者们重点研究城市群和城市。2001~2014年突现关键词出现了城市群经济、平衡、次级中心城市，说明在这一阶段学者们开始关注"二者关系"相关经济的研究、城市平衡发展以及次级中心城市的发展情况，在这一过程中，对"二者关系"的研究不断深入。2011~2016年，突现关键词分别为经济、城市空间结构以及经济全球化、城市规模分布，说明在这一时期，在经济全球化的背景下，城市的规模分布、空间布局结构已成为学者们的研究重点。2016~2019年，突现关键词为人口密度以及区域，说明"二者关系"的研究经过多年发展，学者们开始对人口和区域的发展作用进行重点研究。通过对"二者关系"领域英文文献研究前沿的分析，可以看出，在国际环境下"二者关系"的研究前沿均侧重于某个角度的分析，说明对区域协调发展与城市群新型城镇格局之间互动模式的研究具有创新价值与学术价值。

对"二者关系"领域中文文献的研究前沿进行分析，将检索得到的中国知网文献数据导入Citespace软件中，节点类型栏选择关键词，首选标准N设置为20，其余选项均保持默认，点击左侧"GO!"按钮并选择可视化分析，下一步进行突变分析，由于研究时间跨度较大，将突发性下的最短持续性设置为3，提取突变最少保持3年的关键词，得到表1-45。

表1-45　　　　　　　　　　"二者关系"中文文献前沿术语

关键词	强度	开始年份	结束年份	突变年份分布（2003~2019年）
长江三角洲	3.7937	2003	2008	
等级规模结构	4.4808	2004	2010	
空间格局	4.5458	2011	2014	
分形	3.8413	2011	2014	
新型城镇化	3.5121	2013	2016	
长江中游城市群	6.9577	2014	2019	
长江经济带	6.4206	2015	2019	
京津冀城市群	6.1242	2015	2019	
城市网络	4.5967	2016	2019	
社会网络分析	6.5288	2016	2019	
协调发展	4.1686	2017	2919	
引力模型	5.0052	2017	2019	

注："▬▬▬"为关键词频次突然增加的年份，"━━━"为关键词频次无显著变化的年份。

如表1-45所示，2003年之前没有出现"二者关系"中文文献突现关键词，说明在

2003年前，中国学界并没有将区域协调发展与城市群新型城镇格局发展联系起来。2003~2008年，文献突现关键词为长江三角洲，说明在这一阶段，关于区域协调发展与城市群新型城镇格局的研究开始起步，并且在这一时期的学术前沿为长江三角洲，学者们主要对长江三角洲城市群的区域协调发展与城市群新型城镇格局进行研究。2004~2010年，突现关键词为等级规模结构，学者们主要对城市群等级规模结构方面进行研究。2011~2014年，文献突现关键词为空间格局、分形、新型城镇化，说明在这一时期，学者们开始重点研究城市空间格局、分形及新型城镇化。2014~2019年，文献突变词为长江中游城市群、长江经济带、京津冀城市群、城市网络、社会网络分析、协调发展、引力模型，学者们重点通过社会网络分析、引力模型等方法对城市群发展以及城市群内某一要素的协调发展进行研究。

四、文献计量结论

（一）区域协调发展的研究文献计量结论

（1）通过对国内外区域协调发展研究发文量进行分析，发现英文文献数量远低于国内中文文献数量，说明在区域协调发展领域的研究，国内的研究比国外的研究热度高，说明区域协调发展的研究具有一定的中国特色，其在目前中国发展中处于核心地位。同时，中国的发文量在所有的国家中排名第一，居于核心地位，与大部分国家学术合作较为紧密，说明中国在区域协调发展研究方面具有一定影响力，但其中心度数值相对较低，其国家的影响力还有待提高。

（2）通过对区域协调领域的载文期刊进行分析，发现英文的区域协调发展研究多分布在自然学、环境科学、经济学、管理学、社会学以及政府与法律等领域的期刊中，国内区域协调发展领域的文献主要集中在国民经济、工商管理、科学学与科技管理、数量经济等学科领域的期刊，涉及区域格局与产业发展、区域创新发展、区域协调发展、区域开放与合作、城市经济与城市群研究等领域。

（3）通过对区域协调发展领域的研究团队进行分析，发现英文作者共被引网络构建情况良好，刘毅世、安娜塞林、龙华丽与其他作者的关联程度较高，形成以上作者为中心的多个学术研究联盟。通过英文文献发文机构方面的分析可以发现区域协调发展研究机构非常单一，发文的研究机构集中在高校，表明目前在国际上对区域协调发展研究的主力为世界范围内各大高校，并且中国对于区域协调发展的研究规模较大，说明中国高校在区域协调发展研究领域具有一定国际影响力。通过对区域协调发展的国内作者的共现分析可以发现，肖金成、张学良、孙久文等是区域协调发展研究领域的重要学者，在区域协调发展研究领域具有较强影响力，这些重要学者主要致力于区域协调发展、都市圈经济带、区域发展体系与城镇化等方面的研究，对中文文献发文机构进行分析可以发现，各研究机构应加强机构间合作。

（4）通过对区域协调发展领域重要文献的分析，发现英文文献重要文献多分布在美国城乡协调发展、城市化质量、城市群耦合协调度等城市发展方面；中文重要文献多分布于区域经济发展方面。

（5）通过对区域协调发展领域的研究热点及前沿分析，发现英文文献研究的热点侧重于区域空间计量、城市可持续发展、相关联性、协调发展、区域政策等方面，中文文献研究的热点侧重于产业结构、时空分布、新型城镇化、城市群、河南省、区域协调、区域经济、同城化、协调度、国家中心城市等方面；对学术前沿的分析可以看出，目前国内外对于区域协调发展的研究趋于细化的同时，均开始注重国家政策方面的研究。

（二）城市群新型城镇格局研究的文献计量结论

（1）通过对国内外城市群新型城镇格局研究发文量进行分析，发现英文文献数量远低于国内中文文献数量，中国居于核心地位，与大部分国家的合作比较紧密，说明中国在城市群新型城镇格局领域的研究地位较高，仅次于中国的国家是美国，美国与意大利、德国、澳大利亚、英国等国家也均有合作。同时，通过对英文文献的国家发文量进行分析可以看到中国的发文量最高，居于核心地位，说明中国在城市群城镇化等方面的研究具有较高的国际影响力。

（2）通过对城市群新型城镇格局的载文期刊进行分析，发现英文文献的小城镇研究多分布在城市和区域规划、环境科学、地理学、城市经济、管理学、社会学等领域的期刊中。国内城市群新型城镇格局领域的期刊集中度较低，在中国城镇化进程不断推进的背景下，应该形成稳定的期刊群以及代表性期刊，同时该领域中文文献主要集中在城市群、新型城镇格局发展、新型城镇化、产业规划、可持续发展等。

（3）通过对城市群新型城镇格局领域的研究团队进行分析，发现在城市群城镇化研究方面，国外已形成以拜荻曼、安娜塞林、何春玉、格拉尔斯戈、刘靖语等人为中心的多个学术研究联盟；通过对英文文献发文机构的分析可以发现城市群新型城镇格局研究机构非常单一，发文的研究机构集中在高校，表明目前在国际上对城市群新型城镇格局研究的主力为世界范围内各大高校，同时还可以发现中国机构在小城镇研究的发文机构中占据绝对优势，进一步说明在城市群新型城镇格局研究领域中国具有很高的国际影响力。通过对中文文献作者的共现分析可以发现，各个作者联系较弱，大多未形成科研合作团队；对中文文献发文机构进行分析可以发现，对于城市群新型城镇格局的研究不仅受到学术研究机构的重视，同时受到政府的重视，说明通过城市群新型城镇格局的研究来完善城镇格局的研究理论符合中国目前的发展需求。

（4）对城市群新型城镇格局领域重要文献的分析可以发现，国外重要文献多分布在城市扩张和城乡发展的方面，中文重要文献多分布于城镇化进程、城市群、城镇化时空动态格局及城镇化质量等方面。

（5）通过对城市群新型城镇格局领域的研究热点及前沿分析可以发现，英文文献的研究热点侧重于城市内生增长、城市扩张、耦合协调发展模型、城市群、地理信息系统、城镇化等方面，中文文献的研究热点侧重于空间结构、城镇化、城镇体系、空间重组、长江三角洲、新型城镇化等方面。对学术前沿的分析可以看出，目前对于城市群新型城镇格局研究的前沿领域在城市群、城乡一体化的发展与新型城镇格局的形成。

（三）"二者关系"研究的文献计量结论

（1）通过对国内外"二者关系"研究发文量进行分析，发现国内外对于"二者关系"的研究发文量趋势大致相同，且数量均较低，可以初步推断国内外对于"二者关系"的研究不够深入。同时对英文文献进行发文国家分析,可以发现中国在该领域具有一定国际影响力。

(2) 通过对"二者关系"领域的载文期刊进行分析,发现"二者关系"研究的英文文献多分布在地理学、经济学、社会学、政治学以及规划和公共管理等领域的期刊中。国内"二者关系"领域的期刊集中度较低,该领域文献主要集中在区域经济理论与方法、产业经济与产业集群、城市与城市群、产业经济与创新发展、城市地理与新型城镇化等领域的期刊,主要涉及经济体制改革、农业经济、旅游、工业经济、环境科学与资源利用等方面,可以看出国内外期刊的关注点存在一定差异。

(3) 通过对"二者关系"领域的研究团队进行分析,国外已形成以格拉尔斯戈、福塔梅基、安娜塞林、都瑞唐古德等人为中心的多个学术研究联盟;通过对英文文献发文机构的分析可以发现"二者关系"研究机构较为单一,发文的研究机构集中在高校,同时机构间合作不够紧密,这一点与"二者关系"的研究尚未深入有关。通过对"二者关系"中文文献作者的共现分析,可以发现各个作者联系较弱,大多未形成科研合作团队,在"二者关系"领域未形成权威的学者;对中文文献发文机构进行分析,可以发现机构类型单一,研究主力为各大高校。

(4) 对"二者关系"领域重要文献分析,可以发现国外重要文献在"二者关系"领域的研究近几年并未形成聚类,说明在这一领域的研究需要更加深入;所检索到的"二者关系"领域中文文献,多侧重城市群的经济演变等方面的研究。

(5) 通过对"二者关系"领域的研究热点及前沿分析,发现英文文献的研究热点侧重于城市扩张、城镇化、城市空间演变等方面,在"二者关系"方面的研究,英文文献的研究前沿侧重于市场、企业竞争与管理等方面。"二者关系"中文文献的研究热点侧重于企业、政府、贸易等方面的研究;对学术前沿的分析可以看出,目前对于"二者关系"研究的前沿术语为城市群、城镇化。

综上所述,在国内外现有研究中有关城市群的研究已由静态转化为动态,由结构转化为空间机制,形成了较为丰富的理论体系,整体研究较为成熟;为构建大中小城市和小城镇协调发展的城镇格局已经成为政界、学界的共识,区域协调发展战略成为新时代解决发展不充分、不均衡的重要指导理论,并且在城市群发展及城镇格局优化中获得了较为丰富的应用,但区域协调发展概念、内涵的模糊性使得区域协调发展的评价缺乏坚实的认知基础,大多数研究回避了这一问题以对"发展"的评价代替对"协调"的评价,城镇格局优化和区域协调发展之间的关系已经受到学者关注,但总体而言这两方面的研究目前尚处于相互割裂的阶段。

第三节 研究目的与意义

一、研究目的

本书以区域协调发展战略引领中国城市群新型城镇格局优化为研究对象,通过对区域协调发展战略和城市群新型城镇格局优化互动模式进行文献分析、现实研判,构建区域协调发展战略和城市群新型城镇格局优化互动模式的理论框架,静态地模拟出区域协调发展战略和城市群新型城镇格局优化互动模式所存在的内在关系以及作用机理。本书进一步由实证检验的方式从静态维度对中国城市群空间范围界定和城市群综合发展水平展开测算,从动态维度对中国城市群体系三大结构特征(职能结构、等级规模结构、空间布局结构)、中国城市群人口日常流动网络模型进行检验估计,得到一个多元实证分析框架。通过实证分析得出结论,提出区域协调发展战略和城市群新型城镇格局优化互动模式实现路径的对策建议。

二、理论意义

第一,本书对区域协调发展战略和城市群新型城镇格局优化互动模式的内涵、特征、构成维度以及可行性进行分析,深入探讨了区域协调发展战略和城市群新型城镇格局优化互动模式的实现路径选择及相互之间的关系问题,为政府科学合理地进行区域协调发展战略和新型城镇化发展定位、选择战略指导方向提供了理论支撑。

第二,本书对区域协调发展战略和城市群新型城镇格局优化互动模式演化一般规律、动力机制与演化过程进行分析,区域协调发展战略与新型城镇格局之间存在着相互促进的关系,随着区域的协调发展,城市群不断发育成熟,城市群范围逐步扩大,形成新一轮的新型城镇格局。本书对区域协调发展战略和城市群新型城镇格局优化互动模式的相关理论进行了补充,为政府系统全面地进行区域协调发展与新型城镇化战略规划提供了理论支撑。

第三,本书探讨了区域协调发展战略和城市群新型城镇格局之间的关系。对区域协调发展战略和城市群新型城镇格局优化互动模式的实现路径、演化过程、动力机制进行系统全面的研究,建立了区域协调发展战略和城市群新型城镇格局优化互动模式作用机理的理论框架,丰富了该研究领域的理论内涵。

第四,本书对区域协调发展战略和城市群新型城镇格局优化互动模式演化过程和作用机制进行探讨,提出区域协调发展战略和城市群新型城镇格局优化互动模式的对策和路径,对于进一步丰富空间经济学、区域经济学等学科研究的理论内涵,并为之提供研究案例具有重要的理论意义。

三、现实意义

第一,通过地理信息系统辐射场能模型对地理表面场强曲率进行计算,对城市辐射作用强度的高值区域识别,来界定中国城市群空间范围和城市群的发育格局,为政府根据城市群的结构特征进行行政区划调整提供科学的数理模型标准。

第二,通过建立中国城市群协调发展综合评估体系,对中国城市群内部大中小城市和小城镇的协调发展水平进行测算,科学划分中国城市群的城市及城镇规模分布体系,获取以城市群为主体形成大中小城市和小城镇协调发展的新型城镇格局构建方向。

第三,通过对中国城市群职能结构进行测算,对各城市群的职能定位、职能分工、产业转移方面进行分析，为推进产业结构优化调整提供实证依据。

第四，通过对中国城市群等级结构进行测算，对各城市群首位城市与城市群经济协调发展的关系、等级规模结构、各类资源要素集聚的状况进行分析，为政府调整城市群内部城市战略规划、合理配置各类资源要素、优化区域经济一体化发展提供了实证依据。

第五，通过对中国城市群空间布局结构进行测算，对各城市群空间布局结构变化趋势、各城市空间扩张方向、城市空间重心变动规律进行分析，为政府及时调整城市群内部城市行政区划、科学适度调整城市群整体及内部各城市的空间提供实证指导。

第六，通过对中国城市群人口流动状况进行测算，对各城市群城市的节点进行分类，对空间距离对人口流动的束缚情况进行分析，为政府基于流动人口现状推动区域协调发展提供实证支撑。

第四节　研究内容、研究方法和技术路线

一、研究内容

本书主要内容：从理论与现实研判的角度对区域协调发展战略和城市群新型城镇格局优化互动模式的内涵、特征、构成维度、必要性、可行性、格局、趋势及一般规律研究；从静态和动态两个维度构建区域协调发展战略和城市群新型城镇格局优化互动模式的理论框架；从实证检验的角度对区域协调发展战略和城市群新型城镇格局优化互动模式的空间范围界定、综合发展水平评估、三大结构特征（职能结构、等级规模结构、空间布局结构）、人口日常流动网络展开估计分析。从理论结合实际的角度开展区域协调发展战略和城市群新型城镇格局优化互动模式的实现路径研究。本书主要分为以下几个部分：

第一部分是理论综述部分。主要包括研究背景与问题的提出、研究述评、研究目的与意义、研究内容与创新点、研究重点与研究方法等，对所涉及的基本概念加以解释。从文献回顾的角度，寻找当前区域协调发展战略和城市群新型城镇格局优化中普遍存在的东西部差距在城市缩小、农村扩大；省域内中心与外围、城市群或都市圈与周边地区差距较大；城镇空间分布和规模职能结构不合理；体制机制不健全等一系列突出问题产生的背景、原因和发展趋势。从理论结合实际的角度，提出区域协调发展战略引领中国城市群新型城镇格局优化是破解中国区域不平衡不充分发展关键的理论与现实依据，并且结合中国区域协调发展和城市群新型城镇格局优化过程中呈现出独有的特征，研判"区域协调发展战略引领城市群新型城镇格局构建—城市群新型城镇格局构建优化区域协调发展"互动模式的政策走向以及后续影响。

第二部分是研究的理论框架部分。在界定区域协调发展战略和城市群新型城镇格局优化互动模式的内涵基础上，分析其特征和构成维度，阐释区域协调发展战略和城市群新型城镇格局优化互动模式的必要性和可行性，探析区域协调发展战略和城市群新型城镇格局优化互动模式的格局及趋势，总结区域协调发展战略和城市群新型城镇格局优化互动模式

演化的一般规律。通过对理论框架的构建，从新经济学角度分析阐述区域协调发展战略和城市群新型城镇格局优化互动模式的内在机制关系和作用机理，通过对区域协调发展战略和城市群新型城镇格局优化互动模式的演化规律的研究，可以对其形成、结构和影响因素进行全面分析，对实证模型的构建提供参考和依据。通过构架多元实证分析框架模型从而从多个角度分析区域协调发展战略和城市群新型城镇格局优化互动模式的内在关系，并对其作用机理展开观察，动态地对其发展趋势展开科学预测。从区域协调发展战略和城市群新型城镇格局优化互动模式的内涵、特征和构成维度角度，重点辨析东部、中部、西部和东北这四大区域发展的特点和区别，同时结合当前国家政策分析不同区域经济社会发展的特点对于城市群新型城镇格局优化的利弊。从区域协调发展战略和城市群新型城镇格局优化互动模式构建的必要性和可行性角度，重点论述通过重塑城市群大中小城市和小城镇间的关系，在规划和建设上高效推进西部大开发、东北振兴、中部崛起、东部优化发展，是破解中国区域不平衡不充分发展的关键。从区域协调发展战略和城市群新型城镇格局优化互动模式的空间格局及发展趋势角度，研究区域协调发展战略（推进西部大开发、东北振兴、中部崛起、东部优化发展）和未来中国城市群新型城镇格局的模式、路径和重点（以城市群为主体构建大中小城镇协调发展的城镇格局）。从区域协调发展战略和城市群新型城镇格局优化互动模式理论模型构建的角度，基于新经济地理学理论及相关理论，静态地构建出"区域协调发展战略引领城市群新型城镇格局构建—城市群新型城镇格局构建优化区域协调发展"互动模式的作用机理。从区域协调发展战略和城市群新型城镇格局优化互动模式演化的角度，基于作用机理，探讨演化过程的分类、构成以及演化的影响因素，比较静态地模拟出"区域协调发展战略引领城市群新型城镇格局构建—城市群新型城镇格局构建优化区域协调发展"的作用机理。

  第三部分是实证检验分析部分。通过对中国城市群三大结构（等级规模结构、职能结构、空间分布结构）特征、地理信息系统辐射场能模型、城市流动人口情况展开测度研究，以构建多元分析框架全方位、多角度地分析区域协调发展战略和城市群新型城镇格局优化互动模式的主要影响因素及发展过程中存在的突出问题。通过对中国城市群发育格局的测度分析，以地理信息系统辐射场能模型计算地理表面场强曲率对城市辐射作用强度的高值区域识别，界定中国城市群空间范围和城市群发育格局。通过对中国城市群三大结构特征趋势进行测度，分析各城市群的等级规模、职能结构、空间布局结构发展阶段，得到中国城市群的结构特征趋势。通过构建中国城市群城市间人口流动的网络模型，测度并分析其复杂性的网络特征，探讨人口流动对均衡城镇化的影响关系，也就是通过集聚与规模效应、产业转轨、劳动力回流之间的统一协调实现区域协调发展和城市群新型城镇格局。

  第四个部分是政策含义与建议部分。从制度顶层设计角度，通过对国家相关区域协调发展战略与新型城镇格局优化政策的梳理，提出促进区域协调发展战略引领中国城市群新型城镇格局优化的政策建议。从城市体系优化实现路径的角度，提出建立城市群发展协调机制，促进各类城市协调发展，强化综合交通运输网络支撑等政策措施，实现区域协调发展战略和城市群新型城镇格局优化互动模式。从个体城市优化实现路径的角度，提出强化城市产业支撑，优化城市空间结构和管理格局，提升城市基本公共服务水平，提高城市规划建设水平，加强和创新新城市社会治理等政策措施，实现区域协调发展战略和城市群新型城镇格局优化互动模式。从大中小城市和小城镇协调发展实现路径的角度，提出促进资源高效配置，推动产业高质量发展，不断提升并发挥中心城市的经济优势带动经济和人口的进一步发展，实现区域协调发展战略和城市群新型城镇格局优化互动模式。

二、研究方法

根据研究目的以及定性和定量研究方法的适用条件，从实际出发，有目的和有选择地借鉴经济学、管理学、社会学以及心理学等多个学科的研究成果，宏观上以实证方法为主导作理论探讨，微观上以社会调查与个案访谈为辅助来研究。本书采用了理论研究和实证研究相结合的方法，将区域协调发展战略和城市群新型城镇格局优化置于其所处的特定的自然、社会、经济环境进行考察，从中国城市群发育格局识别、中国城市群三大结构特征、中国城市群人口流动特征等多个方面进行深入研究。

（1）文献研究法。通过文献研究法总结国内外关于区域协调发展战略和城市群新型城镇格局优化研究现状和研究成果、发展趋势和存在问题。

（2）案例分析法。通过在西部、东北、中部、东部四大区域中有典型性和代表性的川渝、辽中南、长江中游、长三角、珠三角、津京冀等城市群进行案例调查，获得区域协调发展战略和城市群新型城镇格局优化现状的典型案例现状。

（3）理论模型构建法。基于新经济地理学理论为前提，构建出"区域协调发展战略引领城市群新型城镇格局构建—城市群新型城镇格局构建优化区域协调发展"互动模式的静态、比较静态理论模型，得到区域协调发展战略引领中国城市群新型城镇格局优化的作用机理。

（4）实证模型检验法。基于地理信息系统辐射场能模型计算地理表面场强曲率对城市辐射作用强度的高值区域识别，界定中国城市群空间范围和城市群的发育格局；划分中国城市群的城市及城镇规模分布体系分类，建立中国城市群内部大中小城市和小城镇的协调发展综合评估体系；基于城市体系三大结构中的等级规模结构、职能结构、空间结构对中国城市群新型城镇格局发展阶段进行判定，获得其特征；基于面板数据模型，探讨城市群首位城市与城市群经济协调发展的关系；基于职能分工与互补性测度模型，探讨职能分工演进与产业网络的互补性关系；基于城市中心性、经济联系强度和空间断裂点等模型，探讨中国城市群空间格局的总体形态及其与经济发展的关系；基于复杂的网络分析模型，构建城市群城市间人口日常流动网络模型，测度并分析其复杂性网络特征。

（5）政策系统设计分析法。通过规划、分析、设计及实施四个阶段和城市体系优化与个体城市优化、大中小城市和小城镇协调发展三个维度制定政策措施实现区域协调发展战略和城市群新型城镇格局优化互动模式。

三、技术路线

区域协调发展战略引领中国城市群新型城镇格局优化研究的技术路线如图1-34所示。

研究目的	研究内容	研究方法	研究思路
为构建我国四大区域协调发展和城市群新型城镇格局优化互动模式奠定文献与现实基础	我国四大区域协调发展和城市群新型城镇格局优化的研究综述	文献研究	提出问题
	我国四大区域协调发展和城市群新型城镇格局优化突出问题的政策研判 ◆我国四大区域协调发展和城市群新型城镇格局优化突出问题的理论研判 ◆我国四大区域协调发展和城市群新型城镇格局优化突出问题的现实研判	案例分析	
	我国四大区域协调发展和城市群新型城镇格局优化互动模式的逻辑演进 ◆我国四大区域协调发展和城市群新型城镇格局优化互动模式的内涵、特征和维度 ◆我国四大区域协调发展和城市群新型城镇格局优化互动模式构建的必要性和可行性 ◆我国四大区域协调发展和城市群新型城镇格局优化互动模式的空间格局和发展趋势	理论分析	
分析我国四大区域协调发展和城市群新型城镇格局优化互动模式	我国四大区域协调发展和城市群新型城镇格局优化互动模式的理论架构 ◆我国四大区域协调发展和城市群新型城镇格局优化互动模式的理论模型 ◆我国四大区域协调发展和城市群新型城镇格局优化互动模式的演化过程	理论模型构建	分析问题
	我国四大区域协调发展和城市群新型城镇格局优化互动模式的实证验证 ◆我国四大区域各城市群空间范围界定和发育格局识别 ◆我国四大区域各城市群内部大中小城市和小城镇协调发展水平测算 ◆我国四大区域各城市群三大结构特征判定 ◆等级规模结构对四大区域城市群新型城镇格局优化影响的测算 ◆职能结构对四大区域城市群新型城镇格局优化影响的测算 ◆空间结构对四大区域城市群新型城镇格局优化影响的测算 ◆城市人口流动网络对四大区域城市群新型城镇格局优化影响的测算	实证模型检验	
提出相关政策建议	我国四大区域协调发展和城市群新型城镇格局优化互动模式的实现路径 ◆城市体系优化的实现路径 ◆个体城市优化的实现路径 ◆大中小城市和小城镇协调发展实现路径	政策系统设计分析	解决问题

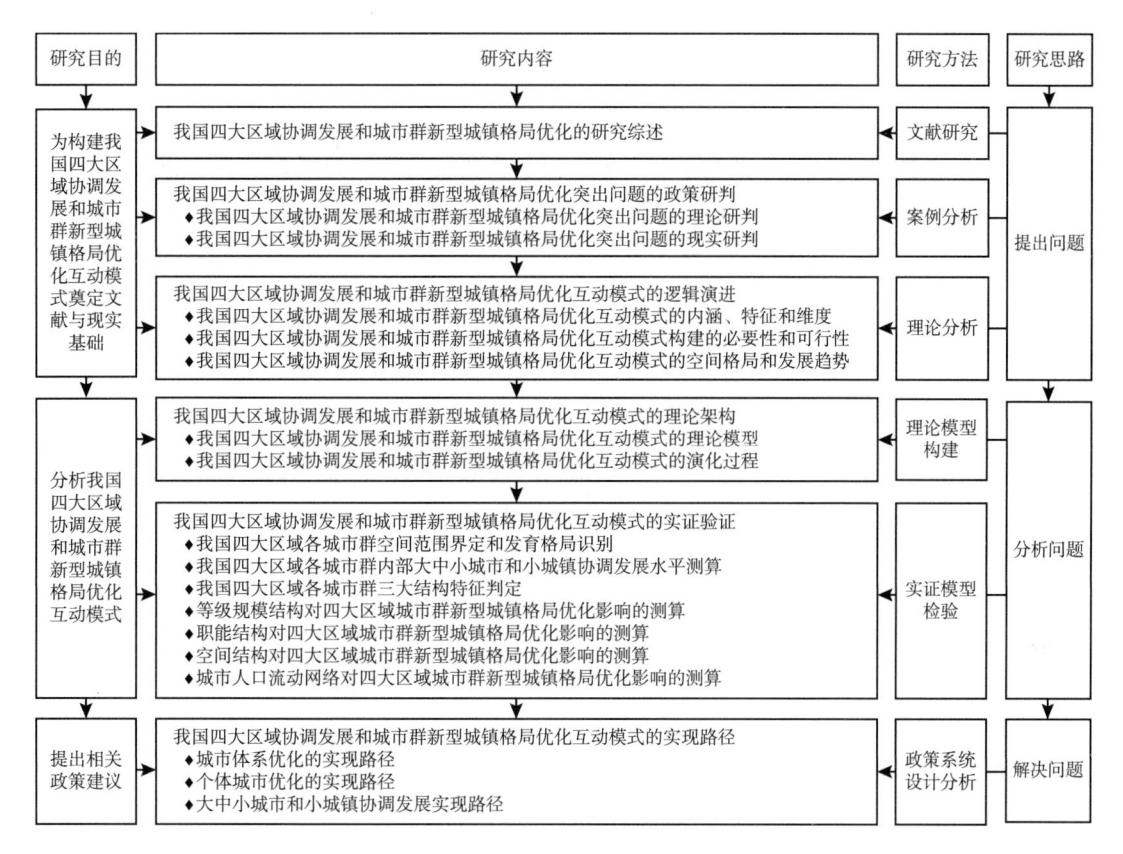

图1-34 技术路线

第二章 区域协调发展战略和城市群新型城镇化格局优化互动的逻辑演进

第一节 区域协调发展战略和城市群新型城镇格局优化互动的内涵、特征

一、区域协调发展战略和城市群新型城镇格局优化互动的内涵

(一) 区域协调发展战略内涵

在新时代的背景下，中国的发展离不开区域协调发展战略，区域发展的不协调会导致收入差距过大，从而引发一系列社会问题，因而区域协调发展是国民经济持续高效运行的前提。在改革开放初期，中国对东部沿海地区实行了政策倾斜，加之自身地理位置的优势，使东部地区发展较快，与中西部地区的发展差距逐渐拉大。东西部地区在市场方面形成了较为明显的空间二元结构，东部地区市场经济发达，资源配置效率较高，经济发展靠其内在动力来拉动；西部地区市场经济欠发达，资源配置效率较低，经济发展主要靠外在的动力来推动，如果其外部动力一旦被削弱，会对其带来巨大的冲击。区域协调发展可以缩小各区域间的经济发展差距，使各区域间能够分工协作地发展，国家在各地区间的投资要进行合理化的分配，消除不平等的竞争环境。中国近年来实施的"四轮驱动战略"，为国家协调发展、缩小地区差异提供了有效的战略支撑。但是在中国生态脆弱地区和经济欠发达地区大部分处在省际交界处，导致了这些城市的发展陷入了长期不协调。区域协调发展不仅是区域经济的协调发展，也体现了可持续发展和科学发展的思想。关于区域协调发展可以从时间和空间、科学发展观、协调发展三个角度出发进行阐释。

从时间和空间两个角度出发，一方面在时间纬度上，中国的区域经济发展是从低水平的区域均衡发展出发，到区域非均衡协调发展，再到区域协调发展的变化过程，区域的发展政策不断得到完善，区域发展格局不断优化。其演变经历了三个阶段：重点发展内地并追求区域经济均衡的发展阶段；实施东部沿海地区优先发展，先富带动后富的区域非均衡协调发展战略阶段；实施区域协调发展战略阶段。区域协调发展是一种可持续的发展，其区域内的人口、经济、社会及生态等必须协调发展。另一方面在空间维度上，区域发展不协调被视为空间失衡，将区域看作具有一定空间结构和功能特征的系

统,区域协调发展就是要实现该系统中各子系统的协调与互补,达到整体利益的最大化,区域之间的发展态势要能够促进空间结构优化的协调机制,进而不断缩小区域间的发展差距。

(二) 城市群新型城镇格局内涵

城镇化是随着工业革命第二产业的高速发展而产生的人口迁移现象,也是评价中国地区经济社会发展水平的重要标志之一。在改革开放以后,中国的城镇化进入高速发展的阶段,随着近些年中国经济发展进入新常态,如何推动城乡发展一体化、加速新型城镇化的建设,这一问题日益严峻。不同于传统城镇化,新型城镇化立足于人民,以新型工业化为主要手段,协调推进城市的现代化发展、集群化建设、生态环境保护以及城乡一体化,全面提升城镇发展质量,进而形成以城市群为主体构建大中小城市和小城镇协调发展城镇格局的道路。

从城镇建设规模方面来看,在城市群的新型城镇化建设过程中,中小城市和小城镇也能获得很好的发展,实现区域内部的协调发展。首先,加大对首位城市的发展,增强大城市对周边地区要素资源的集聚吸引能力,更好地发挥中心城市在城市群内部的辐射作用,通过大中小城市和小城镇协调发展的新型城镇格局引领中国区域经济发展迈向更高水平、更高层次的发展阶段。其次,通过主体功能区建设实现中小城市和小城镇化的快速发展,完善具备梯度化的城市群城镇格局。充分发挥各地区、各级城市的发展活力,参与到城市群的产业分工与经济互联网络。最后,通过城乡融合发展推动特色小城镇发展,推动农业现代化和乡村振兴,从而实现在发展中走向平衡。

从城镇发展速度和质量方面来看,在城镇化发展过程中,由于内部城市发展速度较快,其承载力无法支撑城市的发展与扩张,极容易导致人口、生态之间的矛盾与冲突,所以城镇化发展进程需要遵从实际情况,在确保与人口和环境承载力相一致的基础上,不断协调城镇化水平和城镇工业产业化发展水平,既要保速更要保质。

从城镇空间布局发展方面来看,城市群的新型城镇化建设可以促进城市群的发展。城市群发展要实现要素资源在区域空间范围内更为高效、优化的配置使用,促进产业分工布局网络建设,从而实现区域间、区域内发展差距的缩小。通过新型城镇格局的建设可以实现对全国范围主体功能区发展的空间形态,通过新型城镇格局的建设可以实现对全国范围主体功能区发展空间形态的构建,充分发挥城市群在区域经济发展的核心作用。

(三) 区域协调发展战略和城市群新型城镇格局优化互动模式的内涵

全国的城镇格局是由不同区域的城镇体系共同构成的,城镇体系的优化需要通过不同区域的城镇体系进行科学的规划引导,使其逐步得到实现。可以通过对各区域内的城镇间、城乡间的发展、产业布局、基础建设、环境保护和生态优化进行地域空间综合协调,来对各区域的城镇格局进行重点规划。

从区域协调发展战略和城市群新型城镇格局优化的核心内容来看,东部地区的大城市发展较好,但对周边地区的辐射带动能力还有待增强,珠江三角洲城市群发展的空间结构呈现明显的单极化态势,广州是其发展的核心,会吸引各类要素资源的集聚,其集聚—扩散作用还有待提升。在产业结构方面,东部地区由于其优越的自然条件、区位优势以及政策优惠，其经济增长速度一直居于首位，中部、西部及东北地区与其在经济发展方面还具有较大的差距。中部、西部及东北地区城市群在经济增长方面符合增长极理论，其经济发展的不均衡现象说明区域经济增长并不是在每个地区都有所体现，而是在具有创新能力的产业和主导部门的大中城市中体现出来。在增长极理论的作用下，大中小城市对周边地区会有较强的经济辐射带动作用，大中城市在集聚—扩散效应的作用下不仅实现了自身的高速发展也形成了对周边地区的带动作用。在等级规模结构方面，东部区域中京津冀城市群整体呈现出超大城市人口膨胀、中等城市规模断层及小城市空心化的发展态势，城市体系不平衡问题有所加剧，中部、西部及东北地区内各城市群的中心城市会在各类要素的发展规模上呈现出绝对优势，而各类要素资源在小城镇分布分散，发展水平低。政府可以通过政策引导的方式来提升各区域的等级规模，使区域内部形成较为合理的等级结构。在空间布局结构方面，东部地区在空间布局结构上较为合理，中部、西部及东北地区会明显地呈现在某一地理要素特征（如交通干道、首位城市、水源等）集聚的现象。与东部地区相比较，中部、西部及东北地区的城市群要加强内部中小城镇的培育和发展，利用大中城市经济带动作用和其自身的特点来吸引发展所需的各类要素资源，促进区域内部整体产业和人口较为平衡地分布。

二、区域协调发展战略和城市群新型城镇格局优化互动的特征

（一）区域协调发展战略特征

通过对中国区域协调发展现状的分析，基于国家帮扶政策的引领，中国区域经济发展显现较为协调的态势，中西部经济发展的差异明显缩小。在深入分析区域经济发展情况的基础上，发现区域协调发展需要以综合性、互制性、动态性、层次性为基本特征。

区域协调发展具有综合性的特征。综合性体现在区域的协调发展并不单单是某一方面、某一项指标的协调统一，而是区域各要素、各部门之间的协调关系的综合，区域的协调发展要促进区域内大中小城市和小城镇形成有机的整体。区域协调发展战略引领中国区域之间的协调发展，实际上也就是促进中国区域间、区域内在发展中走向平衡，将区域的经济发展与国家现代化建设紧密联系在一起。

区域协调发展具有互制性的特征。互制性体现在区域的发展要协调区域内部特别是相邻城市间的发展关系。在区域经济发展过程中，势必存在由于区位条件、发展基础、政策导向等方面异质性所带来的发展差距，使区域内部也存在发展的不均衡。区域内相邻城市间存在着竞争，因此使区域协调发展也呈现出互制性的特征。区域协调发展要求区域内形成有机的一体的发展组合，各城市在满足自身发展的同时也需要强化对周边地区的带动作用，避免区域经济发展的马太效应。换而言之，区域的协调发展要对各地区的发展进行统筹推进，通过城市群的互联网络实现要素的合理流动、产业的分工布局，在一定程度上带动其他区域的发展，促使各区域经济在动态反馈中获得可持续的发展。

区域协调发展具有动态性的特征。动态性体现在区域的协调发展并非是一个一成不变的静止状态，而是遵循城市客观发展规律而不断变化的。在区域发展过程中，不同城市间存在着发展差距，处于不同的发展阶段。区域的协调发展并不是追求不同城市处于同一发

展阶段或发展水平,而是在动态变化的过程中构建大中小城市和小城镇的互联网络体系,在城市群每一个发展阶段中都通过协调发展的思路形成当下阶段的最优配置。但随着内部与外部环境的变化发展,当前最优的城镇格局并不一定适用于未来的城市群发展,因此也就要求对城市群的新型城镇格局展开不断地优化调整,以动态发展的眼光来认识区域协调发展。

区域协调发展具有层次性的特征。层次性体现在区域的协调发展是一个梯度化新型城镇格局建设的过程。城市群内各类要素的集聚状况、城市的发展阶段、客观区位条件均存在着较大差异,使得城市群的发展需要具备层次性,即城市群内部需要由中心城市、次中心城市、中小城市来构成。区域协调发展的核心也就是促进中心城市与中小城市之间的协同,在空间距离与经济联系上使两者的联系更加紧密。

(二) 城市群新型城镇格局特征

以城市群为主体构建的大中小城市和小城镇协调发展城镇格局,需要以共同性、互补性、递进性为基本特征,推动城市群、大中小城市及小城镇的协调发展,促进城乡之间发展的平衡。

城市群新型城镇格局具有市场共同性的特征。市场共同性体现了城市群新型城镇格局旨在突破区域内各城市之间的地方保护主义、贸易的分割及阻碍,以扩大区域整体市场规模为发展目标,提高经济发展质量与资源配置效率。城市群内部各级城市和小城镇的协调发展与经济合作可以有效推动形成以城市群为载体的城镇市场共同性特征,有利于市场一体化的推进与各类要素资源的合理流动与资源共享。

城市群新型城镇格局具有产业结构互补性的特征。产业结构互补性体现了城市群内部的产业分工布局特征,城市群内部各级城市和小城镇之间的产业发展既有竞争又有合作,产业结构的互补不仅能够提高经济发展效率,实现产业升级,同时也形成了城市间的优势互补与错位发展的格局,避免了恶性竞争与产业同质化发展的出现。大中城市发挥在要素集聚、人力资本等方面的优势实现创新驱动的高质量发展,而中小城市和小城镇则可以充分利用土地、劳动力等方面的成本优势承接大中城市的产业转移,实现高速发展,并且进一步增强与大中城市间的经济互联关系,推动城市群形成具备差异性、产业多样化且专业化的发展格局。

城市群新型城镇格局具有层级递进性的特征。层次递进性体现了城市群新型城镇格局的结构体系与空间布局关系,城市群城镇格局的协调发展实际上就是以中心城市和城市群为主要空间形式形成的城镇等级结构和空间布局体系。城市群的城镇格局发展需要依托于健康良好的城镇等级结构与空间布局得以实现,通过城市群内部的产业分工布局、要素的集聚与流动、城市间的合作互联,从而使得城镇格局呈现出等级结构层面的梯度化与空间布局层面的互联化。

(三) 区域协调发展战略和城市群新型城镇格局特征

区域协调发展战略和城市群新型城镇格局优化互动模式是区域发展与城镇化发展到一定阶段的必然选择,需要以渐进式、多元式、集约节约、和谐和可持续发展为基本特征,加快中小城市和小城镇的发展水平,解决区域间发展不充分、不平衡的问题,大力促进区域平衡与城乡平衡。

区域协调发展战略和城市群新型城镇格局优化互动模式具有渐进式发展的特征。推动区域协调发展战略和城市群新型城镇格局的优化，需要根据区域内城镇产业、城镇公共基础设施容量、区域资源环境的承载力以及地方政府财力的实际情况，来与区域内人口、经济资源以及环境承载力相适应，在确保城镇化质量的前提下，积极引导各资源要素向中小城市和特色小城镇合理有序地流动，科学地确定城镇化规模和速度，以免超越承载力和发展水平的城镇化"大冒进"的出现。城镇空间的扩张要坚持以适度渐进式为发展原则，不能以失去耕地和农业粮食为代价，以能够适应区域经济转型发展和产业结构升级的需要，充分考虑城镇的综合承载力，推动区域协调发展战略和城市群新型城镇格局的优化。

区域协调发展战略和城市群新型城镇格局优化互动模式具有多元化发展的特征，推动区域协调发展战略和城市群新型城镇格局的优化，需要高度重视区域在民族、文化、发展条件和水平上是多元性的特点，再根据各区域不同的自然地理条件和经济发展水平，采取适合各区域发展多元化的方式，来推动形成布局合理、分工明确、等级有序的城镇格局，以促进大中小城市与小城镇的协调发展。各区域所处的城镇化阶段存在显著差异，在京津冀和长江三角洲等地区要优化其产业发展，在长江中游和辽中南等地区要重点建设大都市区和城市群，提升中心城市对周边地区的辐射带动作用，在中西部地区要重点打造特色城镇。政府部门通过政策的实施加大规划引导和监管力度，以工业现代化带动第三产业发展，进而发挥服务业在优化区域协调发展战略和城市群新型城镇格局的重要作用。

区域协调发展战略和城市群新型城镇格局的优化互动模式具有集约节约的特征。推动区域协调发展战略和城市群新型城镇格局的优化互动模式，要高效集约地利用各项资源要素，特别是土地资源，要改变政府主要依靠土地收入的做法，做好国家粮食安全保障的工作，促进城镇化走集约节约型的发展道路，以实现城镇资源最优化的配置。政府要加强各区域协调发展的意识，合理规划城镇工业区、现代农业区及农村社区，重点培养一批中心城镇，推动大城市与小城镇和谐发展。

区域协调发展战略和城市群新型城镇格局的优化互动模式具有和谐发展的特征。推动区域协调发展战略和城市群新型城镇格局的优化互动模式，解决城镇化进程中发展不协调及非包容性等问题，要妥善处理好城乡之间的发展差距，实现城乡居民同等地享受基本公共服务与社会保障，坚持城镇化的和谐发展趋势。随着各区域工业化加速发展和技术进步，促使其农业人口不断向城市转移，在区域协调发展中的城镇化道路要摒弃二元体制，坚持一元体制的理念，推动农民能够尽快适应城市生活，确保新型城镇化进程稳定有序进行。

区域协调发展战略和城市群新型城镇格局的优化互动模式具有可持续发展的特征。推动区域协调发展战略和城市群新型城镇格局的优化互动模式，不仅要注重城镇化规模和质量，还要强化对耕地和生态环境保护的意识，实现区域经济协调发展与生态环境共建共享，走绿色低碳可持续发展的道路。要充分利用各区域的自然资源条件，加大循环经济的发展力度，在城市群发展的过程中进一步加强生态保护建设。

第二节 区域协调发展战略和城市群新型城镇格局优化互动的必要性和可行性

一、区域协调发展战略和城市群新型城镇格局优化互动的必要性

第一，大中小城市和小城镇的协调发展是新型城镇化的主体，也是平衡区域发展的必然之举。中国区域间、城市与农村间、地区间的发展水平差距较大，从整体上来看，中国经济的发展规模位居世界第二，人均GDP超过5000美元，但还有很多地区的发展较慢。中国大城市多年来的发展领先于中小城市和小城镇的发展，其各类要素资源的集聚能力强，导致很多西部地区增长动力严重不足。通过大中小城市和小城镇的协调发展能够平衡地区之间的发展差距，使各种要素资源不断向经济不发达的区域流动，减小各区域间之间的差距，加大循环经济的发展力度，在城市群发展的过程中进一步加强生态保护建设。

第二，坚持走大中小城市和小城镇协调发展的道路有助于缓解大城市因人口过多带来的"大城市病"。区域内部有些大城市在承载力方面接近极限，如北京、上海等城市的常住人口远远超过了城市所能够承受的最大数量，因而带来很多问题：交通拥堵严重、资源紧张、环境污染严重等。在"大城市病"越来越突出的情况下，原来城市的发展状况不容乐观，可以通过对各类要素资源有效地配置，大力培育和发展小城市和小城镇，能够有效地将大城市的人口分流出去，以此降低大城市的承载压力，从而实现各区域的协调发展。

第三，大中小城市和小城镇的协调发展是区域经济可持续发展的基础。中小城市和小城镇不仅在区域经济发展中起着关键的纽带作用，同时也是中国新型城镇化和区域协调发展的基础单元和重要根基。中国农村地区的发展需要以城乡一体化的融合发展为抓手，以行政区划的乡镇建制作为区域发展的重要引导力量，对具备一定人口、经济、产业规模的小城镇，充分发挥地方活力与发展潜力，与大中城市形成协调统筹的发展趋势。目前中国部分小城镇特别是东部沿海地区的小城镇在各项发展指标上已经达到中小城市的水平，在新型城镇化发展过程中需要对具备规模条件、发展潜力的小城镇进行行政区划的调整，通过级别的提升、规模的扩大满足其客观发展需求，适应经济社会发展的变化，促使小城镇成为中国新型城镇化发展的重要空间载体。大中城市通过集聚—扩散效应与小城镇之间产生紧密联系，促使大中城市和小城镇之间形成产生融合的中心—边缘结构关系，小城镇围绕在大中城市周边演化形成新型城镇格局。以大中城市和小城镇协调发展构建新型城镇格局可以有效地缩小区域间、城乡间的发展差距，激发小城镇、后发地区的发展活力，避免区域发展的非均衡与过度集聚。

第四，以城市群为主体构建大中小城市和小城镇协调发展的新型城镇格局，对解决中国目前发展不平衡不充分的社会基本矛盾问题有着重要意义。城市群的构成包含中心城市、次中心城市与中小城市、小城镇组成的城镇互联体系。大中城市在城市群的发展中起到对要素资源的集聚以及经济发展的推动作用，而中小城市和小城镇也是中国城乡关系、经济发展的重要载体，彼此之间呈现紧密的联系。城市群是人口大国城镇化主要的空间载

体,因而要坚定不移地以城市群为主体形态来推进城镇化发展。伴随着城市群的发展,充分利用航空港、铁路枢纽及交通节点等要素资源优势,围绕城市群形成若干以超大城市为核心的都市圈,在此基础上发挥超大城市的辐射带动作用,加快区域一体化进程。通过继续做大东部地区的京津冀、长江三角洲、珠江三角洲城市群,拉动区域经济多极增长,在中部、西部和东北地区培育一批城市群,形成更多支撑区与发展的增长极,加强对关中平原、北部湾、呼包鄂榆、兰西等跨省级城市群的规划建设。

第五,区域协调发展有利于打造区域经济合作利益共同体,是区域在空间竞争与合作方面的新型路径探索。东部地区的京津冀、珠江三角洲、长江三角洲城市群在经济规模上已经有世界级的体量,但在经济联系与分工上,与国外世界级城市群还存在较大差距,其内部还存在很多脱节、失衡和相互抵消的不平衡不充分发展问题。东部地区开始转向内涵、质量型的发展过程。中部、西部和东北地区的地级市在工业和服务业发展方面具有重要作用,在区域协调发展方面具有内生发展的动力和制度上的优势,将大部分的地级市培育成大中型城市,对区域协调的发展具有重大意义。东北地区要着眼于人力资源的角度,利用政策引导,加强市场机制的建立与维护,减少人才外流,进一步完善振兴老工业基地的体制机制。加快对东部地区产业结构的升级,发展现代农业和高新技术产业等;积极推进西部大开发,重点抓好基础设施和生态环境建设,通过发展特色优势产业推动重点地区的开发;加大对中部地区产业结构的调整力度,积极培育新的经济增长点,加快工业化与城镇化进程;支持对东北老工业基地调整与改造,支持地区发展接续产业,国家要加大对粮食主产区的扶持力度。合理引导区域内各城市的发展,既可以有效缓解东部地区"大城市病",又可以推动中部、西部和东北地区城镇特别是中小城市和县域经济发展,进一步缩小中部、西部和东北地区与东部地区间的发展差距,促进区域协调发展。

二、区域协调发展战略和城市群新型城镇格局优化互动的可行性

从宏观层面来看,区域协调发展战略和城市群新型城镇格局优化具备一定的政策基础。党的十六大以来,区域经济发展战略不断丰富完善,从西部大开发战略开始,到东北地区等老工业基地的战略部署,再到中部地区的崛起战略的提出,不断加大对中部地区结构的调整力度。在2011年6月8日公布的《全国主体功能区规划》提出在优化提升东部地区城市群的同时,加强中西部地区资源环境承载能力较强的区域的新型城市群建设,利用城镇化等手段推动中西部地区发展。在2013年12月中央城镇化工作会议中提出了推进城镇化的主要任务。在2014年3月公布的《国家新型城镇化规划(2014~2020年)》对城镇化工作做了全面的安排和部署,提出城镇化是推动区域协调发展的有利支撑,要加强中心城市的辐射带动能力,加快发展中小城市,有重点地发展小城镇,以促进各类城市协调发展。李克强总理在十三届全国人大一次会议做政府工作报告时指出,坚持实施区域协调发展和新型城镇化战略,着力推动平衡发展,促进新的增长极、增长带快速成长,提出一系列促进西部开发、东北振兴、中部崛起、东部率先发展的改革创新举措。中共中央国务院于2018年11月18日印发并实施《国务院关于建立更加有效的区域协调发展新机制的意见》,是为了落实全面落实区域协调发展战略的各项任务,促进区域协调高质量发展,不断完善区域协调发展机制。可见党的十九大以来,政府对区域协调发展和城市群新型城

镇格局优化的高度重视，已经由意识层面转向了规划层面，并且落实为具体的政策，有利于与其相关政策不断出台，为区域协调发展与城市群新型城镇格局优化提供政策保障。

从发展模式来看，城镇化对区域空间形态发展产生了巨大且深远的影响，在区域经济较为发达的地区，城市群内部城市呈现出紧密联系的发展特征。在区域内，很多以特大城市为核心的优势区域，大中小城市逐步发展，城市群的地域形态正在加速形成。中国产业布局在大城市和小城镇严重失衡，虽然在中国城镇化发展起步阶段，国家和地方将支柱型产业设在大城市是为了规模效应、集聚效应及城市优先发展的需要，但随着经济社会的发展，该种模式与社会发展的要求不适应。因为小城镇自身的优势没有得到很好的发挥，大城市与小城镇间的差距越来越大。将大城市的一些产业主动分流到小城镇，政府利用小城镇自身优势来进行统一产业规划实现其经济承接大城市分流出来的产业，通过这两个方面对中国大城市与小城镇间产业结构进行优化调整。进入新的时代，需要进一步融入"一带一路"建设中去，以改善民生为核心，注重基础设施的建设，支持对科技进步与人才开发的投入，更加注重资源优势转化，全面推进多点多极化发展战略，在提升首位城市的同时，着力发展次级城市，夯实低部基础，从而形成首位一马当先、梯次竞相跨越、多点多极的全面发展局面。中部地区被赋予"一中心、四区"的新战略定位，其中一个重要的定位是"全国新型城镇化重点区"。通过进一步强化城市群对中部地区的拉力作用，加强互联互通，推进中部地区中心城市从"一枝独秀"到城市群协同并进、多点开花的新阶段。采用对口支援等多种形式，加大对东北老工业基地革命老区、边疆地区和贫困地区等的扶持力度。东部地区要发挥好在全国发展格局中的"大盘"作用，充分利用和拓展创新要素集聚的特点，打造具有国际影响力的创新高地，要努力突破前瞻性基础研究与引领性方面的成果，加快产业走向全球价值链高端，发展高层次的开放经济的发展格局。

第三节　区域协调发展战略和城市群新型城镇格局优化互动的格局和趋势

一、形成了向工业和服务业集聚的二元产业格局

由于各区域的区位条件、经济基础、战略政策等多种因素，导致改革开放后中国区域发展呈现不平衡不充分的特征。随着市场化的深入发展，科技创新带来了劳动生产率的提升，区域发展对城镇格局产生了显著的影响。大城市的人口规模不断扩大，特大城市的综合承载能力受到挑战，"大城市病"的现象在中国区域经济发展中屡见不鲜。中小城市和小城镇的经济发展受到阻碍，对人口的吸引能力也在减弱，欠发达地区的中小城市和小城镇呈现收缩的现象。从区域协调发展战略和城市群新型城镇格局优化互动模式的发展趋势和空间格局来看，区域协调发展战略引领城市群新型城镇格局优化趋势事实上存在着城镇格局（以城市群为主体构建大中小城市和小城镇协调发展）、二元产业格局（向工业和服务业集聚）。各区域发展中心与国家战略规划政策都集中于大中城市，缺乏对中小城市和小城镇在产业发展、城市功能定位等方面明确的规划指导，导致中小城市和小城镇难以与

大中城市之间形成产业的互补与对接，不利于城市群整体的协调发展与优势整合。

在城市群新型城镇格局优化的过程中大中城市与小城镇之间具备紧密的联系，大中城市的发展需要依靠小城镇在各类要素上的支持，小城镇实现快速发展也需要大中城市的辐射带动作用。城市发展的主流和大趋势是城市群。城市群是人口大国城镇化的主要空间载体，要坚定不移地以城市群为主体形态推进城镇化。

随着国家西部大开发、中部崛起、振兴东北老工业基地、东部优化发展战略的实施，东部地区率先展开产业升级与经济转型，中西部地区和东北地区在承接东部地区产业转移以及国家发展战略投入的过程中，基础设施、投资环境也得到明显改善，促使区域协调发展战略引领城市群新型城镇格局优化发展，形成了向工业和服务业集聚的二元产业格局。

二、形成了以城市群为主体大中小城市和小城镇协调发展格局

党的十九大报告在促进区域协调发展层面提出了加强分类指导，统筹推进西部大开发、东北振兴、中部崛起、东部优化发展四大区域的空间竞争与合作和"以城市群为主体构建大中小城市和小城镇协调发展的城镇格局"的未来中国城市群新型城镇格局模式，这是区域发展和城镇化发展到一定阶段的必然选择。通过构建"区域协调发展战略引领城市群新型城镇格局—城市群新型城镇格局构建优化区域协调发展"互动模式来进行系统的政策设计，拓宽发展空间、增强发展后劲，构建协调机制补齐短板，以强弱项为抓手，补齐中小城市和小城镇发展不充分的短板，大力促进区域平衡和城乡平衡的发展。随着中国新型城镇化发展战略的实施，城市群在中国城镇化过程中作用和地位越来越重要，有多项政策文件提出把城市群作为推进城镇化的主体形态。各区域在资源条件、区域环境、制度安排和发展模式等方面存在较为明显的差异，中国城市群在城镇化的发展进程中存在严重的失衡问题。从整体上来看，中国东部地区的城镇化率较高，而中部、西部和东北地区的城镇化率普遍偏低。长江三角洲、京津冀、珠江三角洲等城镇化发展水平相对较高的城市群，在城市群的集聚效应和扩散效应影响下，中部、西部和东北能够有效地承接东部沿海地区有市场和有效益的劳动密集型产业转移，有利于缩小中国各区域间的差距。积极发展大中小城市和小城镇中特色优势产业，不断挖掘新型经济增长极，更好地推动重点地区发展，实现城镇化的快速推进；各城市之间充分协调好各自的特色产业，从自身的发展特色出发，不断实现错位发展，加强相互之间的合作与协同，推动城市群发展层次性不断丰富。伴随着大城市产业结构转型升级的不断加速，一方面由于部分人口和经济活动正在逐步迁移到周边地区，使周边地区及中小城市和小城镇的规模明显扩大；另一方面，城市之间的职能在不断分化，增强了城市之间的联系强度，会使城市群由原来的单一中心城市转变为包含多个核心城市的城市等级体系，在极化效应和扩散效应的影响下，形成兼具合理的功能定位、紧密的产业分工和空间布局结构网络化等特征的大中小城市与小城镇协调发展的格局。通过推进大中小城市和小城镇网络化建设，这对于增强要素资源的吸引力和承载力非常关重要。城市网络化，就是在新技术革命的背景下，以互联互通、共治共享的互联网思维作为城市的发展理念，以区域一体化发展为体制基础，以现代化综合交通体系和信息服务系统为主要支撑，以产城人融合发展为主要动力机制，构建大中小城市和小城镇协调发展的城市网络体系。

第三章　区域协调发展战略和城市群新型城镇格局优化互动的理论架构

第一节　区域协调发展战略和城市群新型城镇格局优化互动的研究框架

一、作用机理理论框架构建维度依据

区域协调发展战略和城市群新型城镇格局优化互动作用机理的理论框架，可以由静态—动态、时空互动两个维度对区域协调发展战略和城市群新型城镇化格局优化互动模式的影响机制展开分析。

区域协调发展战略和城市群新型城镇格局优化互动模式由静态—动态维度进行分析，可以看到，在集聚—扩散效应的作用下，中心城市形成对城市群内部要素资源流动的向心力，并且也具备对周边地区的带动能力，城市群内部城市之间的广泛互联与相互影响促使城市的辐射能力相互叠加，而城市群的范围实际上就是城市相互辐射影响的高密度区域的集合。进一步考虑城市群的动态变化，在集聚—扩散效应的作用下，城市群的发展并非一成不变，其产业结构、层次体系与空间布局都会发生显著的变化。中心城市的虹吸效应与带动作用、中小城市长足的发展都会对城市群产生动态的影响变化。城市群的形成发展和城镇格局的优化构建是相互作用的，城镇格局能够较为直观地反映城市群内部要素、层级、空间的变化。随着中心城市与城市群发展水平的提升，城市群范围内逐渐呈现产业的升级与转型、城市规模结构的调整与变化、空间布局的变迁与移动，进而呈现城市群的动态发展。

区域协调发展战略和城市群新型城镇格局优化互动模式由时空互动维度进行分析，可以看到，在集聚—扩散效应的作用下，城市群呈现规模范围、协调水平等空间尺度下的发展变化，城市群地理空间的扩张与城市间的空间经济联系构建实际上也就是城市群空间维度下的发展演化。而从时间维度观察城市群内部的变迁，在集聚—扩散效应的作用下，城市群首先呈现中心城市的产业升级、中小城市承接产业转移与城市群整体的产业分工布局，其次呈现城镇格局的梯度化发展，城市群在一体化城市功能定位及规划发展下逐渐呈现大中小城市和小城镇具备层次的结构体系，最后呈现城市群的空间布局的变迁，中心城市、次中心城市与中小城市、小城镇之间空间经济体系的构建促使城市群空间重心的不断

变动，城市群的空间结构也处于活跃变化的阶段。从时空互动维度观察城市群之间的相互作用，区域内的城市群各自处于不同的发展阶段，城市群之间也存在着合作、竞争与要素流动效应，从时空互动两个层面来看，城市群之间的集聚—扩散效应将会显著影响城市群的要素流动，一方面促进要素从非城市群地区向城市群集聚；另一方面，中西部、东北部地区要素会呈现出跨区域向东部沿海地区流动趋势，进而对城市群城镇格局的优化产生影响。

区域协调发展战略和城市群新型城镇格局优化互动模式发展的重点在于：如何推进西部大开发、东北振兴、中部崛起和东部优化发展，将有效解决中国区域不平衡不充分发展的现实困境，带动中小城市和小城镇发展，进而促进区域协调发展和城乡差距的缩小。

区域协调发展战略和城市群新型城镇格局优化互动模式之间的关系为：区域经济发展会随着其城市群城镇格局的优化变得更加成熟稳定，同时随着城市群内部发展日益均衡化，其城镇格局会得到进一步的优化。对于区域协调发展战略和城市群新型城镇格局优化互动模式的构建需要两个方面共同作用，一方面需要实施区域协调发展战略，拓宽发展空间，提高发展质量，来促进城市群城镇格局的优化；另一方面需要提高城市群内部大城市的辐射扩散能力和提升中小城市和小城镇的发展水平，从而促进大中小城市与小城镇的协调发展。

从城市空间相互作用理论、点轴开发理论、灰色区域理论、中心外围理论、极化扩散理论的观点来看，随着经济的发展，区域内各城市间会存在广泛的要素交换过程，在不同阶段通过集聚—扩散效应相互作用加快空间结构网络的形成。在此过程中，需要在结构网络内部形成具有梯度的城镇化推进形式，再通过重点轴的扩散作用对中心城市的周边地区起到辐射扩散的作用，进而促进城市间协调发展。在中心城市经济影响下，促使大中小城市和小城镇之间形成大量的灰色区域，其既具有城市的属性又具有农村的特征，是协调发展的重点发展区域；再通过对中小城市和小城镇的发展来缓解大城市的承载力压力。区域的协调发展是推动城市群新型城镇格局优化的基础。

从劳动地域分工理论和比较优势理论角度来看，中国各个区域大部分缺乏技术和资本优势，需要加大各地区对外部资本和技术的吸引力，从而对第三产业的发展起到快速提升和带动作用。大中城市的承载力压力问题越来越严重，需要强化小城市和小城镇来分流大城市的压力。城市群新型城镇格局的优化，需要充分发挥城市群的比较优势来提高其竞争力，再通过政策引导的方式来推动城市群向着成熟稳定的方向发展。

从集聚经济和扩散理论、非均衡协调发展理论的角度来看，中心城市的集聚经济在达到一定规模后，会逐渐出现边际递减效应。大城市对周边地区的带动作用越强，会带动资源要素向周边地区转移，从而提高区域的城镇化水平。劳动力人口不断增加和土地面积不断扩大会增强区域发展的活力，促使城乡间和区域内部协调一体化发展。

从分形理论、位序理论和公共服务均等化理论角度来看，各区域内中心城市与周边地区的发展差距较大，城市群内部的等级规模对城市群新型城镇格局的优化，关键在是协调区域经济的发展和优化经济结构。需要对中心城市的过剩产能进行有效控制，提高小城市和小城镇的发展水平和公共服务水平，扩大城市间的经济联系，促进城市群内部的结构优化。

二、作用机理理论框架构建

本书定位于区域协调发展战略对城市群新型城镇格局影响的静态—动态维度和区域协调发展战略对城市群新型城镇格局影响的空间到时空互动维度，继而得到区域协调发展战略和城市群新型城镇格局优化互动模式实现路径关系。区域协调发展对于推动城市群内部职能结构、等级规模结构、空间布局结构的稳定起到非常大的作用，随着区域的协调发展，城市群的新型城镇格局优化会逐步得到实现。基于极化扩散效应理论、中心外围理论、非均衡协调发展理论、动态协调发展理论、增长极理论、比较优势理论、位序理论、分形理论、集聚扩散理论、空间相互作用理论、双推拉理论等作为依托，提出了区域协调发展和城市群新型城镇格局优化互动模式的动态过程：区域内大中城市出现极化扩散效应→形成城市群格局→城市群协调发展水平变化→城市群职能、等级规模、空间布局结构发生变化→城市群新型城镇化互动格局发展发生变化，区域协调发展战略和城市群新型城镇格局互动模式在不同时期对城市群的结构特征会产生不同层面的影响。

本书对区域协调发展战略和城市群新型城镇格局优化的实现路径关系进行分析，通过对中国城市群空间范围的界定、中国内部各城市群协调发展水平、区域协调发展战略对城市群职能结构影响、区域协调发展战略对城市群等级规模结构影响、区域协调发展战略对城市群空间布局结构影响、区域协调发展战略对城市群新型城镇互动格局六个层面的实现路径及演化过程分析，本书认为区域协调发展战略和城市群新型城镇格局优化互动模式的实现路径存在相互促进的关系，其核心作用的区域均在城市群，需要通过提高大城市的辐射带动作用和区域经济一体化建设来不断提高中小城市和小城镇的发展规模，以促进大中小城市与小城镇的协调发展。随着推进西部大开发、东北振兴、中部崛起、东部优化发展战略，中小城市和小城镇的经济发展规模和水平会不断提升，促进区域平衡和城乡平衡发展。

具体而言，中心城市的辐射扩散能力→形成城市群格局→极化扩散效应理论、中心外围理论，城市群要素合理流动和高效流动→城市群资源配置与承载力能力增强→非均衡协调发展理论，城市群优势产业优先发展→城市群职能结构动态变化→增长极理论、比较优势理论，城市群发展规模扩大→城市群等级规模结构发生变化→位序理论、分形理论，城市群经济集聚扩散效应→城市群空间布局结构发生变化→集聚扩散理论、空间相互作用理论，城市群人口与土地流动方向一致→流动人口趋势发生变化→双推拉理论→城市群新型城镇格局发展不断稳定成熟，且这一发展过程以城市群为主体的大中小城市与小城镇间发展的协调度增大。伴随着城市群内部整体发展水平不断提高和发展规模不断扩大，中小城市和小城镇的发展水平也在不断提升。正是因为大中城市和小城镇的城镇化水平和经济发展规模具备一定的规模，产生的扩散效应对周边城地区的辐射带动能力不断增强，促使周边地区的发展水平和发展规模也有了显著的提升，从而促进大中城市和小城镇的协调发展，最终为特大城市的"城市病"的承载力压力形成了分流。随着城市群内部中小城镇实现快速发展，其经济互联的空间区域也在不断扩散，进而形成较为成熟稳定城镇格局。由此构建出关于区协调发展战略和城市群新型城镇格局优化互动模式作用机理的理论框架（见图 3-1）。

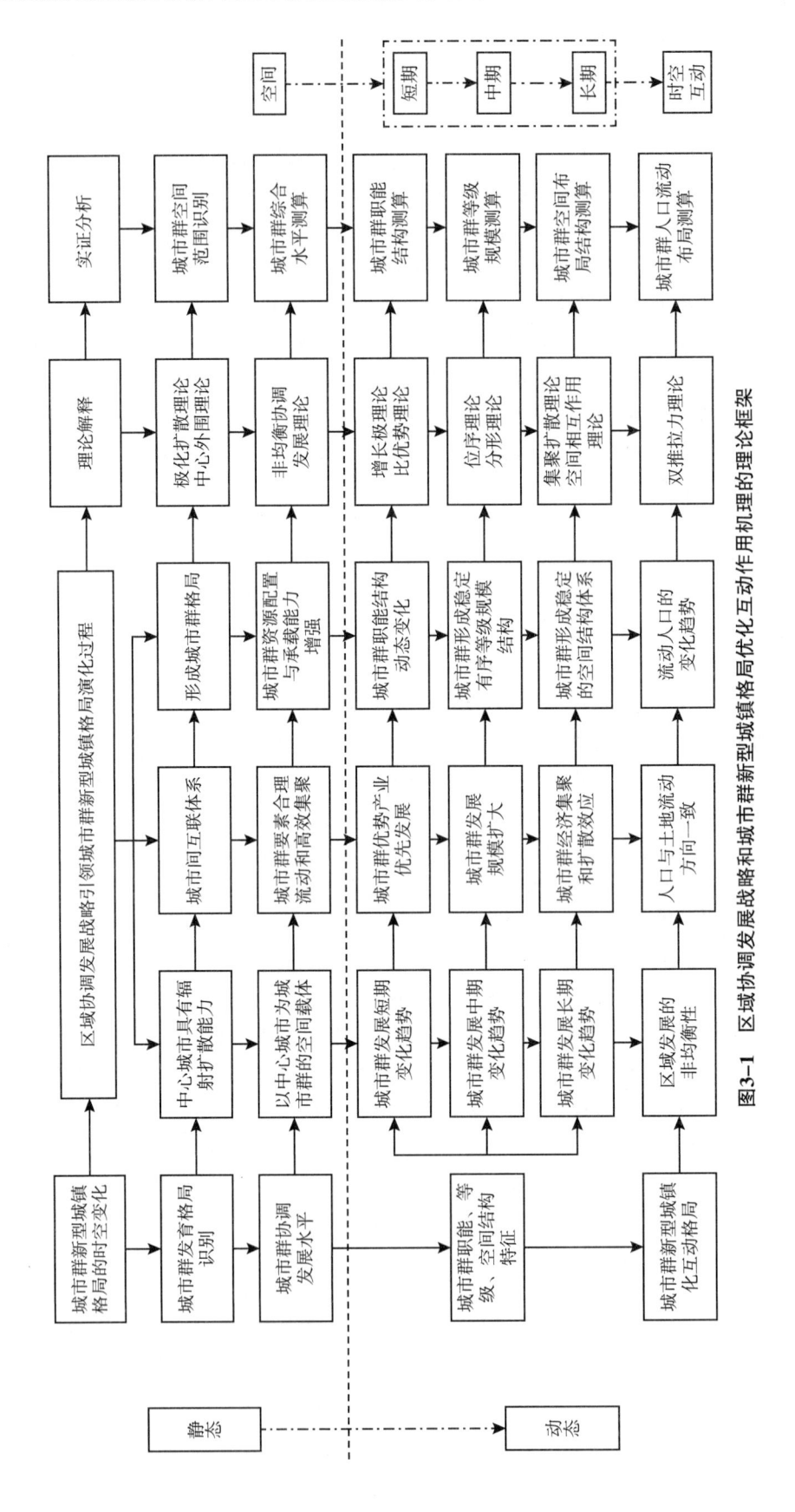

图3-1 区域协调发展战略和城市群新型城镇格局优化互动作用机理的理论框架

第二节 区域协调发展战略和城市群新型城镇格局优化互动的作用机理分析

一、区域协调发展战略和城市群新型城镇格局优化互动静动态维度分析

本书从静态和动态两个维度，对区域协调发展战略引领城市群新型城镇格局优化的作用机理构建理论框架。其中区域协调发展与城市群新型城镇格局优化的互动模式对城市群影响的静态维度包括城市群的发育格局和城市群内城市综合协调发展水平，动态维度包括职能结构—等级规模结构—空间布局结构3个层面。在规划和建设上高效集聚地在中国城市群新型城镇格局中推进西部大开发、东北振兴、中部崛起、东部优化发展，将有效解决中国区域不平衡不充分发展的现实困境，带动中小城市和小城镇发展，进而促进区域协调发展和城乡差距的缩小。以下从两个方面结合区域协调发展战略和城市群新型城镇格局优化发展的现状，来对区域协调发展战略和城市群新型城镇格局优化作用机理的适用性和科学性展开论证。

（一）区域协调发展战略和城市群新型城镇格局优化互动的静态维度分析

从区域协调发展与城市群新型城镇格局优化的互动模式对城市群影响的静态维度分析，城市群不仅是工业化和城镇化发展高级阶段的产物，也是人类社会进步的标志。中国区域的协调发展需要以城市群为主体建立大中小城市和小城镇协调发展的新型城镇格局。根据区域内经济与人口发展情况对城市群进行识别，中心城市对各类要素资源的吸引力较强，通过其较强的辐射扩散能力带动周边地区的发展，各城市间经济联系增强，因而形成城市群。一个城市群的发展必须有增长极也就是核心城市的带动才行。中国城市群存在大城市数量少，中心城市对城市群以及区域整体的辐射带动能力不够明显，不利于区域间的经济协调发展。部分城市群的等级规模体系还不够健全，缺少次级中心城市。在城市群的内部需要分为不同层级的整合体，不仅要拥有大城市，还要有大量的中小城市和小城镇，应是一个包括大中小城市和小城镇的城市群体。随着城市群的不断发展，对大中城市的过剩产能进行有效调控，促进小城市和小城镇的发展规模和发展水平提高，有利于形成成熟稳定的城市群。依据国家行政区划设置，通过加强对中心城市的培育，发挥中心城市的辐射作用，进一步加强城市之间的互动依赖，进而带动周围城市的发展，使得城市群能够协调发展，从宏观的角度来看有利于推进国家的区域协调发展。城市群的发展对明晰城市定位、优化城市功能、高效利用资源要素、合理配置相关资源、加强城市联动等方面有着重要作用。因而，城市群逐渐成为区域协调发展的主体形态和新型城镇格局优化的重要载体。

城市群内中心城市、中小城市和小城镇在发展规模和发展水平方面存在较大的差异，中心城市的经济集聚能力强，其承载力压力问题不断严重，使得第二产业和城市群传统优势产业向中小城市转移，再根据客观的经济规律来调整完善区域政策体系，充分发挥各地区的比较优势，促进各类要素资源合理流动和高效集聚，增强创新发展的动力，加快构建

高质量的新型城镇化,提高中心城市和城市群等区域的经济和人口承载力。城市群的协调发展要尊重各地区投入产出效果和投资经营环境方面存在的客观差异性,为了能够有效地提高资源配置的效率,可以采取区域重点开发的形式,来选定若干个重点开发区域,在其资源分配和政策方面给予有限的倾斜,并且要做到对目标进行明确和重点突出,在时间方面也要给予严格的规定、不能以长期抑制其他地区的发展为代价。要以国家和社会长远的发展为着眼点,要适当地加大对中西部落后地区基础设施建设和社会发展方面的支持力度,促使地区间保持协调发展和经济社会的稳定。自改革开放以来,中国的经济发展出现较为严重的不协调发展问题,如何实现东部、中部、西部及东北地区之间的协调,对城市群新型城镇格局的优化奠定了坚实的基础。东部地区较其他三个地区的经济发展能力和条件较好,西部地区的发展条件还较为薄弱,主要依靠国家财力的扶持来对其规模和面积进行开发是很难实现的,需要加强对其内部基础设施和生态环境保护工程等建设的战略性开发措施。中部地区是实现中国东部、中部、西部和东北地区实现协调发展的关键,也是西部大开发战略中东部向西部辐射的过渡地带,对西部大开发战略能够有效实施具有十分重要的意义。因而在通过加快中部地区的崛起和振兴东北地区来促进中国区域能够更加稳定协调地发展。

(二) 区域协调发展战略和城市群新型城镇格局优化互动的动态维度分析

从区域协调发展与城市群新型城镇格局优化的互动模式对城市群影响的动态维度分析,中心城市过度集聚与承载压力问题在城市群发展过程中尤为突出,通过加快对重资源消耗型产业进行转移来促进产业结构的转型升级,实现经济健康可持续的发展。区域内城市群的职能结构逐渐发生变化,中心城市的优势职能也会发生转变,中小城市和小城镇在第二产业和传统优势产业方面逐渐呈现为优势职能,随着对不同城市的功能定位和职能分工的明确,各城市群的产业结构布局开始逐渐趋于稳定。城市群内由中小城市和小城镇依附于中心城市发展向独立健全的经济发展模式转变,中小城市和小城镇对各类要素资源的吸引能力不断增强。劳动地域分工是区域生产的专门化程度,决定了区域产业结构和空间结构的特征和区域经济联系的内容、性质和规模。城市群内各城市间的产品或者要素的差异性是城市群空间经济联系的关键,若要素禀赋的差异较不明显,则城市群的发展取决于城市间产业结构的差异形成的分工、贸易与合作网络。城市群内有效的分工是城市群内部协调发展的基本前提。目前,中国发展较为成熟的城市群内城市间的分工格局基本形成,但是专业化水平不足,城市间产业结构的非理性趋同问题仍然存在;发展较为落后的城市群类似问题更为严重,城市间的重复建设、资源浪费严重及产业规模经济效益受损严重。在集聚经济的效应下,中心城市的第二和第三产业不断发展集聚,再随着经济的边际递减效应,产业逐渐向周边地区转移,从而创造了资源向周边城镇分流的现象。随着中小城市和小城镇第二和第三产业规模水平的不断提升,有利于改善公共服务和基础设施的推进。

城市群内由初始的要素资源在中心城市的集聚向较为均衡呈现梯度分布进行转变,进而使中小城市和小城镇对要素资源的集聚能力得到提高,使得城市群内部的等级规模结构逐渐发生改变,城市群内部的等级规模结构由中心城市主导向内部频繁无序地变化,以致最终形成稳定有序的城市群等级规模结构。城市群内部等级规模结构的逐渐稳定,对城市群扩张发展打下一定要素资源基础。通过对城市群内部中心城市对周边地区的辐射带动能力及加快对中小城市和小城镇的培育,使得中小城市和小城镇等级规模层级得到不断提升,其独立城市的属性也在不断强化,自身的经济辐射带动能力也会进一步提高,进而城市群内部城市间的经济联系会增强,整体的经济辐射带动能力会得到很大的提升。集聚经济和扩散理论有利于提升大中城市的辐射扩散能力,对小城市和小城镇的发展也会起到一定的推动作用。集聚经济是通过区域内产业间和产业内企业在某一空间结构上集中产生的效益,也是城市群能保持高速发展的重要原因之一。随着区域内企业数目和人口数量不断增加,生产成本有所减少,将给企业带来额外的收益,这一收益也是经济集聚作用的结果。城市群可以通过集聚经济带来其边际收益大于零和城市规模效益不断地增加。各类要素资源在空间上的集聚形成了集聚经济,其在空间上各类要素资源集聚越大,对区域规模效应、结构效应以及近邻效应的带动作用越强。当区域内大城市在空间上的集聚效应超过一定限度时会形成过度集聚,即"城市病",也会带来成本增长、管理困难、人口和各类要素资源的竞争压力,进而出现边际效应递减的负面作用。通过从中国城市规模与集聚效应之间的关系进行分析,在推动城镇格局优化的过程中,要对大城市的过度集聚进行相关政策的引导。由于中国的大中城市在产业人口方面的优势过于集聚,其集聚效应开始逐渐出现边际递减,同时小城市和小城镇出现集聚水平和发展规模不足的状况。随着大中城市集聚效应的不断降低,其内部所能够提供的就业岗位也在减少,导致大量的农业人口滞留在大中城市中,不利于城市经济的增长。小城市和小城镇的发展存在劳动力不足、缺乏各类要素资源及财政资金支撑等发展困境。

随着区域内城市群整体经济发展水平的不断提升,其内部的空间布局结构也会逐渐发生变化,一方面,因各城市空间规模扩张不一致促使城市群的空间布局结构发生变化;另一方面,各城市发展的不同步也会对城市群的空间布局结构及空间重心产生影响,进而使得城市群空间布局结构逐渐趋于稳定发现发展。随着中心城市的经济集聚效应驱动人口向其内部集中,会出现公共服务、住房和基础设施短缺的问题,其基础设施和公共服务的规划和实际的供给远远滞后于人口增长所带来的需求。随着人口要素的流动,作为生产生活要素的土地,其供给的空间格局也发生改变。在人口城市化进程中,促使土地供应与人口流动方向相一致,通过中心城市与外围地区在基础设施方面的互联互通,城乡建设用地增减挂钩和调剂余缺及产业和空间规划上的协同,不仅能够获得增长空间,增长红利也能够辐射更大的范围,促使其从集聚走向平衡的发展,进一步促进城市群城镇格局的优化。

通过区域协调发展引领城市群新型城镇格局优化促使城市群的职能结构、等级规模结构空间结构布局不断成熟稳定,在发展趋势上为城市群新型城镇格局优化奠定坚实的基础。随着城市群内部整体发展规模的不断扩大,促使城市群空间的扩张,实现对区域经济发展更大的促进作用。城市群之间的经济联系也逐渐开始增多,城市群间开始逐渐形成协调的发展体系,区域经济开始向以构建城市群为主体大中小城市和小城镇协调发展的方向转变。

二、区域协调发展战略和城市群新型城镇格局优化互动的时空纬度分析

区域协调发展战略和城市群新型城镇格局优化互动模式作用机理的理论框架,可以由空间—时间两个维度进行理论框架的构建。区域协调发展对城市群影响的空间维度包括城

市群的发育格局和城市群内城市综合协调发展水平和人口流动布局结构。区域协调发展战略对城市群影响的时间维度包括短期—中期—长期变化趋势3个层面。区域协调发展战略和城市群新型城镇格局优化互动模式,在规划和建设上高效集聚地推进西部大开发、东北振兴、中部崛起、东部优化发展,将有效解决中国区域不平衡不充分发展的现实困境,带动中小城市和小城镇发展,进而促进区域协调发展和城乡差距的缩小。以下从两个方面结合区域协调发展战略和城市群新型城镇格局优化发展的现状,来对区域协调发展战略和城市群新型城镇格局优化作用机理的适用性和科学性展开论证。

(一)区域协调发展战略和城市群新型城镇格局优化互动的空间维度分析

从区域协调发展与城市群新型城镇格局优化的互动模式对城市群影响的空间维度分析,在区域经济与城镇化发展的背景下,中国城市群逐渐兴起,通过一些城市在行政区划上邻近和空间布局上的集合,逐步演化成一定规模的城市群和正在形成的城市群。中国目前有19个城市群。虽然城市群数量较多,涵盖省份较多,但城市的发展水平整体较低,城市群在范围界定方面行政干预色彩较为浓厚,城市群建设有较为明显的政府主导性,各省份培育各自经济的增长极时,会主观地将相邻和发展状况较好的城市集中起来形成城市群,以此作为区域发展的增长极。这种划分在很大程度上并不是依据自然经济的联系,也不是根据城市群内各产业间的经济联系为依据。城市群在集聚—扩散效应的作用下,中心城市不断形成要素的集聚与对周边地区的辐射带动作用,促进城市间形成互联结构,最终在地理空间层面形成城市群的城镇体系。因此,城市间的辐射互联范围实际上决定了城市群的空间范围。

通过城市间辐射联系识别出来的城市群范围与理论上的城市群存在着较大的差别,主要是因为中心城市的辐射带动能力有限,对周边地区的辐射带动作用还有待加强。中心城市是城市群城镇结构的核心部分,能够推动区域的创新发展与劳动生产率提升,也是与其他城市群形成联系、合作的关键。城市群外围城市的发展方向主要取决于中心城市。中心城市在区域的发展过程中处于支配地位,对资本、技术创新等发展要素的吸引与外围城市相比具有明显的优势。发展要素会从核心城市流向外围城市,即扩散过程;也会从外围城市流向中心城市,即极化过程,从而构成了中心城市与外围城市的空间相互作用。随着空间系统内部和相互之间信息交流的增加,中心城市的扩散效应愈发明显,拉动外围城市的发展,并逐渐转变为城市群内新的增长点。中心城市的培育和发展不仅为了打造区域增长极点,其重要的作用是通过中心城市阶段化的过程实现城市群的整体全面发展。一个城市群在发展的初级阶段,会呈现较为明显的强核阶段,也就是在城市群中发挥着重要作用。随着中心城市进一步发展,在降低中心城市过度集中带来的竞争及利用外围地区较为低廉的劳动力和土地时,外围地区开始逐渐崛起经济实力较强的多个中心,也就是在中心城市之外的地区出现新的核心或者准核心。在极化与扩散效应的共同作用下,新的核心城市会接受城市群中心城市输出的投资、技术、观念和服务,也会向周边地区转移层次较低的产业及功能,从而促进城市群内部分工和专业化,进而形成联系紧密、层次分明及分工明确的产业链条,共同构成一个发展协调的多中心结构,提升城市群整体的发展水平。

随着区域一体化的推进,城市群逐渐成为区域竞争和区域分工的基本地域单元,中心城市在自然条件、资源禀赋、经济和社会等方面优势明显,其与中小城市在发展规模和发展水平存在较为明显的差异，中心城市在扩散效应的影响下第二产业与城市群传统优势产业逐渐向小城市和小城镇方向转移，有助于区域内部趋向于协调发展。非均衡发展是区域发展的一般规律，但为了更好地推进国民经济发展，必须要实现区域协调发展，因而区域经济的发展要将非均衡发展与协调发展有机结合起来。实现区域经济非均衡的发展，需要充分发挥市场调节机制的作用，重点推进劳动、资本、技术、土地和矿产资源的市场化进程，不断提升利用效率，增强生产要素的自由流动，合理配置相关资源要素，以发挥地区优势来带动经济发展。随着新型城镇格局不断推进，各区域内部城市群中各类城市的发展水平和发展阶段不一致，导致城市群在通过协调内部关系进行结构优化的同时，还需要通过扩张发展规模来实现城市群更高水平的发展。

城市群对国家或者地区形成区域政治、经济、社会、文化网络结构具有重要作用，在中国区域发展的格局中具有主导地位，通过对城市群的培育和发展，扩大其影响范围使各城镇的要素资源在空间上形成集聚关系，进而对城市群内部的协调发展起到推动作用。区域规划理论认为随着区域协调发展和城镇化的不断推进，以城市群为主体，构建大中小城市与小城镇协调发展的城镇格局是一种必然趋势。当中小城市和小城镇的发展规模达到一定规模时，能够对大城市的人口压力进行分流，进而使其发展水平进一步提升。随着大中城市与小城镇的协调发展，缩小城市群间的地区差距，中国区域协调发展的大格局基本形成。

（二）区域协调发展战略和城市群新型城镇格局优化互动的时间维度分析

从区域协调发展与城市群新型城镇格局优化的互动模式对城市群影响的时间维度分析，城市群新型城镇格局时间变化包含城市群短期变化趋势、中期变化趋势、长期变化趋势3个层面。

首先，从城市群短期变化趋势进行分析，大中城市的发展规模在不断扩大，促使城市群的影响边界也在不断扩大，因而对周边地区经济辐射带动的能力增强，由发展较好的增长极通过向外扩散的方式来带动整体发展。在经济增长的初级阶段，增长极的存在有利于培育区域经济的自我发展能力，优势产业主要产生于具有一定经济条件和自然条件的东部区域，再通过扩散效应推动西部、中部和东北地区的经济发展，促进区域整体协调的发展。结合区域经济的发展，培养各个区域的城市群作为其增长极，如京津冀、长江三角洲、中原、辽南、北部湾、关中平原等城市群，促进中国的城市群城镇化格局优化和区域内部经济整体协调发展。随着区域协调发展战略的推进，可以使各个地方根据自身的特征和环境因素因地制宜发挥小城市和小城镇的集聚效应。通过加大中小城市和小城镇各类要素资源的投入，扩大集聚边际效应，虽然其集聚边际效应带来的规模结构、结构效益及近邻效应与大城市比存在一定差距，但其发展潜力、资源利用率及对农村地区的辐射带动能力要远远超过大城市。

其次，从城市群中期变化趋势进行分析，各类要素资源向着大中城市的灰色区域方向开始聚集，促使一部分小城市和小城镇的等级规模层级的提高。区域内大中城市周边灰色区域要素资源的集聚优势不断增加，城市群的等级规模结构逐渐由首位城市的绝对主导作用转变为随着经济发展形成合理有序的城市群等级规模结构。中国城市群内中心城市在各类要素发展规模上具有绝对优势，而在内部的中小城市和小城镇的资源要素分布较为分散且发展水平较低，首位城市是区域内部发展最好的中心区位，为周边地区的人口和经济等要素奠定了基础。首位城市的发展不是单一独立的,需要与周边地区进行协调发展,与其他中心城市和小城镇进行合作来为城市群整体经济的发展提供充沛的活力。当城市群的集聚经济发展到一定程度时,将会产生经济边际递减效应,城市群还会出现扩散效应,会对周边和外围地区产生一定的影响,还会有技术进步的内生性增长带来的规模报酬递增趋势。当城市群的比较优势较强时,它的扩散作用就越大,对灰色区域的辐射带动作用也就越大,通过对灰色区域的培育和发展,其内部各类要素积累的规模会有所增多,给周边的农村地区和城市群内欠发达地区的发展带来积极的作用,进而促进城市群内部与城乡之间协调发展,有利于扩散型城市群的发展规划。集聚经济和扩散效应在城市群的发展过程中起到了非常重要的作用,且在不同时期和不同阶段所起的作用不同。集聚经济能够较好地提升小城市和小城镇内部的经济发展、生产效率及供给效率,而扩散效应能够很好地促进城乡间和城市群内部的协调发展,并且在一定程度上减轻了特大城市的"城市病"问题。从城市群的演化发展过程来看,其遵循"集聚—扩散—再集聚—再扩散"不断循环的过程,进而扩大了小城市和小城镇的范围及城市群内部一体化的建设,促进大中小城市与小城镇的协调发展。灰色区域通过吸收大中城市的各类资源要素和农村劳动力人口,来为其减少承载压力,促进城市群的等级规模结构不断发生变化,进而形成较为合理稳定的等级规模结构。

最后,从城市群长期变化趋势进行分析,各区域内大中小城市和小城镇的各类要素资源不断积累且呈梯度化分配,它们之间的发展对城市群的发展产生较为深远的影响。随着大中城市的空间规模开始扩张及小城市和小城镇的等级规模层次规模提升,城市群空间布局结构逐渐呈现网格化的态势。中国城市群空间结构的演化过程是伴随着改革开放而形成和发展的。通过行政区划和设施标准的不断更新,中国大部分地区主要实施的行政体制建设是"市管县",为城市群内部等级规模的发展提供了有力的政策引导。随着改革开放的深入,各地区的集聚效应开始显现,各类大中城市步入高速发展的阶段,各类资源要素开始向大中城市涌入。随着大中城市规模的不断扩大,会对周边地区的经济发展起到带动作用,从而形成卫星模式下的都市圈和经济带的结构体系。因为近年来大中城市的经济增长速度有所放缓,小城市和小城镇的活力和市场潜力开始凸显,国家区域经济协调发展战略思想的确定和相关政策对小城市和小城镇的发展具有巨大的推动作用,最终形成了大中小城市与小城镇协调发展的城市群。

(三) 区域协调发展战略和城市群新型城镇格局优化互动的时空互动维度分析

中国城市群内中心城市对要素资源的集聚和人口集聚度较高,周边城市人口较少且中小城镇的发展能力较弱,要形成大中小城市和小城镇协调发展的新型城镇格局应当以一个或多个特大城市为中心形成圈层结构。通过城市群的基础设施建设、要素集聚与流动发挥各地区的比较优势,调整城镇格局的空间形态。以城市群的综合承载力为着眼点,优化要素的集聚与流动,提升中心城市的竞争力,将中心城市的辐射范围进一步扩大,推动城市群的健康发展。区域协调发展与城市群新型城镇格局优化的互动模式的时空互动维度分析实际上也就是探讨以人口为主要特征的城市群之间要素流动与城镇空间格局优化。

"双推—拉力"理论认为以人口为主的要素流动其主要目的是提升发展效率,推力包括非城市群地区的外推力与中小城市、小城镇的外推力。拉力包括城市群的拉力和中心城市的拉力。要素的集聚与流动受到这四种力量的共同作用，影响着城镇格局的优化。

首先对非城市群地区的外推力与中小城市、小城镇的外推力进行分析。中心城市在集聚效应的作用下形成对包含人口、资本、产业在内的各类要素资源的吸引作用，使城市内部经济密度不断提升，形成规模经济。中心城市的规模经济对周边地区形成虹吸效应，各类要素资源在中心城市的集聚导致非城市群地区、中小城市和小城镇的竞争力不断降低。具体而言，非城市群地区、中小城市和小城镇对要素资源形成的推力包含两个方面，一方面，人口、资本及自然资源向中心城市的集聚效应使得非城市群地区、中小城市和小城镇要依赖农业、旅游业、劳动密集型制造业展开经济发展，其产业结构、经济增长方式都呈现出不健康、不可持续的特征。并且中心城市在公共服务、基础设施、发展机遇、工资水平等方面的巨大优势，导致非城市群地区、中小城市和小城镇人力资本的匮乏，使其难以提升劳动生产率，城市经济活动的竞争力不足。另一方面，中心城市向非城市群地区、中小城市和小城镇形成的扩散带动作用实际上存在区位的选择性，中心城市向外部形成的人口迁徙、资本流动、产业转移往往选择具备区位优势的中小城市进行扩散，而部分地理偏远、基础设施较差、资源禀赋型城市则受到中心城市带动作用较弱。

其次对城市群和中心城市的拉力进行分析。中心城市在规模经济的作用下，在科学技术、基础设施、全要素生产率等方面与周边地区拉开差距，其作为区域经济增长极的作用不断凸显。对于城市群而言，以中心城市作为经济增长极对其要素集聚的拉力作用，呈现在三个方面：（1）中心城市和城市群的集聚发展促使其平均收入水平提升，要素流动的吸引能力增强；（2）在经济发展中由于产业结构优化、经济转型升级、市场规模扩张需求等原因形成中心城市的扩散效应使城市群可以通过承接其人口迁徙、资本流动、产业转移，从而实现经济的快速发展，加快了要素的集聚效应；（3）中心城市在科学技术、基础设施、全要素生产率方面形成的优势也有利于提升中心城市与城市群的经济联系密度以及区域整体的劳动生产率，推动地区形成以点带面的城镇发展格局。

通过上述分析可以看到，区域协调发展与城市群新型城镇格局优化的互动模式在时空互动维度上受到"双推—拉力"的作用，呈现流动人口不断向中心城市、城市群集聚的现象。随着中心城市的规模扩大，城市群内部各地区会在中心城市的扩散辐射下形成高速发展，非城市群地区其经济发展则逐渐成为要素供给与流动地区，要素资源在地理空间上呈现出非均衡分布的现象。

第三节　区域协调发展战略和城市群新型城镇格局优化互动的演化过程及动力机制

一、区域协调发展和城市群新型城镇格局演化过程及动力机制构成

动力机制是系统运动与发展的根本原理，可以由内生原动力与外部作用力两个维度考察区域协调发展战略和城市群新型城镇格局优化的演化过程及动力机制。区域协调发展对

提高人民生活水平和社会福利具有重要意义和现实价值。从发展要素来看，区域协调发展一方面是指区间在经济交往上日益密切、相互依赖、商业关联互动的过程；另一方面是指落后地区的经济增长追赶发达地区，从而实现区域经济协调发展。区域协调发展是综合性、组合性的概念，包括区域协同发展、区域差距限定在合理范围、实现区域间经济技术合作和空间协调、经济增长与人口资源环境的协调发展等。

中国正处于经济发展模式转型、建设社会主义现代化强国的新时代，国内外经济发展形式不断变化，城市群逐渐成为区域经济发展的主要空间载体。城市群新型城镇格局优化的动力机制系统也更为复杂多样。从城市群新型城镇格局的演化过程来看，区域内城镇的数量与规模是城市群发展的基础条件。城镇体系的构建既离不开作为增长极的大中城市，更离不开数量众多的中小城市以及小型城镇。城市群作为跨行政区的新型城镇化的空间载体，在发展上一方面要突出中心城市的带动作用，以中心城市为核心强化城市群的竞争力，承担中国区域经济发展的重要任务，另一方面也需要增强中心城市和中小城市、小城镇之间的联系，缩小城市间发展差距的，促进社会发展更加公平和平衡。

对区域协调发展与城市群新型城镇格局优化动力机制及演化过程的分析可以看出，两者存在相互作用和相互推进的关系。随着西部大开发、中部崛起、东北振兴和东部地区优化发展战略，区域间发展特色优势产业，地区的功能定位分工，一方面促进了四大区域间发展差距的缩小；另一方面也为各地区特别是中西部地区城市群的发展奠定了基础。当各区域内中心城市的发展规模不断扩大，逐渐由于承载能力、治理能力等方面的限制使其出现集聚不经济的现象，规模经济出现边际递减，经济发展呈现向外部扩散效应，从而带动周边地区的经济发展。随着中小城市、小城镇的发展水平不断提升，大中小城市之间发展差距缩小，区域内部的经济互联促使城市群形成稳定的城镇格局体系。

区域协调发展与城市群新型城镇格局优化是一个动态相互促进演化的过程，两者间存在协同发展和相互推动的关系。对于区域协调发展与城市群新型城镇格局优化演化发展作用的核心是促进中心城市和中小城市间的协调发展。大中小城市与小城镇协调发展包含增强中心城市竞争力的辐射带动作用、加快发展中小城市和提升城市的集聚能力及发展重点小城镇推进城乡一体化三个不同方向的共同作用。

主动的区域协调发展战略引领中国城市群新型城镇格局优化演化始于大中小城市的高效集聚与合理流动。中心城市规模集聚带动中小城市、小城镇协同发展。对大中小城市和小城镇明确功能定位后，通过具体的政策规划推动新型城镇格局的构建，依托于城市群内部的发展促使梯度化的城镇格局形成。通过充分发挥城市群区位优势、城镇体系优势形成对要素资源的高效集聚与合理流动，促进区域整体的经济发展与公共服务水平提升，从而实现大中小城市与小城镇的协调发展，不断优化城市群新型城镇格局。

被动的区域协调发展战略引领中国城市群新型城镇格局优化演化始于中心城市辐射扩散范围扩大，促使城市间形成互联体系。随着中心城市的经济辐射范围的扩大，中心城市自身承载压力使各类要素呈现出向外部扩散的需求。人口、产业、资本、技术不断向中小城市和小城镇转移，客观上加快了中小城市和小城镇的经济增长。随着城市群发展规划的明确，大中小城市和小城镇的功能定位逐步调整，提升城市群的承载能力和资源配置能力成为发展的重中之重。一方面，中心城市竞争力提升的同时其对周边地区的辐射带动能力也进一步增强，使得传统产业向中小城市、小城镇转移；另一方面，大中小城市和小城镇之间的经济互联、产业分工促使城市群形成完整的产业链与经济一体化体系，最终使得城市群新型城镇格局不断成熟稳定。

区域协调发展战略和城市群新型城镇格局优化演化过程是动态的不断变化的存在相互作用的过程，本书构建了区域协调发展战略和城市群新型城镇格局优化过程及动力机制的理论模式，见图3-2。

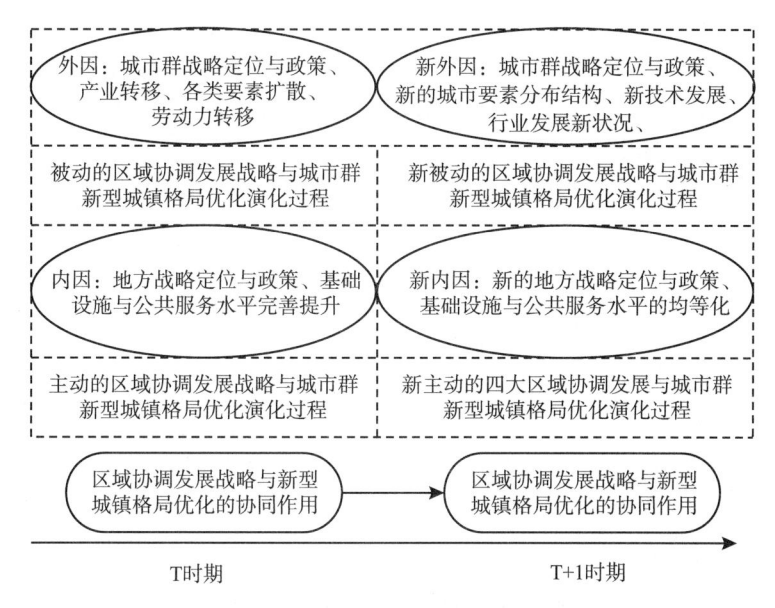

```
┌─────────────────────────────────┬─────────────────────────────────┐
│ 外因：城市群战略定位与政策、      │ 新外因：城市群战略定位与政策、    │
│ 产业转移、各类要素扩散、          │ 新的城市要素分布结构、新技术发展、│
│ 劳动力转移                        │ 行业发展新状况、                  │
├─────────────────────────────────┼─────────────────────────────────┤
│ 被动的区域协调发展战略与城市群    │ 新被动的区域协调发展战略与城市群  │
│ 新型城镇格局优化演化过程          │ 新型城镇格局优化演化过程          │
├─────────────────────────────────┼─────────────────────────────────┤
│ 内因：地方战略定位与政策、基础    │ 新内因：新的地方战略定位与政策、  │
│ 设施与公共服务水平完善提升        │ 基础设施与公共服务水平的均等化    │
├─────────────────────────────────┼─────────────────────────────────┤
│ 主动的区域协调发展战略与城市群    │ 新主动的四大区域协调发展与城市群  │
│ 新型城镇格局优化演化过程          │ 新型城镇格局优化演化过程          │
└─────────────────────────────────┴─────────────────────────────────┘
    区域协调发展战略与新型       →    区域协调发展战略与新型
    城镇格局优化的协同作用            城镇格局优化的协同作用
         T时期                              T+1时期
```

图3-2 区域协调发展战略和城市群新型城镇格局优化演化过程及动力机制理论模式

从图3-2可以看出，区域协调发展战略和城市群新型城镇格局优化演化过程分为主动与被动两个维度的共同推动，两者对于城市群新型城镇格局优化呈现出相互促进相互补充的作用关系。在区域协调发展战略和城市群新型城镇格局优化演化发展的不同阶段，两者对作用方式和作用类型存在差异性，会随着区域协调发展与城市群新型城镇格局优化的发展而产生变化。虽然主动和被动作用过程存在差异，但两者都统一于区域协调发展战略和城市群新型城镇格局优化的演化过程，都在演化过程中起到至关重要的作用。

在T时期，区域协调发展战略和城市群新型城镇格局优化的演化过程受到大中小城市和小城镇集聚效应作用下经济发展、基础设施、公共服务水平提升的推动影响，同时也受到各级政府战略规划、城市间要素流动与产业分工的影响。共同推动区域协调发展与城市群新型城镇格局优化的演化发展，区域协调发展使城市群发展规模和发展水平提升，新一轮优化的城市群新型城镇格局形成，即为T+1时期。

在T+1时期，随着大中小城市和小城镇发展水平的提升，城市群新型城镇格局的优化受到中心城市承载能力与城市间互联体系的影响。新时期下城市群整体发展水平的提升促使要素集聚、产业升级与经济互联。中心城市和中小城市、小城镇之间逐渐形成完整的产业链，城市的发展由独立个体向着城镇群体的属性转变。城市群内部要素集聚与流动更为活跃，大中小城市和小城镇发展差距的缩小促使新型城镇格局的优化。在这一时期下城市群新型城镇格局优化演化依旧分为主动和被动两个维度的作用，通过两者的相互推动和相互补充促使区域协调发展与城市群新型城镇格局优化的演化发展向着更高水平进行。

二、主动的区域协调发展战略和城市群新型城镇格局演化过程及内部影响

主动的区域协调发展战略与城市群新型城镇格局优化演化过程是以中心城市为核心的城市群各级地方政府主动引导促进城市群发展提升的内部演化。通过对中心城市的政策规划、功能定位，促进以中心城市为核心的城市群整体的基础设施、公共服务的一体化发展，促使大中小城市和小城镇之间协调发展。在区域协调发展与城市群新型城镇格局优化的整个演化过程中，以中心城市为核心的城市群各级政府主导下的战略规划实现了城市群新型城镇格局的内部演化。根据伯杰尔曼（Birgelman）的发展演化观点，构建出基于"变异—选择—保持"循环过程的主动的区域协调发展与城市群新型城镇格局优化演化过程，见图3-3。

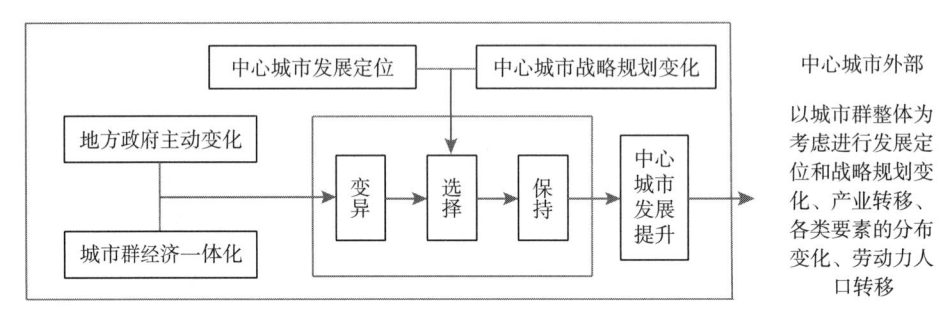

图3-3 遵循"变异—选择—保持"循环过程的主动的区域协调发展战略和城市群新型城镇格局演化过程

从图3-3中可以看到，主动的区域协调发展战略和城市群新型城镇格局优化过程的动因是以中心城市为核心的城市群各级地方政府主动的战略规划与政策支撑推动了城市群新型城镇格局的优化发展。各级地方政府通过对城市群内部大中小城市和小城镇综合承载能力、要素配置能力、经济发展形式的研判，充分利用区域协调发展战略优势促进以中心城市为核心的城市群综合竞争力提升，从而实现了主动的区域协调发展与城市群新型城镇格局优化演化。首先是城市群综合承载能力的变异。随着中心城市在城市内部增长极作用不断凸显，中心城市的承载压力也不断增强，导致规模经济出现边际递减和过度城镇化等现象，城市群的发展开始出现转变。其次，城市群整体发展规模的提升与中心城市的辐射带动能力的增强进一步促使中心城市的发展定位和战略规划出现调整变动，这一变动的方向存在着多向选择。因此，也就要求以中心城市为核心的城市群各级地方政府根据区位条件、功能定位对演化变异的多向选择进行适用性、可行性的分析，因地制宜、因时制宜地选择城市群新型城镇格局的发展战略规划。最后，在以中心城市为核心的城市群主动战略规划选择后将会在一段时间内维持这一状态，使得各级地方政府主导的战略规划、政策支撑成为城市群新型城镇格局演化发展的内生动力。对于促进区域协调发展战略和城市群新型城镇格局演化发展的内生动力存在多方面共同作用的内部影响因素，见图3-4。

从图3-4中可以看到，首先是各级地方政府基于城市群区位条件、功能定位所做的规划对区域协调发展战略和城市群新型城镇格局优化演化产生内部影响。中心城市在城市群内承担着经济发展增长极与要素集聚核心地的作用，区域协调发展战略与城市群新型城

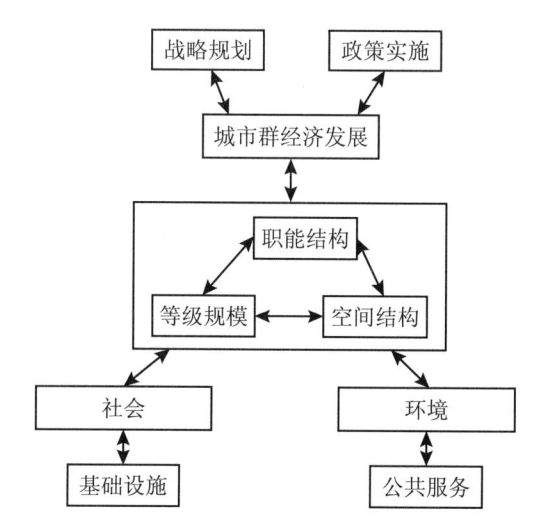

图 3-4　区域协调发展战略和城市群新型城镇格局优化过程内部影响因素

镇格局演化的由内部影响因素角度分析需要考虑大中小城市和小城镇之间如何实现协调发展，特别是中小城市和小城镇如何实现跨越式发展。城市群内部各级地方政府应当通过针对性的科学研判，分析城市的比较优势并以此为依据展开战略规划、政策实施，从而实现以中心城市为核心的城市群发展理念转变、模式转变，由中心城市内部形成对区域协调发展与城市群新型城镇格局优化演化发展的推动作用。

其次是各级地方政府通过一系列的政策支撑手段方法对中心城市的发展形成由内而外的推动作用。城市群内部各级地方政府通过各项政策支撑推动了城市群要素的高效集聚与合理流动，为大中小城市和小城镇的协调发展奠定了发展基础。随着对城市群内大中小城市和小城镇的定位不断明晰，产业分工不断完善，促使城镇格局体系逐渐形成了职能结构、等级结构、空间结构的动态演化。区域协调发展战略和城市群新型城镇格局优化发展内生动力的核心在于对城市群内部的产业分工与经济互联，促进城市群大中小城市和小城镇形成了科学完整的职能结构分工、梯度化的等级结构分布、动态变化的空间结构体系。

最后是城市群内部基础设施和公共服务水平的提升。由于城市群内部各级城市之间的经济发展水平存在差距，城市群新型城镇格局的优化就是要促进大中小城市和小城镇在基础设施和公共服务的供给上实现一体化的协同发展。通过城市群一体化的基础设施完善和公共服务均等化的建设，缩小各城市的发展差距。通过对中国城市群分析，基础设施、公共服务水平提升是新型城镇格局优化的两个主要影响因素。因此，对于城市群自身基础设施和公共服务水平的提升是实现区域协调发展与城市群新型城镇格局优化发展的重要内部影响因素。

三、被动的区域协调发展战略和城市群新型城镇格局演化过程及外部影响

被动的区域协调发展战略和城市群新型城镇格局优化过程是以区域协调发展战略为主导的城市群发展定位、战略规划作用下推动的城市群新型城镇格局优化。与主动的区域协调发展战略和城市群新型城镇格局优化演化过程不同，被动的区域协调发展战略与城市群新型城镇格局优化演化过程是基于区域协调发展战略为基础推动城市群整体的发展提升，而非各城

市自身的发展推动。因此被动的区域协调发展战略与城市群新型城镇格局优化演化的动因不是来自大中小城市和小城镇自身发展动力,而是在区域协调发展战略和城市群发展规划下由外向内的发展演化。根据伯杰尔曼(Birgelman)的战略演化观点,构建出基于"保持—选择—变异"循环过程的被动的区域协调发展战略和城市群新型城镇格局演化过程,见图3-5。

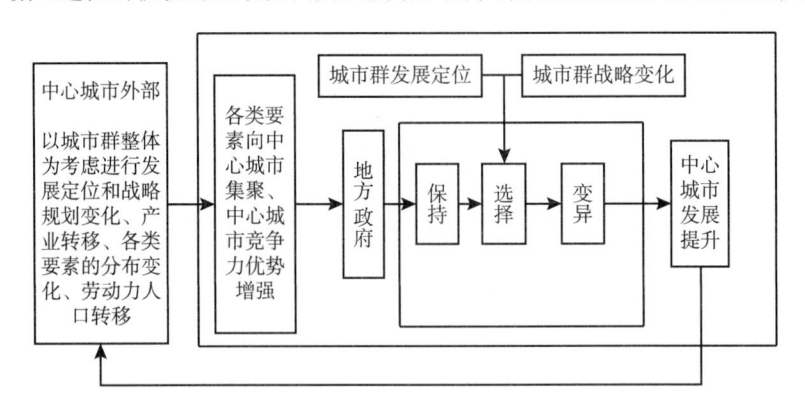

图3-5 遵循"保持—选择—变异"循环过程的被动的区域协调发展战略与城市群新型城镇格局优化过程

从图3-5中可以看到,被动的区域协调发展战略与城市群新型城镇格局优化过程的动因是以城市群整体为考虑的发展定位和战略规划变化、产业转移、各类要素的分布变化、劳动力人口转移等外部环境变化。大中小城市和小城镇的城镇格局受到区域协调发展战略和城市群发展战略的影响。首先是区域协调发展战略和城市群发展规划的实施趋于保持城市群的发展定位和战略规划,特别是中心城市在城市群内的功能定位。随着城市群内部要素集聚与流动,中心城市在规模扩张、高效集聚、产业升级的同时也出现部分传统产业、劳动力向中小城市和小城镇转移,城市群内部呈现出要素资源配置不断动态变化的现象,针对城市群整体的发展战略和政策措施需要重新评估并选择新的发展路径。随着城市群发展规划和政策措施的调整变动,大中小城市和小城镇的城镇格局出现变化,引起城市群整体发展结构的变异,从而适应新形势的发展现状。对于促进区域协调发展战略和城市群新型城镇格局优化演化发展的外部影响因素存在多方面共同作用,见图3-6。

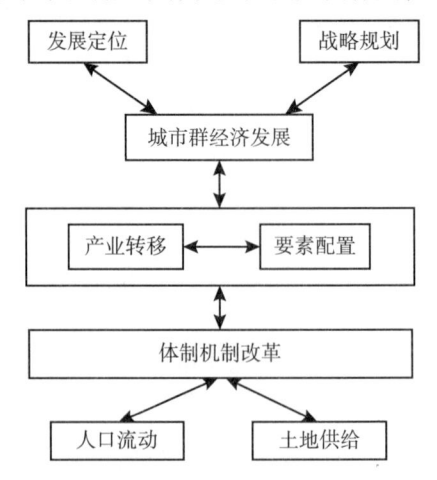

图3-6 区域协调发展战略和城市群新型城镇格局演化过程外部影响因素作用

从图 3-6 中可以看到，首先是区域协调发展战略推动城市群整体的发展定位识别和战略规划制定的变化。区域间的协调发展促使各地区发展差距的缩小，为城市群的培育与发展奠定了基础。随着城市群发展水平的不断提升，中心城市的承载压力与辐射扩散能力提高，促使其经济发展模式出现转变，客观上推动了中小城市和小城镇的加速发展。一方面在区域协调发展战略的推动下，大中小城市和小城镇的功能定位逐渐明确完善，以城市群为单位的整体性发展规划避免了城市间的地方保护主义、恶性竞争；另一方面城市群的发展可以充分借助区域协调发展战略、城市群发展规划的推动作用，通过政策措施提升中心城市的竞争力以及城市间的互联体系，优化新型城镇格局。

其次是产业转移对区域协调发展与城市群新型城镇格局优化演化发展起到推动作用。区域协调发展战略与城市群发展规划促使中心城市的综合竞争力不断提升，提高中心城市和城市群的综合承载能力和资源配置能力，就需要对中心城市展开产业升级，对偏重资源消耗型产业进行转移或技术优化，实现城市群整体的经济发展与生态环境间的协调。中心城市的产业升级促使城市群原有传统优势产业与偏重资源消耗型产业逐渐向中小城市和小城镇转移，一方面起到对中小城市和小城镇经济发展的带动作用，加快城市群城市间发展差距的缩小；另一方面也促进了城市群城市间的经济互联和产业分工，有助于推动梯度化的城镇结构布局，最终实现了对区域协调发展与城市群新型城镇格局优化演化发展的推动。

再次是要素配置对区域协调发展与城市群新型城镇格局优化的演化发展起到推动作用。区域协调发展和城市群新型城镇格局的优化需要提升中心城市和城市群的综合承载能力和资源配置能力，通过要素的高效集聚与合理流动促进大中小城市和小城镇协调发展。一方面中心城市的竞争力提升促使其进一步成为各类要素资源集聚的中心，中心城市的高效集聚提升了资源配置及使用效率；另一方面大中小城市和小城镇之间要素资源的合理流动促进其加快经济发展，进一步完善了城镇规模结构，促使城市群新型城镇格局的健康发展。

最后是区域协调发展战略与城市群发展规划推动区域治理体制机制改革，促进人口流动与土地配置的调整对区域协调发展与城市群新型城镇格局优化的演化发展起到推动作用。随着城市群特别是中心城市发展水平的提升，其城镇化水平不断提高，要素资源的集聚促使其呈现出空间扩张的需求，在体制机制层面强化对城市群的土地供给有助于推动城市群综合承载能力与资源配置能力的提升。不仅如此，城市群的协调发展需要通过政策调整提升对农业转移人口的吸引能力，并且充分利用内部劳动力资源实现对要素资源的高效利用，增强城市群的综合竞争力。由区域治理体制机制改革促进政府治理现代化，进而推动城市群的人口自由流动与土地合理供给，协调大中小城市和小城镇的发展水平，促进城市群新型格局的优化。

第四章 中国城市群发育格局识别实证研究

第一节 测定的方法与数据来源

一、城市综合实力结节性指数

城市的综合实力可以用城市结节性指数来表示,本书通过采用能够较好地反映城市多要素空间集聚状态的 GDP 和人口规模的几何平均值来近似代替城市结节性指数,计算公式如下所示:

$$Z_k = \sqrt{GDP_k \times P_k} \times 100 \quad (4-1)$$

其中,Z_k 是城市 k 的结节性指数,其取值范围是 [0, 100],GDP_k 是城市 k 标准化后的 GDP,P_k 是城市 k 标准化后的常住人口,数据标准化采用离差标准化方法。

二、地理坐标法求解城市间距离

S_{ij} 是第 i 城市与第 j 城市的距离,本书通过 GoogleEarth 地球软件,获得了各城市的经纬度,参考曾鹏(2011)相关研究,对各个城市之间最短距离(欧式距离)通过各个城市间的经度和维度以及地球半径来进行计算。计算公式见下式。

$$S_{ij} = 2\arcsin\sqrt{\sin^2\left(\frac{(Lat1 - Lat2) \times \pi}{360}\right) + \cos\left(\frac{Lat1 \times \pi}{180}\right) \times \cos\left(\frac{Lat2 \times \pi}{180}\right) \sin^2\left(\frac{(Long1 - Long2) \times \pi}{360}\right)} \times 6378.137 \quad (4-2)$$

其中,Lat、Long 分别表示城市的维度和经度,考虑到地球维度和经度是矢量,所以研究设定东经、北纬为正值(地球的半径为 6378.137 千米)。

三、基于场能模型的场强计算

城市节点不仅会有强烈的集聚极化效应,同时对周边的地区也存在较为明显的辐射扩散作用,也就是说各城市的人口、产业的向心运动和离心运动是并存的。所以,可以通过测算各城市对外围地区的辐射场能叠加值,来对城市群的空间范围进行界定。外围地区同时

受多个城市的辐射作用,多重影响的叠加可以借助场强模型来进行测度。其计算公式为:

$$F_{ij} = \sum_{K=1}^{k} E_{ij}^k \times \varphi_k \quad (4-3)$$

其中,F_{ij}为外围点,[i,j] 受所有核心城市的辐射场强和;(i 表示行号,j 表示列号)为外围点空间位置;E_{ij}^k为外围点受核心城市 k 的辐射强度(即场强);φ_k为核心城市 K 对外围点的影响权重,是根据城市综合规模值的相对大小确定的。

E_{ij}^k的计算公式如下:

$$E_{ij}^k = Z_k / D_{ijk}^\beta \quad (4-4)$$

其中,E_{ij}^k表示城市 k 在点 i、j 上的场强;Z_k 表示 k 城市的综合规模值,也就是结节性指数;D_{ijk}^β表示城市 k 到点 [i,j] 的距离;β 表示距离摩擦系数,本书采用刻画区域尺度城市间联系的值。

四、地级市单元的场强曲率计算

全国各城市的场强叠加值平面可以类似地表达为地理高程信息的 DEM 数据,单元场强值可看作高程值。DEM 的剖面曲率和正切曲率通常用来识别断层、地质断陷线等,而这与场强高值、低值区域之间的"断崖面"识别相类似。所以,可以通过将地级市单元场强值的变化率等价于地理表面高程的变化率,也就是用剖面曲率的计算方法来求得空间场强的曲率值。

在 CIS 软件中,采用四次表面模型算法来计算空间场强的曲率值。计算方程为:

$$Z = x^2y^2 + x^2y + xy^2 + Ax^2 + By^2 + Cxy + Dx + Ey + M \quad (4-5)$$

经过每个数据点,式(4-5)中所有的参数均由一个 3×3 窗口内的属性值唯一确定。M 表示常数,通常取值为 0;系数 A、B、C、D、E 的计算公式为:

$$A = [(Z_4 + Z_6)/2 - Z_5]/L^2$$
$$B = [(Z_2 + Z_8)/2 - Z_5]/L^2$$
$$C = (-Z_1 + Z_3 + Z_7 - Z_9)/(4L^2)$$
$$D = (-Z_4 + Z_6)/(2L)$$
$$E = (Z_2 - Z_8)/(2L)$$

剖面曲率 K_v 的计算公式为:

$$K_v = -2(AD^2 + BE^2 + CD^2)/(D^2 + E^2) \quad (4-6)$$

为了方便观察分析,将 Map 计算结果乘以 10000 之后再取绝对值。曲率值绝对值越大,表明该处地理表面场强落差越大,也就是场强空间变化的"拐点"区域。

五、数据来源及研究对象

本书所使用的数据来源于 GoogleEarth 地球软件、中国城市统计年鉴、各城市国民经济和社会发展统计公报、各省级年鉴所提供的直接数据或经过相关公式计算得到。由于数据获得的原因,暂未将我国香港、澳门、台湾地区列入研究范围,2019 年 1 月国务院批复同意山东省调整济南市莱芜市行政区划,莱芜市由市改区并入济南市,但在此文中仍将莱芜市作为研究对象,因而,本书研究对象为298个地级及以上城市。

第二节 全国城市群发育范围界定与分析

一、城市综合实力结节性指数测算

通过对298个地级市及以上城市2017年GDP和常住人口数据进行离差标准化处理,然后代入公式(4-1),可得298的城市的结节性指数。由图4-1可知,城市结节性指数排名前10位的城市分别为北京、天津、上海、重庆、广州、成都、潍坊、深圳、武汉、杭州。其中排名前3位的城市分别为重庆、上海、北京,排名后3位的城市分别为武汉、深圳、杭州。

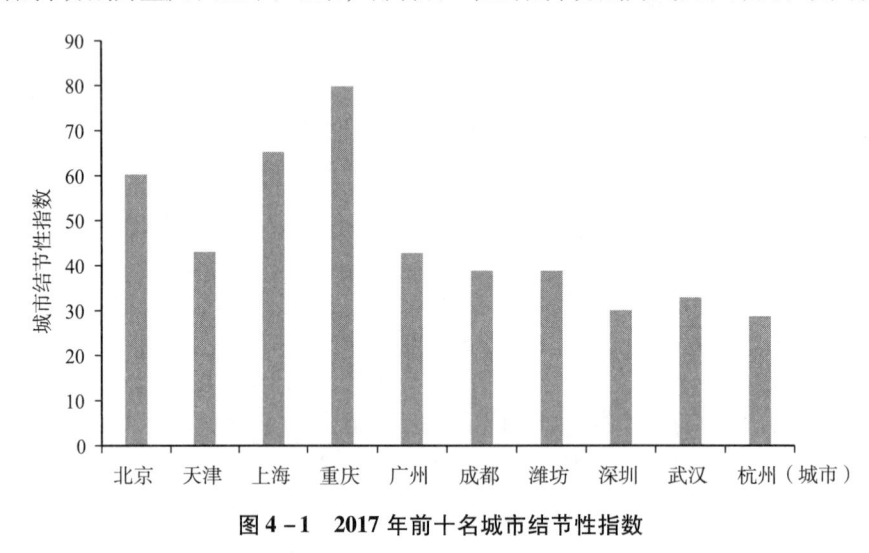

图4-1 2017年前十名城市结节性指数

二、基于场强模型的场强测算

经度是指通过某地的经线面与本初子午面所成的二面角,经度的每1度的距离从0至111千米不等,纬度是指某点与地球球心的连线和地球赤道面所成的线面角,且纬度的每1度大约相当于111千米。因而,将全国空间地域范围(香港、澳门、台湾不纳入本书)按照0.2度经度和0.2度纬度来进行分割。根据公式(4-2)来计算298个地级市及以上城市到所有经纬点的距离,以此来作为点[i, j]到城市k的距离。

将2017年298个城市作为辐射中心点,将公式(4-1)计算的城市结节性指数与公式(4-2)计算的空间距离代入公式(4-4),可得到各城市的场强辐射图。通过公式(4-2)将293个城市辐射场强进行空间叠加,再汇总计算出每个经纬度点的辐射场强累加值,也就是每个经纬度点受298个城市辐射影响的综合。将所有经纬度点的辐射场强值进行分级显示,分级的方法采用地理信息系统的NaturalBreaks分级法。

三、城市单元的场强曲率测算与分级

通过将全国城市场分布图在 Scene 中进行三维显示,同时与曲率的计算结果进行比较,进而会发现场强落差较大的区域(即"断崖面"所在的区域),且计算结果多处于 0.05~4.3。根据曲率与场强的对比分析,可以将 0.05 和 0.2 分别作为场强曲率分级的两个关键阈值,对曲率大于 0.05 和 0.2 的区域进行提取。

按照只有联合都市区及其以上级别形态的城市组合体才能被认定为城市群的界定标准和等级划分标准表,如表 4-1 所示。对初步识别的结果进行判定,排除了不属于都市区范畴的孤立城市邯郸,其余 20 个区域板块均为城市群或者城市群的基本构成单元。按照城市群的界定标准,排除不属于城市群范畴的都市区,那么 2017 年全国范围内共有 17 个城市群,各城市群及其大都市区的统计指标如表 4-2 所示。17 个城市群的名称分别为:长江三角洲城市群、珠三角城市群、京津冀城市群、辽中南城市群、山东半岛城市群、中原城市群、长株潭城市群、海峡西岸城市群、成渝城市群、宿淮城市群、关中平原城市群、潮汕揭城市群、黔中城市群、哈长城市群、武汉城市群、北部湾城市群、徐连城市群。

表 4-1 不同等级城市群界定标准

类别	城市数目(个)	百万人口以上大城市个数(个)	中心城市人口规模(万人)	总人口(万人)	人口密度(人/平方千米)	经济密度(万元/平方千米)
联合都市区	≥2	—	—	—	—	—
准都市连绵区	≥4	≥2	≥300	≥1500	≥500	≥2500
都市连绵区	≥8	≥2	≥1000	≥2000	≥500	≥4000

由表 4-2 可知,2017 年中国共发育 17 个城市群,共占地 129 万平方千米,总人口为 6.9 亿人,其中城镇人口为 4.5 亿人,实现经济总量为 56 万亿元。全国有 3 个都市连绵区、6 个准都市连绵区、8 个联合都市区和 3 个大都市区,中国都市区分布有较为明显色地域差异,东部地区分布的数量较多且集中,西部地区分布的数量较少且较为分散。其中 3 个都市连绵区都集中在东部沿海地区,有 43 个城市坐落其中,共占地 45 万平方千米,总人口为 3 亿人,其中城镇人口为 2.2 亿人,经济总量为 31 万亿元,经济密度 6763 万元/平方千米,人均 GDP 达 102050 元。准都市连绵区地域总面积和城市数量均高于都市连绵区,但其经济总量和人口规模均不及都市连绵区,以及用来表示经济社会发展水平的人口密度和经济密度也与都市连绵区存在较为明显的差距。各联合都市区的经济发展水平和发展体量普遍较小,与准都市连绵区和都市连绵区的差距较大。

按照都市连绵区、准都市连绵区、联合都市区、大都市区来构建全国城市群的演化体系。其中都市连绵区和都市连绵区是重点城市群,最终识别出 2017 年中国重点城市群包括长江三角洲、珠江三角洲、京津冀、成渝、山东半岛、中原、海峡西岸、辽中南、长株潭 9 个城市群,哈长、武汉、关中平原、潮汕揭、宿淮、徐连、黔中、北部湾 8 个城市群。在"十三五"规划中,城市群建设进一步加大步伐,国务院提出将在"十三五"期间建设 19 个城市群截至 2019 年,国务院已先后批复了长江中游、哈长、成渝、长江三角

表4-2 基于辐射扩散测度的城市群空间范围界定结果统计表

类别	城市群名称	城市群等级划分标准				城市群空间范围界定结果		城市群经济社会发展水平指标			
		城市数目(个)	总人口(万)	人口密度(人/平方千米)	经济密度(万元/平方千米)	行政区域面积(平方千米)	2017年GDP(万元)	城镇人口	人均GDP(元/人)	城镇化率(%)	非农产值比(%)
都市连绵区	长江三角洲	22	13827.2	783.8	8706.0	176409.0	1535816700.0	9938.3	111071.8	71.9	2131.0
	珠江三角洲	11	6922.5	749.2	8500.5	92405.0	785490500.0	5606.7	113468.5	81.0	1064.8
	京津冀	10	9212.9	502.6	4017.2	183309.0	736382300.0	6140.5	79929.7	66.7	968.9
	合计	43	29962.7	662.7	6763.0	452123.0	3057689500.0	21685.5	102050.0	72.4	96.9
准都市连绵区	成渝	14	10303.0	504.4	2490.8	204254.0	508748800.0	5299.9	49378.7	51.4	1269.8
	山东半岛	6	4059.8	665.1	6099.8	61038.0	372322100.0	2672.8	91710.1	65.8	582.1
	中原	6	3082.0	900.8	5704.6	34213.0	195171425.0	1795.4	63326.2	58.3	577.3
	海峡西岸	6	3533.5	647.0	5173.4	54614.0	282538600.0	2256.0	79960.0	63.8	581.0
	辽中南	5	2315.5	515.6	3656.8	44905.0	164210000.0	1746.7	70917.7	75.4	488.1
	长株潭	5	2347.4	509.5	4416.9	46071.0	203489400.0	1541.7	86687.1	65.7	480.2
	合计	42	25641.2	576.1	3878.9	445095.0	1726480325.0	15312.5	67332.4	59.7	95.7
联合都市区	哈长	3	2114.9	222.9	1630.1	94889.0	154677000.0	1217.8	73136.8	57.6	290.4
	武汉	4	1990.3	192.0	1692.0	103652.0	175378900.0	1374.7	88117.3	69.1	374.8
	关中平原	3	1482.6	613.2	4182.5	24179.0	101128300.0	925.1	68209.6	62.4	290.2
	潮汕揭	3	1434.5	1352.0	5043.9	10610.0	53516200.0	876.6	37306.5	61.1	288.1
	宿淮	3	1279.9	603.6	2358.7	21204.0	50014000.0	701.8	39074.3	54.8	279.1
	徐连	2	1328.2	684.3	4771.0	19380.0	92462600.0	837.5	69615.5	63.1	182.4
	黔中	2	1105.0	284.8	1620.0	38805.0	62865500.0	503.7	56890.3	45.6	188.6
	北部湾	2	1043.3	303.0	1576.7	34431.0	54286500.0	460.3	52032.0	44.1	173.1
	合计	22	11778.8	339.3	2144.1	347150.0	744329000.0	6897.6	63192.3	58.6	93.5
大都市区	昆明	1	678.3	318.7	2282.6	21281.0	48576400.0	488.7	71614.9	72.0	98.7
	太原	1	438.0	626.7	4840.0	6988.0	33821819.0	371.0	77224.1	84.7	99.5
	兰州	1	373.0	285.0	1911.1	13086.0	25008019.0	302.2	67052.8	81.0	99.4
	合计	3	1489.2	360.1	2597.2	41355.0	107406238.0	1161.8	72122.0	78.0	99.2

洲、中原、北部湾、关中平原、呼包鄂榆、兰西9个城市群，以及根据《国家新型城镇化规划（2014~2020）》以及其他相关文件，整理出京津冀、粤港澳大湾区、山东半岛、海峡西岸、黔中、晋中、滇中、宁夏沿黄、辽中南、天山北坡10个城市群。19个城市群及其城市范围如表4-3所示。

表4-3　　　　　　中国东部、中部、西部、东北地区城市群及包含的城市

区域	城市群	城市群包含城市
东部	长江三角洲	上海、南京、无锡、常州、苏州、南通、盐城、扬州、镇江、泰州、杭州、宁波、嘉兴、湖州、绍兴、金华、舟山、台州、合肥、芜湖、马鞍山、铜陵、安庆、滁州、池州、宣城
	京津冀	北京、天津、石家庄、唐山、秦皇岛、邯郸、邢台、保定、张家口、承德、沧州、廊坊、衡水
	珠江三角洲	广州、深圳、珠海、佛山、江门、肇庆、惠州、东莞、中山
	山东半岛	济南、青岛、淄博、东营、烟台、潍坊、威海、日照、泰安、莱芜、德州、聊城、滨州、菏泽、济宁、临沂
	海峡西岸	温州、衢州、丽水、福州、厦门、莆田、三明、泉州、漳州、南平、龙岩、宁德、汕头、梅州、潮州、揭阳
中部	长江中游	南昌、景德镇、萍乡、九江、新余、鹰潭、吉安、宜春、抚州、上饶、武汉、黄石、宜昌、襄阳、鄂州、荆门、孝感、荆州、黄冈、咸宁、长沙、株洲、湘潭、衡阳、岳阳、常德、益阳、娄底
	中原	邯郸、邢台、长治、晋城、运城、蚌埠、淮北、阜阳、宿州、亳州、聊城、菏泽、郑州、开封、洛阳、平顶山、安阳、鹤壁、新乡、焦作、濮阳、许昌、漯河、三门峡、南阳、商丘、信阳、周口、驻马店
	晋中	太原、晋中
西部	成渝	重庆、成都、自贡、泸州、德阳、绵阳、遂宁、内江、乐山、南充、眉山、宜宾、广安、达州、雅安、资阳
	关中平原	运城、临汾、西安、铜川、宝鸡、咸阳、渭南、商洛、天水、平凉、庆阳
	北部湾	湛江、茂名、阳江、南宁、北海、防城港、钦州、玉林、崇左、海口
	呼包鄂	呼和浩特、包头、鄂尔多斯、榆林
	兰西	兰州、白银、定西、西宁
	黔中	贵阳、遵义、安顺
	滇中	昆明、曲靖、玉溪
	宁夏沿黄	银川、石嘴山、吴忠、中卫
	天山北坡	乌鲁木齐、克拉玛依
东北	哈长	长春、吉林、四平、辽源、松原、哈尔滨、齐齐哈尔、大庆、牡丹江、绥化
	辽中南	沈阳、大连、鞍山、抚顺、本溪、丹东、锦州、营口、阜新、辽阳、盘锦、铁岭、葫芦岛

1. 都市连绵区

长江三角洲都市连绵区包括淮安、盐城、泰州、常州、无锡、南京、镇江、苏州、南通、上海、宣城、合肥、马鞍山、芜湖、铜陵、嘉兴、绍兴、湖州、杭州、金华、台州22个城市，占地面积17.6万平方千米，承载人口接近1.4亿人，2017年完成经济总量15.4万亿元，是全国发育最成熟，连绵范围最大的都市连绵区。沿着上海、南京、杭州、苏州、宁波、合肥的5条交通轴线，来形成以上海为辐射源扇形辐射结构。珠江三角洲都市连绵区包括韶关、惠州、清远、肇庆、佛山、广州、东莞、深圳、中山、珠海、江门11个城市。占地面积9.2万平方千米，承载人口接近7亿人，城镇人口为5.6亿人，2017年完成经济总量为7.8亿万元，人均GDP达到113468元，其经济发展水平位于全国

第一。珠江三角洲因北部地区丘陵山地制约因素，其向北方向发展会受到限制，因而主要呈现向着沿海东部发展的趋势。京津冀都市连绵区包括承德、张家口、秦皇岛、北京、廊坊、天津、唐山、保定、沧州、石家庄10个城市，占地面积18.3万平方千米，承载人口为9213万人，城镇人口为6141万人，2017年完成经济总量为7.4万亿元。京津冀都市连绵区是拥有北京和天津两大直辖市的双核城市群，呈现出沿环渤海走廊南北发展，以及向京石交通走廊南部发展的态势。

2. 准都市连绵区

成渝准都市连绵区包括德阳、遂宁、广安、达州、南充、重庆、眉山、内江、成都、资阳、乐山、宜宾、自贡、泸州14个城市，占地面积20.4万平方千米，承载人口为1亿人，城镇人口为5300万人，2017年完成经济总量为5.1万亿元。成渝准都市连绵区是以成都和重庆两座特大城市为依托形成"两核多极"的都市连绵区，是西部地区规模最大的城市群。山东半岛准都市连绵区包括济南、淄博、潍坊、青岛、烟台、威海6个城市，占地面积6.1万平方千米，承载人口为4060万人，城镇人口为2673万人，2017年完成经济总量为3.7万亿元。山东半岛准都市连绵区以济南、潍坊、青岛3个城市为主要交通轴线发展，且其经济发展水平与三个都市连绵区有较大的差距。中原准都市连绵区包括焦作、郑州、新乡、许昌、漯河、开封6个城市，占地面积3.4万平方千米，承载人口为3082万人，城镇人口为1795万人，2017年完成经济总量为2万亿元。中原准都市连绵区发育范围与规划范围差异较大，是以郑州为核心城市呈现向东北方向发展的态势，且与邯郸市连绵趋势较为明显。海峡西岸准都市连绵区包括福州、温州、莆田、宁德、泉州、厦门6个城市，占地面积5.5万平方千米，承载人口为3534万人，城镇人口为2256万人，2017年完成经济总量为2.8万亿元。海峡西岸准都市连绵区呈现向南部发展连绵的态势，与现有的规划范围差异较大。辽中南准都市连绵区包括沈阳、辽阳、鞍山、营口、大连5个城市，占地面积4.5万平方千米，承载人口为2316万人，城镇人口为1747万人，2017年完成经济总量为1.6万亿元。辽中南准都市连绵区呈现沿海和沿主要交通走廊连绵的态势，沈阳与大连间处于交流不断加强的阶段，处于填充发育的阶段。长株潭准都市连绵区包括长沙、湘潭、宜春、南昌、新余5个城市，占地面积4.6万平方千米，承载人口为2347万人，城镇人口为1542万人，2017年完成经济总量为2万亿元。长株潭准都市连绵区发育具有跨省向东部和北部连绵的态势，与现有的规划范围差异较大。

3. 联合都市区

哈长联合都市区包括哈尔滨、大庆、长春3个城市，占地面积9.5万平方千米，承载人口接近2115万人，城镇人口接近1218万人，2017年完成经济总量为1.5万亿元。武汉联合都市区包括孝感、武汉、鄂州、黄石4个城市，占地面积10.4万平方千米，承载人口为1990万人，城镇人口接近1375万人，2017年完成经济总量为1.8万亿元。关中平原联合都市区包括咸阳、西安、铜川3个城市，占地面积2.4万平方千米，承载人口为1483万人，城镇人口为925万人，2017年完成经济总量为1万亿元。潮汕揭联合都市区包括潮州、汕头、揭阳3个城市，占地面积1.1万平方千米，承载人口为1435万人，城镇人口为877万人，2017年完成经济总量为0.5万亿元。宿淮联合都市区包括宿州、淮北、宿迁3个城市，占地面积2.1万平方千米，承载人口为1280万人，城镇人口为702万人，2017年完成经济总量为0.5万亿元。徐连联合都市区包括徐州、连云港2个城市，占地面积

1.9 万平方千米，承载人口为 1328 万人，城镇人口为 838 万人，2017 年完成经济总量为 0.9 万亿元。黔中联合都市区包括贵阳、遵义 2 个城市，占地面积 3.9 万平方千米，承载人口为 1105 万人，城镇人口为 504 万人，2017 年完成经济总量为 0.6 万亿元。北部湾联合都市区包括南宁、钦州 2 个城市，占地面积 3.4 万平方千米，承载人口为 1043 万人，城镇人口为 460 万人，2017 年完成经济总量为 0.5 万亿元。联合都市区作为城市群发育的初级形态，其发育规模和人均指标的优势较小，其核心城市内各资源要素正处于不断集聚和快速拓展的状态，并且在一定的地域空间范围内邻近的都市区呈现联合发展的态势，但是在更大的空间范围内彼此之间的联系较为薄弱，因而，其城市群空间范围还有待发育。

第三节 研究发现与讨论

一、研究发现

通过构建以场强模型和曲率计算为基础的城市群空间范围界定方案，首先从场能模型出发，分别计算了 298 个城市的结节性指数和经纬点到城市的空间距离，得到了各经纬度点的场强叠加值。再将城市单元的场强值等价为其高程数据，采用剖面曲率法测算空间单元场强落差加大的区域，从而进一步划定城市群的空间范围，按照都市区—联合都市区—准都市连绵区—都市连绵区的演化逻辑，来识别城市群发育范围较为理想的空间单元。2017 年中国共发育了 17 个城市群，其中 3 个都市连绵区，6 个准都市连绵区，8 个联合都市区，东部地区城市群的数量较多且分布较为集中，中西部地区城市群的数量较少且分布较为分散。中国 19 个城市群的规划范围总体偏大，长江三角洲城市群是全国发育最成熟、连绵范围最大的城市群；珠江三角洲城市群因北部地区丘陵山地制约因素，其向北方向发展会受到限制，因而主要呈现向着沿海东部发展的趋势；京津冀城市群是拥有北京和天津两大直辖市的双核城市群，呈现出沿环渤海走廊南北发展，以及向京石交通走廊南部发展的态势；成渝准都市连绵区是以成都和重庆两座特大城市为依托形成"两核多极"的都市连绵区，是西部地区规模最大的城市群，这四个城市群的发育范围与城市群的规划范围差距相对较小。山东半岛、中原、海峡西岸、辽中南、关中平原、哈长、北部湾、黔中城市群的发育范围与城市群规划范围差距较大。武汉城市群和长株潭城市群之间的联系相对较弱，难以形成规划的长江中游城市群。晋中、滇中、兰西、呼包鄂榆、天山北坡、宁夏沿黄等规划城市群的都市区发育微弱或者尚未发育。

二、讨论

中国区域内城市群的辐射水平与其综合实力相一致，各城市群综合实力越强，其城市群城市承载力水平较高，地区内各城市并没有出现明显的空间挤压现象，并且逐步形成区域性的城市群，各城市的集聚—扩散效应处于良好的发展阶段。通过集聚—扩散效应理论和对城市集聚—扩散效应理论分析，各城市群空间结构发生的变化实际上就是各城市集聚—扩散效应的结果，东部地区城市群集聚—扩散效应发展水平与其综合实力的一致性也反映了该种现象，集聚—扩散效应可以不断推动城市群空间一体化的形成。各城市集聚—扩散效应是一个不断演化的过程，各城市群在综合实力方面的优势使得其集聚能力有所提升，促使各类资源要素在城市群内集中。但随着经济集聚带来成本的提升，促使城市在人口、产业和各类资源要素不断向外部扩散。地区扩散效应和对周边地区辐射带动的作用，可以形成更大范围的城市集聚—扩散效应，进而实现各城市群在人口、产业、各类资源要素空间结构的重组，对城市群综合实力发展和集聚—扩散效应形成协调共进的关系具有积极的影响。

与东部地区城市群相比，中部、西部地区城市群集聚—扩散效应面临着空间资源限制和城镇体系结构的阻碍，城市综合实力、城市规模和等级规模结构的优势还有待提高。中部、西部地区城市群内由于城市数量较少、空间结构分散、城市间的发展差距较大促使城市的扩散辐射能力较为显著，各城市间的集聚—扩散效应相互作用较弱。各城市间的相互作用是不断变化的，对新型城镇格局的构建需要对其城镇的影响力辐射范围进行科学合理的考量，并据此在城市群空间布局结构规划中达到城镇之间的互补性、可达性、中介机会相统一的作用，中部、西部地区需要通过对城市群内大中城市辐射带动的能力和对中小城镇发展水平的提升，来完善城市群内部空间布局网络。西部、中部地区各城市群承载力水平较低，与东部地区存在着较大的差距，是由于这些地区城市的边界范围较大，其整体的经济发展水平较为落后。通过空间经济学视域的理解，地区经济社会的发展与其各类要素资源的空间集聚—扩散有着紧密的联系，两者之间是相互促进的关系，中部、西部地区的综合实力和集聚—扩散效应均较低，为了解决这一困境需要加强该地区对各类要素资源的吸引能力，通过对地区城市群集聚能力的提升，来促进其综合实力的提高，以便形成对扩散效应的发展形式循环推动的模式。结合新古典区位理论和空间经济集聚理论，中部、西部地区要实现高水平的集聚—扩散效应和提高综合实力，需要根据其区位条件和资源优势，来创造一个适合地区发展的政策环境。一方面要避免各城市间发展的相互阻碍，从城市群角度出发，对其内部城市的经济发展进行合理的调控使其结构能够得到优化；另一方面要对长期辐射带动能力不足的区域进行政区划调整，使行政区划与其经济发展水平相匹配，从而形成合理的等级规模结构。

第五章 中国城市群大中小城市和小城镇协调发展实证研究

第一节 测定方法和数据来源

一、综合评分法

通过综合分析法构建城镇化发展协调度,采用极差变换法对原始数据进行标准化处理,将各项指标的数值使用熵值法进行加权求和得到综合水平总分值。计算公式如下所示:

$$F_i = \sum_{i=1}^{n} Y_{ij} W_j \times 100 \qquad (5-1)$$

其中,F_i 表示第 i 个城市的城镇化综合水平总分值;Y_{ij} 表示第 i 个城市的第 j 个指标的数值;W_j 表示第 j 个指标的权重值。

二、子系统协调系数测算

利用协调系数函数计算评价城市人口、土地、经济和社会城镇化发展的协调系数。计算公式如下:

$$C_i = \frac{C_i^p + C_i^l + C_i^e + C_i^s}{\sqrt{(C_i^p)^2 + (C_i^l)^2 + (C_i^e)^2 + (C_i^s)^2}} \qquad (5-2)$$

其中,C_i 表示第 i 个城市人口、土地、经济、社会、城镇协调系数;C_i^p 表示第 i 个城市人口城镇化评价值;C_i^l 表示第 i 个城市土地城镇化评价值;C_i^e 表示第 i 个城市经济城镇化评价值;C_i^s 表示第 i 个城市社会城镇化评价值。

三、协调发展度测算

利用协调发展度函数计算评价城镇化发展协调度。计算公式如下所示:

$$D_i = \sqrt{C_i \times F_i} \qquad (5-3)$$

其中 D_i 表示第 i 个城市人口、土地、经济和社会化子系统协调度；C_i 表示第 i 个城市城镇化协调系数；F_i 表示第 i 个城市的城镇化总分值。

四、变异系数测算

利用变异系数来计算城市间的差异，计算公式如下所示：

$$C_v = \frac{1}{\bar{x}} \sqrt{\frac{\sum_{i=1}^{n}(x_i - \bar{x})^2}{n-1}} \quad (5-4)$$

其中，C_v 表示变异系数；x_i 表示各城市的城镇化综合水平；$\bar{x}$ 表示各城市城镇化综合水平的平均数；n 表示城市数量。

五、数据来源与研究对象

本书的研究数据主要来源于中国城市统计年鉴、各城市国民经济和社会发展统计公报、各省级统计年鉴所提供的数据，借助 Excel、SPSS22.0、地理信息系统等软件，来对相关数据进行统计分析和模型计算，研究对象为东部、中部、西部和东北地区的 19 个城市群，具体研究对象可见前文表 4-3。

第二节　城市群协调发展测算

一、城市等级规模的确定

根据公式（5-1）算出 2006 年、2011 年、2017 年综合水平总分值，然后取其平均值，运用 SPSS.19 软件对公式（5-1）计算出的综合水平评分值进行 K 型聚类分析，因晋中和天山北坡城市群内部城市数量较少，海峡西岸城市群和北部湾城市群由于涉及边境线，故改用文字叙述。所以将 15 个城市群内部的地级市及以上城市进行等级分类，再通过地理信息系统呈现出来，如图 5-1 至图 5-15 所示。

海峡西岸城市群中厦门市为一级城市，福州市、泉州市、温州市为二级城市，漳州市、汕头市为三级城市，宁德市、莆田市、潮州市、揭阳市、梅州市、龙岩市、三明市、南平市、衢州市、丽水市为四级城市。

北部湾城市群中海口市为一级城市，南宁市、湛江市为二级城市，崇左市、防城港市、玉林市、茂名市为三级城市，钦州市、北海市、阳江市为四级城市。

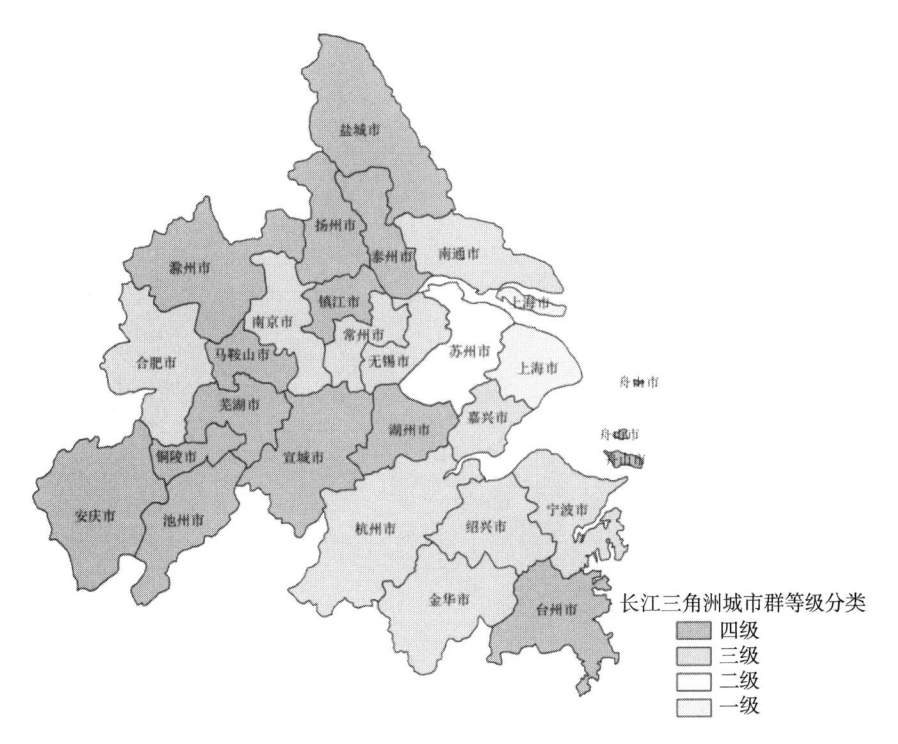

图 5-1　长江三角洲城市群等级分类

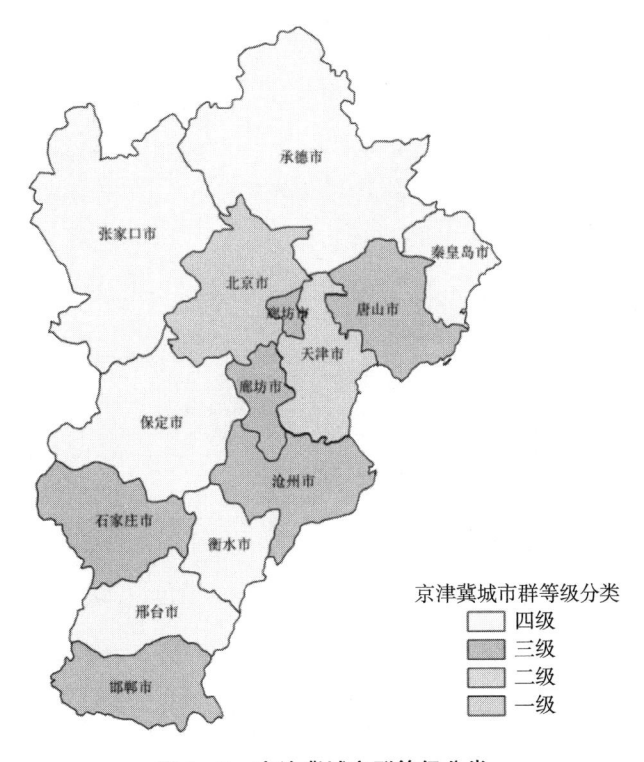

图 5-2　京津冀城市群等级分类

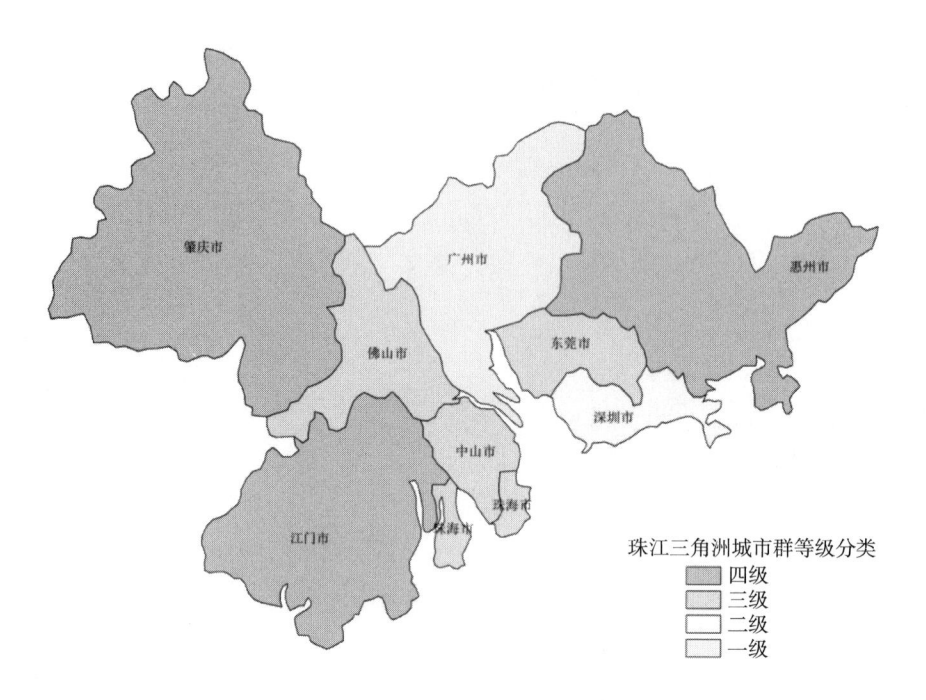

图 5-3 珠江三角洲城市群等级分类

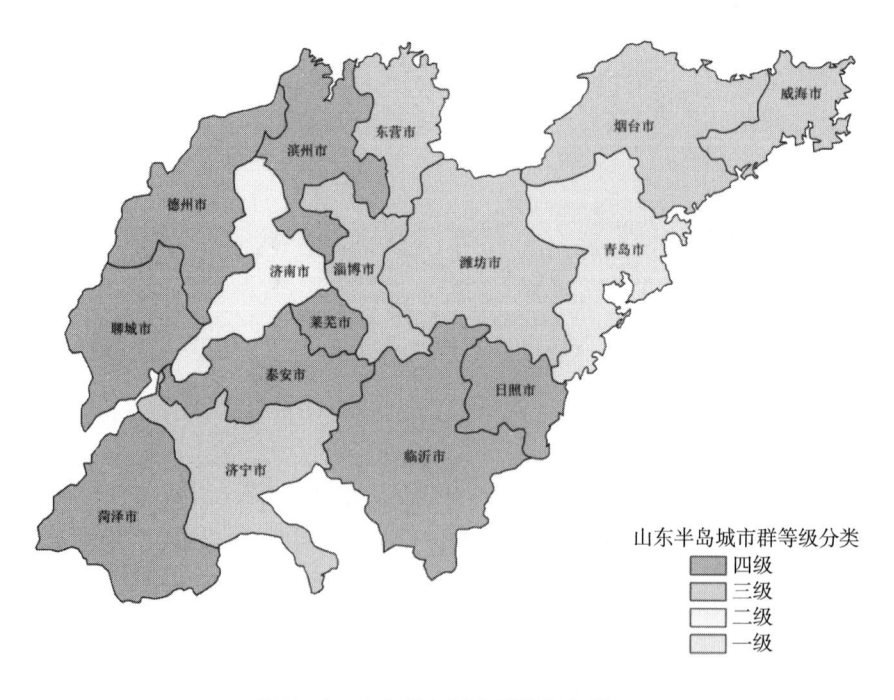

图 5-4 山东半岛城市群等级分类

图 5-5 长江中游城市群等级分类

图 5-6 中原城市群等级分类

图 5-7 长江中游城市群等级分类

图 5-8 关中平原城市群等级分类

图 5–9　呼包鄂榆城市群等级分类

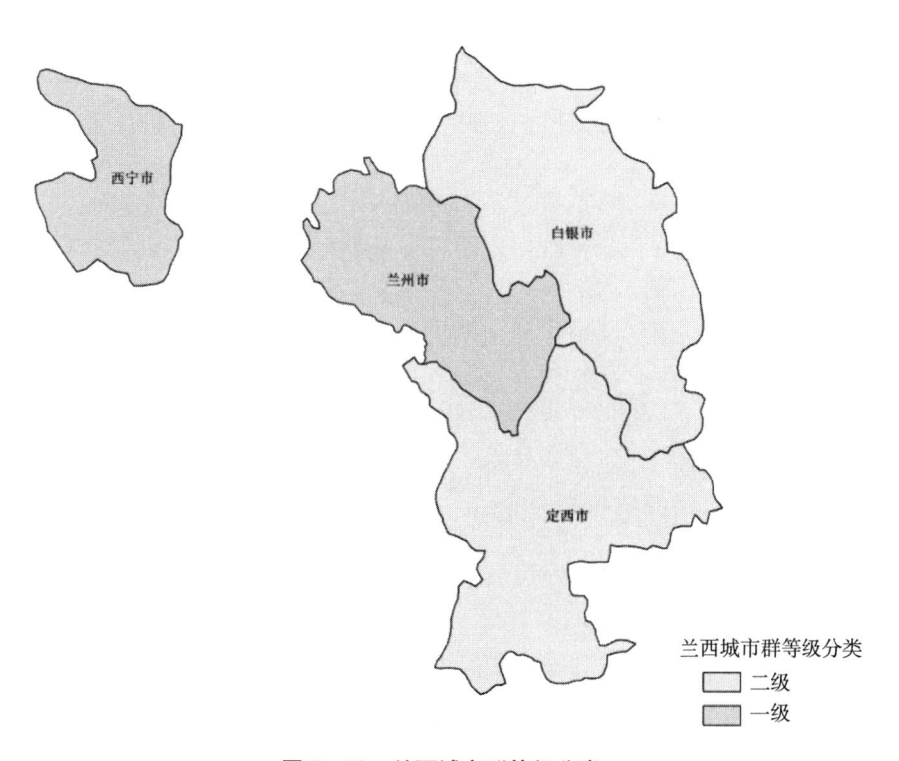

图 5–10　兰西城市群等级分类

图 5–11　黔中城市群等级分类

图 5–12　滇中城市群等级分类

图 5-13 宁夏沿黄城市群等级分类

图 5-14 哈长城市群等级分类

图 5-15 辽中南城市群等级分类

长江三角洲的核心城市为上海，京津冀城市群的核心城市为北京，珠江三角洲城市群的核心城市为广州，山东半岛城市群的核心城市为青岛，海峡西岸城市群的核心城市为厦门，长江中游城市群的核心城市为武汉，中原城市群的核心城市为郑州，成渝城市群的核心城市为重庆，关中平原城市群的核心城市为西安，北部湾城市群的核心城市为海口，呼包鄂榆城市群的核心城市为呼和浩特，兰西城市群的核心城市为兰州，黔中城市群的核心城市为贵阳，滇中城市群的核心城市为昆明，宁夏沿黄城市群的核心城市为银川，哈长城市群的核心城市为长春，辽中南城市群的核心城市为大连。各城市群中的一级城市，在城市规模等级中处于核心位置，其经济发展、城市实体要素建设和公共服务水平在城市群中处于绝对优势的地位，对促进城市群的建设和发展具有深远的意义。

二、城市群城镇化发展协调度评价指标体系及权重

从新型城镇化的内涵出发，在研究中秉承科学、独立、可量化的原则，从人口城镇化、土地城镇化、经济城镇化、社会城镇化等角度选取12个因子建立城镇化发展协调度评价指标体系及其权重（表5-1至表5-3），其中晋中、宁夏沿黄城市群内部城市数量太少，无法计算各指标的权重及其综合水平值、发展协调度。

表 5-1　　　　　　　　　城镇化发展协调度指标体系

目标层	因素层	因子层
城镇化发展协调度	人口城镇化率	城镇人口比总人口
		就业率

续表

目标层	因素层	因子层
城镇化发展协调度	土地城镇化率	城镇用地率
		地均固定资产投资总额
		地均公共财政收入
	经济城镇化率	地区生产总值
		非农产值比重
		进出口总额
	社会城镇化率	在岗职工平均工资
		普通中学在校学生数
		医院床位数

表5-2 东部、中部和东北地区各城市群城镇化发展协调度评价指标的权重

指标	长江三角洲	京津冀	珠江三角洲	山东半岛	海峡西岸	长江中游	中原	哈长	辽中南
城镇人口比总人口	0.059	0.039	0.072	0.062	0.083	0.064	0.046	0.041	0.043
就业率	0.060	0.131	0.083	0.080	0.138	0.100	0.106	0.071	0.101
城镇用地率	0.149	0.108	0.151	0.193	0.202	0.151	0.093	0.112	0.081
地均固定资产投资总额	0.094	0.041	0.065	0.057	0.075	0.038	0.054	0.064	0.080
地均公共财政收入	0.109	0.067	0.076	0.047	0.038	0.057	0.064	0.073	0.050
地区生产总值	0.100	0.143	0.150	0.074	0.096	0.158	0.085	0.120	0.133
非农产值比重	0.017	0.038	0.029	0.041	0.030	0.049	0.026	0.023	0.014
进出口总额	0.216	0.209	0.116	0.191	0.167	0.162	0.352	0.201	0.212
在岗职工平均工资	0.055	0.106	0.094	0.095	0.036	0.065	0.044	0.106	0.050
普通中学在校学生数	0.047	0.035	0.054	0.080	0.090	0.055	0.056	0.087	0.081
医院床位数	0.093	0.083	0.111	0.080	0.046	0.098	0.073	0.000	0.155

表5-3 西部地区各城市群城镇化发展协调度评价指标的权重

指标	成渝	关中平原	北部湾	呼包鄂榆	兰西	黔中	滇中	宁夏沿黄
城镇人口比总人口	0.028	0.020	0.078	0.058	0.082	0.141	0.090	0.078
就业率	0.139	0.107	0.141	0.062	0.083	0.126	0.083	0.086
城镇用地率	0.064	0.168	0.258	0.142	0.103	0.134	0.151	0.096
地均固定资产投资总额	0.029	0.063	0.073	0.068	0.119	0.085	0.062	0.117
地均公共财政收入	0.035	0.039	0.040	0.130	0.070	0.069	0.115	0.060
地区生产总值	0.145	0.120	0.091	0.065	0.126	0.061	0.108	0.131
非农产值比重	0.038	0.036	0.032	0.193	0.059	0.083	0.069	0.060
进出口总额	0.246	0.298	0.094	0.072	0.088	0.077	0.103	0.085
在岗职工平均工资	0.025	0.045	0.031	0.083	0.108	0.072	0.070	0.064
普通中学在校学生数	0.100	0.033	0.082	0.069	0.079	0.094	0.065	0.062
医院床位数	0.151	0.071	0.080	0.057	0.085	0.060	0.084	0.160

三、各城市群新型城镇化市域差异分析

通过公式（5-2）测算出 2017 年东部、中部、西部和东北地区各城市群人口、土地经济社会 4 方面的城镇化水平值，如表 5-4～表 5-20 所示。

由表 5-4 可知长江三角洲城市群人口、土地、经济、社会四方面的城镇化水平值，结合公式（5-4）计算出其对应的变异系数分别为 0.70、0.98、1.28、0.80，说明长江三角洲城市群分类城镇化呈现经济城镇化＞土地城镇化＞社会城镇化＞人口城镇化。从城市分布的角度来看，人口城镇化在上海、南京、无锡、苏州、杭州等城市集聚性较高，说明人口城镇化差异主要由于城市在发展的过程中自身不断增加的就业能力对人口集聚的作用；土地城镇化水平值最高的是合肥，其次是上海，最低的是安庆；经济城镇化水平值最高的是上海，最低的是宣城；社会城镇化水平值最高的是上海，最低的是池州。总体来看，长江三角洲城市群内部经济城镇化差异较大，其经济发展较不平衡，其中上海、苏州、无锡、杭州等城市城镇化整体发展水平较高，需要加强城市群内部城镇化协同发展。

表 5-4　　长江三角洲城市群人口、土地、经济、社会城镇化水平值

地区	人口城镇化	土地城镇化	经济城镇化	社会城镇化
上海	0.100	0.167	0.321	0.196
南京	0.084	0.065	0.077	0.086
无锡	0.073	0.054	0.105	0.067
常州	0.055	0.042	0.057	0.046
苏州	0.117	0.052	0.287	0.092
南通	0.047	0.032	0.063	0.055
盐城	0.013	0.028	0.026	0.047
扬州	0.039	0.029	0.035	0.033
镇江	0.046	0.033	0.033	0.024
泰州	0.037	0.032	0.035	0.029
杭州	0.076	0.033	0.086	0.111
宁波	0.054	0.041	0.094	0.073
嘉兴	0.040	0.044	0.041	0.045
湖州	0.033	0.023	0.022	0.025
绍兴	0.048	0.025	0.040	0.038
金华	0.032	0.031	0.042	0.057
舟山	0.041	0.039	0.013	0.027
台州	0.030	0.028	0.035	0.051
合肥	0.045	0.203	0.048	0.077
芜湖	0.024	0.028	0.025	0.029
马鞍山	0.023	0.026	0.020	0.016
铜陵	0.014	0.026	0.018	0.011
安庆	0.002	0.012	0.017	0.020
滁州	0.003	0.021	0.014	0.024
池州	0.006	0.014	0.004	0.008
宣城	0.006	0.026	0.002	0.017

由表5-5可知京津冀城市群人口、土地、经济、社会四方面的城镇化水平值，结合公式（5-4）计算出其对应的变异系数分别为1.24、0.77、1.46、0.87，说明京津冀城市群分类城镇化呈现经济城镇化＞人口城镇化＞社会城镇化＞土地城镇化。从城市分布的角度来看，人口城镇化水平值较高的城市为北京和天津，较低的城市为沧州和邢台；土地城镇化水平值较高的城市为北京、天津、廊坊，较低的城市为秦皇岛、张家口和承德；经济城镇化水平值较高的城市为北京、天津，较低的城市为秦皇岛、张家口；社会城镇化水平值较高的城市为北京，较低的城市为承德。总体来看，京津冀城市群中北京和天津的发展水平较高，然而其他地区的发展较不均衡。

表5-5　　京津冀城市群人口、土地、经济、社会城镇化水平值

地区	人口城镇化	土地城镇化	经济城镇化	社会城镇化
北京	0.170	0.156	0.391	0.127
天津	0.085	0.131	0.200	0.075
石家庄	0.030	0.054	0.062	0.041
唐山	0.030	0.048	0.081	0.029
秦皇岛	0.028	0.020	0.007	0.017
邯郸	0.015	0.040	0.015	0.034
邢台	0.012	0.030	0.039	0.020
保定	0.015	0.027	0.022	0.043
张家口	0.019	0.020	0.000	0.014
承德	0.017	0.025	0.035	0.007
沧州	0.003	0.080	0.048	0.030
廊坊	0.040	0.112	0.039	0.034

由表5-6可知珠江三角洲城市群人口、土地、经济、社会四方面的城镇化水平值，结合公式（5-4）计算出其对应的变异系数分别为0.86、0.64、0.92、0.87，说明珠江三角洲城市群分类城镇化呈现经济城镇化＞社会城镇化＞人口城镇化＞土地城镇化。从城市分布的角度来看，人口城镇化水平值较高的城市为深圳、东莞和珠海，较低的城市为肇庆、江门；土地城镇化水平值较高的城市为深圳、佛山和东莞，较低的城市为惠州和肇庆；经济城镇化水平值较高的城市为广州、深圳、惠州和东莞，较低的城市为江门和肇庆；社会城镇化水平值较高的城市为广州、深圳和佛山，较低的城市为肇庆和中山。总体来说，珠江三角洲城市群中广州和深圳的发展水平较高，然而其他地区发展较不均衡。

表5-6　　珠江三角洲城市群人口、土地、经济、社会城镇化水平值

地区	人口城镇化	土地城镇化	经济城镇化	社会城镇化
广州	0.044	0.078	0.207	0.255
深圳	0.133	0.220	0.295	0.184
珠海	0.064	0.071	0.038	0.047
佛山	0.054	0.151	0.094	0.095
江门	0.012	0.048	0.025	0.039
肇庆	0.000	0.035	0.000	0.033
惠州	0.025	0.043	0.131	0.059

续表

地区	人口城镇化	土地城镇化	经济城镇化	社会城镇化
东莞	0.155	0.131	0.107	0.059
中山	0.058	0.081	0.040	0.034

由表5-7可知山东半岛城市群人口、土地、经济、社会四方面的城镇化水平值，结合公式（5-4）计算出其对应的变异系数分别为0.62、0.52、0.78、0.54，说明山东半岛城市群分类城镇化呈现经济城镇化＞人口城镇化＞社会城镇化＞土地城镇化。从城市分布的角度来看，人口城镇化水平值较高的城市为济南和威海较低的城市为聊城和菏泽；土地城镇化水平值较高的城市为济南和青岛，较低的城市为临沂和菏泽；经济城镇化水平值较高的城市为青岛和烟台，较低的城市为莱芜和聊城；社会城镇化水平值较高的城为济南和青岛，较低的城市为威海和莱芜。总体来看，山东半岛城市群中青岛和济南的城镇化整体发展水平较高，然而其他地区发展较不均衡。

表5-7　　　　　山东半岛城市群人口、土地、经济、社会城镇化水平值

地区	人口城镇化	土地城镇化	经济城镇化	社会城镇化
济南	0.127	0.220	0.107	0.204
青岛	0.123	0.200	0.305	0.220
淄博	0.114	0.174	0.091	0.099
东营	0.120	0.078	0.109	0.088
烟台	0.087	0.105	0.201	0.124
潍坊	0.048	0.103	0.126	0.161
威海	0.127	0.132	0.092	0.042
日照	0.045	0.078	0.061	0.045
泰安	0.057	0.088	0.043	0.089
莱芜	0.072	0.158	0.020	0.014
德州	0.037	0.059	0.050	0.069
聊城	0.019	0.076	0.030	0.083
滨州	0.055	0.061	0.051	0.066
菏泽	0.000	0.027	0.041	0.121
济宁	0.037	0.085	0.065	0.130
临沂	0.026	0.054	0.090	0.164

由表5-8可知海峡西岸城市群人口、土地、经济、社会四方面的城镇化水平值，结合公式（5-4）计算出其对应的变异系数分别为1.39、0.70、0.99、0.63，说明海峡西岸城市群分类城镇化呈现人口城镇化＞经济城镇化＞土地城镇化＞社会城镇化。从城市分布的角度来看，人口城镇化水平值较高的城市为厦门，较低的城市为梅州；土地城镇化水平值较高的城市为厦门、三明、汕头，较低的城市为衢州和潮州；经济城镇化水平值较高的城市为福州、厦门和泉州，较低的城市为南平和梅州；社会城镇化水平值较高的城市为温州、福州、泉州，较低的城市为三明和潮州。总体来看，海峡西岸城市群中厦门的城镇化发展水平较高，然而其他地区发展较不均衡。

表5-8　海峡西岸城市群人口、土地、经济、社会城镇化水平值

地区	人口城镇化	土地城镇化	经济城镇化	社会城镇化
温州	0.044	0.057	0.130	0.149
衢州	0.018	0.029	0.032	0.046
丽水	0.019	0.050	0.025	0.043
福州	0.069	0.060	0.183	0.121
厦门	0.221	0.220	0.246	0.048
莆田	0.030	0.054	0.041	0.037
三明	0.017	0.107	0.042	0.030
泉州	0.059	0.047	0.168	0.128
漳州	0.027	0.082	0.080	0.070
南平	0.012	0.057	0.009	0.031
龙岩	0.016	0.064	0.038	0.034
宁德	0.014	0.075	0.025	0.031
汕头	0.035	0.103	0.055	0.101
梅州	0.000	0.032	0.003	0.060
潮州	0.020	0.022	0.028	0.013
揭阳	0.004	0.031	0.044	0.089

由表5-9可知长江中游城市群人口、土地、经济、社会四方面的城镇化水平值,结合公式(5-4)计算出其对应的变异系数分别为0.81、0.49、0.95、0.66,说明长江中游城市群分类城镇化呈现经济城镇化>人口城镇化>社会城镇化>土地城镇化。从城市分布的角度来看,人口城镇化水平值较高的城市为南昌和武汉,较低的城市为上饶、益阳和娄底;土地城镇化水平值较高的城市为武汉;经济城镇化水平值较高的城市为南昌、武汉和长沙,较低的城市为鄂州和咸宁;社会城镇化水平值较高的城市为南昌、武汉和长沙,较低的城市为鄂州和咸宁。从总体来看,长江中游城市群中南昌、武汉和长沙城镇化整体发展水平较高,然而其他地区发展较不均衡。

表5-9　长江中游城市群人口、土地、经济、社会城镇化水平值

地区	人口城镇化	土地城镇化	经济城镇化	社会城镇化
南昌	0.125	0.081	0.152	0.112
景德镇	0.055	0.034	0.050	0.034
萍乡	0.047	0.063	0.049	0.041
九江	0.027	0.052	0.090	0.078
新余	0.057	0.047	0.049	0.028
鹰潭	0.051	0.054	0.071	0.040
吉安	0.015	0.072	0.062	0.063
宜春	0.017	0.078	0.033	0.067
抚州	0.021	0.038	0.017	0.059
上饶	0.006	0.068	0.075	0.104
武汉	0.164	0.167	0.358	0.194
黄石	0.048	0.048	0.076	0.026

续表

地区	人口城镇化	土地城镇化	经济城镇化	社会城镇化
宜昌	0.109	0.029	0.083	0.044
襄阳	0.077	0.046	0.074	0.076
鄂州	0.097	0.072	0.005	0.004
荆门	0.059	0.043	0.045	0.024
孝感	0.068	0.082	0.023	0.033
荆州	0.014	0.036	0.036	0.065
黄冈	0.025	0.078	0.035	0.054
咸宁	0.015	0.049	0.012	0.019
长沙	0.107	0.086	0.244	0.186
株洲	0.055	0.044	0.076	0.074
湘潭	0.053	0.081	0.075	0.055
衡阳	0.014	0.028	0.094	0.101
岳阳	0.030	0.087	0.078	0.068
常德	0.019	0.039	0.069	0.070
益阳	0.008	0.021	0.028	0.062
娄底	0.008	0.039	0.048	0.056

由表 5-10 可知中原城市群人口、土地、经济、社会四方面的城镇化水平值，结合公式（5-4）计算出其对应的变异系数分别为 0.78、0.43、1.56、0.56，说明中原城市群分类城镇化呈现经济城镇化 > 人口城镇化 > 社会城镇化 > 土地城镇化。从城市分布的角度来看，人口城镇化水平值较高的城市为宿州和郑州，较低的城市为周口；土地城镇化水平值较高的城市为晋城、运城和郑州，较低的城市为菏泽和商丘；经济城镇化水平值较高的城市为郑州，较低的城市为宿州、亳州和商丘；社会城镇化水平较高的城市为邯郸和郑州，较低的城市为漯河和鹤壁。总体来看，中原城市群中郑州城镇化整体发展水平较高，然而其他地区发展较不均衡。

表 5-10　　　　中原城市群人口、土地、经济、社会城镇化水平值

地区	人口城镇化	土地城镇化	经济城镇化	社会城镇化
邯郸	0.023	0.072	0.054	0.096
邢台	0.018	0.058	0.050	0.070
长治	0.039	0.033	0.032	0.035
晋城	0.053	0.100	0.033	0.034
运城	0.025	0.091	0.029	0.046
蚌埠	0.029	0.061	0.039	0.042
淮北	0.042	0.060	0.025	0.036
阜阳	0.011	0.052	0.021	0.070
宿州	0.116	0.054	0.019	0.042
亳州	0.010	0.055	0.007	0.040
聊城	0.024	0.050	0.069	0.061
菏泽	0.015	0.019	0.066	0.082
郑州	0.088	0.150	0.463	0.161

续表

地区	人口城镇化	土地城镇化	经济城镇化	社会城镇化
开封	0.020	0.038	0.024	0.043
洛阳	0.032	0.054	0.071	0.080
平顶山	0.027	0.057	0.040	0.046
安阳	0.020	0.061	0.044	0.045
鹤壁	0.042	0.059	0.023	0.003
新乡	0.027	0.041	0.046	0.050
焦作	0.044	0.065	0.052	0.028
濮阳	0.019	0.048	0.031	0.031
许昌	0.025	0.061	0.049	0.038
漯河	0.038	0.065	0.022	0.015
三门峡	0.035	0.078	0.030	0.025
南阳	0.015	0.032	0.052	0.090
商丘	0.012	0.026	0.018	0.063
信阳	0.010	0.041	0.023	0.062
周口	0.004	0.050	0.043	0.082
驻马店	0.010	0.041	0.030	0.061

由表5-11可知成渝城市群人口、土地、经济、社会四方面的城镇化水平值，结合公式（5-4）计算出其对应的变异系数分别为1.40、0.46、1.84、1.38，说明成渝城市群分类城镇化呈现经济城镇化>人口城镇化>社会城镇化>土地城镇化。从城市分布的角度来看，人口城镇化水平值较高的城市为成都，较低的城市为资阳和遂宁；土地城镇化水平值较高的城市为成都，较低的城市为绵阳；经济城镇化水平值较高的城市为重庆和成都，较低的城市为达州和雅安；社会城镇化水平值较高的城市为重庆和成都，较低的城市为内江和雅安。总体来看，成渝城市群中重庆和成都城镇化整体发展水平较高，然而其他地区发展较不均衡。

表5-11　成渝城市群人口、土地、经济、社会城镇化水平值

地区	人口城镇化	土地城镇化	经济城镇化	社会城镇化
重庆	0.053	0.062	0.414	0.271
成都	0.166	0.101	0.355	0.185
自贡	0.021	0.029	0.031	0.027
泸州	0.019	0.036	0.040	0.038
德阳	0.021	0.049	0.036	0.030
绵阳	0.028	0.017	0.040	0.042
遂宁	0.009	0.039	0.010	0.017
内江	0.012	0.024	0.010	0.013
乐山	0.022	0.046	0.035	0.024
南充	0.012	0.029	0.016	0.045
眉山	0.013	0.053	0.016	0.018
宜宾	0.012	0.050	0.037	0.042

续表

地区	人口城镇化	土地城镇化	经济城镇化	社会城镇化
广安	0.012	0.053	0.016	0.029
达州	0.018	0.030	0.008	0.026
雅安	0.026	0.032	0.001	0.006
资阳	0.000	0.032	0.018	0.014

由表 5-12 可知关中平原城市群人口、土地、经济、社会四方面的城镇化水平值，结合公式（5-4）计算出其对应的变异系数分别为 0.97、0.65、1.70、0.75，说明关中平原城市群分类城镇化呈现经济城镇化 > 人口城镇化 > 社会城镇化 > 土地城镇化。从城市分布的角度来看，人口城镇化水平值较高的城市为西安，较低的城市为天水和庆阳；土地城镇化水平值较高的城市为西安和庆阳，较低的城市为天水和平凉；经济城镇化水平值较高的城市为西安，较低的城市为商洛和平凉；社会城镇化水平值较高的城市为西安，较低的城市为铜川和商洛。总体来看，关中平原城市群中西安城镇化整体发展水平较高，然而其他地区发展较不均衡。

表 5-13　　　关中平原城市群人口、土地、经济、社会城镇化水平值

地区	人口城镇化	土地城镇化	经济城镇化	社会城镇化
运城	0.017	0.074	0.043	0.051
临汾	0.029	0.063	0.058	0.042
西安	0.127	0.184	0.446	0.149
铜川	0.067	0.029	0.017	0.014
宝鸡	0.045	0.065	0.066	0.045
咸阳	0.040	0.066	0.073	0.045
渭南	0.027	0.066	0.023	0.050
商洛	0.024	0.081	0.011	0.015
天水	0.000	0.021	0.024	0.035
平凉	0.016	0.023	0.014	0.038
庆阳	0.009	0.100	0.033	0.042

由表 5-13 可知北部湾城市群人口、土地、经济、社会四方面的城镇化水平值，结合公式（5-4）计算出其对应的变异系数分别为 1.23、0.86、0.51、0.71，说明北部湾城市群分类城镇化呈现人口城镇化 > 土地城镇化 > 社会城镇化 > 经济城镇化。从区域分布来看，人口城镇化水平值较高的城市为南宁和海口，较低的城市为钦州；土地城镇化水平值较高的城市为崇左和海口，较低的城市为阳江和钦州；经济城镇化水平值较高的城市为湛江、南宁和崇左，较低的城市为阳江和钦州；社会城镇化水平值较高的城市为湛江、茂名、南宁，较低的城市为防城港和崇左。总体来看，北部湾城市群中各城市城镇化整体发展水平较低，且呈现出发展不均衡的状态。

表 5-13　　　北部湾城市群人口、土地、经济、社会城镇化水平值

地区	人口城镇化	土地城镇化	经济城镇化	社会城镇化
湛江	0.029	0.055	0.108	0.145

续表

地区	人口城镇化	土地城镇化	经济城镇化	社会城镇化
茂名	0.026	0.046	0.085	0.141
阳江	0.046	0.036	0.037	0.047
南宁	0.073	0.057	0.161	0.185
北海	0.037	0.055	0.048	0.033
防城港	0.042	0.053	0.077	0.018
钦州	0.005	0.031	0.037	0.048
玉林	0.016	0.073	0.051	0.122
崇左	0.013	0.113	0.110	0.030
海口	0.219	0.258	0.062	0.060

由表 5-14 可知呼包鄂榆城市群人口、土地、经济、社会四方面的城镇化水平值，结合公式（5-4）计算出其对应的变异系数分别为 0.69、0.32、0.57、0.87，说明呼包鄂榆城市群分类城镇化呈现社会城镇化 > 人口城镇化 > 经济城镇化 > 土地城镇化。从城市分布的角度来看，人口城镇化水平值较高的城市为鄂尔多斯，较低的城市为榆林；土地城镇化水平值较高的城市为榆林，较低的城市为包头；经济城镇化水平值较高的城市为榆林，较低的城市为呼和浩特；社会城镇化水平值较高的城市为榆林，较低的城市为鄂尔多斯。总体来看，呼包鄂榆城市群中各城市城镇化整体发展水平较低，且呈现出发展不均衡的状态。

表 5-14　　呼包鄂榆城市群人口、土地、经济、社会城镇化水平值

地区	人口城镇化	土地城镇化	经济城镇化	社会城镇化
呼和浩特	0.077	0.146	0.058	0.108
包头	0.093	0.093	0.137	0.106
鄂尔多斯	0.108	0.123	0.087	0.083
榆林	0.000	0.198	0.224	0.138

由表 5-15 可知兰西城市群人口、土地、经济、社会四方面的城镇化水平值，结合公式（5-4）计算出其对应的变异系数分别为 0.92、0.56、0.91、0.86，说明兰西城市群分类城镇化呈现人口城镇化 > 经济城镇化 > 社会城镇化 > 土地城镇化。从区域分布来看，人口城镇化水平值较高的城市为兰州，较低的城市为定西；土地城镇化水平值较高的城市为定西，较低的城市为白银；经济城镇化水平值较高的城市为兰州，较低的城市为定西；社会城镇化水平值较高的城市为兰州，较低的城市为白银。总体来看，兰西城市群内兰州城镇化发展水平较高，城镇化发展趋势较好，但其他地区的发挥呈现出较不平衡的发展状态。

表 5-15　　兰西城市群人口、土地、经济、社会城镇化水平值

地区	人口城镇化	土地城镇化	经济城镇化	社会城镇化
兰州	0.165	0.173	0.271	0.271
白银	0.041	0.023	0.090	0.000
定西	0.000	0.184	0.000	0.097
西宁	0.122	0.158	0.136	0.165

由表 5-16 可知黔中城市群人口、土地、经济、社会四方面的城镇化水平值，结合公式（5-4）计算出其对应的变异系数分别为 1.62、0.43、1.06、1.35，说明黔中城市群分类城镇化呈现人口城镇化＞社会城镇化＞经济城镇化＞土地城镇化。从区域分布来看，人口城镇化水平值较高的城市为贵阳，较低的城市为遵义；土地城镇化水平值较高的城市为遵义，较低的城市为安顺；经济城镇化水平值较高的城市为贵阳，较低的城市为安顺；社会城镇化水平值较高的城市为遵义，较低的城市为安顺。总体来看，黔中城市群中各城市城镇化水平呈现较不平衡的发展状态。

表 5-16　　　　黔中城市群人口、土地、经济、社会城镇化水平值

地区	人口城镇化	土地城镇化	经济城镇化	社会城镇化
贵阳	0.267	0.134	0.221	0.026
遵义	0.004	0.154	0.092	0.146
安顺	0.008	0.059	0.000	0.000

由表 5-17 可知滇中城市群人口、土地、经济、社会四方面的城镇化水平值，结合公式（5-4）计算出其对应的变异系数分别为 1.19、0.41、1.21、0.76，说明滇中城市群分类城镇化呈现经济城镇化＞人口城镇化＞社会城镇化＞土地城镇化。从区域分布来看，人口城镇化水平值较高的城市为昆明，较低的城市为曲靖；土地城镇化水平值较高的城市为玉溪，较低的城市为曲靖；经济城镇化水平值较高的城市为昆明，较低的城市为曲靖；社会城镇化水平值较高的城市为昆明，较低的城市为玉溪。总体来看，滇中城市群中昆明城镇化整体发展水平较高，城镇化发展趋势良好，其他地区呈现出发展不平衡的状态。

表 5-17　　　　滇中城市群人口、土地、经济、社会城镇化水平值

地区	人口城镇化	土地城镇化	经济城镇化	社会城镇化
昆明	0.172	0.151	0.280	0.198
曲靖	0.000	0.072	0.017	0.091
玉溪	0.051	0.177	0.056	0.036

由表 5-18 可知宁夏沿黄城市群人口、土地、经济、社会四方面的城镇化水平值，结合公式（5-4）计算出其对应的变异系数分别为 1.04、0.50、1.00、1.22，说明宁夏沿黄城市群分类城镇化呈现社会城镇化＞人口城镇化＞经济城镇化＞土地城镇化。从区域分布来看，人口城镇化水平值较高的城市为银川，较低的城市为中卫；土地城镇化水平值较高的城市为银川，较低的城市为石嘴山；经济城镇化水平值较高的城市为银川，较低的城市为吴忠；社会城镇化水平值较高的城市为银川，较低的城市为石嘴山。总体来看，宁夏沿黄城市群中银川城镇化整体发展水平较高，城镇化发展趋势良好，其他地区呈现出发展不平衡的状态。

表 5-18　　　　宁夏沿黄城市群人口、土地、经济、社会城镇化水平值

地区	人口城镇化	土地城镇化	经济城镇化	社会城镇化
银川	0.165	0.160	0.276	0.286
石嘴山	0.109	0.041	0.083	0.000
吴忠	0.021	0.146	0.034	0.083
中卫	0.000	0.091	0.054	0.046

由表 5-19 可知哈长城市群人口、土地、经济、社会四方面的城镇化水平值，结合公式（5-4）计算出其对应的变异系数分别为 0.64、0.45、1.03、0.72，说明哈长城市群分类城镇化呈现经济城镇化 > 社会城镇化 > 人口城镇化 > 土地城镇化。从区域分布来看，人口城镇化水平值较高的城市为长春和大庆，较低的城市为四平和绥化；土地城镇化水平值较高的城市为长春和绥化，较低的城市为齐齐哈尔和吉林；经济城镇化水平值较高的城市为长春、哈尔滨和大庆，较低的城市为辽源和绥化；社会城镇化水平值较高的城市为长春、哈尔滨和牡丹江，较低的城市为辽源。总体来看，哈长城市群中长春和哈尔滨城镇化整体发展水平较高，城镇化发展趋势良好，其他地区呈现出发展不平衡的状态。

表 5-19　　　哈长城市群人口、土地、经济、社会城镇化水平值

地区	人口城镇化	土地城镇化	经济城镇化	社会城镇化
长春	0.102	0.165	0.345	0.109
吉林	0.054	0.037	0.065	0.046
四平	0.022	0.077	0.034	0.024
辽源	0.063	0.068	0.025	0.004
松原	0.031	0.106	0.041	0.033
哈尔滨	0.072	0.091	0.182	0.120
齐齐哈尔	0.027	0.033	0.033	0.024
大庆	0.104	0.073	0.181	0.058
牡丹江	0.061	0.092	0.102	0.114
绥化	0.000	0.121	0.013	0.045

由表 5-20 可知辽中南城市群人口、土地、经济、社会四方面的城镇化水平值，结合公式（5-4）计算出其对应的变异系数分别为 0.87、0.81、1.50、1.22，说明辽中南城市群分类城镇化呈现经济城镇化 > 社会城镇化 > 人口城镇化 > 土地城镇化。从区域分布来看，人口城镇化水平值较高的城市为盘锦，较低的城市为锦州和阜新；土地城镇化水平值较高的城市为沈阳、大连和盘锦，较低的城市为抚顺和阜新；经济城镇化水平值较高的城市为沈阳和大连，较低的城市为阜新和辽阳；社会城镇化水平值较高的城市为沈阳和大连，较低的城市为本溪和盘锦。总体来看，辽中南城市群中沈阳和大连城镇化整体发展水平较高，城镇化发展趋势良好，其他地区呈现出发展不平衡的状态。

表 5-20　　　辽中南城市群人口、土地、经济、社会城镇化水平值

地区	人口城镇化	土地城镇化	经济城镇化	社会城镇化
沈阳	0.079	0.124	0.165	0.276
大连	0.080	0.145	0.358	0.204
鞍山	0.048	0.052	0.051	0.068
抚顺	0.043	0.019	0.025	0.029
本溪	0.071	0.035	0.032	0.016
丹东	0.025	0.032	0.031	0.022
锦州	0.014	0.059	0.034	0.055
营口	0.036	0.079	0.048	0.031
阜新	0.014	0.004	0.013	0.025

续表

地区	人口城镇化	土地城镇化	经济城镇化	社会城镇化
辽阳	0.028	0.050	0.022	0.034
盘锦	0.134	0.148	0.030	0.012

四、城镇化综合水平和协调发展度时空变化

通过公式（5-1）和公式（5-3）测算出 2017 年东部、中部、西部和东北地区各城市群的城镇化综合水平值和协调度。

由表 5-21 可知，在长江三角洲城市群中，2006 年、2011 年、2017 年上海的城镇化综合水平值分别为 0.837、0.828、0.784，说明上海的综合发展水平有所下降。2006~2011 年南京城镇化综合发展水平有所下降，2017 年有所上升，整体呈上升态势。2006~2011 年南通、芜湖城镇化综合发展水平有所下降，2017 年有所上升，整体呈下降态势。2006~2011 年无锡、常州、苏州、盐城、扬州、泰州、杭州、宁波、绍兴、舟山、铜陵、宣城城镇化综合发展水平有所上升，2017 年有所下降，整体呈下降的态势。2006~2017 年合肥、滁州城镇化综合发展水平持续上升。2006~2017 年镇江、嘉兴、湖州、金华、台州、马鞍山、池州城镇化综合发展水平持续下降。2006~2011 年安庆城镇化综合发展水平无变化、2017 年有所下降。长江三角洲城市群 2006 年、2011 年、2017 年平均综合发展水平分别为 0.213、0.215、0.196，说明长江三角洲城市群综合发展水平先增大后减小。从协调发展的角度来分析，2006 年、2011 年、2017 年上海城镇化协调发展度分别为 1.266、1.255、1.204，说明上海的城镇化协调发展度持续下降。2006~2011 年南京、南通、滁州城镇化协调发展度有所下降，2017 年有所上升，整体呈上升的态势，2006~2011 年扬州、泰州城镇化协调发展度有所上升，2017 年有所下降，整体呈上升的态势，芜湖 2006~2011 年无变化、2017 年有所上升，整体呈上升的态势，说明这些城市人口、土地、经济和社会城镇化发展的差异有所减小。2006~2017 年，镇江、嘉兴、湖州、金华、台州、马鞍山、安庆、池州城镇化协调发展度持续下降，说明这些城市的人口、土地、经济和社会城镇化发展的差异持续增大。2006~2011 年，无锡、常州、苏州、盐城、杭州、宁波、绍兴、舟山、铜陵、宣城城镇化协调发展度有所上升，2017 年有所下降，整体呈下降的趋势，说明这些城市的人口、土地、经济和社会城镇化发展的差异有所增大。2006~2017 年合肥城镇化协调发展度持续增大，说明这个城市人口、土地、经济和社会城镇化发展的差异较小。长江三角洲城市群 2006 年，2011 年，2017 年平均协调度分别为 0.595、0.599、0.567，说明长江三角洲城市群人口、土地、经济和社会城镇化协调发展水平先增大后减小。

表 5-21　　　　长江三角洲城市群城镇化综合水平值和协调发展度结果

地区	城镇化综合水平值			协调发展度		
	2006 年	2011 年	2017 年	2006 年	2011 年	2017 年
上海	0.837	0.828	0.784	1.266	1.255	1.204
南京	0.305	0.298	0.311	0.776	0.768	0.786
无锡	0.318	0.326	0.298	0.789	0.797	0.761
常州	0.210	0.213	0.200	0.646	0.650	0.631

续表

地区	城镇化综合水平值			协调发展度		
	2006年	2011年	2017年	2006年	2011年	2017年
苏州	0.561	0.565	0.548	0.969	0.983	0.957
南通	0.206	0.193	0.197	0.618	0.606	0.620
盐城	0.129	0.175	0.114	0.482	0.535	0.457
扬州	0.137	0.147	0.136	0.518	0.532	0.521
镇江	0.158	0.155	0.137	0.556	0.549	0.517
泰州	0.138	0.155	0.132	0.503	0.527	0.512
杭州	0.331	0.352	0.306	0.800	0.830	0.757
宁波	0.321	0.342	0.262	0.793	0.813	0.708
嘉兴	0.239	0.236	0.170	0.676	0.671	0.582
湖州	0.139	0.107	0.102	0.525	0.452	0.449
绍兴	0.226	0.239	0.151	0.669	0.684	0.543
金华	0.214	0.193	0.162	0.635	0.609	0.561
舟山	0.138	0.144	0.120	0.509	0.522	0.473
台州	0.174	0.154	0.143	0.579	0.552	0.528
合肥	0.165	0.198	0.374	0.565	0.611	0.784
芜湖	0.107	0.105	0.106	0.453	0.453	0.460
马鞍山	0.124	0.099	0.086	0.494	0.444	0.412
铜陵	0.114	0.118	0.069	0.444	0.464	0.361
安庆	0.069	0.069	0.050	0.320	0.319	0.296
滁州	0.048	0.049	0.062	0.275	0.271	0.331
池州	0.055	0.042	0.033	0.289	0.274	0.243
宣城	0.067	0.093	0.050	0.316	0.408	0.284

由表 5-22 可知，在京津冀城市群中，2006 年、2011 年、2017 年北京的城镇化综合水平值分别为 0.926、0.966、0.844，说明北京的综合发展水平先上升后下降。2006~2011 年天津城镇化综合发展水平有所上升，2017 年有所下降，整体呈下降态势。2006~2011 年石家庄、唐山、秦皇岛、邢台、保定、沧州城镇化综合发展水平有所下降，2017 年有所上升，整体呈下降态势。2006~2011 年承德、衡水城镇化综合发展水平有所下降，2017 年有所上升，总体呈上升态势。邯郸城镇化综合发展水平持续下降。廊坊城镇化综合发展水平持续上升。张家口城镇化综合发展水平则未发生变化。京津冀城市群 2006 年、2011 年、2017 年平均综合发展水平分别为 0.220、0.203、0.207，说明京津冀城市群综合发展水平先下降后提高。从协调发展的角度来分析，2006 年、2011 年、2017 年北京城镇化协调发展度分别为 1.296、1.348、1.2229，说明北京的城镇化协调发展度先上升后下降，与其有相同发展趋势的还有张家口市。2006~2011 年衡水城镇化发展协调有所下降，2017 年有所上升，整体呈上升的态势，说明衡水市人口、土地、经济和社会城镇化发展的差异有所减小。2006~2011 年，石家庄、唐山、秦皇岛、邢台、保定、沧州城镇化协调发展度有所下降，2017 年有所上升，整体呈下降的态势。2006~2017 年，天津、邯郸城镇化协调发展度持续下降，说明这些城市的人口、土地、经济和社会城镇化发展的差异持续增大。2006~2017 年承德、廊坊城镇化协调发展度持续增大，说明这 3 个城市人口、土地、经济和社会城镇化发展的差异较小。京津冀城市群 2006 年、2011 年、2017 年平均协调度分别为 0.566、0.523、0.557，说明京津冀城市群

人口、土地、经济和社会城镇化发展协调水平先减小后增大。

表 5-22　京津冀城市群城镇化综合水平值和协调发展度结果

地区	城镇化综合水平值			协调发展度		
	2006年	2011年	2017年	2006年	2011年	2017年
北京	0.926	0.966	0.844	1.296	1.348	1.229
天津	0.516	0.564	0.491	0.977	0.968	0.954
石家庄	0.202	0.153	0.187	0.624	0.529	0.601
唐山	0.195	0.160	0.188	0.614	0.552	0.585
秦皇岛	0.107	0.055	0.073	0.456	0.309	0.367
邯郸	0.160	0.135	0.104	0.546	0.494	0.438
邢台	0.134	0.074	0.100	0.465	0.359	0.430
保定	0.135	0.104	0.107	0.484	0.421	0.447
张家口	0.053	0.053	0.053	0.301	0.314	0.302
承德	0.066	0.057	0.084	0.313	0.321	0.389
沧州	0.193	0.145	0.160	0.555	0.478	0.512
廊坊	0.119	0.150	0.226	0.441	0.480	0.626
衡水	0.057	0.029	0.072	0.291	0.228	0.362

由表5-23可知，在珠江三角洲城市群中，2006年、2011年、2017年深圳的城镇化综合水平值分别为0.783、0.783、0.832，说明深圳的综合发展水平总体呈上升的态势。2006~2011年肇庆城镇化综合发展水平有所上升，2017年有所下降，整体呈上升态势。2006~2017年广州、佛山、江门、惠州、东莞城镇化综合发展水平呈持续增强的态势。2006~2017年珠海和中山发展水平持续减弱。珠江三角洲城市群2006年、2011年、2017年平均综合发展水平分别为0.310、0.328、0349，说明珠江三角洲城市群综合发展水平持续增强。从协调发展的角度来分析，2006年、2011年、2017年深圳城镇化协调发展度分别为1.234、1.222、1.265，说明深圳的城镇化协调发展度先减小后增大。2006~2011年肇庆、东莞城镇化协调发展度有所上升，2017年有所下降，整体呈上升的态势，说明这些城市人口、地、经济和社会城镇化发展的差异有所减小。2006~2011中山城镇化协调发展度有所上升，2017年有所下降，整体呈下降的态势，2006~2011年珠海城镇化协调发展度有所下降，2017年有所上升，整体呈下降的态势，说明这些城市人口、地、经济和社会城镇化发展的差异有所增大。2006~2017年，广州、佛山、江门、惠州城镇化协调发展度持续上升，说明这些城市的人口、土地、经济和社会城镇化发展的差异持续减小。珠江三角洲城市群2006年、2011年、2017年平均协调度分别为0.710、0.737、0.755，说明珠江三角洲城市群人口、土地、经济和社会城镇化协调发展水平持续提高。

表 5-23　珠江三角洲城市群城镇化综合水平值和协调发展度结果

地区	城镇化综合水平值			协调发展度		
	2006年	2011年	2017年	2006年	2011年	2017年
广州	0.551	0.558	0.584	0.978	0.997	1.001
深圳	0.783	0.783	0.832	1.234	1.222	1.265
珠海	0.263	0.226	0.219	0.687	0.641	0.653
佛山	0.291	0.364	0.394	0.745	0.829	0.862

续表

地区	城镇化综合水平值			协调发展度		
	2006年	2011年	2017年	2006年	2011年	2017年
江门	0.097	0.106	0.124	0.422	0.453	0.476
肇庆	0.068	0.095	0.069	0.311	0.361	0.312
惠州	0.125	0.138	0.258	0.499	0.520	0.661
东莞	0.369	0.440	0.453	0.856	0.931	0.930
中山	0.245	0.240	0.213	0.653	0.680	0.635

由表5-24可知，在山东半岛城市群中，2006年、2011年、2017年青岛的城镇化综合水平值分别为0.797、0.806、0.848，说明青岛的综合发展水平持续上升。2006~2011年东营、潍坊、日照、泰安、聊城、菏泽城镇化综合发展水平有所上升，2017年有所下降，整体呈上升态势。2006~2011年德州和济宁城镇化综合发展水平有所上升，2017年有所下降，整体呈下降的态势。2006~2017年济南、青岛、淄博、烟台、威海、莱芜、滨州、临沂综合发展水平持续增强。山东半岛城市群2006年、2011年、2017年平均综合发展水平分别为0.321、0.374、0.375，说明山东半岛城市群综合发展水平持续增强。从协调发展的角度来分析，2006年、2011年、2017年青岛城镇化协调发展度分别为1.210、1.223、1.273，说明青岛的城镇化协调发展度持续增大。2006~2011年东营、潍坊、日照、泰安、聊城、菏泽城镇化协调发展度有所上升，2017年有所下降，整体呈上升的态势，德州2006~2011年城镇化协调发展度有所下降，2017年有所上升，整体呈上升的态势，说明这些城市人口、土地、经济和社会城镇化发展的差异有所减小。2006~2011年，威海、莱芜、济宁城镇化协调发展度有所上升，2017年有所下降，整体呈下降态势，说明该城市人口、土地、经济、社会城镇化发展的差异增大。2006~2017年，济南、青岛、淄博、烟台、滨州、临沂城镇化协调发展度持续上升，说明这些城市的人口、土地、经济和社会城镇化发展的差异持续减小。山东半岛城市群2006年、2011年、2017年平均协调度分别为0.751、0.809、0.812，说明山东半岛城市群人口、土地、经济和社会城镇化协调发展水平持续上升。

表5-24　　　　山东半岛城市群城镇化综合水平值和协调发展度结果

地区	城镇化综合水平值			协调发展度		
	2006年	2011年	2017年	2006年	2011年	2017年
济南	0.505	0.558	0.658	0.998	1.053	1.123
青岛	0.797	0.806	0.848	1.210	1.223	1.273
淄博	0.386	0.449	0.477	0.870	0.939	0.960
东营	0.352	0.402	0.395	0.820	0.895	0.883
烟台	0.389	0.442	0.516	0.846	0.876	0.989
潍坊	0.342	0.484	0.438	0.813	0.946	0.906
威海	0.384	0.392	0.393	0.861	0.868	0.859
日照	0.154	0.256	0.229	0.554	0.691	0.668
泰安	0.249	0.338	0.277	0.695	0.793	0.730
莱芜	0.228	0.241	0.265	0.644	0.668	0.632
德州	0.222	0.233	0.215	0.617	0.606	0.647
聊城	0.179	0.281	0.208	0.577	0.676	0.605

续表

地区	城镇化综合水平值			协调发展度		
	2006 年	2011 年	2017 年	2006 年	2011 年	2017 年
滨州	0.200	0.227	0.233	0.619	0.673	0.681
菏泽	0.167	0.204	0.188	0.490	0.543	0.522
济宁	0.355	0.369	0.318	0.793	0.805	0.765
临沂	0.234	0.306	0.334	0.611	0.697	0.753

由表 5-25 可知，在海峡西岸城市群中，2006 年、2011 年、2017 年厦门的城镇化综合水平值分别为 0.801、0.756、0.735，说明厦门的综合发展水平持续下降。2006~2017 年温州、南平、潮州城镇化综合发展水平呈持续下降态势。2006~2011 年衢州、丽水、福州、泉州、宁德、城镇化综合发展水平有所下降，2017 年有所上升，除宁德整体呈上升态势外的其余城市整体呈下降态势。2006~2011 年龙岩、汕头、揭阳城镇化综合发展水平有所上升，2017 年有所下降。2006~2017 年莆田、三明、漳州城镇化综合发展水平持续上升。2006~2011 年梅州城镇化综合发展水平持平，2017 年有所下降，整体呈下降态势。海峡西岸城市群 2006 年、2011 年、2017 年平均综合发展水平分别为 0.249、0.238、0.242，说明海峡西岸城市群综合发展水平先减小后增大。从协调发展的角度来分析，2006 年、2011 年、2017 年厦门城镇化协调发展度分别为 1.209、1.176、1.163，说明厦门的城镇化协调发展度持续下降。2006~2011 年衢州、福州、宁德城镇化协调发展度有所下降，2017 年有所上升，整体呈上升的态势，2006~2011 年龙岩和揭阳城镇化协调发展度有所上升，2017 年有所下降，整体呈上升态势，说明这些城市人口、土地、经济和社会城镇化发展的差异有所减小。2006~2017 年，温州、泉州、南平、汕头、潮州城镇化协调发展度持续下降，说明这些城市的人口、土地、经济和社会城镇化发展的差异持续增大。2006~2011 年，梅州和丽水城镇化协调发展度有所下降，2017 年有所上升，整体呈下降的趋势，说明这些城市的人口、土地、经济和社会城镇化发展的差异有所增大。2006~2017 年莆田、三明、漳州城镇化协调发展度持续增大，说明这 3 个城市人口、土地、经济和社会城镇化发展的差异较小。海峡西岸城市群 2006 年、2011 年、2017 年平均协调度分别为 0.628、0.616、0.626，说明海峡西岸城市群人口、土地、经济和社会城镇化协调发展水平先增大后减小。

表 5-25　　海峡西岸城市群城镇化综合水平值和协调发展度结果

地区	城镇化综合水平值			协调发展度		
	2006 年	2011 年	2017 年	2006 年	2011 年	2017 年
温州	0.478	0.390	0.379	0.917	0.845	0.828
衢州	0.133	0.109	0.124	0.482	0.450	0.487
丽水	0.151	0.121	0.136	0.513	0.474	0.505
福州	0.457	0.421	0.432	0.885	0.869	0.888
厦门	0.801	0.756	0.735	1.209	1.176	1.163
莆田	0.129	0.139	0.162	0.504	0.519	0.564
三明	0.141	0.163	0.197	0.500	0.527	0.568
泉州	0.452	0.399	0.402	0.902	0.858	0.849

续表

地区	城镇化综合水平值			协调发展度		
	2006年	2011年	2017年	2006年	2011年	2017年
漳州	0.170	0.206	0.259	0.568	0.626	0.699
南平	0.132	0.115	0.108	0.470	0.431	0.421
龙岩	0.130	0.154	0.152	0.491	0.532	0.527
宁德	0.126	0.113	0.145	0.439	0.436	0.494
汕头	0.317	0.334	0.294	0.787	0.778	0.738
梅州	0.099	0.099	0.096	0.380	0.359	0.366
潮州	0.136	0.105	0.083	0.510	0.458	0.401
揭阳	0.130	0.179	0.167	0.483	0.525	0.519

由表5-26可知，在长江中游城市群中，2006年、2011年、2017年武汉的城镇化综合水平值分别为0.739、0.814、0.884，说明武汉的综合发展水平持续增强。2006~2017年南昌、景德镇、萍乡、九江、鹰潭、宜昌、襄阳、荆门、荆州、长沙、株洲、衡阳、岳阳、常德城镇化综合发展水平呈持续上升态势。2006~2017年吉安、宜春、抚州、上饶、孝感、益阳、娄底、黄冈、湘潭城镇化综合发展水平整体呈上升的态势。2006~2011年新余、黄石、鄂州、咸宁城镇化综合发展水平整体呈下降的态势。长江中游城市群2006年、2011年、2017年平均综合发展水平分别为0.210、0.227、0.250，说明长江中游城市群综合发展水平持续提高。从协调发展的角度来分析，2006年、2011年、2017年武汉城镇化协调发展度分别为1.126、1.214、1.289，说明武汉的城镇化协调发展度持续上升。2006~2011年南昌、景德镇、萍乡、九江、鹰潭、吉安、宜春、抚州、上饶、武汉、宜昌、襄阳、荆门、孝感、荆州、黄冈、长沙、株洲、湘潭、衡阳、岳阳、常德、益阳城镇化协调发展整体呈上升的态势，说明这些城市人口、土地、经济和社会城镇化发展的差异有所减小。2006~2017年，新余、黄石、鄂州、咸宁、娄底城镇化协调发展度整体呈下降的态势，说明这些城市的人口、土地、经济和社会城镇化发展的差异持续增大。长江中游城市群2006年、2011年、2017年平均协调度分别为0.594、0.624、0.657，说明长江中游城市群人口、土地、经济和社会城镇化协调发展水平持续提高。

表5-26　　　　长江中游城市群城镇化综合水平值和协调发展度结果

地区	城镇化综合水平值			协调发展度		
	2006年	2011年	2017年	2006年	2011年	2017年
南昌	0.403	0.434	0.470	0.871	0.922	0.959
景德镇	0.139	0.146	0.173	0.514	0.526	0.582
萍乡	0.160	0.192	0.200	0.556	0.595	0.629
九江	0.172	0.224	0.247	0.580	0.657	0.678
新余	0.347	0.188	0.182	0.740	0.581	0.596
鹰潭	0.175	0.184	0.216	0.578	0.590	0.651
吉安	0.154	0.222	0.214	0.536	0.636	0.628
宜春	0.182	0.195	0.195	0.548	0.591	0.590
抚州	0.130	0.153	0.135	0.476	0.536	0.493
上饶	0.207	0.261	0.253	0.561	0.657	0.663

续表

地区	城镇化综合水平值			协调发展度		
	2006年	2011年	2017年	2006年	2011年	2017年
武汉	0.739	0.814	0.884	1.126	1.214	1.289
黄石	0.212	0.184	0.198	0.644	0.606	0.611
宜昌	0.169	0.210	0.265	0.571	0.638	0.691
襄阳	0.150	0.198	0.273	0.533	0.622	0.732
鄂州	0.181	0.177	0.177	0.549	0.539	0.510
荆门	0.092	0.128	0.172	0.420	0.502	0.574
孝感	0.164	0.276	0.206	0.546	0.675	0.611
荆州	0.109	0.130	0.151	0.422	0.462	0.522
黄冈	0.179	0.145	0.192	0.531	0.463	0.594
咸宁	0.119	0.093	0.094	0.455	0.425	0.401
长沙	0.511	0.568	0.623	0.980	1.042	1.074
株洲	0.213	0.238	0.248	0.639	0.683	0.696
湘潭	0.206	0.203	0.265	0.634	0.636	0.721
衡阳	0.168	0.188	0.238	0.547	0.591	0.632
岳阳	0.164	0.177	0.264	0.553	0.568	0.708
常德	0.167	0.183	0.197	0.549	0.578	0.601
益阳	0.113	0.102	0.119	0.445	0.411	0.446
娄底	0.149	0.146	0.151	0.525	0.528	0.521

由表5-27可知,在中原城市群中,2006年、2011年、2017年郑州的城镇化综合水平值分别为0.905、0.831、0.861,说明郑州的综合发展水平先下降后提高。2006~2017年邯郸、邢台、长治、晋城、运城、蚌埠、淮北、阜阳、聊城、菏泽、郑州、开封、洛阳、平顶山、安阳、鹤壁、新乡、焦作、濮阳、许昌、漯河、三门峡、南阳、商丘、信阳、周口、驻马店城镇化综合发展水平整体呈下降的态势。2006~2017年亳州、宿州城镇化综合发展水平整体呈上升的态势。中原城市群2006年、2011年、2017年平均综合发展水平分别为0.316、0.264、0.194,说明中原城市群综合发展水平持续下降。从协调发展的角度来分析,2006年、2011年、2017年郑州城镇化协调发展度分别为1.311、1.232、1.194,说明郑州的城镇化协调发展度持续下降。2006~2017年阜阳、宿州城镇化协调发展度整体呈上升的态势,说明这些城市人口、土地、经济和社会城镇化发展的差异有所减小。2006~2017年,邯郸、邢台、长治、晋城、运城、蚌埠、淮北、亳州、聊城、菏泽、郑州、开封、洛阳、平顶山、安阳、鹤壁、新乡、焦作、濮阳、许昌、漯河、三门峡、南阳、商丘、信阳、周口、驻马店城镇化协调发展度整体呈下降的态势,说明这些城市的人口、土地、经济和社会城镇化发展的差异持续增大。中原城市群2006年、2011年、2017年平均协调度分别为0.745、0.683、0.575,说明中原城市群人口、土地、经济和社会城镇化协调发展水平持续降低。

表5-27 中原城市群城镇化综合水平值和协调发展度结果

地区	城镇化综合水平值			协调发展度		
	2006年	2011年	2017年	2006年	2011年	2017年
邯郸	0.472	0.395	0.244	0.951	0.876	0.669
邢台	0.390	0.253	0.196	0.855	0.702	0.604

续表

地区	城镇化综合水平值			协调发展度		
	2006年	2011年	2017年	2006年	2011年	2017年
长治	0.313	0.316	0.139	0.772	0.778	0.525
晋城	0.323	0.362	0.219	0.765	0.829	0.627
运城	0.343	0.236	0.191	0.815	0.678	0.579
蚌埠	0.203	0.188	0.171	0.622	0.602	0.575
淮北	0.306	0.309	0.163	0.737	0.752	0.558
阜阳	0.158	0.147	0.153	0.495	0.481	0.511
宿州	0.131	0.126	0.231	0.476	0.463	0.626
亳州	0.110	0.103	0.111	0.441	0.417	0.424
聊城	0.358	0.341	0.204	0.811	0.787	0.621
菏泽	0.311	0.236	0.181	0.733	0.650	0.552
郑州	0.905	0.831	0.861	1.311	1.232	1.194
开封	0.200	0.160	0.125	0.625	0.559	0.489
洛阳	0.457	0.333	0.237	0.934	0.813	0.674
平顶山	0.342	0.282	0.170	0.818	0.737	0.574
安阳	0.339	0.293	0.171	0.810	0.759	0.568
鹤壁	0.253	0.216	0.126	0.647	0.597	0.458
新乡	0.355	0.248	0.164	0.829	0.700	0.567
焦作	0.423	0.309	0.189	0.884	0.769	0.603
濮阳	0.284	0.191	0.128	0.731	0.606	0.494
许昌	0.322	0.250	0.173	0.758	0.690	0.575
漯河	0.242	0.182	0.141	0.632	0.553	0.497
三门峡	0.325	0.324	0.168	0.757	0.736	0.547
南阳	0.357	0.259	0.190	0.825	0.709	0.571
商丘	0.246	0.196	0.119	0.662	0.584	0.445
信阳	0.242	0.170	0.136	0.659	0.561	0.485
周口	0.270	0.231	0.180	0.683	0.618	0.553
驻马店	0.184	0.173	0.142	0.568	0.558	0.501

由表5-28可知，在成渝城市群中，2006年、2011年、2017年重庆的城镇化综合水平值分别为0.832、0.785、0.801，说明重庆的综合发展水平先下降后上升。2006~2017年自贡、德阳、绵阳、内江、乐山、宜宾、达州、雅安、资阳城镇化综合发展水平整体呈下降的态势。2006~2017年成都、泸州、遂宁、南充、眉山、广安城镇化综合发展水平整体呈上升的态势。成渝城市群2006年、2011年、2017年平均综合发展水平分别为0.203、0.190、0.190，说明成渝城市群综合发展水平下降后平稳。从协调发展的角度来分析，2006年、2011年、2017年重庆城镇化协调发展度分别为1.150、1.124、1.131，说明重庆的城镇化协调发展度先下降后上升。2006~2017年成都、泸州、南充、眉山、广安城镇化协调发展度整体呈上升的态势，说明这些城市人口、土地、经济和社会城镇化发展的差异有所减小。2006~2017年，自贡、德阳、绵阳、遂宁、内江、乐山、宜宾、达州、雅安、资阳城镇化协调发展度整体呈下降的态势，说明这些城市的人口、土地、经济和社会城镇化发展的差异持续增大。成渝城市群2006年、2011年、2017年平均协调度分别为0.547、0.526、0.519，说明成渝城市群人口、土地、经济和社会城镇化协调发展水平持续降低。

表 5-28　成渝城市群城镇化综合水平值和协调发展度结果

地区	城镇化综合水平值			协调发展度		
	2006 年	2011 年	2017 年	2006 年	2011 年	2017 年
重庆	0.832	0.785	0.801	1.150	1.124	1.131
成都	0.723	0.738	0.808	1.133	1.113	1.210
自贡	0.131	0.119	0.109	0.504	0.479	0.464
泸州	0.101	0.103	0.132	0.448	0.451	0.506
德阳	0.218	0.166	0.136	0.645	0.571	0.510
绵阳	0.163	0.138	0.127	0.554	0.514	0.492
遂宁	0.074	0.069	0.075	0.368	0.354	0.355
内江	0.113	0.103	0.058	0.466	0.448	0.330
乐山	0.145	0.136	0.127	0.528	0.511	0.492
南充	0.088	0.085	0.103	0.402	0.381	0.430
眉山	0.077	0.078	0.100	0.380	0.367	0.411
宜宾	0.159	0.138	0.141	0.554	0.521	0.512
广安	0.092	0.085	0.110	0.372	0.373	0.436
达州	0.118	0.105	0.082	0.442	0.418	0.389
雅安	0.119	0.124	0.065	0.428	0.426	0.318
资阳	0.088	0.075	0.064	0.378	0.361	0.322

由表 5-29 可知，在关中平原城市群中，2006 年、2011 年、2017 年西安的城镇化综合水平值分别为 0.709、0.935、0.907，说明西安的综合发展水平先上升后下降。2006～2017 年运城、临汾、铜川、天水城镇化综合发展水平整体呈下降的态势。2006～2017 年宝鸡、咸阳、渭南、商洛、平凉、庆阳城镇化综合发展水平整体呈上升的态势。关中平原城市群 2006 年、2011 年、2017 年平均综合发展水平分别为 0.229、0.265、0.228，说明关中平原城市群综合发展水平先提高后下降。从协调发展的角度来分析，2006 年、2011 年、2017 年西安城镇化协调发展度分别为 1.138、1.282、1.256，说明西安的城镇化发展协调度先上升后下降。2006～2017 年宝鸡、咸阳、渭南、商洛、平凉、庆阳城镇化协调发展度整体呈上升的态势，说明这些城市人口、土地、经济和社会城镇化发展的差异有所减小。2006～2017 年，运城、临汾、天水城镇化协调发展度整体呈下降的态势，说明这些城市的人口、土地、经济和社会城镇化发展的差异有所增大。关中平原城市群 2006 年、2011 年、2017 年平均协调度分别为 0.596、0.657、0.596，说明关中平原城市群人口、土地、经济和社会城镇化协调发展水平先提高后降低。

表 5-29　关中平原城市群城镇化综合水平值和协调发展度结果

地区	城镇化综合水平值			协调发展度		
	2006 年	2011 年	2017 年	2006 年	2011 年	2017 年
运城	0.275	0.242	0.185	0.718	0.676	0.583
临汾	0.289	0.294	0.193	0.733	0.741	0.610
西安	0.709	0.935	0.907	1.138	1.282	1.256
铜川	0.162	0.216	0.127	0.533	0.641	0.460
宝鸡	0.209	0.248	0.221	0.629	0.686	0.659

续表

地区	城镇化综合水平值			协调发展度		
	2006 年	2011 年	2017 年	2006 年	2011 年	2017 年
咸阳	0.204	0.247	0.225	0.633	0.692	0.660
渭南	0.142	0.210	0.166	0.509	0.619	0.554
商洛	0.083	0.137	0.131	0.342	0.484	0.447
天水	0.309	0.091	0.080	0.618	0.422	0.369
平凉	0.057	0.119	0.090	0.327	0.440	0.409
庆阳	0.086	0.173	0.184	0.377	0.542	0.545

由表 5-30 可知，在北部湾城市群中，2006 年、2011 年、2017 年海口的城镇化综合水平值分别为 0.523、0.557、0.600，说明海口的综合发展水平持续上升。2006~2017 年湛江、阳江、崇左城镇化综合发展水平整体呈下降的态势。2006~2017 年茂名、南宁、北海、防城港、钦州、玉林城镇化综合发展水平整体呈上升的态势。北部湾城市群 2006 年、2011 年、2017 年平均综合发展水平分别为 0.257、0.304、0.289，说明北部湾城市群综合发展水平先上升后下降，整体呈上升的态势。从协调发展的角度来分析，2006 年、2011 年、2017 年海口城镇化协调发展度分别为 0.961、1.012、1.015，说明海口的城镇化发展协调度持续上升。2006~2017 年茂名、南宁、北海、防城港、钦州、玉林、崇左、海口城镇化协调发展度整体呈上升的态势，说明这些城市人口、土地、经济和社会城镇化发展的差异有所减小。2006~2017 年，湛江、阳江城镇化协调发展度整体呈下降的态势，说明这些城市的人口、土地、经济和社会城镇化发展的差异持续增大。北部湾城市群 2006 年、2011 年、2017 年平均协调度分别为 0.648、0.714、0.698，说明北部湾城市群人口、土地、经济和社会城镇化协调发展水平先上升后下降，总体呈上升的态势。

表 5-30　　　　北部湾城市群城镇化综合水平值和协调发展度结果

地区	城镇化综合水平值			协调发展度		
	2006 年	2011 年	2017 年	2006 年	2011 年	2017 年
湛江	0.362	0.359	0.338	0.783	0.781	0.772
茂名	0.283	0.279	0.298	0.714	0.671	0.717
阳江	0.178	0.191	0.166	0.575	0.612	0.574
南宁	0.345	0.481	0.475	0.793	0.937	0.928
北海	0.136	0.194	0.174	0.503	0.606	0.583
防城港	0.145	0.314	0.191	0.505	0.758	0.591
钦州	0.098	0.148	0.122	0.415	0.507	0.465
玉林	0.193	0.231	0.261	0.581	0.639	0.671
崇左	0.306	0.290	0.266	0.649	0.623	0.663
海口	0.523	0.557	0.600	0.961	1.012	1.015

由表 5-31 可知，在呼包鄂榆城市群中，2006 年、2011 年、2017 年包头的城镇化综合水平值分别为 0.638、0.638、0.428，说明包头的综合发展水平整体呈下降态势。2006~2011 年呼和浩特城镇化综合发展水平有所下降，2017 年有所上升，整体呈下降态势。2006~2011 年鄂尔多斯城镇化综合发展水平有所上升，2017 年有所下降，整体呈下降态势。2006~2011 年榆林综合发展水平有所下降，2017 年有所上升，整体呈上升态势。呼包鄂

榆城市群 2006 年、2011 年、2017 年平均综合发展水平分别为 0.463、0.474、0.444，说明呼包鄂榆城市群综合发展水平先增强后减弱。从协调发展的角度来分析，2006 年、2011 年、2017 年包头城镇化协调发展度分别为 1.120、1.080、0.919，说明包头的城镇化协调发展度持续减弱。2006~2011 年鄂尔多斯城镇化协调发展度有所上升，2017 年有所下降，整体呈上升的态势，说明该城市人口、土地、经济和社会城镇化发展的差异有所减小。2006~2011 年，榆林城镇化协调发展度有所下降，2017 年有所上升，整体呈上升态势，说明该城市人口、土地、经济、社会城镇化发展的差异有所减小。2006~2017 年，呼和浩特城镇化协调发展度持续下降，说明该城市的人口、土地、经济和社会城镇化发展的差异持续增大。呼包鄂榆城市群 2006 年、2011 年、2017 年平均协调发展度分别为 0.908、0.908、0.911，说明呼包鄂榆城市群人口、土地、经济和社会城镇化协调发展水平持续上升。

表 5–31　　　　　呼包鄂榆城市群城镇化综合水平值和协调发展度结果

地区	城镇化综合水平值			协调发展度		
	2006 年	2011 年	2017 年	2006 年	2011 年	2017 年
呼和浩特	0.466	0.385	0.389	0.957	0.874	0.858
包头	0.638	0.638	0.428	1.120	1.080	0.919
鄂尔多斯	0.427	0.604	0.401	0.882	1.045	0.889
榆林	0.319	0.268	0.560	0.671	0.633	0.976

由表 5–32 可知，在兰西城市群中，2006 年、2011 年、2017 年兰州的城镇化综合水平值分别为 0.927、0.766、0.879，说明兰州的综合发展水平先下降后上升。2006~2011 年白银城镇化综合发展水平有所上升，2017 年有所下降，整体呈下降态势。2006~2011 年定西城镇化综合发展水平有所上升，2017 年有所下降，整体呈上升态势。2006~2011 年西宁综合发展水平有所下降，2017 年有所上升，整体呈下降态势。兰西城市群 2006 年、2011 年、2017 年平均综合发展水平分别为 0.483、0.475、0.474，说明兰西城市群综合发展水平持续下降。从协调发展的角度来分析，2006 年、2011 年、2017 年兰州城镇化协调发展度分别为 1.347、1.223、1.309，说明兰州的城镇化协调发展度先下降后上升。2006~2011 年定西城镇化协调发展度有所上升，2017 年有所下降，整体呈上升的态势，说明这些城市人口、土地、经济和社会城镇化发展的差异有所减小。2006~2011 年白银城镇化协调发展度有所上升，2017 年有所下降，整体呈下降态势，2006~2011 年，西宁城镇化协调发展度有所下降，2017 年有所上升，整体呈下降的态势，说明该城市人口、土地、经济、社会城镇化发展的差异有所增大。兰西城市群 2006 年、2011 年、2017 年平均协调度分别为 0.886、0.898、0.870，说明兰西城市群人口、土地、经济和社会城镇化协调发展水平先上升后下降。

表 5–32　　　　　兰西城市群城镇化综合水平值和协调发展度结果

地区	城镇化综合水平值			协调发展度		
	2006 年	2011 年	2017 年	2006 年	2011 年	2017 年
兰州	0.927	0.766	0.879	1.347	1.223	1.309
白银	0.253	0.269	0.154	0.676	0.690	0.483
定西	0.157	0.311	0.281	0.445	0.638	0.616
西宁	0.593	0.555	0.581	1.076	1.039	1.074

由表 5-33 可知，在黔中城市群中，2006 年、2011 年、2017 年贵阳的城镇化综合水平值分别为 0.697、0.775、0.647，说明贵阳的综合发展水平先上升后下降。2006~2011 年遵义城镇化综合发展水平有所下降，2017 年有所上升，整体呈上升态势。2006~2017 年安顺城镇化综合发展水平整体呈持续上升态势。黔中城市群 2006 年、2011 年、2017 年平均综合发展水平分别为 0.353、0.379、0.370，说明黔中城市群综合发展水平先上升后下降。从协调发展的角度来分析，2006 年、2011 年、2017 年贵阳城镇化协调发展度分别为 1.117、1.184、1.061，说明贵阳的城镇化协调发展度先上升后下降。2006~2011 年遵义和安顺城镇化协调发展度整体呈持续上升的态势，说明该城市人口、土地、经济和社会城镇化发展的差异有所减小。黔中城市群 2006 年、2011 年、2017 年平均协调度分别为 0.678、0.722、0.720，说明黔中城市群人口、土地、经济和社会城镇化协调发展水平先上升后下降。

表 5-33　　　黔中城市群城镇化综合水平值和协调发展度结果

地区	城镇化综合水平值			协调发展度		
	2006 年	2011 年	2017 年	2006 年	2011 年	2017 年
贵阳	0.697	0.775	0.647	1.117	1.184	1.061
遵义	0.335	0.316	0.396	0.716	0.725	0.824
安顺	0.026	0.046	0.067	0.202	0.256	0.275

由表 5-34 可知，在滇中城市群中，2006 年、2011 年、2017 年昆明的城镇化综合水平值分别为 0.763、0.782、0.802，说明昆明的综合发展水平持续上升。2006~2017 年曲靖城镇化综合发展水平呈持续下降的态势。2006~2017 年玉溪城镇化综合发展水平呈持续上升的态势。滇中城市群 2006 年、2011 年、2017 年平均综合发展水平分别为 0.483、0.475、0.474，说明滇中城市群综合发展水平持续下降。从协调发展的角度来分析，2006 年、2011 年、2017 年昆明城镇化协调发展度分别为 1.200、1.219、1.248，说明昆明的城镇化协调发展度持续上升。2006~2017 年玉溪城镇化协调发展度呈持续上升的态势，说明该城市人口、土地、经济和社会城镇化发展的差异持续减小。2006~2017 年，曲靖城镇化协调发展度呈持续下降的态势，说明该城市人口、土地、经济、社会城镇化发展的差异有所增大。滇中城市群 2006 年、2011 年、2017 年平均协调度分别为 0.790、0.785、0.832，说明滇中城市群人口、土地、经济和社会城镇化协调发展水平先下降后上升。

表 5-34　　　滇中城市群城镇化综合水平值和协调发展度结果

地区	城镇化综合水平值			协调发展度		
	2006 年	2011 年	2017 年	2006 年	2011 年	2017 年
昆明	0.763	0.782	0.802	1.200	1.219	1.248
曲靖	0.281	0.219	0.180	0.626	0.551	0.525
玉溪	0.202	0.248	0.320	0.544	0.584	0.722

由表 5-35 可知，在宁夏沿黄城市群中，2006 年、2011 年、2017 年银川的城镇化综合水平值分别为 0.851、0.897、0.887，说明银川的综合发展水平先上升后下降。2006~2011 年石嘴山城镇化综合发展水平有所上升，2017 年有所下降，整体呈下降态势。2006~2011 年中卫、吴忠城镇综合发展水平有所下降，2017 年有所上升。宁夏沿黄城市群 2006

年、2011年、2017年平均综合发展水平分别为0.395、0.395、0.399，说明宁夏沿黄城市群综合发展水平整体呈上升态势。从协调发展的角度来分析，2006年、2011年、2017年银川城镇化协调发展度分别为1.271、1.310、1.309，说明银川的城镇化协调发展度先上升后下降。2006~2011年石嘴山城镇化协调发展度有所上升，2017年有所下降，整体呈下降的态势，说明该城市人口、土地、经济和社会城镇化发展的差异有所增大。2006~2011年，吴忠城镇化协调发展度有所下降，2017年有所上升，整体呈上升的态势，说明该城市人口、土地、经济、社会城镇化发展的差异有所减小。2006~2011年，中卫城镇化协调发展度有所下降，2017年有所上升，整体呈下降的态势，说明该城市人口、土地、经济、社会城镇化发展的差异有所增大。宁夏沿黄城市群2006年、2011年、2017年平均协调度分别为0.765、0.750、0.793，说明宁夏沿黄城市群人口、土地、经济和社会城镇化协调发展水平先下降后上升。

表5-35　宁夏沿黄城市群城镇化综合水平值和协调发展度结果

地区	城镇化综合水平值			协调发展度		
	2006年	2011年	2017年	2006年	2011年	2017年
银川	0.851	0.897	0.887	1.271	1.310	1.309
石嘴山	0.351	0.376	0.233	0.818	0.829	0.617
中卫	0.313	0.268	0.284	0.717	0.639	0.684
吴忠	0.063	0.037	0.191	0.252	0.223	0.563

由表5-36可知，在哈长城市群中，2006年、2011年、2017年长春的城镇化综合水平值分别为0.717、0.729、0.720，说明长春的综合发展水平先上升后下降。2006~2017年吉林、四平、辽源、松原、哈尔滨、齐齐哈尔、大庆、牡丹江城镇化综合发展水平整体呈下降的态势。2006~2017年绥化城镇化综合发展水平整体呈上升的态势。哈长城市群2006年、2011年、2017年平均综合发展水平分别为0.359、0.338、0.300，说明哈长城市群综合发展水平持续下降。从协调发展的角度来分析，2006年、2011年、2017年长春城镇化协调发展度分别为1.128、1.132、1.125，说明长春的城镇化协调发展度先上升后下降。2006~2017年牡丹江、绥化城镇化协调发展度整体呈上升的态势，说明这些城市人口、土地、经济和社会城镇化发展的差异有所减小。2006~2017年，吉林、四平、辽源、松原、哈尔滨、齐齐哈尔、大庆城镇化协调发展度整体呈下降的态势，说明这些城市的人口、土地、经济和社会城镇化发展的差异持续增大。哈长城市群2006年、2011年、2017年平均协调度分别为0.767、0.751、0.703，说明哈长城市群人口、土地、经济和社会城镇化协调发展水平持续降低。

表5-36　哈长城市群城镇化综合水平值和协调发展度结果

地区	城镇化综合水平值			协调发展度		
	2006年	2011年	2017年	2006年	2011年	2017年
长春	0.717	0.729	0.720	1.128	1.132	1.125
吉林	0.353	0.316	0.203	0.836	0.792	0.631
四平	0.193	0.200	0.157	0.549	0.613	0.522
辽源	0.200	0.160	0.159	0.598	0.527	0.514

续表

地区	城镇化综合水平值			协调发展度		
	2006年	2011年	2017年	2006年	2011年	2017年
松原	0.231	0.227	0.211	0.624	0.604	0.604
哈尔滨	0.656	0.563	0.465	1.102	1.027	0.936
齐齐哈尔	0.179	0.170	0.117	0.564	0.564	0.482
大庆	0.481	0.443	0.416	0.973	0.928	0.870
牡丹江	0.449	0.347	0.370	0.831	0.782	0.850
绥化	0.134	0.221	0.179	0.461	0.539	0.497

由表5-37可知，在辽中南城市群中，2006年、2011年、2017年大连的城镇化综合水平值分别为0.733、0.793、0.787，说明大连的综合发展水平先上升后下降。2006~2017年鞍山、本溪、抚顺、丹东、辽阳、铁岭城镇化综合发展水平整体呈下降的态势。2006~2017年沈阳、锦州、营口、阜新、盘锦、葫芦岛城镇化综合发展水平整体呈上升的态势。辽中南城市群2006年、2011年、2017年平均综合发展水平分别为0.244、0.262、0.235，说明辽中南城市群综合发展水平先上升后下降。从协调发展的角度来分析，2006年、2011年、2017年大连城镇化协调发展度分别为1.131、1.165、1.182，说明大连的城镇化协调发展度持续上升。2006~2017年沈阳、锦州、营口、阜新、盘锦、葫芦岛城镇化协调发展度整体呈上升的态势，说明这些城市人口、土地、经济和社会城镇化发展的差异有所减小。2006~2017年，鞍山、抚顺、本溪、丹东、辽阳、铁岭城镇化协调发展度整体呈下降的态势，说明这些城市的人口、土地、经济和社会城镇化发展的差异持续增大。辽中南城市群2006年、2011年、2017年平均协调度分别为0.613、0.639、0.596，说明辽中南城市群人口、土地、经济和社会城镇化协调发展水平先上升后下降。

表5-37　　　　辽中南城市群城镇化综合水平值和协调发展度结果

地区	城镇化综合水平值			协调发展度		
	2006年	2011年	2017年	2006年	2011年	2017年
沈阳	0.597	0.653	0.645	1.050	1.097	1.084
大连	0.733	0.793	0.787	1.131	1.165	1.182
鞍山	0.289	0.280	0.219	0.726	0.734	0.659
抚顺	0.177	0.162	0.116	0.579	0.560	0.472
本溪	0.193	0.230	0.154	0.619	0.649	0.523
丹东	0.121	0.183	0.110	0.470	0.581	0.467
锦州	0.106	0.166	0.162	0.431	0.550	0.545
营口	0.156	0.205	0.194	0.525	0.621	0.602
阜新	0.043	0.041	0.057	0.287	0.262	0.317
辽阳	0.293	0.154	0.134	0.688	0.532	0.505
盘锦	0.248	0.272	0.324	0.633	0.678	0.721
铁岭	0.124	0.170	0.049	0.427	0.492	0.253
葫芦岛	0.087	0.089	0.104	0.398	0.381	0.418

第三节　研究发现与讨论

一、研究发现

通过对东部、中部、西部、东北地区内部城市群进行等级规模分类，发现各城市群的一级城市均为直辖市或者各省的省会城市，在城市群规模等级中处于核心位置，其经济发展、城市实体要素建设和公共服务水平在城市群中处于绝对优势的地位，对促进城市群的建设和发展具有深远的意义。

通过对东部、中部、西部、东北地区内部城市群人口、土地、经济、社会四方面的城镇化水平值进行测算，可以看出东部地区长江三角洲、京津冀、珠江三角洲和山东半岛城市群内部呈现经济城镇化的差异最大，其内部城市经济发展较不均衡，行政等级较高的城市城镇化发展水平较高且城镇化发展趋势良好，其他地区的发展较不均衡；海峡西岸城市群内部呈现人口城镇化的差异最大，说明其农业人口转移水平差距大，需要加强城市群内部城镇协同发展。中部、西部和东北地区成渝、关中平原、滇中、哈长、辽中南城市群内部呈现经济城镇化的差异最大，经济发展较不均衡；北部湾、兰西、黔中城市群呈现人口城镇化的差异最大，说明其农业人口转移水平差距大，需要扩大城市空间规模来提高其对农业转移人口的能力；呼包鄂榆、宁夏沿黄城市群呈现社会城镇化的差异最大，说明其内部生活水平和公共服务水平有一定差距，可以通过采取各项政策，进一步推进城市群的城镇化进程。

通过对东部、中部、西部和东北地区内部城市群综合水平值和协调发展度进行测算，可以看出，2006~2017年东部地区长江三角洲、京津冀、海峡西岸城市群城镇化综合发展水平呈下降的趋势，其协调发展度整体也呈下降的态势，说明这些城市群的协调发展水平有所下降；山东半岛城市群城镇化综合水平呈上升的趋势但其协调发展度有所下降，说明该城市群的城镇化水平提高的同时内部各城市间城镇化的差异变大；珠江三角洲城市群城镇化综合水平和协调发展度均呈上升的态势，说明该城市群城镇化发展水平提高，整体的发展趋势较好。西部、中部和东北地区中原、成渝、哈长城市群综合发展水平持续下降，其人口、土地、经济和社会城镇化协调发展水平持续降低。辽中南、关中平原、北部湾、呼包鄂榆、黔中城市群综合发展水平先提高后下降，其人口、土地、经济和社会城镇化协调发展水平先提高后降低。兰西城市群综合发展水平持续下降，其人口、土地、经济和社会城镇化协调发展水平先上升后下降。滇中城市群综合发展水平持续下降，人口、土地、经济和社会城镇化协调发展水平持续上升。长江中游、宁夏沿黄城市群综合发展水平持续上升，其人口、土地、经济和社会城镇化协调发展水平有所上升。东部、中部、西部和东北地区城市群城镇化发展还有待提高，同时城市群内部各地区城镇化进程较不一致，需要利用好差异性政策，推动城镇化水平较低的城市群加快资源要素的合理配置来带动城镇化水平的提升，优化城镇化水平较高的城市群的产业结构，着眼于质量的提升，推动区域内的协调发展。

二、讨论

通过对东部、中部、西部和东北地区人口、土地、经济、社会城镇化水平值的测算，可以看出，东部地区城市群经济城镇化和人口城镇化的发展较为成熟，其内部核心城市的城镇化协调度相对较高，可以充分发挥这些城市的集聚效应来带动周边城市的发展，通过经济发展来促进城镇化的发展。中部、西部和东北地区的经济城镇化和人口城镇化是影响城市群城镇化水平的主要动力，需要重点提高向非农人口的转移水平，发展壮大制造业和服务业，加强公共服务体系的建设和服务水平的提高巩固和提升新型城镇化的协调发展。东部、中部、西部和东北地区的人口、土地、经济、社会城镇化之间的协调度有减小的趋势，经济城镇化可以推动人口城镇化的集中，经济增长模式由资源投入型向技术创新型模式转变，能够进一步提升城镇化发展水平和质量。

通过对东部、中部、西部和东北地区综合城镇化水平值和协调发展度的测算，可以看到东部地区城市群内大中城市的城镇化水平较高，中小城市与其存在一定差距，整体城镇化水平有待提高。西部、中部和东北地区的城市群整体的城镇化发展水平不足且不均衡。东部地区城市群新型城镇化与其协调发展度的空间格局较为类似，不均衡的特征较为显著，整体呈现城市群的东部强于西部，呈现"中间高、两边低的格局"。从城镇协调关系中空间和时间两个维度出发对城市群的空间结构进行深入分析，东部地区城市群在空间结构的影响下是以"圈层"结构变形为在时间距离影响下的"核心—边缘"结构，适度均衡发展的城市规模体系是城市群新型城镇化的基本方向，在对外开放大城市发展的同时要加强对中小城市的外向化和投资吸引力度。中部、西部和东北地区内地级市协调发展水平偏低，地区间的协调发展度差距较大，集聚分布的态势弱化，区域整体的协调发展区域不平衡。城市群城镇化综合水平有所提升且之间的差异呈减小的趋势，但城镇化协调发展度并没有提高，其中经济战略的形成、产业转移承接和集聚要素创新等因素对城镇化协调发展度的时空演变具有重要影响。中国城市群城镇化协调发展度呈上升的趋势，地区间的差异有所减小，在空间上呈现"东—中—西"递减的态势。东部地区城市群城镇化与经济增长呈现明显的空间关联和集聚效应，推进和提高城镇化与经济增长符合现实需求，还需要更加深刻地认识到城市群在经济和城镇化发展中存在的问题。中国城市群需要构建"区域平衡、城乡融合、多元开放、合作共赢"的新型城镇化空间格局，推进规划体制改革，形成统一衔接、功能互补、相互协调的城镇化体系。

第六章 中国城市群城市体系三大结构实证研究

第一节 测定方法与数据来源

一、纳尔逊标准差法

城市群的职能结构，是指在区域内形成的社会经济发展体系中，不同城市在该体系内所承担和体现的不同分工和作用，有关于区域内城市职能结构的研究，是科学研究的基本问题之一。国外早在 20 世纪初，就有学者开始进行城市职能结构相关问题的研究，国内相关研究起步较晚。研究城市群的职能结构可以合理地对内部职能结构进行配置，优化区域内、产业内、产业间的分工，并指导区域内经济相互关联和经济结构转型。纳尔逊标准差法，是学界测算城市群职能结构方法中的主要分类方法，较以往的其他测算方法更具优势：一是可以在职能分类的统计测算上更为客观、准确、精密；二是可以多维度分析区域内城市的职能结构，而不再是局限在一个维度内进行分析，与实际情况更加相符合；三是可以专业化地分析城市的主导职能。

二、城市位序理论

首位城市是指在区域内城市年末总人口规模占比最大的城市。可以通过对首位城市发展水平的观测研究来体现区域内部整体的演化过程。首位度是指区域内人口规模最大城市与第二位城市的人口规模之比，它在一定程度上反映了区域内城市发展要素在最大城市的集中程度。为了对区域内部城市群集中程度有更加全面的分析，相关学者提出四城市指数的概念。四城市指数是将区域内首位城市的人口数与次于它的第二、第三、第四城市的人口数之和进行比较的数量指标。本书通过对东部、中部、西部、东北地区的首位度、四城市指数来对其等级规模结构进行分析。

首位度（二城市指数）：

$$S_2 = \frac{P_1}{P_2} \qquad (6-1)$$

四城市指数：

$$S_4 = \frac{P_1}{P_2 + P_3 + P_4} \tag{6-2}$$

其中，P_1 是指首位城市的人口数，P_2、P_3、P_4 分别是指第二、第三和第四位城市的人口数。一般认为首位度为 2，四城市指数为 1 时，城市群内部城镇资源分配较为均衡，规模的等级结构较为合理；当城市群首位度小于 2、四城市指数小于 1 时，说明城市群内部城市中心性不够明显，对其他城市影响较弱；当城市群首位度大于 2、四城市指数大于 1 时，说明城市群内部中心城市的集聚能力强，首位城市的发展在区域内占据主导地位。

三、城市分形理论

通过美国数学家曼德布罗特提出的分形几何学进行演变以及经济学应用形成了城市分形理论，分型理论是研究区域内城市群规模分布的重要数学描述方法。

如果区域内城市群是由 n 个城市组成，可以通过人口尺度 r 对 n 个城市的规模按照大小的顺序来进行衡量，从而可以得出与 r 有关的省域内城市数目 $N(r)$。从而构建城市群的位序—规模分形模型：

$$\ln N(r) \propto r - D \tag{6-3}$$

在对等式的两边进行对数化处理可得到关于 [r, N(r)] 的等式方程：

$$\ln N(r) = A - D\ln r \tag{6-4}$$

其中，D 分维数反映城市等级规模结构的分布情况，具体含义如表 6-1 所示。

表 6-1　　　　　　D 值的范围及对应城市等级规模含义

D 值范围	城市等级规模状况
D = 1	省域内城市体系为理想状态，城市形态良好
D < 1	省域内城市等级规模分散，城市发展不协调
D > 1	省域内城市等级规模集中，城市的发展普遍保持良好上升势态
D→0	省域内只有一个城市
D→∞	省域内城市间发展无差别无等级

四、空间分形关联维数

城市群内部空间结构研究和测度的方法有很多种，而分形关联维数法是比较常用的一种测度方法。可以通过分形关联维数的方法对各类要素资源在城市群内部进行空间关联性问题的研究。

假定城市群的内部有 S 个城市，那么关于城市的分形关联函数就可以写成：

$$C(r) = \frac{1}{S^2} \sum_{ij=1}^{s} \theta(r - e_{ij}) \tag{6-5}$$

其中，$C(r)$ 是距离小于 r 的点对数与总对数 S^2 的比；r 是码尺；S 是城市数量；e_{ij} 是 i，j

两个城市之间的欧氏距离,也就是乌鸦距离;$\sum_{ij=1}^{s}\theta(r-e_{ij})$ 为 Heaviside 的跃阶函数。这个函数有下面的性质:

$$\theta(r-e_{ij}) = \begin{cases} 1 & e_{ij} \leqslant r \\ 0 & e_{ij} > r \end{cases} \quad (6-6)$$

若城市体系的空间分布是分形的,那么就具有标度不变的性质,即:

$$C(\lambda r) \propto \lambda C(r) \quad (6-7)$$

$$C(r) \propto r^{\alpha} \quad (6-8)$$

其中,r 代表尺码,α 代表标度因子,α = F 代表的是分维数,如果 r→0 时,则有:

$$Flnr = lnC(r) \quad (6-9)$$

其中,F 代表的是乌鸦距离(欧氏距离)下的空间关联维数,且它的变化范围在 [0, 2] 区间内。如果 F→0 时,说明城市群内部城市之间的空间分布比较紧密,城市的分布高度地集中在某一个城市周围;如果 F→2 时,说明城市群内部的空间结构比较松散,且各城市之间的空间作用力和空间联系都比较弱。如果 F→1 时说明城市群内部各组成要素能够均匀地分布在某条线上面(地理线)。如果 1 < F < 2 时,若 F 越大,就意味着各组成要素的分布较为分散;反之,就意味着越聚集。

S_{ij} 是第 i 城市与第 j 个城市之间的距离,本书通过 GoogleEarth 地球这个软件对城市群内部各城市的经度和纬度进行收集获取,并且使用欧氏距离的测算方法对其两两城市之间的距离进行计算。

首先我们将任何两个城市看作是球体上面的两个点,因此两个城市之间的欧式距离就相当于是球面上弧长。其次分别以赤道(0°)和本初子午线(0°)为 X 轴和 Y 轴来建立一个直角坐标系,若假设地球就是一个正球体,并且可以将度数改成小数的形式,具体计算公式如公式(6-10)所示。然后再代入到公式(6-11)里面,就可以计算出两示范点城市之间的乌鸦距离(欧氏距离)e_{ij},由此构建出北部湾城市群的乌鸦距离矩阵。

$$小数形式 = 度数值 + \frac{分数值}{60} + \frac{秒数值}{3600} \quad (6-10)$$

$$S = 2\arcsin\sqrt{\sin^2\left(\frac{(Lart1-Lart2)\times\pi}{360}\right) + \cos\left(\frac{Lart1\times\pi}{180}\right)\times\left(\frac{Lart2\times\pi}{180}\right)\sin^2\left(\frac{(Lung1-Lung2)\times\pi}{360}\right)} \times 6378.137 \quad (6-11)$$

公式(6-11)中的 Lart1 和 Lung1 分别代表 A 点的纬度和经度,Lart2 和 Lung2 分别代表 B 点的纬度和经度;因为经度和纬度是矢量,正负号代表的是它们的方向,因此可以以数轴上的东经和北纬为正向,西经和南纬为负方向;设地球的半径为 6378.137 千米。

首先用 Lart1 和 Lung1 来代表任意一点 A 的纬度和经度,假设 A 点到本初子午线的距离为 S_1,A 点到赤道线的距离为 S_2,因此我们可以得到 A 点在直角坐标系中的坐标。

然后用 Lart2 和 Lung2 来代表 A 点的纬度和经度以及该点到本初子午线上的距离为 S_1,将 Lart2 = Lat1 和 Lung2 = 0 代入公式(6-11)中可以得到:

$$\begin{cases} \text{当 Lung} > 0 \text{ 时} \quad S_1 = 2\arcsin\sqrt{\cos^2\left(\dfrac{\text{Lat1}\times\pi}{180}\right)\times\sin^2\left(\dfrac{\text{Lung1}\times\pi}{360}\right)}\times 6378.137 \\ \text{当 Lung} < 0 \text{ 时} \quad S_2 = 0 - 2\arcsin\sqrt{\cos^2\left(\dfrac{\text{Lat3}\times\pi}{180}\right)\times\sin^2\left(\dfrac{\text{Lung3}\times\pi}{360}\right)}\times 6378.137 \end{cases} \quad (6-12)$$

最后用 Lat3 和 Lung3 来表示赤道线上距离 A 点的距离为 S_2 点的纬度和经度，那么将 Lat3 = 0 和 Lung3 = Lung1 代入公式（6-11）可以得到：

$$\begin{cases} \text{当 Lat} > 0 \text{ 时} \quad S_2 = 2\arcsin\sqrt{\sin^2\left(\dfrac{\text{Lat1}\times\pi}{360}\right)}\times 6378.137 \\ \text{当 Lat} < 0 \text{ 时} \quad S_2 = 0 - 2\arcsin\sqrt{\sin^2\left(\dfrac{\text{Lat1}\times\pi}{360}\right)}\times 6378.137 \end{cases} \quad (6-13)$$

五、空间重心

在对城市群各类要素空间重心的研究中，空间重心为城市群内各城市子矢量的合力点，也就是维持城市群内各要素平衡的点。对一个城市群来说，计算某种属性的"重心"通常是借助各城市的某种属性和地理坐标来表达。从计算方法来看，决定重心的因素有地理位置和属性两个方面，而各城市的地理位置是保持不变的（假设在研究中各城市的地理位置不变），那么重心的变化就代表着属性的变化。

通过对北部湾城市群经纬度数据与本初子午线和赤道的距离进行测算。以本初子午线（0°经线）为纵轴、赤道（0°纬线）为横轴来建立直角坐标系，北部湾城市群直角坐标系上的坐标值可以利用两点间的距离公式进行计算，同时将北部湾城市群的经纬度转换为直角坐标系上相应的坐标。

假设本初子午线上面距离 A 点距离为 S_1 的点的纬度和经度分别为 Lung2 和 Lat2，可将 Lung = 0、Lat1 = Lat2 代入公式（6-11）可以得到：

$$S_1 = 2\arcsin\sqrt{\cos^2\left(\dfrac{\text{Lat1}\times\pi}{180}\right)\times\sin^2\left(\dfrac{\text{Lung1}\times\pi}{360}\right)}\times 6378.137 \quad (6-14)$$

接下来，假设赤道线上面距离 A 点距离为 S_2 的点的纬度和经度分别为 Lung3 和 Lat3，可以将 Lung1 = Lung3、Lat3 = 0 代入公式（6-11）可以得到：

$$S_2 = 2\arcsin\sqrt{\sin^2\left(\dfrac{\text{Lat1}\times\pi}{360}\right)}\times 6378.137 \quad (6-15)$$

最后假设一个城市群由若干个城市构成，其中第 i 个城市的重心坐标为 (x_i, y_i)，E_{ij} 为这个城市在某种属性意义下的"重量"，所以在这种属性意义下城市的重心坐标为：

$$x_i = \dfrac{\sum(E_{ij}\times x_{ij})}{\sum E_{ij}},\quad y_i = \dfrac{\sum(E_{ij}\times y_{ij})}{\sum E_{ij}} \quad (6-16)$$

其中，j 代表年份，E_{ij} 代表各项指标。

六、数据来源及研究对象

本书中所使用的数据来源于 GoogleEarth 地球软件、《中国城市统计年鉴（2006~

2018)》、各城市国民经济和社会发展统计公报、各省级统计年鉴所提供的直接数据或者是经过相关公式计算得到。研究对象为东部地区、中部地区、西部地区和东北地区的19个城市群，具体研究对象参见前文表4-3。

第二节 城市群城市体系三大结构特征测算

一、中国城市群职能结构特征测算

（一）中国城市群职能结构指标测算

首先，收集整理2006年、2011年、2016年、2017年中国城市群内各城市的各行业部门就业人数相关数据，计算得出各年份城市群各行业部门就业人数在总就业人数中的占比，再根据达西和乌尔曼的最低必要量法，得出各年份城市群内各行业部门的最低必要量，即城市群内最低的行业部门就业人数占比。由此便可得出各年份城市群各行业部门在基本经济活动中的最低必要量和相应的就业人口数量。

然后，需要通过计算各年份城市群各行业部门的就业比重平均值（$\bar{X}$），将其与城市群各行业部门职能参与值（X_i）比较，作为一种评判标准衡量该行业是否属于城市群内的专业化职能。如果城市某一行业部门职能参与值（X_i）较就业比重平均值（$\bar{X}$）大，该行业部门则被认为是专业化职能。通过计算城市群各年份城市群各行业部门的就业比重标准差（δ），并将其与城市某一行业部门职能参与值（X_i）和就业比重平均值（$\bar{X}$）的差值进行倍数关系比较，来判断城市该行业部门专业化职能作用的强度。对2006年、2011年、2016年、2017年数据的进行计算，得到12年间北部湾城市群在18个行业部门的职工最低必要量、就业人口构成平均值与标准差，通过以2006年的指标为参考，对中国城市群的职能结构进行比较研究。

通过表6-2至表6-5对2006年、2011年、2016年和2017年长江三角洲城市群的城市职能情况进行分析。从各行业就业人口最低必要量角度分析，2006~2011年长江三角洲城市群各行业就业人口最低必要量最高的行业为公共管理和社会服务，2016年后长江三角洲城市群各行业就业人口最低必要量最高的行业为制造业，2006~2017年长江三角洲城市群各行业就业人口最低必要量最低的行业始终为采矿业，长江三角洲城市群各行业就业人口的最低必要量在整体上呈上升态势。从各行业就业人口平均值角度分析，2006~2017年长江三角洲城市群各行业就业人口平均值处在较高水平，且呈现为波动上升趋势，表明长江三角洲城市群第二产业和第三产业的整体就业人口规模显著且保持较好的发展水平。从各行业就业人口标准差角度分析，长江三角洲城市群除采矿业以外其他行业的就业人口标准差大于0.5，且部分行业就业人口的标准差远大于0.5，表明长江三角洲城市群内部的就业人口规模在大中城市和中小城镇之间还存在明显的差异。

表6-2　2006年长江三角洲城市群各行业就业人口最低必要量、平均值和标准差

城市群	城市职能	最低必要量（万人）	平均值 $\overline{X}$	标准差 δ	$\overline{X}+0.5\delta$	$\overline{X}+\delta$	$\overline{X}+2\delta$
长江三角洲城市群	采矿业	0.00	0.28	0.46	0.51	0.74	1.21
	制造业	0.95	22.88	26.58	36.17	49.46	76.05
	电力、燃气及水的生产与供应产业	0.21	1.05	0.98	1.54	2.03	3.01
	建筑业	0.20	5.19	6.19	8.29	11.38	17.57
	交通运输、仓储、邮电通信业	0.14	3.05	6.23	6.17	9.29	15.52
	信息传输、计算机服务软件业	0.07	0.66	0.95	1.13	1.60	2.55
	批发与零售业	0.22	2.58	4.20	4.68	6.78	10.97
	住宿和餐饮业	0.03	1.00	1.61	1.81	2.61	4.22
	金融业	0.29	2.20	3.22	3.81	5.42	8.64
	房地产业	0.03	0.76	1.52	1.52	2.28	3.81
	租赁和商务服务业	0.04	1.53	3.43	3.25	4.96	8.39
	科学研究、技术服务和地质勘查业	0.08	1.23	2.78	2.62	4.02	6.80
	水利环境和公共设备管理业	0.06	0.80	1.00	1.30	1.80	2.81
	居民服务和其他服务行业	0.00	0.23	0.72	0.59	0.95	1.67
	教育	0.78	5.60	4.92	8.06	10.52	15.44
	卫生、社会保障和社会福利	0.35	2.58	2.94	4.05	5.52	8.46
	文化体育和娱乐业	0.08	0.57	0.88	1.00	1.44	2.32
	公共管理和社会服务	1.04	4.36	3.36	6.04	7.72	11.09

表6-3　2011年长江三角洲城市群各行业就业人口最低必要量、平均值和标准差

城市群	城市职能	最低必要量（万人）	平均值 $\overline{X}$	标准差 δ	$\overline{X}+0.5\delta$	$\overline{X}+\delta$	$\overline{X}+2\delta$
长江三角洲城市群	采矿业	0.00	0.27	0.47	0.51	0.75	1.22
	制造业	1.10	33.96	40.20	54.05	74.15	114.35
	电力、燃气及水的生产与供应产业	0.19	1.22	1.14	1.79	2.36	3.50
	建筑业	1.13	13.05	17.82	21.96	30.87	48.69
	交通运输、仓储、邮电通信业	0.13	3.78	7.96	7.76	11.74	19.71
	信息传输、计算机服务软件业	0.09	1.18	2.04	2.20	3.22	5.26
	批发与零售业	0.20	5.11	9.69	9.96	14.81	24.50
	住宿和餐饮业	0.03	2.17	3.99	4.16	6.16	10.14
	金融业	0.36	3.31	5.30	5.96	8.61	13.91
	房地产业	0.08	1.51	3.15	3.08	4.65	7.80
	租赁和商务服务业	0.07	1.94	3.83	3.86	5.77	9.61
	科学研究、技术服务和地质勘查业	0.10	1.61	2.92	3.06	4.52	7.44
	水利环境和公共设备管理业	0.10	1.14	1.35	1.81	2.49	3.83
	居民服务和其他服务行业	0.00	0.28	0.59	0.57	0.87	1.46
	教育	0.83	6.39	5.45	9.11	11.84	17.29
	卫生、社会保障和社会福利	0.39	3.38	3.43	5.10	6.82	10.25
	文化体育和娱乐业	0.06	0.68	1.02	1.19	1.70	2.72
	公共管理和社会服务	1.21	5.24	3.79	7.14	9.04	12.83

表 6-4　2016 年长江三角洲城市群各行业就业人口最低必要量、平均值和标准差

城市群	城市职能	最低必要量（万人）	平均值 $\bar{X}$	标准差 δ	$\bar{X}+0.5\delta$	$\bar{X}+\delta$	$\bar{X}+2\delta$
长江三角洲城市群	采矿业	0.00	0.18	0.46	0.41	0.64	1.09
	制造业	2.23	40.35	48.16	64.43	88.50	136.66
	电力、燃气及水的生产与供应产业	0.10	1.07	1.06	1.60	2.13	3.19
	建筑业	0.95	27.27	30.03	42.28	57.30	87.33
	交通运输、仓储、邮电通信业	0.44	5.13	9.97	10.12	15.11	25.08
	信息传输、计算机服务软件业	0.13	2.91	6.03	5.93	8.94	14.97
	批发与零售业	0.44	6.97	15.30	14.62	22.27	37.57
	住宿和餐饮业	0.04	2.32	4.80	4.72	7.12	11.92
	金融业	0.55	4.40	6.84	7.82	11.24	18.08
	房地产业	0.18	2.71	5.18	5.31	7.90	13.08
	租赁和商务服务业	0.15	4.09	10.15	9.17	14.24	24.39
	科学研究、技术服务和地质勘查业	0.21	2.55	4.94	5.02	7.49	12.42
	水利环境和公共设备管理业	0.12	1.27	1.61	2.07	2.88	4.49
	居民服务和其他服务行业	0.01	0.49	1.22	1.10	1.71	2.94
	教育	0.51	6.92	6.19	10.01	13.11	19.30
	卫生、社会保障和社会福利	0.68	4.09	3.83	6.01	7.92	11.75
	文化体育和娱乐业	0.10	0.81	1.24	1.43	2.05	3.29
	公共管理和社会服务	1.64	5.84	4.18	7.93	10.01	14.19

表 6-5　2017 年长江三角洲城市群各行业就业人口最低必要量、平均值和标准差

城市群	城市职能	最低必要量（万人）	平均值 $\bar{X}$	标准差 δ	$\bar{X}+0.5\delta$	$\bar{X}+\delta$	$\bar{X}+2\delta$
长江三角洲城市群	采矿业	0.00	0.16	0.41	0.37	0.57	0.98
	制造业	2.25	38.99	47.41	62.70	86.40	133.81
	电力、燃气及水的生产与供应产业	0.11	1.08	1.04	1.59	2.11	3.15
	建筑业	1.32	26.37	29.92	41.33	56.29	86.21
	交通运输、仓储、邮电通信业	0.41	5.09	10.04	10.11	15.13	25.17
	信息传输、计算机服务软件业	0.13	3.24	6.91	6.69	10.15	17.06
	批发与零售业	0.44	6.75	15.62	14.56	22.37	37.99
	住宿和餐饮业	0.04	2.20	5.02	4.71	7.22	12.24
	金融业	0.55	4.43	6.57	7.71	11.00	17.56
	房地产业	0.18	2.82	5.47	5.56	8.29	13.77
	租赁和商务服务业	0.15	4.26	10.80	9.66	15.06	25.86
	科学研究、技术服务和地质勘查业	0.20	2.61	5.18	5.20	7.79	12.97
	水利环境和公共设备管理业	0.11	1.21	1.65	2.03	2.85	4.50
	居民服务和其他服务行业	0.01	0.51	1.45	1.24	1.96	3.41
	教育	1.45	7.03	6.33	10.20	13.36	19.69
	卫生、社会保障和社会福利	0.69	4.21	3.91	6.16	8.12	12.03
	文化体育和娱乐业	0.07	0.80	1.31	1.46	2.11	3.42
	公共管理和社会服务	1.65	5.91	4.12	7.97	10.03	14.15

通过表6-6至表6-9对2006年、2011年、2016年和2017年京津冀城市群的城市职能情况进行分析。从各行业就业人口最低必要量角度分析，2006~2011年京津冀城市群各行业就业人口最低必要量最高的行业为制造业，2016年后京津冀城市群各行业就业人口最低必要量最高的行业为公共管理与社会服务，2006~2017年京津冀城市群各行业就业人口最低必要量最低的行业始终为采矿业，同时除采矿业、居民服务和其他服务行业外的其他行业就业人口最低必要量均始终大于1000人，表明京津冀城市群内部中小城镇的各行业就业人口发展规模较好。从各行业就业人口平均值角度分析，2006~2017年京津冀城市群各行业就业人口平均值始终保持较高水平，其中第二产业的就业人口平均值稍有下降，第三产业的就业人口平均值明显上升，表明京津冀城市群内就业人口的重心从第二产业向第三产业转移。从各行业就业人口标准差角度分析，京津冀城市群各行业就业人口标准差均远大于0.5，表明由于直辖市和省会城市的存在，京津冀城市群内部的就业人口规模发展极为不均衡。

表6-6　　2006年京津冀城市群各行业就业人口最低必要量、平均值和标准差

城市群	城市职能	最低必要量（万人）	平均值 $\bar{X}$	标准差 δ	$\bar{X}+0.5\delta$	$\bar{X}+\delta$	$\bar{X}+2\delta$
京津冀城市群	采矿业	0.00	2.87	3.27	4.50	6.14	9.41
	制造业	4.60	23.04	30.41	38.24	53.45	83.86
	电力、燃气及水的生产与供应产业	0.78	2.12	1.44	2.84	3.56	4.99
	建筑业	0.53	6.08	8.98	10.57	15.06	24.04
	交通运输、仓储、邮电通信业	0.85	6.06	11.04	11.58	17.10	28.13
	信息传输、计算机服务软件业	0.26	2.22	5.77	5.11	8.00	13.77
	批发与零售业	0.80	5.60	9.72	10.46	15.32	25.03
	住宿和餐饮业	0.14	2.53	6.63	5.84	9.16	15.79
	金融业	0.78	3.28	4.72	5.64	8.00	12.73
	房地产业	0.10	2.27	6.66	5.59	8.92	15.58
	租赁和商务服务业	0.16	4.89	14.13	11.95	19.02	33.15
	科学研究、技术服务和地质勘查业	0.22	3.57	9.13	8.13	12.70	21.83
	水利环境和公共设施管理业	0.23	1.55	2.03	2.57	3.58	5.62
	居民服务和其他服务行业	0.03	1.31	2.93	2.78	4.25	7.18
	教育	3.95	10.62	8.98	15.11	19.60	28.57
	卫生、社会保障和社会福利	1.20	4.67	5.08	7.21	9.75	14.84
	文化体育和娱乐业	0.16	1.56	3.69	3.41	5.25	8.94
	公共管理和社会服务	3.59	8.79	7.26	12.42	16.06	23.32

表 6-7　2011 年京津冀城市群各行业就业人口最低必要量、平均值和标准差

城市群	城市职能	最低必要量（万人）	平均值 $\bar{X}$	标准差 δ	$\bar{X}+0.5\delta$	$\bar{X}+\delta$	$\bar{X}+2\delta$
京津冀城市群	采矿业	0.00	3.50	3.88	5.44	7.38	11.26
	制造业	4.42	27.00	37.58	45.79	64.58	102.17
	电力、燃气及水的生产与供应产业	0.94	2.54	2.15	3.61	4.69	6.84
	建筑业	1.05	9.51	12.88	15.95	22.38	35.26
	交通运输、仓储、邮电通信业	0.87	7.17	15.38	14.86	22.55	37.93
	信息传输、计算机服务软件业	0.37	4.39	13.44	11.11	17.83	31.27
	批发与零售业	0.64	7.83	17.18	16.42	25.01	42.18
	住宿和餐饮业	0.15	3.17	8.02	7.18	11.19	19.22
	金融业	1.29	4.93	8.58	9.22	13.52	22.10
	房地产业	0.11	3.40	9.59	8.19	12.99	22.58
	租赁和商务服务业	0.13	5.40	16.10	13.45	21.50	37.60
	科学研究、技术服务和地质勘查业	0.23	5.07	13.74	11.94	18.81	32.56
	水利环境和公共设备管理业	0.31	1.73	2.31	2.88	4.04	6.36
	居民服务和其他服务行业	0.02	1.24	2.61	2.55	3.85	6.46
	教育	3.85	11.37	10.14	16.44	21.51	31.65
	卫生、社会保障和社会福利	1.64	5.88	6.55	9.16	12.43	18.98
	文化体育和娱乐业	0.18	1.78	4.44	4.01	6.23	10.67
	公共管理和社会服务	4.18	10.55	10.19	15.65	20.74	30.93

表 6-8　2016 年京津冀城市群各行业就业人口最低必要量、平均值和标准差

城市群	城市职能	最低必要量（万人）	平均值 $\bar{X}$	标准差 δ	$\bar{X}+0.5\delta$	$\bar{X}+\delta$	$\bar{X}+2\delta$
京津冀城市群	采矿业	0.00	2.44	2.96	3.92	5.40	8.37
	制造业	4.30	24.69	31.21	40.30	55.91	87.12
	电力、燃气及水的生产与供应产业	0.83	2.48	2.19	3.57	4.66	6.85
	建筑业	2.16	12.00	13.57	18.78	25.57	39.14
	交通运输、仓储、邮电通信业	0.96	7.80	15.62	15.61	23.42	39.05
	信息传输、计算机服务软件业	0.40	6.34	18.93	15.81	25.28	44.21
	批发与零售业	0.86	9.46	21.21	20.06	30.67	51.87
	住宿和餐饮业	0.23	3.07	8.02	7.08	11.09	19.11
	金融业	1.58	7.65	13.69	14.50	21.34	35.03
	房地产业	0.36	4.92	11.87	10.85	16.79	28.66
	租赁和商务服务业	0.25	7.84	21.85	18.77	29.69	51.55
	科学研究、技术服务和地质勘查业	0.29	7.45	18.73	16.81	26.18	44.91
	水利环境和公共设备管理业	0.41	2.04	2.69	3.39	4.73	7.43
	居民服务和其他服务行业	0.03	1.58	3.30	3.23	4.88	8.18
	教育	4.00	11.81	11.77	17.69	23.58	35.34
	卫生、社会保障和社会福利	2.04	7.36	8.30	11.51	15.66	23.95
	文化体育和娱乐业	0.20	2.02	5.03	4.54	7.05	12.08
	公共管理和社会服务	4.44	11.63	11.17	17.22	22.81	33.98

表6-9　2017年京津冀城市群各行业就业人口最低必要量、平均值和标准差

城市群	城市职能	最低必要量（万人）	平均值 $\bar{X}$	标准差 δ	$\bar{X}+0.5\delta$	$\bar{X}+\delta$	$\bar{X}+2\delta$
京津冀城市群	采矿业	0.00	2.49	2.75	3.86	5.24	7.99
	制造业	2.37	21.76	27.33	35.43	49.09	76.42
	电力、燃气及水的生产与供应产业	0.76	2.43	2.16	3.51	4.59	6.75
	建筑业	0.75	8.93	13.52	15.69	22.45	35.98
	交通运输、仓储、邮电通信业	0.90	7.54	15.52	15.30	23.05	38.57
	信息传输、计算机服务软件业	0.30	7.32	21.15	17.89	28.47	49.61
	批发与零售业	0.39	8.61	20.86	19.04	29.48	50.34
	住宿和餐饮业	0.16	3.84	8.73	8.21	12.57	21.31
	金融业	1.68	8.32	14.60	15.62	22.92	37.52
	房地产业	0.14	4.56	12.13	10.62	16.68	28.81
	租赁和商务服务业	0.15	8.55	24.19	20.64	32.73	56.92
	科学研究、技术服务和地质勘查业	0.22	7.48	19.42	17.20	26.91	46.33
	水利环境和公共设施管理业	0.64	2.12	2.73	3.48	4.85	7.57
	居民服务和其他服务行业	0.02	1.54	2.80	2.94	4.34	7.14
	教育	4.31	12.17	12.19	18.26	24.36	36.54
	卫生、社会保障和社会福利	2.07	7.67	8.54	11.94	16.21	24.75
	文化体育和娱乐业	0.21	2.06	5.13	4.63	7.20	12.33
	公共管理和社会服务	4.44	11.81	11.36	17.49	23.17	34.53

通过表6-10至表6-13对2006年、2011年、2016年和2017年珠江三角洲城市群的城市职能情况进行分析。从各行业就业人口最低必要量角度分析，2006~2017年珠江三角洲城市群就业人口最低必要量最高和最低的行业分别为制造业和采矿业，珠江三角洲城市群第三产业就业人口最低必要量低于第二产业就业人口最低必要量，表明珠江三角洲城市群内部中小城镇第三产业的就业人口水平较低。从各行业就业人口平均值角度分析，珠江三角洲城市群各行业的就业人口平均值均不断提升，其中第二产业就业人口平均值的提升幅度远大于第三产业就业人口平均值的提升幅度，表明珠江三角洲城市群内部第二产业的就业人口的规模和发展水平均高于第三产业的。从各行业就业人口标准差角度分析，珠江三角洲城市群除采矿业外其他行业的就业人口标准差均大于0.5，且部分行业的就业人口标准差远大于0.5，表明珠江三角洲城市群内部部分行业的就业人口在大中城市和中小城镇间差距较大。

表6-10　2006年珠江三角洲城市群各行业就业人口最低必要量、平均值和标准差

城市群	城市职能	最低必要量（万人）	平均值 $\overline{X}$	标准差 δ	$\overline{X}+0.5\delta$	$\overline{X}+\delta$	$\overline{X}+2\delta$
珠江三角洲城市群	采矿业	0.00	0.04	0.05	0.07	0.09	0.13
	制造业	7.60	35.35	29.16	49.93	64.51	93.67
	电力、燃气及水的生产与供应产业	0.38	1.06	0.79	1.46	1.85	2.64
	建筑业	0.13	4.37	5.06	6.90	9.43	14.49
	交通运输、仓储、邮电通信业	0.78	4.17	6.38	7.36	10.55	16.93
	信息传输、计算机服务软件业	0.23	1.25	1.65	2.08	2.90	4.56
	批发与零售业	0.46	3.21	4.43	5.42	7.64	12.06
	住宿和餐饮业	0.09	2.15	3.11	3.71	5.26	8.36
	金融业	0.81	2.50	2.14	3.56	4.63	6.77
	房地产业	0.04	2.22	3.69	4.06	5.91	9.60
	租赁和商务服务业	0.16	2.35	3.55	4.13	5.90	9.46
	科学研究、技术服务和地质勘查业	0.18	1.19	1.87	2.13	3.06	4.93
	水利环境和公共设备管理业	0.07	0.86	0.84	1.28	1.70	2.54
	居民服务和其他服务行业	0.01	0.43	0.77	0.81	1.20	1.97
	教育	1.79	5.08	4.30	7.23	9.38	13.68
	卫生、社会保障和社会福利	0.88	2.94	2.54	4.21	5.48	8.02
	文化体育和娱乐业	0.16	0.78	1.10	1.32	1.87	2.97
	公共管理和社会服务	1.46	5.00	3.62	6.81	8.62	12.24

表6-11　2011年珠江三角洲城市群各行业就业人口最低必要量、平均值和标准差

城市群	城市职能	最低必要量（万人）	平均值 $\overline{X}$	标准差 δ	$\overline{X}+0.5\delta$	$\overline{X}+\delta$	$\overline{X}+2\delta$
珠江三角洲城市群	采矿业	0.00	0.06	0.07	0.09	0.13	0.20
	制造业	7.30	48.44	43.30	70.09	91.73	135.03
	电力、燃气及水的生产与供应产业	0.49	1.10	0.71	1.45	1.81	2.52
	建筑业	0.15	6.24	8.02	10.25	14.26	22.29
	交通运输、仓储、邮电通信业	0.83	5.89	9.07	10.43	14.96	24.03
	信息传输、计算机服务软件业	0.25	1.72	2.29	2.86	4.01	6.30
	批发与零售业	0.44	5.07	8.00	9.07	13.07	21.07
	住宿和餐饮业	0.07	2.87	4.60	5.17	7.47	12.07
	金融业	0.94	3.97	4.15	6.05	8.13	12.28
	房地产业	0.05	3.38	5.42	6.09	8.80	14.22
	租赁和商务服务业	0.23	3.08	5.06	5.61	8.14	13.20
	科学研究、技术服务和地质勘查业	0.22	1.78	2.85	3.20	4.63	7.48
	水利环境和公共设备管理业	0.07	0.97	0.98	1.46	1.96	2.94
	居民服务和其他服务行业	0.02	0.68	1.24	1.30	1.92	3.15
	教育	2.26	6.42	5.47	9.16	11.89	17.36
	卫生、社会保障和社会福利	1.12	4.15	3.51	5.90	7.66	11.16
	文化体育和娱乐业	0.20	0.79	1.13	1.36	1.92	3.05
	公共管理和社会服务	2.36	6.54	5.09	9.09	11.64	16.73

表 6-12　2016 年珠江三角洲城市群各行业就业人口最低必要量、平均值和标准差

城市群	城市职能	最低必要量（万人）	平均值 $\bar{X}$	标准差 δ	$\bar{X}+0.5δ$	$\bar{X}+δ$	$\bar{X}+2δ$
珠江三角洲城市群	采矿业	0.00	0.08	0.13	0.14	0.21	0.34
	制造业	19.31	92.10	73.82	129.01	165.92	239.73
	电力、燃气及水的生产与供应产业	0.58	1.26	0.72	1.62	1.98	2.70
	建筑业	1.59	9.22	10.95	14.69	20.17	31.11
	交通运输、仓储、邮电通信业	1.08	7.79	11.11	13.34	18.89	30.00
	信息传输、计算机服务软件业	0.43	4.28	6.66	7.61	10.94	17.60
	批发与零售业	2.11	9.35	11.02	14.86	20.37	31.39
	住宿和餐饮业	0.56	3.54	4.02	5.55	7.57	11.59
	金融业	1.11	4.27	3.97	6.25	8.24	12.21
	房地产业	0.79	6.10	7.87	10.03	13.97	21.83
	租赁和商务服务业	0.34	7.24	10.98	12.73	18.22	29.20
	科学研究、技术服务和地质勘查业	0.32	3.22	4.87	5.66	8.09	12.97
	水利环境和公共设施管理业	0.29	1.22	1.49	1.97	2.71	4.20
	居民服务和其他服务行业	0.04	0.79	1.01	1.29	1.79	2.80
	教育	2.98	7.41	6.70	10.76	14.12	20.82
	卫生、社会保障和社会福利	1.52	4.78	3.63	6.60	8.41	12.04
	文化体育和娱乐业	0.19	1.06	1.39	1.75	2.45	3.83
	公共管理和社会服务	2.45	7.20	5.20	9.80	12.39	17.59

表 6-13　2017 年珠江三角洲城市群各行业就业人口最低必要量、平均值和标准差

城市群	城市职能	最低必要量（万人）	平均值 $\bar{X}$	标准差 δ	$\bar{X}+0.5δ$	$\bar{X}+δ$	$\bar{X}+2δ$
珠江三角洲城市群	采矿业	0.00	0.07	0.12	0.13	0.19	0.31
	制造业	16.47	89.92	74.49	127.17	164.42	238.91
	电力、燃气及水的生产与供应产业	0.58	1.37	0.97	1.85	2.34	3.30
	建筑业	1.72	9.98	11.52	15.74	21.50	33.02
	交通运输、仓储、邮电通信业	1.02	8.05	11.52	13.81	19.57	31.09
	信息传输、计算机服务软件业	0.40	5.00	7.41	8.70	12.40	19.81
	批发与零售业	1.94	9.36	10.75	14.74	20.11	30.87
	住宿和餐饮业	0.49	3.52	3.92	5.49	7.45	11.37
	金融业	1.21	3.89	3.27	5.53	7.16	10.44
	房地产业	0.85	6.54	8.24	10.66	14.78	23.01
	租赁和商务服务业	0.35	7.78	11.49	13.52	19.27	30.75
	科学研究、技术服务和地质勘查业	0.30	3.40	5.03	5.92	8.44	13.47
	水利环境和公共设施管理业	0.28	1.29	1.56	2.07	2.85	4.42
	居民服务和其他服务行业	0.06	0.90	1.16	1.48	2.06	3.21
	教育	2.75	7.65	6.98	11.14	14.63	21.61
	卫生、社会保障和社会福利	1.62	4.97	3.67	6.81	8.65	12.32
	文化体育和娱乐业	0.19	0.94	1.19	1.53	2.13	3.32
	公共管理和社会服务	2.46	7.64	5.62	10.45	13.26	18.88

通过表6-14至表6-17对2006年、2011年、2016年和2017年山东半岛城市群的城市职能情况进行分析。从各行业就业人口最低必要量角度分析，2006~2017年山东半岛城市群就业人口最低必要量最高的行业为制造业，就业人口最低必要量最低的行业为采矿业，同时，就业人口最低必要量较低的行业基本分布在第三产业，说明山东半岛城市群内部中小城镇第三产业行业的就业规模基础较差。从各行业就业人口平均值角度分析，2006~2017年山东半岛城市群第二产业与第三产业的行业就业人口平均值之间的差距在缩小，表明山东半岛城市群第三产业的就业水平在逐渐提升。从各行业就业人口标准差角度分析，2006年后大多数行业的就业人口标准差均大于0.5，说明随着山东半岛城市群的发展，城市群内部大中城市的就业人口规模与中小城镇的差距不断扩大。

表6-14 2006年山东半岛城市群各行业就业人口最低必要量、平均值和标准差

城市群	城市职能	最低必要量（万人）	平均值 $\bar{X}$	标准差 δ	$\bar{X}+0.5\delta$	$\bar{X}+\delta$	$\bar{X}+2\delta$
山东半岛城市群	采矿业	0.00	3.30	4.57	5.58	7.87	12.43
	制造业	5.91	21.11	17.71	29.96	38.82	56.53
	电力、燃气及水的生产与供应产业	0.23	1.13	0.56	1.41	1.69	2.25
	建筑业	1.18	3.92	4.36	6.10	8.28	12.63
	交通运输、仓储、邮电通信业	0.16	1.37	1.60	2.17	2.97	4.58
	信息传输、计算机服务软件业	0.07	0.30	0.30	0.45	0.60	0.89
	批发与零售业	0.38	2.07	1.56	2.85	3.63	5.19
	住宿和餐饮业	0.12	0.65	0.79	1.04	1.44	2.23
	金融业	0.32	1.41	0.98	1.90	2.39	3.37
	房地产业	0.04	0.45	0.49	0.69	0.93	1.42
	租赁和商务服务业	0.05	0.61	0.59	0.90	1.20	1.79
	科学研究、技术服务和地质勘查业	0.04	0.42	0.55	0.69	0.96	1.51
	水利环境和公共设备管理业	0.04	0.65	0.38	0.84	1.03	1.41
	居民服务和其他服务行业	0.00	0.20	0.37	0.38	0.57	0.95
	教育	1.67	6.37	3.05	7.89	9.41	12.46
	卫生、社会保障和社会福利	0.48	2.17	1.10	2.72	3.27	4.38
	文化体育和娱乐业	0.03	0.36	0.35	0.53	0.71	1.06
	公共管理和社会服务	2.07	5.55	2.86	6.98	8.42	11.28

表 6-15 2011年山东半岛城市群各行业就业人口最低必要量、平均值和标准差

城市群	城市职能	最低必要量（万人）	平均值 $\bar{X}$	标准差 δ	$\bar{X}+0.5\delta$	$\bar{X}+\delta$	$\bar{X}+2\delta$
山东半岛城市群	采矿业	0.00	4.04	5.91	6.99	9.94	15.85
	制造业	6.21	22.94	17.31	31.59	40.25	57.56
	电力、燃气及水的生产与供应产业	0.34	1.80	2.55	3.08	4.35	6.90
	建筑业	1.01	6.97	6.87	10.40	13.84	20.71
	交通运输、仓储、邮电通信业	0.27	1.83	2.34	3.00	4.17	6.50
	信息传输、计算机服务软件业	0.06	0.47	0.52	0.74	1.00	1.52
	批发与零售业	0.57	2.76	2.41	3.96	5.17	7.58
	住宿和餐饮业	0.15	0.78	0.97	1.26	1.75	2.71
	金融业	0.28	1.92	1.42	2.63	3.34	4.77
	房地产业	0.18	0.71	0.80	1.11	1.50	2.30
	租赁和商务服务业	0.02	0.57	0.74	0.94	1.31	2.06
	科学研究、技术服务和地质勘查业	0.03	0.59	0.72	0.95	1.30	2.02
	水利环境和公共设备管理业	0.06	0.72	0.41	0.93	1.13	1.54
	居民服务和其他服务行业	0.01	0.22	0.42	0.43	0.64	1.06
	教育	1.44	6.49	3.19	8.08	9.67	12.86
	卫生、社会保障和社会福利	0.61	2.80	1.43	3.52	4.23	5.67
	文化体育和娱乐业	0.03	0.40	0.41	0.61	0.81	1.23
	公共管理和社会服务	2.44	6.14	3.41	7.84	9.55	12.95

表 6-16 2016年山东半岛城市群各行业就业人口最低必要量、平均值和标准差

城市群	城市职能	最低必要量（万人）	平均值 $\bar{X}$	标准差 δ	$\bar{X}+0.5\delta$	$\bar{X}+\delta$	$\bar{X}+2\delta$
山东半岛城市群	采矿业	0.00	3.13	5.01	5.64	8.14	13.16
	制造业	7.47	24.52	14.90	31.97	39.42	54.32
	电力、燃气及水的生产与供应产业	0.27	1.30	0.59	1.60	1.89	2.49
	建筑业	1.75	9.57	6.92	13.03	16.49	23.42
	交通运输、仓储、邮电通信业	0.66	2.28	1.82	3.19	4.10	5.93
	信息传输、计算机服务软件业	0.10	1.06	1.89	2.00	2.95	4.83
	批发与零售业	0.64	3.33	2.76	4.71	6.09	8.84
	住宿和餐饮业	0.13	0.81	0.72	1.17	1.53	2.25
	金融业	0.34	2.66	2.36	3.84	5.02	7.37
	房地产业	0.46	1.45	1.16	2.03	2.61	3.76
	租赁和商务服务业	0.04	1.18	1.10	1.73	2.28	3.39
	科学研究、技术服务和地质勘查业	0.07	0.93	0.93	1.40	1.86	2.79
	水利环境和公共设备管理业	0.07	1.06	0.79	1.46	1.85	2.64
	居民服务和其他服务行业	0.01	0.20	0.22	0.31	0.41	0.63
	教育	0.93	7.05	3.59	8.85	10.64	14.23
	卫生、社会保障和社会福利	0.73	3.75	1.85	4.67	5.59	7.44
	文化体育和娱乐业	0.03	0.43	0.41	0.63	0.83	1.24
	公共管理和社会服务	2.70	6.26	3.11	7.81	9.37	12.47

表 6-17　2017 年山东半岛城市群各行业就业人口最低必要量、平均值和标准差

城市群	城市职能	最低必要量（万人）	平均值 $\bar{X}$	标准差 δ	$\bar{X}+0.5\delta$	$\bar{X}+\delta$	$\bar{X}+2\delta$
山东半岛城市群	采矿业	0.00	2.78	4.80	5.18	7.58	12.37
	制造业	7.42	23.37	13.84	30.29	37.21	51.06
	电力、燃气及水的生产与供应产业	0.20	0.87	0.50	1.12	1.36	1.86
	建筑业	1.87	9.47	7.08	13.01	16.55	23.64
	交通运输、仓储、邮电通信业	0.65	2.42	1.72	3.28	4.14	5.87
	信息传输、计算机服务软件业	0.22	1.22	1.96	2.20	3.18	5.14
	批发与零售业	0.62	3.20	2.52	4.46	5.72	8.23
	住宿和餐饮业	0.13	0.86	0.75	1.23	1.61	2.36
	金融业	0.34	2.84	2.40	4.04	5.24	7.63
	房地产业	0.37	1.58	1.22	2.19	2.80	4.02
	租赁和商务服务业	0.10	1.31	1.16	1.89	2.47	3.63
	科学研究、技术服务和地质勘查业	0.06	1.08	1.06	1.60	2.13	3.19
	水利环境和公共设备管理业	0.09	1.09	0.74	1.46	1.82	2.56
	居民服务和其他服务行业	0.01	0.19	0.20	0.29	0.39	0.59
	教育	0.56	7.06	3.65	8.88	10.71	14.35
	卫生、社会保障和社会福利	0.80	3.85	1.93	4.81	5.78	7.70
	文化体育和娱乐业	0.03	0.43	0.39	0.63	0.82	1.22
	公共管理和社会服务	2.70	6.41	3.11	7.97	9.52	12.62

通过表 6-18 至表 6-21 对 2006 年、2011 年、2016 年和 2017 年海峡西岸城市群的城市职能情况进行分析。从各行业就业人口最低必要量角度分析，2011 年之前海峡西岸城市群就业人口最低必要量最高的行业为教育，2016 年之后海峡西岸城市群就业人口最低必要量最高的行业为制造业，而海峡西岸城市群就业人口最低必要量最低的行始终为采矿业。从 2006~2017 年整体来看，海峡西岸城市群多数行业的最低必要量均较低，表明海峡西岸城市群内部中小城镇的就业人口的基础较差且发展缓慢。从各行业就业人口平均值角度分析，海峡西岸城市群第二产业行业的就业人口平均值自 2011 年后呈下降趋势，第三产业行业的就业人口平均值虽然提升幅度较小，但一直保持上升趋势，表明海峡西岸城市群第三产业就业人口的基础规模较差，但城市群内部第三产业持续缓慢发展，整体就业重心从第二产业向第三产业转移。从各行业就业人口标准差角度分析，海峡西岸城市群内部只有少数行业的就业人口标准差小于 0.5，表明海峡西岸城市群整体的发展不均衡，城市间的就业水平存在差异。

表6–18　2006年海峡西岸城市群各行业就业人口最低必要量、平均值和标准差

城市群	城市职能	最低必要量（万人）	平均值 $\bar{X}$	标准差 δ	$\bar{X}+0.5\delta$	$\bar{X}+\delta$	$\bar{X}+2\delta$
海峡西岸城市群	采矿业	0.00	0.31	0.49	0.55	0.80	1.28
	制造业	1.70	18.26	22.23	29.38	40.50	62.73
	电力、燃气及水的生产与供应产业	0.42	0.90	0.29	1.05	1.19	1.47
	建筑业	0.68	3.62	4.12	5.68	7.75	11.87
	交通运输、仓储、邮电通信业	0.44	1.21	1.06	1.74	2.27	3.33
	信息传输、计算机服务软件业	0.17	0.42	0.23	0.53	0.64	0.87
	批发与零售业	0.29	1.19	0.91	1.65	2.11	3.02
	住宿和餐饮业	0.10	0.46	0.46	0.69	0.91	1.37
	金融业	0.42	1.06	0.56	1.34	1.62	2.18
	房地产业	0.09	0.52	0.65	0.85	1.18	1.83
	租赁和商务服务业	0.10	0.51	0.42	0.72	0.93	1.35
	科学研究、技术服务和地质勘查业	0.14	0.39	0.41	0.59	0.80	1.21
	水利环境和公共设备管理业	0.11	0.39	0.23	0.50	0.61	0.84
	居民服务和其他服务行业	0.02	0.10	0.16	0.17	0.25	0.41
	教育	2.10	4.67	2.08	5.71	6.75	8.82
	卫生、社会保障和社会福利	0.75	1.78	1.31	2.43	3.09	4.40
	文化体育和娱乐业	0.08	0.31	0.30	0.46	0.61	0.91
	公共管理和社会服务	1.46	3.27	1.37	3.95	4.64	6.01

表6–19　2011年海峡西岸城市群各行业就业人口最低必要量、平均值和标准差

城市群	城市职能	最低必要量（万人）	平均值 $\bar{X}$	标准差 δ	$\bar{X}+0.5\delta$	$\bar{X}+\delta$	$\bar{X}+2\delta$
海峡西岸城市群	采矿业	0.00	0.46	0.71	0.81	1.17	1.88
	制造业	2.13	22.58	31.01	38.09	53.59	84.60
	电力、燃气及水的生产与供应产业	0.52	1.02	0.37	1.21	1.39	1.76
	建筑业	0.99	8.64	10.40	13.84	19.05	29.45
	交通运输、仓储、邮电通信业	0.39	1.32	1.35	2.00	2.67	4.02
	信息传输、计算机服务软件业	0.23	0.53	0.37	0.72	0.90	1.27
	批发与零售业	0.27	1.74	1.67	2.57	3.41	5.09
	住宿和餐饮业	0.10	0.73	0.91	1.19	1.64	2.55
	金融业	0.52	1.42	0.66	1.75	2.08	2.73
	房地产业	0.13	0.75	0.96	1.23	1.71	2.66
	租赁和商务服务业	0.13	0.69	0.72	1.05	1.41	2.13
	科学研究、技术服务和地质勘查业	0.15	0.50	0.72	0.86	1.23	1.95
	水利环境和公共设备管理业	0.17	0.49	0.30	0.64	0.79	1.09
	居民服务和其他服务行业	0.02	0.10	0.17	0.19	0.28	0.45
	教育	2.34	5.06	2.39	6.26	7.45	9.83
	卫生、社会保障和社会福利	0.89	2.35	1.73	3.22	4.09	5.82
	文化体育和娱乐业	0.08	0.37	0.38	0.56	0.75	1.12
	公共管理和社会服务	1.54	3.61	1.52	4.36	5.12	6.64

表6-20　2016年海峡西岸城市群各行业就业人口最低必要量、平均值和标准差

城市群	城市职能	最低必要量（万人）	平均值 $\bar{X}$	标准差 δ	$\bar{X}+0.5\delta$	$\bar{X}+\delta$	$\bar{X}+2\delta$
海峡西岸城市群	采矿业	0.00	0.15	0.22	0.26	0.36	0.58
	制造业	2.74	20.16	19.70	30.00	39.85	59.55
	电力、燃气及水的生产与供应产业	0.43	0.96	0.38	1.15	1.35	1.73
	建筑业	0.66	13.70	16.34	21.87	30.04	46.38
	交通运输、仓储、邮电通信业	0.41	1.71	1.70	2.56	3.41	5.12
	信息传输、计算机服务软件业	0.27	0.77	0.79	1.17	1.57	2.36
	批发与零售业	0.36	2.40	2.24	3.52	4.65	6.89
	住宿和餐饮业	0.13	0.80	0.97	1.29	1.77	2.74
	金融业	0.53	2.10	1.24	2.72	3.34	4.58
	房地产业	0.07	1.21	1.54	1.99	2.76	4.30
	租赁和商务服务业	0.16	1.25	1.48	1.99	2.73	4.21
	科学研究、技术服务和地质勘查业	0.14	0.70	1.05	1.23	1.76	2.81
	水利环境和公共设备管理业	0.18	0.54	0.41	0.75	0.96	1.37
	居民服务和其他服务行业	0.02	0.19	0.40	0.39	0.59	0.98
	教育	2.40	5.51	2.73	6.88	8.25	10.98
	卫生、社会保障和社会福利	1.12	2.96	2.20	4.06	5.16	7.35
	文化体育和娱乐业	0.16	0.39	0.35	0.57	0.74	1.09
	公共管理和社会服务	1.64	4.47	2.20	5.57	6.68	8.88

表6-21　2017年海峡西岸城市群各行业就业人口最低必要量、平均值和标准差

城市群	城市职能	最低必要量（万人）	平均值 $\bar{X}$	标准差 δ	$\bar{X}+0.5\delta$	$\bar{X}+\delta$	$\bar{X}+2\delta$
海峡西岸城市群	采矿业	0.00	0.14	0.20	0.24	0.35	0.55
	制造业	2.96	18.98	17.35	27.65	36.33	53.68
	电力、燃气及水的生产与供应产业	0.47	0.91	0.43	1.12	1.34	1.76
	建筑业	0.54	14.92	17.69	23.77	32.61	50.30
	交通运输、仓储、邮电通信业	0.31	1.75	1.78	2.64	3.53	5.31
	信息传输、计算机服务软件业	0.26	0.88	1.14	1.45	2.02	3.16
	批发与零售业	0.34	2.45	2.40	3.65	4.85	7.25
	住宿和餐饮业	0.11	0.80	0.98	1.30	1.79	2.77
	金融业	0.53	2.26	1.41	2.96	3.67	5.08
	房地产业	0.07	1.25	1.54	2.02	2.79	4.33
	租赁和商务服务业	0.15	1.36	1.65	2.19	3.02	4.67
	科学研究、技术服务和地质勘查业	0.14	0.66	0.85	1.08	1.51	2.36
	水利环境和公共设备管理业	0.17	0.56	0.40	0.77	0.97	1.37
	居民服务和其他服务行业	0.02	0.26	0.57	0.54	0.83	1.40
	教育	2.55	5.84	3.01	7.34	8.84	11.85
	卫生、社会保障和社会福利	1.01	3.09	2.35	4.27	5.44	7.79
	文化体育和娱乐业	0.14	0.39	0.35	0.57	0.75	1.10
	公共管理和社会服务	1.71	4.70	2.48	5.94	7.18	9.66

通过表6-22至表6-25对2006年、2011年、2016年和2017年长江中游城市群的城市职能情况进行分析。从各行业就业人口最低必要量角度分析，2006~2017年，长江中游城市群就业人口最低必要量最高的行业为制造业，就业人口最低必要量最低的行业为采矿业、居民服务和其他服务行业，且仅有制造业、建筑业、教育、公共管理和社会服务的就业人口最低必要量超过万人，其余行业的就业人口最低必要量均较低，表明长江中游城市群内部中小城镇对就业人口的吸纳能力较差。从各行业就业人口平均值角度分析，2006~2017年长江中游城市群各行业的就业人口平均值基本呈上升趋势，表明长江中游城市群的整体对就业人口的吸纳能力在提升。从各行业就业人口标准差角度分析，长江中游城市群大多数行业的就业人口标准差均大于0.5，表明长江中游城市群内部对就业人口的吸纳能力在大中城市与中小城镇间的差异性较大。

表6-22　2006年长江中游城市群各行业就业人口最低必要量、平均值和标准差

城市群	城市职能	最低必要量（万人）	平均值 $\overline{X}$	标准差 δ	$\overline{X}+0.5\delta$	$\overline{X}+\delta$	$\overline{X}+2\delta$
长江中游城市群	采矿业	0.00	0.86	0.99	1.35	1.85	2.84
	制造业	2.39	9.38	7.76	13.26	17.15	24.91
	电力、燃气及水的生产与供应产业	0.18	0.84	0.55	1.12	1.40	1.95
	建筑业	0.25	4.32	4.36	6.50	8.68	13.05
	交通运输、仓储、邮电通信业	0.17	1.72	2.90	3.17	4.63	7.53
	信息传输、计算机服务软件业	0.05	0.39	0.62	0.71	1.02	1.64
	批发与零售业	0.25	1.76	2.34	2.93	4.10	6.43
	住宿和餐饮业	0.06	0.64	1.03	1.15	1.67	2.70
	金融业	0.26	0.99	0.72	1.35	1.71	2.43
	房地产业	0.02	0.46	0.60	0.76	1.06	1.66
	租赁和商务服务业	0.02	0.44	0.52	0.69	0.95	1.47
	科学研究、技术服务和地质勘查业	0.10	0.65	1.06	1.18	1.71	2.76
	水利环境和公共设备管理业	0.15	0.60	0.59	0.89	1.18	1.77
	居民服务和其他服务行业	0.01	0.11	0.19	0.20	0.29	0.48
	教育	0.94	4.70	3.00	6.20	7.69	10.69
	卫生、社会保障和社会福利	0.27	1.73	1.18	2.32	2.91	4.09
	文化体育和娱乐业	0.06	0.39	0.49	0.63	0.87	1.36
	公共管理和社会服务	0.87	3.91	1.98	4.90	5.89	7.86

表 6-23　2011 年长江中游城市群各行业就业人口最低必要量、平均值和标准差

城市群	城市职能	最低必要量（万人）	平均值 $\bar{X}$	标准差 δ	$\bar{X}+0.5\delta$	$\bar{X}+\delta$	$\bar{X}+2\delta$
长江中游城市群	采矿业	0.02	0.98	1.02	1.49	2.00	3.02
	制造业	2.12	12.76	10.99	18.25	23.74	34.73
	电力、燃气及水的生产与供应产业	0.27	0.79	0.51	1.04	1.30	1.81
	建筑业	0.50	7.72	9.27	12.36	16.99	26.26
	交通运输、仓储、邮电通信业	0.16	1.71	2.99	3.20	4.69	7.68
	信息传输、计算机服务软件业	0.04	0.45	0.48	0.69	0.93	1.42
	批发与零售业	0.14	2.09	2.78	3.48	4.88	7.66
	住宿和餐饮业	0.03	0.78	1.22	1.39	2.00	3.22
	金融业	0.28	1.32	1.25	1.95	2.57	3.82
	房地产业	0.01	0.74	0.96	1.22	1.70	2.66
	租赁和商务服务业	0.01	0.58	0.67	0.92	1.25	1.92
	科学研究、技术服务和地质勘查业	0.12	0.78	1.26	1.40	2.03	3.29
	水利环境和公共设施管理业	0.14	0.65	0.46	0.87	1.10	1.56
	居民服务和其他服务行业	0.00	0.16	0.21	0.26	0.37	0.57
	教育	1.10	4.94	3.22	6.55	8.16	11.38
	卫生、社会保障和社会福利	0.34	2.18	1.45	2.90	3.63	5.08
	文化体育和娱乐业	0.05	0.41	0.54	0.68	0.95	1.50
	公共管理和社会服务	0.95	4.54	2.18	5.63	6.71	8.89

表 6-24　2016 年长江中游城市群各行业就业人口最低必要量、平均值和标准差

城市群	城市职能	最低必要量（万人）	平均值 $\bar{X}$	标准差 δ	$\bar{X}+0.5\delta$	$\bar{X}+\delta$	$\bar{X}+2\delta$
长江中游城市群	采矿业	0.00	0.67	0.71	1.02	1.38	2.08
	制造业	5.28	15.65	11.86	21.58	27.50	39.36
	电力、燃气及水的生产与供应产业	0.18	0.58	0.35	0.75	0.93	1.27
	建筑业	1.25	11.08	11.77	16.96	22.85	34.62
	交通运输、仓储、邮电通信业	0.37	2.05	2.27	3.19	4.32	6.59
	信息传输、计算机服务软件业	0.10	0.69	0.85	1.11	1.54	2.40
	批发与零售业	0.25	3.32	4.26	5.45	7.58	11.84
	住宿和餐饮业	0.05	0.90	1.15	1.47	2.04	3.19
	金融业	0.28	1.65	1.68	2.49	3.33	5.01
	房地产业	0.16	1.10	1.39	1.80	2.50	3.89
	租赁和商务服务业	0.05	0.90	1.02	1.41	1.92	2.94
	科学研究、技术服务和地质勘查业	0.14	1.11	1.71	1.96	2.81	4.52
	水利环境和公共设施管理业	0.09	0.74	0.63	1.06	1.38	2.01
	居民服务和其他服务行业	0.01	0.22	0.27	0.36	0.50	0.77
	教育	1.12	5.15	3.42	6.87	8.58	12.00
	卫生、社会保障和社会福利	0.39	2.85	1.86	3.78	4.71	6.57
	文化体育和娱乐业	0.08	0.55	0.67	0.89	1.22	1.89
	公共管理和社会服务	1.09	5.06	2.31	6.22	7.37	9.69

表 6-25　2017 年长江中游城市群各行业就业人口最低必要量、平均值和标准差

城市群	城市职能	最低必要量（万人）	平均值 $\bar{X}$	标准差 δ	$\bar{X}+0.5\delta$	$\bar{X}+\delta$	$\bar{X}+2\delta$
长江中游城市群	采矿业	0.01	0.57	0.65	0.90	1.23	1.88
	制造业	5.14	14.93	11.45	20.65	26.37	37.82
	电力、燃气及水的生产与供应产业	0.18	0.57	0.35	0.74	0.91	1.26
	建筑业	1.23	11.23	11.66	17.06	22.88	34.54
	交通运输、仓储、邮电通信业	0.38	1.90	2.33	3.07	4.23	6.57
	信息传输、计算机服务软件业	0.10	0.73	1.07	1.27	1.80	2.88
	批发与零售业	0.26	3.29	4.47	5.52	7.76	12.23
	住宿和餐饮业	0.07	0.91	1.22	1.53	2.14	3.36
	金融业	0.30	1.69	1.76	2.57	3.45	5.21
	房地产业	0.19	1.22	1.62	2.03	2.84	4.46
	租赁和商务服务业	0.04	1.07	1.20	1.67	2.27	3.47
	科学研究、技术服务和地质勘查业	0.14	1.09	1.78	1.98	2.87	4.65
	水利环境和公共设备管理业	0.09	0.74	0.65	1.07	1.39	2.04
	居民服务和其他服务行业	0.00	0.21	0.27	0.34	0.48	0.74
	教育	1.21	5.08	3.45	6.81	8.53	11.99
	卫生、社会保障和社会福利	0.46	2.87	1.91	3.82	4.78	6.70
	文化体育和娱乐业	0.07	0.53	0.70	0.88	1.23	1.93
	公共管理和社会服务	1.10	5.07	2.21	6.18	7.28	9.49

通过表 6-26 至表 6-29 对 2006 年、2011 年、2016 年和 2017 年中原城市群的城市职能情况进行分析。从各行业就业人口最低必要量角度分析，2006~2017 年中原城市群就业人口最低必要量最高和最低的行业分别为制造业和采矿业，就业人口最低必要量超过万人的行业仅有：制造业、建筑业、教育、公共管理和社会服务，表明中原城市群多数行业在中小城镇的就业人口基础规模较差。从各行业就业人口平均值角度分析，2006~2017 年中原城市群各行业的就业人口平均值整体呈现上升趋势，部分第二产业行业和第三产业行业的平均值有较大幅度的提升，表明中原城市群整体的就业人口规模发展较好，第二产业和第三产业的发展较为均衡。从各行业就业人口标准差角度分析，2017 年中原城市群内部就业人口标准差小于 0.5 的行业仅有居民服务和其他服务行业、文化体育和娱乐业，表明中原城市群内部各城市间的就业人口发展规模差异性较大。

表 6-26　2006 年中原城市群各行业就业人口最低必要量、平均值和标准差

城市群	城市职能	最低必要量（万人）	平均值 $\bar{X}$	标准差 δ	$\bar{X}+0.5\delta$	$\bar{X}+\delta$	$\bar{X}+2\delta$
中原城市群	采矿业	0.00	3.14	3.53	4.90	6.67	10.19
	制造业	1.72	7.74	4.76	10.12	12.50	17.27
	电力、燃气及水的生产与供应产业	0.28	1.16	0.71	1.52	1.87	2.58
	建筑业	0.26	3.10	3.17	4.69	6.27	9.44
	交通运输、仓储、邮电通信业	0.23	1.15	0.68	1.49	1.83	2.51
	信息传输、计算机服务软件业	0.06	0.28	0.19	0.38	0.47	0.67
	批发与零售业	0.64	2.19	1.34	2.86	3.53	4.87
	住宿和餐饮业	0.04	0.44	0.58	0.73	1.02	1.60
	金融业	0.31	1.16	0.58	1.45	1.74	2.32
	房地产业	0.03	0.25	0.27	0.38	0.52	0.79
	租赁和商务服务业	0.03	0.53	0.49	0.77	1.01	1.50
	科学研究、技术服务和地质勘查业	0.09	0.52	0.65	0.84	1.17	1.82
	水利环境和公共设备管理业	0.22	0.58	0.34	0.75	0.92	1.26
	居民服务和其他服务行业	0.01	0.09	0.10	0.14	0.19	0.29
	教育	1.59	6.03	2.74	7.40	8.77	11.51
	卫生、社会保障和社会福利	0.55	1.39	0.49	1.64	1.88	2.37
	文化体育和娱乐业	0.07	0.34	0.39	0.54	0.73	1.12
	公共管理和社会服务	1.38	5.08	2.27	6.21	7.35	9.62

表 6-27　2011 年中原城市群各行业就业人口最低必要量、平均值和标准差

城市群	城市职能	最低必要量（万人）	平均值 $\bar{X}$	标准差 δ	$\bar{X}+0.5\delta$	$\bar{X}+\delta$	$\bar{X}+2\delta$
中原城市群	采矿业	0.00	3.92	4.14	5.99	8.07	12.21
	制造业	2.22	8.96	7.29	12.60	16.25	23.54
	电力、燃气及水的生产与供应产业	0.25	1.13	0.80	1.53	1.92	2.72
	建筑业	0.14	4.84	5.01	7.35	9.86	14.87
	交通运输、仓储、邮电通信业	0.21	1.12	0.75	1.49	1.86	2.61
	信息传输、计算机服务软件业	0.08	0.32	0.21	0.43	0.53	0.74
	批发与零售业	0.17	1.97	1.43	2.69	3.41	4.84
	住宿和餐饮业	0.06	0.43	0.61	0.73	1.04	1.64
	金融业	0.33	1.37	0.77	1.76	2.14	2.91
	房地产业	0.05	0.48	0.60	0.78	1.09	1.69
	租赁和商务服务业	0.04	0.49	0.52	0.75	1.01	1.54
	科学研究、技术服务和地质勘查业	0.09	0.56	0.72	0.92	1.28	2.00
	水利环境和公共设备管理业	0.12	0.69	0.39	0.89	1.08	1.47
	居民服务和其他服务行业	0.01	0.08	0.09	0.12	0.17	0.25
	教育	1.72	6.40	3.13	7.97	9.53	12.66
	卫生、社会保障和社会福利	0.63	1.83	0.76	2.20	2.58	3.34
	文化体育和娱乐业	0.05	0.36	0.39	0.55	0.74	1.13
	公共管理和社会服务	1.44	5.68	2.61	6.99	8.29	10.90

表6-28 2016年中原城市群各行业就业人口最低必要量、平均值和标准差

城市群	城市职能	最低必要量（万人）	平均值 $\bar{X}$	标准差 δ	$\bar{X}+0.5\delta$	$\bar{X}+\delta$	$\bar{X}+2\delta$
中原城市群	采矿业	0.00	3.23	4.00	5.23	7.23	11.22
	制造业	2.84	15.70	12.42	21.91	28.12	40.54
	电力、燃气及水的生产与供应产业	0.06	1.14	0.78	1.53	1.92	2.70
	建筑业	1.37	7.86	6.66	11.19	14.52	21.18
	交通运输、仓储、邮电通信业	0.34	1.80	1.41	2.50	3.21	4.62
	信息传输、计算机服务软件业	0.10	0.59	0.70	0.94	1.29	1.99
	批发与零售业	0.25	3.13	3.64	4.94	6.76	10.40
	住宿和餐饮业	0.05	0.53	0.60	0.83	1.13	1.73
	金融业	0.52	1.85	1.58	2.64	3.42	5.00
	房地产业	0.12	1.07	1.15	1.65	2.22	3.38
	租赁和商务服务业	0.20	0.88	0.79	1.27	1.66	2.45
	科学研究、技术服务和地质勘查业	0.04	0.82	1.17	1.40	1.99	3.16
	水利环境和公共设备管理业	0.08	0.75	0.45	0.97	1.20	1.64
	居民服务和其他服务行业	0.01	0.21	0.45	0.44	0.67	1.12
	教育	1.62	6.76	3.75	8.63	10.51	14.26
	卫生、社会保障和社会福利	0.84	2.80	1.41	3.51	4.22	5.63
	文化体育和娱乐业	0.05	0.42	0.45	0.64	0.87	1.33
	公共管理和社会服务	1.76	6.14	2.94	7.60	9.07	12.01

表6-29 2017年中原城市群各行业就业人口最低必要量、平均值和标准差

城市群	城市职能	最低必要量（万人）	平均值 $\bar{X}$	标准差 δ	$\bar{X}+0.5\delta$	$\bar{X}+\delta$	$\bar{X}+2\delta$
中原城市群	采矿业	0.00	3.00	3.83	4.91	6.83	10.66
	制造业	3.45	15.05	12.57	21.34	27.62	40.19
	电力、燃气及水的生产与供应产业	0.09	1.03	0.71	1.39	1.74	2.46
	建筑业	1.15	7.37	6.90	10.82	14.27	21.17
	交通运输、仓储、邮电通信业	0.33	1.74	1.38	2.43	3.12	4.51
	信息传输、计算机服务软件业	0.14	0.62	0.80	1.02	1.42	2.21
	批发与零售业	0.26	2.99	3.80	4.89	6.79	10.59
	住宿和餐饮业	0.07	0.51	0.59	0.81	1.11	1.70
	金融业	0.52	1.90	1.55	2.68	3.46	5.01
	房地产业	0.15	1.18	1.31	1.84	2.49	3.80
	租赁和商务服务业	0.23	0.90	1.16	1.47	2.05	3.21
	科学研究、技术服务和地质勘查业	0.13	0.79	1.18	1.38	1.97	3.14
	水利环境和公共设备管理业	0.09	0.79	0.50	1.04	1.28	1.78
	居民服务和其他服务行业	0.01	0.22	0.49	0.47	0.71	1.20
	教育	1.60	6.78	3.76	8.66	10.53	14.29
	卫生、社会保障和社会福利	0.88	2.91	1.45	3.64	4.36	5.81
	文化体育和娱乐业	0.05	0.42	0.45	0.64	0.87	1.32
	公共管理和社会服务	1.79	6.25	3.07	7.79	9.32	12.39

通过表6-30至表6-33对2006年、2011年、2016年和2017年晋中城市群的城市职能情况进行分析。从各行业就业人口最低必要量角度分析，2006~2016年晋中城市群就业人口最低必要量最高的行业为采矿业，但在2017年变为公共管理和社会服务。2016~2017年晋中城市群就业人口最低必要量最低的行业为居民服务和其他服务行业，2011年后第二产业行业和部分第三产业行业的最低必要量下降，表明晋中城市群内部中小城镇对就业人口的吸纳能力下降，其中第二产业行业的就业人口规模下降得尤为明显。从各行业就业人口平均值角度分析，晋中城市群多数行业的就业人口平均值均有提升，但其中制造业的就业人口平均值大幅度下降，从14.54万人下降至2.63万人，表明晋中城市群整体就业人口规模在发展，但行业就业人口的重心由第二产业转向第三产业。从各行业就业人口标准差角度分析，2006~2017年晋中城市群多数行业的就业人口标准差均大于0.5，少数行业的就业人口标准差甚至远大于0.5，表明晋中城市群第二产业在城市间市中心存在较大的差异性，而第三产业对就业人口吸纳能力不断增强的同时，其在城市群内部大中城市和中小城市间的差距也逐渐扩大。

表6-30　　2006年晋中城市群各行业就业人口最低必要量、平均值和标准差

城市群	城市职能	最低必要量（万人）	平均值 $\overline{X}$	标准差 δ	$\overline{X}+0.5\delta$	$\overline{X}+\delta$	$\overline{X}+2\delta$
晋中城市群	采矿业	6.86	7.23	0.52	7.49	7.75	8.28
	制造业	5.55	14.54	12.71	20.89	27.24	39.95
	电力、燃气及水的生产与供应产业	0.76	1.17	0.57	1.45	1.74	2.31
	建筑业	1.08	4.01	4.14	6.08	8.15	12.30
	交通运输、仓储、邮电通信业	0.60	3.55	4.17	5.64	7.72	11.89
	信息传输、计算机服务软件业	0.31	0.62	0.44	0.84	1.06	1.50
	批发与零售业	1.76	2.77	1.43	3.48	4.20	5.63
	住宿和餐饮业	0.23	0.85	0.87	1.28	1.71	2.58
	金融业	1.34	1.74	0.57	2.02	2.31	2.87
	房地产业	0.14	0.32	0.25	0.44	0.56	0.81
	租赁和商务服务业	0.23	0.78	0.78	1.17	1.56	2.34
	科学研究、技术服务和地质勘查业	0.46	1.82	1.92	2.78	3.74	5.67
	水利环境和公共设备管理业	0.52	0.92	0.57	1.20	1.49	2.05
	居民服务和其他服务行业	0.05	0.28	0.32	0.43	0.59	0.91
	教育	4.29	5.72	2.02	6.72	7.73	9.75
	卫生、社会保障和社会福利	1.36	1.98	0.88	2.42	2.86	3.73
	文化体育和娱乐业	0.33	0.84	0.71	1.19	1.55	2.26
	公共管理和社会服务	3.57	4.41	1.18	5.00	5.59	6.77

表 6-31　2011 年晋中城市群各行业就业人口最低必要量、平均值和标准差

城市群	城市职能	最低必要量（万人）	平均值 $\bar{X}$	标准差 δ	$\bar{X}+0.5\delta$	$\bar{X}+\delta$	$\bar{X}+2\delta$
晋中城市群	采矿业	8.10	8.26	0.23	8.37	8.49	8.71
	制造业	5.90	14.37	11.98	20.36	26.35	38.33
	电力、燃气及水的生产与供应产业	1.10	1.41	0.43	1.62	1.84	2.27
	建筑业	1.77	5.48	5.24	8.09	10.71	15.95
	交通运输、仓储、邮电通信业	1.04	3.42	3.37	5.10	6.79	10.15
	信息传输、计算机服务软件业	0.38	0.92	0.76	1.29	1.67	2.43
	批发与零售业	1.20	2.49	1.82	3.40	4.31	6.14
	住宿和餐饮业	0.30	1.27	1.36	1.95	2.63	3.99
	金融业	1.98	2.38	0.56	2.65	2.93	3.49
	房地产业	0.17	0.35	0.25	0.48	0.60	0.86
	租赁和商务服务业	0.30	0.96	0.93	1.42	1.88	2.81
	科学研究、技术服务和地质勘查业	0.56	1.85	1.82	2.75	3.66	5.48
	水利环境和公共设备管理业	0.60	1.13	0.75	1.50	1.88	2.63
	居民服务和其他服务行业	0.02	0.20	0.25	0.33	0.45	0.71
	教育	4.58	6.11	2.16	7.18	8.26	10.42
	卫生、社会保障和社会福利	1.64	2.34	0.98	2.83	3.32	4.30
	文化体育和娱乐业	0.32	0.88	0.79	1.28	1.67	2.46
	公共管理和社会服务	4.80	5.34	0.76	5.72	6.10	6.87

表 6-32　2016 年晋中城市群各行业就业人口最低必要量、平均值和标准差

城市群	城市职能	最低必要量（万人）	平均值 $\bar{X}$	标准差 δ	$\bar{X}+0.5\delta$	$\bar{X}+\delta$	$\bar{X}+2\delta$
晋中城市群	采矿业	7.91	8.46	0.77	8.84	9.23	10.01
	制造业	3.67	12.20	12.07	18.24	24.27	36.34
	电力、燃气及水的生产与供应产业	0.87	2.13	1.79	3.03	3.92	5.71
	建筑业	1.82	8.25	9.09	12.80	17.34	26.44
	交通运输、仓储、邮电通信业	1.01	6.98	8.45	11.21	15.43	23.88
	信息传输、计算机服务软件业	0.26	1.05	1.12	1.61	2.17	3.29
	批发与零售业	1.09	3.35	3.20	4.95	6.55	9.75
	住宿和餐饮业	0.15	0.90	1.06	1.43	1.96	3.02
	金融业	3.12	3.22	0.14	3.29	3.37	3.51
	房地产业	0.15	0.69	0.76	1.07	1.45	2.21
	租赁和商务服务业	0.71	1.97	1.79	2.86	3.76	5.54
	科学研究、技术服务和地质勘查业	0.51	2.24	2.45	3.46	4.68	7.13
	水利环境和公共设备管理业	1.00	1.49	0.70	1.85	2.20	2.90
	居民服务和其他服务行业	0.01	0.13	0.17	0.22	0.31	0.48
	教育	4.86	6.47	2.27	7.60	8.74	11.01
	卫生、社会保障和社会福利	1.91	3.10	1.68	3.94	4.78	6.46
	文化体育和娱乐业	0.37	0.96	0.85	1.39	1.81	2.66
	公共管理和社会服务	5.33	5.81	0.67	6.14	6.48	7.15

表6-33　　2017年晋中城市群各行业就业人口最低必要量、平均值和标准差

城市群	城市职能	最低必要量（万人）	平均值 $\bar{X}$	标准差 δ	$\bar{X}+0.5\delta$	$\bar{X}+\delta$	$\bar{X}+2\delta$
晋中城市群	采矿业	1.68	8.20	9.22	12.80	17.41	26.63
	制造业	1.02	2.63	2.27	3.77	4.91	7.18
	电力、燃气及水的生产与供应产业	0.86	2.23	1.94	3.20	4.17	6.11
	建筑业	1.68	8.20	9.22	12.80	17.41	26.63
	交通运输、仓储、邮电通信业	0.99	6.99	8.48	11.23	15.47	23.95
	信息传输、计算机服务软件业	0.25	1.06	1.14	1.63	2.20	3.35
	批发与零售业	1.02	2.63	2.27	3.77	4.91	7.18
	住宿和餐饮业	0.17	0.89	1.03	1.41	1.92	2.95
	金融业	3.07	3.44	0.53	3.71	3.98	4.51
	房地产业	0.18	0.82	0.89	1.26	1.71	2.60
	租赁和商务服务业	0.49	1.71	1.73	2.58	3.44	5.17
	科学研究、技术服务和地质勘查业	0.45	2.20	2.48	3.44	4.68	7.16
	水利环境和公共设备管理业	0.90	1.52	0.87	1.95	2.38	3.25
	居民服务和其他服务行业	0.01	0.25	0.34	0.41	0.58	0.92
	教育	4.87	6.54	2.36	7.72	8.90	11.26
	卫生、社会保障和社会福利	2.01	3.21	1.70	4.06	4.90	6.60
	文化体育和娱乐业	0.34	0.93	0.82	1.34	1.75	2.57
	公共管理和社会服务	5.49	5.92	0.61	6.23	6.53	7.14

通过表6-34至表6-37对2006年、2011年、2016年和2017年成渝城市群的城市职能情况进行分析。从各行业就业人口最低必要量角度分析，2006年成渝城市群就业人口最低必要量最高的行业为教育，2011年之后就业人口最低必要量最高的行业变为公共管理和社会服务，2006~2017年成渝城市群就业人口最低必要量最低的行业始终为采矿业，而且成渝城市群内各行业的就业人口最低必要量均较低，表明成渝城市群中小城镇各行业的就业人口规模和发展水平均较差。从各行业就业人口平均值角度分析，成渝城市群各行业的就业人口平均值均有所提升，2016年后制造业的就业人口平均值大幅下降，表明成渝城市群第三产业行业对就业人口的吸纳能力大幅度提升，同时第二产业行业的就业人口也逐渐向，第三产业行业转移。从各行业就业人口标准差角度分析，2006年之后成渝城市群各行业的就业人口标准差均大于0.5，2016年之后各行业的就业人口标准差均大于且远大于1，表明成渝城市群内部大中城市和中小城镇之间的就业人口规模差距问题始终存在，同时随着大中城市对就业人口吸纳能力的提升，这种城市间的差异性更为明显。

表 6-34　2006 年成渝城市群各行业就业人口最低必要量、平均值和标准差

城市群	城市职能	最低必要量（万人）	平均值 $\bar{X}$	标准差 δ	$\bar{X}+0.5\delta$	$\bar{X}+\delta$	$\bar{X}+2\delta$
成渝城市群	采矿业	0.00	1.25	2.17	2.34	3.42	5.59
	制造业	0.31	9.85	14.13	16.92	23.98	38.11
	电力、燃气及水的生产与供应产业	0.30	1.12	1.36	1.79	2.47	3.83
	建筑业	0.59	6.94	10.63	12.25	17.57	28.20
	交通运输、仓储、邮电通信业	0.30	2.02	3.58	3.81	5.60	9.18
	信息传输、计算机服务软件业	0.12	0.43	0.61	0.73	1.03	1.64
	批发与零售业	0.19	1.59	2.62	2.90	4.21	6.82
	住宿和餐饮业	0.01	0.45	0.95	0.93	1.40	2.35
	金融业	0.36	1.30	1.71	2.16	3.01	4.72
	房地产业	0.03	0.48	0.85	0.90	1.33	2.17
	租赁和商务服务业	0.01	0.38	0.80	0.78	1.18	1.98
	科学研究、技术服务和地质勘查业	0.08	0.96	1.82	1.87	2.78	4.60
	水利环境和公共设备管理业	0.14	0.59	0.73	0.96	1.32	2.06
	居民服务和其他服务行业	0.01	0.10	0.18	0.19	0.28	0.45
	教育	1.73	6.15	7.51	9.90	13.66	21.17
	卫生、社会保障和社会福利	0.58	2.56	2.93	4.02	5.49	8.41
	文化体育和娱乐业	0.05	0.35	0.57	0.64	0.93	1.50
	公共管理和社会服务	1.70	4.39	5.07	6.92	9.46	14.53

表 6-35　2011 年成渝城市群各行业就业人口最低必要量、平均值和标准差

城市群	城市职能	最低必要量（万人）	平均值 $\bar{X}$	标准差 δ	$\bar{X}+0.5\delta$	$\bar{X}+\delta$	$\bar{X}+2\delta$
成渝城市群	采矿业	0.00	1.36	2.50	2.61	3.86	6.36
	制造业	0.14	12.50	20.91	22.96	33.41	54.32
	电力、燃气及水的生产与供应产业	0.31	1.22	1.58	2.01	2.80	4.37
	建筑业	0.84	10.11	17.77	18.99	27.88	45.65
	交通运输、仓储、邮电通信业	0.18	1.85	3.62	3.66	5.47	9.09
	信息传输、计算机服务软件业	0.14	0.51	0.70	0.86	1.21	1.90
	批发与零售业	0.20	1.99	4.27	4.12	6.26	10.53
	住宿和餐饮业	0.01	0.75	1.82	1.66	2.58	4.40
	金融业	0.33	1.57	1.87	2.51	3.45	5.32
	房地产业	0.03	0.76	1.63	1.58	2.39	4.02
	租赁和商务服务业	0.02	0.67	1.51	1.43	2.19	3.70
	科学研究、技术服务和地质勘查业	0.09	1.09	2.08	2.13	3.17	5.24
	水利环境和公共设备管理业	0.18	0.74	0.97	1.22	1.71	2.68
	居民服务和其他服务行业	0.01	0.12	0.24	0.24	0.36	0.59
	教育	1.67	6.51	8.42	10.72	14.93	23.35
	卫生、社会保障和社会福利	0.71	3.45	4.09	5.49	7.54	11.63
	文化体育和娱乐业	0.05	0.40	0.71	0.75	1.11	1.82
	公共管理和社会服务	2.06	5.33	6.04	8.35	11.38	17.42

表6-36　　2016年成渝城市群各行业就业人口最低必要量、平均值和标准差

城市群	城市职能	最低必要量（万人）	平均值 $\bar{X}$	标准差 δ	$\bar{X}+0.5\delta$	$\bar{X}+\delta$	$\bar{X}+2\delta$
成渝城市群	采矿业	0.00	0.85	1.39	1.54	2.23	3.62
	制造业	0.79	17.49	30.67	32.82	48.15	78.82
	电力、燃气及水的生产与供应产业	0.15	1.20	1.54	1.97	2.74	4.28
	建筑业	1.27	16.69	29.03	31.21	45.72	74.75
	交通运输、仓储、邮电通信业	0.34	5.30	12.42	11.51	17.72	30.14
	信息传输、计算机服务软件业	0.18	2.55	7.74	6.42	10.29	18.03
	批发与零售业	0.33	6.41	17.65	15.24	24.06	41.71
	住宿和餐饮业	0.07	2.96	9.17	7.55	12.14	21.31
	金融业	0.30	2.66	4.12	4.72	6.78	10.91
	房地产业	0.12	2.40	5.17	4.98	7.57	12.74
	租赁和商务服务业	0.09	3.03	7.60	6.83	10.63	18.23
	科学研究、技术服务和地质勘查业	0.06	2.08	4.56	4.36	6.64	11.21
	水利环境和公共设备管理业	0.19	1.14	1.79	2.04	2.93	4.72
	居民服务和其他服务行业	0.01	2.04	7.40	5.75	9.45	16.85
	教育	1.85	7.68	10.59	12.98	18.27	28.86
	卫生、社会保障和社会福利	1.12	5.39	7.14	8.96	12.53	19.67
	文化体育和娱乐业	0.06	0.89	2.16	1.96	3.04	5.20
	公共管理和社会服务	2.23	6.48	7.92	10.44	14.40	22.32

表6-37　　2017年成渝城市群各行业就业人口最低必要量、平均值和标准差

城市群	城市职能	最低必要量（万人）	平均值 $\bar{X}$	标准差 δ	$\bar{X}+0.5\delta$	$\bar{X}+\delta$	$\bar{X}+2\delta$
成渝城市群	采矿业	0.00	0.99	1.47	1.73	2.46	3.93
	制造业	1.32	12.47	26.24	25.59	38.70	64.94
	电力、燃气及水的生产与供应产业	0.15	1.30	1.80	2.19	3.09	4.89
	建筑业	1.57	16.64	29.16	31.22	45.79	74.95
	交通运输、仓储、邮电通信业	0.35	5.12	11.61	10.92	16.73	28.33
	信息传输、计算机服务软件业	0.18	2.58	7.78	6.47	10.36	18.14
	批发与零售业	0.33	7.52	21.56	18.29	29.07	50.63
	住宿和餐饮业	0.08	3.12	9.86	8.05	12.98	22.84
	金融业	0.29	2.71	4.27	4.85	6.98	11.25
	房地产业	0.21	2.71	5.82	5.62	8.53	14.34
	租赁和商务服务业	0.12	3.12	7.71	6.97	10.83	18.54
	科学研究、技术服务和地质勘查业	0.07	2.12	4.72	4.48	6.85	11.57
	水利环境和公共设备管理业	0.15	1.15	1.88	2.09	3.03	4.90
	居民服务和其他服务行业	0.01	2.05	7.29	5.69	9.33	16.62
	教育	0.89	7.43	10.88	12.87	18.31	29.18
	卫生、社会保障和社会福利	1.15	5.62	7.38	9.31	12.99	20.37
	文化体育和娱乐业	0.06	0.91	2.24	2.03	3.15	5.40
	公共管理和社会服务	2.30	6.68	8.13	10.75	14.81	22.95

通过表 6-38 至表 6-41 对 2006 年、2011 年、2016 年和 2017 年关中平原城市群的城市职能情况进行分析。从各行业就业人口最低必要量角度分析，2006~2016 年关中平原城市群就业人口最低必要量最高的行业为公共管理和社会服务，2017 年最低必要量最高的行业变为教育。2006~2017 年关中平原城市群就业人口最低必要量最低的行业为居民服务和其他服务行业，而且仅有公共管理和社会服务行业的就业人口超过万人，表明关中平原城市群中小城镇就业人口整体的发展规模较差，对人口的吸纳能力较低。从各行业就业人口平均值角度分析，关中平原城市群多数行业的就业人口平均值低于万人，且各行业之间的就业人口平均值差距较大，表明关中平原城市群部分行业的就业人口发展水平较差，且各行业之间的发展水平存在差距，第二产业行业在对就业人口吸纳方面与第三产业行业存在明显差距。从各行业就业人口标准差角度分析，2006~2017 年关中平原城市群就业人口标准差远大于 0.5 的行业逐渐增多，表明关中平原城市群内大中城市和中小城镇之间在就业人口规模方面的差异性愈发明显。

表 6-38　　2006 年关中平原城市群各行业就业人口最低必要量、平均值和标准差

城市群	城市职能	最低必要量（万人）	平均值 $\bar{X}$	标准差 δ	$\bar{X}+0.5\delta$	$\bar{X}+\delta$	$\bar{X}+2\delta$
关中平原城市群	采矿业	0.00	1.60	1.70	2.45	3.30	4.99
	制造业	0.40	8.76	12.29	14.91	21.05	33.34
	电力、燃气及水的生产与供应产业	0.20	0.92	0.81	1.33	1.73	2.55
	建筑业	0.40	2.01	2.41	3.21	4.41	6.82
	交通运输、仓储、邮电通信业	0.41	1.74	1.53	2.50	3.27	4.79
	信息传输、计算机服务软件业	0.07	0.32	0.42	0.53	0.74	1.15
	批发与零售业	0.20	1.85	2.77	3.23	4.62	7.39
	住宿和餐饮业	0.07	0.45	0.85	0.88	1.30	2.15
	金融业	0.30	1.01	0.97	1.50	1.99	2.96
	房地产业	0.01	0.25	0.39	0.44	0.64	1.03
	租赁和商务服务业	0.01	0.27	0.40	0.47	0.67	1.06
	科学研究、技术服务和地质勘查业	0.10	1.11	2.35	2.28	3.46	5.81
	水利环境和公共设备管理业	0.14	0.52	0.35	0.70	0.87	1.22
	居民服务和其他服务行业	0.00	0.19	0.55	0.47	0.74	1.29
	教育	0.90	5.02	3.31	6.67	8.33	11.63
	卫生、社会保障和社会福利	0.30	1.48	1.08	2.02	2.56	3.64
	文化体育和娱乐业	0.08	0.37	0.46	0.60	0.83	1.29
	公共管理和社会服务	1.10	3.88	1.96	4.86	5.84	7.80

表6-39　2011年关中平原城市群各行业就业人口最低必要量、平均值和标准差

城市群	城市职能	最低必要量（万人）	平均值 $\bar{X}$	标准差 δ	$\bar{X}+0.5\delta$	$\bar{X}+\delta$	$\bar{X}+2\delta$
关中平原城市群	采矿业	0.00	1.64	1.68	2.49	3.33	5.01
	制造业	0.06	8.54	12.54	14.81	21.08	33.63
	电力、燃气及水的生产与供应产业	0.13	0.75	0.50	1.00	1.26	1.76
	建筑业	0.04	3.18	4.97	5.67	8.15	13.13
	交通运输、仓储、邮电通信业	0.48	1.88	1.85	2.80	3.72	5.57
	信息传输、计算机服务软件业	0.09	0.71	1.47	1.44	2.17	3.64
	批发与零售业	0.13	1.49	2.13	2.55	3.62	5.74
	住宿和餐饮业	0.06	0.65	1.45	1.38	2.10	3.56
	金融业	0.42	1.34	1.43	2.06	2.77	4.19
	房地产业	0.04	0.56	1.32	1.22	1.88	3.20
	租赁和商务服务业	0.02	0.36	0.66	0.68	1.01	1.67
	科学研究、技术服务和地质勘查业	0.13	1.29	3.03	2.81	4.32	7.35
	水利环境和公共设施管理业	0.17	0.71	0.64	1.04	1.36	2.00
	居民服务和其他服务行业	0.00	0.12	0.33	0.29	0.45	0.79
	教育	1.35	5.64	4.13	7.70	9.77	13.91
	卫生、社会保障和社会福利	0.48	2.00	1.59	2.79	3.58	5.17
	文化体育和娱乐业	0.06	0.50	0.72	0.86	1.22	1.94
	公共管理和社会服务	1.90	4.93	2.48	6.17	7.41	9.89

表6-40　2016年关中平原城市群各行业就业人口最低必要量、平均值和标准差

城市群	城市职能	最低必要量（万人）	平均值 $\bar{X}$	标准差 δ	$\bar{X}+0.5\delta$	$\bar{X}+\delta$	$\bar{X}+2\delta$
关中平原城市群	采矿业	0.07	2.18	1.95	3.15	4.13	6.08
	制造业	0.36	9.53	13.03	16.05	22.56	35.59
	电力、燃气及水的生产与供应产业	0.16	1.07	1.41	1.77	2.48	3.89
	建筑业	0.65	5.51	6.64	8.83	12.15	18.79
	交通运输、仓储、邮电通信业	0.29	1.67	1.71	2.53	3.38	5.10
	信息传输、计算机服务软件业	0.13	1.04	2.46	2.27	3.50	5.96
	批发与零售业	0.51	2.26	3.41	3.96	5.67	9.08
	住宿和餐饮业	0.10	0.86	1.61	1.66	2.46	4.07
	金融业	0.45	1.84	2.45	3.07	4.29	6.75
	房地产业	0.09	0.98	2.11	2.04	3.09	5.20
	租赁和商务服务业	0.03	1.05	2.41	2.25	3.45	5.86
	科学研究、技术服务和地质勘查业	0.17	1.63	3.88	3.57	5.50	9.38
	水利环境和公共设施管理业	0.15	0.83	0.73	1.20	1.56	2.29
	居民服务和其他服务行业	0.00	0.19	0.35	0.36	0.54	0.88
	教育	0.81	5.79	4.28	7.93	10.07	14.34
	卫生、社会保障和社会福利	0.69	2.56	1.97	3.55	4.53	6.50
	文化体育和娱乐业	0.08	0.46	0.59	0.76	1.05	1.64
	公共管理和社会服务	2.07	5.56	2.88	7.01	8.45	11.33

表6-41　2017年关中平原城市群各行业就业人口最低必要量、平均值和标准差

城市群	城市职能	最低必要量（万人）	平均值 $\bar{X}$	标准差 δ	$\bar{X}+0.5\delta$	$\bar{X}+\delta$	$\bar{X}+2\delta$
关中平原城市群	采矿业	0.07	2.14	1.92	3.10	4.06	5.97
	制造业	0.32	9.21	13.75	16.08	22.96	36.71
	电力、燃气及水的生产与供应产业	0.15	1.02	1.17	1.60	2.19	3.36
	建筑业	0.63	5.32	6.02	8.33	11.34	17.36
	交通运输、仓储、邮电通信业	0.27	2.41	4.73	4.77	7.14	11.87
	信息传输、计算机服务软件业	0.12	1.09	2.68	2.43	3.77	6.45
	批发与零售业	0.34	2.28	3.78	4.17	6.06	9.83
	住宿和餐饮业	0.11	0.83	1.63	1.65	2.47	4.10
	金融业	0.41	1.94	2.82	3.35	4.76	7.58
	房地产业	0.10	0.99	2.18	2.08	3.17	5.36
	租赁和商务服务业	0.03	0.79	1.72	1.64	2.50	4.22
	科学研究、技术服务和地质勘查业	0.19	1.69	4.14	3.76	5.83	9.96
	水利环境和公共设备管理业	0.14	0.86	0.77	1.25	1.64	2.41
	居民服务和其他服务行业	0.00	0.18	0.33	0.34	0.50	0.83
	教育	0.83	5.53	3.98	7.52	9.51	13.49
	卫生、社会保障和社会福利	0.71	2.68	2.23	3.80	4.91	7.14
	文化体育和娱乐业	0.10	0.51	0.67	0.84	1.17	1.84
	公共管理和社会服务	0.12	5.12	3.50	6.87	8.62	12.12

通过表6-42至表6-45对2006年、2011年、2016年和2017年北部湾城市群的城市职能情况进行分析。从各行业就业人口最低必要量角度分析，2006~2017年北部湾城市群就业人口最低必要量最高的行业始终为公共管理和社会服务，就业人口最低必要量最低的行业在2006~2011年为居民服务和其他服务行业、在2016年以后为采矿业，同时，北部湾城市群只有个别行业的就业人口最低必要量超过万人，表明北部湾城市群内部中小城镇的就业人口基础较差。从各行业就业人口平均值角度分析，北部湾城市群从2006年少数行业的就业人口平均值超过万人到2017年多数行业的就业人口平均值超过万人，而且行业的就业人口平均值均呈现为增长趋势，表明北部湾城市群对就业人口的吸纳能力在提高，就业人口发展水平提升，其中第三产业行业就业人口的规模发展较快。从各行业就业人口标准差角度分析，北部湾城市群仅有少数行业的就业人口标准差小于0.5，其中建筑业的就业人口标准差从2.79增长到7.29，表明北部湾城市群内部行业就业人口的发展在大众城市和中小城镇之间一定差距，第二产业的快速发展集中在大中城市，这使得北部湾城市群内部行业就业人口的差异性在城市间更加显著。

表6-42 2006年北部湾城市群各行业就业人口最低必要量、平均值和标准差

城市群	城市职能	最低必要量（万人）	平均值 $\bar{X}$	标准差 δ	$\bar{X}+0.5\delta$	$\bar{X}+\delta$	$\bar{X}+2\delta$
北部湾城市群	采矿业	0.02	0.24	0.27	0.38	0.52	0.79
	制造业	0.90	4.95	3.52	6.71	8.47	11.98
	电力、燃气及水的生产与供应产业	0.20	0.62	0.31	0.77	0.92	1.23
	建筑业	0.30	2.71	2.79	4.11	5.50	8.30
	交通运输、仓储、邮电通信业	0.41	1.68	1.60	2.48	3.28	4.88
	信息传输、计算机服务软件业	0.02	0.29	0.29	0.44	0.58	0.88
	批发与零售业	0.16	2.57	4.65	4.89	7.22	11.86
	住宿和餐饮业	0.12	0.73	1.09	1.28	1.82	2.91
	金融业	0.13	0.73	0.56	1.00	1.28	1.84
	房地产业	0.03	0.62	0.93	1.09	1.55	2.48
	租赁和商务服务业	0.09	0.85	1.14	1.42	1.99	3.13
	科学研究、技术服务和地质勘查业	0.05	0.48	0.63	0.79	1.11	1.74
	水利环境和公共设备管理业	0.10	0.49	0.35	0.66	0.84	1.18
	居民服务和其他服务行业	0.00	0.62	1.76	1.50	2.38	4.14
	教育	0.85	4.68	3.06	6.21	7.74	10.80
	卫生、社会保障和社会福利	0.28	2.12	1.01	2.63	3.13	4.15
	文化体育和娱乐业	0.02	0.32	0.42	0.53	0.74	1.15
	公共管理和社会服务	1.07	2.89	1.65	3.71	4.54	6.18

表6-43 2011年北部湾城市群各行业就业人口最低必要量、平均值和标准差

城市群	城市职能	最低必要量（万人）	平均值 $\bar{X}$	标准差 δ	$\bar{X}+0.5\delta$	$\bar{X}+\delta$	$\bar{X}+2\delta$
北部湾城市群	采矿业	0.01	0.23	0.27	0.36	0.49	0.76
	制造业	1.37	5.84	4.32	8.00	10.16	14.48
	电力、燃气及水的生产与供应产业	0.31	0.61	0.27	0.75	0.89	1.16
	建筑业	0.44	3.72	3.30	5.37	7.02	10.32
	交通运输、仓储、邮电通信业	0.48	1.71	1.86	2.64	3.57	5.43
	信息传输、计算机服务软件业	0.08	0.33	0.27	0.46	0.59	0.86
	批发与零售业	0.18	1.39	1.40	2.09	2.80	4.20
	住宿和餐饮业	0.08	0.51	0.60	0.81	1.11	1.71
	金融业	0.16	1.01	0.86	1.44	1.87	2.74
	房地产业	0.09	0.59	0.73	0.95	1.32	2.05
	租赁和商务服务业	0.10	0.78	1.04	1.30	1.82	2.87
	科学研究、技术服务和地质勘查业	0.11	0.58	0.79	0.97	1.36	2.15
	水利环境和公共设备管理业	0.24	0.59	0.40	0.79	0.99	1.39
	居民服务和其他服务行业	0.00	0.10	0.12	0.16	0.22	0.34
	教育	1.24	5.17	3.24	6.79	8.41	11.65
	卫生、社会保障和社会福利	0.55	2.77	1.46	3.50	4.23	5.69
	文化体育和娱乐业	0.05	0.32	0.38	0.51	0.70	1.08
	公共管理和社会服务	1.39	3.23	1.71	4.08	4.94	6.65

表 6-44　2016 年北部湾城市群各行业就业人口最低必要量、平均值和标准差

城市群	城市职能	最低必要量（万人）	平均值 $\bar{X}$	标准差 δ	$\bar{X}+0.5\delta$	$\bar{X}+\delta$	$\bar{X}+2\delta$
北部湾城市群	采矿业	0.00	0.15	0.21	0.26	0.36	0.57
	制造业	0.65	6.17	3.96	8.15	10.13	14.10
	电力、燃气及水的生产与供应产业	0.17	1.07	1.55	1.84	2.62	4.17
	建筑业	0.41	6.00	6.61	9.31	12.61	19.23
	交通运输、仓储、邮电通信业	0.29	1.74	1.79	2.63	3.53	5.32
	信息传输、计算机服务软件业	0.12	0.40	0.43	0.61	0.82	1.25
	批发与零售业	0.17	1.76	1.64	2.58	3.40	5.03
	住宿和餐饮业	0.10	0.61	0.67	0.95	1.28	1.96
	金融业	0.18	1.48	1.48	2.22	2.96	4.44
	房地产业	0.18	1.14	1.51	1.90	2.65	4.16
	租赁和商务服务业	0.16	0.74	0.80	1.14	1.55	2.35
	科学研究、技术服务和地质勘查业	0.11	0.78	1.02	1.30	1.81	2.83
	水利环境和公共设备管理业	0.22	0.73	0.58	1.02	1.30	1.88
	居民服务和其他服务行业	0.01	0.07	0.08	0.11	0.15	0.22
	教育	1.19	5.37	3.40	7.08	8.78	12.18
	卫生、社会保障和社会福利	0.65	3.50	1.94	4.47	5.43	7.37
	文化体育和娱乐业	0.04	0.32	0.40	0.52	0.73	1.13
	公共管理和社会服务	1.66	3.78	1.85	4.71	5.64	7.49

表 6-45　2017 年北部湾城市群各行业就业人口最低必要量、平均值和标准差

城市群	城市职能	最低必要量（万人）	平均值 $\bar{X}$	标准差 δ	$\bar{X}+0.5\delta$	$\bar{X}+\delta$	$\bar{X}+2\delta$
北部湾城市群	采矿业	0.00	0.13	0.17	0.21	0.30	0.46
	制造业	0.66	5.13	3.17	6.72	8.30	11.47
	电力、燃气及水的生产与供应产业	0.20	1.00	1.43	1.71	2.43	3.86
	建筑业	0.35	6.83	7.29	10.48	14.12	21.41
	交通运输、仓储、邮电通信业	0.26	1.73	1.92	2.69	3.65	5.57
	信息传输、计算机服务软件业	0.11	0.53	0.55	0.81	1.09	1.64
	批发与零售业	0.13	1.66	1.60	2.46	3.26	4.85
	住宿和餐饮业	0.09	0.58	0.69	0.93	1.27	1.96
	金融业	0.18	1.58	1.59	2.37	3.16	4.75
	房地产业	0.16	1.18	1.59	1.98	2.77	4.37
	租赁和商务服务业	0.17	0.87	0.96	1.35	1.83	2.80
	科学研究、技术服务和地质勘查业	0.12	0.78	1.00	1.28	1.78	2.78
	水利环境和公共设备管理业	0.17	0.74	0.59	1.03	1.33	1.92
	居民服务和其他服务行业	0.01	0.06	0.06	0.09	0.13	0.19
	教育	1.14	5.41	3.45	7.14	8.86	12.31
	卫生、社会保障和社会福利	0.65	3.57	1.95	4.55	5.52	7.47
	文化体育和娱乐业	0.04	0.33	0.43	0.55	0.77	1.20
	公共管理和社会服务	1.73	3.94	2.07	4.97	6.00	8.07

通过表6-46至表6-49对2006年、2011年、2016年和2017年呼包鄂榆城市群的城市职能情况进行分析。从各行业就业人口最低必要量角度分析，2011年以前呼包鄂榆城市群就业人口最低必要量最高的行业为公共管理和社会服务，2016年后就业人口最低必要量最高的行业变为制造业，2006~2017年呼包鄂榆城市群就业人口最低必要量最低的行业为居民服务和其他服务行业，表明呼包鄂榆城市群第二产业行业就业人口增长较快，整体上各行业就业人口的基础规模较低。从各行业就业人口平均值角度分析，2006~2017年呼包鄂榆城市群各行业就业人口平均值均呈现波动上升趋势，其中第二产业行业和小部分第三产业行业的上升幅度较为显著，表明呼包鄂榆城市群第二产业行业的就业人口发展高于第三产业行业的，同时，第三产业内部不同行业间的就业人口发展水平存在一定的差异。从各行业就业人口标准差角度分析，呼包鄂榆城市群内仅有小部分行业的就业人口标准差大于0.5，表明呼包鄂榆城市群内部第二产业行业的就业人口规模在大中城市和中小城镇间存在差异，而第三产业行业的就业人口规模则在分布较为均衡。

表6-46　2006年呼包鄂榆城市群各行业就业人口最低必要量、平均值和标准差

城市群	城市职能	最低必要量（万人）	平均值 $\bar{X}$	标准差 δ	$\bar{X}+0.5\delta$	$\bar{X}+\delta$	$\bar{X}+2\delta$
呼包鄂榆城市群	采矿业	0.04	1.26	0.96	1.73	2.21	3.17
	制造业	1.34	6.66	6.16	9.73	12.81	18.97
	电力、燃气及水的生产与供应产业	0.77	1.07	0.25	1.20	1.32	1.57
	建筑业	0.33	1.32	1.04	1.83	2.35	3.39
	交通运输、仓储、邮电通信业	0.28	0.81	0.41	1.01	1.22	1.63
	信息传输、计算机服务软件业	0.11	0.34	0.24	0.46	0.58	0.83
	批发与零售业	0.23	0.82	0.40	1.02	1.22	1.62
	住宿和餐饮业	0.05	0.40	0.37	0.58	0.77	1.14
	金融业	0.44	1.05	0.65	1.37	1.70	2.35
	房地产业	0.03	0.12	0.08	0.16	0.20	0.28
	租赁和商务服务业	0.09	0.32	0.31	0.47	0.63	0.94
	科学研究、技术服务和地质勘查业	0.18	0.57	0.47	0.81	1.04	1.50
	水利环境和公共设备管理业	0.51	0.80	0.36	0.98	1.16	1.53
	居民服务和其他服务行业	0.01	0.11	0.13	0.17	0.23	0.36
	教育	2.06	3.48	1.25	4.10	4.73	5.98
	卫生、社会保障和社会福利	0.59	1.03	0.32	1.19	1.35	1.67
	文化体育和娱乐业	0.20	0.44	0.33	0.60	0.77	1.10
	公共管理和社会服务	2.34	3.56	1.39	4.26	4.95	6.34

表 6-47　2011 年呼包鄂榆城市群各行业就业人口最低必要量、平均值和标准差

城市群	城市职能	最低必要量（万人）	平均值 $\bar{X}$	标准差 δ	$\bar{X}+0.5\delta$	$\bar{X}+\delta$	$\bar{X}+2\delta$
呼包鄂榆城市群	采矿业	0.04	2.61	2.46	3.84	5.07	7.53
	制造业	1.72	6.64	6.40	9.84	13.04	19.44
	电力、燃气及水的生产与供应产业	0.86	1.22	0.40	1.42	1.61	2.01
	建筑业	0.07	1.52	1.59	2.32	3.11	4.70
	交通运输、仓储、邮电通信业	0.32	1.17	0.57	1.46	1.74	2.32
	信息传输、计算机服务软件业	0.24	0.53	0.32	0.69	0.85	1.17
	批发与零售业	0.29	0.98	0.66	1.31	1.64	2.29
	住宿和餐饮业	0.04	0.42	0.42	0.63	0.84	1.25
	金融业	0.72	1.39	0.68	1.73	2.07	2.75
	房地产业	0.03	0.22	0.22	0.33	0.44	0.66
	租赁和商务服务业	0.12	0.37	0.31	0.52	0.68	0.99
	科学研究、技术服务和地质勘查业	0.20	0.68	0.53	0.95	1.22	1.75
	水利环境和公共设备管理业	0.89	1.21	0.32	1.37	1.52	1.84
	居民服务和其他服务行业	0.01	0.11	0.14	0.18	0.25	0.38
	教育	2.60	3.77	1.08	4.31	4.85	5.93
	卫生、社会保障和社会福利	0.89	1.36	0.44	1.58	1.80	2.24
	文化体育和娱乐业	0.25	0.44	0.31	0.59	0.74	1.05
	公共管理和社会服务	2.77	4.45	1.61	5.25	6.06	7.67

表 6-48　2016 年呼包鄂榆城市群各行业就业人口最低必要量、平均值和标准差

城市群	城市职能	最低必要量（万人）	平均值 $\bar{X}$	标准差 δ	$\bar{X}+0.5\delta$	$\bar{X}+\delta$	$\bar{X}+2\delta$
呼包鄂榆城市群	采矿业	0.03	3.80	3.79	5.69	7.58	11.37
	制造业	5.16	7.47	4.00	9.47	11.48	15.48
	电力、燃气及水的生产与供应产业	1.55	1.92	0.35	2.10	2.27	2.62
	建筑业	1.08	2.85	1.42	3.56	4.27	5.69
	交通运输、仓储、邮电通信业	1.20	1.97	0.84	2.39	2.81	3.65
	信息传输、计算机服务软件业	0.36	0.58	0.38	0.77	0.96	1.34
	批发与零售业	0.88	1.55	0.60	1.85	2.15	2.75
	住宿和餐饮业	0.46	0.68	0.19	0.78	0.87	1.07
	金融业	0.94	1.51	0.61	1.82	2.12	2.73
	房地产业	0.42	0.91	0.39	1.10	1.30	1.70
	租赁和商务服务业	0.39	0.68	0.25	0.80	0.92	1.17
	科学研究、技术服务和地质勘查业	0.36	0.96	0.79	1.36	1.76	2.55
	水利环境和公共设备管理业	0.73	1.28	0.49	1.52	1.77	2.26
	居民服务和其他服务行业	0.02	0.11	0.08	0.15	0.19	0.28
	教育	2.83	4.01	1.17	4.60	5.19	6.36
	卫生、社会保障和社会福利	1.10	1.77	0.46	2.00	2.23	2.69
	文化体育和娱乐业	0.32	0.53	0.35	0.71	0.88	1.23
	公共管理和社会服务	3.61	5.43	1.87	6.36	7.30	9.17

表6-49 2017年呼包鄂榆城市群各行业就业人口最低必要量、平均值和标准差

城市群	城市职能	最低必要量（万人）	平均值 $\bar{X}$	标准差 δ	$\bar{X}+0.5\delta$	$\bar{X}+\delta$	$\bar{X}+2\delta$
呼包鄂榆城市群	采矿业	0.04	3.57	3.71	5.42	7.28	10.99
	制造业	4.52	7.00	3.08	8.54	10.08	13.15
	电力、燃气及水的生产与供应产业	1.62	1.85	0.37	2.03	2.22	2.59
	建筑业	1.06	2.60	1.11	3.16	3.71	4.82
	交通运输、仓储、邮电通信业	1.39	1.96	0.73	2.33	2.69	3.42
	信息传输、计算机服务软件业	0.35	0.58	0.36	0.76	0.94	1.31
	批发与零售业	0.87	1.51	0.67	1.84	2.18	2.84
	住宿和餐饮业	0.39	0.65	0.19	0.74	0.84	1.03
	金融业	0.95	1.53	0.60	1.83	2.13	2.73
	房地产业	0.41	0.93	0.42	1.14	1.35	1.76
	租赁和商务服务业	0.51	0.86	0.28	1.01	1.15	1.43
	科学研究、技术服务和地质勘查业	0.38	0.96	0.79	1.36	1.75	2.54
	水利环境和公共设备管理业	0.89	1.32	0.43	1.54	1.76	2.19
	居民服务和其他服务行业	0.02	0.12	0.09	0.16	0.21	0.30
	教育	2.96	4.03	1.13	4.59	5.16	6.29
	卫生、社会保障和社会福利	1.17	1.86	0.47	2.09	2.33	2.80
	文化体育和娱乐业	0.31	0.57	0.39	0.77	0.96	1.36
	公共管理和社会服务	3.71	5.72	2.10	6.77	7.82	9.91

通过表6-50至表6-53对2006年、2011年、2016年和2017年兰西城市群的城市职能情况进行分析。从各行业就业人口最低必要量角度分析，兰西城市群2006年就业人口最低必要量最高的行业为教育，2011~2016年变为公共管理和社会服务，2017年又变回为教育。2006~2011年兰西城市群就业人口最低必要量最低的行业为房地产业，2011~2017年为居民服务和其他服务行业，同时，仅有个别行业的就业人口最低必要量超过万人，表明兰西城市群整体就业人口最低必要量水平的门槛较低，中小城镇对各行业的就业人口吸纳能力较差。从各行业就业人口平均值角度分析，兰西城市群第二产业行业的就业人口平均值呈波动不变趋势，第三行业的就业人口平均值呈波动上升趋势，表明兰西城市群第二产业行业在就业人口吸纳上呈现的主导地位没有发生变化，第三产业行业的就业人口规模快速发展。从各行业就业人口标准差角度分析，2006~2017年兰西城市群第二产业行业的就业人口标准差呈现波动不变趋势，第三产业行业的就业人口标准差呈现为波动上升状态，表明兰西城市群内各城市间第二产业行业的就业人口规模差距依旧存在，第三产业行业的就业人口规模差距伴随着发展在大中城市和中小城镇之间扩大。

表6-50　　2006年兰西城市群各行业就业人口最低必要量、平均值和标准差

城市群	城市职能	最低必要量（万人）	平均值 $\overline{X}$	标准差 δ	$\overline{X}+0.5δ$	$\overline{X}+δ$	$\overline{X}+2δ$
兰西城市群	采矿业	0.06	1.25	1.29	1.89	2.53	3.82
	制造业	0.90	6.44	6.25	9.57	12.69	18.94
	电力、燃气及水的生产与供应产业	0.45	0.94	0.52	1.19	1.45	1.97
	建筑业	0.54	3.14	4.16	5.22	7.30	11.46
	交通运输、仓储、邮电通信业	0.31	1.65	1.59	2.44	3.23	4.82
	信息传输、计算机服务软件业	0.05	0.35	0.32	0.51	0.68	1.00
	批发与零售业	0.11	0.94	1.01	1.44	1.95	2.95
	住宿和餐饮业	0.04	0.34	0.48	0.57	0.81	1.29
	金融业	0.14	0.79	0.64	1.10	1.42	2.06
	房地产业	0.01	0.28	0.42	0.49	0.69	1.11
	租赁和商务服务业	0.02	0.64	0.83	1.06	1.47	2.30
	科学研究、技术服务和地质勘查业	0.10	0.85	1.06	1.37	1.90	2.96
	水利环境和公共设备管理业	0.13	0.42	0.33	0.58	0.75	1.08
	居民服务和其他服务行业	0.02	0.08	0.08	0.12	0.17	0.25
	教育	2.52	3.34	1.32	4.00	4.66	5.97
	卫生、社会保障和社会福利	0.38	0.93	0.51	1.18	1.43	1.94
	文化体育和娱乐业	0.08	0.36	0.38	0.55	0.74	1.12
	公共管理和社会服务	2.02	3.16	1.64	3.97	4.79	6.43

表6-51　　2011年兰西城市群各行业就业人口最低必要量、平均值和标准差

城市群	城市职能	最低必要量（万人）	平均值 $\overline{X}$	标准差 δ	$\overline{X}+0.5δ$	$\overline{X}+δ$	$\overline{X}+2δ$
兰西城市群	采矿业	0.02	1.11	1.16	1.69	2.27	3.42
	制造业	0.86	5.93	4.59	8.22	10.52	15.11
	电力、燃气及水的生产与供应产业	0.39	0.77	0.43	0.98	1.20	1.63
	建筑业	0.59	4.39	4.89	6.84	9.29	14.18
	交通运输、仓储、邮电通信业	0.26	1.22	1.10	1.77	2.33	3.43
	信息传输、计算机服务软件业	0.10	0.34	0.28	0.48	0.62	0.89
	批发与零售业	0.21	1.07	0.97	1.55	2.04	3.01
	住宿和餐饮业	0.01	0.30	0.32	0.46	0.62	0.93
	金融业	0.32	1.08	0.82	1.49	1.90	2.73
	房地产业	0.01	0.35	0.40	0.55	0.75	1.16
	租赁和商务服务业	0.02	0.44	0.55	0.71	0.99	1.53
	科学研究、技术服务和地质勘查业	0.11	1.13	1.21	1.73	2.34	3.55
	水利环境和公共设备管理业	0.24	0.49	0.30	0.64	0.79	1.09
	居民服务和其他服务行业	0.01	0.07	0.06	0.10	0.13	0.19
	教育	2.73	3.86	1.52	4.62	5.37	6.89
	卫生、社会保障和社会福利	0.59	1.39	0.74	1.76	2.13	2.87
	文化体育和娱乐业	0.04	0.39	0.44	0.61	0.83	1.28
	公共管理和社会服务	2.77	3.63	1.57	4.41	5.20	6.77

表 6-52　2016 年兰西城市群各行业就业人口最低必要量、平均值和标准差

城市群	城市职能	最低必要量（万人）	平均值 $\bar{X}$	标准差 δ	$\bar{X}+0.5\delta$	$\bar{X}+\delta$	$\bar{X}+2\delta$
兰西城市群	采矿业	0.05	0.86	0.79	1.26	1.66	2.45
	制造业	1.01	5.20	4.21	7.30	9.41	13.61
	电力、燃气及水的生产与供应产业	0.43	1.32	0.97	1.80	2.28	3.25
	建筑业	1.85	6.44	6.28	9.58	12.72	19.00
	交通运输、仓储、邮电通信业	0.27	1.68	1.58	2.47	3.26	4.85
	信息传输、计算机服务软件业	0.08	0.49	0.46	0.72	0.94	1.40
	批发与零售业	0.23	1.30	1.29	1.94	2.59	3.88
	住宿和餐饮业	0.02	0.44	0.53	0.71	0.98	1.51
	金融业	0.38	1.28	0.96	1.76	2.24	3.20
	房地产业	0.15	1.01	1.27	1.64	2.28	3.55
	租赁和商务服务业	0.07	0.80	1.11	1.35	1.91	3.01
	科学研究、技术服务和地质勘查业	0.15	1.42	1.72	2.28	3.14	4.86
	水利环境和公共设施管理业	0.38	0.75	0.66	1.08	1.41	2.08
	居民服务和其他服务行业	0.01	0.04	0.03	0.06	0.07	0.11
	教育	2.75	4.09	1.92	5.05	6.01	7.93
	卫生、社会保障和社会福利	0.67	1.90	1.13	2.47	3.03	4.17
	文化体育和娱乐业	0.05	0.40	0.41	0.61	0.82	1.23
	公共管理和社会服务	3.02	4.07	1.61	4.87	5.68	7.29

表 6-53　2017 年兰西城市群各行业就业人口最低必要量、平均值和标准差

城市群	城市职能	最低必要量（万人）	平均值 $\bar{X}$	标准差 δ	$\bar{X}+0.5\delta$	$\bar{X}+\delta$	$\bar{X}+2\delta$
兰西城市群	采矿业	0.05	0.75	0.83	1.17	1.58	2.41
	制造业	1.02	5.06	4.01	7.06	9.07	13.08
	电力、燃气及水的生产与供应产业	0.46	1.41	1.04	1.92	2.44	3.48
	建筑业	2.00	6.67	7.18	10.26	13.85	21.04
	交通运输、仓储、邮电通信业	0.34	1.84	1.78	2.74	3.63	5.41
	信息传输、计算机服务软件业	0.11	0.56	0.54	0.83	1.11	1.65
	批发与零售业	0.25	1.29	1.32	1.95	2.61	3.94
	住宿和餐饮业	0.03	0.43	0.53	0.70	0.96	1.49
	金融业	0.38	1.30	1.05	1.82	2.35	3.40
	房地产业	0.22	1.07	1.29	1.72	2.36	3.66
	租赁和商务服务业	0.04	1.36	2.26	2.49	3.62	5.89
	科学研究、技术服务和地质勘查业	0.13	1.52	1.90	2.47	3.42	5.32
	水利环境和公共设施管理业	0.30	0.88	0.91	1.33	1.79	2.70
	居民服务和其他服务行业	0.01	0.04	0.03	0.05	0.06	0.09
	教育	2.78	4.03	1.89	4.98	5.92	7.81
	卫生、社会保障和社会福利	0.95	2.10	1.19	2.70	3.29	4.48
	文化体育和娱乐业	0.05	0.46	0.50	0.71	0.96	1.45
	公共管理和社会服务	0.32	3.45	2.50	4.70	5.95	8.46

通过表 6-54 至表 6-57 对 2006 年、2011 年、2016 年和 2017 年黔中城市群的城市职能情况进行分析。从各行业就业人口最低必要量角度分析，2006 年黔中城市群就业人口最低必要量最高的行业为教育，2011 年以后就业人口最低必要量最高的行业变为制造业，2006~2017 年黔中城市群就业人口最低必要量最低的行业为居民服务和其他服务行业，整体上看仅有个别行业的最低必要量超过万人，表明黔中城市群中小城镇的多数行业的就业人口规模水平较低且提升较慢。从各行业就业人口平均值角度分析，2006~2017 年黔中城市群各行业的就业人口平均值均有所提升，其中制造业、建筑业、教育的提升尤为显著，表明黔中城市群整体就业人口规模扩大，第二产业对就业人口的吸纳能力较第三产业的更强。从各行业就业人口标准差角度分析，黔中城市群大多数行业的就业人口标准差呈波动上升趋势，部分行业的就业人口标准差大于且远大于 0.5，表明黔中城市群第二产业行业就业人口在大中城市和中小城镇间的差异性依旧显著，第三产业行业的就业人口规模的发展模式也由在各城市间较均衡地发展转变为向大中城市聚集地发展。

表 6-54　　2006 年黔中城市群各行业就业人口最低必要量、平均值和标准差

城市群	城市职能	最低必要量（万人）	平均值 $\bar{X}$	标准差 δ	$\bar{X}+0.5\delta$	$\bar{X}+\delta$	$\bar{X}+2\delta$
黔中城市群	采矿业	0.31	0.55	0.26	0.68	0.80	1.06
	制造业	1.85	7.72	6.78	11.11	14.50	21.28
	电力、燃气及水的生产与供应产业	0.54	0.94	0.37	1.12	1.30	1.67
	建筑业	0.65	5.48	6.33	8.65	11.81	18.15
	交通运输、仓储、邮电通信业	0.38	1.00	0.63	1.31	1.62	2.25
	信息传输、计算机服务软件业	0.13	0.19	0.06	0.22	0.25	0.31
	批发与零售业	0.49	2.34	2.52	3.60	4.86	7.38
	住宿和餐饮业	0.16	0.65	0.79	1.04	1.44	2.23
	金融业	0.39	0.86	0.50	1.11	1.36	1.85
	房地产业	0.21	0.98	1.15	1.55	2.13	3.28
	租赁和商务服务业	0.07	0.66	0.84	1.08	1.50	2.34
	科学研究、技术服务和地质勘查业	0.18	0.68	0.74	1.05	1.42	2.16
	水利环境和公共设施管理业	0.31	0.55	0.24	0.67	0.79	1.03
	居民服务和其他服务行业	0.06	0.20	0.24	0.32	0.44	0.68
	教育	2.61	4.87	2.11	5.93	6.98	9.10
	卫生、社会保障和社会福利	0.55	1.80	0.45	2.02	2.24	2.69
	文化体育和娱乐业	0.10	0.41	0.46	0.63	0.86	1.32
	公共管理和社会服务	2.32	4.56	1.94	5.53	6.50	8.44

表 6-55　2011 年黔中城市群各行业就业人口最低必要量、平均值和标准差

城市群	城市职能	最低必要量（万人）	平均值 $\bar{X}$	标准差 δ	$\bar{X}+0.5\delta$	$\bar{X}+\delta$	$\bar{X}+2\delta$
黔中城市群	采矿业	0.26	0.70	0.42	0.91	1.12	1.54
	制造业	3.16	9.11	7.93	13.08	17.04	24.97
	电力、燃气及水的生产与供应产业	0.40	1.29	1.01	1.79	2.29	3.30
	建筑业	0.60	7.30	9.84	12.21	17.13	26.97
	交通运输、仓储、邮电通信业	0.35	1.34	1.03	1.86	2.37	3.40
	信息传输、计算机服务软件业	0.12	0.51	0.53	0.77	1.04	1.57
	批发与零售业	0.79	2.31	2.23	3.42	4.54	6.77
	住宿和餐饮业	0.11	0.77	1.09	1.32	1.86	2.95
	金融业	0.55	1.28	0.88	1.72	2.16	3.04
	房地产业	0.19	1.08	1.52	1.84	2.60	4.11
	租赁和商务服务业	0.11	0.74	0.89	1.18	1.62	2.51
	科学研究、技术服务和地质勘查业	0.23	0.88	0.76	1.26	1.64	2.39
	水利环境和公共设备管理业	0.45	0.75	0.33	0.91	1.08	1.40
	居民服务和其他服务行业	0.06	0.25	0.28	0.40	0.54	0.82
	教育	2.76	5.34	2.34	6.51	7.69	10.03
	卫生、社会保障和社会福利	0.97	2.56	0.13	2.62	2.69	2.81
	文化体育和娱乐业	0.07	0.35	0.38	0.54	0.73	1.11
	公共管理和社会服务	2.53	5.08	2.22	6.19	7.31	9.53

表 6-56　2016 年黔中城市群各行业就业人口最低必要量、平均值和标准差

城市群	城市职能	最低必要量（万人）	平均值 $\bar{X}$	标准差 δ	$\bar{X}+0.5\delta$	$\bar{X}+\delta$	$\bar{X}+2\delta$
黔中城市群	采矿业	0.52	0.64	0.12	0.70	0.76	0.88
	制造业	4.94	9.24	5.22	11.85	14.46	19.67
	电力、燃气及水的生产与供应产业	0.37	2.54	3.16	4.12	5.70	8.86
	建筑业	0.62	12.12	17.14	20.69	29.26	46.40
	交通运输、仓储、邮电通信业	0.46	3.11	4.09	5.15	7.19	11.28
	信息传输、计算机服务软件业	0.19	0.80	0.96	1.28	1.76	2.72
	批发与零售业	0.66	2.67	2.39	3.86	5.06	7.45
	住宿和餐饮业	0.17	0.62	0.63	0.94	1.25	1.88
	金融业	0.71	1.46	1.01	1.96	2.47	3.47
	房地产业	0.52	2.11	2.33	3.27	4.44	6.77
	租赁和商务服务业	0.42	1.21	1.07	1.74	2.28	3.35
	科学研究、技术服务和地质勘查业	0.28	1.33	1.43	2.05	2.76	4.19
	水利环境和公共设备管理业	0.46	0.84	0.33	1.01	1.17	1.50
	居民服务和其他服务行业	0.07	0.32	0.40	0.51	0.71	1.11
	教育	3.44	6.58	2.79	7.97	9.36	12.15
	卫生、社会保障和社会福利	1.16	3.97	0.00	3.97	3.97	3.98
	文化体育和娱乐业	0.09	0.44	0.47	0.67	0.90	1.37
	公共管理和社会服务	3.63	6.59	2.59	7.89	9.18	11.77

表 6-57　　2017 年黔中城市群各行业就业人口最低必要量、平均值和标准差

城市群	城市职能	最低必要量（万人）	平均值 $\bar{X}$	标准差 δ	$\bar{X}+0.5\delta$	$\bar{X}+\delta$	$\bar{X}+2\delta$
黔中城市群	采矿业	0.50	0.67	0.18	0.76	0.86	1.04
	制造业	5.99	9.16	4.61	11.47	13.78	18.39
	电力、燃气及水的生产与供应产业	0.18	2.19	3.14	3.76	5.33	8.47
	建筑业	0.53	12.68	18.16	21.76	30.84	49.00
	交通运输、仓储、邮电通信业	0.44	3.21	4.21	5.31	7.41	11.62
	信息传输、计算机服务软件业	0.16	0.86	1.10	1.41	1.95	3.05
	批发与零售业	0.72	2.70	2.36	3.88	5.07	7.43
	住宿和餐饮业	0.19	0.64	0.63	0.95	1.27	1.90
	金融业	0.61	1.45	1.08	1.99	2.52	3.60
	房地产业	0.60	2.24	2.34	3.41	4.58	6.91
	租赁和商务服务业	0.65	1.71	1.41	2.41	3.11	4.52
	科学研究、技术服务和地质勘查业	0.28	1.33	1.47	2.07	2.80	4.28
	水利环境和公共设施管理业	0.40	0.82	0.37	1.01	1.19	1.56
	居民服务和其他服务行业	0.08	0.39	0.45	0.61	0.84	1.29
	教育	3.42	6.65	2.86	8.07	9.50	12.36
	卫生、社会保障和社会福利	1.28	4.39	0.14	4.46	4.53	4.67
	文化体育和娱乐业	0.11	0.44	0.43	0.65	0.86	1.29
	公共管理和社会服务	3.97	6.99	2.64	8.32	9.64	12.28

通过表 6-58 至表 6-61 对 2006 年、2011 年、2016 年和 2017 年滇中城市群的城市职能情况进行分析。从各行业就业人口最低必要量角度分析，2006~2017 年滇中城市群就业人口最低必要量最高的行业始终为制造业，最低的行业始终为居民服务和其他服务行业，整体来看仅有个别行业的就业人口最低必要量超过万人，表明滇中城市群内部中小城市的各行业就业人口规模的门槛较低。从各行业就业人口平均值角度分析，滇中城市群各行业的就业人口平均值整体呈波动上升趋势，其中制造业和建筑业的增长尤为显著，表明滇中城市群第二产业行业对就业人口的吸纳能力提升较第三产业行业更快，第三产业内部不同行业间也有较为显著的两极分化态势。从各行业就业人口标准差角度分析，2017 年滇中城市群的各行业就业人口标准差均大于 0.5，如建筑业等行业的就业人口标准差远大于 0.5，表明滇中城市群内部各行业的就业人口在大中城市和中小城镇之间分布不均衡，各城市间的差异性伴随着整体的发展逐渐加大，其中，第二产业行业的就业人口在各城市间逐渐扩大的差异尤为显著。

表 6-58　2006 年滇中城市群各行业就业人口最低必要量、平均值和标准差

城市群	城市职能	最低必要量（万人）	平均值 $\overline{X}$	标准差 δ	$\overline{X}+0.5\delta$	$\overline{X}+\delta$	$\overline{X}+2\delta$
滇中城市群	采矿业	0.56	1.01	0.48	1.25	1.49	1.98
	制造业	2.86	8.72	8.10	12.77	16.82	24.92
	电力、燃气及水的生产与供应产业	0.37	0.90	0.51	1.16	1.41	1.93
	建筑业	0.17	4.26	6.55	7.53	10.81	17.35
	交通运输、仓储、邮电通信业	0.35	2.86	4.17	4.94	7.03	11.19
	信息传输、计算机服务软件业	0.07	0.58	0.78	0.97	1.36	2.14
	批发与零售业	0.96	2.15	1.70	3.00	3.85	5.55
	住宿和餐饮业	0.13	0.89	1.25	1.52	2.14	3.38
	金融业	0.59	1.12	0.92	1.59	2.05	2.97
	房地产业	0.03	0.47	0.71	0.83	1.18	1.89
	租赁和商务服务业	0.11	0.87	1.25	1.50	2.12	3.36
	科学研究、技术服务和地质勘查业	0.20	1.25	1.76	2.13	3.01	4.77
	水利环境和公共设备管理业	0.19	0.55	0.44	0.77	0.99	1.43
	居民服务和其他服务行业	0.01	0.12	0.17	0.21	0.29	0.47
	教育	2.56	5.78	2.99	7.27	8.76	11.75
	卫生、社会保障和社会福利	0.85	1.78	1.34	2.45	3.12	4.47
	文化体育和娱乐业	0.15	0.51	0.59	0.80	1.10	1.69
	公共管理和社会服务	2.37	4.79	3.30	6.44	8.09	11.39

表 6-59　2011 年滇中城市群各行业就业人口最低必要量、平均值和标准差

城市群	城市职能	最低必要量（万人）	平均值 $\overline{X}$	标准差 δ	$\overline{X}+0.5\delta$	$\overline{X}+\delta$	$\overline{X}+2\delta$
滇中城市群	采矿业	1.18	3.07	2.11	4.13	5.18	7.29
	制造业	5.65	11.62	8.71	15.98	20.33	29.05
	电力、燃气及水的生产与供应产业	0.54	1.13	0.56	1.41	1.69	2.25
	建筑业	1.00	8.93	12.13	14.99	21.06	33.18
	交通运输、仓储、邮电通信业	0.31	3.03	4.53	5.29	7.56	12.09
	信息传输、计算机服务软件业	0.12	0.67	0.83	1.08	1.50	2.32
	批发与零售业	1.22	3.95	4.17	6.03	8.12	12.29
	住宿和餐饮业	0.22	1.43	2.02	2.44	3.45	5.47
	金融业	0.80	1.54	1.29	2.19	2.83	4.12
	房地产业	0.07	0.97	1.52	1.73	2.49	4.02
	租赁和商务服务业	0.13	1.56	2.43	2.77	3.99	6.41
	科学研究、技术服务和地质勘查业	0.17	1.28	1.81	2.19	3.09	4.90
	水利环境和公共设备管理业	0.22	0.56	0.38	0.75	0.94	1.32
	居民服务和其他服务行业	0.01	0.18	0.27	0.32	0.45	0.72
	教育	2.78	6.35	3.37	8.04	9.72	13.09
	卫生、社会保障和社会福利	1.11	2.22	1.82	3.13	4.04	5.86
	文化体育和娱乐业	0.14	0.61	0.80	1.01	1.42	2.22
	公共管理和社会服务	2.64	4.98	3.13	6.54	8.10	11.23

表 6-60　2016 年滇中城市群各行业就业人口最低必要量、平均值和标准差

城市群	城市职能	最低必要量（万人）	平均值 $\bar{X}$	标准差 δ	$\bar{X}+0.5δ$	$\bar{X}+δ$	$\bar{X}+2δ$
滇中城市群	采矿业	1.39	3.19	2.96	4.67	6.15	9.11
	制造业	7.89	11.47	5.52	14.23	16.99	22.51
	电力、燃气及水的生产与供应产业	0.64	1.39	0.67	1.72	2.06	2.73
	建筑业	4.02	15.48	15.97	23.46	31.45	47.42
	交通运输、仓储、邮电通信业	0.44	4.14	6.08	7.18	10.22	16.30
	信息传输、计算机服务软件业	0.16	0.95	1.26	1.58	2.20	3.46
	批发与零售业	2.25	5.26	4.76	7.64	10.02	14.78
	住宿和餐饮业	0.38	1.67	1.93	2.63	3.60	5.53
	金融业	0.70	1.66	1.63	2.47	3.29	4.92
	房地产业	0.77	2.05	2.16	3.13	4.21	6.38
	租赁和商务服务业	0.39	2.13	2.49	3.38	4.62	7.11
	科学研究、技术服务和地质勘查业	0.33	2.01	2.84	3.42	4.84	7.68
	水利环境和公共设备管理业	0.35	0.79	0.62	1.11	1.42	2.04
	居民服务和其他服务行业	0.08	0.36	0.45	0.59	0.81	1.26
	教育	2.86	7.32	4.54	9.59	11.86	16.40
	卫生、社会保障和社会福利	1.64	3.35	2.96	4.83	6.31	9.27
	文化体育和娱乐业	0.15	0.59	0.76	0.97	1.35	2.11
	公共管理和社会服务	2.95	5.51	3.20	7.11	8.71	11.91

表 6-61　2017 年滇中城市群各行业就业人口最低必要量、平均值和标准差

城市群	城市职能	最低必要量（万人）	平均值 $\bar{X}$	标准差 δ	$\bar{X}+0.5δ$	$\bar{X}+δ$	$\bar{X}+2δ$
滇中城市群	采矿业	0.76	2.73	2.38	3.92	5.11	7.49
	制造业	7.81	11.36	4.99	13.85	16.35	21.34
	电力、燃气及水的生产与供应产业	0.54	1.30	0.67	1.64	1.98	2.65
	建筑业	4.21	15.99	16.15	24.06	32.14	48.29
	交通运输、仓储、邮电通信业	0.42	4.32	6.34	7.49	10.66	17.00
	信息传输、计算机服务软件业	0.20	0.99	1.35	1.67	2.34	3.70
	批发与零售业	2.33	4.79	4.03	6.80	8.82	12.84
	住宿和餐饮业	0.33	1.56	1.77	2.44	3.33	5.10
	金融业	0.68	1.67	1.68	2.51	3.35	5.03
	房地产业	0.88	2.19	2.17	3.27	4.35	6.52
	租赁和商务服务业	0.52	2.45	3.08	3.99	5.53	8.62
	科学研究、技术服务和地质勘查业	0.35	1.99	2.81	3.40	4.80	7.61
	水利环境和公共设备管理业	0.30	0.79	0.58	1.08	1.37	1.95
	居民服务和其他服务行业	0.09	0.52	0.72	0.88	1.24	1.96
	教育	2.90	7.38	4.54	9.65	11.92	16.46
	卫生、社会保障和社会福利	1.60	3.41	3.08	4.95	6.49	9.57
	文化体育和娱乐业	0.15	0.58	0.72	0.94	1.30	2.01
	公共管理和社会服务	3.00	5.64	3.24	7.27	8.89	12.13

通过表6-62至6-65对2006年、2011年、2016年和2017年宁夏沿黄城市群的城市职能情况进行分析。从各行业就业人口最低必要量角度分析，2006年宁夏沿黄城市群就业人口最低必要量最高的行业为制造业，2011年以后就业人口最低必要量最高的行业变为公共管理和社会服务，2006~2017年宁夏沿黄城市群就业人口最低必要量最低的行业为采矿业、居民服务和其他服务行业，除就业人口最低必要量最高的行业外，其他行业的就业人口最低必要量均低于万人，表明宁夏沿黄城市群内中小城镇的就业人口基础规模较差。从各行业就业人口平均值角度分析，宁夏沿黄城市群仅有少数行业的就业人口平均值超过万人，整体的上升趋势并不显著，甚至个别行业的就业人口平均值有小幅度下降，表明宁夏沿黄城市群整体就业人口的发展水平不高，未能有明显的提升。从各行业就业人口标准差角度分析，2006~2017年宁夏沿黄城市群多数行业的就业人口标准差小于0.5，整体上行业的就业人口标准差有下降趋势，表明宁夏沿黄城市群多数行业的就业人口规模在城市间朝着更加均衡化的方向发展。

表6-62　　2006年宁夏沿黄城市群各行业就业人口最低必要量、平均值和标准差

城市群	城市职能	最低必要量（万人）	平均值 $\overline{X}$	标准差 δ	$\overline{X}+0.5\delta$	$\overline{X}+\delta$	$\overline{X}+2\delta$
宁夏沿黄城市群	采矿业	0.00	1.36	2.71	2.72	4.07	6.77
	制造业	1.18	2.69	1.48	3.42	4.16	5.64
	电力、燃气及水的生产与供应产业	0.06	0.91	1.07	1.44	1.98	3.05
	建筑业	0.17	0.84	1.13	1.40	1.97	3.11
	交通运输、仓储、邮电通信业	0.12	0.29	0.30	0.44	0.59	0.89
	信息传输、计算机服务软件业	0.03	0.11	0.11	0.17	0.22	0.34
	批发与零售业	0.20	0.40	0.38	0.59	0.78	1.16
	住宿和餐饮业	0.03	0.15	0.15	0.23	0.30	0.45
	金融业	0.21	0.59	0.68	0.93	1.27	1.95
	房地产业	0.03	0.15	0.18	0.24	0.33	0.51
	租赁和商务服务业	0.05	0.18	0.24	0.30	0.42	0.66
	科学研究、技术服务和地质勘查业	0.01	0.27	0.44	0.49	0.71	1.15
	水利环境和公共设备管理业	0.28	0.41	0.16	0.49	0.57	0.73
	居民服务和其他服务行业	0.00	0.01	0.01	0.01	0.02	0.03
	教育	0.77	1.41	0.71	1.77	2.12	2.83
	卫生、社会保障和社会福利	0.35	0.56	0.35	0.73	0.91	1.26
	文化体育和娱乐业	0.04	0.19	0.17	0.27	0.36	0.53
	公共管理和社会服务	0.73	1.51	0.96	1.99	2.47	3.43

表 6-63　2011 年宁夏沿黄城市群各行业就业人口最低必要量、平均值和标准差

城市群	城市职能	最低必要量（万人）	平均值 $\bar{X}$	标准差 δ	$\bar{X}+0.5\delta$	$\bar{X}+\delta$	$\bar{X}+2\delta$
宁夏沿黄城市群	采矿业	0.00	1.44	2.61	2.74	4.05	6.66
	制造业	0.77	2.66	1.73	3.52	4.39	6.13
	电力、燃气及水的生产与供应产业	0.07	0.84	1.06	1.37	1.90	2.97
	建筑业	0.11	0.63	0.75	1.00	1.38	2.13
	交通运输、仓储、邮电通信业	0.19	0.41	0.41	0.61	0.82	1.22
	信息传输、计算机服务软件业	0.03	0.16	0.14	0.22	0.29	0.43
	批发与零售业	0.14	0.34	0.34	0.51	0.68	1.02
	住宿和餐饮业	0.02	0.09	0.12	0.15	0.21	0.33
	金融业	0.20	0.65	0.75	1.02	1.39	2.14
	房地产业	0.03	0.24	0.27	0.38	0.51	0.78
	租赁和商务服务业	0.07	0.35	0.52	0.61	0.87	1.39
	科学研究、技术服务和地质勘查业	0.02	0.30	0.48	0.54	0.78	1.26
	水利环境和公共设备管理业	0.27	0.41	0.21	0.51	0.62	0.83
	居民服务和其他服务行业	0.00	0.02	0.02	0.03	0.04	0.06
	教育	0.87	1.58	0.76	1.96	2.34	3.10
	卫生、社会保障和社会福利	0.47	0.77	0.53	1.03	1.30	1.83
	文化体育和娱乐业	0.05	0.16	0.22	0.27	0.38	0.60
	公共管理和社会服务	0.90	1.79	1.16	2.37	2.95	4.11

表 6-64　2016 年宁夏沿黄城市群各行业就业人口最低必要量、平均值和标准差

城市群	城市职能	最低必要量（万人）	平均值 $\bar{X}$	标准差 δ	$\bar{X}+0.5\delta$	$\bar{X}+\delta$	$\bar{X}+2\delta$
宁夏沿黄城市群	采矿业	0.00	0.82	1.48	1.56	2.30	3.78
	制造业	0.92	3.01	2.36	4.19	5.37	7.73
	电力、燃气及水的生产与供应产业	0.25	0.85	0.81	1.26	1.66	2.48
	建筑业	0.25	1.03	1.04	1.55	2.07	3.11
	交通运输、仓储、邮电通信业	0.12	0.43	0.54	0.70	0.97	1.51
	信息传输、计算机服务软件业	0.07	0.17	0.18	0.27	0.36	0.54
	批发与零售业	0.11	0.57	0.78	0.96	1.35	2.13
	住宿和餐饮业	0.02	0.14	0.14	0.21	0.28	0.42
	金融业	0.29	0.95	1.22	1.56	2.17	3.40
	房地产业	0.07	0.33	0.49	0.58	0.82	1.31
	租赁和商务服务业	0.03	0.41	0.44	0.62	0.84	1.28
	科学研究、技术服务和地质勘查业	0.11	0.35	0.43	0.56	0.78	1.21
	水利环境和公共设备管理业	0.37	0.51	0.20	0.61	0.71	0.91
	居民服务和其他服务行业	0.00	0.02	0.02	0.03	0.04	0.06
	教育	0.91	1.69	1.07	2.23	2.76	3.84
	卫生、社会保障和社会福利	0.58	0.98	0.76	1.37	1.75	2.51
	文化体育和娱乐业	0.07	0.23	0.27	0.37	0.50	0.77
	公共管理和社会服务	1.20	2.31	1.48	3.04	3.78	5.26

表 6-65　2017 年宁夏沿黄城市群各行业就业人口最低必要量、平均值和标准差

城市群	城市职能	最低必要量（万人）	平均值 $\bar{X}$	标准差 δ	$\bar{X}+0.5\delta$	$\bar{X}+\delta$	$\bar{X}+2\delta$
宁夏沿黄城市群	采矿业	0.00	0.82	1.52	1.58	2.34	3.86
	制造业	0.64	3.07	2.54	4.34	5.61	8.15
	电力、燃气及水的生产与供应产业	0.23	0.84	0.84	1.26	1.68	2.52
	建筑业	0.39	0.94	0.79	1.34	1.74	2.53
	交通运输、仓储、邮电通信业	0.12	0.44	0.53	0.71	0.98	1.51
	信息传输、计算机服务软件业	0.08	0.18	0.18	0.27	0.36	0.54
	批发与零售业	0.19	0.77	0.74	1.14	1.50	2.24
	住宿和餐饮业	0.02	0.12	0.14	0.19	0.26	0.40
	金融业	0.29	0.94	1.21	1.55	2.15	3.36
	房地产业	0.07	0.33	0.51	0.58	0.84	1.34
	租赁和商务服务业	0.03	0.41	0.40	0.61	0.80	1.20
	科学研究、技术服务和地质勘查业	0.11	0.34	0.43	0.55	0.77	1.20
	水利环境和公共设备管理业	0.40	0.50	0.17	0.58	0.67	0.84
	居民服务和其他服务行业	0.00	0.01	0.02	0.02	0.03	0.05
	教育	0.95	1.72	1.09	2.26	2.81	3.89
	卫生、社会保障和社会福利	0.60	1.04	0.83	1.46	1.87	2.70
	文化体育和娱乐业	0.07	0.23	0.25	0.36	0.49	0.74
	公共管理和社会服务	1.36	2.44	1.48	3.18	3.92	5.40

通过表 6-66 至表 6-69 对 2006 年、2011 年、2016 年和 2017 年天山北坡城市群的城市职能情况进行分析。从各行业就业人口最低必要量角度分析，2006~2017 年天山北坡城市群就业人口最低必要量最高的行业为制造业，2006 年和 2011 年就业人口最低必要量最低的行业分别为水利环境和公共设备管理业、居民服务和其他服务行业，2016 年和 2017 年就业人口最低必要量最低的行业分别为住宿和餐饮业、文化体育和娱乐业，表明天山北坡城市群中小城镇的各行业就业人口水平较低，且发展迟缓。从各行业就业人口平均值角度分析，2017 年天山北坡城市群多数行业的就业人口平均值超过万人，第二产业行业和个别第三产业行业的就业人口平均值涨幅较大，表明天山北坡城市群各行业对就业人口的吸纳能力明显提升，其中第二产业行业的就业人口发展水平尤为显著。从各行业就业人口标准差角度分析，2006~2017 年天山北坡城市群内部分行业的就业人口标准差部分呈波动上升趋势，部分呈波动下降趋势，表明天山北坡城市群部分行业的就业人口趋向于大中城市集中发展，部分行业的就业人口趋向于在各城市间均衡化发展。

表 6-66　2006 年天山北坡城市群各行业就业人口最低必要量、平均值和标准差

城市群	城市职能	最低必要量（万人）	平均值 $\bar{X}$	标准差 δ	$\bar{X}+0.5\delta$	$\bar{X}+\delta$	$\bar{X}+2\delta$
天山北坡城市群	采矿业	1.54	4.53	4.22	6.64	8.75	12.97
	制造业	2.37	5.11	3.87	7.05	8.98	12.86
	电力、燃气及水的生产与供应产业	0.06	0.54	0.68	0.88	1.22	1.90
	建筑业	1.36	3.56	3.10	5.11	6.66	9.76
	交通运输、仓储、邮电通信业	0.18	2.85	3.77	4.73	6.61	10.38
	信息传输、计算机服务软件业	0.06	0.32	0.37	0.50	0.69	1.06
	批发与零售业	0.47	1.28	1.15	1.85	2.43	3.57
	住宿和餐饮业	0.07	0.79	1.01	1.29	1.80	2.81
	金融业	0.21	0.81	0.84	1.23	1.65	2.49
	房地产业	0.10	0.44	0.48	0.68	0.92	1.40
	租赁和商务服务业	0.74	1.24	0.70	1.59	1.94	2.64
	科学研究、技术服务和地质勘查业	0.15	0.91	1.07	1.44	1.97	3.04
	水利环境和公共设备管理业	0.01	0.27	0.37	0.45	0.64	1.01
	居民服务和其他服务行业	0.04	0.05	0.01	0.05	0.05	0.06
	教育	0.58	2.34	2.49	3.58	4.83	7.32
	卫生、社会保障和社会福利	0.26	1.18	1.29	1.82	2.47	3.76
	文化体育和娱乐业	0.02	0.48	0.65	0.81	1.13	1.78
	公共管理和社会服务	0.66	2.51	2.61	3.81	5.11	7.72

表 6-67　2011 年天山北坡城市群各行业就业人口最低必要量、平均值和标准差

城市群	城市职能	最低必要量（万人）	平均值 $\bar{X}$	标准差 δ	$\bar{X}+0.5\delta$	$\bar{X}+\delta$	$\bar{X}+2\delta$
天山北坡城市群	采矿业	2.05	4.72	3.78	6.61	8.50	12.27
	制造业	3.13	6.17	4.29	8.31	10.46	14.75
	电力、燃气及水的生产与供应产业	0.01	1.10	1.54	1.87	2.64	4.18
	建筑业	1.60	5.77	5.89	8.71	11.66	17.55
	交通运输、仓储、邮电通信业	0.24	3.55	4.67	5.88	8.22	12.89
	信息传输、计算机服务软件业	0.14	0.49	0.49	0.74	0.98	1.48
	批发与零售业	0.27	2.07	2.54	3.33	4.60	7.14
	住宿和餐饮业	0.09	0.86	1.08	1.40	1.94	3.02
	金融业	0.29	1.39	1.56	2.17	2.95	4.50
	房地产业	0.40	0.75	0.49	0.99	1.23	1.72
	租赁和商务服务业	0.87	1.27	0.56	1.54	1.82	2.38
	科学研究、技术服务和地质勘查业	0.06	1.01	1.34	1.67	2.34	3.68
	水利环境和公共设备管理业	0.10	0.34	0.33	0.50	0.67	1.00
	居民服务和其他服务行业	0.01	0.06	0.06	0.09	0.12	0.18
	教育	0.73	2.78	2.90	4.23	5.68	8.58
	卫生、社会保障和社会福利	0.28	1.71	2.02	2.72	3.73	5.75
	文化体育和娱乐业	0.02	0.59	0.81	0.99	1.40	2.20
	公共管理和社会服务	0.95	3.59	3.73	5.45	7.31	11.04

表 6-68　2016 年天山北坡城市群各行业就业人口最低必要量、平均值和标准差

城市群	城市职能	最低必要量（万人）	平均值 $\bar{X}$	标准差 δ	$\bar{X}+0.5\delta$	$\bar{X}+\delta$	$\bar{X}+2\delta$
天山北坡城市群	采矿业	1.50	4.14	3.74	6.01	7.88	11.61
	制造业	2.71	5.06	3.34	6.73	8.40	11.74
	电力、燃气及水的生产与供应产业	0.08	2.23	3.05	3.76	5.29	8.34
	建筑业	1.21	5.86	6.57	9.14	12.42	18.99
	交通运输、仓储、邮电通信业	0.25	5.17	6.96	8.64	12.12	19.08
	信息传输、计算机服务软件业	0.12	0.53	0.58	0.83	1.12	1.70
	批发与零售业	0.16	1.97	2.56	3.25	4.53	7.10
	住宿和餐饮业	0.06	0.57	0.72	0.93	1.29	2.01
	金融业	0.33	1.32	1.40	2.02	2.72	4.12
	房地产业	0.77	1.37	0.85	1.80	2.22	3.07
	租赁和商务服务业	1.37	1.77	0.57	2.06	2.35	2.92
	科学研究、技术服务和地质勘查业	0.20	1.42	1.73	2.29	3.15	4.88
	水利环境和公共设备管理业	0.14	0.40	0.37	0.59	0.77	1.14
	居民服务和其他服务行业	0.15	0.16	0.01	0.17	0.17	0.18
	教育	0.72	3.08	3.34	4.75	6.42	9.76
	卫生、社会保障和社会福利	0.35	2.13	2.51	3.39	4.64	7.16
	文化体育和娱乐业	0.06	0.62	0.80	1.02	1.42	2.22
	公共管理和社会服务	1.25	6.35	7.21	9.95	13.55	20.76

表 6-69　2017 年天山北坡城市群各行业就业人口最低必要量、平均值和标准差

城市群	城市职能	最低必要量（万人）	平均值 $\bar{X}$	标准差 δ	$\bar{X}+0.5\delta$	$\bar{X}+\delta$	$\bar{X}+2\delta$
天山北坡城市群	采矿业	1.46	4.05	3.66	5.87	7.70	11.36
	制造业	2.62	4.69	2.93	6.15	7.62	10.54
	电力、燃气及水的生产与供应产业	0.08	2.25	3.08	3.79	5.33	8.41
	建筑业	1.05	5.70	6.57	8.99	12.27	18.85
	交通运输、仓储、邮电通信业	0.27	5.03	6.73	8.39	11.76	18.48
	信息传输、计算机服务软件业	0.12	0.56	0.62	0.87	1.17	1.79
	批发与零售业	0.18	1.96	2.52	3.22	4.47	6.99
	住宿和餐饮业	0.05	0.50	0.64	0.82	1.14	1.78
	金融业	0.32	1.28	1.35	1.95	2.63	3.98
	房地产业	0.87	1.53	0.93	2.00	2.46	3.39
	租赁和商务服务业	2.24	2.26	0.03	2.27	2.28	2.31
	科学研究、技术服务和地质勘查业	0.20	1.48	1.80	2.38	3.28	5.08
	水利环境和公共设备管理业	0.09	0.39	0.41	0.59	0.80	1.21
	居民服务和其他服务行业	0.15	0.18	0.05	0.21	0.24	0.29
	教育	0.70	3.09	3.38	4.79	6.48	9.86
	卫生、社会保障和社会福利	0.35	2.16	2.56	3.44	4.72	7.27
	文化体育和娱乐业	0.06	0.59	0.75	0.96	1.34	2.09
	公共管理和社会服务	1.54	6.83	7.49	10.57	14.32	21.80

通过表 6-70 至表 6-73 对 2006 年、2011 年、2016 年和 2017 年哈长城市群的城市职能情况进行分析。从各行业就业人口最低必要量角度分析，2011 年以前哈长城市群最低必要量最高和最低的行业分别为教育、居民服务和其他服务行业与住宿和餐饮业，2016 年后哈长城市群最低必要量最高和最低的行业分别为制造业和公共管理和社会服务、采矿业，仅有个别行业的就业人口最低必要量大于万人，表明哈长城市群就业人口的发展规模在中小城镇较为滞后。从各行业就业人口平均值角度分析，2006~2017 年哈长城市群部分行业的就业人口平均值上升，部分行业的就业人口平均值下降，表明哈长城市群行业间的就业人口发生转移，整体上的就业人口规模提升缓慢。从各行业就业人口标准差角度分析，哈长城市群第二产业行业的就业人口标准差下降，第三产业行业的就业人口标准差上升，但所有行业的就业人口标准差均大于 0.5，表明整体上，哈长城市群内部城市间的差异性依旧存在，第二产业行业的就业人口规模在大中城市的聚集效应有所缓解，但第三产业行业的就业人口逐渐向大中城市聚集。

表 6-70　　2006 年哈长城市群各行业就业人口最低必要量、平均值和标准差

城市群	城市职能	最低必要量（万人）	平均值 $\bar{X}$	标准差 δ	$\bar{X}+0.5\delta$	$\bar{X}+\delta$	$\bar{X}+2\delta$
哈长城市群	采矿业	0.02	2.72	3.89	4.67	6.61	10.51
	制造业	1.07	12.32	15.08	19.86	27.40	42.48
	电力、燃气及水的生产与供应产业	0.39	1.53	1.11	2.08	2.63	3.74
	建筑业	0.15	3.55	4.81	5.95	8.36	13.16
	交通运输、仓储、邮电通信业	0.36	2.29	2.61	3.60	4.90	7.51
	信息传输、计算机服务软件业	0.09	0.58	0.66	0.90	1.23	1.89
	批发与零售业	0.15	2.25	3.13	3.82	5.38	8.51
	住宿和餐饮业	0.03	0.51	0.74	0.88	1.25	1.98
	金融业	0.38	1.41	0.94	1.88	2.35	3.29
	房地产业	0.07	0.68	0.94	1.15	1.62	2.56
	租赁和商务服务业	0.04	0.50	0.68	0.84	1.18	1.86
	科学研究、技术服务和地质勘查业	0.13	1.33	1.51	2.08	2.83	4.34
	水利环境和公共设备管理业	0.21	0.97	0.82	1.38	1.78	2.60
	居民服务和其他服务行业	0.01	0.50	0.81	0.91	1.31	2.12
	教育	1.43	5.77	4.19	7.87	9.96	14.15
	卫生、社会保障和社会福利	0.63	2.20	1.38	2.89	3.58	4.96
	文化体育和娱乐业	0.10	0.54	0.60	0.84	1.14	1.74
	公共管理和社会服务	1.18	4.25	2.66	5.58	6.92	9.58

表6-71　2011年哈长城市群各行业就业人口最低必要量、平均值和标准差

城市群	城市职能	最低必要量（万人）	平均值 $\bar{X}$	标准差 δ	$\bar{X}+0.5\delta$	$\bar{X}+\delta$	$\bar{X}+2\delta$
哈长城市群	采矿业	0.03	2.40	3.71	4.25	6.10	9.81
	制造业	0.78	10.53	10.36	15.71	20.89	31.24
	电力、燃气及水的生产与供应产业	0.43	1.56	1.08	2.10	2.64	3.72
	建筑业	0.13	3.33	3.57	5.12	6.90	10.47
	交通运输、仓储、邮电通信业	0.23	2.51	3.46	4.24	5.96	9.42
	信息传输、计算机服务软件业	0.14	0.77	0.83	1.19	1.60	2.43
	批发与零售业	0.15	1.96	2.41	3.17	4.38	6.79
	住宿和餐饮业	0.02	0.58	0.87	1.02	1.45	2.32
	金融业	0.45	1.77	1.38	2.46	3.15	4.53
	房地产业	0.08	0.93	1.12	1.49	2.05	3.16
	租赁和商务服务业	0.05	0.66	1.01	1.16	1.66	2.67
	科学研究、技术服务和地质勘查业	0.14	1.64	2.06	2.67	3.70	5.76
	水利环境和公共设备管理业	0.20	1.11	1.00	1.60	2.10	3.10
	居民服务和其他服务行业	0.02	0.44	0.90	0.89	1.34	2.23
	教育	1.33	5.98	4.78	8.37	10.76	15.55
	卫生、社会保障和社会福利	0.70	2.59	1.87	3.52	4.45	6.32
	文化体育和娱乐业	0.12	0.56	0.63	0.88	1.19	1.82
	公共管理和社会服务	1.21	4.51	2.82	5.92	7.33	10.15

表6-72　2016年哈长城市群各行业就业人口最低必要量、平均值和标准差

城市群	城市职能	最低必要量（万人）	平均值 $\bar{X}$	标准差 δ	$\bar{X}+0.5\delta$	$\bar{X}+\delta$	$\bar{X}+2\delta$
哈长城市群	采矿业	0.01	2.15	3.71	4.00	5.86	9.57
	制造业	2.75	10.45	11.26	16.07	21.70	32.96
	电力、燃气及水的生产与供应产业	0.43	2.26	2.27	3.39	4.53	6.79
	建筑业	0.41	4.40	4.72	6.75	9.11	13.83
	交通运输、仓储、邮电通信业	0.30	2.55	3.04	4.07	5.59	8.63
	信息传输、计算机服务软件业	0.19	1.08	1.35	1.75	2.43	3.78
	批发与零售业	0.25	2.40	3.14	3.97	5.55	8.69
	住宿和餐饮业	0.02	0.55	0.93	1.02	1.49	2.42
	金融业	0.48	2.46	2.18	3.54	4.63	6.81
	房地产业	0.18	1.11	1.40	1.81	2.51	3.90
	租赁和商务服务业	0.06	1.06	1.71	1.91	2.77	4.48
	科学研究、技术服务和地质勘查业	0.15	1.61	1.94	2.58	3.55	5.49
	水利环境和公共设备管理业	0.28	1.19	1.03	1.70	2.22	3.24
	居民服务和其他服务行业	0.02	0.49	0.76	0.87	1.25	2.01
	教育	1.32	5.65	4.34	7.82	9.99	14.32
	卫生、社会保障和社会福利	0.74	2.93	2.13	3.99	5.06	7.18
	文化体育和娱乐业	0.10	0.54	0.57	0.82	1.10	1.67
	公共管理和社会服务	1.42	4.80	3.00	6.30	7.80	10.80

表 6-73　　2017 年哈长城市群各行业就业人口最低必要量、平均值和标准差

城市群	城市职能	最低必要量（万人）	平均值 $\overline{X}$	标准差 δ	$\overline{X}+0.5\delta$	$\overline{X}+\delta$	$\overline{X}+2\delta$
哈长城市群	采矿业	0.00	2.07	3.62	3.88	5.69	9.31
	制造业	1.47	9.67	11.19	15.26	20.86	32.05
	电力、燃气及水的生产与供应产业	0.34	2.13	2.10	3.18	4.23	6.34
	建筑业	0.44	3.78	4.52	6.04	8.29	12.81
	交通运输、仓储、邮电通信业	0.29	2.60	3.16	4.18	5.76	8.92
	信息传输、计算机服务软件业	0.17	1.15	1.57	1.94	2.72	4.29
	批发与零售业	0.29	2.32	3.00	3.82	5.32	8.32
	住宿和餐饮业	0.03	0.53	0.88	0.97	1.41	2.29
	金融业	0.48	2.59	2.38	3.78	4.97	7.35
	房地产业	0.20	1.15	1.51	1.91	2.67	4.18
	租赁和商务服务业	0.07	1.19	2.00	2.19	3.19	5.20
	科学研究、技术服务和地质勘查业	0.15	1.57	1.90	2.52	3.46	5.36
	水利环境和公共设备管理业	0.27	1.19	1.19	1.69	2.37	3.18
	居民服务和其他服务行业	0.02	0.47	0.72	0.83	1.19	1.91
	教育	1.34	5.58	4.18	7.67	9.76	13.94
	卫生、社会保障和社会福利	0.77	3.00	2.12	4.06	5.12	7.24
	文化体育和娱乐业	0.10	0.55	0.58	0.84	1.13	1.71
	公共管理和社会服务	1.47	4.79	2.85	6.22	7.65	10.50

通过表 6-74 至表 6-77 对 2006 年、2011 年、2016 年和 2017 年辽中南城市群的城市职能情况进行分析。从各行业就业人口最低必要量角度分析，2011 年以前辽中南城市群就业人口最低必要量最高的行业为制造业，2016 年以后就业人口最低必要量最高的行业变为公共管理和社会服务，2011 年以前辽中南城市群就业人口最低必要量最低的行业为居民服务和其他服务行业，2016 年就业人口最低必要量最低的行业变为采矿业、住宿和餐饮业，整体上仅有个别行业的就业人口最低必要量超过万人，表明辽中南城市群内部中小城镇对就业人口的吸纳能力十分有限，就业人口基础规模较差。从各行业就业人口平均值角度分析，辽中南城市群第二产业行业的就业人口平均值整体下降，第三产业行业的就业人口平均值上升，表明辽中南城市群第二产业行业对就业人口的吸纳能力有所下降，第三产业行业的就业人口水平不断提升，但第三产业行业较第二产业行业而言，其就业人口的规模依旧较低。从各行业就业人口标准差角度分析，2006~2017 年辽中南城市群除个别行业外其他行业的就业人口标准差均大于 0.5，部分行业的就业人口标准差有小幅度下降，表明虽然目前辽中南城市群各城市间就业人口规模差距依旧较大，但其整体就业人口规模发展情况不断趋向均衡化。

表6-74　2006年辽中南城市群各行业就业人口最低必要量、平均值和标准差

城市群	城市职能	最低必要量（万人）	平均值 $\bar{X}$	标准差 δ	$\bar{X}+0.5\delta$	$\bar{X}+\delta$	$\bar{X}+2\delta$
辽中南城市群	采矿业	0.04	2.25	2.61	3.55	4.86	7.47
	制造业	2.15	10.90	11.45	16.63	22.35	33.80
	电力、燃气及水的生产与供应产业	0.62	1.20	0.71	1.56	1.91	2.63
	建筑业	0.34	2.16	1.38	2.86	3.55	4.93
	交通运输、仓储、邮电通信业	0.35	2.26	3.40	3.96	5.66	9.06
	信息传输、计算机服务软件业	0.14	0.37	0.39	0.57	0.76	1.15
	批发与零售业	0.30	1.18	1.47	1.92	2.65	4.12
	住宿和餐饮业	0.07	0.45	0.72	0.81	1.17	1.89
	金融业	0.57	1.35	1.24	1.97	2.59	3.82
	房地产业	0.13	0.49	0.62	0.81	1.12	1.74
	租赁和商务服务业	0.12	0.79	1.08	1.33	1.87	2.95
	科学研究、技术服务和地质勘查业	0.20	0.72	0.94	1.19	1.66	2.60
	水利环境和公共设备管理业	0.37	0.82	0.62	1.13	1.44	2.06
	居民服务和其他服务行业	0.02	0.17	0.22	0.28	0.39	0.61
	教育	1.33	3.62	2.76	5.00	6.38	9.15
	卫生、社会保障和社会福利	0.60	4.40	1.00	4.90	5.40	6.41
	文化体育和娱乐业	0.16	0.38	0.41	0.58	0.78	1.19
	公共管理和社会服务	1.69	3.17	1.86	4.10	5.03	6.90

表6-75　2011年辽中南城市群各行业就业人口最低必要量、平均值和标准差

城市群	城市职能	最低必要量（万人）	平均值 $\bar{X}$	标准差 δ	$\bar{X}+0.5\delta$	$\bar{X}+\delta$	$\bar{X}+2\delta$
辽中南城市群	采矿业	0.22	2.43	3.05	3.95	5.48	8.53
	制造业	2.14	12.52	13.31	19.17	25.83	39.13
	电力、燃气及水的生产与供应产业	0.41	1.25	0.76	1.63	2.01	2.78
	建筑业	0.68	3.37	2.20	4.47	5.56	7.76
	交通运输、仓储、邮电通信业	0.36	2.13	3.04	3.65	5.17	8.21
	信息传输、计算机服务软件业	0.17	0.63	0.85	1.05	1.48	2.33
	批发与零售业	0.31	1.61	2.10	2.65	3.70	5.80
	住宿和餐饮业	0.05	0.55	0.88	0.99	1.43	2.31
	金融业	0.57	1.62	1.56	2.40	3.18	4.74
	房地产业	0.15	0.86	1.16	1.44	2.02	3.18
	租赁和商务服务业	0.13	0.95	1.48	1.68	2.42	3.90
	科学研究、技术服务和地质勘查业	0.23	1.03	1.40	1.74	2.44	3.84
	水利环境和公共设备管理业	0.45	1.05	0.89	1.50	1.94	2.83
	居民服务和其他服务行业	0.03	0.21	0.36	0.39	0.57	0.93
	教育	1.62	3.91	3.06	5.44	6.97	10.04
	卫生、社会保障和社会福利	0.71	5.63	1.87	6.56	7.50	9.37
	文化体育和娱乐业	0.14	0.39	0.45	0.62	0.84	1.30
	公共管理和社会服务	2.11	3.56	1.98	4.55	5.54	7.52

表 6-76　2016 年辽中南城市群各行业就业人口最低必要量、平均值和标准差

城市群	城市职能	最低必要量（万人）	平均值 $\overline{X}$	标准差 δ	$\overline{X}+0.5δ$	$\overline{X}+δ$	$\overline{X}+2δ$
辽中南城市群	采矿业	0.03	1.88	2.68	3.21	4.55	7.23
	制造业	0.93	9.88	11.28	15.52	21.16	32.44
	电力、燃气及水的生产与供应产业	0.14	1.06	0.76	1.44	1.81	2.57
	建筑业	1.52	4.74	5.75	7.61	10.49	16.23
	交通运输、仓储、邮电通信业	0.39	2.26	2.87	3.69	5.13	8.00
	信息传输、计算机服务软件业	0.20	0.94	1.72	1.80	2.66	4.38
	批发与零售业	0.33	1.66	2.20	2.76	3.86	6.06
	住宿和餐饮业	0.03	0.47	0.77	0.85	1.24	2.01
	金融业	0.69	1.95	2.06	2.97	4.00	6.06
	房地产业	0.21	0.89	1.14	1.46	2.03	3.16
	租赁和商务服务业	0.14	0.89	0.95	1.36	1.84	2.78
	科学研究、技术服务和地质勘查业	0.23	1.04	1.34	1.71	2.38	3.73
	水利环境和公共设备管理业	0.53	1.03	0.83	1.45	1.86	2.69
	居民服务和其他服务行业	0.04	0.15	0.18	0.24	0.33	0.52
	教育	1.57	3.83	3.15	5.40	6.98	10.13
	卫生、社会保障和社会福利	0.87	6.36	2.26	7.49	8.62	10.88
	文化体育和娱乐业	0.08	0.38	0.43	0.59	0.81	1.24
	公共管理和社会服务	2.19	3.75	1.85	4.67	5.60	7.44

表 6-77　2017 年辽中南城市群各行业就业人口最低必要量、平均值和标准差

城市群	城市职能	最低必要量（万人）	平均值 $\overline{X}$	标准差 δ	$\overline{X}+0.5δ$	$\overline{X}+δ$	$\overline{X}+2δ$
辽中南城市群	采矿业	0.03	1.81	2.60	3.11	4.41	7.00
	制造业	0.98	8.82	9.45	13.54	18.27	27.72
	电力、燃气及水的生产与供应产业	0.13	1.01	0.74	1.38	1.75	2.49
	建筑业	1.32	3.70	4.15	5.77	7.85	11.99
	交通运输、仓储、邮电通信业	0.35	2.31	3.17	3.89	5.48	8.66
	信息传输、计算机服务软件业	0.19	0.97	1.84	1.89	2.81	4.66
	批发与零售业	0.33	1.51	2.02	2.52	3.53	5.55
	住宿和餐饮业	0.03	0.44	0.77	0.82	1.21	1.98
	金融业	0.68	2.02	2.20	3.12	4.22	6.43
	房地产业	0.20	0.77	0.98	1.26	1.75	2.73
	租赁和商务服务业	0.12	0.86	1.03	1.38	1.89	2.92
	科学研究、技术服务和地质勘查业	0.19	0.91	1.19	1.50	2.09	3.28
	水利环境和公共设备管理业	0.46	0.95	0.71	1.30	1.66	2.37
	居民服务和其他服务行业	0.04	0.15	0.19	0.24	0.33	0.52
	教育	1.66	3.57	2.98	5.06	6.55	9.53
	卫生、社会保障和社会福利	0.85	6.27	1.87	7.21	8.14	10.01
	文化体育和娱乐业	0.08	0.35	0.41	0.56	0.76	1.18
	公共管理和社会服务	2.29	3.76	1.82	4.68	5.59	7.41

(二) 城市群职能结构分类

依据纳尔逊标准差法，通过对某一行业部门职能参与值（X_i）和就业比重平均值（$\bar{X}$）与就业比重标准差（δ）不同倍数的和进行对比，将城市群内的行业部门划分为优势职能、突出职能与强势职能。若某一行业部门职能参与值（X_i）大于就业比重平均值（$\bar{X}$）与0.5倍就业比重标准差（δ）的和（$\bar{X}+0.5\delta$），且小于就业比重平均值（$\bar{X}$）与就业比重标准差（δ）的和（$\bar{X}+\delta$），则为优势职能；若某一行业部门职能参与值（X_i）大于就业比重平均值（$\bar{X}$）与就业比重标准差（δ）的和（$\bar{X}+\delta$），且小于就业比重平均值（$\bar{X}$）与2倍就业比重标准差（δ）的和（$\bar{X}+2\delta$），则为突出职能；若某一行业部门职能参与值（X_i）大于就业比重平均值（$\bar{X}$）与2倍就业比重标准差（δ）的和（$\bar{X}+2\delta$），则为强势职能。

本书通过对2006年、2011年、2016年、2017年东部、中部、西部、东北地区城市群内部各个行业就业人口最低必要量、就业人口构成的平均值和标准差进行比较分类，整理出各个城市群内部城市职能结构的类型。

由表6-78至表6-81可以看出，长江三角洲城市群中上海在各个行业部门的强势职能数量较多，较其他城市有明显的优势。南京和杭州在突出职能和优势职能方面有了一定发展，其第三产业的发展优势明显。宁波市第三产业的发展规模要优于第二产业的发展规模，其制造业由突出职能下降为优势职能。而中间序列城市在第二产业发展规模有所提升，说明其职能优势有所凸显。

表6-78　　　　　　　　　2006年长江三角洲城市群体系职能结构

城市	强势职能	突出职能	优势职能
上海	制造业，电力、燃气及水的生产与供应产业，建筑业，交通运输、仓储、邮电通信业，信息传输、计算机服务软件业，批发与零售业，住宿和餐饮业，金融业，房地产业，租赁和商务服务业，科学研究、技术服务和地质勘查业，水利环境和公共设施管理业，居民服务和其他服务行业，教育，卫生、社会保障和社会福利，文化体育和娱乐业，公共管理和社会服务		
南京		电力、燃气及水的生产与供应产业，水利环境和公共设备管理业，教育	交通运输、仓储、邮电通信业，科学研究、技术服务和地质勘查业，文化体育和娱乐业，公共管理和社会服务
无锡			
常州			
苏州		制造业	公共管理和社会服务
南通			
盐城			采矿业
扬州	采矿业		
镇江			

续表

城市	强势职能	突出职能	优势职能
泰州			
杭州		住宿和餐饮业，教育，文化体育和娱乐业，公共管理和社会服务	制造业，电力、燃气及水的生产与供应产业，信息传输、计算机服务软件业，金融业，科学研究、技术服务和地质勘查业，水利环境和公共设施管理业，卫生、社会保障和社会福利
宁波	建筑业		
嘉兴			制造业
湖州		采矿业	
绍兴	建筑业		
金华			建筑业
舟山			
台州		建筑业	
合肥			
芜湖			
马鞍山	采矿业		
铜陵			
安庆			
滁州			
池州			
宣城			

表 6-79　　　　　　2011 年长江三角洲城市群体系职能结构

城市	强势职能	突出职能	优势职能
上海	制造业，电力、燃气及水的生产与供应产业，交通运输、仓储、邮电通信业，信息传输、计算机服务软件业，批发与零售业，住宿和餐饮业，金融业，房地产业，租赁和商务服务业，科学研究、技术服务和地质勘查业，水利环境和公共设施管理业，居民服务和其他服务行业，教育，卫生、社会保障和社会福利，文化体育和娱乐业，公共管理和社会服务		
南京		教育，文化体育和娱乐业	制造业，电力、燃气及水的生产与供应产业，交通运输、仓储、邮电通信业，信息传输、计算机服务软件业，批发与零售业，住宿和餐饮业，租赁和商务服务业，科学研究、技术服务和地质勘查业，水利环境和公共设施管理业，卫生、社会保障和社会福利，公共管理和社会服务
无锡			
常州			

续表

城市	强势职能	突出职能	优势职能
苏州		制造业	公共管理和社会服务
南通			
盐城			采矿业
扬州	采矿业		
镇江			
泰州			
杭州	建筑业,信息传输、计算机服务软件业,住宿和餐饮业,房地产业,水利环境和公共设备管理业	制造业,电力、燃气及水的生产与供应产业,批发与零售业,金融业,租赁和商务服务业,科学研究、技术服务和地质勘查业,教育,卫生、社会保障和社会福利,文化体育和娱乐业,公共管理和社会服务	交通运输、仓储、邮电通信业,居民服务和其他服务行业
宁波		制造业、建筑业	电力、燃气及水的生产与供应产业,金融业,租赁和商务服务业,公共管理和社会服务
嘉兴			制造业
湖州			采矿业
绍兴	建筑业		
金华			
舟山			
台州			建筑业
合肥			
芜湖			
马鞍山	采矿业		
铜陵			
安庆			
滁州			
池州			
宣城			

表 6-80　　　　　　　　　2016 年长江三角洲城市群体系职能结构

城市	强势职能	突出职能	优势职能
上海	制造业,电力、燃气及水的生产与供应产业,交通运输、仓储、邮电通信业,信息传输、计算机服务软件业,批发与零售业,住宿和餐饮业,金融业,房地产业,租赁和商务服务业,科学研究、技术服务和地质勘查业,水利环境和公共设备管理业,居民服务和其他服务行业,教育,卫生、社会保障和社会福利,文化体育和娱乐业,公共管理和社会服务		

续表

城市	强势职能	突出职能	优势职能
南京		信息传输、计算机服务软件业，教育，文化体育和娱乐业	电力、燃气及水的生产与供应产业，建筑业，交通运输、仓储、邮电通信业，批发与零售业，卫生、社会保障和社会福利，公共管理和社会服务
无锡			
常州			
苏州			
南通	制造业		房地产业，水利环境和公共设备管理业，卫生、社会保障和社会福利，公共管理和社会服务
盐城			
扬州	建筑业		
镇江		采矿业	建筑业
泰州			
杭州			建筑业
宁波		建筑业，信息传输、计算机服务软件业，金融业，房地产业，科学研究、技术服务和地质勘查业，教育，卫生、社会保障和社会福利，文化体育和娱乐业，公共管理和社会服务	电力、燃气及水的生产与供应产业，批发与零售业，住宿和餐饮业，水利环境和公共设备管理业
嘉兴			制造业，金融业，公共管理和社会服务
湖州			
绍兴			
金华		建筑业	
舟山			
台州			住宿和餐饮业
合肥			
芜湖		电力、燃气及水的生产与供应产业	建筑业
马鞍山			
铜陵	采矿业		
安庆			
滁州			
池州			
宣城			

表 6-81　　2017 年长江三角洲城市群体系职能结构

城市	强势职能	突出职能	优势职能
上海	制造业，电力、燃气及水的生产与供应产业，交通运输、仓储、邮电通信业，信息传输、计算机服务软件业，批发与零售业，住宿与餐饮业，金融业，房地产业，租赁和商务服务业，科学研究、技术服务和地质勘查业，水利环境和公共设备管理业，居民服务和其他服务行业，教育，卫生、社会保障和社会福利，文化体育和娱乐业，公共管理和社会服务		
南京		信息传输、计算机服务软件业，科学研究、技术服务和地质勘查业，教育，文化体育和娱乐业	电力、燃气及水的生产与供应产业，建筑业，交通运输、仓储、邮电通信业，信息传输、计算机服务软件业，房地产业，水利环境和公共设备管理业，卫生、社会保障和社会福利，公共管理和社会服务
无锡			制造业
常州			
苏州	制造业	公共管理和社会服务	房地产业，教育，卫生、社会保障和社会福利
南通	建筑业		
盐城			
扬州			建筑业
镇江			
泰州		建筑业	
杭州		建筑业，信息传输、计算机服务软件业，金融业，房地产业，科学研究、技术服务和地质勘查业，教育，卫生、社会保障和社会福利，文化体育和娱乐业，公共管理和社会服务	制造业，电力、燃气及水的生产与供应产业，交通运输、仓储、邮电通信业，信息传输、计算机服务软件业，批发与零售业，住宿与餐饮业，租赁和商务服务业，水利环境和公共设备管理业
宁波			制造业，电力、燃气及水的生产与供应产业，金融业，卫生社会保障和社会福利，公共管理和社会服务
嘉兴			
湖州			
绍兴		建筑业	
金华			
舟山			
台州			
合肥	电力、燃气及水的生产与供应产业		建筑业，教育

续表

城市	强势职能	突出职能	优势职能
芜湖			
马鞍山	采矿业		
铜陵			
安庆			
滁州			
池州			
宣城			

由表6-82至表6-85可以看出，京津冀城市群中北京各个行业强势职能明显，除了采矿业外，其他行业均为强势职能。天津的制造业由突出职能上升为强势职能，说明其第二产业有所发展；其居民服务和其他服务行业上升到突出职能，说明其第三产业的发展态势较好。天津、唐山的第二产业职能优势不断增强。

表6-82　　　　　　　　　2006年京津冀城市群体系职能结构

城市	强势职能	突出职能	优势职能
北京	制造业，电力、燃气及水的生产与供应产业，建筑业，交通运输、仓储、邮电通信业，信息传输、计算机服务软件，批发和零售业，住宿和餐饮业，金融业，房地产业，租赁和商务服务业，科学研究、技术服务和地质勘查业，水利环境和公共设备管理业，居民服务和其他服务行业，教育，卫生、社会保障和社会福利，文化体育和娱乐业，公共管理和社会服务		
天津		采矿业，制造业，水利环境和公共设备管理业	电力、燃气及水的生产与供应产业，金融业，教育，公共管理和社会服务
石家庄	采矿业		
唐山	采矿业		
秦皇岛			
邯郸		采矿业	
邢台			
保定			
张家口			
承德			
沧州			
廊坊			
衡水			

表 6-83　　2011 年京津冀城市群体系职能结构

城市	强势职能	突出职能	优势职能
北京	制造业，电力、燃气及水的生产与供应产业，建筑业，交通运输、仓储、邮电通信业，信息传输、计算机服务软件业，批发和零售业，住宿和餐饮业，金融业，房地产业，租赁和商务服务业，科学研究、技术服务和地质勘查业，水利环境和公共设施管理业，居民服务和其他服务行业，教育，卫生、社会保障和社会福利，文化体育和娱乐业，公共管理和社会服务		
天津	居民服务和其他服务行业	采矿业，制造业	电力、燃气及水的生产与供应产业，水利环境和公共设施管理业，教育，卫生、社会保障和社会福利
石家庄			
唐山	采矿业		
秦皇岛			
邯郸			采矿业
邢台			
保定			
张家口			
承德			
沧州			
廊坊			
衡水			

表 6-84　　2016 年京津冀城市群体系职能结构

城市	强势职能	突出职能	优势职能
北京	电力、燃气及水的生产与供应产业，建筑业，交通运输、仓储、邮电通信业，信息传输、计算机服务软件业，批发和零售业，住宿和餐饮业，金融业，房地产业，租赁和商务服务业，科学研究、技术服务和地质勘查业，水利环境和公共设施管理业，卫生、社会保障和社会福利，教育，文化体育和娱乐业，公共管理和社会服务	制造业，居民服务和其他服务行业	采矿业
天津	制造业，居民服务和其他服务行业	采矿业，电力、燃气及水的生产与供应产业，建筑业	水利环境和公共设施管理业，教育
石家庄			
唐山	采矿业		
秦皇岛			
邯郸			采矿业

续表

城市	强势职能	突出职能	优势职能
邢台			
保定		建筑业	
张家口			
承德			
沧州			
廊坊			
衡水			

表6-85　　　　　　　　　　2017年京津冀城市群体系职能结构

城市	强势职能	突出职能	优势职能
北京	制造业，电力、燃气及水的生产与供应产业，建筑业，交通运输、仓储、邮电通信业，信息传输、计算机服务软件业，批发与零售业，住宿和餐饮业，金融业，房地产业，租赁和商务服务业，科学研究、技术服务和地质勘查业，水利环境和公共设备管理业，居民服务和其他服务行业，教育、卫生、社会保障和社会福利，文化体育和娱乐业，公共管理和社会服务		采矿业
天津	制造业	采矿业，建筑业，居民服务和其他服务行业	电力、燃气及水的生产与供应产业，金融业，水利环境和公共设备管理业
石家庄			
唐山	采矿业		
秦皇岛			
邯郸			采矿业
邢台			
保定			
张家口			
承德			
沧州			
廊坊			
衡水			

由表6-86至表6-89可以看出，珠江三角洲城市群中广州和深圳在强势职能、突出职能和优势职能方面具备明显的优势，但广州第二产业和第三产业的发展在强势职能和突出职能方面都有所衰退；深圳第二产业和第三产业发展规模有所提升，第二产业的采矿业和建筑业都转变为强势职能，第三产业多个行业部门由优势职能转变为突出职能。肇庆和东莞在第二产业的职能优势也不断地增强。

表 6-86　　2006 年珠江三角洲城市群体系职能结构

城市	强势职能	突出职能	优势职能
广州	电力、燃气及水的生产与供应产业，交通运输、仓储、邮电通信业，信息传输、计算机服务软件业，住宿和餐饮业，科学研究、技术服务和地质勘查业，水利环境和公共设备管理业，居民服务和其他服务行业，教育，卫生、社会保障和社会福利，文化体育和娱乐业，公共管理和社会服务	采矿业，制造业，建筑业，批发和零售业，金融业，房地产业，租赁和商务服务业	
深圳	房地产业	制造业，建筑业，信息传输、计算机服务软件业，批发和零售业，住宿和餐饮业，金融业，租赁和商务服务业，公共管理和社会服务	交通运输、仓储、邮电通信业，科学研究、技术服务和地质勘查业，水利环境和公共设备管理业，居民服务和其他服务行业，文化体育和娱乐业
珠海			
佛山			
江门			
肇庆		采矿业	
惠州			
东莞			
中山			

表 6-87　　2011 年珠江三角洲城市群体系职能结构

城市	强势职能	突出职能	优势职能
广州	电力、燃气及水的生产与供应产业，交通运输、仓储、邮电通信业，住宿和餐饮业，科学研究、技术服务和地质勘查业，水利环境和公共设备管理业，居民服务和其他服务行业，教育，卫生、社会保障和社会福利，文化体育和娱乐业，公共管理和社会服务	制造业，建筑业，信息传输、计算机服务软件业，批发和零售业，金融业，房地产业，租赁和商务服务业	
深圳	制造业，金融业，房地产业，租赁和商务服务业	采矿业，电力、燃气及水的生产与供应产业，建筑业，交通运输、仓储、邮电通信业，信息传输、计算机服务软件业，批发和零售业，住宿和餐饮业，科学研究、技术服务和地质勘查业，居民服务和其他服务行业，公共管理和社会服务	水利环境和公共设备管理业，文化体育和娱乐业
珠海			
佛山			
江门			
肇庆		采矿业	
惠州			
东莞			
中山			

表6-88　　　　　　　　2016年珠江三角洲城市群体系职能结构

城市	强势职能	突出职能	优势职能
广州	电力、燃气及水的生产与供应产业，科学研究、技术服务和地质勘查业，水利环境和公共设备管理业，教育，卫生、社会保障和社会福利，文化体育和娱乐业，公共管理和社会服务	建筑业，交通运输、仓储、邮电通信业，信息传输、计算机服务软件，批发和零售业，住宿和餐饮业，金融业，房地产业，租赁和商务服务业，居民服务和其他服务行业	
深圳	采矿业，建筑业，信息传输、计算机服务软件业，租赁和商务服务业	制造业，交通运输、仓储、邮电通信业，批发和零售业，住宿和餐饮业，金融业，房地产业，居民服务和其他服务行业，公共管理和社会服务	电力、燃气及水的生产与供应产业，科学研究、技术服务和地质勘查业，文化体育和娱乐业
珠海			
佛山			
江门			
肇庆			采矿业
惠州			
东莞		制造业	
中山			

表6-89　　　　　　　　2017年珠江三角洲城市群体系职能结构

城市	强势职能	突出职能	优势职能
广州	电力、燃气及水的生产与供应产业，科学研究、技术服务和地质勘查业，水利环境和公共设备管理业，教育，卫生、社会保障和社会福利，公共管理和社会服务	建筑业，交通运输、仓储、邮电通信业，信息传输、计算机服务软件业，批发与零售业，住宿和餐饮业，金融业，房地产业，租赁和商务服务业，居民服务和其他行业服务，文化体育和娱乐业	
深圳	采矿业，建筑业，租赁和商务服务业	制造业，交通运输、仓储、邮电通信业，信息传输、计算机服务软件业，住宿和餐饮业，金融业，房地产业，科学研究、技术服务和地质勘查业，水利环境和公共设备管理业，文化体育和娱乐业，公共管理和社会服务	电力、燃气及水的生产与供应产业，批发与零售业
珠海			
佛山			
江门			
肇庆			采矿业
惠州			
东莞		制造业	
中山			

由表6-90至表6-93可以看出，2006~2011年山东半岛城市群中济南和青岛在强

势职能和突出职能方面优势明显,第三产业发展规模均有所提升,其中多个行业部门由突出职能转变为强势职能。2016年后淄博、烟台、菏泽、济宁、临沂在第二产业和第三产业发展多为强势职能、突出职能和优势职能。整体上山东半岛城市群的职能结构发展较好,在济南和青岛的辐射带动下,其他城市不断结合城市自身发展的特点,提高职能优势。

表6-90　　　　　　　　　　2006年山东半岛城市群体系职能结构

城市	强势职能	突出职能	优势职能
济南	建筑业,交通运输、仓储、邮电通信业,信息传输、计算机服务软件业,批发与零售业,住宿和餐饮业,金融业,房地产业,科学研究、技术服务和地质勘查业,文化体育和娱乐业	电力、燃气及水的生产与供应产业,租赁和商务服务业,水利环境和公共设备管理业,居民服务和其他服务行业,教育,卫生、社会保障和社会福利,公共管理和社会服务	
青岛	制造业,交通运输、仓储、邮电通信业,房地产业,租赁和商务服务业,水利环境和公共设备管理业	电力、燃气及水的生产与供应产业,信息传输、计算机服务软件业,批发与零售业,住宿和餐饮业,金融业,科学研究、技术服务和地质勘查业,教育,卫生、社会保障和社会福利,文化体育和娱乐业	公共管理和社会服务
淄博			建筑业
东营	采矿业,居民服务和其他服务行业	租赁和商务服务业	
烟台		租赁和商务服务业	采矿业,水利环境和公共设备管理业,教育,卫生、社会保障和社会福利,文化体育和娱乐业
潍坊		教育,公共管理和社会服务	制造业,电力、燃气及水的生产与供应产业,卫生、社会保障和社会福利
威海			制造业
日照			
泰安		采矿业	
莱芜			
德州			
聊城			
滨州			
菏泽		公共管理和社会服务	水利环境和公共设备管理业,教育
济宁	采矿业	电力、燃气及水的生产与供应产业,公共管理和社会服务	金融业,水利环境和公共设备管理业,教育
临沂		金融业,水利环境和公共设备管理业,教育,公共管理和社会服务	租赁和商务服务业,卫生、社会保障和社会福利

表 6-91 2011 年山东半岛城市群体系职能结构

城市	强势职能	突出职能	优势职能
济南	建筑业，交通运输、仓储、邮电通信业，信息传输、计算机服务软件业，批发与零售业，住宿和餐饮业，金融业，房地产业，租赁和商务服务业，科学研究、技术服务和地质勘查业，居民服务和其他服务行业，卫生、社会保障和社会福利，文化体育和娱乐业，公共管理和社会服务	电力、燃气及水的生产与供应产业，水利环境和公共设备管理业，教育	制造业
青岛	制造业，交通运输、仓储邮电通信业，住宿和餐饮业，金融业，房地产业，科学研究、技术服务和地质勘查业，水利环境和公共设备管理业，卫生、社会保障和社会福利	电力、燃气及水的生产与供应产业，批发与零售业，教育，文化体育和娱乐业	建筑业，信息传输、计算机服务软件业，租赁和商务服务业，公共管理和社会服务
淄博		电力、燃气及水的生产与供应产业，建筑业	批发与零售业，房地产业，水利环境和公共设备管理业，卫生、社会保障和社会福利，文化体育和娱乐业
东营	采矿业，居民服务和其他服务行业		
烟台		制造业，科学研究、技术服务和地质勘查业，水利环境和公共设备管理业，卫生、社会保障和社会福利	采矿业，信息传输、计算机服务软件业，教育，文化体育和娱乐业
潍坊	卫生、社会保障和社会福利	批发与零售业，教育，公共管理和社会服务	电力、燃气及水的生产与供应产业，水利环境和公共设备管理业
威海			制造业，住宿和餐饮业，房地产业
日照			
泰安	建筑业	采矿业，批发与零售业	
莱芜			
德州	电力、燃气及水的生产与供应产业		信息传输、计算机服务软件业
聊城			金融业
滨州			
菏泽		卫生、社会保障和社会福利，公共管理和社会服务	水利环境和公共设备管理业，教育
济宁	采矿业	电力、燃气及水的生产与供应产业，金融业，水利环境和公共设备管理业，公共管理和社会服务	批发与零售业，教育，卫生、社会保障和社会福利
临沂	信息传输、计算机服务软件业	建筑业，金融业，教育，卫生、社会保障和社会福利，公共管理和社会服务	

表 6-92　　2016 年山东半岛城市群体系职能结构

城市	强势职能	突出职能	优势职能
济南	建筑业，交通运输、仓储、邮电通信业，信息传输、计算机服务软件业，批发与零售业，住宿和餐饮业，金融业，房地产业，租赁和商务服务业，科学研究、技术服务和地质勘查业，水利环境和公共设施管理业，卫生、社会保障和社会福利，文化体育和娱乐业	电力、燃气及水的生产与供应产业，教育，公共管理和社会服务	居民服务和其他服务行业
青岛	制造业，电力、燃气及水的生产与供应产业，交通运输、仓储、邮电通信业，信息传输、计算机服务软件业，批发与零售业，住宿和餐饮业，金融业，房地产业，租赁和商务服务业，科学研究、技术服务和地质勘查业，水利环境和公共设施管理业，教育，卫生、社会保障和社会福利，文化体育和娱乐业	建筑业，居民服务和其他服务行业，公共管理和社会服务	
淄博	建筑业，信息传输、计算机服务软件业	电力、燃气及水的生产与供应产业，房地产业，水利环境和公共设施管理业，卫生、社会保障和社会福利	批发与零售业，金融业，文化体育和娱乐业
东营		采矿业	建筑业，房地产业
烟台	租赁和商务服务业，卫生、社会保障和社会福利	制造业，水利环境和公共设施管理业，教育	住宿和餐饮业，科学研究、技术服务和地质勘查业，文化体育和娱乐业，公共管理和社会服务
潍坊	信息传输、计算机服务软件业，房地产业，水利环境和公共设施管理业，卫生、社会保障和社会福利	电力、燃气及水的生产与供应产业，建筑业，批发与零售业，教育，公共管理和社会服务	制造业，交通运输、仓储、邮电通信业，科学研究、技术服务和地质勘查业
威海	房地产业	科学研究、技术服务和地质勘查业	制造业，电力、燃气及水的生产与供应产业
日照			交通运输、仓储、邮电通信业
泰安	建筑业	信息传输、计算机服务软件业，批发与零售业，金融业，房地产业	采矿业，租赁和商务服务业，科学研究、技术服务和地质勘查业，卫生、社会保障和社会福利
莱芜			房地产业
德州		房地产业，公共管理和社会服务	电力、燃气及水的生产与供应产业，信息传输、计算机服务软件业，批发与零售业，金融业，科学研究、技术服务和地质勘查业，卫生、社会保障和社会福利
聊城	金融业	卫生、社会保障和社会福利	房地产业
滨州		租赁和商务服务业	房地产业
菏泽	卫生、社会保障和社会福利	建筑业，水利环境和公共设施管理业，公共管理和社会服务	金融业，房地产业，教育
济宁	采矿业，金融业，卫生、社会保障和社会福利	电力、燃气及水的生产与供应产业，建筑业，房地产业，公共管理和社会服务	信息传输、计算机服务软件业，教育

续表

城市	强势职能	突出职能	优势职能
临沂	建筑业，信息传输、计算，批发与零售业机服务软件业，房地产业，水利环境和公共设备管理业，卫生、社会保障和社会福利	金融业，租赁和商务服务业，科学研究、技术服务和地质勘查业，教育，公共管理和社会服务	电力、燃气及水的生产与供应产业，交通运输、仓储、邮电通信业

表 6-93　　2017 年山东半岛城市群体系职能结构

城市	强势职能	突出职能	优势职能
济南	建筑业，交通运输、仓储、邮电通信业，信息传输、计算机服务软件业，批发与零售业，住宿和餐饮业，金融业，房地产业，租赁和商务服务业，科学研究、技术服务和地质勘查业，水利环境和公共设备管理业，卫生、社会保障和社会福利，文化体育和娱乐业	教育，公共管理和社会服务	
青岛	制造业，建筑业，交通运输、仓储、邮电通信业，信息传输、计算机服务软件业，批发与零售业，住宿和餐饮业，金融业，房地产业，科学研究、技术服务和地质勘查业，租赁和商务服务业，水利环境和公共设备管理业，卫生、社会保障和社会福利，教育，文化体育和娱乐业	电力、燃气及水的生产与供应产业，居民服务和其他服务行业，公共管理和社会服务	
淄博	建筑业，信息传输、计算机服务软件业	房地产业，卫生、社会保障和社会福利	电力、燃气及水的生产与供应产业，金融业，租赁和商务服务业，科学研究、技术服务和地质勘查业，水利环境和公共设备管理业，文化体育和娱乐业
东营	租赁和商务服务业	采矿业	住宿和餐饮业，科学研究、技术服务和地质勘查业
烟台	交通运输、仓储、邮电通信业，信息传输、计算机服务软件业，房地产业，科学研究、技术服务和地质勘查业，卫生、社会保障和社会福利	制造业，批发与零售业，金融业，水利环境和公共设备管理业，教育	建筑业，住宿和餐饮业，租赁和商务服务业，文化体育和娱乐业，公共管理和社会服务
潍坊	信息传输、计算机服务软件业，房地产业，水利环境和公共设备管理业，卫生、社会保障和社会福利	建筑业，批发与零售业，教育，公共管理和社会服务	制造业，科学研究、技术服务和地质勘查业
威海	房地产业	科学研究、技术服务和地质勘查业	制造业，水利环境和公共设备管理业
日照		租赁和商务服务业	交通运输、仓储、邮电通信业，水利环境和公共设备管理业
泰安	建筑业	信息传输、计算机服务软件业，批发与零售业，金融业，房地产业	采矿业，租赁和商务服务业，卫生、社会保障和社会福利
莱芜	信息传输、计算机服务软件业		
德州		房地产业，公共管理和社会服务	信息传输、计算机服务软件业，金融业，科学研究、技术服务和地质勘查业，卫生、社会保障和社会福利

续表

城市	强势职能	突出职能	优势职能
聊城	金融业	卫生、社会保障和社会福利	
滨州		租赁和商务服务业	房地产业
菏泽	卫生、社会保障和社会福利	金融业,水利环境和公共设备管理业,公共管理和社会服务	建筑业,房地产业,教育
济宁	采矿业,卫生、社会保障和社会福利	建筑业,金融业,房地产业,公共管理和社会服务	信息传输、计算机服务软件业,水利环境和公共设备管理业,教育
临沂	建筑业,信息传输、计算机服务软件业,金融业,房地产业,水利环境和公共设备管理业,卫生、社会保障和社会福利	批发与零售业,租赁和商务服务业,科学研究、技术服务和地质勘查业,教育,公共管理和社会服务	交通运输、仓储、邮电通信业

由表6-94至表6-97可以看出,海峡西岸城市群中温州、福州和厦门在强势职能、突出职能、优势职能方面优势明显,温州第二产业和第三产业的发展规模都有所衰退,部分行业的职能优势有所减弱,而福州和厦门第二产业和第三产业的发展水平都不断增强,其中第三产业中多个行业部门由突出职能和优势职能转变为强势职能。南平和汕头在第二产业和第三产业的发展水平有所下降,需要加强对其各个产业的培育发展从而优化其职能结构的分布状况。

表6-94 2006年海峡西岸城市群体系职能结构

城市	强势职能	突出职能	优势职能
温州	建筑业,公共管理和社会服务	制造业,电力、燃气及水的生产与供应产业,交通运输、仓储、邮电通信业,批发与零售业,住宿和餐饮业,金融业,房地产业,教育,卫生、社会保障和社会福利	信息传输、计算机服务软件业,租赁和商务服务业,科学研究、技术服务和地质勘查业,文化体育和娱乐业
衢州			
丽水			
福州	交通运输、仓储、邮电通信业,信息传输计算机服务软件业,住宿和餐饮业,金融业,租赁和商务服务业,科学研究、技术服务和地质勘查业,水利环境和公共设备管理业,文化体育和娱乐业	制造业,电力、燃气及水的生产与供应产业,建筑业,批发与零售业,房地产业,居民服务和其他服务行业,教育,卫生、社会保障和社会福利,公共管理和社会服务	
厦门	房地产业,居民服务和其他服务行业	制造业,交通运输、仓储、邮电通信业,住宿和餐饮业,租赁和商务服务业	建筑业,金融业,水利环境和公共设备管理业,文化体育和娱乐业
莆田			
三明			采矿业
泉州	制造业	采矿业,建筑业,信息传输、计算机服务软件业,教育	电力、燃气及水的生产供应产业,住宿和餐饮业,金融业,公共管理和社会服务
漳州			
南平			水利环境和公共设备管理业
龙岩	采矿业	租赁和商务服务业	

续表

城市	强势职能	突出职能	优势职能
宁德			
汕头		批发与零售业	电力、燃气及水的生产与供应产业，信息传输、计算机服务软件业，水利环境和公共设备管理业
梅州		电力、燃气及水的生产与供应产业	
潮州			
揭阳			

表6-95　2011年海峡西岸城市群体系职能结构

城市	强势职能	突出职能	优势职能
温州	建筑业，金融业，公共管理和社会服务	制造业，电力、燃气及水的生产与供应产业，交通运输、仓储、邮电通信业，教育，卫生、社会保障和社会福利，文化体育和娱乐业	批发与零售业，住宿和餐饮业，房地产业
衢州			
丽水			
福州	电力、燃气及水的生产与供应产业，交通运输、仓储、邮电通信业，信息传输、计算机服务软件业，批发与零售业，金融业，租赁和商务服务业，科学研究、技术服务和地质勘查业，水利环境和公共设备管理业，文化体育和娱乐业	建筑业，住宿和餐饮业，房地产业，教育，卫生、社会保障和社会福利，公共管理和社会服务	居民服务和其他服务行业
厦门	交通运输、仓储、邮电通信业，信息传输、计算机服务软件业，住宿和餐饮业，房地产业，居民服务和其他服务行业	制造业，批发与零售业	建筑业，租赁和商务服务业，水利环境和公共设备管理业，文化体育和娱乐业
莆田			
三明			采矿业
泉州	制造业，建筑业	采矿业，电力、燃气及水的生产与供应产业，教育	信息传输、计算机服务软件业，批发与零售业，住宿和餐饮业，金融业，公共管理和社会服务
漳州			
南平			
龙岩	采矿业		租赁和商务服务业
宁德			
汕头			批发与零售业，水利环境和公共设备管理业
梅州			电力、燃气及水的生产与供应业，水利环境和公共设备管理业
潮州			
揭阳			

表 6-96　　2016 年海峡西岸城市群体系职能结构

城市	强势职能	突出职能	优势职能
温州	金融业，公共管理和社会服务	租赁和商务服务业，教育，卫生、社会保障和社会福利，文化体育和娱乐业	建筑业，交通运输、仓储、邮电通信业
衢州			
丽水			
福州	电力、燃气及水的生产与供应产业，建筑业，信息传输、计算机服务软件业，批发与零售业，房地产业，租赁和商务服务业，科学研究、技术服务和地质勘查业，水利环境和公共设施管理业，教育，文化体育和娱乐业，公共管理和社会服务	交通运输、仓储、邮电通信业，住宿和餐饮业，金融业，卫生、社会保障和社会福利	制造业，居民服务和其他服务行业
厦门	交通运输、仓储、邮电通信业，信息传输、计算机服务软件业，批发与零售业，住宿和餐饮业，房地产业，水利环境和公共设施管理业，居民服务和其他服务行业	制造业，建筑业，金融业，租赁和商务服务业，文化体育和娱乐业	
莆田			
三明	采矿业		
泉州	制造业	电力、燃气及水的生产与供应产业，建筑业，教育	采矿业，批发与零售业，住宿和餐饮业，公共管理和社会服务
漳州			
南平			
龙岩		采矿业	
宁德			电力、燃气及水的生产与供应产业
汕头			
梅州			电力、燃气及水的生产与供应产业
潮州			
揭阳			

表 6-97　　2017 年海峡西岸城市群体系职能结构

城市	强势职能	突出职能	优势职能
温州	电力、燃气及水的生产与供应产业，金融业，公共管理和社会服务	建筑业，交通运输、仓储、邮电通信业，教育，卫生、社会保障和社会福利	制造业，房地产业，租赁和商务服务业，科学研究、技术服务和地质勘查业，文化体育和娱乐业
衢州			
丽水			
福州	建筑业，信息传输、计算机服务软件业，批发与零售业，房地产业，租赁和商务服务业，水利环境和公共设施管理业，教育，文化体育和娱乐业，公共管理和社会服务	电力、燃气及水的生产与供应产业，交通运输、仓储、邮电通信业，住宿和餐饮业，科学研究、技术服务和地质勘查业，卫生、社会保障和社会福利	制造业，金融业，居民服务和其他服务行业

续表

城市	强势职能	突出职能	优势职能
厦门	交通运输、仓储、邮电通信业，信息传输、计算机服务软件业，批发与零售业，住宿和餐饮业，房地产业，水利环境和公共设施管理业，居民服务和其他服务行业	制造业，建筑业，金融业，租赁和商务服务业，科学研究、技术服务和地质勘查业，文化体育和娱乐业	
莆田			
三明	采矿业		
泉州	制造业	采矿业，电力、燃气及水的生产与供应产业，建筑业，教育	批发与零售业，住宿和餐饮业，公共管理和社会服务
漳州		教育	
南平			
龙岩		采矿业	
宁德			
汕头			
梅州			水利环境和公共设施管理业
潮州			
揭阳			

由表 6-98 至表 6-101 可以看出，长江中游城市群中南昌、武汉、长沙在强势职能、突出职能、优势职能方面要远远高于其他城市。南昌第二产业和第三产业不断地向强势职能发展，而武汉第二产业和第三产业不断由强势职能向突出职能转变，长沙多个行业部门处于强势职能和突出职能。宜昌和襄阳在第二产业发展水平不断提升的情况下，其第三产业也不断地转向突出职能和优势职能。城市群中的其他城市在第二产业发展规模也不断地提升，其职能优势明显。

表 6-98　　　　　　　　　2006 年长江中游城市群体系职能结构

城市	强势职能	突出职能	优势职能
南昌	房地产业	建筑业，交通运输、仓储、邮电通信业，信息传输、计算机服务软件业，科学研究、技术服务和地质勘查业，水利环境和公共设施管理业，文化体育和娱乐业	制造业，金融业，教育，卫生、社会保障和社会福利
景德镇			
萍乡		采矿业	
九江			电力、燃气及水的生产与供应产业，租赁与商务服务业
新余	批发与零售业	住宿和餐饮业，租赁与商务服务业，居民服务和其他服务行业	制造业，建筑业
鹰潭			
吉安			

续表

城市	强势职能	突出职能	优势职能
宜春		采矿业	
抚州			
上饶			电力、燃气及水的生产与供应产业，教育
武汉	制造业，电力、燃气及水的生产与供应产业，建筑业，交通运输、仓储、邮电通信业，信息传输、计算机服务软件业，批发与零售业，住宿和餐饮业，租赁与商务服务业，科学研究、技术服务和地质勘查业，水利环境和公共设备管理业，居民服务和其他服务行业，教育，卫生、社会保障和社会福利，文化体育和娱乐业，公共管理和社会服务		
黄石	采矿业		
宜昌	电力、燃气及水的生产与供应产业		建筑业，住宿和餐饮业
襄阳			制造业，科学研究、技术服务和地质勘查业，水利环境和公共设备管理业，教育，公共管理和社会服务
鄂州			
荆门			
孝感			租赁与商务服务业，文化体育和娱乐业
荆州			批发与零售业，水利环境和公共设备管理业，公共管理和社会服务
黄冈			教育，卫生、社会保障和社会福利，公共管理和社会服务
咸宁			
长沙	建筑业，住宿和餐饮业，金融业，房地产业，租赁与商务服务业，文化体育和娱乐业	制造业，信息传输、计算机服务软件业，批发与零售业，科学研究、技术服务和地质勘查业，教育，卫生、社会保障和社会福利，公共管理和社会服务	交通运输、仓储、邮电通信业
株洲			
湘潭			
衡阳		采矿业，金融业，公共管理和社会服务	建筑业，教育，卫生、社会保障和社会福利
岳阳		公共管理和社会服务	
常德			
益阳			
娄底			

表 6-99　　2011 年长江中游城市群体系职能结构

城市	强势职能	突出职能	优势职能
南昌	交通运输、仓储、邮电通信业	电力、燃气及水的生产与供应产业，水利环境和公共设备管理业，文化体育和娱乐业	制造业，建筑业，信息传输、计算机服务软件业，金融业，科学研究、技术服务和地质勘查业，教育，卫生、社会保障和社会福利
景德镇			
萍乡		采矿业	
九江			电力、燃气及水的生产与供应产业，租赁与商务服务业
新余			
鹰潭			
吉安			
宜春		采矿业	
抚州			
上饶			教育
武汉	制造业，交通运输、仓储、邮电通信业，信息传输、计算机服务软件业，批发与零售业，住宿和餐饮业，金融业，房地产业，租赁与商务服务业，科学研究、技术服务和地质勘查业，水利环境和公共设备管理业，居民服务和其他服务行业，教育，卫生、社会保障和社会福利，文化体育和娱乐业，公共管理和社会服务	电力、燃气及水的生产与供应产业	
黄石	采矿业	居民服务和其他服务行业	
宜昌	电力、燃气及水的生产与供应产业	批发与零售业，租赁与商务服务业	采矿业，制造业，房地产业，居民服务和其他服务行业
襄阳		水利环境和公共设备管理业	制造业，公共管理和社会服务
鄂州			
荆门		居民服务和其他服务行业	
孝感		建筑业，房地产业，居民服务和其他服务行业	制造业，批发与零售业
荆州			卫生、社会保障和社会福利，公共管理和社会服务
黄冈			
咸宁			

续表

城市	强势职能	突出职能	优势职能
长沙	信息传输、计算机服务软件业，金融业，房地产业，租赁与商务服务业，科学研究、技术服务和地质勘查业，水利环境和公共设备管理业，卫生、社会保障和社会福利，文化体育和娱乐业	制造业，电力、燃气及水的生产与供应产业，建筑业，批发与零售业，住宿和餐饮业，居民服务和其他服务行业，教育，公共管理和社会服务	
株洲			租赁与商务服务业
湘潭			
衡阳		公共管理和社会服务	采矿业，建筑业，教育，卫生、社会保障和社会福利
岳阳		制造业，居民服务和其他服务行业，公共管理和社会服务	
常德		租赁与商务服务业	
益阳			
娄底		采矿业	

表6-100　　　　　　2016年长江中游城市群体系职能结构

城市	强势职能	突出职能	优势职能
南昌	电力、燃气及水的生产与供应产业，建筑业，信息传输、计算机服务软件业，水利环境和公共设备管理业	制造业，批发与零售业，租赁与商务服务业，文化体育和娱乐业	金融业，房地产业，科学研究、技术服务和地质勘查业，教育，卫生、社会保障和社会福利，公共管理和社会服务
景德镇			
萍乡		采矿业	
九江		电力、燃气及水的生产与供应产业	
新余			
鹰潭			
吉安			
宜春	采矿业		
抚州			
上饶			教育，公共管理和社会服务
武汉	制造业，电力、燃气及水的生产与供应产业，建筑业，交通运输、仓储、邮电通信业，信息传输、计算机服务软件业，批发与零售业，住宿和餐饮业，金融业，房地产业，租赁与商务服务业，科学研究、技术服务和地质勘查业，水利环境和公共设备管理业，教育，卫生、社会保障和社会福利，文化体育和娱乐业，公共管理和社会服务	居民服务和其他服务行业	
黄石			采矿业

续表

城市	强势职能	突出职能	优势职能
宜昌	采矿业，租赁和商务服务业，居民服务和其他服务行业	制造业，电力、燃气及水的生产与供应产业，交通运输、仓储、邮电通信业，批发与零售业，住宿与餐饮业	房地产业，科学研究、技术服务和地质勘查业，文化体育和娱乐业
襄阳		制造业，批发与零售业，水利环境和公共设施管理业，居民服务和其他服务行业	电力、燃气及水的生产与供应产业，住宿与餐饮业，房地产业，租赁和商务服务业，科学研究、技术服务和地质勘查业，教育，卫生、社会保障和社会福利，公共管理和社会服务
鄂州			
荆门			采矿业
孝感	居民服务和其他服务行业	建筑业，住宿与餐饮业，租赁和商务服务业	制造业，批发与零售业，房地产业
荆州			
黄冈			采矿业
咸宁			
长沙	信息传输、计算机服务软件业，金融业，房地产业，租赁和商务服务业，科学研究、技术服务和地质勘查业，卫生、社会保障和社会福利，文化体育和娱乐业	制造业，建筑业，交通运输、仓储、邮电通信业，批发与零售业，居民服务和其他服务行业，教育，公共管理和社会服务	
株洲			采矿业，房地产业
湘潭	交通运输、仓储、邮电通信业	居民服务和其他服务行业	
衡阳		采矿业，公共管理和社会服务	电力、燃气及水的生产与供应产业，教育，卫生、社会保障和社会福利
岳阳		公共管理和社会服务	
常德			
益阳			
娄底		采矿业	

表6–101　　　　2017年长江中游城市群体系职能结构

城市	强势职能	突出职能	优势职能
南昌	建筑业，信息传输、计算机服务软件业，水利环境和公共设施管理业	制造业，电力、燃气及水的生产与供应产业，租赁和商务服务业，文化体育和娱乐业	交通运输、仓储、邮电通信业，批发与零售业，金融业，房地产业，科学研究、技术服务和地质勘查业，教育，卫生、社会保障和社会福利，公共管理和社会服务
景德镇			
萍乡			采矿业
九江			
新余			
鹰潭			
吉安			

续表

城市	强势职能	突出职能	优势职能
宜春		采矿业	
抚州			
上饶		公共管理和社会服务	教育
武汉	制造业，电力、燃气及水的生产与供应产业，建筑业，交通运输、仓储、邮电通信业，信息传输、计算机服务软件业，批发与零售业，住宿与餐饮业，金融业，房地产业，租赁和商务服务业，科学研究、技术服务和地质勘查业，水利环境和公共设施管理业，教育，卫生、社会保障和社会福利，文化体育和娱乐业，公共管理和社会服务	居民服务和其他服务行业	
黄石			采矿业
宜昌	电力、燃气及水的生产与供应产业	制造业，交通运输、仓储、邮电通信业，住宿与餐饮业，租赁和商务服务业，居民服务和其他服务行业	采矿业，房地产业，文化体育和娱乐业
襄阳		制造业，批发与零售业，水利环境和公共设施管理业，居民服务和其他服务行业	交通运输、仓储、邮电通信业，住宿与餐饮业，房地产业，租赁和商务服务业，科学研究、技术服务和地质勘查业，教育，卫生、社会保障和社会福利，公共管理和社会服务
鄂州			
荆门			采矿业
孝感	住宿与餐饮业，居民服务和其他服务行业	制造业，租赁和商务服务业	电力、燃气及水的生产与供应产业，批发与零售业
荆州			
黄冈	租赁和商务服务业		采矿业，制造业，电力、燃气及水的生产与供应产业，建筑业，住宿与餐饮业，公共管理和社会服务
咸宁			
长沙	金融业，房地产业，科学研究、技术服务和地质勘查业，卫生、社会保障和社会福利，文化体育和娱乐业	制造业，交通运输、仓储、邮电通信业，信息传输、计算机服务软件业，住宿与餐饮业，租赁和商务服务业，教育，公共管理和社会服务	电力、燃气及水的生产与供应产业，建筑业，批发与零售业
株洲			
湘潭			
衡阳		采矿业，公共管理和社会服务	电力、燃气及水的生产与供应产业，教育
岳阳			公共管理和社会服务
常德			公共管理和社会服务
益阳			
娄底		采矿业	

由表 6-102 至表 6-105 可以看出，中原城市群中强势职能、突出职能、优势职能的分布较为均衡。邯郸和邢台各个行业部门职能均为突出职能和优势职能，而郑州大量的行业部门形成了强势职能。洛阳、开封、信阳第二产业和第三产业发展水平均有所下降，需要加强对其产业的发展，以促进城市群内职能结构的分布状况。南阳和商丘在强势职能、突出职能、优势职能方面的分布较为均衡。

表 6-102　　　　　　　　　　2006 年中原城市群体系职能结构

城市	强势职能	突出职能	优势职能
邯郸		采矿业，制造业，电力、燃气及水的生产与供应产业，交通运输、仓储、邮电通信业，金融业，水利环境和公共设备管理业，教育，卫生、社会保障和社会福利	信息传输、计算机服务软件业，批发与零售业，文化体育和娱乐业，公共管理和社会服务
邢台		电力、燃气及水的生产与供应产业	卫生、社会保障和社会福利
长治		采矿业，文化体育和娱乐业	
晋城	居民服务和其他服务行业	采矿业	
运城			制造业
蚌埠			
淮北	采矿业，租赁和商务服务业		
阜阳			交通运输、仓储、邮电通信业，卫生、社会保障和社会福利
宿州			
亳州			
聊城		采矿业，卫生、社会保障和社会福利	
菏泽	卫生、社会保障和社会福利	居民服务和其他服务行业，公共管理和社会服务	金融业，水利环境和公共设备管理业，教育
郑州	采矿业，电力、燃气及水的生产与供应产业，建筑业，交通运输、仓储、邮电通信业，信息传输、计算机服务软件业，住宿与餐饮业，金融业，房地产业，租赁和商务服务业，科学研究、技术服务和地质勘查业，水利环境和公共设备管理业，居民服务和其他服务行业，卫生、社会保障和社会福利，文化体育和娱乐业	采矿业，批发与零售业，教育，公共管理和社会服务	
开封		卫生、社会保障和社会福利	水利环境和公共设备管理业
洛阳	电力、燃气及水的生产与供应产业，科学研究、技术服务和地质勘查业，卫生、社会保障和社会福利	采矿业，交通运输、仓储、邮电通信业	住宿与餐饮业，金融业，房地产业，租赁和商务服务业，教育，公共管理和社会服务
平顶山	采矿业		采矿业，金融业，水利环境和公共设备管理业
安阳	建筑业		采矿业，批发与零售业
鹤壁			
新乡		采矿业，批发与零售业，居民服务和其他服务行业，卫生、社会保障和社会福利	房地产业

续表

城市	强势职能	突出职能	优势职能
焦作			采矿业
濮阳		租赁和商务服务业	采矿业，建筑业
许昌			
漯河			
三门峡		采矿业	
南阳	批发与零售业，租赁和商务服务业，卫生、社会保障和社会福利	采矿业，交通运输、仓储、邮电通信业，信息传输、计算机服务软件业，金融业，水利环境和公共设备管理业，教育，文化体育和娱乐业，公共管理和社会服务	建筑业，住宿与餐饮业，房地产业，科学研究、技术服务和地质勘查业，居民服务和其他服务行业
商丘	卫生、社会保障和社会福利	教育，公共管理和社会服务	交通运输、仓储、邮电通信业，信息传输、计算机服务软件业
信阳		信息传输、计算机服务软件业，水利环境和公共设备管理业，卫生、社会保障和社会福利	交通运输、仓储、邮电通信业，科学研究、技术服务和地质勘查业，教育，公共管理和社会服务
周口	卫生、社会保障和社会福利	批发与零售业，教育，公共管理和社会服务	金融业
驻马店	卫生、社会保障和社会福利		批发与零售业，房地产业，公共管理和社会服务

表 6–103　　2011 年中原城市群体系职能结构

城市	强势职能	突出职能	优势职能
邯郸	交通运输、仓储、邮电通信业，水利环境和公共设备管理业	电力、燃气及水的生产与供应产业，信息传输、计算机服务软件业，金融业，教育，卫生、社会保障和社会福利，公共管理和社会服务	采矿业，科学研究、技术服务和地质勘查业
邢台		电力、燃气及水的生产与供应产业	信息传输、计算机服务软件业，卫生、社会保障和社会福利
长治		采矿业	
晋城	采矿业		
运城			信息传输、计算机服务软件业，文化体育和娱乐业
蚌埠			
淮北	采矿业		
阜阳			卫生、社会保障和社会福利
宿州			
亳州			
聊城		卫生、社会保障和社会福利	制造业
菏泽	卫生、社会保障和社会福利	公共管理和社会服务	水利环境和公共设备管理业，教育

续表

城市	强势职能	突出职能	优势职能
郑州	制造业，电力、燃气及水的生产与供应产业，建筑业，交通运输、仓储、邮电通信业，信息传输、计算机服务软件业，批发与零售业，住宿与餐饮业，金融业，房地产业，租赁和商务服务业，科学研究、技术服务和地质勘查业，水利环境和公共设备管理业，居民服务和其他服务行业，教育，卫生、社会保障和社会福利，文化体育和娱乐业，公共管理和社会服务		采矿业
开封	居民服务和其他服务行业	房地产业	住宿与餐饮业，卫生、社会保障和社会福利
洛阳	电力、燃气及水的生产与供应产业，科学研究、技术服务和地质勘查业，卫生、社会保障和社会福利	制造业，交通运输、仓储、邮电通信业，水利环境和公共设备管理业，居民服务和其他服务行业	住宿与餐饮业，金融业，租赁和商务服务业，公共管理和社会服务
平顶山	采矿业		制造业，租赁和商务服务业，卫生、社会保障和社会福利
安阳	建筑业		
鹤壁			
新乡		制造业，卫生、社会保障和社会福利	
焦作			金融业
濮阳	租赁和商务服务业		采矿业，建筑业，居民服务和其他服务行业
许昌			
漯河			制造业
三门峡			采矿业
南阳	批发与零售业，卫生、社会保障和社会福利	制造业，交通运输、仓储、邮电通信业，信息传输、计算机服务软件业，租赁和商务服务业，科学研究、技术服务和地质勘查业，水利环境和公共设备管理业，居民服务和其他服务行业，公共管理和社会服务	电力、燃气及水的生产与供应产业，建筑业，住宿与餐饮业，金融业，房地产业，文化体育和娱乐业
商丘	卫生、社会保障和社会福利	教育，公共管理和社会服务	
信阳		批发与零售业，教育，卫生、社会保障和社会福利	交通运输、仓储、邮电通信业，信息传输、计算机服务软件业，科学研究、技术服务和地质勘查业，水利环境和公共设备管理业
周口	卫生、社会保障和社会福利	批发与零售业，教育，公共管理和社会服务	信息传输、计算机服务软件业，金融业
驻马店		房地产业，居民服务和其他服务行业，卫生、社会保障和社会福利	建筑业，批发与零售业，教育

表 6-104　　2016 年中原城市群体系职能结构

城市	强势职能	突出职能	优势职能
邯郸		电力、燃气及水的生产与供应产业，金融业，水利环境和公共设施管理业，教育，卫生、社会保障和社会福利，公共管理和社会服务	采矿业，建筑业，交通运输、仓储、邮电通信业，租赁和商务服务业
邢台			电力、燃气及水的生产与供应产业，公共管理和社会服务
长治	采矿业		水利环境和公共设施管理业
晋城	采矿业		
运城			
蚌埠			
淮北		采矿业	
阜阳			金融业
宿州	批发与零售业，居民服务和其他服务行业，卫生、社会保障和社会福利，文化体育和娱乐业	信息传输、计算机服务软件业，住宿与餐饮业	房地产业
亳州			
聊城		金融业	
菏泽		卫生、社会保障和社会福利，公共管理和社会服务	水利环境和公共设施管理业，教育
郑州	制造业，电力、燃气及水的生产与供应产业，建筑业，交通运输、仓储、邮电通信业，信息传输、计算机服务软件业，住宿与餐饮业，金融业，房地产业，租赁和商务服务业，科学研究、技术服务和地质勘查业，水利环境和公共设施管理业，教育，卫生、社会保障和社会福利，文化体育和娱乐业，公共管理和社会服务	批发与零售业	采矿业
开封			
洛阳		科学研究、技术服务和地质勘查业，卫生、社会保障和社会福利	制造业，电力、燃气及水的生产与供应产业，金融业，房地产业，文化体育和娱乐业，公共管理和社会服务
平顶山	采矿业，电力、燃气及水的生产与供应产业		水利环境和公共设施管理业
安阳		建筑业	
鹤壁			
新乡		建筑业	制造业
焦作			交通运输、仓储、邮电通信业
濮阳		电力、燃气及水的生产与供应产业	租赁和商务服务业
许昌			
漯河			
三门峡			采矿业

续表

城市	强势职能	突出职能	优势职能
南阳	水利环境和公共设施管理业，教育，卫生、社会保障和社会福利	公共管理和社会服务	制造业，电力、燃气及水的生产与供应产业，建筑业，交通运输、仓储、邮电通信业，批发与零售业，住宿与餐饮业，金融业，租赁和商务服务业，科学研究、技术服务和地质勘查业
商丘		房地产业，卫生、社会保障和社会福利	教育，公共管理和社会服务
信阳			信息传输、计算机服务软件业，教育
周口		教育，公共管理和社会服务	制造业，建筑业，卫生、社会保障和社会福利
驻马店			交通运输、仓储、邮电通信业，批发与零售业，房地产业，居民服务和其他服务行业，教育，卫生、社会保障和社会福利

表 6–105　　　　　　2017 年中原城市群体系职能结构

城市	强势职能	突出职能	优势职能
邯郸	电力、燃气及水的生产与供应产业	水利环境和公共设施管理业，教育，卫生、社会保障和社会福利，公共管理和社会服务	采矿业，交通运输、仓储、邮电通信业，金融业
邢台		电力、燃气及水的生产与供应产业	水利环境和公共设施管理业
长治	采矿业		水利环境和公共设施管理业
晋城	采矿业		
运城			
蚌埠			
淮北		采矿业	
阜阳			金融业
宿州	批发与零售业，住宿与餐饮业，居民服务和其他服务行业，卫生、社会保障和社会福利，文化体育和娱乐业		信息传输、计算机服务软件业，房地产业，科学研究、技术服务和地质勘查业
亳州			
聊城		金融业	卫生、社会保障和社会福利
菏泽		卫生、社会保障和社会福利，公共管理和社会服务	水利环境和公共设施管理业，教育

续表

城市	强势职能	突出职能	优势职能
郑州	制造业，电力、燃气及水的生产与供应产业，建筑业，交通运输、仓储、邮电通信业，信息传输、计算机服务软件业，住宿与餐饮业，金融业，房地产业，租赁和商务服务业，科学研究、技术服务和地质勘查业，水利环境和公共设备管理业，教育，卫生、社会保障和社会福利，文化体育和娱乐业，公共管理和社会服务	批发与零售业	居民服务和其他服务行业
开封			
洛阳		科学研究、技术服务和地质勘查业，卫生、社会保障和社会福利	制造业，电力、燃气及水的生产与供应产业，信息传输、计算机服务软件业，房地产业，公共管理和社会服务
平顶山	采矿业，电力、燃气及水的生产与供应产业		水利环境和公共设备管理业
安阳		建筑业	
鹤壁			
新乡		建筑业	
焦作			制造业，交通运输、仓储、邮电通信业
濮阳			电力、燃气及水的生产与供应产业
许昌			制造业
漯河			
三门峡			采矿业
南阳	教育，卫生、社会保障和社会福利	水利环境和公共设备管理业，公共管理和社会服务	制造业，建筑业，交通运输、仓储、邮电通信业，住宿与餐饮业，金融业，租赁和商务服务业，科学研究、技术服务和地质勘查业
商丘		房地产业，卫生、社会保障和社会福利，公共管理和社会服务	制造业，建筑业，交通运输、仓储、邮电通信业，批发与零售业，水利环境和公共设备管理业，教育
信阳			建筑业，教育
周口		教育	制造业，卫生、社会保障和社会福利，公共管理和社会服务
驻马店			建筑业，交通运输、仓储、邮电通信业，批发与零售业，房地产业，教育，卫生、社会保障和社会福利，文化体育和娱乐业，公共管理和社会服务

由表6-106至表6-109可以看出，晋中城市群内部没有形成强势职能和突出职能，太原在优势职能方面要远远高于晋中。晋中在第三产业方面有所发展，金融业变成其优势职能，但我们仍需要加强对产业的培育发展，以此来优化城市群内部的职能结构分布状况。

表 6-106　　　　　　　　2006 年晋中城市群体系职能结构

城市	强势职能	突出职能	优势职能
太原			采矿业，制造业，电力、燃气及水的生产与供应产业，建筑业，交通运输、仓储、邮电通信业，信息传输、计算机服务软件业，批发与零售业，住宿与餐饮业，金融业，房地产业，租赁和商务服务业，科学研究、技术服务和地质勘查业，水利环境和公共设备管理业，居民服务和其他服务行业，教育，卫生、社会保障和社会福利，文化体育和娱乐行业，公共管理和社会服务
晋中			

表 6-107　　　　　　　　2011 年晋中城市群体系职能结构

城市	强势职能	突出职能	优势职能
太原			采矿业，制造业，电力、燃气及水的生产与供应产业，建筑业，交通运输、仓储、邮电通信业，信息传输、计算机服务软件业，批发与零售业，住宿与餐饮业，金融业，房地产业，租赁和商务服务业，科学研究、技术服务和地质勘查业，水利环境和公共设备管理业，居民服务和其他服务行业，教育，卫生、社会保障和社会福利，文化体育和娱乐行业，公共管理和社会服务
晋中			

表 6-108　　　　　　　　2016 年晋中城市群体系职能结构

城市	强势职能	突出职能	优势职能
太原			采矿业，制造业，电力、燃气及水的生产与供应产业，建筑业，交通运输、仓储、邮电通信业，信息传输、计算机服务软件业，批发与零售业，住宿与餐饮业，金融业，房地产业，租赁和商务服务业，科学研究、技术服务和地质勘查业，水利环境和公共设备管理业，居民服务和其他服务行业，教育，卫生、社会保障和社会福利，文化体育和娱乐行业，公共管理和社会服务
晋中			

表6-109　　　　　　　　　2017年晋中城市群体系职能结构

城市	强势职能	突出职能	优势职能
太原			采矿业，制造业，电力、燃气及水的生产与供应产业，建筑业，交通运输、仓储、邮电通信业，信息传输、计算机服务软件业，批发与零售业，住宿与餐饮业，房地产业，租赁和商务服务业，科学研究、技术服务和地质勘查业，水利环境和公共设备管理业，居民服务和其他服务行业，教育，卫生、社会保障和社会福利，文化体育和娱乐行业，公共管理和社会服务
晋中			金融业

由表6-110至表6-113可以看出，成渝城市群中的重庆和成都在强势职能和突出职能方面具备明显的优势，在2006年、2011年和2016年重庆和成都占据了该城市群全部的强势职能和突出职能，但第二产业和第三产业的发展水平有所下降，有部分行业部门由强势职能转变为突出职能或优势职能。成渝城市群中间序列以下的城市发展较为缓慢，仅有达州市的采矿业为强势职能，绵阳和乐山有少数行业部门为优势职能。所以，可以通过重庆和成都对其他城市的辐射带动作用，来培养其他城市行业部门的优势职能，从而优化城市群内部的职能分布状况。

表6-110　　　　　　　　　2006年成渝城市群体系职能结构

城市	强势职能	突出职能	优势职能
重庆	采矿业，制造业，电力、燃气及水的生产与供应产业，建筑业，交通运输、仓储、邮电通信业，信息传输、计算机服务软件业，批发与零售业，住宿与餐饮业，金融业，房地产业，租赁和商务服务业，科学研究、技术服务和地质勘查业，水利环境和公共设备管理业，居民服务和其他服务行业，教育，卫生、社会保障和社会福利，文化体育和娱乐业，公共管理和社会服务		
成都	建筑业，住宿与餐饮业，租赁和商务服务业，科学研究、技术服务和地质勘查业，水利环境和公共设备管理业，居民服务和其他服务行业	制造业，交通运输、仓储、邮电通信业，信息传输、计算机服务软件业，批发与零售业，金融业，房地产业，教育，卫生、社会保障和社会福利，文化体育和娱乐业，公共管理和社会服务	
自贡			
泸州			
德阳			
绵阳			科学研究、技术服务和地质勘查业
遂宁			
内江			

续表

城市	强势职能	突出职能	优势职能
乐山			采矿业，电力、燃气及水的生产与供应产业
南充			
眉山			
宜宾			
广安			
达州			
雅安			
资阳			

表6-111　　　　　　　　　2011年成渝城市群体系职能结构

城市	强势职能	突出职能	优势职能
重庆	采矿业，制造业，电力、燃气及水的生产与供应产业，建筑业，交通运输、仓储、邮电通信业，信息传输、计算机服务软件业，批发与零售业，住宿与餐饮业，金融业，房地产业，租赁和商务服务业，科学研究、技术服务和地质勘查业，水利环境和公共设备管理业，居民服务和其他服务行业，教育，卫生、社会保障和社会福利，文化体育和娱乐业，公共管理和社会服务		
成都	制造业，建筑业，批发与零售业，住宿与餐饮业，科学研究、技术服务和地质勘查业，文化体育和娱乐业	交通运输、仓储、邮电通信业，信息传输、计算机服务软件业，金融业，房地产业，租赁和商务服务业，水利环境和公共设备管理业，居民服务和其他服务行业，教育，卫生、社会保障和社会福利，公共管理和社会服务	电力、燃气及水的生产与供应产业
自贡			
泸州			
德阳			
绵阳			
遂宁			
内江			
乐山			电力、燃气及水的生产与供应产业
南充			
眉山			
宜宾			
广安			
达州			
雅安			
资阳			

表 6-112　　　　　　　　　　　2016 年成渝城市群体系职能结构

城市	强势职能	突出职能	优势职能
重庆	采矿业，制造业，电力、燃气及水的生产与供应产业，建筑业，交通运输、仓储、邮电通信业，信息传输、计算机服务软件业，批发与零售业，住宿与餐饮业，金融业，房地产业，租赁和商务服务业，科学研究、技术服务和地质勘查业，水利环境和公共设备管理业，居民服务和其他服务行业，教育，卫生、社会保障和社会福利，公共管理和社会服务	文化体育和娱乐业	
成都	信息传输、计算机服务软件业，批发与零售业，租赁和商务服务业，科学研究、技术服务和地质勘查业，文化体育和娱乐业	制造业，建筑业，交通运输、仓储、邮电通信业，住宿与餐饮业，金融业，房地产业，水利环境和公共设备管理业，教育，卫生、社会保障和社会福利，公共管理和社会服务	电力、燃气及水的生产与供应产业，居民服务和其他服务行业
自贡			
泸州			
德阳			
绵阳			
遂宁			
内江			
乐山			
南充			
眉山			
宜宾			
广安			
达州			
雅安			
资阳			

表 6-113　　　　　　　　　　　2017 年成渝城市群体系职能结构

城市	强势职能	突出职能	优势职能
重庆	采矿业，制造业，电力、燃气及水的生产与供应产业，建筑业，信息传输、计算机服务软件业，金融业，水利环境和公共设备管理业，教育，公共管理和社会服务	交通运输、仓储、邮电通信业，房地产业，租赁和商务服务业，科学研究、技术服务和地质勘查业，卫生、社会保障和社会福利，文化体育和娱乐业	批发与零售业
成都	制造业，电力、燃气及水的生产与供应产业，建筑业，交通运输、仓储、邮电通信业，信息传输、计算机服务软件业，批发与零售业，住宿与餐饮业，金融业，房地产业，租赁和商务服务业，科学研究、技术服务和地质勘查业，居民服务和其他服务行业，文化体育和娱乐业	采矿业，水利环境和公共设备管理业，教育，卫生、社会保障和社会福利，公共管理和社会服务	

续表

城市	强势职能	突出职能	优势职能
自贡			
泸州			
德阳			
绵阳			
遂宁			
内江			
乐山			
南充			
眉山			
宜宾			
广安			
达州	采矿业		
雅安			
资阳			

由表6-114至表6-117可以看出，关中平原城市群中的西安在强势职能和突出职能方面具备明显的优势。西安第三产业发展水平不断提升，2017年其水利环境和公共设备管理业，公共管理和社会服务也由突出职能转变为强势职能。铜川、咸阳、渭南中各行业部门的突出职能和优势职能逐渐出现衰退的现象。

表6-114　　　　　　　　2006年关中平原城市群体系职能结构

城市	强势职能	突出职能	优势职能
运城			公共管理和社会服务
临汾		采矿业，公共管理和社会服务	交通运输、仓储、邮电通信业
西安	制造业，电力、燃气及水的生产与供应产业，建筑业，交通运输、仓储、邮电通信业，信息传输、计算机服务软件业，批发与零售业，住宿与餐饮业，金融业，房地产业，租赁和商务服务业，科学研究、技术服务和地质勘查业，居民服务和其他服务行业，教育，卫生、社会保障和社会福利，文化体育和娱乐业	水利环境和公共设备管理业，公共管理和社会服务	
铜川			采矿业
宝鸡			
咸阳		水利环境和公共设备管理业	建筑业，租赁和商务服务业，公共管理和社会服务
渭南		采矿业，电力、燃气及水的生产与供应产业	水利环境和公共设备管理业，公共管理和社会服务
商洛			
天水			
平凉			
庆阳			

表 6-115　　2011 年关中平原城市群体系职能结构

城市	强势职能	突出职能	优势职能
运城			公共管理和社会服务
临汾		采矿业，公共管理和社会服务	
西安	制造业，电力、燃气及水的生产与供应产业，建筑业，交通运输、仓储、邮电通信业，信息传输、计算机服务软件业，批发与零售业，住宿与餐饮业，金融业，房地产业，租赁和商务服务业，科学研究、技术服务和地质勘查业，水利环境和公共设备管理业，居民服务和其他服务行业，教育，卫生、社会保障和社会福利，文化体育和娱乐业	公共管理和社会服务	
铜川			采矿业
宝鸡			
咸阳			水利环境和公共设备管理业
渭南		采矿业	电力、燃气及水的生产与供应产业，水利环境和公共设备管理业
商洛			
天水			
平凉			采矿业
庆阳			

表 6-116　　2016 年关中平原城市群体系职能结构

城市	强势职能	突出职能	优势职能
运城			公共管理和社会服务
临汾	采矿业		公共管理和社会服务
西安	制造业，电力、燃气及水的生产与供应产业，建筑业，交通运输、仓储、邮电通信业，信息传输、计算机服务软件业，批发与零售业，住宿与餐饮业，金融业，房地产业，租赁和商务服务业，科学研究、技术服务和地质勘查业，水利环境和公共设备管理业，居民服务和其他服务行业，卫生、社会保障和社会福利，文化体育和娱乐业，公共管理和社会服务		
铜川			
宝鸡			
咸阳			水利环境和公共设备管理业
渭南		居民服务和其他服务行业	采矿业，水利环境和公共设备管理业
商洛			
天水			
平凉			采矿业
庆阳			

表 6-117　　　　　　　　2017 年关中平原城市群体系职能结构

城市	强势职能	突出职能	优势职能
运城			公共管理和社会服务
临汾	采矿业		公共管理和社会服务
西安	制造业，电力、燃气及水的生产与供应产业，建筑业，交通运输、仓储、邮电通信业，信息传输、计算机服务软件业，批发与零售业，住宿与餐饮业，金融业，房地产业，租赁和商务服务业，科学研究、技术服务和地质勘查业，水利环境和公共设备管理业，居民服务和其他服务行业，教育，教育，卫生、社会保障和社会福利，文化体育和娱乐业，公共管理和社会服务		
铜川			
宝鸡			
咸阳			建筑业
渭南		采矿业，居民服务和其他服务行业	水利环境和公共设备管理业
商洛			
天水			
平凉			
庆阳			

由表 6-118 至表 6-121 可以看出，北部湾城市群中的南宁在强势职能方面要远远超过其他城市，2011 年后南宁各个行业部门均处于强势职能和突出职能地位，说明其职能结构较有优势。湛江和海口的大多数行业部门为突出职能和优势职能，其中海口的房地产业由突出职能转变为强势职能。茂名在第二产业和第三产业的发展水平均有所下降，部分行业部门的突出职能地位不断衰退。

表 6-118　　　　　　　　2006 年北部湾城市群体系职能结构

城市	强势职能	突出职能	优势职能
湛江	采矿业	电力、燃气及水的生产与供应产业，教育	制造业，建筑业，交通运输、仓储、邮电通信业，金融业，水利环境和公共设备管理业，公共管理和社会服务
茂名		教育	电力、燃气及水的生产与供应产业，水利环境和公共设备管理业，公共管理和社会服务
阳江			制造业
南宁	信息传输、计算机服务软件业，金融业，科学研究、技术服务和地质勘查业，水利环境和公共设备管理业，公共管理和社会服务	制造业，电力、燃气及水的生产与供应产业，建筑业，交通运输、仓储、邮电通信业，租赁和商务服务业，教育，卫生、社会保障和社会福利，文化体育和娱乐业	住宿与餐饮业，房地产业
北海			

续表

城市	强势职能	突出职能	优势职能
防城港			
钦州			
玉林			教育
崇左			采矿业
海口	建筑业，批发与零售业，住宿与餐饮业，房地产业，租赁和商务服务业，居民服务和其他服务行业	交通运输、仓储、邮电通信业，文化体育和娱乐业	制造业，科学研究、技术服务和地质勘查业，水利环境和公共设备管理业

表 6-119　　　　　2011 年北部湾城市群体系职能结构

城市	强势职能	突出职能	优势职能
湛江	采矿业	电力、燃气及水的生产与供应业，建筑业，教育	信息传输、计算机服务软件业，水利环境和公共设备管理业，公共管理和社会服务
茂名		居民服务和其他服务行业	教育，公共管理和社会服务
阳江		制造业	
南宁	制造业，建筑业，交通运输、仓储、邮电通信业，信息传输、计算机服务软件业，批发与零售业，金融业，租赁和商务服务业，科学研究、技术服务和地质勘查业，水利环境和公共设备管理业，文化体育和娱乐业，公共管理和社会服务	电力、燃气及水的生产与供应业，住宿与餐饮业，房地产业，教育，卫生、社会保障和社会福利	
北海			
防城港			
钦州			
玉林			信息传输、计算机服务软件业，教育
崇左			采矿业
海口	住宿与餐饮业，房地产业，居民服务和其他服务行业	批发与零售业，文化体育和娱乐业	交通运输、仓储、邮电通信业，租赁和商务服务业，公共管理和社会服务

表 6-120　　　　　2016 年北部湾城市群体系职能结构

城市	强势职能	突出职能	优势职能
湛江	采矿业	教育	信息传输计算机服务软件业，金融业，批发与零售业，租赁和商务服务业，水利环境和公共设备管理业，居民服务和其他服务行业，公共管理和社会服务
茂名		教育	
阳江		制造业	

续表

城市	强势职能	突出职能	优势职能
南宁	电力、燃气及水的生产与供应产业，建筑业，信息传输、计算机服务软件业，金融业，租赁和商务服务业，科学研究、技术服务和地质勘查业，水利环境和公共设备管理业，文化体育和娱乐业，公共管理和社会服务	制造业，交通运输、仓储、邮电通信业，批发与零售业，住宿与餐饮业，房地产业，居民服务和其他服务行业，教育，卫生、社会保障和社会福利	
北海			
防城港			
钦州			
玉林			教育
崇左		采矿业	
海口	房地产业	交通运输、仓储、邮电通信业，批发与零售业，住宿与餐饮业，居民服务和其他服务行业，文化体育和娱乐业	金融业，租赁和商务服务业，科学研究、技术服务和地质勘查业，水利环境和公共设备管理业

表6-121　　　　　　　　　　2017年北部湾城市群体系职能结构

城市	强势职能	突出职能	优势职能
湛江		采矿业	制造业，建筑业，租赁和商务服务业，水利环境和公共设备管理业，居民服务和其他服务行业，教育
茂名		建筑业，教育	制造业
阳江			
南宁	制造业，电力、燃气及水的生产与供应产业，建筑业，住宿与餐饮业，金融业，租赁和商务服务业，科学研究、技术服务和地质勘查业，文化体育和娱乐业，公共管理和社会服务	交通运输、仓储、邮电通信业，信息传输、计算机服务软件业，批发与零售业，房地产业，水利环境和公共设备管理业，居民服务和其他服务行业，教育，卫生、社会保障和社会福利	
北海			
防城港			
钦州			
玉林			
崇左			
海口	房地产业	采矿业，交通运输、仓储、邮电通信业，信息传输、计算机服务软件业，批发与零售业，住宿与餐饮业，水利环境和公共设备管理业，居民服务和其他服务行业，文化体育和娱乐业	金融业，租赁和商务服务业，科学研究、技术服务和地质勘查业

由表6-122至表6-125可以看出，呼包鄂榆城市群中的呼和浩特在突出职能和优势职能方面具备明显的职能优势，但是在城市群的内部还没有形成强势职能。包头、鄂尔多

斯、榆林在第二产业和第三产业的职能优势发展缓慢，可以通过呼和浩特在职能方面的辐射带动作用，来优化城市群内部的职能结构分布状况。

表 6-122　　　　　　　　　2006 年呼包鄂榆城市群体系职能结构

城市	强势职能	突出职能	优势职能
呼和浩特		信息传输、计算机服务软件业，住宿与餐饮业，金融业，租赁和商务服务业，科学研究、技术服务和地质勘查业，水利环境和公共设备管理业，居民服务和其他服务行业，文化体育和娱乐业	电力、燃气及水的生产与供应产业，交通运输、仓储、邮电通信业，房地产业，教育，卫生、社会保障和社会福利
包头		制造业，建筑业	电力、燃气及水的生产与供应产业，交通运输、仓储、邮电通信业，批发与零售业
鄂尔多斯		采矿业	
榆林		公共管理和社会服务	教育

表 6-123　　　　　　　　　2011 年呼包鄂榆城市群体系职能结构

城市	强势职能	突出职能	优势职能
呼和浩特		电力、燃气及水的生产与供应产业，信息传输、计算机服务软件业，租赁和商务服务业，科学研究、技术服务和地质勘查业，水利环境和公共设备管理业，居民服务和其他服务行业，文化体育和娱乐业	交通运输、仓储、邮电通信业，住宿与餐饮业，金融业，教育，卫生、社会保障和社会福利
包头		制造业，建筑业，批发与零售业，房地产业	电力、燃气及水的生产与供应产业，住宿与餐饮业，金融业
鄂尔多斯			采矿业
榆林		公共管理和社会服务	采矿业，教育，卫生、社会保障和社会福利

表 6-124　　　　　　　　　2016 年呼包鄂榆城市群体系职能结构

城市	强势职能	突出职能	优势职能
呼和浩特		电力、燃气及水的生产与供应产业，交通运输、仓储、邮电通信业，信息传输、计算机服务软件业，批发与零售业，住宿与餐饮业，金融业，房地产业，科学研究、技术服务和地质勘查业，水利环境和公共设备管理业，居民服务和其他服务行业，文化体育和娱乐业	建筑业，教育，卫生、社会保障和社会福利
包头		制造业，租赁和商务服务业	建筑业，房地产业
鄂尔多斯			采矿业
榆林		公共管理和社会服务	采矿业，教育，卫生、社会保障和社会福利

表 6 – 125　　　　　　　　　2017 年呼包鄂榆城市群体系职能结构

城市	强势职能	突出职能	优势职能
呼和浩特		电力、燃气及水的生产与供应产业，交通运输、仓储、邮电通信业，信息传输、计算机服务软件业，批发与零售业，住宿与餐饮业，金融业，房地产，科学研究、技术服务和地质勘查业，水利环境和公共设备管理业，居民服务和其他服务行业，文化体育和娱乐业	建筑业，教育
包头		制造业，租赁和商务服务业	建筑业
鄂尔多斯			采矿业
榆林		公共管理和社会服务	采矿业，批发与零售业，教育，卫生、社会保障和社会福利

由表 6 – 126 至表 6 – 129 可以看出，兰西城市群中的兰州在突出职能和优势职能方面具备明显的优势，但是在城市群内部并没有形成强势职能，2011 年兰州第三产业中的部分行业部门由突出职能转变为优势职能。白银在突出职能方面有明显的衰退现象，西宁在突出职能和优势职能方面有上升的趋势。

表 6 – 126　　　　　　　　　2006 年兰西城市群体系职能结构

城市	强势职能	突出职能	优势职能
兰州		制造业，电力、燃气及水的生产与供应产业，建筑业，交通运输、仓储、邮电通信业，信息传输、计算机服务软件业，住宿与餐饮业，金融业，房地产，租赁和商务服务业，科学研究、技术服务和地质勘查业，水利环境和公共设备管理业，居民服务和其他服务行业，教育，卫生、社会保障和社会福利，文化体育和娱乐业，公共管理和社会服务	
白银		采矿业	
定西			
西宁			信息传输、计算机服务软件业，卫生、社会保障和社会福利

表 6 – 127　　　　　　　　　2011 年兰西城市群体系职能结构

城市	强势职能	突出职能	优势职能
兰州		制造业，电力、燃气及水的生产与供应产业，建筑业，金融业，租赁和商务服务业，科学研究、技术服务和地质勘查业，水利环境和公共设备管理业，居民服务和其他服务行业，教育，卫生、社会保障和社会福利，文化体育和娱乐业，公共管理和社会服务	信息传输、计算机服务软件业，住宿与餐饮业，房地产

续表

城市	强势职能	突出职能	优势职能
白银		采矿业	
定西			
西宁		交通运输、仓储、邮电通信业，信息传输、计算机服务软件业，房地产业	信息传输、计算机服务软件业，住宿与餐饮业，卫生、社会保障和社会福利

表 6-128　　　　　　　　2016 年兰西城市群体系职能结构

城市	强势职能	突出职能	优势职能
兰州		制造业，电力、燃气及水的生产与供应产业，建筑业，信息传输、计算机服务软件业，住宿与餐饮业，金融业，房地产业，租赁和商务服务业，科学研究、技术服务和地质勘查业，水利环境和公共设施管理业，居民服务和其他服务行业，教育，卫生、社会保障和社会福利，文化体育和娱乐业，公共管理和社会服务	采矿业，交通运输、仓储、邮电通信业，信息传输、计算机服务软件业
白银		采矿业	
定西			
西宁		交通运输、仓储、邮电通信业	信息传输、计算机服务软件业，居民服务和其他服务行业

表 6-129　　　　　　　　2017 年兰西城市群体系职能结构

城市	强势职能	突出职能	优势职能
兰州		制造业，电力、燃气及水的生产与供应产业，建筑业，信息传输、计算机服务软件业，批发和零售业，住宿与餐饮业，金融业，房地产业，租赁和商务服务业，科学研究、技术服务和地质勘查业，水利环境和公共设施管理业，教育，卫生、社会保障和社会福利，文化体育和娱乐业，公共管理和社会服务	居民服务和其他服务行业
白银		采矿业	
定西			
西宁		交通运输、仓储、邮电通信业	信息传输、计算机服务软件业，居民服务和其他服务行业

由表 6-130 至表 6-133 可以看出，黔中城市群中的贵阳在突出职能和优势职能方面具备明显的优势，但是在城市群内部并没有形成强势职能，贵阳第二产业发展水平有所下降。遵义在突出职能和优势职能方面也具备一定的优势，其中第二产业中的部分行业发展的趋势明显。城市群内部需要加强对优势职能的培育，还需进一步加强突出职能向强势职能的转化。

表 6−130　　　　　　　　　　2006 年黔中城市群体系职能结构

城市	强势职能	突出职能	优势职能
贵阳		采矿业，制造业，建筑业，交通运输、仓储、邮电通信业，批发与零售业，住宿与餐饮业，金融业，房地产业，租赁和商务服务业，科学研究、技术服务和地质勘查业，居民服务和其他服务行业，文化体育和娱乐业	电力、燃气及水的生产与供应产业，信息传输、计算机服务软件业，水利环境和公共设备管理业，卫生、社会保障和社会福利
遵义			教育，公共管理和社会服务
安顺			

表 6−131　　　　　　　　　　2011 年黔中城市群体系职能结构

城市	强势职能	突出职能	优势职能
贵阳		制造业，电力、燃气及水的生产与供应产业，建筑业，交通运输、仓储、邮电通信业，信息传输、计算机服务软件业，批发与零售业，住宿与餐饮业，金融业，房地产业，租赁和商务服务业，科学研究、技术服务和地质勘查业，水利环境和公共设备管理业，居民服务和其他服务行业，文化体育和娱乐业	采矿业，卫生、社会保障和社会福利
遵义			教育，公共管理和社会服务
安顺			

表 6−132　　　　　　　　　　2016 年黔中城市群体系职能结构

城市	强势职能	突出职能	优势职能
贵阳		采矿业，制造业，电力、燃气及水的生产与供应产业，建筑业，交通运输、仓储、邮电通信业，信息传输、计算机服务软件业，批发与零售业，住宿与餐饮业，金融业，房地产业，租赁和商务服务业，科学研究、技术服务和地质勘查业，居民服务和其他服务行业，文化体育和娱乐业	水利环境和公共设备管理业，公共管理和社会服务
遵义			水利环境和公共设备管理业，教育，卫生、社会保障和社会福利
安顺			

表 6-133　　2017 年黔中城市群体系职能结构

城市	强势职能	突出职能	优势职能
贵阳		制造业，电力、燃气及水的生产与供应产业，建筑业，交通运输、仓储、邮电通信业，信息传输、计算机服务软件业，批发与零售业，住宿与餐饮业，金融业，房地产业，租赁和商务服务业，科学研究、技术服务和地质勘查业，居民服务和其他服务行业，文化体育和娱乐行业	水利环境和公共设备管理业，公共管理和社会服务
遵义		采矿业	水利环境和公共设备管理业，教育，卫生、社会保障和社会福利
安顺			

由表 6-134 至表 6-137 可以看出，滇中城市群中的昆明在突出职能和优势职能方面具备明显的优势，但城市群内并没有形成强势职能。昆明在突出职能和优势职能的分布较为集中，在职能结构方面的变化较小，其发展较为稳定。曲靖在第二产业方面有所发展，其采矿业由优势职能转变为突出职能。城市群内部整体的职能结构分布较不均衡，需要加强对其他城市优势职能的培育。

表 6-134　　2006 年滇中城市群体系职能结构

城市	强势职能	突出职能	优势职能
昆明		制造业，建筑业，交通运输、仓储、邮电通信业，信息传输、计算机服务软件业，批发与零售业，住宿与餐饮业，金融业，房地产业，租赁和商务服务业，科学研究、技术服务和地质勘查业，水利环境和公共设备管理业，居民服务和其他服务行业，卫生、社会保障和社会福利，文化体育和娱乐业，公共管理和社会服务	电力、燃气及水的生产与供应产业，教育
曲靖		采矿业	
玉溪			

表 6-135　　2011 年滇中城市群体系职能结构

城市	强势职能	突出职能	优势职能
昆明		制造业，建筑业，交通运输、仓储、邮电通信业，信息传输、计算机服务软件业，批发与零售业，住宿与餐饮业，金融业，房地产业，租赁和商务服务业，科学研究、技术服务和地质勘查业，水利环境和公共设备管理业，居民服务和其他服务行业，卫生、社会保障和社会福利，文化体育和娱乐业，公共管理和社会服务	电力、燃气及水的生产与供应产业，教育

续表

城市	强势职能	突出职能	优势职能
曲靖		采矿业	
玉溪			

表6-136　　　　　　　　2016年滇中城市群体系职能结构

城市	强势职能	突出职能	优势职能
昆明		制造业，建筑业，交通运输、仓储、邮电通信业，信息传输、计算机服务软件业，批发与零售业，住宿与餐饮业，金融业，房地产业，租赁和商务服务业，科学研究、技术服务和地质勘查业，水利环境和公共设备管理业，居民服务和其他服务行业，教育，卫生、社会保障和社会福利，文化体育和娱乐业，公共管理和社会服务	电力、燃气及水的生产与供应产业
曲靖		采矿业	
玉溪			

表6-137　　　　　　　　2017年滇中城市群体系职能结构

城市	强势职能	突出职能	优势职能
昆明		制造业，建筑业，交通运输、仓储、邮电通信业，信息传输、计算机服务软件业，批发与零售业，住宿与餐饮业，金融业，房地产业，租赁和商务服务业，科学研究、技术服务和地质勘查业，水利环境和公共设备管理业，居民服务和其他服务行业，教育，卫生、社会保障和社会福利，文化体育和娱乐行业，公共管理和社会服务	电力、燃气及水的生产与供应产业
曲靖		采矿业	
玉溪			

由表6-138至表6-141可以看出，宁夏沿黄城市群中的银川在突出职能方面具备明显的优势，2006年、2011年、2017年银川占据了该城市群全部的突出职能，石嘴山、中卫并无强势职能、突出职能、优势职能。城市群内部其他城市的优势职能的发展较为缓慢，需要通过银川对其周边城市的辐射带动作用，来促进城市群内部职能结构的发展。

表 6–138　　　　　　　　　　2006 年宁夏沿黄城市群体系职能结构

城市	强势职能	突出职能	优势职能
银川		采矿业，制造业，电力、燃气及水的生产与供应产业，建筑业，交通运输、仓储、邮电通信业，信息传输、计算机服务软件业，批发与零售业，住宿与餐饮业，金融业，房地产业，租赁和商务服务业，科学研究、技术服务和地质勘查业，水利环境和公共设备管理业，居民服务和其他服务行业，教育，卫生、社会保障和社会福利，文化体育和娱乐业，公共管理和社会服务	
石嘴山			
吴忠			
中卫			

表 6–139　　　　　　　　　　2011 年宁夏沿黄城市群体系职能结构

城市	强势职能	突出职能	优势职能
银川		采矿业，制造业，电力、燃气及水的生产与供应产业，建筑业，交通运输、仓储、邮电通信业，信息传输、计算机服务软件业，批发与零售业，住宿与餐饮业，金融业，房地产业，租赁和商务服务业，科学研究、技术服务和地质勘查业，水利环境和公共设备管理业，教育，卫生、社会保障和社会福利，文化体育和娱乐业，公共管理和社会服务	
石嘴山			
吴忠		居民服务和其他服务行业	
中卫			

表 6–140　　　　　　　　　　2016 年宁夏沿黄城市群体系职能结构

城市	强势职能	突出职能	优势职能
银川		采矿业，制造业，电力、燃气及水的生产与供应产业，建筑业，交通运输、仓储、邮电通信业，信息传输、计算机服务软件业，批发与零售业，住宿与餐饮业，金融业，房地产业，租赁和商务服务业，科学研究、技术服务和地质勘查业，水利环境和公共设备管理业，居民服务和其他服务行业，教育，卫生、社会保障和社会福利，文化体育和娱乐业，公共管理和社会服务	

续表

城市	强势职能	突出职能	优势职能
石嘴山			
吴忠			
中卫			

表6-141　　　　　　2017年宁夏沿黄城市群体系职能结构

城市	强势职能	突出职能	优势职能
银川		采矿业，制造业，电力、燃气及水的生产与供应产业，建筑业，交通运输、仓储、邮电通信业，信息传输、计算机服务软件业，批发与零售业，住宿与餐饮业，金融业，房地产业，租赁和商务服务业，科学研究、技术服务和地质勘查业，水利环境和公共设备管理业，居民服务和其他服务行业，教育，卫生、社会保障和社会福利，文化体育和娱乐行业，公共管理和社会服务	
石嘴山			
吴忠			
中卫			

由表6-142至表6-145可以看出，天山北坡城市群中的乌鲁木齐和克拉玛依全部只有优势职能，城市群内部并没有形成强势职能和突出职能。该城市群内部城市的数量较少，可以通过扩大城市群的范围来强化天山北坡对其他城市的辐射带动作用。城市群内部仍需加强对优势职能的培育，同时进一步加强优势职能向突出职能的转变。

表6-142　　　　　　2006年天山北坡城市群体系职能结构

城市	强势职能	突出职能	优势职能
乌鲁木齐			制造业，电力、燃气及水的生产与供应产业，建筑业，交通运输、仓储、邮电通信业，信息传输、计算机服务软件业，批发与零售业，住宿与餐饮业，金融业，房地产业，租赁和商务服务业，科学研究、技术服务和地质勘查业，水利环境和公共设备管理业，居民服务和其他服务行业，教育，卫生、社会保障和社会福利，文化体育和娱乐业，公共管理和社会服务
克拉玛依			采矿业

表6-143　　　　　　　　2011年天山北坡城市群体系职能结构

城市	强势职能	突出职能	优势职能
乌鲁木齐			制造业，电力、燃气及水的生产与供应产业，建筑业，交通运输、仓储、邮电通信业，信息传输、计算机服务软件业，批发与零售业，住宿与餐饮业，金融业，房地产业，租赁和商务服务业，科学研究、技术服务和地质勘查业，水利环境和公共设备管理业，居民服务和其他服务行业，教育，卫生、社会保障和社会福利，文化体育和娱乐业，公共管理和社会服务
克拉玛依			采矿业

表6-144　　　　　　　　2016年天山北坡城市群体系职能结构

城市	强势职能	突出职能	优势职能
乌鲁木齐			制造业，电力、燃气及水的生产与供应产业，建筑业，交通运输、仓储、邮电通信业，信息传输、计算机服务软件业，批发与零售业，住宿与餐饮业，金融业，房地产业，租赁和商务服务业，科学研究、技术服务和地质勘查业，水利环境和公共设备管理业，教育，卫生、社会保障和社会福利，文化体育和娱乐业，公共管理和社会服务
克拉玛依			采矿业，居民服务和其他服务行业

表6-145　　　　　　　　2017年天山北坡城市群体系职能结构

城市	强势职能	突出职能	优势职能
乌鲁木齐			制造业，电力、燃气及水的生产与供应产业，建筑业，交通运输、仓储、邮电通信业，信息传输、计算机服务软件业，批发与零售业，住宿与餐饮业，金融业，房地产业，科学研究、技术服务和地质勘查业，水利环境和公共设备管理业，教育，卫生、社会保障和社会福利，文化体育和娱乐业，公共管理和社会服务
克拉玛依			采矿业，租赁和商务服务业，居民服务和其他服务行业

由表6-146至表6-149可以看出，哈长城市群中的长春和哈尔滨在强势职能、突出职能、优势职能方面具备明显的优势，长春第三产业发展水平有所下降，其部分行业部门由强势职能转变为突出职能。哈尔滨第三产业的多个行业部门发展水平不断提升，从而转变成突出职能和强势职能。松原、齐齐哈尔、大庆在职能结构方面的变化较小，其优势职能发展缓慢，需要加强对其优势职能的培育来优化城市群内部职能结构的分布状况。

表 6-146　　　　　　　　　　2006 年哈长城市群体系职能结构

城市	强势职能	突出职能	优势职能
长春		信息传输、计算机服务软件业，住宿与餐饮业，金融业，房地产业，租赁和商务服务业，科学研究、技术服务和地质勘查业，水利环境和公共设备管理业，教育，卫生、社会保障和社会福利，文化体育和娱乐业，公共管理和社会服务	制造业，电力、燃气及水的生产与供应产业，交通运输、仓储、邮电通信业，批发与零售业
吉林			
四平			
辽源			
松原		采矿业	
哈尔滨	制造业，电力、燃气及水的生产与供应产业，建筑业，交通运输、仓储、邮电通信业，信息传输、计算机服务软件业，批发与零售业，住宿与餐饮业，金融业，房地产业，租赁和商务服务业，教育，卫生、社会保障和社会福利，公共管理和社会服务	科学研究、技术服务和地质勘查业，水利环境和公共设备管理业，居民服务和其他服务行业，文化体育和娱乐业	
齐齐哈尔			交通运输、仓储、邮电通信业
大庆	采矿业	科学研究、技术服务和地质勘查业，居民服务和其他服务行业	电力、燃气及水的生产与供应产业，建筑业
牡丹江			
绥化			

表 6-147　　　　　　　　　　2011 年哈长城市群体系职能结构

城市	强势职能	突出职能	优势职能
长春	租赁和商务服务业	制造业，电力、燃气及水的生产与供应产业，信息传输、计算机服务软件业，批发与零售业，住宿与餐饮业，金融业，房地产业，科学研究、技术服务和地质勘查业，水利环境和公共设备管理业，教育，卫生、社会保障和社会福利，文化体育和娱乐业，公共管理和社会服务	
吉林			
四平			
辽源			
松原			采矿业
哈尔滨市	建筑业，交通运输、仓储、邮电通信业，批发与零售业，住宿与餐饮业，金融业，房地产业，教育，卫生、社会保障和社会福利，公共管理和社会服务	制造业，电力、燃气及水的生产与供应产业，信息传输、计算机服务软件业，租赁和商务服务业，科学研究、技术服务和地质勘查业，水利环境和公共设备管理业，文化体育和娱乐业	

续表

城市	强势职能	突出职能	优势职能
齐齐哈尔			交通运输、仓储、邮电通信业
大庆	采矿业，居民服务和其他服务行业	科学研究、技术服务和地质勘查业	电力、燃气及水的生产与供应产业，建筑业
牡丹江			
绥化			

表6-148　　　　　　　　2016年哈长城市群体系职能结构

城市	强势职能	突出职能	优势职能
长春	制造业，建筑业，房地产业	电力、燃气及水的生产与供应产业，信息传输、计算机服务软件业，批发与零售业，住宿与餐饮业，金融业，租赁和商务服务业，科学研究、技术服务和地质勘查业，水利环境和公共设备管理业，居民服务和其他服务行业，教育，卫生、社会保障和社会福利，文化体育和娱乐业，公共管理和社会服务	
吉林			
四平			
辽源			
松原			采矿业
哈尔滨	交通运输、仓储、邮电通信业，批发与零售业，住宿与餐饮业，金融业，租赁和商务服务业，教育，卫生、社会保障和社会福利，公共管理和社会服务	制造业，电力、燃气及水的生产与供应产业，建筑业，信息传输、计算机服务软件业，房地产业，科学研究、技术服务和地质勘查业，水利环境和公共设备管理业，文化体育和娱乐业	
齐齐哈尔			交通运输、仓储、邮电通信业
大庆	采矿业，居民服务和其他服务行业	科学研究、技术服务和地质勘查业	
牡丹江			
绥化			

表6-149　　　　　　　　2017年哈长城市群体系职能结构

城市	强势职能	突出职能	优势职能
长春	制造业，建筑业，房地产业	电力、燃气及水的生产与供应产业，信息传输、计算机服务软件业，批发与零售业，住宿与餐饮业，租赁和商务服务业，科学研究、技术服务和地质勘查业，水利环境和公共设备管理业，居民服务和其他服务行业，教育，卫生、社会保障和社会福利，文化体育和娱乐业，公共管理和社会服务	交通运输、仓储、邮电通信业，金融业
吉林			

续表

城市	强势职能	突出职能	优势职能
四平			
辽源			
松原			采矿业
哈尔滨	交通运输、仓储、邮电通信业，信息传输、计算机服务软件业，批发与零售业，住宿与餐饮业，金融业，租赁和商务服务业，公共管理和社会服务	制造业，电力、燃气及水的生产与供应产业，建筑业，房地产业，科学研究、技术服务和地质勘查业，水利环境和公共设备管理业，教育，卫生、社会保障和社会福利，文化体育和娱乐业	
齐齐哈尔			交通运输、仓储、邮电通信业
大庆	采矿业，居民服务和其他服务行业	科学研究、技术服务和地质勘查业	
牡丹江			
绥化			

由表 6-150 至表 6-153 可以看出，辽中南城市群中的沈阳和大连在强势职能、突出职能、优势职能方面具备明显的优势，沈阳在第三产业方面的发展要明显优于第二产业，大连在职能结构方面的发展较为均衡。盘锦、铁岭在第二产业方面有所发展，但仍需要加强对其优势职能的培育，来优化城市群内部的职能结构分布状况。

表 6-150　　　　　　　　　2006 年辽中南城市群体系职能结构

城市	强势职能	突出职能	优势职能
沈阳	电力、燃气及水的生产与供应产业，建筑业，交通运输、仓储、邮电通信业，信息传输、计算机服务软件业，批发与零售业，金融业，科学研究、技术服务和地质勘查业，水利环境和公共设备管理业，居民服务和其他服务行业，教育，文化体育和娱乐业，公共管理和社会服务	制造业，房地产业，租赁和商务服务业	卫生、社会保障和社会福利
大连	制造业，信息传输、计算机服务软件业，金融业，房地产业	建筑业，交通运输、仓储、邮电通信业，批发与零售业，水利环境和公共设备管理业，居民服务和其他服务行业，教育，文化体育和娱乐业，公共管理和社会服务	电力、燃气及水的生产与供应产业，租赁和商务服务业
鞍山		建筑业	
抚顺			
本溪			
丹东			
锦州			电力、燃气及水的生产与供应产业
营口			
阜新			采矿业
辽阳			建筑业
盘锦	采矿业，租赁和商务服务业		
铁岭			采矿业
葫芦岛			

表 6-151　　　　　　　　　　2011 年辽中南城市群体系职能结构

城市	强势职能	突出职能	优势职能
沈阳	电力、燃气及水的生产与供应产业，交通运输、仓储、邮电通信业，批发与零售业，金融业，房地产业，租赁和商务服务业，科学研究、技术服务和地质勘查业，水利环境和公共设备管理业，居民服务和其他服务行业，教育，文化体育和娱乐业，公共管理和社会服务	制造业，建筑业，信息传输、计算机服务软件业	卫生、社会保障和社会福利
大连	制造业，信息传输、计算机服务软件业，批发与零售业，金融业，房地产业	建筑业，交通运输、仓储、邮电通信业，教育，文化体育和娱乐业，公共管理和社会服务	租赁和商务服务业，科学研究、技术服务和地质勘查业
鞍山		建筑业	
抚顺			
本溪			
丹东			
锦州			
营口			交通运输、仓储、邮电通信业
阜新			
辽阳			
盘锦	采矿业		
铁岭			采矿业
葫芦岛			

表 6-152　　　　　　　　　　2016 年辽中南城市群体系职能结构

城市	强势职能	突出职能	优势职能
沈阳	电力、燃气及水的生产与供应产业，建筑业，交通运输、仓储、邮电通信业，批发与零售业，租赁和商务服务业，科学研究、技术服务和地质勘查业，水利环境和公共设备管理业，居民服务和其他服务行业，教育，文化体育和娱乐业，公共管理和社会服务	制造业，金融业，房地产业	信息传输、计算机服务软件业，卫生、社会保障和社会福利
大连	制造业，信息传输、计算机服务软件业，金融业，房地产业	交通运输、仓储、邮电通信业，批发与零售业，租赁和商务服务业，教育，文化体育和娱乐业，公共管理和社会服务	电力、燃气及水的生产与供应产业，建筑业，科学研究、技术服务和地质勘查业，水利环境和公共设备管理业
鞍山			居民服务和其他服务行业
抚顺			
本溪			
丹东			
锦州			
营口			交通运输、仓储、邮电通信业
阜新			
辽阳			

续表

城市	强势职能	突出职能	优势职能
盘锦	采矿业		
铁岭			采矿业
葫芦岛			

表 6-153　　　　　　　　　2017 年辽中南城市群体系职能结构

城市	强势职能	突出职能	优势职能
沈阳	电力、燃气及水的生产与供应产业，建筑业，交通运输、仓储、邮电通信业，批发与零售业，住宿与餐饮业，金融业，租赁和商务服务业，科学研究、技术服务和地质勘查业，水利环境和公共设备管理业，居民服务和其他服务行业，教育，文化体育和娱乐业，公共管理和社会服务	制造业，房地产业	信息传输、计算机服务软件业，卫生、社会保障和社会福利
大连	制造业，信息传输、计算机服务软件业，金融业，房地产业	交通运输、仓储、邮电通信业，批发与零售业，住宿与餐饮业，租赁和商务服务业，教育，文化体育和娱乐业，公共管理和社会服务	电力、燃气及水的生产与供应产业，建筑业，科学研究、技术服务和地质勘查业
鞍山			制造业，居民服务和其他服务行业
抚顺			
本溪			
丹东			
锦州			
营口			
阜新			
辽阳			
盘锦	采矿业		
铁岭			采矿业
葫芦岛			

二、中国城市群等级规模结构特征测算

(一) 首位度、四城市指数

本书通过对东部地区、中部地区、西部地区和东北地区城市群内部的首位城市，以及排名第二、第三、第四的城市年末总人口数进行计算，能够较为全面地分析城市群内部首位城市和其他城市的人口规模分布状况。

由表 6-154 和表 6-155 可知，与东部地区城市群相比，中部、西部、东北地区城市群首位度差异性比较大。东部地区的首位度除了珠江三角洲城市群的首位度大于 2，其余城市群的首位度均小于 2，且大部分城市群首位度维持在 1.50 水平范围内，说明东部地区首位城市中心性不强，对其他城市的影响较弱，城市群的发展趋势趋向于均衡化。中部、

西部、东北地区中长江中游、中原、晋中、北部湾、兰西、滇中、宁夏沿黄、哈长、辽中南城市群的首位度均小于1.4，说明这些城市群内部等级规模优势不明显，对其他城市的辐射带动作用不显著。关中平原、呼包鄂榆、黔中城市群的首位度在2左右，说明这些城市群整体的发展势态较为良好，等级规模结构较为合理。成渝和天山北坡城市群的首位度大于2，其中天山北坡城市群首位度远远超过2并达到7以上，说明首位城市的发展规模与其他城市之间的差距明显，其首位城市的发展在区域内占据明显的主导地位。

表6-154　　　　　　　东部地区城市群首位度、四城市指数

城市群	首位度	四城市指数
长江三角洲	1.76	0.62
京津冀	1.13	0.41
珠江三角洲	2.01	0.69
山东半岛	1.14	0.41
海峡西岸	1.11	0.39

表6-155　　　　中部、西部、东北地区城市群首位度、四城市指数

城市群	首位度	四城市指数
长江中游	1.07	0.37
中原	1.05	0.38
晋中	1.11	—
成渝	2.36	1.19
关中平原	1.63	0.59
北部湾	1.04	0.37
呼包鄂榆	1.58	0.61
兰西	1.08	0.47
黔中	1.97	—
滇中	1.17	—
宁夏沿黄	1.32	0.56
天山北坡	7.19	—
哈长	1.28	0.53
辽中南	1.24	0.60

与东部地区城市群相比，中部、西部、东北地区城市群的四城市指数差异性比较大。东部地区城市的四城市指数偏低，说明城市群内部各大中城市人口规模的发展状况良好。在中部、西部、东北地区城市群中，成渝城市群的四城市指数为1.19，说明其内部的首位城市等级规模结构较为合理。呼包鄂榆和辽中南城市群的四城市指数均不低于0.60，说明其内部首位城市的发展规模与其他城市的差距不明显，城市群整体趋向于合理化的方向发展。长江中游、中原、关中平原、北部湾、兰西、宁夏沿黄和哈长城市群的四城市指数均小于0.60，说明其首位城市的中心性不强，对其他城市的带动作用不显著。

结合中部、西部、东北地区的首位度和四城市指数的测度分析，成渝、呼包鄂榆、辽中南城市群的等级发展规模较为合理，首位城市的发展对周边城市具有很好的辐射带动作用。关中平原和黔中城市群中的首位城市的发展优势较为突出，大中城市快速发展，但城市群等级规模的发展又面临新的挑战，需要对首位城市的发展进行合理规划，使其为其余大中城市的发展起到很好的引导作用。长江中游、中原、北部湾、兰西、滇中、宁夏沿黄和哈长城市群呈现出首位城市发展动力不足的局面，而其他大中城市快速发展，需要通过政策调整来积极引导首位城市的发展。天山北坡城市群的等级规模结构不合理，需要对其内部城市进行培育引导。

（二）人口等级规模

本书采用城市年末总人口数指标来对人口等级规模进行测度，通过对东部地区和中部、西部、东北地区城市群城市年末总人口数据整理和位序—规模分析，构建关于东部地区和中部、西部、东北地区城市群内部城市体系的人口等级规模的模拟回归方程、分维值、决定系数的实证分析框架。

表6-156和表6-157是东部地区和中部、西部、东北地区城市群以城市年末总人口数指标为判断尺度，通过公式（6-4）进行计算构建的关于[r, N(r)]位序—规模回归方程分析模型的结果。东部地区城市群人口等级规模的分维数均大于1，说明区域内城市群人口等级规模较为集中，区域内城市的发展普遍保持着良好的上升势态。中部、西部、东北地区中的长江中游、中原、晋中、关中平原、呼包鄂榆、兰西、宁夏沿黄、哈长城市群的人口等级规模分维数均大于1，说明各区域城市群人口等级规模分布较为均衡，城市群内部呈良好发展态势。其中晋中、兰西、宁夏沿黄城市群人口等级规模分维数超过2，说明其首位城市对其他城市辐射和带动作用较差，不利于城市群等级规模体系的形成。北部湾、黔中、滇中、辽中南城市群人口等级规模分维数均在0.80~1.00范围内，说明其内部首位城市发展水平较高，而中间序列以上城市对人口的吸引力还有待提高。成渝城市群人口等级规模分维数偏低，说明其内部首位城市发展水平远远超过其他城市，不能形成合理的城市群等级规模体系。宁夏沿黄、天山北坡城市群内部所包含的城市数量较少，其人口等级规模分维数不显著。

表6-156　　　东部地区城市群人口等级规模分维数测度结果

城市群	回归方程	分维数	决定系数
长江三角洲	lnN(r) = -5.314 + 1.228lnr	1.228***	0.889
京津冀	lnN(r) = -9.032 + 1.626lnr	1.626***	0.916
珠江三角洲	lnN(r) = -5.362 + 1.142lnr	1.142***	0.868
山东半岛	lnN(r) = -6.319 + 1.303lnr	1.303***	0.977
海峡西岸	lnN(r) = -7.993 + 1.628lnr	1.628***	0.723

注：***、**、*分别表示1%、5%、10%的显著水平下通过统计显著性检验。

表6-157　　　中部、西部、东北地区城市群人口等级规模分维数测度结果

城市群	回归方程	分维数	决定系数
长江中游	lnN(r) = -5.657 + 1.339lnr	1.339***	0.988

续表

城市群	回归方程	分维数	决定系数
中原	lnN(r) = -6.874 + 1.460lnr	1.460***	0.919
晋中	lnN(r) = -15.913 + 2.697lnr	2.697***	0.436
成渝	lnN(r) = -2.028 + 0.622lnr	0.622***	0.538
关中平原	lnN(r) = -6.249 + 1.298lnr	1.298***	0.905
北部湾	lnN(r) = -4.210 + 0.955lnr	0.955***	0.846
呼包鄂榆	lnN(r) = -8.610 + 1.682lnr	1.682*	0.644
兰西	lnN(r) = -11.752 + 2.224lnr	2.224*	0.847
黔中	lnN(r) = -5.096 + 0.896lnr	0.896***	0.618
滇中	lnN(r) = -5.157 + 0.884lnr	0.884**	0.471
宁夏沿黄	lnN(r) = -9.346 + 2.047lnr	2.047	0.898
天山北坡	lnN(r) = -1.223 + 0.280lnr	0.280	0.105
哈长	lnN(r) = -6.561 + 1.320lnr	1.320***	0.842
辽中南	lnN(r) = -3.522 + 0.950lnr	0.950***	0.744

注：***、**、*分别表示1%、5%、10%的显著水平下通过统计显著性检验。

（三）经济等级规模

本书采用地区生产总值指标来对经济等级规模进行测度，通过对东部地区和中部、西部、东北地区城市群地区生产总值数据整理和位序—规模分析，构建关于东部地区和中部、西部、东北地区城市群内部城市体系的经济等级规模的模拟回归方程、分维值、决定系数的实证分析框架。

表6-158和表6-159是东部地区和中部、西部、东北地区城市群以地区生产总值指标为判断尺度，通过公式（6-4）进行计算构建的关于[r, N(r)]位序—规模回归方程分析模型的结果。从整体上看，东部地区要大于中部、西部、东北地区经济等级规模分维数，其数值范围也更为科学合理，但是东部地区等级规模结构也存在较大的差异性。京津冀和珠江三角洲城市群经济等级规模分维数均小于0.5，说明其内部首位城市发展优势明显，城市群内部经济等级规模结构失衡较为严重。中部、西部、东北地区中呼包鄂榆城市群经济等级规模分维数大于且远远超过1，说明其内部首位城市的发展优势不明显，对其他大中城市的辐射和带动作用不强。中原、北部湾、黔中、宁夏沿黄、哈长城市群经济等级规模分维数均在0.70~1.00范围内，说明其内部经济等级体系初步形成规模，且趋向于均衡化发展。长江中游、晋中、成渝、关中平原、兰西、滇中、天山北坡、辽中南城市群经济等级规模分维数偏低，说明其内部等级规模结构较为分散，首位城市发展水平要远远超过其他城市，没有形成区域性辐射和带动的发展模式。天山北坡城市群内部所包含的城市数量较少，其经济等级规模分维数不显著。

表6-158　　　　东部地区城市群经济等级规模分维数测度结果

城市群	回归方程	分维数	决定系数
长江三角洲	lnN(r) = -2.931 + 0.627lnr	0.627***	0.770

续表

城市群	回归方程	分维数	决定系数
京津冀	lnN(r) = -0.914 + 0.345lnr	0.345***	0.669
珠江三角洲	lnN(r) = -2.574 + 0.471lnr	0.471***	0.626
山东半岛	lnN(r) = -9.426 + 1.353lnr	1.353***	0.904
海峡西岸	lnN(r) = -2.880 + 0.637lnr	0.637***	0.794

注：***、**、*分别表示1%、5%、10%的显著水平下通过统计显著性检验。

表6-159　　中部、西部、东北地区城市群经济等级规模分维数测度结果

城市群	回归方程	分维数	决定系数
长江中游	lnN(r) = -1.556 + 0.535lnr	0.535***	0.624
中原	lnN(r) = -3.868 + 0.825lnr	0.825***	0.633
晋中	lnN(r) = -4.431 + 0.587lnr	0.587***	0.203
成渝	lnN(r) = -0.562 + 0.347lnr	0.347***	0.341
关中平原	lnN(r) = -1.902 + 0.498lnr	0.498***	0.757
北部湾	lnN(r) = -5.149 + 0.903lnr	0.903***	0.767
呼包鄂榆	lnN(r) = -27.227 + 3.410lnr	3.410***	0.971
兰西	lnN(r) = -1.680 + 0.368lnr	0.368**	0.766
黔中	lnN(r) = -5.545 + 0.763lnr	0.763**	0.591
滇中	lnN(r) = -3.919 + 0.571lnr	0.571**	0.558
宁夏沿黄	lnN(r) = -5.848 + 0.962lnr	0.962*	0.838
天山北坡	lnN(r) = -3.162 + 0.438lnr	0.438	0.168
哈长	lnN(r) = -4.593 + 0.794lnr	0.794***	0.617
辽中南	lnN(r) = -3.084 + 0.661lnr	0.661***	0.584

注：***、**、*分别表示1%、5%、10%的显著水平下通过统计显著性检验。

（四）物流等级规模

本书采用全社会固定资产投资总额（不含农户）指标来对物流等级规模进行测度，通过对东部地区和中部、西部、东北地区城市群全社会固定资产投资总额（不含农户）数据整理和位序—规模分析，构建关于东部地区和中部、西部、东北地区城市群内部城市体系的物流等级规模的模拟回归方程、分维值、决定系数的实证分析框架。

表6-160和表6-161是东部地区和中部、西部、东北地区城市群以全社会固定资产投资总额（不含农户）指标为判断尺度，通过公式（6-4）进行计算构建的关于[r, N(r)]位序—规模回归方程分析模型的结果。从整体上看，东部地区要大于中部、西部、东北地区经济等级规模分维数，其数值范围也更为科学合理。东部地区物流等级规模分维数均在1左右，说明其内部物流等级规模结构较为均衡，城市群经济发展较为稳定。中部、西部、东北地区中长江中游、兰西城市群物流等级规模分维数大于1，说明其内部全社会固定资产投资总额的流向较为均衡。中原、北部湾、呼包鄂榆、黔中、滇中城市群物流等级规模分维数均在0.70~1.00范围内，说明其内部物流等级规模较为分散，首位城市在全社会固定资产投资总额（不含农户）上占据着较为优势的地位。成渝、关中平原、宁夏沿黄、

哈长、辽中南城市群物流等级规模分维数偏低,说明其内部各城市全社会固定资产投资总额(不含农户)流向差距较大,首位城市发展水平远远超过其他城市,不利于形成合理的物流等级规模结构。晋中、天山北坡城市群内部所包含的城市数量较少,其物流等级规模分维数不显著。

表6-160　　　　　　东部地区城市群物流等级规模分维数测度结果

城市群	回归方程	分维数	决定系数
长江三角洲	lnN(r) = -10.700 + 1.605lnr	1.605***	0.918
京津冀	lnN(r) = -5.260 + 0.860lnr	0.860***	0.854
珠江三角洲	lnN(r) = -5.143 + 0.846lnr	0.846***	0.639
山东半岛	lnN(r) = -9.082 + 1.359lnr	1.359***	0.923
海峡西岸	lnN(r) = -6.765 + 1.130lnr	1.130***	0.897

注:***、**、*分别表示1%、5%、10%的显著水平下通过统计显著性检验。

表6-161　　　中部、西部、东北地区城市群物流等级规模分维数测度结果

城市群	回归方程	分维数	决定系数
长江中游	lnN(r) = -5.343 + 1.003lnr	1.003***	0.746
中原	lnN(r) = -4.782 + 0.948lnr	0.948***	0.623
晋中	lnN(r) = -18.782 + 2.516lnr	2.516	0.352
成渝	lnN(r) = -0.600 + 0.358lnr	0.358***	0.452
关中平原	lnN(r) = -3.159 + 0.640lnr	0.640***	0.780
北部湾	lnN(r) = -5.248 + 0.930lnr	0.930***	0.749
呼包鄂榆	lnN(r) = -6.856 + 0.981lnr	0.981***	0.510
兰西	lnN(r) = -6.773 + 1.085lnr	1.085***	0.812
黔中	lnN(r) = -5.203 + 0.720lnr	0.720***	0.689
滇中	lnN(r) = -5.774 + 0.797lnr	0.797***	0.743
宁夏沿黄	lnN(r) = -3.362 + 0.636lnr	0.636***	0.803
天山北坡	lnN(r) = -1.580 + 0.241lnr	0.241	0.094
哈长	lnN(r) = -2.973 + 0.625lnr	0.625***	0.699
辽中南	lnN(r) = -1.683 + 0.585lnr	0.585***	0.735

注:***、**、*分别表示1%、5%、10%的显著水平下通过统计显著性检验。

(五) 信息流等级规模

本书采用邮电业务总量指标来对信息等级规模进行测度,通过对东部地区和中部、西部、东北地区城市群邮电业务总量数据整理和位序—规模分析,构建关于东部地区和中部、西部、东北地区城市群内部城市体系的信息等级规模的模拟回归方程、分维值、决定系数的实证分析框架。

表6-162和表6-163是东部地区和中部、西部、东北地区城市群以邮电业务总量指标为判断尺度,通过公式(6-4)进行计算构建的关于[r, N(r)]位序—规模回归方程分析模型的结果。东部地区和中部、西部、东北地区信息流等级规模大部分呈非均衡的发

展模式。东部地区中的京津冀城市群表现得较为明显,说明中国大多城市群均出现了信息流趋向于大中城市流动的趋势,而中小城镇发展规模不足。中部、西部、东北地区中北部湾、黔中城市群信息流等级规模分维数均大于1,说明其内部邮电业务总量的分布较为均衡,城市群内部的信息流等级规模分布较为合理。中原、晋中、呼包鄂榆、兰西、哈长、辽中南城市群信息等级规模分维数均在0.60~1.00范围内,说明其内部首位城市和大中城市信息等级规模的水平较高,邮电业务较为集中。长江中游、成渝、关中平原、滇中、宁夏沿黄城市群信息流等级规模分维数偏低,说明其内部信息流等级规模结构较为分散,首位城市邮电业务发展优势较为明显,而其他城市的发展水平较低,不利于形成合理的信息流等级规模结构。天山北坡城市群内部所包含的城市数量较少,其信息流等级规模分维数不显著。

表6-162　　　　东部地区城市群信息等级规模分维数测度结果

城市群	回归方程	分维数	决定系数
长江三角洲	lnN(r) = 0.487 + 0.453lnr	0.453***	0.813
京津冀	lnN(r) = 0.660 + 0.288lnr	0.288***	0.460
珠江三角洲	lnN(r) = -0.815 + 0.445lnr	0.445***	0.748
山东半岛	lnN(r) = -2.241 + 1.043lnr	1.043***	0.836
海峡西岸	lnN(r) = 0.018 + 0.502lnr	0.502***	0.927

注:***、**、*分别表示1%、5%、10%的显著水平下通过统计显著性检验。

表6-163　　中部、西部、东北地区城市群信息等级规模分维数测度结果

城市群	回归方程	分维数	决定系数
长江中游	lnN(r) = 1.000 + 0.435lnr	0.435***	0.633
中原	lnN(r) = 0.278 + 0.612lnr	0.612***	0.768
晋中	lnN(r) = -2.205 + 0.609lnr	0.609	0.225
成渝	lnN(r) = 1.026 + 0.307lnr	0.307***	0.559
关中平原	lnN(r) = 0.359 + 0.394lnr	0.394***	0.820
北部湾	lnN(r) = -2.766 + 1.140lnr	1.140***	0.897
呼包鄂榆	lnN(r) = -1.876 + 0.767lnr	0.767**	0.761
兰西	lnN(r) = -2.050 + 0.773lnr	0.773*	0.725
黔中	lnN(r) = -3.648 + 1.030lnr	1.030**	0.808
滇中	lnN(r) = -0.636 + 0.314lnr	0.314***	0.591
宁夏沿黄	lnN(r) = -0.254 + 0.326lnr	0.326***	0.761
天山北坡	lnN(r) = -0.887 + 0.280lnr	0.280	0.329
哈长	lnN(r) = -0.752 + 0.648lnr	0.648***	0.806
辽中南	lnN(r) = -1.341 + 0.833lnr	0.833***	0.584

注:***、**、*分别表示1%、5%、10%的显著水平下通过统计显著性检验。

(六) 土地等级规模

本书采用建成区面积指标来对土地等级规模进行测度,通过对东部地区和中部、西

部、东北地区城市群建成区面积数据整理和位序—规模分析，构建关于东部地区和中部、西部、东北地区城市群内部城市体系的土地等级规模的模拟回归方程、分维值、决定系数的实证分析框架。

表6-164和表6-165是东部地区和中部、西部、东北地区城市群以建成区面积指标为判断尺度，通过公式（6-4）进行计算构建的关于[r, N(r)]位序—规模回归方程分析模型的结果。东部地区和中部、西部、东北地区土地等级规模大部分呈非均衡的发展模式。东部地区中珠江三角洲、京津冀城市群的不均衡现象表现得尤为明显，这是由于其内部大型城市比较多，导致了土地等级规模呈现不均衡的现象。中部、西部、东北地区中呼包鄂榆土地等级规模分维数大于1，说明其内部城市建成区面积较为均衡，首位城市发展对其他城市的辐射和带动作用还需要提高。长江中游、中原、北部湾、兰西、宁夏沿黄城市群土地等级规模分维数均在0.60~1.00范围内，说明其内部首位城市建成区面积扩张速度要快于其他大中城市，要对大中城市空间架构进行合理的规划，加快扩张速度。成渝、关中平原、黔中、滇中、哈长、辽中南土地等级规模分维数偏低，说明其内部首位城市建成区面积扩张速度要远远快于其他城市，与中间序列城市联系不够紧密，不利于形成合理的土地等级规模结构。晋中、天山北坡城市群内部所包含的城市数量较少，其土地等级规模分维数不显著。

表6-164　　　　东部地区城市群土地等级规模分维数测度结果

城市群	回归方程	分维数	决定系数
长江三角洲	lnN(r) = -1.537 + 0.733lnr	0.733***	0.768
京津冀	lnN(r) = 0.473 + 0.290lnr	0.290***	0.580
珠江三角洲	lnN(r) = -0.380 + 0.344lnr	0.344***	0.484
山东半岛	lnN(r) = -1.561 + 0.693lnr	0.693***	0.704
海峡西岸	lnN(r) = -0.283 + 0.523lnr	0.523***	0.840

注：***、**、*分别表示1%、5%、10%的显著水平下通过统计显著性检验。

表6-165　　　中部、西部、东北地区城市群土地等级规模分维数测度结果

城市群	回归方程	分维数	决定系数
长江中游	lnN(r) = -0.672 + 0.663lnr	0.663***	0.541
中原	lnN(r) = -0.315 + 0.627lnr	0.627***	0.566
晋中	lnN(r) = -0.968 + 0.192lnr	0.192	0.073
成渝	lnN(r) = 0.381 + 0.345lnr	0.345***	0.464
关中平原	lnN(r) = 1.037 + 0.213lnr	0.213***	0.411
北部湾	lnN(r) = -2.887 + 0.941lnr	0.941***	0.788
呼包鄂榆	lnN(r) = -4.625 + 1.051lnr	1.051***	0.835
兰西	lnN(r) = -2.402 + 0.678lnr	0.678***	0.762
黔中	lnN(r) = -1.778 + 0.367lnr	0.367***	0.706
滇中	lnN(r) = -1.083 + 0.320lnr	0.320***	0.614
宁夏沿黄	lnN(r) = -2.464 + 0.714lnr	0.714***	0.868
天山北坡	lnN(r) = -0.483 + 0.095lnr	0.095	0.039

续表

城市群	回归方程	分维数	决定系数
哈长	lnN(r) = -0.505 + 0.444lnr	0.444***	0.928
辽中南	lnN(r) = -0.195 + 0.446lnr	0.446***	0.648

注：***、**、* 分别表示1%、5%、10%的显著水平下通过统计显著性检验。

三、中国城市群空间结构特征测算

(一) 空间分形关联维数测算

可以根据表6-166和表6-167中国城市群地级以上各城市的纬度和经度，首先对中国城市群纬度与经度到赤道和本初子午线的距离进行测算，同时通过计算中国各城市群内两个城市之间的乌鸦距离（欧氏距离），来构建出中国城市群的乌鸦距离矩阵，如表6-168至表6-186所示。

表6-166　　　　东部、中部地区城市群地级以上各城市经纬度

东部地区城市群城市	经度（°）	维度（°）	中部地区城市群城市	经度（°）	维度（°）
上海	121.47	31.23	南昌	115.85	28.68
南京	118.78	32.07	景德镇	117.17	29.27
无锡	120.30	31.57	萍乡	113.85	27.63
常州	119.95	31.78	九江	116.00	29.70
苏州	120.58	31.30	新余	114.92	27.82
南通	120.88	31.98	鹰潭	117.07	28.27
盐城	120.15	33.35	吉安	114.98	27.12
扬州	119.40	32.40	宜春	114.38	27.80
镇江	119.45	32.20	抚州	116.35	28.00
泰州	119.92	32.45	上饶	117.97	28.45
杭州	120.15	30.28	武汉	114.30	30.60
宁波	121.55	29.88	黄石	115.03	30.20
嘉兴	120.75	30.75	宜昌	111.28	30.70
湖州	120.08	30.90	襄阳	112.15	32.02
绍兴	120.57	30.00	鄂州	114.88	30.40
金华	119.65	29.08	荆门	112.20	31.03
舟山	122.20	30.00	孝感	113.92	30.93
台州	121.43	28.68	荆州	112.23	30.33
合肥	117.25	31.83	黄冈	114.87	30.45
芜湖	118.38	31.33	咸宁	114.32	29.85
马鞍山	118.50	31.70	长沙	112.93	28.23
铜陵	117.82	30.93	株洲	113.13	27.83
安庆	117.05	30.53	湘潭	112.93	27.83
滁州	118.32	32.30	衡阳	112.57	26.90

续表

东部地区城市群城市	经度（°）	维度（°）	中部地区城市群城市	经度（°）	维度（°）
池州	117.48	30.67	岳阳	113.12	29.37
宣城	118.75	30.95	常德	111.68	29.05
北京	116.40	39.90	益阳	112.32	28.60
天津	117.20	39.12	娄底	112.00	27.73
石家庄	114.52	38.05	邯郸	114.48	36.62
唐山	118.20	39.63	邢台	114.48	37.07
秦皇岛	119.60	39.93	长治	113.12	36.20
邯郸	114.48	36.62	晋城	112.83	35.50
邢台	114.48	37.07	运城	110.98	35.02
保定	115.47	38.87	蚌埠	117.38	32.92
张家口	114.88	40.82	淮北	116.80	33.95
承德	117.93	40.97	阜阳	115.82	32.90
沧州	116.83	38.30	宿州	116.98	33.63
廊坊	116.70	39.52	亳州	115.78	33.85
衡水	115.68	37.73	聊城	115.98	36.45
广州	113.27	23.13	菏泽	115.43	35.24
深圳	114.05	22.55	郑州	113.62	34.75
珠海	113.57	22.27	开封	114.30	34.80
佛山	113.12	23.02	洛阳	112.45	34.62
江门	113.08	22.58	平顶山	113.18	33.77
肇庆	112.47	23.05	安阳	114.38	36.10
惠州	114.42	23.12	鹤壁	114.28	35.75
东莞	113.75	23.05	新乡	113.90	35.30
中山	113.38	22.52	焦作	113.25	35.22
济南	116.98	36.67	濮阳	115.03	35.77
青岛	120.38	36.07	许昌	113.85	34.03
淄博	118.05	36.82	漯河	114.02	33.58
东营	118.50	37.47	三门峡	111.20	34.78
烟台	121.43	37.45	南阳	112.52	33.00
潍坊	119.15	36.70	商丘	115.65	34.45
威海	122.12	37.52	信阳	114.07	32.13
日照	119.52	35.42	周口	114.65	33.62
泰安	117.09	36.19	驻马店	114.02	32.98
莱芜	117.68	36.23	太原	112.55	37.87
德州	116.33	37.46	晋中	112.75	37.68
聊城	115.99	36.46			
滨州	117.97	37.41			
菏泽	115.46	35.26			
济宁	116.60	35.40			

续表

东部地区城市群城市	经度（°）	维度（°）	中部地区城市群城市	经度（°）	维度（°）
临沂	118.34	35.07			
温州	120.70	28.00			
衢州	118.87	28.93			
丽水	119.92	28.45			
福州	119.30	26.08			
厦门	118.08	24.48			
莆田	119.00	25.43			
三明	117.62	26.27			
泉州	118.67	24.88			
漳州	117.65	24.52			
南平	118.17	26.65			
龙岩	117.03	25.10			
宁德	119.52	26.67			
汕头	116.68	23.35			
梅州	116.12	24.28			
潮州	116.62	23.67			
揭阳	116.37	23.55			

表6-167　　　　西部、东北地区城市群地级以上各城市经纬度

西部地区城市群城市	经度（°）	维度（°）	东北地区城市群城市	经度（°）	维度（°）
重庆	106.55	29.57	沈阳	123.43	41.80
成都	104.07	30.67	大连	121.62	38.92
自贡	104.78	29.35	鞍山	122.98	41.10
泸州	105.43	28.87	抚顺	123.98	41.88
德阳	104.38	31.13	本溪	123.77	41.30
绵阳	104.73	31.47	丹东	124.38	40.13
遂宁	105.57	30.52	锦州	121.13	41.10
内江	105.05	29.58	营口	122.23	40.67
乐山	103.77	29.57	阜新	121.67	42.02
南充	106.08	30.78	辽阳	123.17	41.27
眉山	103.83	30.05	盘锦	122.07	41.12
宜宾	104.62	28.77	铁岭	123.83	42.28
广安	106.63	30.47	葫芦岛	120.83	40.72
达州	107.50	31.22	长春	125.32	43.90
雅安	103.00	29.98	吉林	126.55	43.83
资阳	104.65	30.12	四平	124.35	43.17
运城	110.98	35.02	辽源	125.13	42.88
临汾	111.52	36.08	松原	124.82	45.13
西安	108.93	34.27	哈尔滨	126.53	45.80

续表

西部地区城市群城市	经度（°）	维度（°）	东北地区城市群城市	经度（°）	维度（°）
铜川	108.93	34.90	齐齐哈尔	123.95	47.33
宝鸡	107.13	34.37	大庆	125.03	46.58
咸阳	108.70	34.33	牡丹江	129.60	44.58
渭南	109.50	34.50	绥化	126.98	46.63
商洛	109.93	33.87			
天水	105.72	34.58			
平凉	106.67	35.55			
庆阳	107.63	35.73			
呼和浩特	111.73	40.83			
包头	109.83	40.65			
鄂尔多斯	109.80	39.62			
榆林	109.73	38.28			
兰州	103.82	36.07			
白银	104.18	36.55			
定西	104.62	35.58			
西宁	101.78	36.62			
贵阳	106.63	26.65			
遵义	106.92	27.73			
安顺	105.95	26.25			
昆明	102.72	25.05			
曲靖	103.80	25.50			
玉溪	102.55	24.35			
银川	106.28	38.47			
石嘴山	106.38	39.02			
吴忠	106.20	37.98			
中卫	105.18	37.52			
乌鲁木齐	87.62	43.82			
克拉玛依	84.87	45.60			
湛江	110.35	21.27			
茂名	110.92	21.67			
阳江	111.98	21.87			
南宁	108.37	22.82			
北海	109.12	21.48			
防城港	108.35	21.70			
钦州	108.62	21.95			
玉林	110.17	22.63			
崇左	107.37	22.40			
海口	110.32	20.03			

表 6−168 长江三角洲城市群乌鸦距离矩阵

单位：千米

城市	上海	南京	无锡	常州	苏州	南通	盐城	扬州	镇江	泰州	杭州	宁波	嘉兴	湖州	绍兴	金华	舟山	台州	合肥	芜湖	马鞍山	铜陵	安庆	滁州	池州	宣城
上海	0																									
南京	272	0																								
无锡	117	154	0																							
常州	157	115	41	0																						
苏州	85	191	40	80	0																					
南通	100	198	71	91	81	0																				
盐城	267	192	199	176	232	167	0																			
扬州	235	69	126	86	166	147	127	0																		
镇江	220	65	107	66	147	137	144	23	0																	
泰州	200	115	104	75	142	104	102	49	52	0																
杭州	165	238	144	168	121	202	342	247	224	243	0															
宁波	150	360	223	261	183	242	408	347	327	325	142	0														
嘉兴	87	238	101	138	63	137	295	224	203	205	78	124	0													
湖州	138	179	77	99	65	142	273	179	157	173	69	181	66	0												
绍兴	162	287	177	207	145	222	375	289	267	280	51	95	85	111	0											
金华	297	343	284	302	263	344	478	370	348	376	142	205	214	207	136	0										
舟山	154	399	252	292	212	254	420	377	359	349	200	64	162	227	157	267	0									
台州	284	455	340	373	303	371	534	458	435	444	217	134	240	279	169	179	165	0								
合肥	406	147	290	255	321	343	320	212	212	261	326	465	354	288	377	383	515	533	0							
芜湖	294	91	184	157	209	248	280	153	140	192	206	344	235	169	257	279	395	416	121	0						
马鞍山	287	49	171	138	202	227	240	115	106	158	223	355	239	175	274	312	401	439	119	43	0					
铜陵	350	156	247	223	266	313	348	222	209	261	235	377	281	216	283	271	433	429	114	69	107	0				
安庆	429	238	331	309	348	399	429	305	294	346	299	439	355	293	344	299	499	471	146	155	190	86	0			
滁州	321	50	204	164	241	244	207	102	107	151	284	409	288	228	334	380	450	501	114	108	69	160	231	0		
池州	386	199	287	266	304	355	391	265	253	305	260	401	313	250	306	274	460	442	131	113	150	44	44	198	0	
宣城	261	125	163	147	179	232	298	173	154	200	153	294	192	127	204	226	347	362	173	55	87	89	169	156	125	0

表 6-169 京津冀城市群乌鸦距离矩阵

单位：千米

城市	北京	天津	石家庄	唐山	秦皇岛	邯郸	邢台	保定	张家口	承德	沧州	廊坊	衡水
北京	0	111	262	157	273	402	357	140	165	176	182	49	250
天津		0	262	103	225	367	330	152	274	215	97	62	204
石家庄			0	364	487	159	109	123	310	437	204	250	108
唐山				0	124	467	432	250	312	151	190	129	304
秦皇岛					0	579	548	374	412	183	300	252	419
邯郸						0	50	265	469	569	279	377	163
邢台							0	218	419	527	248	335	129
保定								0	223	314	134	128	128
张家口									0	257	327	212	351
承德										0	312	192	409
沧州											0	136	119
廊坊												0	218
衡水													0

表 6-170 珠江三角洲城市群乌鸦距离矩阵

单位：千米

城市	广州	深圳	珠海	佛山	江门	肇庆	惠州	东莞	中山
广州	0	103	101	20	64	82	118	50	69
深圳		0	58	109	100	171	74	64	69
珠海			0	95	61	143	129	89	34
佛山				0	49	67	134	65	62
江门					0	82	150	86	32
肇庆						0	200	131	110
惠州							0	69	126
东莞								0	70
中山									0

表6-171　山东半岛城市群乌鸦距离矩阵

单位：千米

城市	济南	青岛	淄博	东营	烟台	潍坊	威海	日照	泰安	莱芜	德州	聊城	滨州	菏泽	济宁	临沂
济南	0	312	97	162	405	194	466	268	54	80	105	92	121	208	145	216
青岛		0	225	229	180	131	224	106	296	243	393	396	262	454	350	216
淄博			0	83	308	99	369	204	111	74	168	188	66	291	205	197
东营				0	259	103	320	246	190	156	192	250	47	367	286	268
烟台					0	219	61	283	411	361	451	496	306	588	489	384
潍坊						0	279	146	193	142	264	284	131	369	271	196
威海							0	330	472	421	511	558	367	647	548	435
日照								0	236	189	365	339	261	369	265	114
泰安									0	53	157	103	157	180	98	168
莱芜										0	182	154	134	228	134	142
德州											0	115	145	257	231	321
聊城												0	205	142	130	263
滨州													0	329	255	263
菏泽														0	105	263
济宁															0	162
临沂																0

表6-172　海峡西岸城市群乌鸦距离矩阵

单位：千米

城市	温州	衢州	丽水	福州	厦门	莆田	三明	泉州	漳州	南平	龙岩	宁德	汕头	梅州	潮州	揭阳
温州	0	207	91	255	471	332	361	402	493	292	488	189	656	617	632	658
衢州		0	116	320	502	390	321	451	506	263	464	260	659	585	627	649
丽水			0	271	478	348	333	416	492	265	471	202	654	599	626	651
福州				0	216	78	169	148	240	129	253	69	403	378	381	409
厦门					0	141	205	74	44	242	127	283	190	200	174	202
莆田						0	167	70	170	159	202	148	330	318	311	339
三明							0	187	195	69	143	194	339	268	307	328

续表

城市	温州	衢州	丽水	福州	厦门	莆田	三明	泉州	漳州	南平	龙岩	宁德	汕头	梅州	潮州	揭阳
泉州								0	111	203	167	217	264	267	248	276
漳州									0	243	90	304	163	157	141	169
南平										0	207	134	397	335	367	390
龙岩											0	305	198	130	165	185
宁德												0	468	433	444	471
汕头													0	118	36	39
梅州														0	85	85
潮州															0	29
揭阳																0

表6-173 长江中游城市群乌鸦距离矩阵

单位：千米

城市	南昌	景德镇	萍乡	九江	新余	鹰潭	吉安	宜春	抚州	上饶	武汉	黄石	宜昌	襄阳	鄂州	荆州	荆门	孝感	黄冈	咸宁	长沙	株洲	湘潭	衡阳	岳阳	常德	益阳	娄底
南昌	0	144	228	114	132	128	194	174	90	209	261	187	496	514	213	396	439	312	219	198	290	283	302	379	277	409	345	392
景德镇		0	373	123	273	112	322	318	162	120	314	231	590	570	254	492	517	363	258	283	430	426	444	523	393	534	478	534
萍乡			0	312	108	325	125	56	250	415	334	308	423	516	324	339	411	367	329	251	112	74	93	150	206	265	185	183
九江				0	234	190	304	264	192	237	192	109	468	449	133	370	394	242	137	163	341	349	365	458	281	425	378	448
新余					0	217	78	53	142	307	315	265	477	538	287	383	444	360	293	233	201	176	196	254	246	345	269	288
鹰潭						0	243	269	77	90	373	292	623	631	318	523	562	425	323	320	406	390	410	469	404	534	466	502
吉安							0	96	167	330	393	343	537	610	365	447	512	436	371	311	237	199	217	240	310	389	309	302
宜春								0	195	360	312	275	441	517	293	351	417	351	299	228	150	123	143	205	214	299	221	235
抚州									0	167	351	277	576	603	303	477	525	402	308	286	337	317	337	393	350	471	401	429
上饶										0	429	345	694	686	370	595	627	479	374	388	494	480	499	560	484	617	553	592
武汉											0	83	289	258	60	201	206	52	57	84	295	329	336	445	178	306	294	390
黄石												0	364	341	27	270	286	134	32	79	300	322	334	439	206	349	317	403
宜昌													0	169	347	100	95	254	345	307	318	367	357	441	231	188	254	338
襄阳														0	316	188	110	207	312	318	429	476	472	571	309	334	381	478

续表

城市	南昌	景德镇	萍乡	九江	新余	鹰潭	吉安	宜春	抚州	上饶	武汉	黄石	宜昌	襄阳	鄂州	荆门	孝感	荆州	黄冈	咸宁	长沙	株洲	湘潭	衡阳	岳阳	常德	益阳	娄底
鄂州															0	266	109	255	6	82	307	333	343	450	205	344	319	408
荆门																0	165	78	263	242	320	367	363	461	205	226	271	368
孝感																	0	175	105	126	315	353	358	467	190	301	302	402
荆州																		0	254	208	243	292	287	383	137	152	193	290
黄冈																			0	85	311	337	347	455	207	345	322	412
咸宁																				0	225	253	263	370	128	271	239	327
长沙																					0	49	45	152	128	152	73	107
株洲																						0	20	117	171	196	117	112
湘潭																							0	109	172	183	105	92
衡阳																								0	280	255	191	108
岳阳																									0	144	116	213
常德																										0	80	150
益阳																											0	102
娄底																												0

表6-174 中原城市群乌鸦距离矩阵

单位：千米

城市	邯郸	邢台	长治	晋城	运城	蚌埠	淮北	阜阳	宿州	亳州	聊城	菏泽	郑州	开封	洛阳	平顶山	安阳	鹤壁	新乡	焦作	濮阳	许昌	漯河	三门峡	南阳	商丘	信阳	周口	驻马店
邯郸	0	50	131	194	363	490	364	432	403	330	135	176	222	203	289	339	59	99	156	191	107	294	341	360	441	264	501	334	407
邢台	50	0	155	229	389	532	406	480	445	377	151	221	270	253	329	386	108	148	204	234	153	343	391	390	487	310	551	384	457
长治	131	155	0	82	234	406	402	443	454	357	258	235	168	189	186	271	114	116	122	110	179	251	303	235	360	301	461	319	368
晋城	194	229	82	0	176	418	535	399	434	327	303	238	110	155	104	195	155	134	100	49	201	188	240	169	280	283	392	268	301
运城	363	389	234	176	0	508	234	402	505	459	479	406	243	304	142	245	331	310	268	208	377	285	322	33	266	432	431	372	361
蚌埠	490	532	406	418	508	0	127	146	87	181	413	315	403	353	494	402	448	425	416	459	384	350	321	608	454	234	323	266	314
淮北	364	406	402	535	234	127	0	148	39	95	288	191	306	248	407	335	325	305	305	355	259	272	261	523	411	120	325	202	280
阜阳	432	480	443	399	402	146	148	0	135	106	395	263	289	254	366	264	380	347	320	351	328	222	184	476	308	173	185	135	168
宿州	403	445	454	434	505	87	39	135	0	114	327	229	334	279	432	352	363	347	338	385	298	293	274	547	421	153	319	216	285

续表

城市	邯郸	邢台	长治	晋城	运城	蚌埠	淮北	阜阳	宿州	亳州	聊城	菏泽	郑州	开封	洛阳	平顶山	安阳	鹤壁	新乡	焦作	濮阳	许昌	漯河	三门峡	南阳	商丘	信阳	周口	驻马店
亳州										0	290	158	222	172	318	241	281	252	236	278	224	179	166	434	317	68	249	108	190
聊城											0	144	285	238	379	392	149	172	227	282	114	332	366	471	498	225	512	338	426
菏泽												0	174	114	281	263	135	119	139	198	69	198	226	389	366	90	368	194	283
郑州													0	62	108	116	165	126	66	62	171	83	135	221	220	189	295	158	200
开封														0	170	154	145	106	67	107	127	95	138	283	259	130	298	135	204
洛阳															0	116	240	209	152	99	267	144	185	116	180	294	315	231	233
平顶山																0	282	242	183	162	280	68	81	214	105	240	201	137	118
安阳																	0	40	99	142	69	235	282	324	385	217	443	277	349
鹤壁																		0	61	110	68	195	243	300	346	191	403	240	309
新乡																			0	60	115	141	192	253	286	186	353	199	258
焦作																				0	173	143	196	193	256	235	352	220	259
濮阳																					0	222	261	365	385	157	415	242	324
许昌																						0	53	257	168	172	212	87	118
漯河																							0	292	154	179	161	59	67
三门峡																								0	233	409	398	343	329
南阳																									0	332	175	210	140
商丘																										0	297	131	223
信阳																											0	175	95
周口																												0	92
驻马店																													0

表 6-175　　　　　　　　　晋中城市群乌鸦距离矩阵　　　　　　　　　单位：千米

城市	太原	晋中
太原	0	28
晋中		0

表 6-176　　　　　　　　　成渝城市群乌鸦距离矩阵　　　　　　　　　单位：千米

城市	重庆	成都	自贡	泸州	德阳	绵阳	遂宁	内江	乐山	南充	眉山	宜宾	广安	达州	雅安	资阳
重庆	0	268	173	134	271	274	142	145	269	142	268	208	100	205	346	193
成都		0	162	240	59	109	145	154	126	193	73	218	246	333	128	83
自贡			0	83	202	236	151	37	101	203	120	66	218	334	186	87
泸州				0	271	297	184	87	179	222	203	80	213	329	266	158
德阳					0	50	132	184	183	167	131	264	227	297	184	115
绵阳						0	133	213	231	150	180	301	213	265	234	150
遂宁							0	116	203	57	175	215	102	200	254	99
内江								0	124	166	129	99	182	298	203	71
乐山									0	260	54	121	293	402	87	105
南充										0	231	265	63	144	309	156
眉山											0	162	273	375	80	79
宜宾												0	271	389	207	150
广安													0	118	353	194
达州														0	453	299
雅安															0	160
资阳																0

表 6-177　　　　　　　　　关中平原城市群乌鸦距离矩阵　　　　　　　　　单位：千米

城市	运城	临汾	西安	铜川	宝鸡	咸阳	渭南	商洛	天水	平凉	庆阳
运城	0	128	205	187	360	222	147	160	483	396	314
临汾		0	310	269	442	322	254	286	552	442	353
西安			0	70	166	22	58	102	297	251	201
铜川				0	175	67	69	147	296	218	150
宝鸡					0	144	218	264	131	138	158
咸阳						0	76	124	275	230	184
渭南							0	81	347	283	218
商洛								0	395	352	295
天水									0	138	216
平凉										0	89
庆阳											0

表 6-178　　　　　　　　　北部湾城市群乌鸦距离矩阵　　　　　　　　　单位：千米

城市	湛江	茂名	阳江	南宁	北海	防城港	钦州	玉林	崇左	海口
湛江	0	74	181	267	130	213	194	153	333	138
茂名		0	112	292	188	266	240	132	375	193

续表

城市	湛江	茂名	阳江	南宁	北海	防城港	钦州	玉林	崇左	海口
阳江			0	386	299	376	347	205	479	268
南宁				0	168	125	100	186	113	371
北海					0	83	74	168	208	204
防城港						0	39	214	128	277
钦州							0	177	138	277
玉林								0	289	290
崇左									0	404
海口										0

表 6-179　　　　　　呼包鄂榆城市群乌鸦距离矩阵　　　　　　单位：千米

城市	呼和浩特	包头	鄂尔多斯	榆林
呼和浩特	0	161	212	332
包头		0	115	264
鄂尔多斯			0	149
榆林				0

表 6-180　　　　　　兰西城市群乌鸦距离矩阵　　　　　　单位：千米

城市	兰州	白银	定西	西宁
兰州	0	62	90	193
白银		0	115	215
定西			0	280
西宁				0

表 6-181　　　　　　黔中城市群乌鸦距离矩阵　　　　　　单位：千米

城市	贵阳	遵义	安顺
贵阳	0	124	81
遵义		0	191
安顺			0

表 6-182　　　　　　滇中城市群乌鸦距离矩阵　　　　　　单位：千米

城市	昆明	曲靖	玉溪
昆明	0	120	80
曲靖		0	180
玉溪			0

表 6-183　　　　　　宁夏沿黄城市群乌鸦距离矩阵　　　　　　单位：千米

城市	银川	石嘴山	吴忠	中卫
银川	0	62	55	143
石嘴山		0	117	197
吴忠			0	103
中卫				0

表 6-184　　　　　　　　　天山北坡城市群乌鸦距离矩阵　　　　　　　　　单位：千米

城市	乌鲁木齐	克拉玛依
乌鲁木齐	0	294
克拉玛依		0

表 6-185　　　　　　　　　哈长城市群乌鸦距离矩阵　　　　　　　　　单位：千米

城市	长春	吉林	四平	辽源	松原	哈尔滨	齐齐哈尔	大庆	牡丹江	绥化
长春	0	99	113	115	143	232	396	299	350	331
吉林		0	192	156	200	219	439	329	257	314
四平			0	71	221	340	464	383	449	437
辽源				0	252	344	504	412	406	442
松原					0	153	254	162	382	236
哈尔滨						0	261	145	276	99
齐齐哈尔							0	117	534	243
大庆								0	420	149
牡丹江									0	306
绥化										0

表 6-186　　　　　　　　　辽中南城市群乌鸦距离矩阵　　　　　　　　　单位：千米

城市	沈阳	大连	鞍山	抚顺	本溪	丹东	锦州	营口	阜新	辽阳	盘锦	铁岭	葫芦岛
沈阳	0	355	86	46	62	202	207	161	148	63	136	63	249
大连		0	269	385	322	273	246	202	345	293	248	418	211
鞍山			0	120	70	160	155	79	150	25	76	149	186
抚顺				0	67	198	253	199	192	96	180	46	293
本溪					0	140	222	147	192	50	144	109	255
丹东						0	295	192	310	163	224	244	308
锦州							0	104	112	172	79	260	49
营口								0	157	103	52	223	118
阜新									0	150	106	181	161
辽阳										0	94	125	206
盘锦											0	195	113
铁岭												0	304
葫芦岛													0

对 r 取 10 千米、20 千米、30 千米、40 千米，将 d_{ij} 大于 r 的城市数量记为 C(r)，从而可以得出一组与点 [r，C(r)] 相对应的数据，接下来对 [r，C(r)] 的对数化进行回归分析，我们可以得出关于中国城市群的空间结构分维数结果。如表 6-187 至表 6-190 所示。

表 6-187　　　　　　　　东部地区城市群尺度距离及空间关联维函数

r（千米）	长江三角洲	京津冀	珠江三角洲	山东半岛	海峡西岸
10	26	13	9	16	16
20	26	13	11	16	16

续表

r（千米）	长江三角洲	京津冀	珠江三角洲	山东半岛	海峡西岸
30	28	13	11	16	18
40	28	13	15	18	22
50	42	15	19	20	24
60	50	17	21	22	24
70	70	19	39	26	30
80	78	19	43	30	34
90	96	19	51	32	40
100	104	21	55	40	42
110	126	27	61	50	42
120	144	31	65	56	48
130	160	43	69	58	54
140	176	49	73	68	56
150	202	49	75	80	66
160	236	57	77	88	70
170	260	61	77	96	84
180	282	63	79	98	86
190	290	69	79	108	92
200	310	71	81	118	102
210	338	75		126	116
220	352	83		132	120
230	374	87		140	120
240	396	87		144	120
250	414	91		150	128
260	426	99		156	134
270	448	105		174	144
280	466	111		178	148
290	488	111		184	150
300	510	111		188	152
310	524	117		192	158
320	530	123		194	162
330	542	127		202	168
340	548	129		204	180
350	576	129		206	182
360	588	133		206	182
370	590	137		220	186
380	606	141		220	188
390	612	141		222	194
400	620	141		226	196
410	630	145		228	202
420	632	151		230	204
430	640	151		232	204

续表

r（千米）	长江三角洲	京津冀	珠江三角洲	山东半岛	海峡西岸
440	648	155		234	206
450	654	155		234	208
460	660	155		238	210
470	662	159		240	214
480	666	159		242	222
490	666	161		244	224
500	668	161		246	228
510	670	161		246	232
520	672	161		248	232
530	672	163		248	232
540	676	163		248	232
550		165		250	232
560		165		252	232
570		167		252	232
580		169		252	232
590				254	234
600				254	236
610				254	236
620				254	238
630				254	242
640				254	244
650				256	246
660					256

表 6-188　　　　　中部地区城市群尺度距离及空间关联维函数

r（千米）	长江中游	中原	晋中
10	30	29	2
20	32	29	2
30	34	29	4
40	36	35	
50	40	37	
60	50	47	
70	50	69	
80	62	69	
90	72	79	
100	86	97	
110	104	117	
120	120	147	
130	136	157	
140	146	181	

续表

r（千米）	长江中游	中原	晋中
150	154	205	
160	166	231	
170	178	247	
180	190	277	
190	204	299	
200	226	327	
210	250	347	
220	262	359	
230	272	385	
240	288	417	
250	302	435	
260	324	459	
270	344	483	
280	356	501	
290	376	531	
300	398	549	
310	428	571	
320	464	589	
330	486	615	
340	506	635	
350	534	649	
360	552	665	
370	572	689	
380	590	699	
390	600	715	
400	614	729	
410	632	751	
420	640	761	
430	656	765	
440	662	777	
450	678	787	
460	684	797	
470	694	799	
480	710	805	
490	714	811	
500	722	815	
510	724	821	
520	734	823	
530	740	825	
540	750	829	
550	750	833	

续表

r（千米）	长江中游	中原	晋中
560	754	835	
570	758	835	
580	762	837	
590	764	837	
600	768	837	
610	770	839	
620	774	839	
630	778	839	
640	780	841	
650	780		
660	780		
670	780		
680	780		
690	782		
700	783		

表 6-189　　西部地区城市群尺度距离及空间关联维函数

r（千米）	成渝	关中平原	北部湾	呼包鄂榆	兰西	黔中	滇中	宁夏沿黄	天山北坡
10	16	11	10	4	4	3	3	4	2
20	16	11	10	4	4	3	3	4	2
30	16	13	10	4	4	3	3	4	2
40	18	13	12	4	4	3	3	4	2
50	18	13	12	4	4	3	3	4	2
60	26	15	12	4	4	3	3	6	2
70	30	19	12	4	6	3	3	8	2
80	38	23	16	4	6	3	5	8	2
90	50	27	18	4	6	5	5	8	2
100	54	27	18	4	8	5	5	8	2
110	64	29	20	4	8	5	5	10	2
120	70	29	24	6	10	5	7	12	2
130	82	33	30	6	10	7	7	12	2
140	90	39	36	6	10	7	7	12	2
150	102	47	36	8	10	7	7	14	2
160	116	49	38	8	10	7	7	14	2
170	124	53	42	10	10	7	7	14	2
180	130	55	44	10	10	7	9	14	2
190	144	59	50	10	10	7		14	2
200	150	59	54	10	12	9		16	2
210	168	63	60	12	12				2
220	180	71	64	12	14				2

续表

r（千米）	成渝	关中平原	北部湾	呼包鄂榆	兰西	黔中	滇中	宁夏沿黄	天山北坡
230	184	75	64	12	14				2
240	194	75	66	12	14				2
250	196	75	66	12	14				2
260	200	79	66	12	14				2
270	214	83	72	14	14				2
280	224	85	76	14	14				2
290	224	89	78	14	16				2
300	234	95	84	14					4
310	238	95	84	14					
320	238	99	84	14					
330	240	101	84	14					
340	244	101	86	16					
350	246	103	88						
360	248	109	88						
370	248	109	88						
380	250	109	94						
390	252	109	96						
400	252	113	96						
410	254	113	98						
420	254	113	98						
430	254	113	98						
440	254	113	98						
450	254	117	98						
460	256	117	98						
470		117	98						
480		117	100						
490		119							
500		119							
510		119							
520		119							
530		119							
540		119							
550		119							
560		121							

表 6–190　东北地区城市群尺度距离及空间关联维函数

r（千米）	哈长	辽中南
10	10	13
20	10	13
30	10	15

续表

r（千米）	哈长	辽中南
40	10	15
50	10	21
60	10	25
70	10	35
80	12	41
90	12	43
100	16	47
110	16	55
120	22	61
130	22	65
140	22	67
150	28	79
160	32	85
170	34	93
180	34	95
190	34	101
200	38	113
210	38	121
220	40	123
230	42	129
240	46	129
250	48	137
260	54	141
270	56	145
280	58	147
290	58	147
300	60	153
310	62	159
320	64	159
330	66	161
340	68	161
350	74	163
360	74	165
370	74	165
380	74	165
390	78	165
400	80	165
410	82	165
420	86	169
430	86	
440	90	

续表

r（千米）	哈长	辽中南
450	94	
460	94	
470	96	
480	96	
490	96	
500	96	
510	98	
520	98	
530	98	
540	100	

图 6-1 至图 6-19 分别描绘的是东部地区、中部地区、中部、西部、东北地区内城市群的点列 r 和点列 C(r) 双对数坐标图。

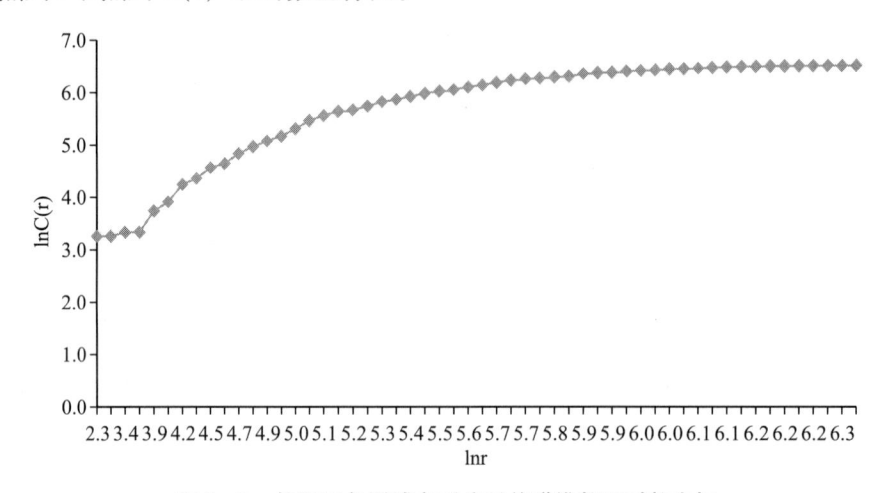

图 6-1 长江三角洲城市群分形关联维数双对数坐标

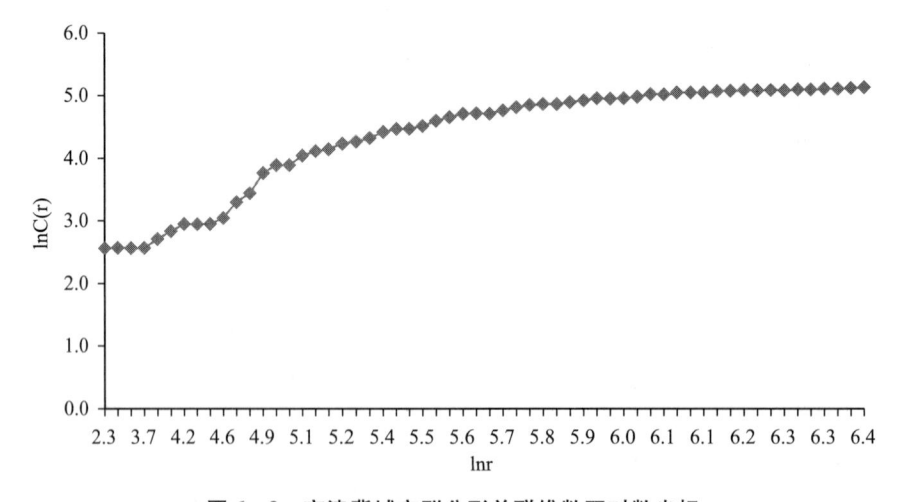

图 6-2 京津冀城市群分形关联维数双对数坐标

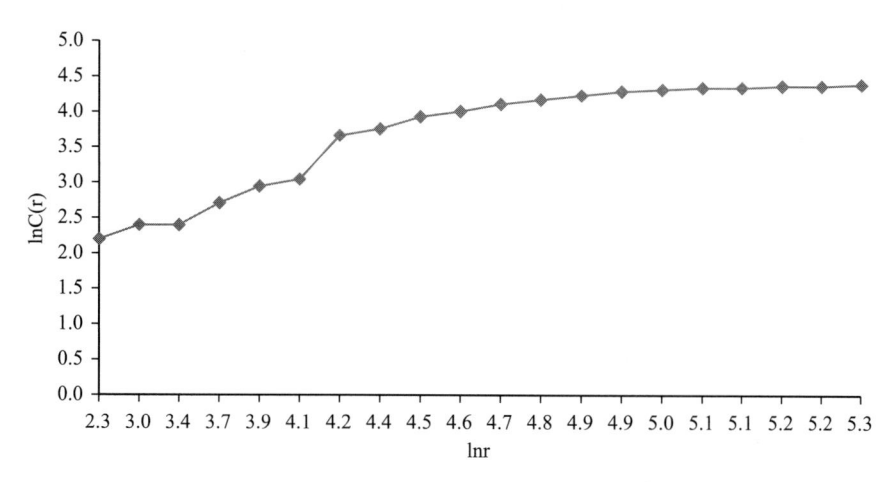

图 6-3　珠江三角洲城市群分形关联维数双对数坐标

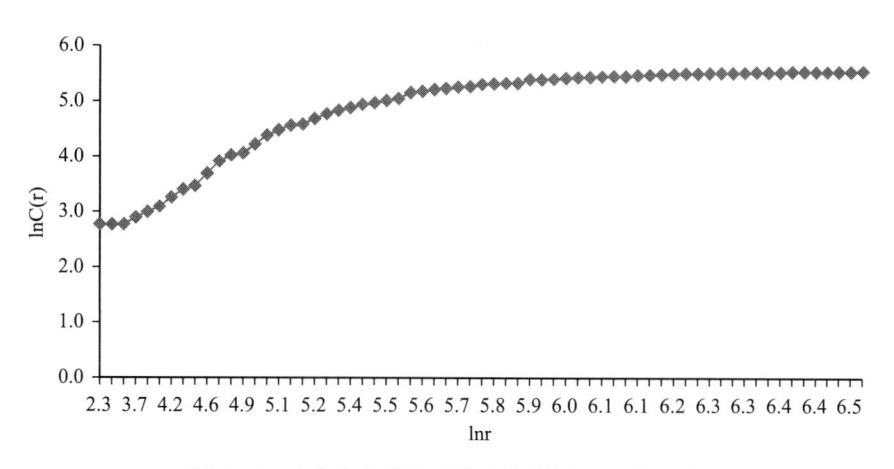

图 6-4　山东半岛城市群分形关联维数双对数坐标

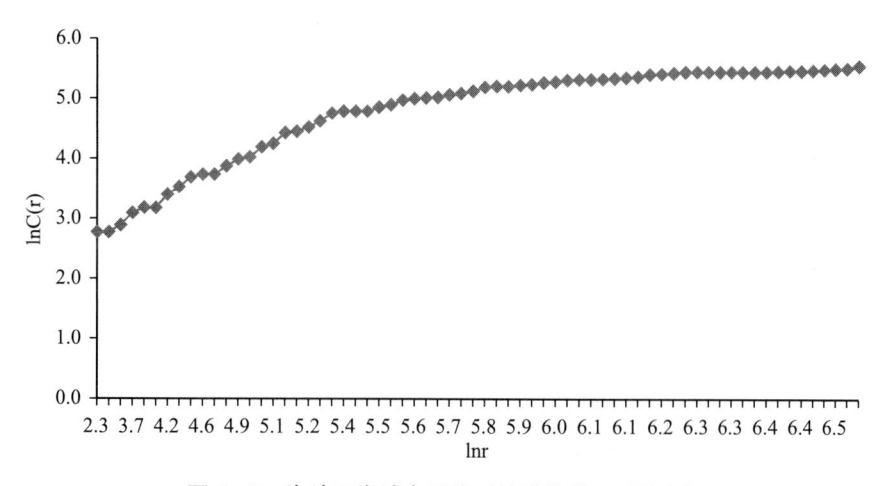

图 6-5　海峡西岸城市群分形关联维数双对数坐标

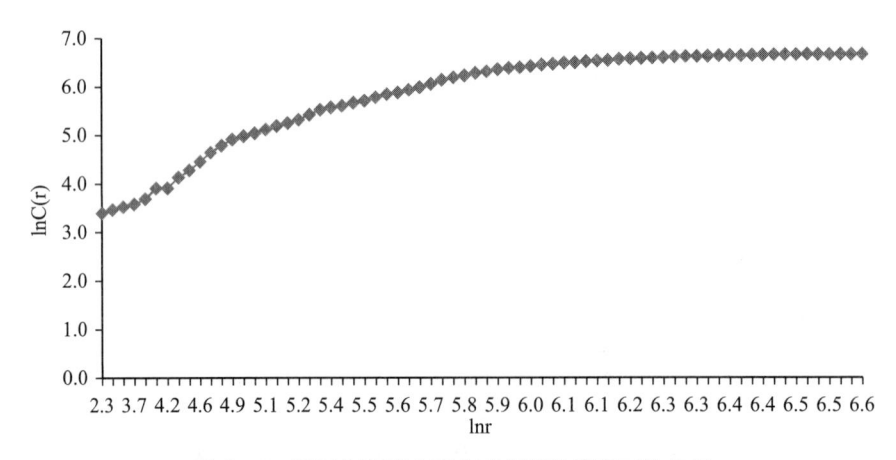

图 6-6 长江中游城市群分形关联维数双对数坐标

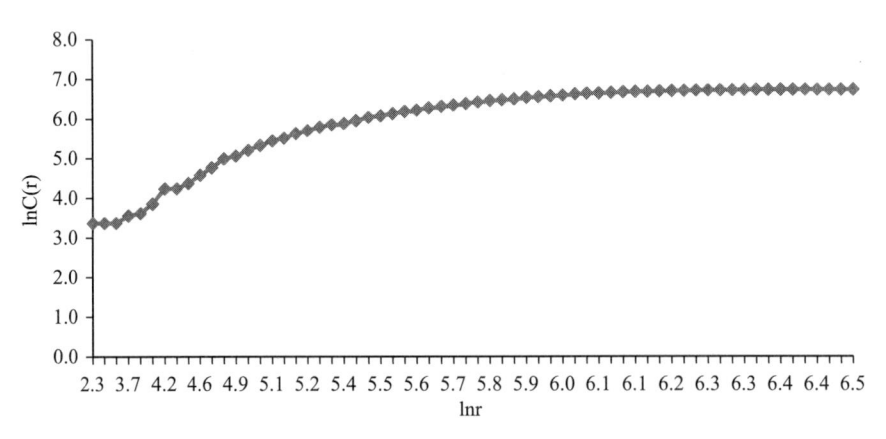

图 6-7 中原城市群分形关联维数双对数坐标

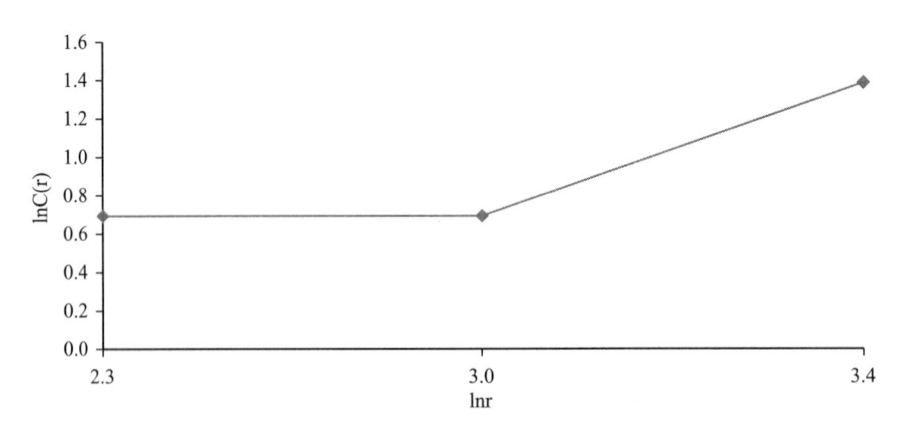

图 6-8 晋中城市群分形关联维数双对数坐标

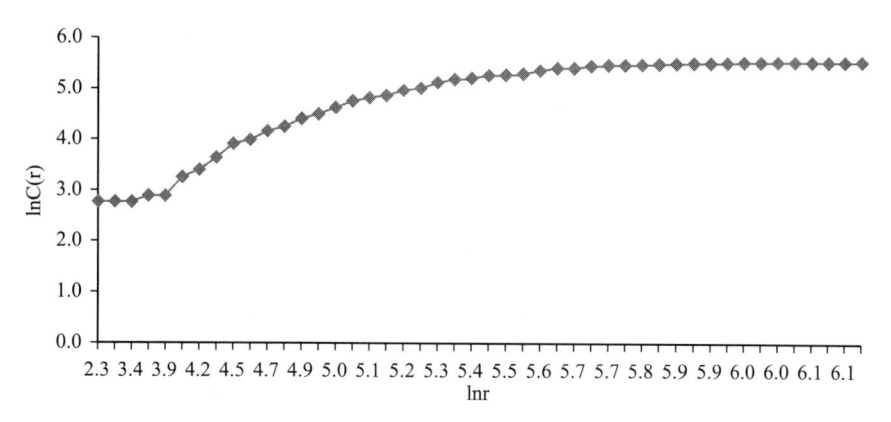

图6-9 成渝城市群分形关联维数双对数坐标

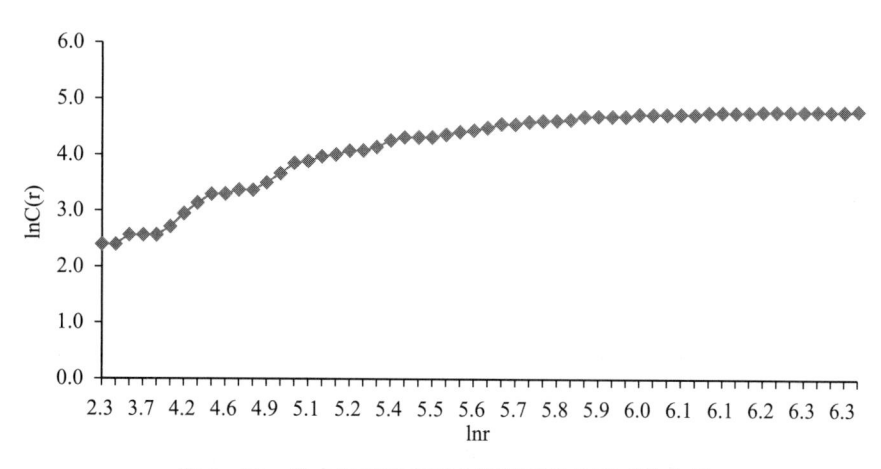

图6-10 关中平原城市群分形关联维数双对数坐标

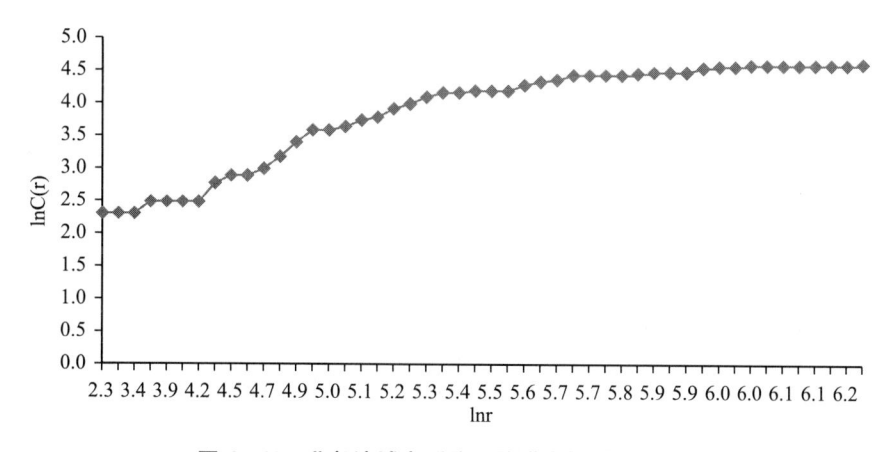

图6-11 北部湾城市群分形关联维数双对数坐标

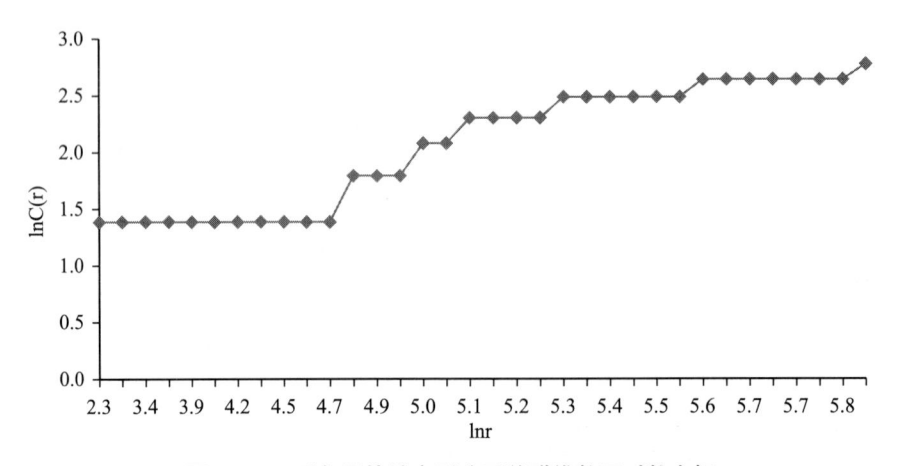

图 6-12 呼包鄂榆城市群分形关联维数双对数坐标

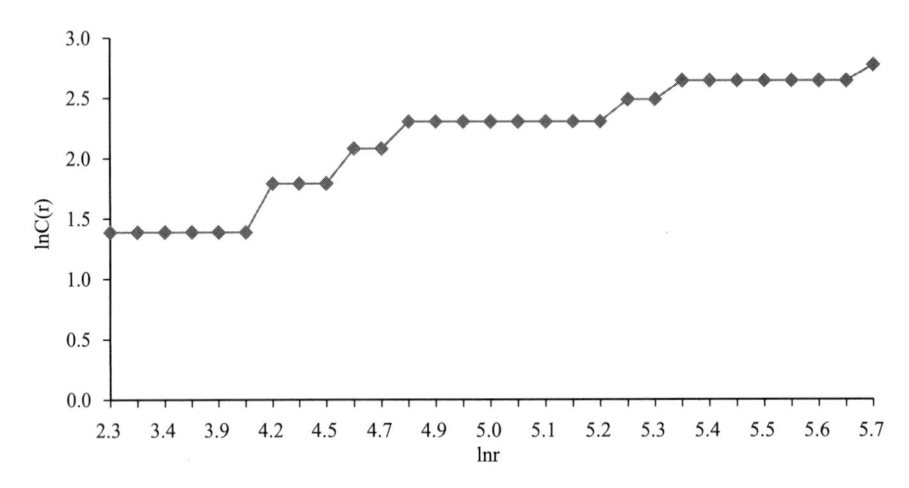

图 6-13 兰西城市群分形关联维数双对数坐标

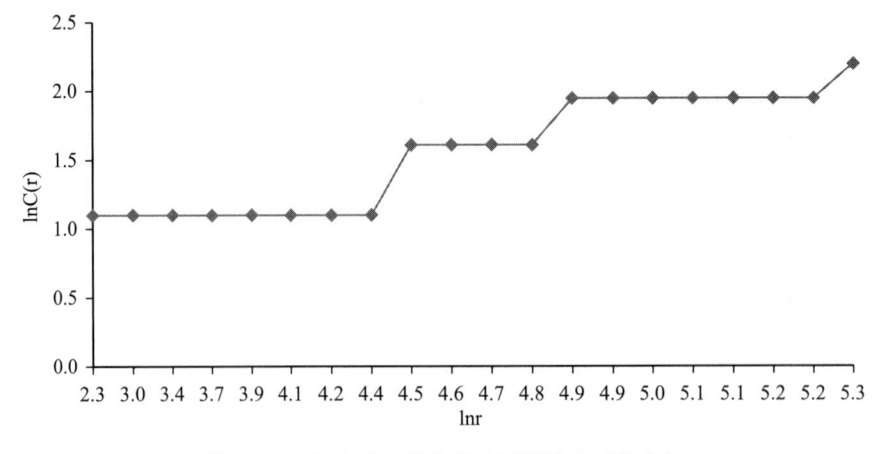

图 6-14 黔中城市群分形关联维数双对数坐标

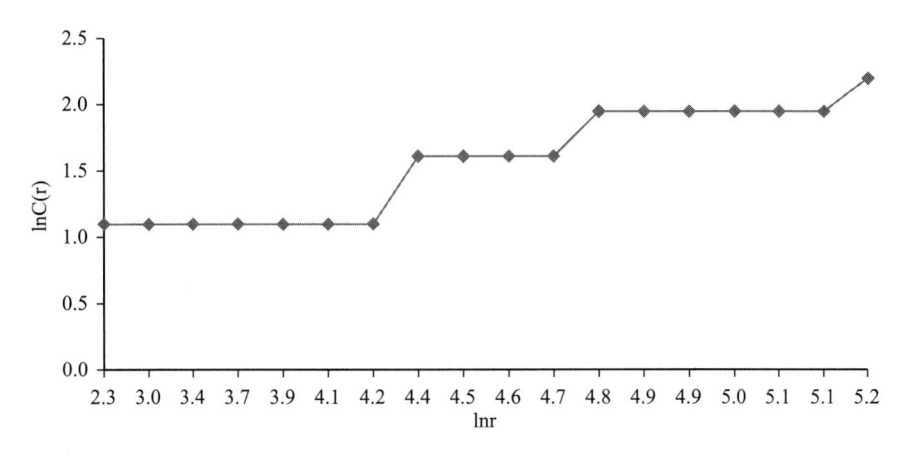

图 6-15　滇中城市群分形关联维数双对数坐标

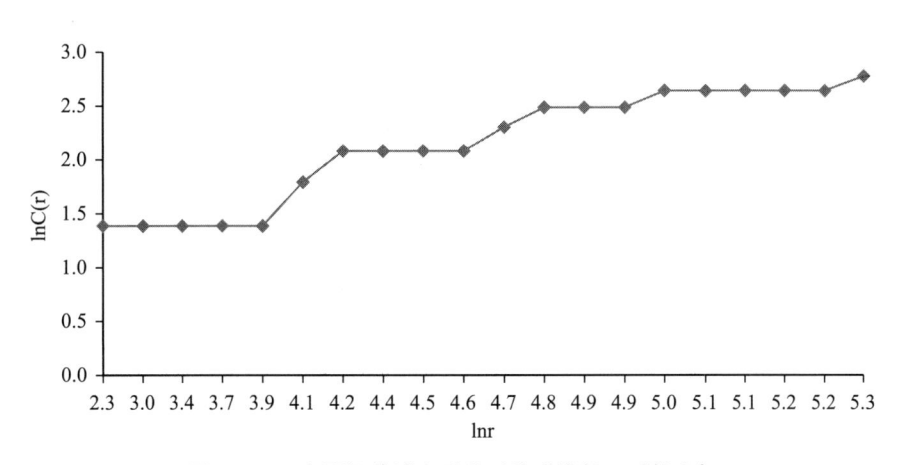

图 6-16　宁夏沿黄城市群分形关联维数双对数坐标

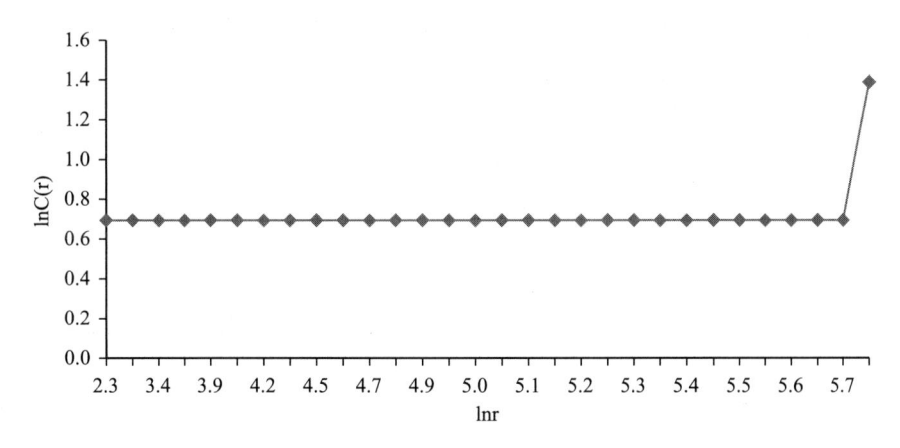

图 6-17　天山北坡城市群分形关联维数双对数坐标

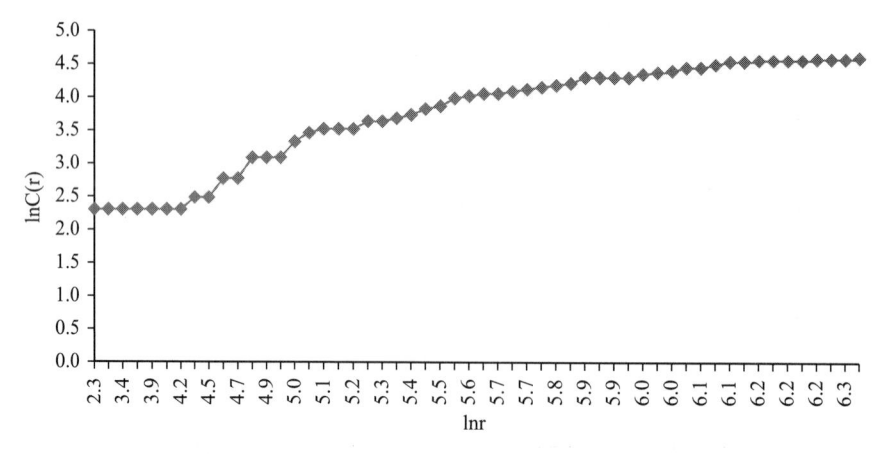

图 6-18　哈长城市群分形关联维数双对数坐标

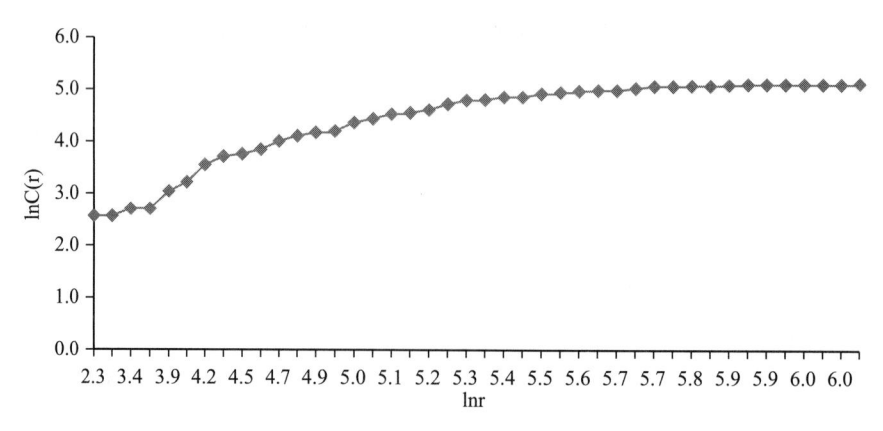

图 6-19　辽中南城市群分形关联维数双对数坐标

表 6-191 为东部地区城市群空间布局结构分维数的测算结果，可以看出，其内部城市群的空间布局分维数均在 1 左右，说明东部城市群空间布局均围绕在某一地理特征要素（如首位城市、干道、水源等）形成比较均衡的分布，城市群的空间分布结构较为均衡和稳定。

表 6-191　　　　　　　东部地区城市群空间布局结构分维数测度结果

城市群	回归方程	分维数	决定系数
长江三角洲	$\ln C(r) = -0.164 + 1.093 \ln r$	1.093***	0.956
京津冀	$\ln C(r) = -0.568 + 0.908 \ln r$	0.908***	0.923
珠江三角洲	$\ln C(r) = -0.360 + 0.919 \ln r$	0.919***	0.925
山东半岛	$\ln C(r) = -0.648 + 0.728 \ln r$	0.728***	0.901
海峡西岸	$\ln C(r) = -0.032 + 0.871 \ln r$	0.871***	0.958

注：***、**、* 分别表示 1%、5%、10% 的显著水平下通过统计显著性检验。

由表 6-192 中部、西部、东北地区城市群空间布局结构分维数的测算结果可以得出，与东部城市群相比，中部、西部、东北地区城市群空间布局结构分维数较小，其内部空间分布结构较不均衡。长江中游、中原、成渝城市群空间分布结构分维数大于 1，其余城市群空间分布结构分维数均小于 1，说明中部、西部、东北地区城市群空间结构分布较为集中。长江中游、中原、成渝、关中平原、北部湾、哈长、辽中南城市群的空间分布结构分维数均在 1 左右，说明这些城市群内部空间布局均围绕某一地理特征要素（如首位城市、干道、水源等）形成集中分布。黔中、滇中、天山北坡城市群空间分布结构分维数均小于 0.50，说明城市群内部空间布局很紧密，城市群具有较大的扩张优化空间。晋中城市群内部所包含的城市数量较少，其空间分布结构分维数不显著，说明城市群的发展不够成熟，空间结构较不稳定。

表 6-192　中部、西部、东北地区城市群空间布局结构分维数测度结果

城市群	回归方程	分维数	决定系数
长江中游	lnC(r) = -0.129 + 1.063lnr	1.063***	0.953
中原	lnC(r) = -0.229 + 1.115lnr	1.115***	0.950
晋中	lnC(r) = -0.708 + 0.563lnr	0.563	0.222
成渝	lnC(r) = -0.487 + 1.015lnr	1.015***	0.934
关中平原	lnC(r) = -0.238 + 0.814lnr	0.814***	0.946
北部湾	lnC(r) = -0.597 + 0.851lnr	0.851***	0.912
呼包鄂榆	lnC(r) = -0.572 + 0.537lnr	0.537***	0.744
兰西	lnC(r) = -0.338 + 0.524lnr	0.524***	0.862
黔中	lnC(r) = -0.306 + 0.420lnr	0.420***	0.685
滇中	lnC(r) = -0.299 + 0.429lnr	0.429***	0.701
宁夏沿黄	lnC(r) = -0.440 + 0.583lnr	0.583***	0.845
天山北坡	lnC(r) = 0.572 + 0.030lnr	0.030	0.007
哈长	lnC(r) = -0.756 + 0.824lnr	0.842***	0.896
辽中南	lnC(r) = -0.172 + 0.900lnr	0.900***	0.956

注：***、**、* 分别表示1%、5%、10%的显著水平下通过统计显著性检验。

（二）空间重心测算

利用公式（6-12）、公式（6-13）将东部、中部、西部、东北地区城市群内部城市的经纬度转换成直角坐标系下点的坐标，令 $x = S_1$，$y = S_2$，可以得到东部、中部、西部、东北地区城市群各城市代表点在直角坐标系上相应的坐标，如表 6-193 至表 6-202 所示。

表 6-193　长江三角洲、京津冀城市群各城市位置代表点与本初子午线和赤道距离　单位：千米

长江三角洲城市群	与赤道距离（坐标）	与本初子午线距离（坐标）	京津冀城市群	与赤道距离（坐标）	与本初子午线距离（坐标）
上海	3476.50	10740.38	北京	4441.64	9059.89
南京	3570.01	10426.00	天津	4354.81	9232.49
无锡	3514.35	10607.30	石家庄	4235.70	9235.26
常州	3537.73	10551.30	唐山	4411.59	9209.64
苏州	3484.30	10667.45	秦皇岛	4444.98	9241.75
南通	3559.99	10585.72	邯郸	4076.52	9451.08
盐城	3712.50	10326.55	邢台	4126.61	9382.78
扬州	3606.75	10419.88	保定	4326.98	9166.99
镇江	3584.48	10453.41	张家口	4544.06	8823.14
泰州	3612.31	10448.25	承德	4560.76	8975.35
杭州	3370.75	10788.05	沧州	4263.53	9340.41

续表

长江三角洲城市群	与赤道距离（坐标）	与本初子午线距离（坐标）	京津冀城市群	与赤道距离（坐标）	与本初子午线距离（坐标）
宁波	3326.22	10948.09	廊坊	4399.34	9138.55
嘉兴	3423.07	10761.63	衡水	4200.08	9358.05
湖州	3439.77	10691.64			
绍兴	3339.58	10859.55			
金华	3237.17	10925.03			
舟山	3339.58	10976.88			
台州	3192.64	11115.02			
合肥	3543.30	10352.89			
芜湖	3487.64	10506.79			
马鞍山	3528.82	10461.01			
铜陵	3443.11	10524.52			
安庆	3398.58	10525.45			
滁州	3595.62	10359.56			
池州	3414.17	10537.10			
宣城	3445.34	10588.92			

表6-194　珠江三角洲、山东半岛城市群各城市位置代表点本与初子午线和赤道距离　　　单位：千米

珠江三角洲城市群	与赤道距离（坐标）	与本初子午线距离（坐标）	山东半岛城市群	与赤道距离（坐标）	与本初子午线距离（坐标）
广州	2574.82	11171.79	济南	4082.08	9605.28
深圳	2510.25	11306.52	青岛	4015.29	9915.20
珠海	2479.08	11295.36	淄博	4098.78	9649.79
佛山	2562.57	11171.10	东营	4171.14	9575.02
江门	2513.59	11217.12	烟台	4168.91	9756.55
肇庆	2565.91	11110.33	潍坊	4085.42	9737.85
惠州	2573.70	11273.76	威海	4176.70	9786.20
东莞	2565.91	11223.11	日照	3942.93	9963.43
中山	2506.91	11250.49	泰安	4028.65	9686.75
			莱芜	4033.10	9718.56
			德州	4170.02	9441.07
			聊城	4058.71	9573.92
			滨州	4164.46	9551.69
			菏泽	3925.12	9721.15
			济宁	3940.71	9775.94
			临沂	3903.97	9941.23

表6-195　海峡西岸、长江中游城市群各城市位置代表点与本初子午线和赤道距离　　　单位：千米

海峡西岸城市群	与赤道距离（坐标）	与本初子午线距离（坐标）	长江中游城市群	与赤道距离（坐标）	与本初子午线距离（坐标）
温州	3116.94	11157.64	南昌	3192.64	10691.44
衢州	3220.47	10887.81	景德镇	3258.32	10711.67

续表

海峡西岸城市群	与赤道距离（坐标）	与本初子午线距离（坐标）	长江中游城市群	与赤道距离（坐标）	与本初子午线距离（坐标）
丽水	3167.04	11034.88	萍乡	3075.75	10672.42
福州	2903.21	11312.99	九江	3306.19	10563.34
厦门	2725.10	11421.57	新余	3096.91	10733.16
莆田	2830.85	11374.88	鹰潭	3147.00	10841.72
三明	2924.36	11152.95	吉安	3018.98	10829.30
泉州	2769.63	11419.39	宜春	3094.68	10692.78
漳州	2729.55	11380.64	抚州	3116.94	10822.11
南平	2966.66	11146.68	上饶	3167.04	10886.42
龙岩	2794.12	11255.78	武汉	3406.37	10310.71
宁德	2968.89	11250.95	黄石	3361.85	10420.90
汕头	2599.31	11442.54	宜昌	3417.51	10067.70
梅州	2702.83	11281.77	襄阳	3564.45	9954.39
潮州	2634.93	11398.72	鄂州	3384.11	10381.96
揭阳	2621.57	11391.83	荆门	3454.24	10093.45
			孝感	3443.11	10236.65
			荆州	3376.32	10190.00
			黄冈	3389.68	10374.29
			咸宁	3322.88	10414.90
			长沙	3142.55	10521.20
			株洲	3098.02	10588.79
			湘潭	3098.02	10572.71
			衡阳	2994.49	10661.15
			岳阳	3269.45	10386.78
			常德	3233.83	10315.69
			益阳	3183.73	10424.73
			娄底	3086.89	10510.30

表6-196　中原、晋中城市群各城市位置代表点与本初子午线和赤道距离　　单位：千米

中原城市群	与赤道距离（坐标）	与本初子午线距离（坐标）	晋中城市群	与赤道距离（坐标）	与本初子午线距离（坐标）
邯郸	4076.52	9451.08	太原	4215.67	9136.63
邢台	4126.61	9382.78	晋中	4194.51	9178.22
长治	4029.76	9423.95			
晋城	3951.84	9507.59			
运城	3898.41	9449.16			
蚌埠	3664.63	10201.84			
淮北	3779.29	10008.33			
阜阳	3662.41	10095.32			
宿州	3743.67	10068.50			
亳州	3768.16	9953.07			

续表

中原城市群	与赤道距离（坐标）	与本初子午线距离（坐标）	晋中城市群	与赤道距离（坐标）	与本初子午线距离（坐标）
聊城	4057.59	9574.81			
菏泽	3922.90	9722.14			
郑州	3868.35	9671.59			
开封	3873.92	9710.98			
洛阳	3853.88	9609.28			
平顶山	3759.26	9782.83			
安阳	4018.63	9522.89			
鹤壁	3979.67	9568.64			
新乡	3929.57	9609.87			
焦作	3920.67	9577.34			
濮阳	3981.89	9615.72			
许昌	3788.20	9792.46			
漯河	3738.11	9869.54			
三门峡	3871.69	9498.80			
南阳	3673.54	9845.01			
商丘	3834.95	9855.14			
信阳	3576.69	10080.19			
周口	3742.56	9908.09			
驻马店	3671.31	9955.78			

表6-197　成渝、关中平原城市群各城市位置代表点与本初子午线和赤道距离　　单位：千米

成渝城市群	与赤道距离（坐标）	与本初子午线距离（坐标）	关中平原城市群	与赤道距离（坐标）	与本初子午线距离（坐标）
重庆	3291.71	9839.84	运城	3898.41	9449.16
成都	3414.17	9505.76	临汾	4016.40	9333.59
自贡	3267.22	9722.57	西安	3814.92	9408.55
泸州	3213.79	9833.24	铜川	3885.05	9321.28
德阳	3465.37	9474.06	宝鸡	3826.05	9264.19
绵阳	3503.22	9459.50	咸阳	3821.59	9383.67
遂宁	3397.47	9644.08	渭南	3840.52	9417.68
内江	3292.83	9717.01	商洛	3770.39	9536.13
乐山	3291.71	9613.66	天水	3849.42	9132.80
南充	3426.41	9652.21	平凉	3957.40	9070.32
眉山	3345.15	9561.33	庆阳	3977.44	9113.65
宜宾	3202.66	9778.20			
广安	3391.90	9734.59			
达州	3475.39	9707.73			
雅安	3337.36	9502.09			
资阳	3352.94	9619.28			

表6-198　北部湾、呼包鄂榆城市群各城市位置代表点与本初子午线和赤道距离　　单位：千米

北部湾城市群	与赤道距离（坐标）	与本初子午线距离（坐标）	呼包鄂榆城市群	与赤道距离（坐标）	与本初子午线距离（坐标）
湛江	2367.76	11110.87	呼和浩特	4545.17	8633.34
茂名	2412.29	11121.43	包头	4525.13	8544.44
阳江	2434.56	11196.39	鄂尔多斯	4410.47	8697.58
南宁	2540.31	10768.82	榆林	4261.31	8891.88
北海	2391.14	10976.15			
防城港	2415.63	10882.87			
钦州	2443.46	10882.13			
玉林	2519.16	10951.37			
崇左	2493.55	10721.60			
海口	2229.73	11232.87			

表6-199　兰西、黔中城市群各城市位置代表点与本初子午线和赤道距离　　单位：千米

兰西城市群	与赤道距离（坐标）	与本初子午线距离（坐标）	黔中城市群	与赤道距离（坐标）	与本初子午线距离（坐标）
兰西	4015.29	8795.68	贵阳	2966.66	10193.69
白银	4068.72	8756.86	遵义	3086.89	10092.19
定西	3960.74	8918.96	安顺	2922.13	10180.92
西宁	4076.52	8575.82			

表6-200　滇中、宁夏沿黄城市群各城市位置代表点与本初子午线和赤道距离　　单位：千米

滇中城市群	与赤道距离（坐标）	与本初子午线距离（坐标）	宁夏沿黄城市群	与赤道距离（坐标）	与本初子午线距离（坐标）
昆明	2788.55	10027.92	银川	4282.46	8635.52
曲靖	2838.64	10076.05	石嘴山	4343.68	8563.67
玉溪	2710.63	10084.78	吴忠	4227.91	8699.53
			中卫	4176.70	8694.05

表6-201　天山北坡、辽中南城市群各城市位置代表点与本初子午线和赤道距离　　单位：千米

天山北坡城市群	与赤道距离（坐标）	与本初子午线距离（坐标）	哈长城市群	与赤道距离（坐标）	与本初子午线距离（坐标）
乌鲁木齐	4878.02	6671.59	长春	4886.92	8860.26
克拉玛依	5076.16	6271.90	吉林	4879.13	8931.34
			四平	4805.66	8942.45
			辽源	4773.38	9032.31
			松原	5023.84	8616.65
			哈尔滨	5098.43	8573.58
			齐齐哈尔	5268.75	8181.60
			大庆	5185.26	8365.06
			牡丹江	4962.62	8933.81
			绥化	5190.82	8441.56

表 6-202　　辽中南城市群各城市位置代表点与本初子午线和赤道距离　　单位：千米

辽中南城市群	与赤道距离（坐标）	与本初子午线距离（坐标）
沈阳	4653.15	9135.10
大连	4332.55	9525.11
鞍山	4575.23	9232.05
抚顺	4662.06	9149.75
本溪	4597.49	9239.48
丹东	4467.25	9474.00
锦州	4575.23	9132.08
营口	4527.36	9264.99
阜新	4677.64	9004.75
辽阳	4594.15	9212.95
盘锦	4577.45	9179.75
铁岭	4706.58	9072.32
葫芦岛	4532.93	9179.59

根据公式（6-14）至公式（6-16）对 E_{ij} 分别取城市年末总人口、地区生产总值，能够得到东部、中部、西部、东北地区城市群人口、经济重心坐标。通过对2006~2017年相关数据的计算，可以得到东部、中部、西部、东北地区各城市群人口、经济重心的演变轨迹路线，皆如纵坐标所示。

由图6-20可知，长江三角洲城市群人口重心变动的幅度较小，总体呈现向东南方向移动的特征，一方面说明长江三角洲城市群内部人口规模的发展较为稳定，另一方面也表明上海、南京、苏州、杭州等城市对人口重心移动起到较大的牵制作用，原因是上海、南京、苏州、杭州等城市人口规模的不断扩大，使得该城市群人口重心不断地向东南方向移动。

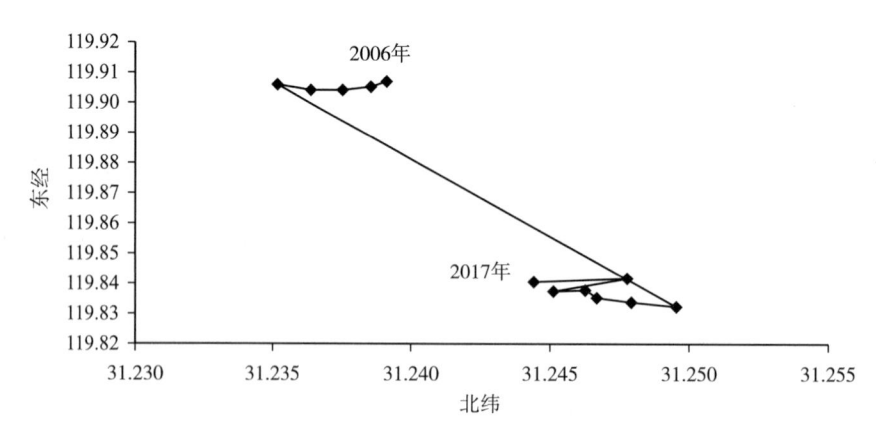

图6-20　长江三角洲城市群人口重心演变路径

由图6-21可知，长江三角洲城市群经济重心变动较大，总体呈现出不断向东南方向移动的趋势。说明上海、南京、苏州、杭州等城市的经济发展规模不断增强，对城市群的经济重心起到较大的牵制作用。

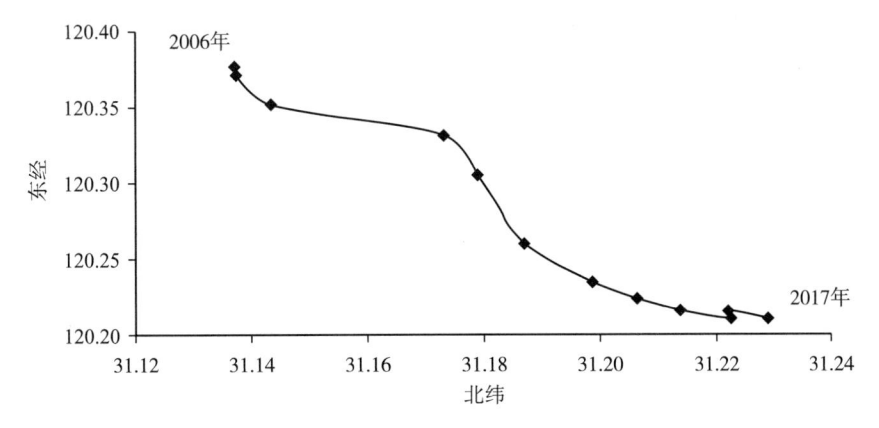

图 6-21　长江三角洲城市群经济重心演变路径

由图 6-22 可知，京津冀城市群人口重心变动的幅度较小，呈现 2006～2015 年向西南方向移动，2015～2017 年向东北方向移动的变化趋势。京津冀城市群人口重心总体呈现向西部偏移的态势，但是变化的幅度很小，城市群人口重心相对比较稳定，内部呈现出北京、天津和石家庄相互牵扯的平衡状态。

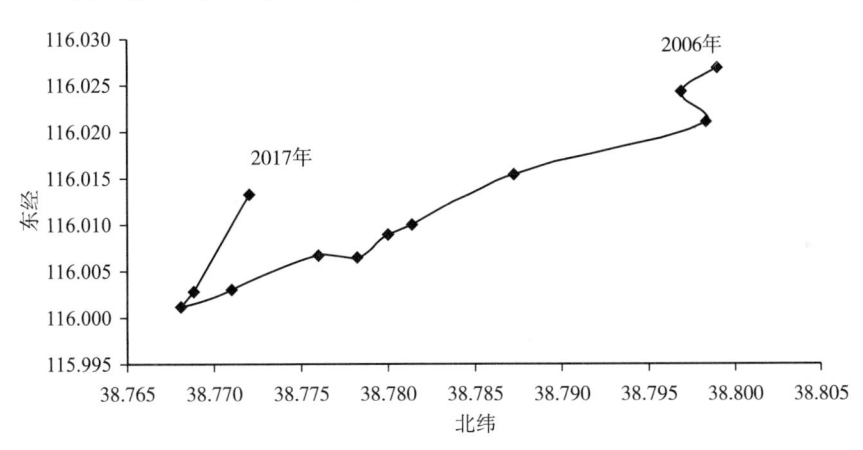

图 6-22　京津冀城市群人口重心演变路径

由图 6-23 可知，京津冀城市群经济重心变动的幅度较大，总体呈现出不断向东北方向移动的态势。京津冀城市群经济重心变化的特征呈现出不断向北京和天津靠近的态势，说明这些城市的经济发展速度和发展规模远远超过了京津冀城市群内的其他城市，在城市群中处于主导地位，因而对城市群经济重心具有较大的吸引作用。

由图 6-24 可知，珠江三角洲城市群人口重心基本保持稳定，总体呈现出不断向西北方向移动的趋势。一方面说明珠江三角洲城市群内部的城市人口规模发展较为稳定，另一方面也说明深圳、珠海、江门等城市对人口重心移动的牵扯作用较大，原因是深圳、珠海、江门等城市人口规模的不断扩大，促使该城市群人口重心不断地向西北方向移动。

由图 6-25 可知，珠江三角洲城市群经济重心变动幅度较小，总体呈现出 2006～2010 年向东南方向移动，2010～2017 年向西北方向移动的变化趋势。2006～2010 年，珠江三角洲城市群的经济重心不断向广州移动，说明广州在该时间段内经济规模发展速度较快，对珠江三角洲城市群经济重心起到吸引作用。2010~2017年，珠江三角洲城市群经济重心呈现出向深圳移动的趋势，说明在该时间段内深圳经济规模增长速度较快，在珠江三角洲城市群中起到主导作用。

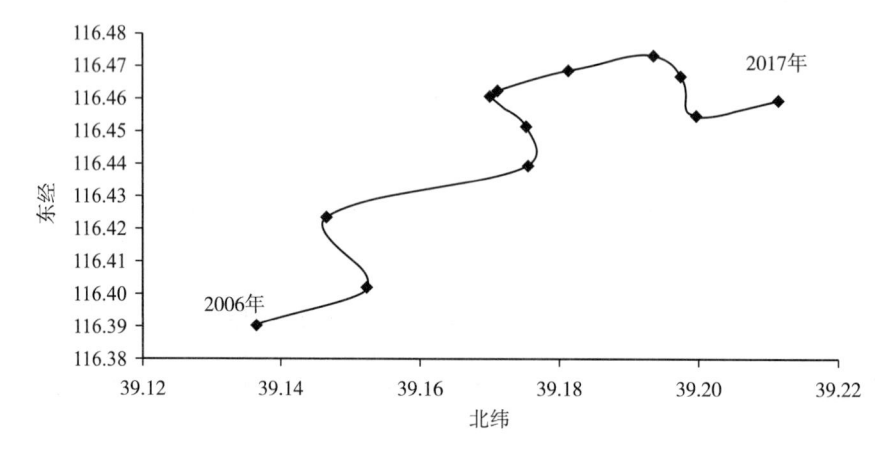

图6-23 京津冀城市群经济重心演变路径

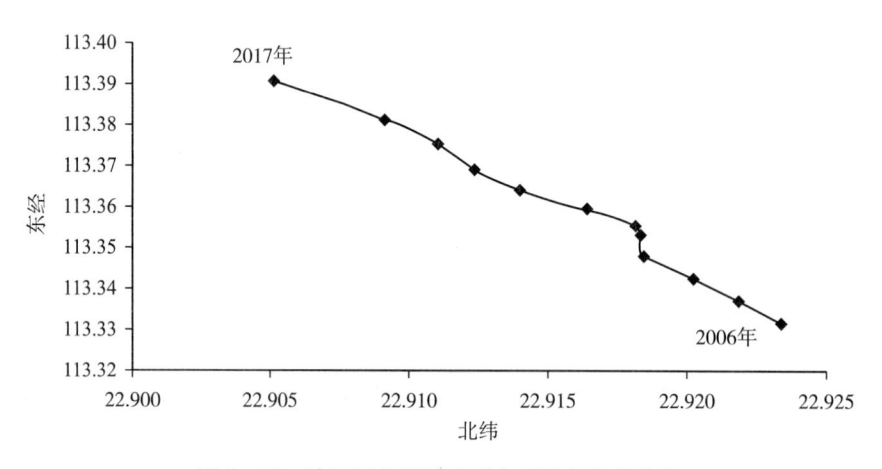

图6-24 珠江三角洲城市群人口重心演变路径

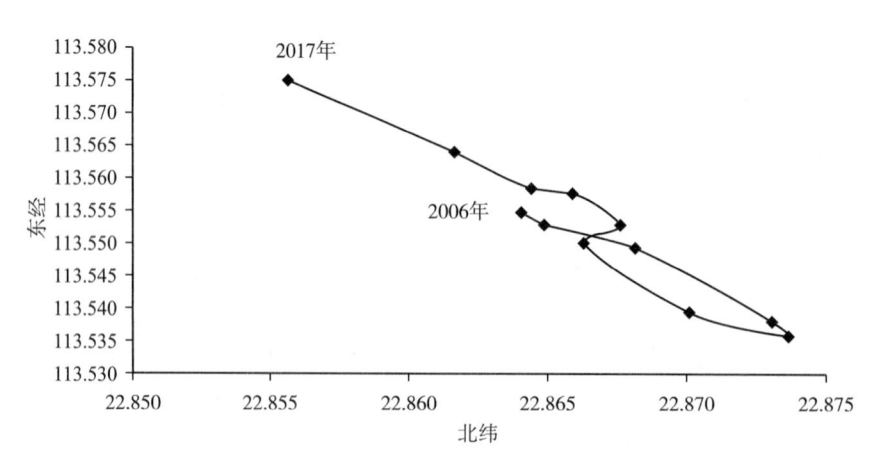

图6-25 珠江三角洲城市群经济重心演变路径

由图 6-26 可知，山东半岛城市群人口重心较为稳定，整体呈现出向西南方向移动的态势。一方面说明山东半岛城市群内部的城市人口规模发展较为均衡稳定，另一个方面也表明了济南、青岛、济宁、临沂等城市对人口重心移动起到的牵扯作用较大，主要是因为这些城市的人口规模在不断扩大，促使该城市人口重心也在不断向西南反方向移动。

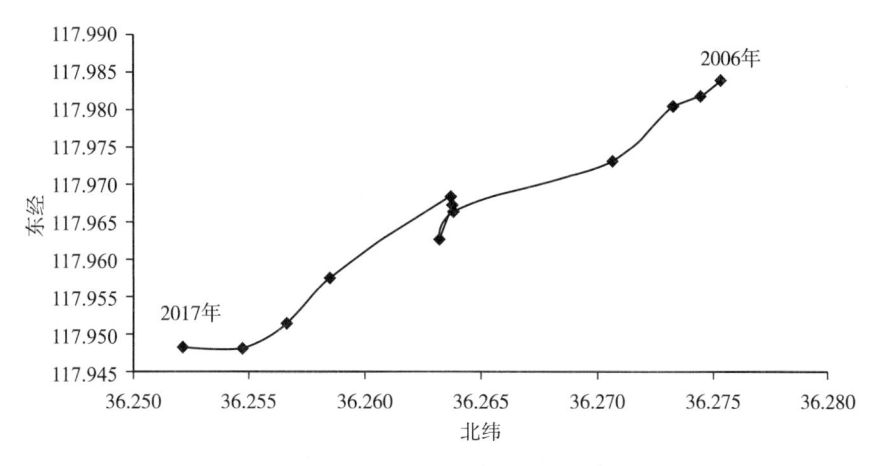

图 6-26 山东半岛城市群人口重心演变路径

由图 6-27 可知，山东半岛城市群经济重心变动的幅度较大，总体呈现出向西南方向移动的变化趋势。山东半岛城市群经济重心的变动是随着济南和青岛两市经济发展变化而产生的移动，是济南和青岛共同作用的结果。

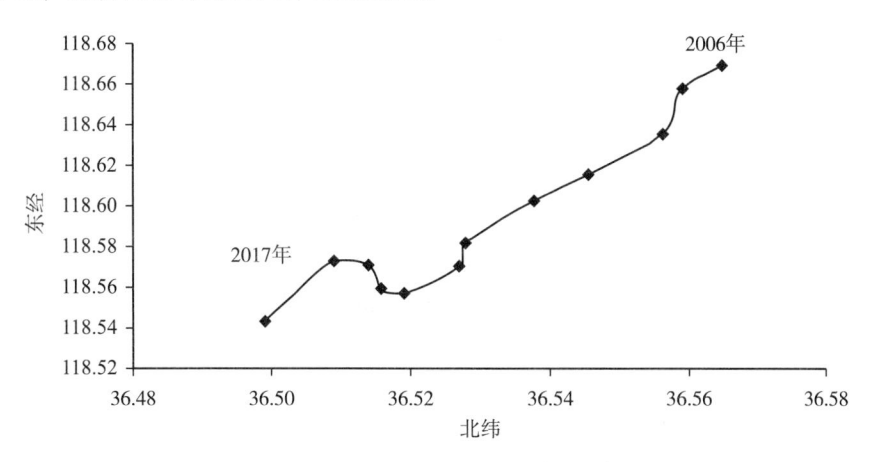

图 6-27 山东半岛城市群经济重心演变路径

由图 6-28 可知，海峡西岸城市群人口重心变动的幅度较小，总体呈现出不断向西南方向移动的趋势。海峡西岸城市群的人口重心在厦门、漳州、梅州等城市的相互作用下不断向西南方向移动，说明这些城市的人口规模在不断增强。

由图 6-29 可知，海峡西岸城市群的经济重心变动幅度较大，整体呈现出向西南方向移动的趋势。海峡西岸城市群呈现不断向厦门、泉州等城市的方向移动，说明这些城市的经济规模不断扩大，在城市群中的地位有所上升。

由图 6-30 可知，长江中游城市群人口重心变动较为稳定，总体呈现出不断向西北方向移动的特征，说明长江中游城市群内部人口规模的发展较为均衡稳定。同时，该城市群人口重心不断向西北移动，表明南昌、九江、上饶、武汉、黄冈等城市对人口重心的移动起到了较大的牵制作用，原因是南昌、九江、上饶、武汉、黄冈等城市人口规模在不断扩大，使得该城市群人口重心不断向西北方向偏移。

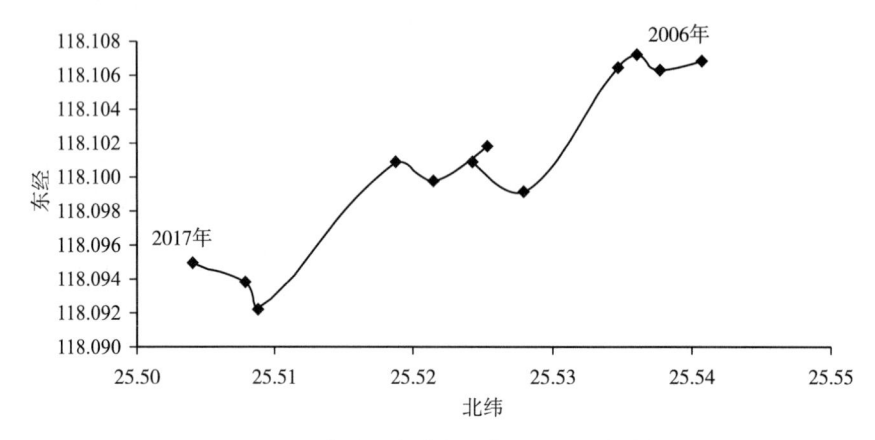

图 6-28　海峡西岸城市群人口重心演变路径

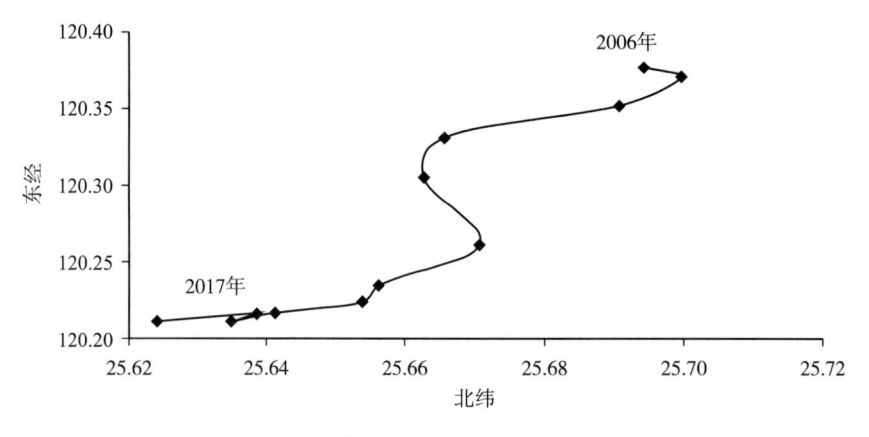

图 6-29　海峡西岸城市群经济重心演变路径

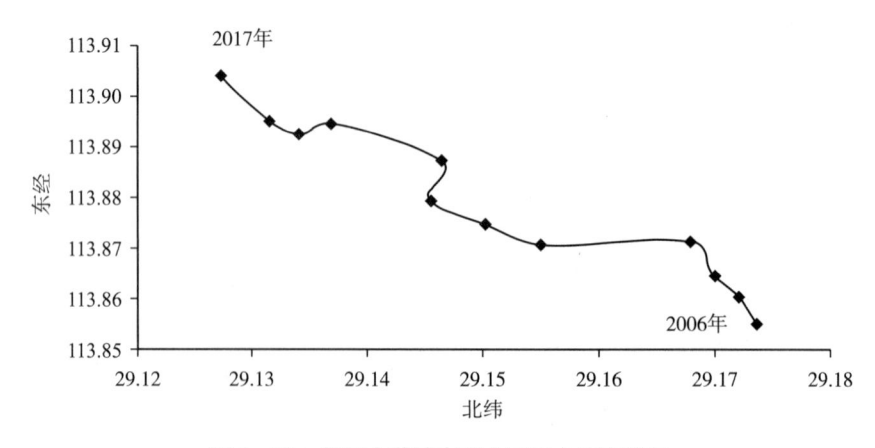

图 6-30　长江中游城市群人口重心演变路径

由图 6-31 可知，长江中游城市群经济重心变动幅度较大，2006~2014 年向东南方向移动，说明长沙市经济发展规模在不断增强，对城市群经济重心的移动具有牵制作用。2014 年后城市群的经济重心一直保持向东北方向移动的趋势，说明南昌市和武汉市对城市群经济重心的影响力不断增强，城市群经济重心的移动方向开始不断趋向东北方向。

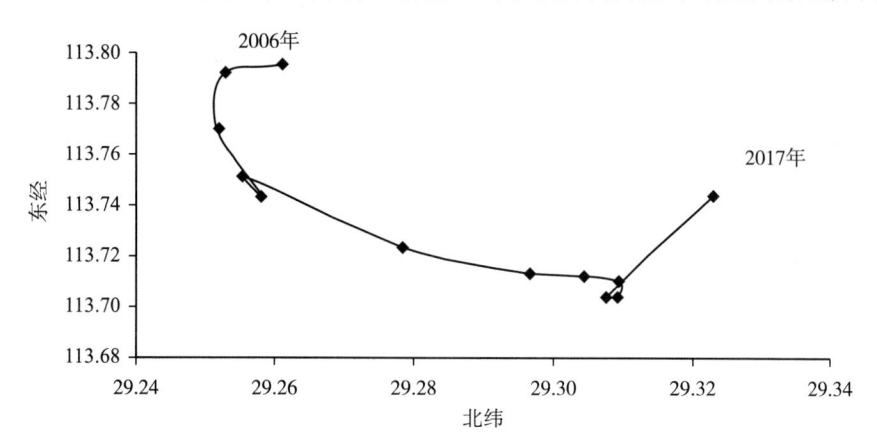

图 6-31　长江中游城市群经济重心演变路径

由图 6-32 可知，中原城市群人口重心变动幅度较小，总体呈现不断向东部移动的特征，说明中原城市群内部人口规模的发展较为均衡稳定。同时，该城市群人口重心不断向东部移动，表明邯郸、邢台、聊城、郑州、开封、洛阳等城市对人口重心移动的牵制作用较大，原因是邯郸、邢台、聊城、郑州、开封、洛阳等城市人口规模不断扩大，促使该城市群人口重心不断向东部偏移。

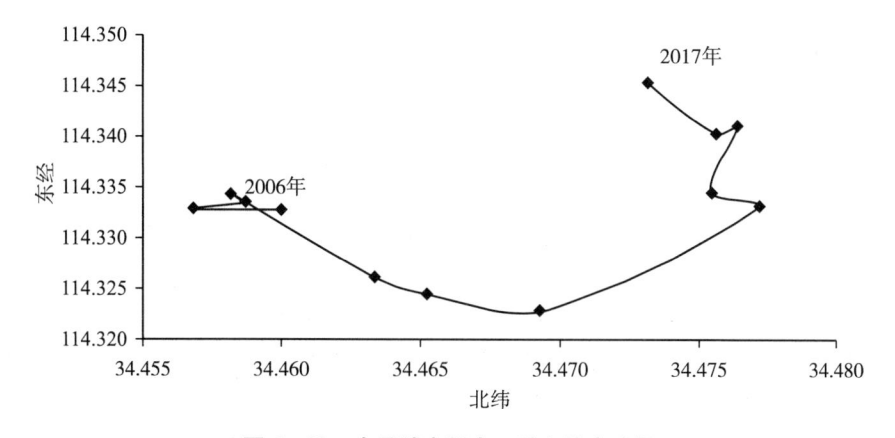

图 6-32　中原城市群人口重心演变路径

由图 6-33 可知，中原城市群经济重心变动幅度较大，2006~2011 年向东北方向移动，说明邯郸、邢台、聊城、菏泽等城市经济发展规模不断增强，对经济重心的移动有牵制作用。2011 年以后，中原城市群经济重心开始向西部移动，说明郑州、洛阳、许昌等城市对经济重心的影响力不断增强，城市群的重心开始向西部移动。

由图 6-34 可知，晋中城市群人口重心基本保持稳定，总体呈现向东部移动的特征，说明该城市群内部各城市在人口规模的发展上较为稳定均衡。同时，晋中城市群人口重心不断向东部移动，表明该城市群在太原和晋中两个城市的相互作用下，不断向太原方向移动，说明城市群内部人口等级规模较为稳定。

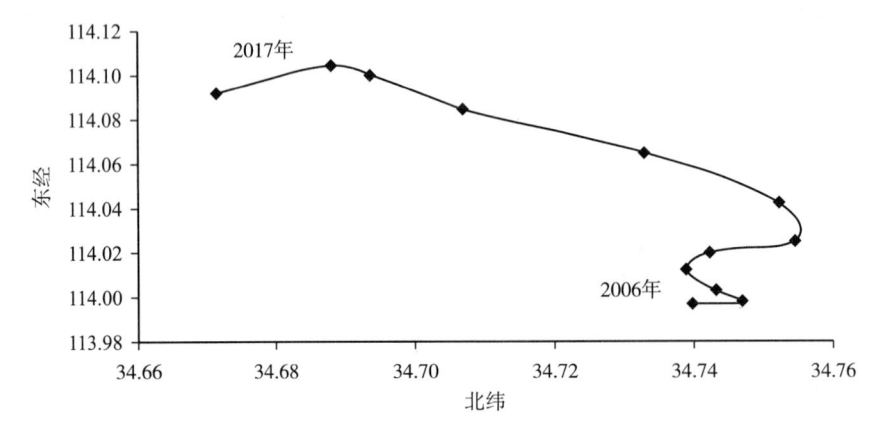

图 6-33　中原城市群经济重心演变路径

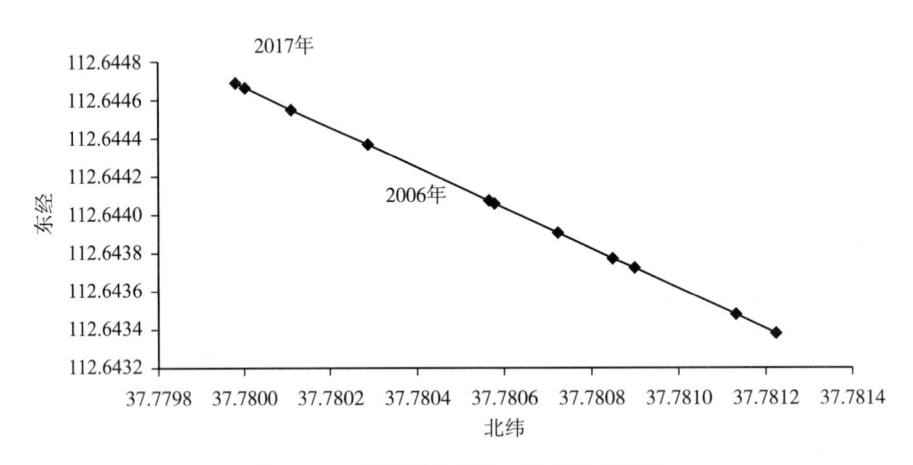

图 6-34　晋中城市群人口重心演变路径

由图 6-35 可知，晋中城市群经济重心变动幅度较小，2006~2007 年向南部移动，说明太原市在该时间段内经济发展速度较快，对晋中城市群经济重心起到吸引作用。2007~2016 年向西北移动，说明晋中市在该时间段经济发展速度加快，对晋中城市群经济重心起到牵制作用。2016~2017 年向东部移动，说明太原市在该时间段的经济发展速度要远高于其他城市，在晋中城市群中具有主导作用。

由图 6-36 可知，成渝城市群人口重心变动幅度较小，总体呈现向东部移动，说明该城市群内部各城市在人口规模的发展上较为稳定均衡。同时，成渝城市群人口重心变动的主要原因是重庆和成都两座大城市人口规模的相互作用，从而促使城市群人口重心逐渐趋于稳定。

由图 6-37 可知，成渝城市群经济重心变动幅度较大，总体呈现不断向西北方向移动的特征。成渝城市群经济重心变动的主要是重庆和成都两座城市起到了牵制作用而产生的移动。2010 年后城市群的经济重心开始趋于稳定，表明在 2010 年后成渝城市群经济规模结构开始趋于合理。

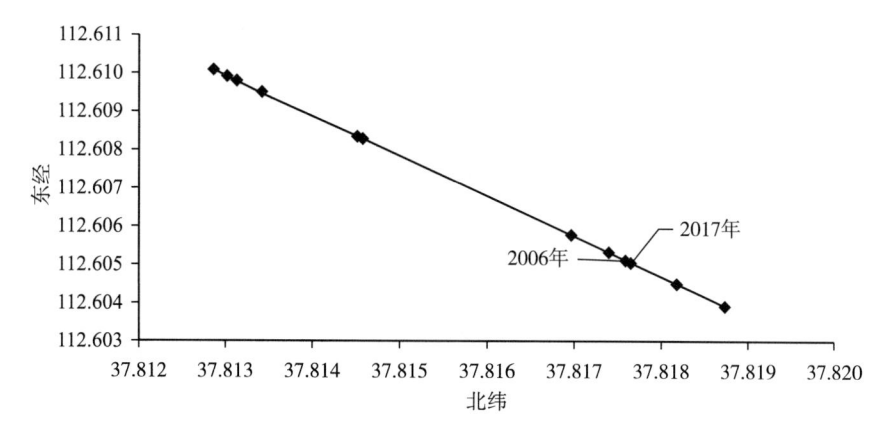

图 6-35　晋中城市群经济重心演变路径

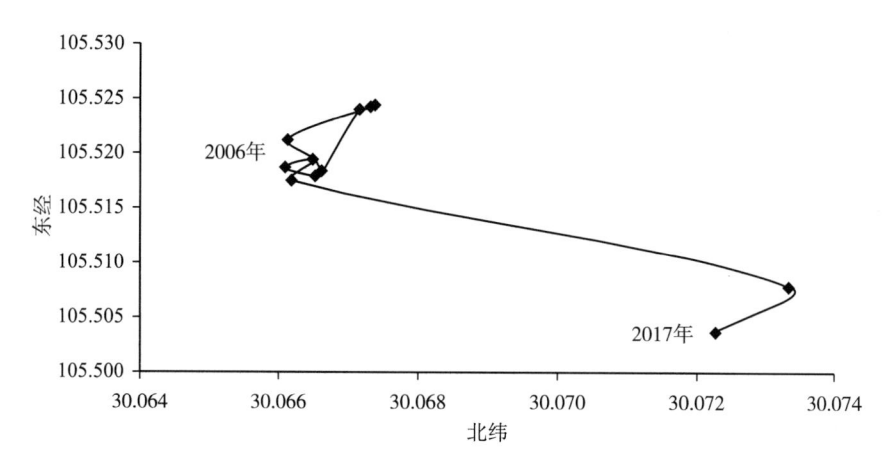

图 6-36　成渝城市群人口重心演变路径

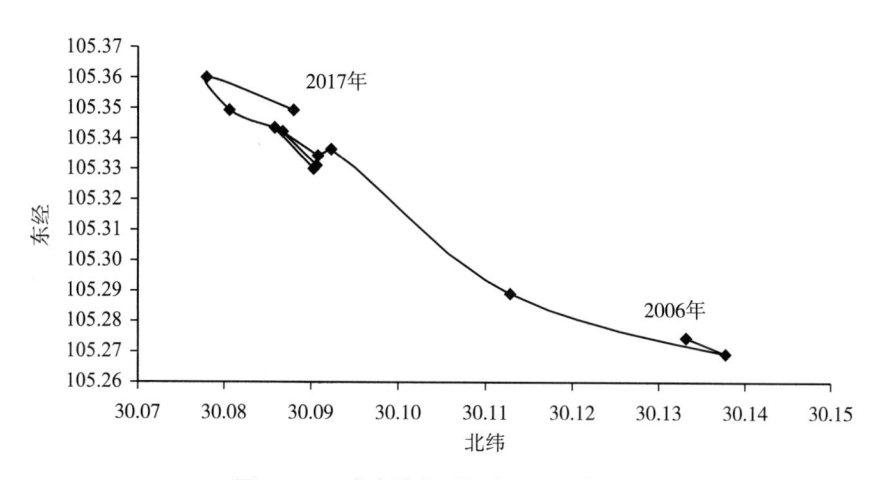

图 6-37　成渝城市群经济重心演变路径

由图 6-38 可知，关中平原城市群人口重心变动幅度较小，2006~2009 年向东北方向移动，2009~2017 年向西部移动。2006~2009 年关中平原城市群人口重心变动主要是因为运城、临汾、平凉等城市人口规模不断扩大，在城市群内起到主导作用。2009~2017 年关中平原城市群人口重心变动主要是西安、咸阳、渭南等城市的相互作用，促使城市群人口重心向西部移动。

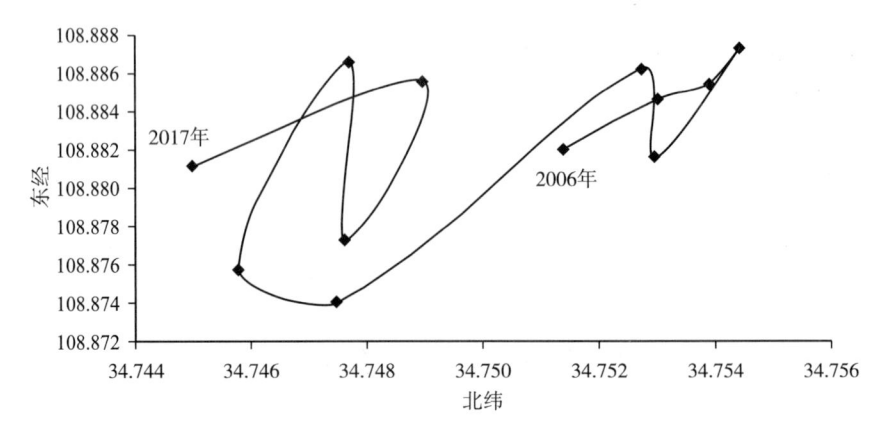

图 6-38　关中平原城市群人口重心演变路径

由图 6-39 可知，关中平原城市群经济重心变动幅度较大，总体呈现向东北方向移动。该城市群经济重心的变动主要是运城、临汾、西安等城市的共同作用，原因在于运城、临汾、西安等城市经济发展规模不断扩大，使得城市群经济重心不断向东北方向移动。

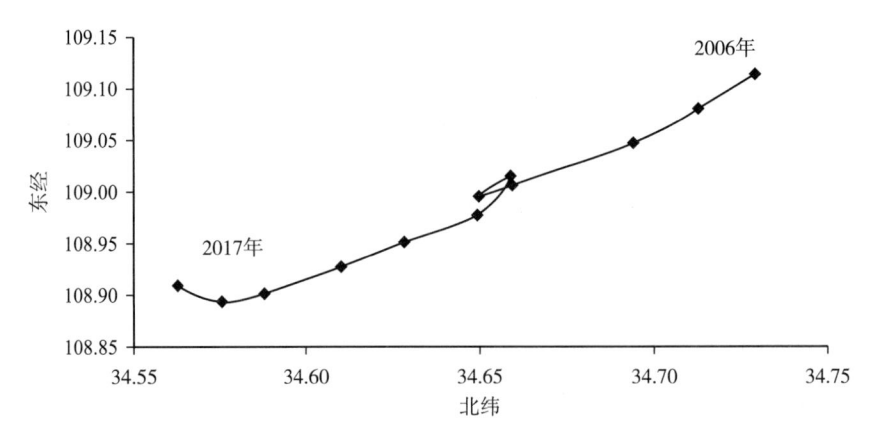

图 6-39　关中平原城市群经济重心演变路径

由图 6-40 可知，北部湾城市群人口重心变动幅度较小，总体呈现出向东部移动，说明该城市群内部各城市在人口规模的发展上较为稳定均衡。同时，该城市群人口重心不断向东部移动，表明南宁对人口重心移动的牵制作用较大，原因是南宁人口规模不断扩大，在北部湾城市群内部处于主导地位。

由图 6-41 可知，北部湾城市群经济重心变动幅度较大，呈现 2006~2009 年向东南方向移动，2009~2014 年向西部移动，2014~2017 向东南方向移动的特征。2006~2009 年，该城市群经济重心不断向南宁移动，说明该时间段内南宁的经济发展水平提高，在城市群中处于主导地位。2009~2014 年，该城市群重心在湛江、茂名和南宁的共同作用下出现向西部移动的态势，说明在该时间段内湛江、茂名和南宁的经济规模发展水平均较高，对城市群经济重心吸引力不断增强。2014~2017 年，北部湾城市群经济重心继续向南宁方向移动，同时钦州和玉林对经济重心的吸引力也不断增强，说明在该时间段内北部湾城市群整体经济发展水平有所提升，促使经济重心不断变化并且逐渐趋于稳定。

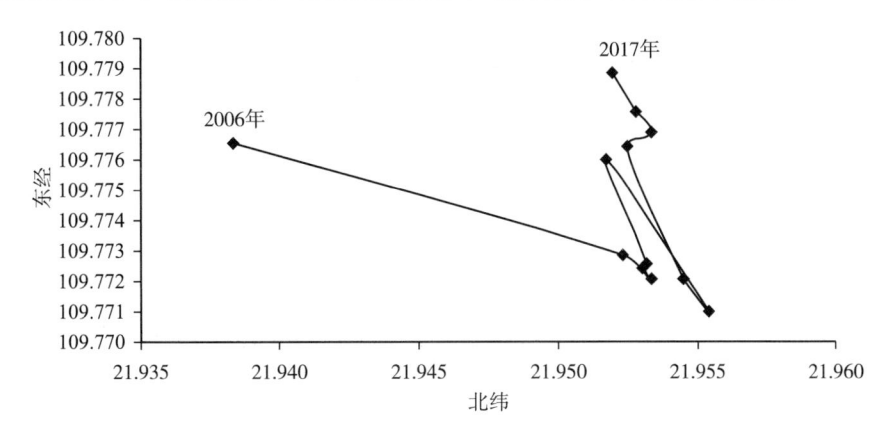

图 6-40　北部湾城市群人口重心演变路径

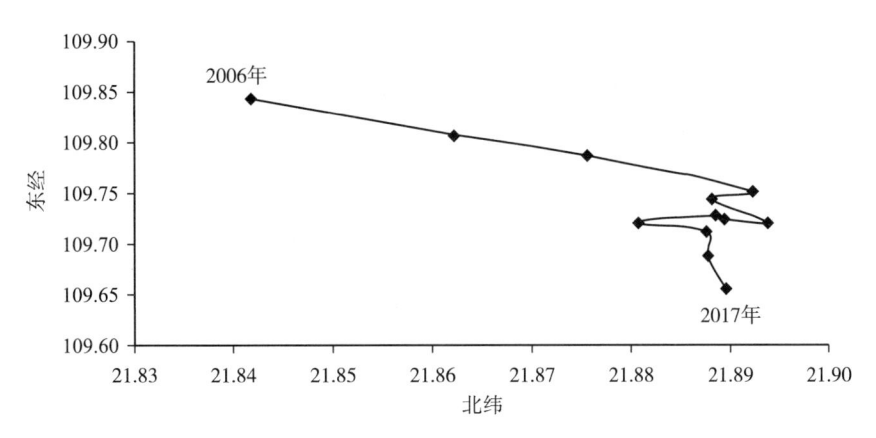

图 6-41　北部湾城市群经济重心演变路径

由图 6-42 可知，呼包鄂榆城市群人口重心变动幅度较小，2006~2011 年向东北方向移动，2011~2014 年先向西部移动后向东北方向移动，2014~2017 年向西部移动的态势。呼包鄂榆城市群人口重心变动，是因为呼和浩特和鄂尔多斯两座城市对城市群的牵扯作用较大。而包头距离呼包鄂榆城市群人口重心最近，说明城市群内包头市在人口规模方面具备较强的发展优势。

由图 6-43 可知，呼包鄂榆城市群经济重心变动幅度较大，2006~2012 年向西南方向移动，2012 年后先向东北方向移动后向西南方向移动。说明在发展初期鄂尔多斯对城市群经济重心的牵扯作用较大，之后呼和浩特和包头对城市群经济重心起主导作用，并且城市群的经济重心逐渐趋于稳定。

由图 6-44 可知，兰西城市群人口重心变动幅度较小，总体呈现向西北方向移动，说明该城市群内部各城市在人口规模的发展上较为稳定。同时，晋中城市群人口重心不断向西北方向移动，表明该城市群在兰州和西宁两个城市的相互作用下，不断向兰州方向移动，说明城市群内部人口等级规模较为稳定。

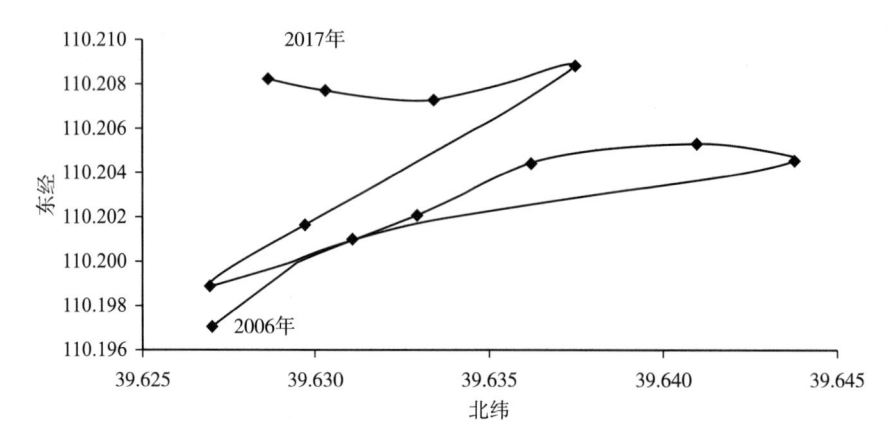

图 6-42　呼包鄂榆城市群人口重心演变路径

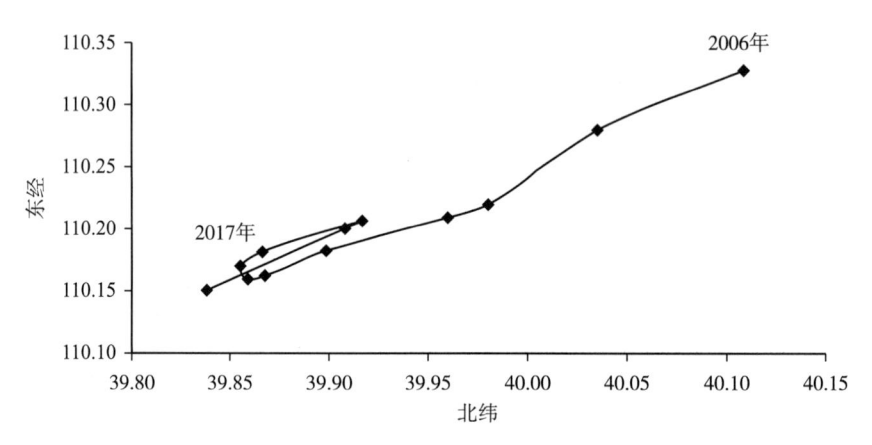

图 6-43　呼包鄂榆城市群经济重心演变路径

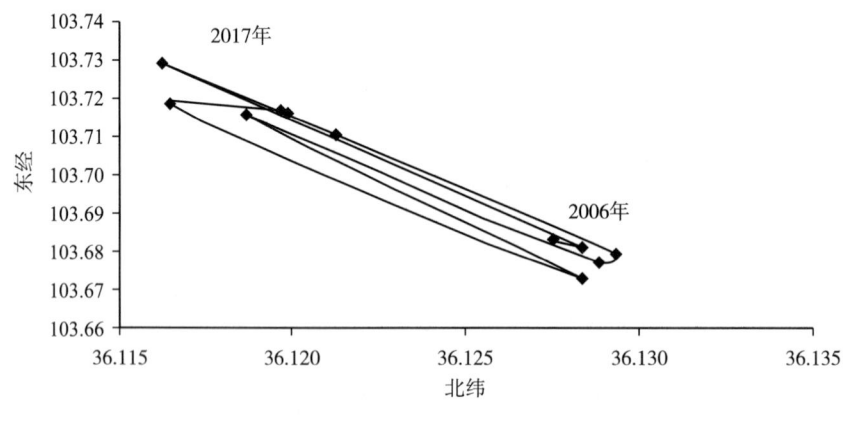

图 6-44　兰西城市群人口重心演变路径

由图 6-45 可知，兰西城市群经济重心变动幅度较大，2006~2010 年向东南方向移动，说明白银和西宁经济发展规模在不断增强，对城市群经济重心的移动具有牵制作用。2010~2017 年后城市群的经济重心一直保持向西部移动的趋势，说明兰州和定西对城市群经济重心的影响力不断增强,促使城市群的方向开始不断向西部移动。

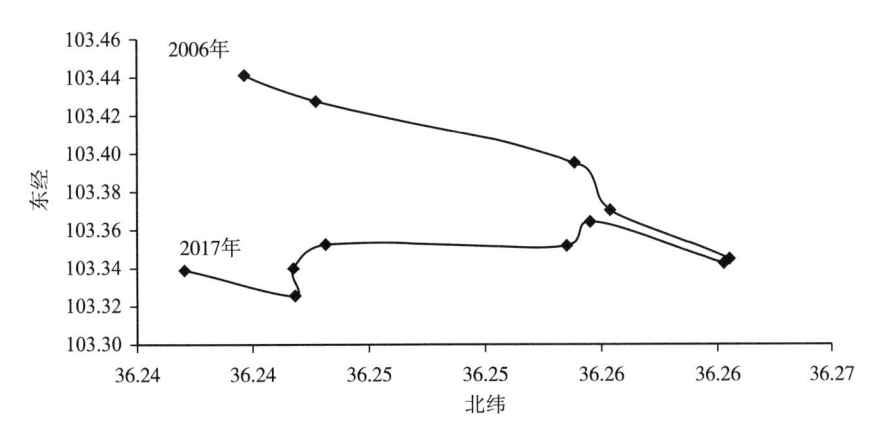

图 6-45 兰西城市群经济重心演变路径

由图 6-46 可知,黔中城市群人口重心较为稳定,2006~2010 年先向南部移动后向东北方向移动,说明贵阳、遵义等城市人口规模不断扩增,对城市群人口重心起到牵制作用。2010~2017 年向西南方向移动,说明贵阳在城市群中处于主导地位,促使城市群人口等级规模结构逐渐趋于稳定。

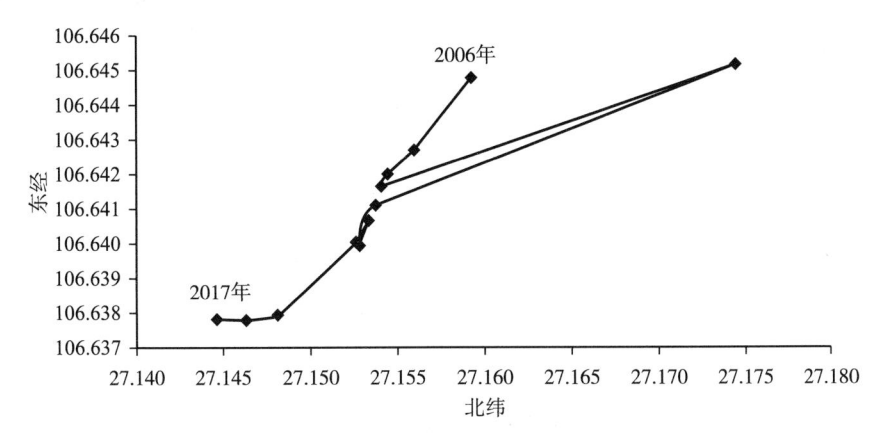

图 6-46 黔中城市群人口重心演变路径

由图 6-47 可知,黔中城市群经济重心变动较小,2006~2010 年向东北方向移动,2010 后向西南方向移动。2006~2010 年,黔中城市群的经济重心向遵义方向移动,说明遵义经济发展水平不断提高。2010 年后,黔中城市群的经济重心不断向贵阳方向移动,说明贵阳经济发展规模不断扩大,在黔中城市群中处于主导地位,对城市群经济重心的吸引力较强。

由图 6-48 可知,滇中城市群人口重心变动较为稳定,2006~2010 年向西南方向移动,说明昆明和玉溪人口规模不断扩增,对城市群人口重心起到牵制作用。2010~2017 年向东北方向移动,说明曲靖在城市群中处于主导地位,促使城市群人口等级规模结构逐渐趋于稳定。

由图 6-49 可知,滇中城市群经济重心变动幅度较小,呈现 2006~2013 年向东部移动，2013~2017年向西部移动的态势。2006~2013年，该城市群经济重心不断向昆明靠近，表明在该时间段内昆明的经济发展水平较高，在城市群中处于主导地位。2013~2017年滇中城市群经济重心开始向玉溪方向移动，说明在该时间段内玉溪的经济发展水平较高，成为城市群经济增长的动力，从而对城市群的经济重心产生较大的影响。

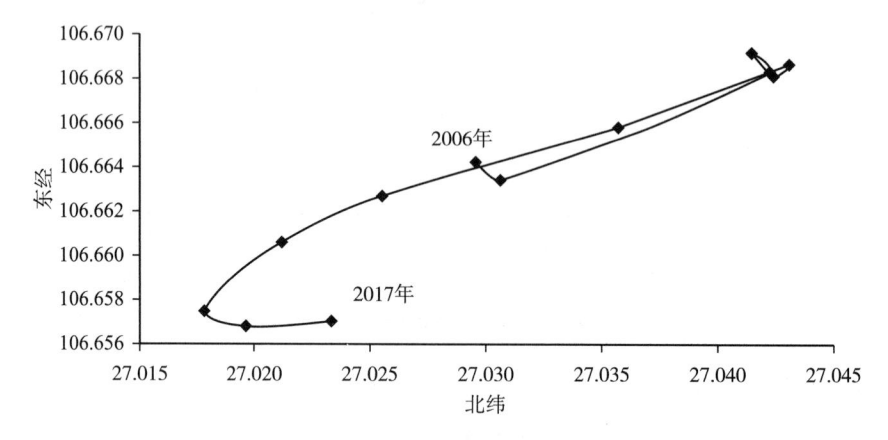

图6-47 黔中城市群经济重心演变路径

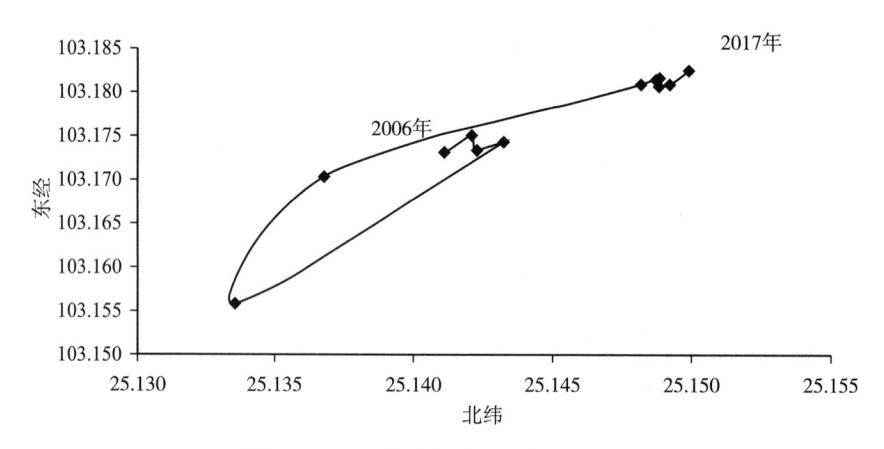

图6-48 滇中城市群人口中演变路径

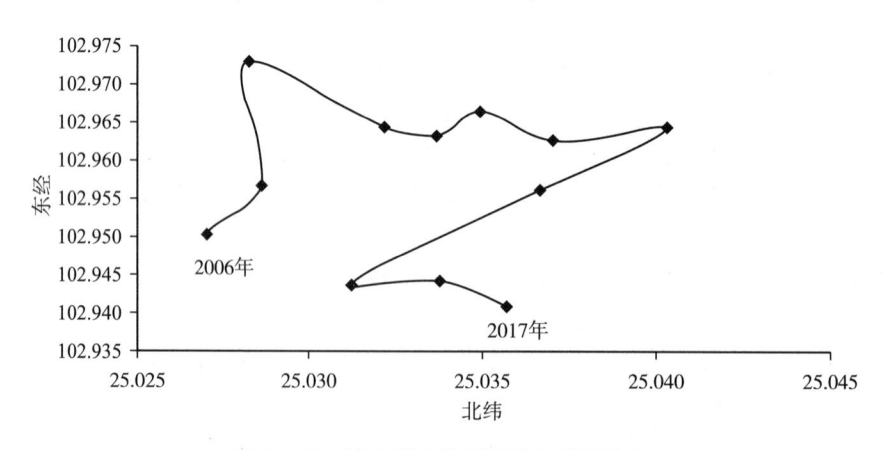

图6-49 滇中城市群经济重心演变路径

由图 6-50 可知，宁夏沿黄城市群人口重心基本保持稳定，总体呈现向西部移动的态势。一方面说明城市群内部城市人口规模发展较为均衡稳定；另一方面说明在银川和吴忠两个城市相互牵扯的作用下，促使该城市群经济重心向西部偏移并且逐渐趋于稳定。

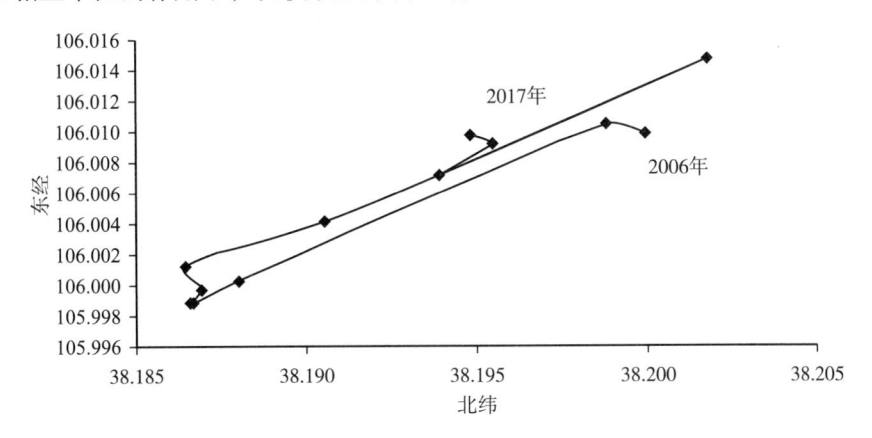

图 6-50 宁夏沿黄城市群人口重心演变路径

由图 6-51 可知，宁夏沿黄城市群经济重心变动幅度较小，呈现 2006~2009 年向东部移动，2009~2017 年向西部移动的态势。2006~2009 年，宁夏沿黄城市群经济重心不断向银川方向移动，说明银川在该时间段内经济发展水平较高，在城市群中占主导地位。2009~2017 年向吴忠方向移动，说明吴忠在该时间段内经济发展规模扩大，对宁夏沿黄城市群经济重心移动作用不断增强。

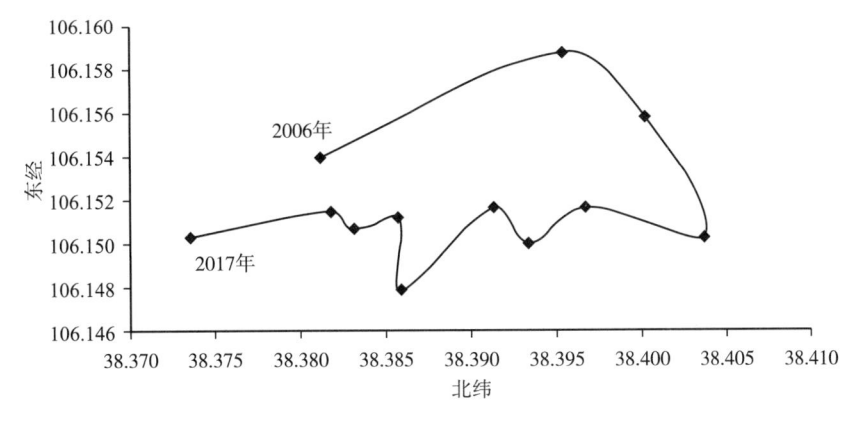

图 6-51 宁夏沿黄城市群经济重心演变路径

由图 6-52 可知，天山北坡城市群人口重心变动幅度较大，总体呈现向西北方向移动的特征，说明该城市群在乌鲁木齐和克拉玛依两个城市的相互作用下，不断向乌鲁木齐方向移动，乌鲁木齐在城市群中处于主导地位。

由图 6-53 可知天山北坡城市群经济重心幅度较大，总体呈现向西北方向移动的态势。可以看出天山北坡城市群的人口重心和经济重心的变化趋势较为一致，说明城市群内部人口等级规模结构与经济规模结构相似。天山北坡城市群经济重心向乌鲁木齐方向移动，说明乌鲁木齐在城市群内经济发展速度较快，对天山北坡城市群经济重心起到吸引作用。

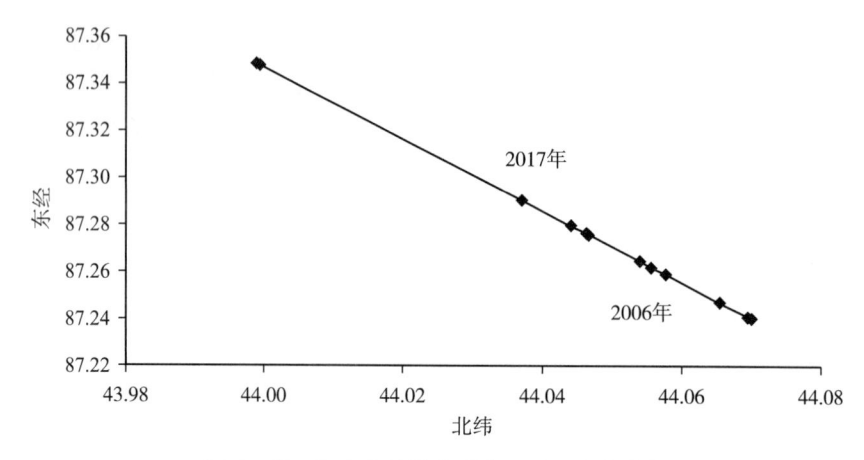

图 6-52　天山北坡城市群人口重心演变路径

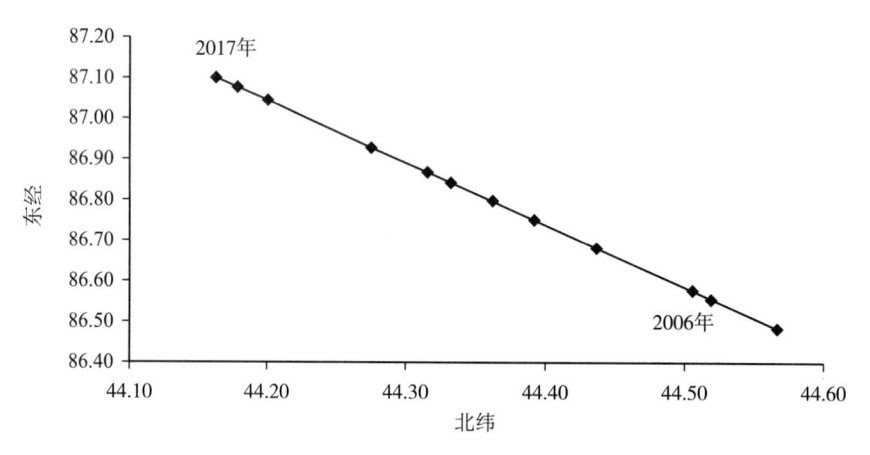

图 6-53　天山北坡城市群经济重心演变路径

由图 6-54 可知,哈长城市群人口重心变动幅度较小,总体呈现出 2006～2011 年向西南方向移动,2011～2017 年向西北方向移动的变化趋势。哈长城市群人口重心整体呈现向西部偏移的态势,在长春和哈尔滨两座城市相互牵扯的作用下,实际变化的幅度不大,城市群人口重心较为稳定。

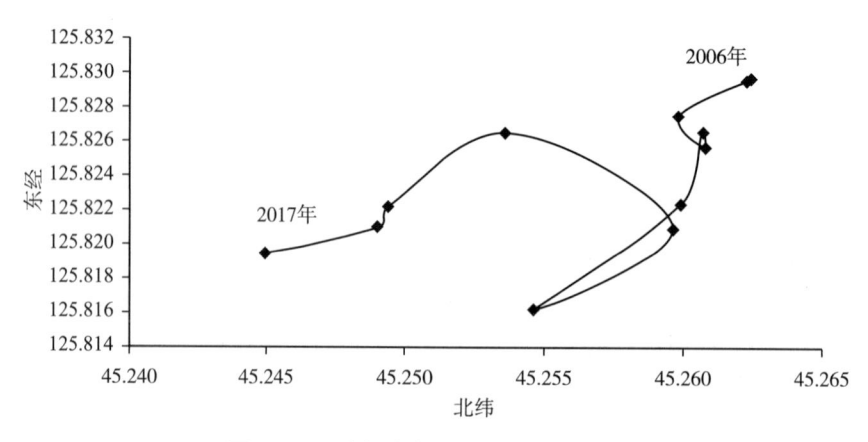

图 6-54　哈长城市群人口重心演变路径

由图 6-55 可知，哈长城市群经济重心变动较大，总体呈现出向西北方向移动的态势。同时哈长城市群经济重心不断由距离长春较近的位置移向哈尔滨方向，说明哈尔滨在城市群经济发展中的影响力不断增强。

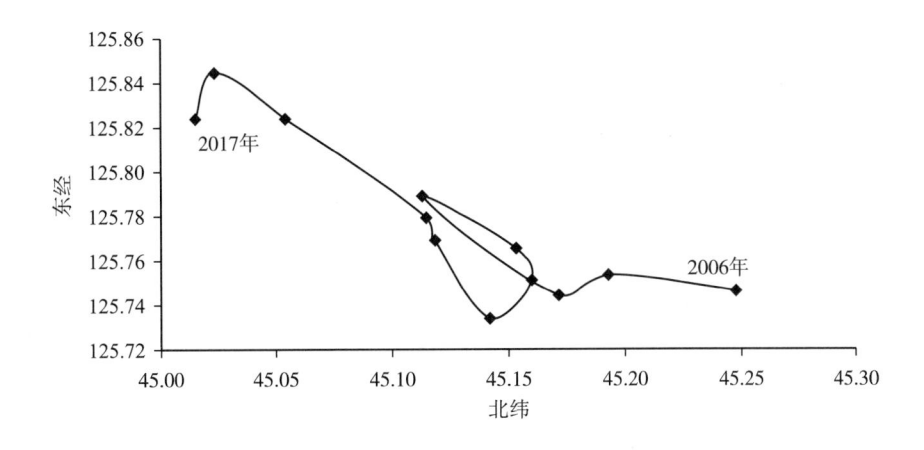

图 6-55　哈长城市群经济重心演变路径

由图 6-56 可知，辽中南城市群人口重心基本保持稳定，总体呈现向西南方向移动的态势，说明辽中南城市群内部人口规模的发展较为均衡。同时，辽中南城市群人口重心在沈阳和抚顺两座城市共同作用下，逐渐趋向于稳定的状态。

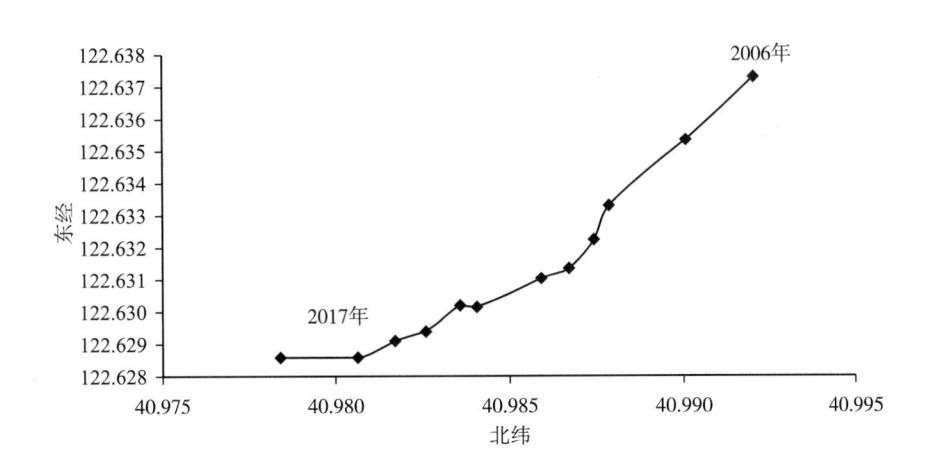

图 6-56　辽中南城市群人口重心演变路径

由图 6-57 可知，辽中南城市群经济重心变动幅度较大，总体呈现向西南方向移动的态势，表明沈阳、抚顺、铁岭等城市对经济重心移动的牵制作用较大，原因是沈阳、抚顺、铁岭等城市经济规模不断扩大，促使该城市群经济重心不断向西南方向偏移。

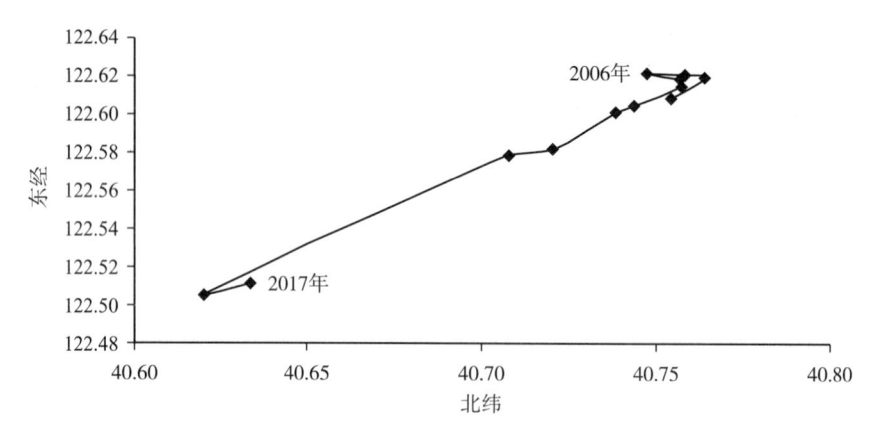

图 6-57　辽中南城市群经济重心演变路径

第三节　研究发现与讨论

一、城市群职能结构研究发现与讨论

（一）研究发现

通过对城市群各行业就业人口最低必要量、平均值以及标准差进行分析，发现中国的19大城市群的行业就业人口构成存在差异。东部地区各城市群的整体行业就业人口规模和发展水平较好，各城市群的就业人口重心从第二产业向第三产业转移，城市群内部的大中城市和中小城镇在就业人口规模方面存在明显的差异，发展极为不均衡。中部地区的城市群整体各行业就业人口增加，但普遍存在中小城镇各行业就业人口规模的发展水平均较差的现象，同时各城市群的大中城市对各行业就业人口的吸纳能力提升，城市群内城市间的就业人口发展规模差异逐渐扩大。西部地区城市群的中小城镇对就业人口的吸纳能力依旧较低，各城市群第三产业行业整体上发展较为均衡，但第二产业的就业人口规模在各城市群内大中城市和中小城镇间的差距依旧较大。东北地区城市群第二产业行业的就业人口基础优势十分明显，第三产业行业的就业人口水平不断提升发展，但整体而言，第二产业行业与第三产业行业的就业人口规模差距依旧较大。

通过对城市群各城市的强势职能、突出职能和优势职能进行统计，对城市群职能结构进行分析，发现中国城市群均存在强势职能、突出职能和优势职能分布集中的问题，城市群整体的职能结构不稳定，城市群内仅少数城市具有职能优势。东部地区城市群内仅部分城市的强势职能、突出职能和优势职能方面的优势显著，第三产业行业在较多城市均有发展，第二产业行业仅在个别城市有所发展。中部地区的长江中游城市群和中原城市群强势职能与突出职能发展较为良好，晋中城市群的优势职能没能发展成为强势职能和突出职能。西部地区内仅有个别城市群的个别城市具有强势职能、突出职能和优势职能，呼包鄂榆城市群、兰西城市群、黔中城市群、滇中城市群、宁夏沿黄城市群、天山坡北城市群的城市均无强势职能。东北地区城市群内的强势职能、突出职能和优势职能集中于少数城市，整体城市群的职能结构分布不均匀。

(二) 讨论

通过对中国城市群的职能结构进行分析，发现相较西部地区和东北地区，东部地区和中部地区城市群的职能优势更为突出，但中国城市群职能结构均存在一个问题，城市群内城市间的发展不均衡。在空间结构上，各类生产要素和物质高度集聚于大中城市，是城市群内部经济集聚的表现形式。正是由于这种聚集效应推进了整个城市群的发展，城市群内大中城市的就业人口规模增长，为其自身的发展提供动力。城市群内的行业就业人口向大中城市聚集，推动了第二产业行业和第三产业行业在大中城市职能优势明显。但城市群内大中城市的聚集效应过大，使得其辐射效应减小，从而抑制了中小城镇的发展，造成了城市群内中小城镇与大中城市的职能结构发展脱节现象，导致了城市群内城市间职能结构不平衡性增强。随着城镇化加剧，生产要素向城市群内大中城市不断聚集，城市群内中小城镇对就业人口的吸纳能力降低，这不仅造成了城市群内中小城镇发展规模不足，同时，还加大了城市群内大中城市的承载压力。

中国城市群第三产业行业的发展规模优势不断增大，东部地区和中部地区的城市群第二产业职能优势逐渐衰退，西部地区和东北地区的城市群第二产业行业职能优势依旧较为突出。东部地区和中部地区城市群逐步进行职能结构调整，扩大第三产业行业的发展规模，并将第二产业向中小城市转移以带动其经济发展。西部地区和东北地区可能由于缺乏政策引导，或大中城市的发展规模还未达到一定水平，其第三产业行业的规模有所发展，但第二产业行业的发展仍占据重要地位，整体城市群的职能结构不平衡，城市群大中城市职能结构较为多样化，城市群中小城镇城市职能结构单一。

对于城市群职能结构体系的优化，继续发展完善城市群大中城市职能结构，增强大中城市的中和性，连接城市群中小城镇，结合其自身的城市性质和发展基础，明确不同城市的重点发展产业，形成阶梯式职能结构发展模式，建立区域一体化城市群职能分工体系。

二、城市群等级规模研究发现与讨论

(一) 研究发现

与东部地区相比，发现中部、西部、东北地区城市群中成渝、关中平原城市群的等级规模体系较为成熟稳定，天山北坡城市群整体规划还不完善，其首位城市的发展远远超过其他城市，呈现明显的垄断现象。长江中游、中原、晋中、北部湾、兰西、滇中、宁夏沿黄、哈长、辽中南城市群的首位城市优势不明显，关中平原、呼包鄂榆、黔中城市群内部首位城市也并未与其他城市拉开明显差距。在中国经济高速发展和经济新常态的压力下，中部、西部、东北地区城市群内部各城市的发展状况不同，城市发展动力的变化导致其等级规模的结构也出现了变化，也反映了其等级规模结构的不稳定。政府可以通过政策对城市发展进行引导和调控，使得城市群等级规模结构能够与经济发展形势相适应。

从四城市指数来看，成渝、呼包鄂榆、辽中南城市群内部等级规模发展较为均衡，首位城市与其他大中城市间的差距不明显，城市群体系整体趋向于合理化的方向发展。长江中游、中原、关中平原、北部湾、兰西、宁夏沿黄和哈长城市群其首位城市的中心性不强，对其他城市的带动作用不显著。

结合中部、西部、东北地区的首位度和四个城市指数的测度分析，成渝、关中平原、呼包鄂榆、黔中城市群的等级发展规模较为合理，首位城市的发展对周边城市具有很好的辐射带动作用。天山北坡城市群等级规模体系还不够成熟，城市的数量不足，首位城市的发展水平远远超过其他城市，需要通过扩大城市群的覆盖范围来改善等级规模体系。长江中游、中原、北部湾、兰西、滇中、宁夏沿黄、哈长、辽中南城市群内部首位城市发展动力不足，对其他城市的辐射和带动作用不明显，需要对城市群内部城市进行合理地规划，从而形成科学合理的等级规模结构。

通过对中部、西部、东北地区城市群人口等级规模分维数的测算，可以看出长江中游、中原、关中平原、呼包鄂榆、兰西、哈长城市群人口等级规模分布较为均衡，城市群内部呈现良好的发展态势。其中兰西城市群人口等级规模分维数较大，说明城市群内部人口密集，在劳动人口方面存在明显的优势，但首位城市对劳动力的吸引力还有待提高。北部湾、黔中、滇中、辽中南城市群内部首位城市发展水平较高，而中间序列以上城市对人口的吸引力还有待提高。成渝城市群内部首位城市发展水平远远超过其他城市，不能形成合理的城市群等级规模体系。中部、西部、东北地区城市群内部首位城市人口等级规模发展普遍存在优势，可以通过提高中小城镇在人口方面的吸引力，形成稳定的人口等级规模结构体系。

通过对中部、西部、东北地区城市群经济等级规模分维数的测算可以看出，其内部城市群首位城市在经济发展规模上呈现垄断的效应，整体上经济的发展是不平衡的。呼包鄂榆城市群内部首位城市的发展优势不明显，对其他大中城市辐射和带动的作用不强，出现城市群的发展动力不足的现象。中原、北部湾、黔中、宁夏沿黄、哈长城市群内部经济等级规模结构呈现较为均衡的态势，首位城市的发展较有优势，而其他大中城市经济的发展也较为集中，整体上经济发展势态较为稳定。长江中游、晋中、成渝、关中平原、呼包鄂榆、兰西、辽中南城市群内部经济等级规模结构较为分散，首位城市发展水平要远远超过其他城市，没有形成区域性辐射和带动的发展模式。中部、西部、东北地区城市群在经济等级规模发展上具有不稳定、不成熟的特征，其内部首位城市的发展规模和水平要远高于其他城市且对周围城市辐射和带动作用不明显。在新经济常态下，对于首位城市经济增长出现严峻调整压力，需要通过政府的引导和鼓励来支持中小城市的发展，利用首位城市和其他大中城市出现各类要素资源的转移来实现经济的快速发展。

中部、西部、东北地区城市群内部首位城市对全社会固定资产投资（不含农户）的吸引力优势较为明显，大多城市群内各城市在物流等级规模上呈现较为分散及不均衡的现象。长江中游、兰西城市群内部全社会固定资产投资总额的流向较为均衡。中原、北部湾、呼包鄂榆、黔中、滇中城市群内部物流等级规模较为分散，首位城市在全社会固定资产投资总额（不含农户）上占据着较为优势的地位。成渝、关中平原、宁夏沿黄、哈长、辽中南城市群其内部各城市全社会固定资产投资总额（不含农户）流向差距较大，首位城市发展水平远远超过其他城市，不利于形成合理的物流等级规模结构。中部、西部、东北地区城市群在物流等级规模上呈现出发展较为不均衡的现象，首位城市由于其自身的优势吸收了更多的全社会固定资产投资，而其他城市由于各方面条件的限制从客观来说获得的全社会固定资产投资是有限的。可以通过政府的政策调控，使全社会固定资产流向更为均衡，加强首位城市和其他大中城市与周边城镇在发展中的联系，形成辐射带动的作用。

通过对中部、西部、东北地区城市群土地等级规模分维数的测算可以看出，城市群内部邮电业务总量大多集中在中间序列以上的城市，而中小城镇的发展相对不足。北部湾、黔中城市群内部邮电业务总量的分布较为均衡，城市群内部的信息流等级规模分布较为合理。中原、呼包鄂榆、兰西、哈长、辽中南城市群内部首位城市和大中城市信息等级规模的水平较高，邮电业务较为集中。长江中游、成渝、关中平原、滇中、宁夏沿黄城市群内部信息流等级规模结构较为分散，首位城市邮电业务发展优势较为明显，而其他城市的发展水平较低，不利于形成合理的信息流等级规模结构。信息流不仅可以衡量城市群信息的传递，也可以衡量城市群的发达程度。中部、西部、东北地区城市群内中小城镇在信息流的发展规模上相对滞后，可以加大对中小城镇培育的力度，扩大城市的影响边界，从而形成经济发展意义上的城市群整体。

通过对中部、西部、东北地区城市群土地等级规模分维数的测算可以看出，城市群在建成区面积规模上呈较为集中的状态，如何通过政策调整对中间序列城市和中小城镇进行空间扩张是关键。呼包鄂榆城市群内部城市建成区面积较均衡，首位城市对其他城市发展的辐射和带动作用还需要提高。长江中游、中原、北部湾、兰西、宁夏沿黄城市群内部首位城市建成区面积扩张速度要快于其他大中城市，要对大中城市空间架构进行合理的规划，加快扩张速度。成渝、关中平原、黔中、滇中、哈长、辽中南城市群内部首位城市建成区面积扩张速度要远远快于其他城市，与中间序列城市联系不够紧密，不利于形成合理的土地等级规模结构。中部、西部、东北地区内城市群因地理因素限制和发展水平不同，需要通过科学合理的规划来对空间进行扩张，还需要加大对中小城镇的培育力度来进一步扩大城市的影响边界。

（二）讨论

中部、西部、东北地区城市群内部各城市之间在各类要素资源的发展规模上有较大的差距，城市群的等级规模结构也需要进行合理的调整优化。中部、西部、东北地区城市群经济增长的现象符合增长极理论，其经济发展的不均衡不仅会体现在某一个地区和部门，也会明显地体现在具有创新能力的产业和主导部门，一般这些主导产业大多集中在大中城市在增长极理论的作用下，大中城市不仅能对周边城市的经济起到辐射带动的作用，也能通过乘数效应、支配效应、扩散效应促进自身经济发展的同时带动周边城市经济的发展。中心—边缘理论对城市群初期大中城市和周边城市的发展关系进行了进一步的描述，区域经济发展的空间形态具备极化效应和扩散效应。这两种效应可以促进城镇内部经济的强化，也可以使城镇化的发展带动周边地区的经济发展，这种相互作用的机制在强化整体经济发展的同时也促进了区域城镇化的发展。中部、西部、东北地区城市群内部发展水平的不均衡和等级规模结构错位都是正常的经济演化过程，符合循环积累理论。扩散效应和极化效应同时作用于大中城市和周边的地区,使区域内经济的差距不断拉大,进而引起"累积性因果循环",形成区域性二元经济结构。

中部、西部、东北地区城市群内部首位城市在各类要素的发展规模上优势明显,中小城镇各类要素的分布则较为分散且发展水平也较低。首位城市是城市群内经济的集聚中心,是支撑周边地区各类要素的基础。需要加强对首位城市周边地区的培育来对城市群内部城镇的数量、规模、等级、空间布局进行科学合理的规划。首位城市的发展并不是独立的,需要通过与周边地区进行合作为城市群整体经济的发展提供动力。城镇等级规模与它所带来的影响力是相关的,影响力越大,城镇的等级规模也就越高,等级规模不同的城镇的职能是不一样的,从而形成层次明确且相互联系的结构体系。

中部、西部、东北地区城市群内部中小城镇各类资源要素分布较为分散是因为其长期以来发展水平较低、均衡发展规模受限制、经济无法保持长期稳定的发展,始终保持在低水平层面的均衡状态,要想打破这一平衡首先需要经济发展水平提升来达到高水平的均衡。中部、西部、东北地区整体经济发展较为缓慢,人均收入的波动对其有很大影响。人均收入不能提高会导致区域内经济的发展小于临界水平且不能实现高水平均衡化的发展,中小城镇的发展水平也不会有较大的提升。最小临界努力理论认为中部、西部、东北地区需要通过加大对各类要素资源的投入来对经济发展起到带动的作用,那么人们的生活水平也会有相应的提升,但当人口数量增长的速度快于要素投入力度时,区域内的经济会发生强烈的变化。当人口的增长给经济带来负面作用时,西部、东北地区需要继续加大对要素资源的投入以达到并超过发展的临界值,来恢复经济发展高水平的增长。

在中部、西部、东北地区城市群内部建成区面积的规模发展较为集中时,如何通过政策调整对城市群进行空间扩张是关键,需要对大中城市周边的灰色区域进行发展。灰色区域是城乡两极公共作用所形成的城乡联系纽带,发展灰色区域需要将大中城市周边灰色区域不断吸纳到城市的范围内,通过促进人口和土地城镇化的方式来扩大建成区面积。也需要通过政策的引导来提升灰色区域的等级规模,构建围绕大中城市的城镇体系,以扩大大中城市的影响边界实现城市群的空间扩张。

三、城市群空间结构研究发现与讨论

(一) 研究发现

中国东部地区城市群空间布局分维数均在 1 左右,说明其内部城市群空间布局均围绕某一地理特征要素(首位城市、干道、水源等)而形成比较均衡的分布,城市群的空间分布结构较为均衡稳定。中部、西部、东北地区城市群空间布局结构分维数较小,其内部空间分布结构较不均衡。长江中游、中原、成渝城市群空间分布结构分维数大于 1,其余城市群空间分布结构分维数均小于 1,说明中部、西部、东北地区城市群空间结构分布较为集中。关中平原、北部湾、哈长、辽中南城市群的空间分布结构分维数均在 1 左右,说明这些城市群内部空间布局均围绕某一地理特征要素(如首位城市、干道、水源等)而进行集中。黔中、滇中、天山北坡城市群空间分布结构分维数均小于 0.50,说明城市群内部空间布局很紧密，城市群具有较大的扩张优化空间。东部地区城市群空间布局结构分维数较为合理，中部、西部、东北地区城市群空间布局结构分维数较小，一方面说明西部、中部、东北地区城市群内部较为紧密，城市数量较多；另一方面也说明中部、西部、东北地区城市群规模有限，需要通过对内部城市进行扩张和发展来扩大城市群的规模和影响边界。

进一步对东部、中部、西部、东北地区城市群尺度距离和空间关联维函数的对应坐标图表进行分析可知，长江三角洲、京津冀、珠江三角洲、山东半岛、海峡西岸、长江中游、中原、成渝、关中平原、北部湾、哈长、辽中南城市群随着城市间距的扩大，相应的城市数量呈现出平滑上升的趋势，说明这些城市群内部的空间结构布局较为合理，城市数量与空间结构相对应。呼包鄂榆、兰西、黔中、滇中、宁夏沿黄城市群随着城市间距的扩大，相应的城市数量呈现出显著的阶梯状上升趋势，说明这些城市群内部城市间距离分布相对合理，但需要通过城市适度的扩张来形成更为合理的城市空间布局，进而构建城市群的空间互联网络。晋中、天山北坡城市群随着城市间距的扩大，相应的城市数量呈现坡度式急剧增长的趋势，说明这两个城市群内部的空间布局存在问题，城市间距离较大，城市群空间过于分散，还未形成合理的空间结构网络。

东部、中部、西部和东北地区城市群大都呈现出2006~2017年人口重心变动幅度较小的特征，仅有天山北坡城市群人口重心范围有较大的变化，说明东部、中部、西部和东北地区城市群人口规模的发展较为稳定均衡。长江三角洲城市群在上海、南京、苏州、杭州等城市的作用下不断向东南方向移动，但由于其内部人口规模结构稳定且城市群整体城市体系较为合理从而人口重心较为稳定。京津冀城市群内部人口重心在北京、天津和石家庄相互牵扯的作用下变动幅度较小。珠江三角洲城市群在深圳、珠海、江门等城市的相互作用下缓慢地向西北方向移动，但随着其他城市人口规模的发展，其内部人口重心仍保持平衡。山东半岛城市群人口重心在济南、青岛等城市的共同作用下较为稳定。海峡西岸城市群人口重心在厦门、漳州、梅州等城市的作用下呈现小幅度向西南方向移动的趋势。长江中游城市群人口重心受南昌、九江、上饶、武汉、黄冈等城市人口规模的不断扩大影响，其小幅度地向西北方向移动。中原城市群受邯郸、邢台、聊城、郑州、开封、洛阳等城市人口规模不断扩大，使其小幅度地向东部方向移动。晋中城市群人口重心在太原和晋中相互作用下趋向太原方向移动，但同时由于相互之间的共同作用使得城市群人口重心变化幅度较小。成渝城市群人口重心在重庆和成都两座大规模城市人口规模的相互作用下，促使城市群人口重心逐渐趋于稳定。关中平原城市群人口重心在西安、咸阳、渭南等城市的相互作用下，呈现小幅度地向西部偏移。北部湾城市群人口重心呈现逐步向南宁方向偏移的趋势，但由于其内部城市人口规模结构较为均衡合理，从而使得人口重心变动的幅度较小。呼包鄂榆城市群人口重心在呼和浩特和包头的相互作用下逐渐趋于稳定。兰西城市群在兰州和西宁的相互作用下变动幅度不大，并呈现出逐步趋于稳定的态势。黔中城市群人口重心不断向贵阳方向移动，但其整体的变动幅度不大。滇中城市群人口重心在昆明、曲靖和玉溪的共同作用下呈现出不断变动的态势，但其变动的幅度不大。宁夏沿黄城市群在银川和吴忠相互作用下，呈现出向西部小幅度偏移的趋势。天山北坡城市群人口重心呈现向乌鲁木齐偏移的趋势，且变动幅度较大，说明城市群内部其余城市人口规模与乌鲁木齐形成了较大的差距，天山北坡城市群人口规模结构并不合理，等级规模差异也较大。哈长城市群人口重心在长春和哈尔滨两座城市的相互作用下，其实际变化的幅度不大，城市群人口重心较为稳定。辽中南城市群在沈阳和抚顺两座城市的共同作用下，逐渐趋于稳定状态。

东部、中部、西部和东北地区城市群内部经济发展存在着较大的差异，各个城市在不同时期的经济发展规模和水平差异较大，导致其经济重心变动的差异较大。长江三角洲城市群经济重心在2006~2017年呈现不断向东南方向移动的趋势，说明上海、南京、苏州、杭州等城市的经济发展规模不断增强，对城市群的经济重心起到较大的牵制作用。京津冀城市群经济重心呈现出不断向北京和天津靠近的态势，说明这些城市的经济发展速度和发展规模方面远远超过了京津冀城市群内的其他城市，在城市群中处于主导地位。珠江三角洲城市群经济重心在2006~2010年由于广州的经济规律增长速度较快，向东南方向移动；在2010~2017年由于深圳的经济规律增长速度较快，向西北方向移动。山东半岛城市群经济重心在济南和青岛共同作用下呈现较大的变动。海峡西岸城市群经济重心呈现不断向厦门、泉州等城市的方向移动的态势，说明这些城市的经济规模不断扩大，在城市群中的地位有所上升。长江中游城市群经济重心在2006~2014年受长沙经济发展规模不断增强的影响向东南方向移动，2014年后在南昌和武汉的经济影响下不断向东北方向移动。2006~2011年，中原城市群经济重心受邯郸、邢台、聊城、菏泽等城市经济发展规模不断增强的影响，呈现出向东北方向移动的态势；在2011~2017年，中原城市群经济重心受郑州、洛阳、许昌等城市的经济影响，呈现出不断向西部方向移动的态势。晋中城市群经济重心在2006~2007年和2006~2017年向太原方向移动，在2007~2016年向晋中方向移动，但其整体经济重心移动幅度较小。成渝城市群经济重心在重庆和成都的共同作用下呈现出较为频繁的变动趋势，但在2010年后经济重心趋于稳定合理。关中平原城市群经济重心在运城、临汾、西安等城市的共同作用下，其经济重心呈现向东北方向偏移的趋势。北部湾城市经济重心在2006~2009年和2014~2017年不断向南宁方向移动，在2009~2014年不断向湛江、茂名等城市方向移动。呼包鄂榆城市群经济重心在2006~2012年不断向鄂尔多斯方向偏移，2012年后经济重心逐渐趋于稳定。在2006~2010年，兰西城市群经济重心由于白银和西宁经济规模的不断增强，呈现出向东南方向移动的态势；在2010~2017年，兰西城市群受兰州和定西的经济影响不断向西部方向移动。黔中城市群经济重心呈现出先向贵阳方向移动的态势，说明其城市群中处于主导地位。滇中城市群经济重心在昆明和玉溪的作用下出现较大幅度的变动，其中昆明在经济规模上仍具备着较大的优势，但同时玉溪的经济发展规模和速度也在不断增强。宁夏沿黄城市群经济重心在2006~2017年先是向银川方向移动，接着向吴忠方向移动，但整体变动的幅度不大。天山北坡城市群经济重心向乌鲁木齐方向移动，说明乌鲁木齐在城市群内经济发展速度较快，对天山北坡城市群经济重心起到吸引作用。哈长城市群经济重心由长春向哈尔滨方向移动，说明哈尔滨在城市群经济发展中影响力不断增强。辽中南城市群经济重心在沈阳、抚顺、铁岭等城市共同作用下不断向西南方向偏移，说明这些城市的经济规模不断扩大。

（二）讨论

通过对东部、中部、西部和东北地区城市群空间布局结构特征的研究，东部和东北地区城市群空间布局结构较为均衡。与东部和东北地区城市群相比较，中部、西部地区城市群在空间结构布局上更为紧密，倾向于靠近某一地理要素特征（如交通干道、水源、首位城市）进行集聚的现象。说明中部、西部地区城市群空间结构布局较不稳定，且城市群的发展还不够成熟，仍然存在围绕首位城市形成都市圈的特征。首位城市及其他大中城市作为城市群的空间重心，中小城镇紧密地围绕在其周边作为卫星城市，在社会、经济、文化等方面均具备现代城市特征又从属于大中城市。中部、西部地区中小城镇可以承担中心城市疏解接受的功能，中心城市和卫星城市间存在着相互依赖的关系。但是中部、西部地区的中小城镇作为中心城市，其发展规模较小，还不能形成合理的产业结构体系，同时也会对中心城市产生较强的依赖作用，将对区域的经济的发展带来不利效果。与东部地区城市群的空间结构相比较，中部、西部城市群需要加强对其内部中小城镇的培育和发展，同时利用中心城市的辐射和带动作用来促进区域内部整体产业和人口的均衡发展。

与东部和东北地区城市群相比较，中部、西部地区城市群空间结构布局要尽可能避免对某一地理特征要素产生集聚的效应，根据点轴开发理论的观点，区域发展需要对重点轴进行逐步扩散式的开发，以便能够形成梯度式的城镇化推进模式，也有利于带动周边地区的发展。中部、西部地区城市群内部进行点轴开发模式，需要看清经济发展和空间布局结构非均衡的客观现象，通过对区域内各大中城市间的经济联系强度、经济发展水平和影响力边界进行评估，来对城市群内部空间结构进行科学合理的布局，能够更好地使点轴开发理论更好地指导城市群的培育和发展。

通过对东部、中部、西部和东北地区城市群空间布局结构特征的研究，发现东部、中部、西部和东北地区城市群在人口重心方面的变化幅度较小。东部、中部、西部和东北地区城市群的人口重心以靠近首位城市为主要特征，可以看出城市群内部中心区位较为明显，城市群以中心—边缘结构作为空间结构的主体布局。通过对中心城市、大中城市、中小城镇构建的城市群，其内部城镇的职能、等级规模、空间结构体系，来规范建立城市群系统分类的标准。通过加强对小城镇的培育和发展，使其影响力范围能够达到使不同城镇的各类资源要素在空间上形成集聚的现象，从而进一步推动城市群整体的发展。

通过对东部、中部、西部和东北地区城市群空间布局结构特征的研究，发现东部、中部、西部和东北地区城市群在经济重心方面的变化幅度较大，说明城市群内部经济发展的差异较大，各个城市在不同时期的经济发展水平波动较大。可以将城市群内部的大中城市看作经济的增长极点，各城市群的经济重心发生较大的变动，说明各增长极点在不同时期的经济发展水平变化较大，说明首位城市对城市群经济发展的辐射和带动能力较弱，其他大中城市进入高速发展的阶段，城市群内部的经济结构不断发生变化。东部、中部、西部和东北地区城市群可以通过建立科学合理的区域城镇布局的交通网络来带动整体经济的发展。

第七章 职能结构对中国城市群新型城镇格局优化影响实证研究

第一节 测定方法与数据来源

一、区位熵及其改进

区位熵也被称为区域规模优势指数或专业化率,用于反映区域具体行业的专业化水平,确定区域内的主导产业,但由于传统区位熵具有分布不稳定、均值不稳定等一系列问题,国内外学界提出了众多修正指标,这里采用改进后的区位熵指数:

$$\text{NLQ}_{i,j} = \frac{E_{ij}}{\sum_{i,j} E_{ij}} - \frac{\sum_i E_{ij} \sum_j E_{ij}}{\sum_{i,j} E_{ij} \sum_{i,j} E_{ij}} \tag{7-1}$$

其中,E_{ij} 是城市 i 在 j 行业的从业人员数,$\sum_j E_{ij}$ 是城市 i 从业人员数,$\sum_i E_{ij}$ 是行业 j 的总从业人员数,$\sum_{i,j} E_{ij}$ 是整个区域总从业人员数,改进的区位熵指数考虑到区域各产业的就业人数,有:

$$\sum_i \Delta E_{ij} \equiv \sum_i (\hat{E}_{ij} - E_{ij}) = 0 \tag{7-2}$$

$$\sum_j \Delta E_{ij} \equiv \sum_i (\hat{E}_{ij} - E_{ij}) = 0 \tag{7-3}$$

在经济意义上,NLQ 反映了区域内相关产业转移化优势,若 NLQ > 0,说明城市 i 的 j 是优势产业,进行专业化生产,其值越大专业化程度越高;若 NLQ < 0,表明城市 i 的 j 产业较其他地区为非专业化产业部门。计算公式如下:

$$\Delta LQ_{ij} = LQ_{ij}^{t+1} - LQ_{ij}^{t} = \left(\frac{\sum_i E_{ij}^{t+1}}{\sum_{ij} E_{ij}^{t+1}} - \frac{\sum_i E_{ij}^{t}}{\sum_{ij} E_{ij}^{t}} \right) - \left(\frac{\sum_j E_{ij}^{t} \sum_i E_{ij}^{t}}{\sum_{ij} E_{ij}^{t} \sum_j E_{ij}^{t}} - \frac{\sum_j E_{ij}^{t+1} \sum_i E_{ij}^{t+1}}{\sum_{ij} E_{ij}^{t+1} \sum_j E_{ij}^{t+1}} \right)$$

$$\tag{7-4}$$

这表明了研究对象从 t 到 t+1 的相对优势变化程度。

二、职能规模和职能地位

城市职能规模是指城市任一产业的专业化优势指数值（即该产业的区位熵数值与研究区域内产业区位熵1的差值），所以只考虑区位熵大于0的产业的职能地位与其对应产业的规模（从业人员数）的乘积。职能地位用来衡量城市任一产业的职能规模在该城市整个产业规模中的强度比重。计算公式如下所示：

$$T_{ij} = (LQ_{ij} - 1) \times E_{ij}, \quad F_{ij} = T_{ij} / \sum_j T_{ij} \tag{7-5}$$

其中，LQ_{ij}为城市i在j产业部门的区位熵，T_{ij}为i城市j产业的相对职能规模，F_{ij}为i城市j产业的职能地位，其取值范围为0~1，并且区域内某一产业具有优势地位的所有城市职能地位总和为1。

三、克鲁格曼专业化指数

克鲁格曼专业化指数也被称为产业分工指数，即GSI指数，用于衡量区域之间的产业分工程度，但也可以用来考虑区域间行业结构差异性，计算公式如下所示：

$$S_{ik} = \sum_j \left| \frac{E_{ij}}{\sum_j E_{ij}} - \frac{E_{jk}}{\sum_j E_{jk}} \right| \tag{7-6}$$

其中，S_{ik}是两个城市i和k的整体产业结构差异性，若GSI=0，说明两者具有完全相同的产业结构，即对所有j产业份额都是一样的；若GSI=2，说明两个样本城市间的产业结构完全没有关系；若0<GSI<2，即数值越高，则说明两城市间的产业结构差异程度越大，反之说明两个城市间产业同构程度越大。

四、对应分析法

对应分析法可以利用公因子平面点聚图将城市职能分类直观地显示，一般来说离原点较近的职能即为城市群一般职能，离原点较远的即为某城市专门化的职能，职能点和原点越近则城市的职能越明显，利用不同年份的点聚图可以直观了解城市职能变化。另外，对应分析中的统计量"总惯量"能够反映城市职能的互补性，各职能点惯量（惯量大小由其距离原点的远近决定）总和即为总惯量，它是通过对原点周围职能点的分散程度测度来衡量城市群的职能差异度，从而反映城市群中各网络节点潜在的职能互补性。总惯性为0时，说明城市群内各城市职能完全相同；当总惯量最大，即为城市总数N-1时，说明各城市职能完全不同。为了便于比较，可以在计算中对总惯量进行标准化处理，并定义为互补性比率，即将总惯量除以其理论最大值后乘以100。

五、数据来源及研究对象

本书采用不同区域的分行业数据，整理了中国城市统计年鉴、各城市国民经济和社会发展统计公报、各省级统计年鉴中19个城市群各行业的从业人员数据。为了保证衔接性和兼顾可比性来对城市职能分工与互补性的研究，需要对行业类别进行进一步处理划分。因农林牧渔业不作为城市职能，在职能部门中将该行业剔除。从产业价值链的视角对2006年、2011年、2017年的行业细分为四大类，如表7-1所示。

表7-1　　　　　　　　　　　　四大行业部类的划分及构成

行业	构成
其他工业	制造业、采矿业、电力、燃气及水的生产与供应产业、建筑业
高级生产性服务业	金融业、信息传输、计算机服务软件业、租赁和商务服务业
一般生产性服务业	交通运输、仓储、邮电通信业、批发与零售业、科学研究、技术服务和地质勘查业
其他服务业	房地产业、住宿和餐饮业、水利环境和公共设备管理业、居民服务与其他服务业、教育、卫生、社会保障和社会福利业、文化体育和娱乐业、公共管理和社会服务

第二节　城市体系职能结构特征测算

一、城市群城市产业职能演进

根据公式（7-1）至公式（7-5）对东部、中部、西部和东北地区城市群的区位熵和职能地位进行测算，以便分析各城市群内相关产业的专业化优势和其职能地位。

由表7-2可知，2006年长江三角洲其他工业的区位熵大于0的城市主要有无锡、常州、苏州、南通、扬州、宁波、嘉兴、湖州、绍兴、金华、芜湖、马鞍山、铜陵13市；2017年增加为15市，其中新增的盐城、泰州、台州、合肥的区位熵大于0，说明其他工业对这4个城市变成专业化职能，属于城市职能，长江三角洲其他工业职能的优势有所扩散，其中南通和绍兴两座城市2017年职能强度位列城市群前两位。

表7-2　　　　2006年、2017年长江三角洲其他工业的区位熵和职能地位

地区	区位熵		职能强度（地位）	
	2006年	2017年	2006年	2017年
上海	-0.0247	-0.0484		
南京	-0.0046	-0.0082		
无锡	0.0009	0.0028	0.5417	0.6420
常州	0.0001	0.0009	0.5231	0.6044
苏州	0.0154	0.0156	0.7153	0.7259
南通	0.0015	0.0174	0.5598	0.8173
盐城	-0.0018	0.0014		0.6198
扬州	0.0001	0.0056	0.5239	0.7393
镇江	-0.0001	-0.0002		
泰州	-0.0013	0.0079		0.7754
杭州	-0.0021	-0.0078		

续表

地区	区位熵		职能强度（地位）	
	2006年	2017年	2006年	2017年
宁波	0.0071	0.0023	0.6274	0.6096
嘉兴	0.0102	0.0018	0.7349	0.6353
湖州	0.0015	0.0013	0.6019	0.6455
绍兴	0.0084	0.0092	0.7125	0.8040
金华	0.0004	0.0002	0.5329	0.5741
舟山	-0.0012	-0.0014		
台州	-0.0009	0.0040		0.6861
合肥	-0.0030	0.0002		0.5694
芜湖	0.0009	-0.0005	0.5777	
马鞍山	0.0013	-0.0003	0.6431	
铜陵	0.0009	0.0000	0.6359	0.5708
安庆	-0.0045	-0.0015		
滁州	-0.0020	-0.0008		
池州	-0.0010	-0.0007		
宣城	-0.0013	-0.0009		

由表7-3可知，2006~2017年，在长江三角洲城市群中，2006年具有高级生产性服务业职能的城市有上海、盐城、泰州、杭州、金华、舟山、台州、池州8个城市；2017年减少为5市，其中高级生产性服务业对于盐城、泰州、金华、台州这4个城市转变为非专业化产业，不再属于城市职能，新增的南京的区位熵大于0，上海的产业化优势增加2倍。从职能地位看，2006年高级生产性服务业职能地位排名前三的城市为上海、金华、杭州，2017年高级生产性服务业职能地位排名前三的城市为上海、杭州、南京，说明高级生产性服务业不断向核心城市集聚。

表7-3　2006年、2017年长江三角洲高级生产性服务业的区位熵和职能地位

地区	区位熵		职能强度（地位）	
	2006年	2017年	2006年	2017年
上海	0.0089	0.0185	0.1153	0.1870
南京	-0.0007	0.0021		0.1325
无锡	-0.0003	-0.0011		
常州	-0.0005	-0.0007		
苏州	-0.0028	-0.0047		
南通	-0.0007	-0.0040		
盐城	0.0001	-0.0010	0.0801	
扬州	-0.0007	-0.0018		
镇江	-0.0001	-0.0001		
泰州	0.0001	-0.0023	0.0805	
杭州	0.0022	0.0036	0.1028	0.1390
宁波	-0.0009	-0.0002		

续表

地区	区位熵		职能强度（地位）	
	2006年	2017年	2006年	2017年
嘉兴	-0.0015	-0.0009		
湖州	-0.0004	-0.0005		
绍兴	-0.0016	-0.0026		
金华	0.0008	-0.0005	0.1029	
舟山	0.0000	0.0002	0.0839	0.1274
台州	0.0001	-0.0010	0.0802	
合肥	-0.0004	-0.0015		
芜湖	-0.0004	-0.0006		
马鞍山	-0.0003	-0.0000		
铜陵	-0.0003	-0.0002		
安庆	-0.0003	-0.0003		
滁州	-0.0003	-0.0004		
池州	0.0000	0.0000	0.0864	0.1089
宣城	-0.0001	-0.0000		

由表7-4可知，在长江三角洲城市群中，2006年具有一般生产性服务业职能的城市有上海、南京、舟山、合肥、安庆5个城市；2017年具有一般生产性服务业职能的城市有上海、南京、舟山、合肥以及新增了杭州和芜湖，其中杭州和芜湖的区位熵大于0，说明一般生产性服务业对这两个城市也是专业化产业；上海和南京的区位熵有所增加，说明一般生产性服务业在这两个城市的相对优势在增加。从职能地位看，2006年和2017年一般生产性服务业职能地位排名前两位的城市均为上海、南京，说明一般生产性服务业不断向核心城市集聚。

表7-4   2006年、2017年长江三角洲一般生产性服务业的区位熵和职能地位

地区	区位熵		职能强度（地位）	
	2006年	2017年	2006年	2017年
上海	0.0191	0.0257	0.2011	0.2402
南京	0.0037	0.0043	0.1772	0.1866
无锡	-0.0005	-0.0014		
常州	-0.0004	-0.0010		
苏州	-0.0054	-0.0047		
南通	-0.0014	-0.0058		
盐城	-0.0004	-0.0015		
扬州	-0.0007	-0.0022		
镇江	-0.0002	-0.0006		
泰州	-0.0007	-0.0026		
杭州	-0.0000	0.0016		0.1388
宁波	-0.0023	-0.0016		
嘉兴	-0.0036	-0.0013		
湖州	-0.0011	-0.0011		

续表

地区	区位熵		职能强度（地位）	
	2006年	2017年	2006年	2017年
绍兴	-0.0031	-0.0033		
金华	-0.0016	-0.0015		
舟山	0.0003	0.0002	0.1602	0.1491
台州	-0.0010	-0.0026		
合肥	0.0014	0.0010	0.1650	0.1432
芜湖	-0.0002	0.0001		0.1323
马鞍山	-0.0005	-0.0003		
铜陵	-0.0003	-0.0003		
安庆	0.0002	-0.0004	0.1315	
滁州	-0.0002	-0.0003		
池州	-0.0002	-0.0001		
宣城	-0.0004	-0.0003		

由表7-5可知，在长江三角洲城市群中，2006年具有其他服务业职能的城市有16个；2017年增长为18个城市，新增的上海、杭州、嘉兴、芜湖、马鞍山、铜陵的区位熵大于0，说明其他服务业对该城市转变为专业化产业，属于城市职能；上海和南京的区位熵有所增加，说明其他服务业在这两个城市的相对优势在增加。从职能地位看，2006年和2017年其他服务业职能地位居首的城市分别为安庆、宣城，南京的职能地位有下降的趋势，说明其他服务业的职能演进在一定程度上表现为向若干城市集中的特征，核心城市具有优势的同时不断向次核心节点集聚，即扩散中的集聚。

表7-5　2006年、2017年长江三角洲其他服务业的区位熵和职能地位

地区	区位熵		职能强度（地位）	
	2006年	2017年	2006年	2017年
上海	-0.0033	0.0042		0.2283
南京	0.0016	0.0017	0.3053	0.2348
无锡	-0.0001	-0.0004		
常州	0.0008	0.0008	0.3117	0.2468
苏州	-0.0072	-0.0063		
南通	0.0006	-0.0076	0.2979	
盐城	0.0022	0.0011	0.3513	0.2511
扬州	0.0013	-0.0015	0.3345	
镇江	0.0004	0.0010	0.3008	0.2791
泰州	0.0019	-0.0030	0.3682	
杭州	-0.0002	0.0026		0.2365
宁波	-0.0040	-0.0005		
嘉兴	-0.0050	0.0004		0.2252
湖州	0.0000	0.0003	0.2827	0.2304

续表

地区	区位熵		职能强度（地位）	
	2006年	2017年	2006年	2017年
绍兴	-0.0037	-0.0034		
金华	0.0004	0.0018	0.2944	0.2825
舟山	0.0009	0.0011	0.4040	0.3909
台州	0.0019	-0.0004	0.3462	
合肥	0.0020	0.0003	0.3456	0.2158
芜湖	-0.0002	0.0009		0.2723
马鞍山	-0.0004	0.0007		0.3009
铜陵	-0.0003	0.0005		0.2969
安庆	0.0046	0.0023	0.5765	0.4267
滁州	0.0026	0.0015	0.4854	0.4009
池州	0.0012	0.0007	0.5586	0.4189
宣城	0.0018	0.0012	0.5079	0.4322

由表7-6可知，京津冀城市群其他工业2006年区位熵大于0的城市为天津、石家庄、唐山、邯郸、保定、张家口、沧州7个城市；2017年进一步增加了秦皇岛、邢台、廊坊，说明京津冀城市群的其他工业职能优势有所扩散。从职能地位来看，2006年其他产业职能地位居首的城市为唐山，2017年变为廊坊，说明京津冀城市群其他工业职能分工体现出由核心城市向外围城市转移的痕迹。

表7-6 2006年、2017年京津冀城市群其他工业的区位熵和职能地位

地区	区位熵		职能强度（地位）	
	2006年	2017年	2006年	2017年
北京	-0.0395	-0.0502		
天津	0.0221	0.0254	0.4986	0.4268
石家庄	0.0026	0.0017	0.4053	0.3094
唐山	0.0099	0.0070	0.5333	0.4333
秦皇岛	-0.0004	0.0007		0.3212
邯郸	0.0049	0.0034	0.4689	0.3722
邢台	-0.0008	0.0002		0.2882
保定	0.0027	0.0049	0.4193	0.3879
张家口	0.0007	-0.0011	0.3958	
承德	-0.0004	-0.0006		
沧州	0.0013	-0.0006	0.4061	0.2547
廊坊	-0.0016	0.0100		0.4501
衡水	-0.0016	-0.0009		

由表7-7可知，京津冀城市群2006年与2017年高级生产性服务业区位熵大于0的城市为北京，说明高级生产性服务业对北京为专业化产业，属于城市职能，且北京的区位熵有所增长，说明高级生产性服务业在北京的相对优势在增加。

表 7-7 2006 年、2017 年京津冀城市群高级生产性服务业的区位熵和职能地位

地区	区位熵		职能强度（地位）	
	2006 年	2017 年	2006 年	2017 年
北京	0.0287	0.0410	0.1729	0.2618
天津	-0.0064	-0.0080		
石家庄	-0.0037	-0.0037		
唐山	-0.0030	-0.0042		
秦皇岛	-0.0008	-0.0012		
邯郸	-0.0026	-0.0043		
邢台	-0.0012	-0.0024		
保定	-0.0031	-0.0048		
张家口	-0.0017	-0.0018		
承德	-0.0008	-0.0004		
沧州	-0.0023	-0.0019		
廊坊	-0.0011	-0.0060		
衡水	-0.0006	-0.0011		

由表 7-8 可知，京津冀城市群一般生产性服务业 2006 年区位熵大于 0 的有北京、石家庄、秦皇岛 3 个城市；2017 年仅有北京的区位熵大于 0，石家庄、秦皇岛的区位熵降至 0 以下，表明一般生产性服务业对这两个城市是非专业化产业，不再属于城市职能。类似于高级生产性服务业，一般生产性服务业也具有向核心城市集聚的倾向，这种倾向具有内在的关联性，也就是金融业、计算机服务软件业、租赁商务服务业等高级服务业的集聚会吸引大量相匹配的一般生产性服务业，如批发零售业、交通运输、科学技术等。

表 7-8 2006 年、2017 年京津冀一般生产性服务业的区位熵和职能地位

地区	区位熵		职能强度（地位）	
	2006 年	2017 年	2006 年	2017 年
北京	0.0226	0.0338	0.2124	0.2465
天津	-0.0035	-0.0048		
石家庄	0.0005	-0.0012	0.1718	
唐山	-0.0048	-0.0037		
秦皇岛	0.0004	-0.0013	0.1808	
邯郸	-0.0030	-0.0035		
邢台	-0.0019	-0.0026		
保定	-0.0035	-0.0035		
张家口	-0.0010	-0.0018		
承德	-0.0012	-0.0017		
沧州	-0.0024	-0.0021		
廊坊	-0.0016	-0.0067		
衡水	-0.0005	-0.0010		

由表 7-9 可知，京津冀城市群 2006 年和 2017 年其他服务业区位熵大于 0 的城市中仅有保定和廊坊两个城市的区位熵有所减小，其余城市的区位熵均有所增加。从职能地位

看，2017年其他服务业职能地位居首的城市为张家口，说明其他服务业并没有出现高级生产性服务业那样在首位城市不断集聚的现象，而是呈现向次核心节点城市或外围城市扩散再集聚的演进特征。

表7-9　　2006年、2017年京津冀其他服务业的区位熵和职能地位

地区	区位熵		职能强度（地位）	
	2006年	2017年	2006年	2017年
北京	-0.0112	-0.0239		
天津	-0.0120	-0.0124		
石家庄	0.0008	0.0033	0.3622	0.4060
唐山	-0.0021	0.0009		0.3674
秦皇岛	0.0009	0.0017	0.3876	0.4445
邯郸	0.0008	0.0044	0.3681	0.4677
邢台	0.0039	0.0048	0.4934	0.5783
保定	0.0040	0.0034	0.4243	0.4235
张家口	0.0020	0.0048	0.4199	0.5977
承德	0.0024	0.0027	0.4755	0.5151
沧州	0.0034	0.0046	0.4406	0.5258
廊坊	0.0044	0.0027	0.5625	0.3950
衡水	0.0027	0.0030	0.5028	0.5649

由表7-10可知，珠江三角洲城市群2006年具有其他工业职能的有深圳、珠海、江门、惠州、中山5个城市；2017年深圳的区位熵小于0，珠海的区位熵下降较多，说明其他工业在珠海的相对优势在减小。从职能地位来看，2006年和2017年其他工业职能地位居首的城市由惠州变成了东莞。

表7-10　　2006年、2017年珠江三角洲其他工业的区位熵和职能地位

地区	区位熵		职能强度（地位）	
	2006年	2017年	2006年	2017年
广州	-0.0323	-0.0556		
深圳	0.0024	-0.0040	0.5534	
珠海	0.0128	0.0003	0.7103	0.5959
佛山	-0.0010	0.0126		0.7043
江门	0.0018	-0.0005	0.5781	
肇庆	-0.0036	-0.0023		
惠州	0.0204	0.0070	0.7452	0.6981
东莞	-0.0042	0.0347		0.8034
中山	0.0037	0.0078	0.6445	0.7429

由表7-11可知，珠江三角洲城市群2006年具有高级生产性服务业职能的有广州、深圳、佛山、东莞4个城市；2017年减少为3个城市，其中佛山和东莞的区位熵小于0，说明高级生产性服务业对这两个城市已非专业化产业，不再属于城市职能，但广州和深圳的区位熵有所增加，其中广州产业优势度急速增加。从职能地位来看，2006年和2017年高级生产性服务业职能地位居首的城市由东莞变成了广州。

表7-11　2006年、2017年珠江三角洲高级生产性服务业的区位熵和职能地位

地区	区位熵		职能强度（地位）	
	2006年	2017年	2006年	2017年
广州	0.0029	0.0118	0.0902	0.1501
深圳	0.0050	0.0097	0.0992	0.1279
珠海	-0.0027	0.0001		0.0996
佛山	0.0014	-0.0058	0.0991	
江门	-0.0014	-0.0010		
肇庆	-0.0008	-0.0012		
惠州	-0.0046	-0.0028		
东莞	0.0009	-0.0083	0.1103	
中山	-0.0007	-0.0026		

由表7-12可知，珠江三角洲城市群2006年与2017年一般生产性服务业区位熵大于0的城市均为广州和深圳，说明一般生产性服务业对于这两个城市为专业化产业，属于城市职能，且广州的区位熵有明显的增加，说明一般生产性服务业在广州的相对优势在增加。从职能地位上看，广州一直稳居首位且有明显的增长趋势，说明一般生产性服务业的职能演进呈现向核心城市集聚的态势。

表7-12　2006年、2017年珠江三角洲城市群一般生产性服务业的区位熵和职能地位

地区	区位熵		职能强度（地位）	
	2006年	2017年	2006年	2017年
广州	0.0174	0.0210	0.1672	0.2145
深圳	0.0053	0.0054	0.1331	0.1381
珠海	-0.0039	-0.0010		
佛山	-0.0030	-0.0048		
江门	-0.0033	-0.0012		
肇庆	-0.0016	-0.0010		
惠州	-0.0080	-0.0044		
东莞	-0.0009	-0.0113		
中山	-0.0020	-0.0028		

由表7-13可知，珠江三角洲城市群2006年具有其他服务业职能有广州、佛山、江门、肇庆、东莞5个城市，2017年变成了广州、珠海、江门、肇庆、惠州这5个城市。从职能强度来看，2017年与2006年相比，其中广州的产业优势相对增加，江门和肇庆的产业优势相对减少，说明其他服务业的职能演进变化不大，总体上呈现向核心城市集聚的态势。

表7-13　2006年、2017年珠江三角洲城市群其他服务业的区位熵和职能地位

地区	区位熵		职能强度（地位）	
	2006年	2017年	2006年	2017年
广州	0.0119	0.0228	0.2906	0.2919
深圳	-0.0127	-0.0111		
珠海	-0.0063	0.0006		0.2046

续表

地区	区位熵		职能强度（地位）	
	2006年	2017年	2006年	2017年
佛山	0.0026	-0.0021	0.2901	
江门	0.0029	0.0027	0.3089	0.2648
肇庆	0.0061	0.0045	0.4114	0.3686
惠州	-0.0078	0.0002		0.1961
东莞	0.0042	-0.0151	0.3923	
中山	-0.0010	-0.0025		

由表7-14可知，山东半岛城市群其他工业2006年区位熵大于0的有青岛、淄博、东营、烟台、潍坊、威海、泰安、莱芜、滨州9个城市；2017年减少为8个城市，其中青岛的区位熵小于0，表明其他工业对该城市已非专业化产业，不再属于城市职能。从职能地位来看，2006~2017年其他工业职能地位居首城市由淄博变成了威海，说明山东半岛城市群其他工业职能分工呈现向不发达的外围城市转移的态势。

表7-14　2006年、2017年山东半岛城市群其他工业的区位熵和职能地位

地区	区位熵		职能强度（地位）	
	2006年	2017年	2006年	2017年
济南	-0.0083	-0.0121		
青岛	0.0145	-0.0008	0.6495	
淄博	0.0080	0.0091	0.6766	0.6411
东营	0.0027	0.0009	0.6199	0.5417
烟台	0.0076	0.0028	0.6487	0.5483
潍坊	0.0002	-0.0007	0.5641	
威海	0.0042	0.0072	0.6505	0.6589
日照	-0.0021	-0.0011		
泰安	0.0040	0.0031	0.6276	0.5676
莱芜	0.0018	0.0017	0.6638	0.6256
德州	-0.0044	-0.0029		
聊城	-0.0062	-0.0049		
滨州	0.0038	0.0031	0.6508	0.5886
菏泽	-0.0125	-0.0082		
济宁	-0.0036	0.0042		0.5734
临沂	-0.0096	-0.0015		

由表7-15可知，山东半岛城市群高级生产性服务业2006年区位熵大于0的有济南、东营、德州、聊城、菏泽、济宁、临沂7个城市；2017年减少为5个城市，其中2017年新增的青岛和莱芜的区位熵大于0，表明高级生产性服务业对该城市转变为专业化产业，属于城市职能。从职能地位来看，2006~2017年其他工业职能地位居首的城市由临沂变为济南，说明山东半岛城市群高级生产性服务业职能分工呈现向核心城市集聚的态势。

表7-15　2006年、2017年山东半岛城市群高级生产性服务业的区位熵和职能地位

地区	区位熵		职能强度（地位）	
	2006年	2017年	2006年	2017年
济南	0.0024	0.0104	0.0638	0.1639
青岛	-0.0003	0.0004		0.0790
淄博	-0.0009	-0.0015		
东营	0.0005	0.0015	0.0545	0.1163
烟台	-0.0011	-0.0024		
潍坊	-0.0011	-0.0024		
威海	-0.0007	-0.0019		
日照	-0.0002	-0.0004		
泰安	-0.0008	-0.0003		
莱芜	-0.0002	0.0001		0.0809
德州	0.0003	-0.0008	0.0503	
聊城	0.0005	0.0013	0.0552	0.1068
滨州	-0.0009	-0.0007		
菏泽	0.0002	-0.0008	0.0497	
济宁	0.0007	-0.0017	0.0537	
临沂	0.0017	-0.0009	0.0699	

由表7-16可知，山东半岛城市群2006年一般生产性服务业区位熵大于0的有济南、青岛、东营、日照、聊城5个城市，2017年城市增加为6个城市，且青岛、东营和日照的产业优势度在相对增加。从职能地位来看，2006年和2017年一般生产性服务业职能地位居首的城市均为日照，说明一般生产性服务业有向外围城市集聚的趋势。

表7-16　2006年、2017年山东半岛城市群一般生产性服务业的区位熵和职能地位

地区	区位熵		职能强度（地位）	
	2006年	2017年	2006年	2017年
济南	0.0065	0.0044	0.1305	0.1351
青岛	0.0020	0.0043	0.0906	0.1303
淄博	-0.0010	-0.0027		
东营	0.0003	0.0009	0.0841	0.1225
烟台	-0.0036	0.0001		0.0994
潍坊	-0.0015	-0.0013		
威海	-0.0001	-0.0015		
日照	0.0012	0.0020	0.1324	0.1678
泰安	-0.0010	0.0001		0.1372
莱芜	-0.0006	-0.0002		
德州	-0.0005	-0.0003		
聊城	0.0001	-0.0006	0.0792	
滨州	-0.0017	-0.0005		
菏泽	-0.0001	-0.0016		
济宁	-0.0001	-0.0025		
临沂	-0.0001	-0.0006		

由表 7－17 可知，山东半岛城市群其他服务业 2006 年和 2017 年区位熵均大于 0 的有潍坊、德州、聊城、菏泽、济宁、临沂 6 个城市。其中，德州、聊城、菏泽、济宁和临沂的产业优势度在相对减小，潍坊的职能优势在相对增加。从职能地位来看，2006 年和 2017 年其他服务业职能地位居首的城市均为菏泽，说明其它服务业有向外围城市集聚的趋势。

表 7－17　2006 年、2017 年山东半岛城市群其他服务业的区位熵和职能地位

地区	区位熵		职能强度（地位）	
	2006 年	2017 年	2006 年	2017 年
济南	－0.0006	－0.0027		
青岛	－0.0161	－0.0038		
淄博	－0.0061	－0.0049		
东营	－0.0034	－0.0034		
烟台	－0.0029	－0.0006		
潍坊	0.0023	0.0044	0.3458	0.3669
威海	－0.0033	－0.0038		
日照	0.0010	－0.0006	0.3663	
泰安	－0.0022	－0.0029		
莱芜	－0.0010	－0.0016		
德州	0.0046	0.0040	0.4221	0.3905
聊城	0.0056	0.0042	0.4525	0.4078
滨州	－0.0013	－0.0019		
菏泽	0.0124	0.0105	0.6187	0.5317
济宁	0.0029	0.0000	0.3564	0.3096
临沂	0.0080	0.0030	0.4356	0.3460

由表 7－18 可知，海峡西岸城市群其他工业 2006 年区位熵大于 0 的主要有温州、厦门、莆田、泉州、漳州 5 个城市；2017 年增加为 6 个城市为温州、福州、厦门、莆田、泉州和汕头，其区位熵均大于 0，说明其他工业对这 6 个城市为专业化产业，属于城市职能，从职能地位来看海峡西岸城市群其他工业职能地位居首的城市均为泉州，说明其他工业有向外围城市集聚的趋势。

表 7－18　2006 年、2017 年海峡西岸城市群其他工业的区位熵和职能地位

地区	区位熵		职能强度（地位）	
	2006 年	2017 年	2006 年	2017 年
温州	0.0122	0.0023	0.6676	0.5844
衢州	－0.0041	－0.0036		
丽水	－0.0069	－0.0067		
福州	－0.0017	0.0006		0.5690
厦门	0.0158	0.0087	0.7145	0.6217
莆田	0.0040	0.0071	0.6795	0.6927
三明	－0.0050	－0.0050		
泉州	0.0367	0.0250	0.7901	0.7358
漳州	0.0001	－0.0006	0.5940	

续表

地区	区位熵		职能强度（地位）	
	2006年	2017年	2006年	2017年
南平	-0.0056	-0.0142		
龙岩	-0.0048	-0.0051		
宁德	-0.0079	-0.0030		
汕头	-0.0099	0.0011		0.5840
梅州	-0.0104	-0.0056		
潮州	-0.0035	-0.0001		
揭阳	-0.0091	-0.0008		

由表7-19可知，海峡西岸城市群高级生产性服务业2006年区位熵大于0的主要有衢州、丽水、福州、三明、南平、龙岩、宁德、汕头、梅州、潮州、揭阳11个城市；2017年减少为8个城市，其中南平、汕头、梅州、潮州、揭阳的区位熵小于0，说明高级生产性服务业对这5个城市转变为非专业化产业，不再属于城市职能，温州、厦门的区位熵大于0，说明这两个城市具有高级生产性服务业职能。从职能地位来看，2006年和2017年职能地位最高的分别为龙岩和丽水，说明高级生产性服务业职能呈现向次核心城市集聚的态势。

表7-19　2006年、2017年海峡西岸城市群高级生产性服务业的区位熵和职能地位

地区	区位熵		职能强度（地位）	
	2006年	2017年	2006年	2017年
温州	-0.0020	0.0010		0.0814
衢州	0.0007	0.0013	0.0835	0.1376
丽水	0.0011	0.0016	0.0989	0.1550
福州	0.0008	0.0025	0.0561	0.0882
厦门	-0.0017	0.0004		0.0758
莆田	-0.0009	-0.0010		
三明	0.0008	0.0007	0.0754	0.1018
泉州	-0.0045	-0.0052		
漳州	-0.0003	-0.0009		
南平	0.0008	-0.0006	0.0741	
龙岩	0.0022	0.0013	0.1113	0.1148
宁德	0.0007	0.0008	0.0789	0.0979
汕头	0.0009	-0.0000	0.0692	
梅州	0.0006	-0.0003	0.0679	
潮州	0.0004	-0.0004	0.0706	
揭阳	0.0005	-0.0011	0.0653	

由表7-20可知，海峡西岸城市群一般生产性服务业2006年区位熵大于0的主要有丽水、福州、厦门、三明、南平、宁德、汕头、梅州、潮州、揭阳10个城市；2017年减少为6个城市，其中丽水、南平、宁德、梅州、潮州的区位熵小于0，说明一般生产性服务业对这5个城市转变为非专业化产业，不再属于城市职能，龙岩的区位熵大于0，说明

该城市具有一般生产性服务业职能。从职能地位来看,2017年海峡西岸城市群一般生产性服务业职能地位居首的城市为厦门,说明海峡西岸城市群呈现向次级城市转移的态势。

表7-20　2006年、2017年海峡西岸城市群一般生产性服务业的区位熵和职能地位

地区	区位熵		职能强度(地位)	
	2006年	2017年	2006年	2017年
温州	-0.0008	-0.0021		
衢州	-0.0001	-0.0003		
丽水	0.0004	-0.0002	0.0889	
福州	0.0032	0.0032	0.0941	0.0982
厦门	0.0017	0.0057	0.0856	0.1170
莆田	-0.0013	-0.0006		
三明	0.0001	0.0002	0.0750	0.0871
泉州	-0.0074	-0.0039		
漳州	-0.0004	-0.0015		
南平	0.0007	-0.0011	0.0903	
龙岩	-0.0003	0.0007		0.1019
宁德	0.0007	-0.0001	0.1021	
汕头	0.0029	0.0004	0.1293	0.0854
梅州	0.0001	-0.0001	0.0742	
潮州	0.0002	-0.0005	0.0820	
揭阳	0.0004	0.0001	0.0830	0.0803

由表7-21可知,海峡西岸城市群2006~2017年仅有汕头的其他服务业发生了明显的变化,由专业化产业变成了非专业化产业。从职能地位来看,2017年海峡西岸城市群其他服务业职能地位居首的城市为南平。

表7-21　2006年、2017年海峡西岸城市群其他服务业的区位熵和职能地位

地区	区位熵		职能强度(地位)	
	2006年	2017年	2006年	2017年
温州	-0.0093	-0.0012		
衢州	0.0035	0.0026	0.4442	0.4051
丽水	0.0055	0.0053	0.5313	0.5545
福州	-0.0023	-0.0063		
厦门	-0.0158	-0.0148		
莆田	-0.0018	-0.0055		
三明	0.0041	0.0041	0.4057	0.4499
泉州	-0.0249	-0.0159		
漳州	0.0006	0.0031	0.2967	0.3336
南平	0.0041	0.0159	0.3997	0.6543
龙岩	0.0029	0.0031	0.3660	0.3778
宁德	0.0065	0.0023	0.5536	0.3530

续表

地区	区位熵		职能强度（地位）	
	2006 年	2017 年	2006 年	2017 年
汕头	0.0061	-0.0015	0.4078	
梅州	0.0096	0.0060	0.5512	0.4850
潮州	0.0029	0.0010	0.4325	0.3328
揭阳	0.0083	0.0018	0.5452	0.3291

由表 7-22 可知，长江中游城市群其他工业 2006 年区位熵大于 0 的城市共有 13 个城市；2017 年增长为 14 个城市，其中新增的南昌、抚州、襄阳、黄冈的区位熵大于 0，说明其他工业对这 4 个城市转变为专业化产业，鹰潭的产业优势度增加了近 10 倍，说明长江中游城市群其他工业职能的优势有所扩散。2017 年，长江中游城市群其他工业职能地位排名前两位的城市为鄂州和新余。

表 7-22　　2006 年、2017 年长江中游城市群其他工业的区位熵和职能地位

地区	区位熵		职能强度（地位）	
	2006 年	2017 年	2006 年	2017 年
南昌	-0.0017	0.0067		0.5897
景德镇	0.0015	-0.0004	0.5534	
萍乡	0.0002	0.0002	0.4706	0.5222
九江	0.0000	-0.0007	0.4559	
新余	0.0032	0.0010	0.5240	0.6218
鹰潭	0.0001	0.0011	0.4694	0.6106
吉安	-0.0037	-0.0002		
宜春	-0.0017	-0.0001		
抚州	-0.0021	0.0002		0.5173
上饶	-0.0037	-0.0022		
武汉	-0.0012	-0.0052		
黄石	0.0063	0.0019	0.6583	0.6008
宜昌	0.0042	0.0019	0.5513	0.5409
襄阳	-0.0013	0.0000		0.5088
鄂州	0.0027	0.0024	0.6258	0.6679
荆门	0.0001	0.0006	0.4588	0.5325
孝感	0.0042	0.0026	0.5566	0.5540
荆州	-0.0015	-0.0021		
黄冈	-0.0051	0.0036		0.5778
咸宁	0.0004	-0.0018	0.4742	
长沙	-0.0025	-0.0037		
株洲	0.0032	0.0013	0.5557	0.5506
湘潭	0.0043	0.0017	0.6094	0.5849
衡阳	-0.0009	-0.0020		
岳阳	-0.0016	-0.0023		
常德	-0.0006	-0.0024		

续表

地区	区位熵		职能强度（地位）	
	2006年	2017年	2006年	2017年
益阳	-0.0028	-0.0018		
娄底	-0.0001	-0.0003		

由表7-23可知，长江中游城市群高级生产性服务业2006年区位熵大于0的城市共有12个；2017年减少为9个城市，其中萍乡、九江、鹰潭、吉安、荆门、衡阳的区位熵小于0，说明高级生产性服务业对这6个城市转变为非专业化产业，不再是城市职能，但南昌、武汉、黄冈、长沙、株洲、湘潭、岳阳、常德的产业优势度均有所增加。从职能强度来看，2017年长江中游城市群高级生产性服务业职能地位居首的城市为长沙。

表7-23　2006年、2017年长江中游城市群高级生产性服务业的区位熵和职能地位

地区	区位熵		职能强度（地位）	
	2006年	2017年	2006年	2017年
南昌	0.0000	0.0008	0.0542	0.0756
景德镇	-0.0002	-0.0003		
萍乡	0.0000	-0.0001	0.0540	
九江	0.0003	-0.0002	0.0632	
新余	-0.0008	-0.0002		
鹰潭	0.0000	-0.0001	0.0572	
吉安	0.0002	-0.0005	0.0641	
宜春	-0.0002	-0.0004		
抚州	-0.0001	-0.0006		
上饶	-0.0001	-0.0003		
武汉	0.0016	0.0022	0.0636	0.0798
黄石	-0.0009	-0.0006		
宜昌	-0.0001	-0.0006		
襄阳	-0.0004	-0.0012		
鄂州	-0.0004	-0.0005		
荆门	0.0000	-0.0005	0.0548	
孝感	-0.0001	-0.0008		
荆州	-0.0002	-0.0002		
黄冈	0.0002	0.0004	0.0596	0.0721
咸宁	-0.0001	-0.0002		
长沙	0.0011	0.0026	0.0672	0.0960
株洲	-0.0001	0.0001		0.0695
湘潭	-0.0003	0.0000		0.0654
衡阳	0.0001	-0.0001	0.0553	
岳阳	-0.0003	0.0005		0.0824
常德	0.0001	0.0002	0.0579	0.0724
益阳	0.0008	0.0007	0.0886	0.1045
娄底	-0.0002	-0.0001		

由表7-24可知，长江中游城市群一般生产性服务业2006年区位熵大于0的有南昌、新余、武汉、襄阳、长沙4个城市。2017年增加为8个城市，其中新增的景德镇、宜昌、荆门、孝感的区位熵大于0，说明一般生产性服务业对这4个城市转变为专业化产业，是城市职能。从职能强度来看，与2006年相比，2017年襄阳的产业优势度相对增加，南昌、武汉、长沙的产业优势度均有所减小；2017年长江中游城市群一般生产性服务业职能地位居首的城市为宜昌。

表7-24　2006年、2017年长江中游城市群一般生产性服务业的区位熵和职能地位

地区	区位熵		职能强度（地位）	
	2006年	2017年	2006年	2017年
南昌	0.0040	0.0003	0.1873	0.1211
景德镇	-0.0006	0.0003		0.1384
萍乡	-0.0004	-0.0008		
九江	-0.0009	-0.0010		
新余	0.0076	-0.0005	0.2870	
鹰潭	-0.0003	-0.0004		
吉安	-0.0002	-0.0010		
宜春	-0.0009	-0.0010		
抚州	-0.0005	-0.0013		
上饶	-0.0003	-0.0017		
武汉	0.0106	0.0096	0.1870	0.1805
黄石	-0.0012	-0.0008		
宜昌	-0.0010	0.0043		0.1902
襄阳	0.0000	0.0041	0.1217	0.1793
鄂州	-0.0000	-0.0004		
荆门	-0.0005	0.0008		0.1482
孝感	-0.0022	0.0002		0.1201
荆州	-0.0014	-0.0006		
黄冈	-0.0006	-0.0023		
咸宁	-0.0009	-0.0005		
长沙	0.0013	0.0014	0.1374	0.1336
株洲	-0.0018	-0.0016		
湘潭	-0.0018	-0.0014		
衡阳	-0.0020	-0.0019		
岳阳	-0.0011	-0.0006		
常德	-0.0023	-0.0006		
益阳	-0.0012	-0.0013		
娄底	-0.0016	-0.0012		

由表7-25可知，长江中游城市群其他服务业2006年区位熵大于0的城市有18个城市。2017年减少为15个城市，其中鹰潭、襄阳、荆门、黄冈、长沙的区位熵降至0以下，说明一般生产性服务业对这些城市为非专业化产业，不再是城市职能。总的来看，长江中游城市群的其他服务职能并不是呈现在首位城市不断集聚的态势，是不断向外围城市转移的趋势。

表7-25　　2006年、2017年长江中游城市群其他服务业的区位熵和职能地位

地区	区位熵		职能强度（地位）	
	2006年	2017年	2006年	2017年
南昌	-0.0024	-0.0079		
景德镇	-0.0007	0.0004		0.3437
萍乡	0.0002	0.0007	0.3853	0.3654
九江	0.0005	0.0019	0.3827	0.3746
新余	-0.0100	-0.0003		
鹰潭	0.0001	-0.0005	0.3875	
吉安	0.0036	0.0018	0.5403	0.3807
宜春	0.0029	0.0014	0.4788	0.3558
抚州	0.0027	0.0018	0.5037	0.3849
上饶	0.0041	0.0042	0.5137	0.4564
武汉	-0.0110	-0.0066		
黄石	-0.0043	-0.0005		
宜昌	-0.0031	-0.0056		
襄阳	0.0017	-0.0030	0.4113	
鄂州	-0.0024	-0.0015	0.2234	
荆门	0.0004	-0.0010	0.3879	
孝感	-0.0019	-0.0019		
荆州	0.0031	0.0029	0.4592	0.4189
黄冈	0.0055	-0.0017	0.5379	
咸宁	0.0006	0.0025	0.3989	0.4755
长沙	0.0001	-0.0002	0.3707	
株洲	-0.0013	0.0002		0.3165
湘潭	-0.0022	-0.0003		
衡阳	0.0028	0.0040	0.4314	0.4245
岳阳	0.0029	0.0025	0.4725	0.3962
常德	0.0028	0.0028	0.4599	0.4071
益阳	0.0032	0.0023	0.5077	0.4391
娄底	0.0019	0.0016	0.4517	0.3938

由表7-26可知，中原城市群其他工业2006年区位熵大于0的城市共有14个城市；2017年增长为16个城市，其中新增的开封、许昌、周口的区位熵大于0，说明其他工业对这3个城市转变为专业化产业，是城市职能；与2006年相比，2017年郑州的产业优势度有所增加，新乡的优势度增加了近10倍，说明中原城市群其他工业职能的优势有所扩散。2017年中原城市群其他工业职能地位排名前两位的城市为鹤壁和漯河。

表7-26　　2006年、2017年中原城市群其他工业的区位熵和职能地位

地区	区位熵		职能强度（地位）	
	2006年	2017年	2006年	2017年
邯郸	0.0025	-0.0041	0.4692	
邢台	-0.0026	-0.0042		

续表

地区	区位熵		职能强度（地位）	
	2006 年	2017 年	2006 年	2017 年
长治	0.0030	0.0010	0.5223	0.5197
晋城	0.0026	0.0031	0.5355	0.6179
运城	-0.0005	-0.0035		
蚌埠	-0.0013	-0.0009		
淮北	0.0042	0.0020	0.6299	0.6301
阜阳	-0.0036	-0.0039		
宿州	-0.0009	-0.0072		
亳州	-0.0024	-0.0025		
聊城	-0.0004	-0.0024		
菏泽	-0.0058	-0.0047		
郑州	0.0038	0.0055	0.4648	0.5218
开封	-0.0025	0.0020		0.5417
洛阳	0.0016	0.0003	0.4566	0.4878
平顶山	0.0055	0.0022	0.5468	0.5461
安阳	0.0054	0.0038	0.5544	0.5970
鹤壁	0.0027	0.0026	0.6061	0.6620
新乡	0.0004	0.0048	0.4350	0.6053
焦作	0.0036	0.0042	0.5421	0.6044
濮阳	0.0022	0.0025	0.4948	0.5776
许昌	-0.0002	0.0032		0.5881
漯河	0.0020	0.0034	0.5229	0.6311
三门峡	0.0028	0.0004	0.5465	0.5109
南阳	-0.0013	-0.0037		
商丘	-0.0055	-0.0007		
信阳	-0.0043	-0.0017		
周口	-0.0063	0.0001		0.4849
驻马店	-0.0047	-0.0014		

由表 7-27 可知，中原城市群高级生产性服务业 2006 年区位熵不小于 0 的城市有邯郸、邢台、长治、运城、蚌埠、淮北、阜阳、聊城、郑州、开封、平顶山、濮阳、南阳、驻马店 14 个城市；2017 年减少为 11 个城市，其中淮北、开封、平顶山、濮阳、南阳、驻马店的区位熵降至 0 以下，说明其他工业对这 6 个城市为非专业化产业，不再是城市职能。2006 年和 2017 年中原城市群中具有高级生产性服务业职能的城市其职能强度均有所增加，说明中原城市群高级生产性服务业职能表现为向若干城市集中的特征，不仅核心城市仍保持着优势，也呈现扩散后在次级城市和外围城市再集聚的趋势。

表 7-27　　2006 年、2017 年中原城市群高级生产性服务业的区位熵和职能地位

地区	区位熵		职能强度（地位）	
	2006 年	2017 年	2006 年	2017 年
邯郸	0.0001	0.0003	0.0578	0.0699

续表

地区	区位熵		职能强度（地位）	
	2006 年	2017 年	2006 年	2017 年
邢台	0.0004	0.0003	0.0675	0.0741
长治	0.0001	0.0005	0.0590	0.0806
晋城	-0.0001	0.0001		0.0652
运城	0.0004	0.0003	0.0680	0.0743
蚌埠	0.0004	0.0004	0.0795	0.0854
淮北	0.0009	-0.0001	0.1007	
阜阳	0.0002	0.0010	0.0635	0.1073
宿州	-0.0002	-0.0002		
亳州	-0.0000	0.0003		0.0832
聊城	0.0000	0.0013	0.0556	0.1068
菏泽	-0.0002	-0.0001		
郑州	0.0006	0.0042	0.0617	0.0940
开封	0.0000	-0.0007	0.0555	
洛阳	-0.0002	-0.0004		
平顶山	0.0000	-0.0003	0.0558	
安阳	-0.0003	-0.0002		
鹤壁	-0.0003	-0.0003		
新乡	-0.0009	-0.0009		
焦作	-0.0004	-0.0006		
濮阳	0.0008	-0.0005	0.0830	
许昌	-0.0002	-0.0008		
漯河	-0.0001	-0.0006		
三门峡	-0.0001	0.0002		0.0730
南阳	0.0001	-0.0002	0.0564	
商丘	-0.0005	-0.0009		
信阳	-0.0000	-0.0004		
周口	-0.0006	-0.0007		
驻马店	0.0000	-0.0008	0.0563	

由表 7-28 可知，中原城市群一般生产性服务业 2006 年区位熵大于 0 的城市有蚌埠、阜阳、亳州、郑州、开封、洛阳、新乡、三门峡、南阳、商丘、信阳、周口、驻马店 13 个城市；2017 年减少为 10 个城市，其中开封、新乡、三门峡、南阳、周口的区位熵降至 0 以下，说明一般生产性服务业对这 5 个城市为非专业化产业，不再是城市职能。从职能地位来看，中原城市群一般生产性服务业职能地位居首的城市从蚌埠变为宿州。

表 7-28　2006 年、2017 年中原城市群一般生产性服务业的区位熵和职能地位

地区	区位熵		职能强度（地位）	
	2006 年	2017 年	2006 年	2017 年
邯郸	-0.0002	-0.0004		
邢台	-0.0004	-0.0009		

续表

地区	区位熵		职能强度（地位）	
	2006 年	2017 年	2006 年	2017 年
长治	-0.0006	-0.0011		
晋城	-0.0002	-0.0006		
运城	-0.0006	-0.0005		
蚌埠	0.0006	0.0003	0.1468	0.1179
淮北	-0.0011	-0.0008		
阜阳	0.0004	0.0002	0.1244	0.1085
宿州	-0.0001	0.0089		0.2798
亳州	0.0001	0.0005	0.1187	0.1309
聊城	-0.0012	-0.0005		
菏泽	-0.0011	-0.0011		
郑州	0.0014	0.0023	0.1235	0.1181
开封	0.0008	-0.0000	0.1354	
洛阳	0.0008	0.0001	0.1235	0.1032
平顶山	-0.0011	-0.0009		
安阳	-0.0008	-0.0014		
鹤壁	-0.0006	-0.0007		
新乡	0.0013	-0.0018	0.1403	
焦作	-0.0011	0.0001		0.1037
濮阳	-0.0007	-0.0009		
许昌	-0.0005	-0.0011		
漯河	-0.0009	-0.0004		
三门峡	0.0001	-0.0005	0.1112	
南阳	0.0019	-0.0004	0.1377	
商丘	0.0006	0.0002	0.1239	0.1051
信阳	0.0011	0.0006	0.1363	0.1148
周口	0.0014	-0.0007	0.1418	
驻马店	0.0008	0.0015	0.1314	0.1332

由表 7-29 可知，中原城市群其他服务业 2006 年区位熵大于 0 的有 14 个城市；2017 年新增的邯郸、洛阳、南阳的区位熵大于 0，说明其他工业对这 3 个城市转变为专业化产业，是城市职能。从职能地位来看，2006 年和 2017 年中原城市群具有一般生产性服务业职能的城市除了邢台和运城，其他城市的职能强度均减小。总体来说，中原城市群的其他服务业的发育迟缓。

表 7-29   2006 年、2017 年中原城市群其他服务业的区位熵和职能地位

地区	区位熵		职能强度（地位）	
	2006 年	2017 年	2006 年	2017 年
邯郸	-0.0024	0.0043		0.4667
邢台	0.0027	0.0049	0.4935	0.5777
长治	-0.0025	-0.0004		

续表

地区	区位熵		职能强度（地位）	
	2006年	2017年	2006年	2017年
晋城	-0.0023	-0.0026		
运城	0.0007	0.0037	0.4324	0.5283
蚌埠	0.0003	0.0003	0.4272	0.3707
淮北	-0.0040	-0.0011		
阜阳	0.0029	0.0027	0.5219	0.4802
宿州	0.0012	-0.0016	0.4624	
亳州	0.0023	0.0018	0.5704	0.4716
聊城	0.0016	0.0016	0.4573	0.4089
菏泽	0.0070	0.0059	0.6208	0.5313
郑州	-0.0057	-0.0120		
开封	0.0017	-0.0012	0.4699	
洛阳	-0.0021	0.0001		0.3561
平顶山	-0.0044	-0.0010		
安阳	-0.0043	-0.0022		
鹤壁	-0.0018	-0.0015		
新乡	-0.0009	-0.0021		
焦作	-0.0021	-0.0037		
濮阳	-0.0023	-0.0011		
许昌	0.0010	-0.0013	0.4467	
漯河	-0.0011	-0.0024		
三门峡	-0.0027	-0.0001		
南阳	-0.0007	0.0043		0.4304
商丘	0.0055	0.0013	0.5577	0.3802
信阳	0.0033	0.0016	0.4941	0.3956
周口	0.0055	0.0012	0.5409	0.3833
驻马店	0.0039	0.0007	0.5266	0.3700

由表7-30可知，晋中城市群其他工业2006年和2017年区位熵大于0的仅有太原1个城市，说明其他工业对该城市为专业化产业，是城市职能。2006年和2017年太原的职能强度减弱，但基本格局没有改变。

表7-30　　　　2006年、2017年晋中城市群其他工业的区位熵和职能地位

地区	区位熵		职能强度（地位）	
	2006年	2017年	2006年	2017年
太原	0.0053	0.0350	0.508256	0.391228
晋中	-0.0053	-0.0350		

由表7-31可知，晋中城市群高级生产性服务业2006年和2017年区位熵大于0的仅有晋中1个城市，说明高级生产性服务业对该城市为专业化产业，是城市职能。与2006年相比，2017年晋中的职能强度有所增强。

表7-31 2006年、2017年晋中城市群高级生产性服务业的区位熵和职能地位

地区	区位熵		职能强度（地位）	
	2006年	2017年	2006年	2017年
太原	-0.0014	-0.0153		
晋中	0.0014	0.0153	0.063956	0.174009

由表7-32可知，晋中城市群一般生产性服务业2006年和2017年区位熵大于0的仅有太原1个城市，说明高级生产性服务业对该城市为专业化产业，是城市职能。与2006年相比，2017年太原的职能强度有所增强。

表7-32 2006年、2017年晋中城市群一般生产性服务业的区位熵和职能地位

地区	区位熵		职能强度（地位）	
	2006年	2017年	2006年	2017年
太原	0.0155	0.0233	0.170863	0.225065
晋中	-0.0155	-0.0233		

由表7-33可知，晋中城市群其他服务业2006年和2017年区位熵大于0的仅有晋中1个城市，说明其他服务业对该城市为专业化产业，是城市职能。与2006年相比，2017年晋中的职能强度有所增强。

表7-33 2006年、2017年晋中城市群其他服务业的区位熵和职能地位

地区	区位熵		职能强度（地位）	
	2006年	2017年	2006年	2017年
太原	-0.0194	-0.0430		
晋中	0.0194	0.0430	0.35043	0.518121

由表7-34可知，成渝城市群其他工业2006年区位熵大于0的有重庆、成都、自贡、泸州、德阳、绵阳、遂宁、内江、乐山、宜宾10个城市；2017年增加到了13个城市，但重庆、成都的区位熵均降至0以下，说明其他工业对该城市为非专业化产业，不再是城市职能。从职能地位来看，2006年和2017年成渝城市群中具有其他工业职能城市的职能强度均有所下降。总体来看，成渝城市群并没有出现其他工业在首位城市不断集聚的态势，而是呈现向外围城市发展的趋势。

表7-34 2006年、2017年成渝城市群其他工业的区位熵和职能地位

地区	区位熵		职能强度（地位）	
	2006年	2017年	2006年	2017年
重庆	0.0013	-0.0088	0.4847	
成都	0.0045	-0.0174	0.5005	
自贡	0.0006	0.0010	0.5010	0.4400
泸州	0.0003	0.0011	0.4900	0.4240
德阳	0.0014	0.0029	0.5221	0.5007
绵阳	0.0011	0.0031	0.5056	0.4614
遂宁	0.0016	0.0020	0.5391	0.4993

续表

地区	区位熵		职能强度（地位）	
	2006年	2017年	2006年	2017年
内江	0.0030	0.0026	0.5638	0.5076
乐山	0.0036	0.0009	0.5624	0.4193
南充	-0.0046	0.0005		0.3890
眉山	-0.0019	0.0010		0.4407
宜宾	0.0025	0.0029	0.5336	0.4815
广安	-0.0040	0.0040		0.5370
达州	-0.0045	0.0044		0.5101
雅安	-0.0022	-0.0007		
资阳	-0.0027	0.0006		0.4200

由表7-35可知，成渝城市群高级生产性服务业2006年区位熵大于0的有成都、德阳、广安、达州、雅安、资阳6个城市；2017年减少为1个城市，仅有成都的区位熵大于0，说明高级生产性服务业对该城市为专业化产业，是城市职能。从职能地位来看，2006~2017年成渝城市群高级生产性服务业职能地位居首的城市由广安变成了成都，说明成渝城市群高级生产性服务业具有向核心城市集聚的态势。

表7-35　2006年、2017年成渝城市群高级生产性服务业的区位熵和职能地位

地区	区位熵		职能强度（地位）	
	2006年	2017年	2006年	2017年
重庆	-0.0003	-0.0005		
成都	0.0017	0.0098	0.0606	0.1206
自贡	-0.0002	-0.0004		
泸州	-0.0003	-0.0009		
德阳	0.0001	-0.0007	0.0559	
绵阳	-0.0001	-0.0003		
遂宁	-0.0004	-0.0004		
内江	-0.0005	-0.0008		
乐山	-0.0007	-0.0008		
南充	-0.0001	-0.0001		
眉山	-0.0001	-0.0010		
宜宾	-0.0004	-0.0008		
广安	0.0003	-0.0011	0.0705	
达州	0.0006	-0.0013	0.0678	
雅安	0.0002	-0.0002	0.0677	
资阳	0.0004	-0.0001	0.0697	

由表7-36可知，成渝城市群一般生产性服务业2006年区位熵大于0的有重庆、成都、自贡3个城市；2017年减少为1个城市，仅有成都的区位熵大于0，说明一般生产性服务业对该城市为专业化产业，是城市职能。从职能地位来看，2006~2017年成渝城市群一般生产性服务业职能地为居首的城市由自贡变成了成都，类似于高级生产性服务业，一

一般生产性服务业也具有向核心城市集聚的倾向,这种倾向具有内在关联性,即金融业、计算机软件业、租赁服务业等高端服务业的集聚会吸引大量配套的一般生产性服务业,如批发零售业、交通运输。

表 7-36   2006 年、2017 年成渝城市群一般生产性服务业的区位熵和职能地位

地区	区位熵		职能强度(地位)	
	2006 年	2017 年	2006 年	2017 年
重庆	0.0055	-0.0017	0.1159	
成都	0.0060	0.0328	0.1274	0.2517
自贡	0.0009	-0.0013	0.1296	
泸州	-0.0000	-0.0019		
德阳	-0.0017	-0.0027		
绵阳	-0.0019	-0.0036		
遂宁	-0.0013	-0.0020		
内江	-0.0014	-0.0025		
乐山	-0.0007	-0.0019		
南充	-0.0012	-0.0032		
眉山	-0.0007	-0.0018		
宜宾	-0.0013	-0.0036		
广安	-0.0005	-0.0026		
达州	-0.0004	-0.0017		
雅安	-0.0005	-0.0010		
资阳	-0.0007	-0.0013		

由表 7-37 可知,成渝城市群其他服务业从业比例有所上升,2006 年区位熵不小于 0 的有 10 个城市;2017 年增加为 13 个城市,新增的重庆、自贡、内江、乐山、宜宾的区位熵大于 0,说明其他服务业对该城市为专业化产业,是城市职能,泸州的产业优势度增加了近 17 倍。从职能地位来看,2006 年和 2017 年成渝城市群其他服务业职能地位居首的城市由广安变为雅安。

表 7-37   2006 年、2017 年成渝城市群其他服务业的区位熵和职能地位

地区	区位熵		职能强度(地位)	
	2006 年	2017 年	2006 年	2017 年
重庆	-0.0065	0.0110		0.3778
成都	-0.0121	-0.0252		
自贡	-0.0012	0.0007		0.3817
泸州	0.0000	0.0017	0.3652	0.4142
德阳	0.0003	0.0005	0.3723	0.3610
绵阳	0.0009	0.0007	0.3845	0.3566
遂宁	0.0001	0.0008	0.3677	0.3885
内江	-0.0011	0.0007		0.3749
乐山	-0.0022	0.0018		0.4321
南充	0.0059	0.0028	0.5179	0.4163
眉山	0.0027	0.0019	0.5087	0.4624

续表

地区	区位熵		职能强度（地位）	
	2006年	2017年	2006年	2017年
宜宾	-0.0008	0.0016		0.3953
广安	0.0043	-0.0003	0.6242	
达州	0.0043	-0.0015	0.4741	
雅安	0.0025	0.0018	0.5483	0.5461
资阳	0.0031	0.0009	0.5079	0.4048

由表7-38可知，关中平原城市群其他工业2006年区位熵大于0的有西安、宝鸡、咸阳3个城市；2017年增加为5个城市，其中新增的铜川、渭南和商洛的区位熵大于0，而西安的区位熵降至0以下。从职能地位来看，2006~2017年关中平原城市群其他工业职能地位排名前两位由宝鸡和西安变成了宝鸡和咸阳。

表7-38　　2006年、2017年关中平原城市群其他工业的区位熵和职能地位

地区	区位熵		职能强度（地位）	
	2006年	2017年	2006年	2017年
运城	-0.0032	-0.0055		
临汾	-0.0010	-0.0043		
西安	0.0212	-0.0104	0.4750	
铜川	-0.0008	0.0010		0.4428
宝鸡	0.0073	0.0092	0.5054	0.5047
咸阳	0.0025	0.0098	0.4439	0.4958
渭南	-0.0004	0.0056		0.4646
商洛	-0.0064	0.0014		0.4325
天水	-0.0034	-0.0041		
平凉	-0.0066	-0.0005		
庆阳	-0.0092	-0.0023		

由表7-39可知，关中平原城市群高级生产性服务业2006年区位熵大于0的有运城、临汾、西安、咸阳、商洛5个城市；2017年减少为1个城市，即仅有西安的区位熵大于0。从职能地位来看，2006~2017年关中平原城市群高级生产性服务业职能地位居首的城市由运城市变成西安，说明关中平原城市区高级生产性服务业向核心城市聚集。

表7-39　　2006年、2017年关中平原城市群高级生产性服务业的区位熵和职能地位

地区	区位熵		职能强度（地位）	
	2006年	2017年	2006年	2017年
运城	0.0013	-0.0008	0.0639	
临汾	0.0007	-0.0014	0.0577	
西安	0.0021	0.0162	0.0572	0.1224
铜川	-0.0007	-0.0003		
宝鸡	-0.0011	-0.0034		

续表

地区	区位熵		职能强度（地位）	
	2006年	2017年	2006年	2017年
咸阳	0.0000	-0.0031	0.0513	
渭南	-0.0005	-0.0005		
商洛	0.0005	-0.0013	0.0663	
天水	-0.0008	-0.0023		
平凉	-0.0010	-0.0016		
庆阳	-0.0005	-0.0016		

由表7-40可知，关中平原城市群一般生产性服务业2006年区位熵大于0的有西安、铜川、平凉、庆阳4个城市；2017年减少为1个城市，即仅有西安的区位熵大于0，说明一般生产性服务业对该城市为专业化产业，是城市职能。从职能地位来看，2006~2017年关中平原城市群一般生产性服务业职能地位居首的城市由铜川变成了西安，类似于高级生产性服务业，一般生产性服务业也具有向核心城市集聚的倾向，这种倾向是具有内在关联性，即金融业、计算机软件业、租赁服务业等高端服务业的集聚会吸引大量配套的一般生产性服务业，如批发零售业、交通运输。

表7-40 2006年、2017年关中平原城市群一般生产性服务业的区位熵和职能地位

地区	区位熵		职能强度（地位）	
	2006年	2017年	2006年	2017年
运城	-0.0005	-0.0047		
临汾	-0.0042	-0.0017		
西安	0.0050	0.0308	0.1630	0.2102
铜川	0.0085	-0.0011	0.3636	
宝鸡	-0.0049	-0.0030		
咸阳	-0.0064	-0.0074		
渭南	-0.0068	-0.0034		
商洛	-0.0001	-0.0026		
天水	-0.0017	-0.0017		
平凉	0.0078	-0.0027	0.3290	
庆阳	0.0032	-0.0025	0.2447	

由表7-41可知，关中平原城市群其他服务业从业比例上升。在区位熵分布上，2006年大于0的城市有运城、临汾、咸阳、渭南、商洛、天水、庆阳7个城市；2017年增长为8个城市，其中运城的产业优势度增加了近5倍。从职能地位来看，2006~2017年关中平原城市群其他服务业职能地位居首的城市均为庆阳。

表7-41 2006年、2017年关中平原城市群其他服务业的区位熵和职能地位

地区	区位熵		职能强度（地位）	
	2006年	2017年	2006年	2017年
运城	0.0025	0.0110	0.4058	0.5264
临汾	0.0045	0.0074	0.4277	0.4699

续表

地区	区位熵		职能强度（地位）	
	2006年	2017年	2006年	2017年
西安	-0.0283	-0.0366		
铜川	-0.0069	0.0003		0.3868
宝鸡	-0.0014	-0.0028		
咸阳	0.0038	0.0007	0.4176	0.3814
渭南	0.0077	-0.0017	0.4615	
商洛	0.0060	0.0025	0.5575	0.4319
天水	0.0059	0.0081	0.4970	0.5442
平凉	-0.0002	0.0047		0.5129
庆阳	0.0064	0.0063	0.5713	0.5534

由表7-42可知，在北部湾城市群10个城市中，2006年具有其他工业职能的城市包括湛江、阳江、南宁、崇左4个城市，2017年增加了茂名和钦州，湛江和阳江的区位熵明显减小，说明其他工业在北部湾城市群的相对优势在减小，而南宁的产业优势度增加了近50倍。从职能地位来看，阳江的职能强度下降，而2006年原本具有职能地位的崇左也失去了职能地位。

表7-42　2006年、2017年北部湾城市群其他工业的区位熵和职能地位

地区	区位熵		职能强度（地位）	
	2006年	2017年	2006年	2017年
湛江	0.0086	0.0006	0.3747	0.3774
茂名	-0.0076	0.0141		0.4700
阳江	0.0175	0.0061	0.5301	0.4636
南宁	0.0002	0.0098	0.3174	0.4037
北海	-0.0016	-0.0002		
防城港	-0.0005	-0.0024		
钦州	-0.0021	0.0025		0.4165
玉林	-0.0022	-0.0027		
崇左	0.0006	-0.0044	0.3330	
海口	-0.0129	-0.0234		

由表7-43可知，在北部湾城市群10个城市中，2006年具有高级生产性服务业职能的城市包括茂名、南宁、北海、玉林、海口5个城市，2017年减少为4个城市。从职能地位来看，北部湾城市群高级生产性服务业职能地位居首的城市由南宁变成了海口。其中新增的湛江和崇左区位熵大于0，说明高级生产性服务业对该城市转变为专业化产业，属于城市职能。

表7-43　2006年、2017年北部湾城市群高级生产性服务业的区位熵和职能地位

地区	区位熵		职能强度（地位）	
	2006年	2017年	2006年	2017年
湛江	-0.0009	0.0006		0.0891
茂名	0.0000	-0.0041	0.0704	

续表

地区	区位熵		职能强度（地位）	
	2006 年	2017 年	2006 年	2017 年
阳江	-0.0024	-0.0023		
南宁	0.0035	0.0046	0.0852	0.1008
北海	0.0004	-0.0001	0.0822	
防城港	-0.0005	-0.0005		
钦州	-0.0007	-0.0026		
玉林	0.0006	-0.0020	0.0772	
崇左	-0.0008	0.0004		0.0976
海口	0.0008	0.0059	0.0729	0.1272

由表 7-44 可知，在北部湾城市群 10 个城市中，2006 年和 2017 年具有一般生产性服务业职能的城市包括南宁、防城港、海口 3 个城市，其中南宁的产业优势度相对增加，而防城港和海口的产业优势度相对减少。从职能地位来看，2006 年和 2017 年北部湾城市群一般生产性服务业职能地位居首的城市均为海口。

表 7-44　2006 年、2017 年北部湾城市群一般生产性服务业的区位熵和职能地位

地区	区位熵		职能强度（地位）	
	2006 年	2017 年	2006 年	2017 年
湛江	-0.0069	-0.0011		
茂名	-0.0100	-0.0045		
阳江	-0.0076	-0.0019		
南宁	0.0018	0.0038	0.1835	0.1318
北海	-0.0018	-0.0016		
防城港	0.0007	0.0001	0.2123	0.1259
钦州	-0.0029	-0.0034		
玉林	-0.0056	-0.0043		
崇左	-0.0028	-0.0015		
海口	0.0351	0.0143	0.3132	0.2196

由表 7-45 可知，在北部湾城市群 10 个城市中，2006 年具有其他服务业职能的城市包括茂名、北海、防城港、钦州、玉林、崇左 6 个城市；2017 年仍为 6 个城市，但其中茂名的区位熵降至小于 0，而海口的区位熵增至大于 0，说明其他服务业对海口为专业化产业，属于城市职能；对茂名为非专业化产业，不再属于城市职能。从职能地位来看，北部湾城市群其他服务业职能地位居首的城市由茂名变成了崇左。

表 7-45　2006 年、2017 年北部湾城市群其他服务业的区位熵和职能地位

地区	区位熵		职能强度（地位）	
	2006 年	2017 年	2006 年	2017 年
湛江	-0.0008	-0.0001		
茂名	0.0177	-0.0055	0.6078	
阳江	-0.0075	-0.0019		

续表

地区	区位熵		职能强度（地位）	
	2006 年	2017 年	2006 年	2017 年
南宁	-0.0055	-0.0181		
北海	0.0030	0.0019	0.5236	0.4692
防城港	0.0003	0.0027	0.4523	0.5500
钦州	0.0057	0.0035	0.5730	0.4827
玉林	0.0072	0.0089	0.5191	0.5287
崇左	0.0029	0.0055	0.5069	0.5740
海口	-0.0230	0.0032		0.4444

由表 7-46 可知，呼包鄂榆城市群其他工业 2006 年区位熵高于 0 的城市仅有包头和鄂尔多斯，2017 年增加了榆林，其中包头的区位熵下降明显，而鄂尔多斯的产业优势增加了近 2 倍。从职能地位来看，2006 年和 2017 年呼包鄂榆城市群其他工业职能地位居首的城市均为包头但职能地位有所下降。

表 7-46　　2006 年、2017 年呼包鄂榆城市群其他工业的区位熵和职能地位

地区	区位熵		职能强度（地位）	
	2006 年	2017 年	2006 年	2017 年
呼和浩特	-0.0341	-0.0366		
包头	0.0642	0.0193	0.5900	0.4730
鄂尔多斯	0.0083	0.0126	0.4798	0.4547
榆林	-0.0384	0.0047		0.4158

由表 7-47 可知，呼包鄂榆城市群高级生产性服务业 2006 年区位熵高于 0 的城市仅有呼和浩特，2017 年增加了包头，说明高级生产性服务业对该城市转变为专业化产业，是城市职能，其中呼和浩特的区位熵有所下降。从职能地位来看，2006 年和 2017 年呼包鄂榆城市群高级生产性服务业职能地位居首的城市均为呼和浩特，但职能地位有所下降。

表 7-47　　2006 年、2017 年呼包鄂榆城市群高级生产性服务业的区位熵和职能地位

地区	区位熵		职能强度（地位）	
	2006 年	2017 年	2006 年	2017 年
呼和浩特	0.0118	0.0074	0.1077	0.1061
包头	-0.0030	0.0036		0.0941
鄂尔多斯	-0.0017	-0.0004		
榆林	-0.0070	-0.0106		

由表 7-48 可知，呼包鄂榆城市群一般生产性服务业 2006 年区位熵高于 0 的城市有呼和浩特和榆林 2 个城市；2017 年减少为 1 个城市，仅有呼和浩特的区位熵大于 0，说明一般生产性服务业对该城市是专业化产业，是城市职能。类似于高级生产性服务业，一般

生产性服务业也具有向核心城市集聚的态势。从职能地位来看，2006年和2017年呼包鄂榆城市群一般生产性服务业职能地位居首的城市均为呼和浩特，且职能地位有所上升。

表7-48　2006年、2017年呼包鄂榆城市群一般生产性服务业的区位熵和职能地位

地区	区位熵		职能强度（地位）	
	2006年	2017年	2006年	2017年
呼和浩特	0.0073	0.0174	0.1139	0.1804
包头	-0.0027	-0.0069		
鄂尔多斯	-0.0066	-0.0073		
榆林	0.0019	-0.0032	0.1023	

由表7-49可知，呼包鄂榆城市群其他服务业2006年和2017年区位熵高于0的城市有呼和浩特和榆林2个城市，且2个城市的区位熵下降明显，说明其他服务业在呼包鄂榆城市群的相对优势在减小。从职能地位来看，呼包鄂榆城市群职能地位居首的城市由榆林变为呼和浩特。

表7-49　2006年、2017年呼包鄂榆城市群其他服务业的区位熵和职能地位

地区	区位熵		职能强度（地位）	
	2006年	2017年	2006年	2017年
呼和浩特	0.0150	0.0118	0.4528	0.4428
包头	-0.0585	-0.0160		
鄂尔多斯	-0.0001	-0.0049		
榆林	0.0436	0.0091	0.6111	0.4338

由表7-50可知，在兰西城市群4个城市中，2006年具有其他工业职能的城市有兰州和白银2个城市，2017年增加了西宁，但兰州和白银的区位熵值明显减小，说明其他工业在兰西城市群的相对优势在减小。从职能地位来看，兰西城市群职能地位居首的城市为白银，表明兰西城市群其他工业职能分工由核心城市向外围城市转移的态势。

表7-50　2006年、2017年兰西城市群其他工业的区位熵和职能地位

地区	区位熵		职能强度（地位）	
	2006年	2017年	2006年	2017年
兰州	0.0209	0.0083	0.4839	0.4169
白银	0.0162	0.0048	0.5559	0.4460
定西	-0.0218	-0.0171		
西宁	-0.0153	0.0041		0.4217

由表7-51可知，在兰西城市群4个城市中，2006年具有高级生产性服务业职能的城市有兰州和西宁2个城市；2017年减少为1个城市，西宁的区位熵降至小于0，说明高级生产性服务业对该城市是非专业化产业，不再是城市职能。从职能地位来看，兰西城市群职能地位居首的城市由西宁变成兰州，表明兰西城市群高级生产性服务业职能分工呈现向核心城市转移的态势。

表7-51　2006年、2017年兰西城市群高级生产性服务业的区位熵和职能地位

地区	区位熵		职能强度（地位）	
	2006年	2017年	2006年	2017年
兰州	0.0021	0.0123	0.0727	0.1152
白银	-0.0042	-0.0057		
定西	-0.0041	-0.0058		
西宁	0.0062	-0.0009	0.0974	

由表7-52可知，在兰西城市群4个城市中，2006年具有一般生产性服务业职能的城市有兰州和西宁2个城市；2017年减少为1个城市，兰州的区位熵降至小于0，说明一般生产性服务业对该城市是非专业化产业，不再是城市职能。从职能地位来看，2006年和2017年兰西城市群职能地位居首的城市均为西宁。

表7-52　2006年、2017年兰西城市群一般生产性服务业的区位熵和职能地位

地区	区位熵		职能强度（地位）	
	2006年	2017年	2006年	2017年
兰州	0.0082	-0.0019	0.1468	
白银	-0.0113	-0.0113		
定西	-0.0068	-0.0084		
西宁	0.0099	0.0216	0.1772	0.2249

由表7-53可知，在兰西城市群4个城市中，2006年具有其他服务业职能的城市仅有定西1个城市；2017年增加为2个城市，新增白银的区位熵大于0，说明其他服务业对该城市是专业化产业，是城市职能。从职能地位来看，2006年和2017年兰西城市群职能地位居首的城市均为定西。

表7-53　2006年、2017年兰西城市群其他服务业的区位熵和职能地位

地区	区位熵		职能强度（地位）	
	2006年	2017年	2006年	2017年
兰州	-0.0312	-0.0188		
白银	-0.0008	0.0122		0.4623
定西	0.0328	0.0313	0.6997	0.6471
西宁	-0.0008	-0.0248		

由表7-54可知，黔中城市群其他工业2006年和2017年区位熵大于0的城市有贵阳1个城市，说明其他工业对该城市为专业化产业，是城市职能。从职能地位来看，2006年和2017年黔中城市群其他工业职能地位居首的城市均为贵阳。

表7-54　2006年、2017年黔中城市群其他工业的区位熵和职能地位

地区	区位熵		职能强度（地位）	
	2006年	2017年	2006年	2017年
贵阳	0.0372	0.0444	0.4782	0.4815

续表

地区	区位熵		职能强度（地位）	
	2006 年	2017 年	2006 年	2017 年
遵义	-0.0222	-0.0358		
安顺	-0.0151	-0.0086		

由表 7-55 可知，黔中城市群高级生产性服务业 2006 年和 2017 年区位熵大于 0 的城市有贵阳和安顺 2 个城市，说明高级生产性服务业对这 2 个城市为专业化产业，是城市职能。从职能地位来看，2006 年和 2017 年黔中城市群高级生产性服务业职能地位居首的城市均为贵阳。

表 7-55　2006 年、2017 年黔中城市群高级生产性服务业的区位熵和职能地位

地区	区位熵		职能强度（地位）	
	2006 年	2017 年	2006 年	2017 年
贵阳	0.0022	0.0028	0.0539	0.0746
遵义	-0.0024	-0.0029		
安顺	0.0002	0.0000	0.0524	0.0702

由表 7-56 可知，黔中城市群一般生产性服务业 2006 年和 2017 年区位熵大于 0 的城市只有贵阳 1 个城市，说明一般生产性服务业对这 1 个城市为专业化产业，是城市职能。从职能地位来看，2006 年和 2017 年黔中城市群一般生产性服务业职能地位居首的城市均为贵阳。

表 7-56　2006 年、2017 年黔中城市群一般生产性服务业的区位熵和职能地位

地区	区位熵		职能强度（地位）	
	2006 年	2017 年	2006 年	2017 年
贵阳	0.0121	0.0154	0.1375	0.1492
遵义	-0.0093	-0.0090		
安顺	-0.0028	-0.0064		

由表 7-57 可知，黔中城市群其他服务业 2006 年和 2017 年区位熵大于 0 的城市有遵义和安顺 2 个城市，说明其他服务业对这 2 个城市为专业化产业，是城市职能。从职能地位来看，2006~2017 年黔中城市群其他服务业职能地位居首的城市由安顺变成遵义。

表 7-57　2006 年、2017 年黔中城市群其他服务业的区位熵和职能地位

地区	区位熵		职能强度（地位）	
	2006 年	2017 年	2006 年	2017 年
贵阳	-0.0514	-0.0626		
遵义	0.0338	0.0477	0.5004	0.5460
安顺	0.0177	0.0150	0.5522	0.4966

由表 7-58 可知，滇中城市群其他工业从业比例有所上升。在区位熵分布上，2006 年高于 0 的城市有昆明 1 个城市；2017 年增加为 2 个城市，其中昆明的区位熵降至小于 0，

曲靖和玉溪的区位熵增至大于0，说明其他工业对昆明为非专业化产业，不再属于城市职能，而对曲靖和玉溪转变为专业化产业，属于城市职能。从职能地位来看，黔中城市群其他工业职能地位居首的城市由昆明变成了曲靖。

表7-58　2006年、2017年滇中城市群其他工业的区位熵和职能地位

地区	区位熵		职能强度（地位）	
	2006年	2017年	2006年	2017年
昆明	0.0122	-0.0251	0.3970	
曲靖	-0.0026	0.0205		0.5367
玉溪	-0.0096	0.0046		0.4844

由表7-59可知，滇中城市群高级生产性服务业2006年和2017年区位熵高于0的城市仅有昆明1个城市，其产业的相对优势增加了将近2倍，说明滇中城市群高级生产性服务业向核心城市集聚。从职能地位来看，2006年、2017年滇中城市群中只有昆明具备高级生产性服务业职能地位，且职能地位有所上升。

表7-59　2006年、2017年滇中城市群高级生产性服务业的区位熵和职能地位

地区	区位熵		职能强度（地位）	
	2006年	2017年	2006年	2017年
昆明	0.0057	0.0110	0.0744	0.0888
曲靖	-0.0055	-0.0083		
玉溪	-0.0002	-0.0027		

由表7-60可知，滇中城市群一般生产性服务业2006年和2017年区位熵高于0的城市仅有昆明1个城市，其产业的相对优势增加了将近2倍，说明滇中城市群一般生产性服务业向核心城市集聚。从职能地位来看，2006年、2017年滇中城市群中只有昆明具备一般生产性服务业职能地位，且职能地位有所上升。

表7-60　2006年、2017年滇中城市群一般生产性服务业的区位熵和职能地位

地区	区位熵		职能强度（地位）	
	2006年	2017年	2006年	2017年
昆明	0.0185	0.0234	0.1849	0.1896
曲靖	-0.0169	-0.0186		
玉溪	-0.0016	-0.0048		

由表7-61可知，滇中城市群其他服务业2006年和2017年区位熵高于0的城市有曲靖和玉溪2个城市，但区位熵有所减小，说明曲靖和玉溪的其他服务业的相对优势均有所减少。从职能地位来看，滇中城市群其他服务业职能地位居首的城市均为曲靖，但职能地位有所下降。

表 7-61　　2006 年、2017 年滇中城市群其他服务业的区位熵和职能地位

地区	区位熵		职能强度（地位）	
	2006 年	2017 年	2006 年	2017 年
昆明	-0.0364	-0.0092		
曲靖	0.0251	0.0063	0.5041	0.3468
玉溪	0.0113	0.0029	0.4808	0.3387

由表 7-62 可知，宁夏沿黄城市群其他工业从业比例有所下降。在区位熵分布上，2006 年和 2017 年高于 0 的城市有银川和石嘴山 2 个城市，但他们产业的相对优势均有所减弱。从职能地位来看，宁夏沿黄城市群其他工业职能地位居首的城市均为石嘴山，但职能地位有所下降。

表 7-62　　2006 年、2017 年宁夏沿黄城市群其他工业的区位熵和职能地位

地区	区位熵		职能强度（地位）	
	2006 年	2017 年	2006 年	2017 年
银川	0.0281	0.0125	0.5171	0.3897
石嘴山	0.0100	0.0133	0.5419	0.4598
吴忠	-0.0213	-0.0031		
中卫	-0.0168	-0.0228		

由表 7-63 可知，宁夏沿黄城市群高级生产性服务业 2006 年和 2017 年区位熵高于 0 的城市仅有银川 1 个城市，银川的区位熵有所增加，说明高级生产性服务业在宁夏沿黄城市群的相对优势在增强。从职能地位来看，2006 年、2017 年宁夏沿黄城市群中只有银川具备高级生产性服务业职能地位，且职能地位有所上升。

表 7-63　　2006 年、2017 年宁夏沿黄城市群高级生产性服务业的区位熵和职能地位

地区	区位熵		职能强度（地位）	
	2006 年	2017 年	2006 年	2017 年
银川	0.0073	0.0107	0.0856	0.1179
石嘴山	-0.0044	-0.0026		
吴忠	-0.0018	-0.0029		
中卫	-0.0011	-0.0052		

由表 7-64 可知，宁夏沿黄城市群一般生产性服务业 2006 年和 2017 年区位熵都高于 0 的城市仅有银川 1 个城市，但银川的区位熵有所减少，2017 年中卫的区位熵增至大于 0，说明一般生产性服务业在宁夏沿黄城市群的相对优势在增强。从职能地位来看，宁夏沿黄城市群一般生产性服务业职能地位居首的城市由银川变为中卫。

表7-64　2006年、2017年宁夏沿黄城市群一般生产性服务业的区位熵和职能地位

地区	区位熵		职能强度（地位）	
	2006年	2017年	2006年	2017年
银川	0.0079	0.0069	0.0930	0.1128
石嘴山	-0.0034	-0.0081		
吴忠	-0.0039	-0.0075		
中卫	-0.0006	0.0087		0.1767

由表7-65可知，宁夏沿黄城市群其他服务业2006年和2017年区位熵高于0的城市有吴忠和中卫2个城市，吴忠产业的相对优势有所减少，中卫产业的相对优势有所增加。从职能地位来看，宁夏沿黄城市群其他服务业职能地位居首的城市均为中卫，且职能地位有所上升。

表7-65　2006年、2017年宁夏沿黄城市群其他服务业的区位熵和职能地位

地区	区位熵		职能强度（地位）	
	2006年	2017年	2006年	2017年
银川	-0.0433	-0.0302		
石嘴山	-0.0022	-0.0026		
吴忠	0.0270	0.0135	0.5273	0.5035
中卫	0.0185	0.0193	0.5485	0.5813

由表7-66可知，天山北坡城市群其他工业2006年和2017年区位熵高于0的城市仅有克拉玛依1个城市，其区位熵有所减少，表明其他工业在天山北坡城市群的相对优势在减弱。从职能地位来看，2006年、2017年天山北坡城市群中只有克拉玛依具备其他工业职能地位，但职能地位有所下降。

表7-66　2006年、2017年天山北坡城市群其他工业的区位熵和职能地位

地区	区位熵		职能强度（地位）	
	2006年	2017年	2006年	2017年
乌鲁木齐	-0.0739	-0.0423		
克拉玛依	0.0739	0.0423	0.7415	0.5753

由表7-67可知，天山北坡城市群高级生产性服务业2006年区位熵高于0的城市为乌鲁木齐，2017年区位熵大于0的城市为克拉玛依。从职能地位来看，城市群职能地位居首的城市由乌鲁木齐变成克拉玛依。

表7-67　2006年、2017年天山北坡城市群高级生产性服务业的区位熵和职能地位

地区	区位熵		职能强度（地位）	
	2006年	2017年	2006年	2017年
乌鲁木齐	0.0033	-0.0123	0.0844	
克拉玛依	-0.0033	0.0123		0.1553

由表7-68可知，天山北坡城市群一般生产性服务业2006年和2017年区位熵高于0的城市仅有乌鲁木齐1个城市，其区位熵有所增加，表明一般生产性服务业在天山北坡城市群的相对优势在增加。从职能地位来看，2006年、2017年天山北坡城市群中只有乌鲁木齐具备一般生产性服务业职能地位，且职能地位有所上升。

表7-68　2006年、2017年天山北坡城市群一般生产性服务业的区位熵和职能地位

地区	区位熵		职能强度（地位）	
	2006年	2017年	2006年	2017年
乌鲁木齐	0.0302	0.0303	0.2051	0.2213
克拉玛依	-0.0302	-0.0303		

由表7-69可知，天山北坡城市群其他服务业2006年和2017年区位熵高于0的城市仅有乌鲁木齐1个城市，其区位熵有所减小，表明其他服务业在天山北坡城市群的相对优势在减弱。从职能地位来看，2006年、2017年天山北坡城市群中只有乌鲁木齐具备其他服务业职能地位，且职能地位有所上升。

表7-69　2006年、2017年天山北坡城市群其他服务业的区位熵和职能地位

地区	区位熵		职能强度（地位）	
	2006年	2017年	2006年	2017年
乌鲁木齐	0.0404	0.0243	0.3142	0.3649
克拉玛依	-0.0404	-0.0243		

由表7-70可知，哈长城市群其他工业2006年区位熵大于0的城市有辽源、松原、哈尔滨、大庆4个城市；2017年增加为5个城市，其中新增的长春、吉林的区位熵大于0，表明其他工业对该城市转变为专业化产业，属于城市职能。从职能地位来看，2006~2017年其他工业职能地位居首的城市由大庆变成了辽源，说明哈长城市群其他工业职能分工呈现向发展状况较好的城市转移的态势。

表7-70　2006年、2017年哈长城市群其他工业的区位熵和职能地位

地区	区位熵		职能强度（地位）	
	2006年	2017年	2006年	2017年
长春	-0.0081	0.0203		0.4488
吉林	-0.0002	0.0030		0.4189
四平	-0.0072	-0.0059		
辽源	0.0003	0.0050	0.4717	0.5567
松原	0.0007	0.0038	0.4748	0.4574
哈尔滨	0.0143	-0.0183	0.4965	
齐齐哈尔	-0.0028	-0.0074		
大庆	0.0144	0.0129	0.5780	0.4944
牡丹江	-0.0023	-0.0059		
绥化	-0.0092	-0.0074		

由表7-71可知，哈长城市群高级生产性服务业2006年区位熵大于0的城市有长春、

辽源、齐齐哈尔、牡丹江、绥化5个城市；2017年减少为3个城市，其中长春、辽源、绥化的区位熵降至0以下，表明高级生产性服务业对这些城市已非专业化产业，不再属于城市职能。从职能地位来看，2006年和2017年高级生产性服务业职能地位居首的城市都是牡丹江。

表7-71 2006年、2017年哈长城市群高级生产性服务业的区位熵和职能地位

地区	区位熵		职能强度（地位）	
	2006年	2017年	2006年	2017年
长春	0.0028	-0.0015	0.0930	
吉林	-0.0001	-0.0041		
四平	-0.0000	-0.0012		
辽源	0.0000	-0.0013	0.0756	
松原	-0.0001	-0.0027		
哈尔滨	-0.0018	0.0112		0.1458
齐齐哈尔	0.0000	0.0012	0.0679	0.1233
大庆	-0.0028	-0.0038		
牡丹江	0.0015	0.0034	0.1042	0.1911
绥化	0.0004	-0.0012	0.0746	

由表7-72可知，哈长城市群一般生产性服务业2006年和2017年区位熵大于0的是哈尔滨、齐齐哈尔、大庆，表明一般生产性服务业对这些城市为专业化产业，属于城市职能。从职能地位来看，2006~2017年高级生产性服务业职能地位居首的城市由齐齐哈尔变成哈尔滨，表明哈长城市群一般生产性服务业具有向核心城市集聚的趋势。

表7-72 2006年、2017年哈长城市群一般生产性服务业的区位熵和职能地位

地区	区位熵		职能强度（地位）	
	2006年	2017年	2006年	2017年
长春	-0.0003	-0.0030		
吉林	-0.0034	-0.0052		
四平	-0.0013	-0.0011		
辽源	-0.0013	-0.0023		
松原	-0.0026	-0.0031		
哈尔滨	0.0085	0.0130	0.1590	0.1853
齐齐哈尔	0.0023	0.0030	0.1616	0.1824
大庆	0.0008	0.0014	0.1415	0.1529
牡丹江	-0.0015	-0.0014		
绥化	-0.0011	-0.0011		

由表7-73可知，哈长城市群其他服务业2006年区位熵大于0的有8个城市；2017年区位熵大于0的城市减少为6个城市，其中吉林、齐齐哈尔、牡丹江的区位熵明显增大，表明这些城市产业的相对优势在增加。从职能地位来看，2006年和2017年其他服务业职能地位居首的城市都是四平，表明哈长城市群其他服务业向外围城市转移。

表 7-73　2006 年、2017 年哈长城市群其他服务业的区位熵和职能地位

地区	区位熵		职能强度（地位）	
	2006 年	2017 年	2006 年	2017 年
长春	0.0056	-0.0157	0.3779	
吉林	0.0037	0.0064	0.3983	0.4527
四平	0.0085	0.0082	0.5457	0.5849
辽源	0.0010	-0.0013	0.3993	
松原	0.0020	0.0021	0.3953	0.4154
哈尔滨	-0.0211	-0.0060		
齐齐哈尔	0.0005	0.0032	0.3573	0.4179
大庆	-0.0124	-0.0104		
牡丹江	0.0023	0.0039	0.3972	0.4702
绥化	0.0099	0.0097	0.5357	0.5590

由表 7-74 可知，辽中南城市群其他工业 2006 年区位熵大于 0 的城市为大连、鞍山、抚顺、本溪、辽阳、盘锦、葫芦岛 7 个城市；2017 年减少为 5 个城市，其中大连、葫芦岛的区位熵降至 0 以下，表明其他工业对这两个城市为非专业产业，不再属于城市职能。从职能地位来看，2006~2017 年其他工业职能地位居首的城市由本溪转变为盘锦。

表 7-74　2006 年、2017 年辽中南城市群其他工业的区位熵和职能地位

地区	区位熵		职能强度（地位）	
	2006 年	2017 年	2006 年	2017 年
沈阳	-0.0227	-0.0073		
大连	0.0070	-0.0036	0.5177	
鞍山	0.0050	0.0059	0.5429	0.4889
抚顺	0.0072	0.0045	0.5994	0.5133
本溪	0.0063	0.0037	0.5996	0.5025
丹东	-0.0038	-0.0028		
锦州	-0.0049	-0.0040		
营口	-0.0043	-0.0042		
阜新	-0.0001	-0.0025		
辽阳	0.0026	0.0027	0.5508	0.5025
盘锦	0.0063	0.0099	0.5886	0.6031
铁岭	-0.0012	-0.0012		
葫芦岛	0.0027	-0.0010	0.5381	

由表 7-75 可知，辽中南城市群高级生产性服务业 2006 年区位熵大于 0 的城市为沈阳、大连、锦州、营口、盘锦 5 市；2017 年减少为 4 个城市，其中盘锦和营口的区位熵降至 0 以下，表明高级生产性服务业对这两个城市为非专业产业，不再属于城市职能。从职能地位来看，2006~2017 年高级生产性服务业职能地位居首的城市由盘锦转变为大连，沈

阳的职能强度也有所加强，说明高级生产性服务业具有向发达城市转移的态势。

表7-75　2006年、2017年辽中南城市群高级生产性服务业的区位熵和职能地位

地区	区位熵		职能强度（地位）	
	2006年	2017年	2006年	2017年
沈阳	0.0007	0.0001	0.0740	0.1028
大连	0.0009	0.0144	0.0756	0.1698
鞍山	-0.0004	-0.0028		
抚顺	-0.0014	-0.0015		
本溪	-0.0012	-0.0005		
丹东	-0.0001	-0.0013		
锦州	0.0004	0.0007	0.0790	0.1162
营口	0.0001	-0.0005	0.0744	
阜新	-0.0005	0.0004		0.1170
辽阳	-0.0009	-0.0012		
盘锦	0.0061	-0.0022	0.1705	
铁岭	-0.0000	-0.0012		
葫芦岛	-0.0006	-0.0004		

由表7-76可知，辽中南城市群一般生产性服务业2006年区位熵大于0的城市为沈阳、大连、锦州3市；2017年沈阳、大连和锦州3个城市的区位熵明显减小，甚至锦州的降至0以下，表明一般生产性服务业在这3个城市的相对优势减小。从职能地位来看，2006～2017年一般生产性服务业职能地位居首的城市由沈阳转变为营口，说明辽中南城市群一般生产性服务业在核心城市的发展有所减弱。

表7-76　2006年、2017年辽中南城市群高级一般生产性服务业的区位熵和职能地位

地区	区位熵		职能强度（地位）	
	2006年	2017年	2006年	2017年
沈阳	0.0194	0.0149	0.2039	0.1855
大连	0.0021	0.0010	0.1329	0.1350
鞍山	-0.0032	-0.0019		
抚顺	-0.0026	-0.0024		
本溪	-0.0024	-0.0015		
丹东	-0.0002	-0.0009		
锦州	0.0006	-0.0012	0.1337	
营口	-0.0000	0.0039		0.2031
阜新	-0.0018	-0.0020		
辽阳	-0.0027	-0.0026		
盘锦	-0.0038	-0.0035		

续表

地区	区位熵		职能强度（地位）	
	2006 年	2017 年	2006 年	2017 年
铁岭	-0.0023	-0.0016		
葫芦岛	-0.0030	-0.0022		

由表 7-77 可知，辽中南城市群其他服务业 2006 年区位熵大于 0 的城市为沈阳、丹东、锦州、营口、阜新、辽阳、铁岭、葫芦岛 8 个城市；2017 年减少为 7 个城市，其中沈阳的区位熵降至 0 以下，丹东、锦州、阜新、辽阳、铁岭、葫芦岛的区位熵有所增大，表明这些城市的其他服务业在辽中南城市群的相对优势在增大。从职能地位来看，2006~2017 年其他服务业职能地位居首的城市由营口转变为阜新。

表 7-77   2006 年、2017 年辽中南城市群其他服务业的区位熵和职能地位

地区	区位熵		职能强度（地位）	
	2006 年	2017 年	2006 年	2017 年
沈阳	0.0033	-0.0067	0.3290	
大连	-0.0094	-0.0110		
鞍山	-0.0011	-0.0007		
抚顺	-0.0030	-0.0003		
本溪	-0.0026	-0.0015		
丹东	0.0043	0.0052	0.4186	0.4617
锦州	0.0041	0.0047	0.3939	0.4309
营口	0.0043	0.0009	0.4309	0.3548
阜新	0.0026	0.0042	0.3854	0.4679
辽阳	0.0012	0.0013	0.3456	0.3748
盘锦	-0.0083	-0.0040		
铁岭	0.0037	0.0041	0.3947	0.4306
葫芦岛	0.0011	0.0038	0.3373	0.4252

二、城市经济互补性总体分析

通过对应分析法计算东部、中部、西部和东北地区城市群的总惯量和互补性率来进行定量地测度城市群各节点城市产业专业化的程度，以反映节点间的潜在的经济互补性，计算结果如表 7-78 所示。

2006~2017 年，长江三角洲城市群的职能分工的互补性率由 0.319 增加到 0.55，增加了 72.414%；京津冀城市群的职能分工互补性率由 0.631 增加到 1.031，增加了 63.391%；珠江三角洲城市群职能分工互补性率由 2006 年的 0.700 增加到 1.389，增加了 98.429%；山东半岛城市群职能分工互补性率由 0.488 增加到 0.625，增加了 28.074%；海峡西岸城市群职能分工互补性率由 0.755 下降到 0.606，下降了 21.806%，说明东部地区海峡西岸城市群产业职能的专业化强度在不断减弱，但该区域其他城市群产业职能的专业化程度均在不断增强，即潜在的城市经济互补性有所提高。2006~2017 年，长江中游城市群职能分工

互补性率由 0.254 下降到 0.175，下降了 31.102%；中原城市群职能分工互补性率由 0.183 增加到 0.241，增加了 31.694%；晋中城市群职能分工互补性率由 0.75 上升到 4，增加了 433.333%，说明中部地区长江中游城市群产业职能的专业化强度在不断减弱，其他城市群产业职能专业化程度在不断增强。2006~2017 年，成渝城市群职能分工互补性率由 0.188 增加到 0.363，上升了 93.085%；关中平原城市群职能分工互补性率由 0.673 增加到 0.709，上升了 5.349%；北部湾城市群职能分工互补性率由 0.86 下降到 0.57，下降了 33.721%；呼包鄂榆城市群职能分工互补性率由 3 下降到 1.15，下降了 61.667%；兰西城市群职能分工互补性率无变化；黔中城市群职能分工互补性率由 1.567 上升到 2.5，上升了 59.541%；滇中城市群职能分工互补性率由 1.133 下降到 1.033，下降了 8.826%；宁夏沿黄城市群职能分工互补性率由 1.375 下降到 1.25，下降了 9.091%；天山北坡城市群职能分工互补性率由 6.05 下降到 4.1，下降了 32.231%，说明了西部地区大多城市群产业职能专业化程度在不断减弱，仅有成渝、关中平原和黔中城市群的产业专业化强度在不断增强。2006~2017 年，哈长城市群职能分工互补性率由 0.41 上升到 0.68，上升了 65.854%；辽中南城市群职能分工互补性率由 0.446 下降到 0.385，下降了 13.677%，说明了东北地区哈长城市群产业职能专业化程度在不断增强，而辽中南城市群产业职能专业化在不断减弱，其潜在的城市经济互补性有所下降。

表 7-78　2006 年、2017 年东部、中部、西部和东北地区城市群职能分工的互补性率

地区	2006 年	2017 年	变化率（%）
长江三角洲	0.319	0.550	72.414
京津冀	0.631	1.031	63.391
珠江三角洲	0.700	1.389	98.429
山东半岛	0.488	0.625	28.074
海峡西岸	0.775	0.606	-21.806
长江中游	0.254	0.175	-31.102
中原	0.183	0.241	31.694
晋中	0.750	4.000	433.333
成渝	0.188	0.363	93.085
关中平原	0.673	0.709	5.349
北部湾	0.860	0.570	-33.721
呼包鄂榆	3.000	1.150	-61.667
兰西	2.050	2.050	0
黔中	1.567	2.500	59.541
滇中	1.133	1.033	-8.826
宁夏沿黄	1.375	1.250	-9.091
天山北坡	6.050	4.100	-32.231

续表

地区	2006 年	2017 年	变化率（%）
哈长	0.410	0.680	65.854
辽中南	0.446	0.385	-13.677

三、各城市群产业布局与地区专业化水平测度分析

根据公式（7-6）分别计算出 2006 年和 2017 年东部、中部、西部和东北地区城市群内部城市间的地区专业化指数，因晋中和天山北坡城市群内城市的数量较少，无法计算其专业化指数，来分析 11 年间城市群内部各城市之间的产业分工水平和专业化程度的变化趋势。结果如图 7-1 至图 7-34 和表 7-79 至表 7-95 所示。

由图 7-1、图 7-2 和表 7-79 可知，本书选取长江三角洲城市群中发展较好的上海、南京、苏州、杭州来分析城市群的产业分工水平和专业化程度的变化趋势。由表可知，每年长江三角洲城市群之间对比的地区专业化指数共有 94 对，即 94 对城市，其中有 59 对呈上升的态势，有 34 对呈下降的态势。专业化指数上升的比例比较高，说明从长三角地区整体来看，其产业专门化的水平是整体提升的，但是在专业化指数下降的城市中，苏州与泰州两市下降较为明显，说明两市之间的产业发展逐渐趋同。不过总体来看，长江三角洲城市群产业职能专门化水平不断提升，潜在的城市经济互补性持续提高。

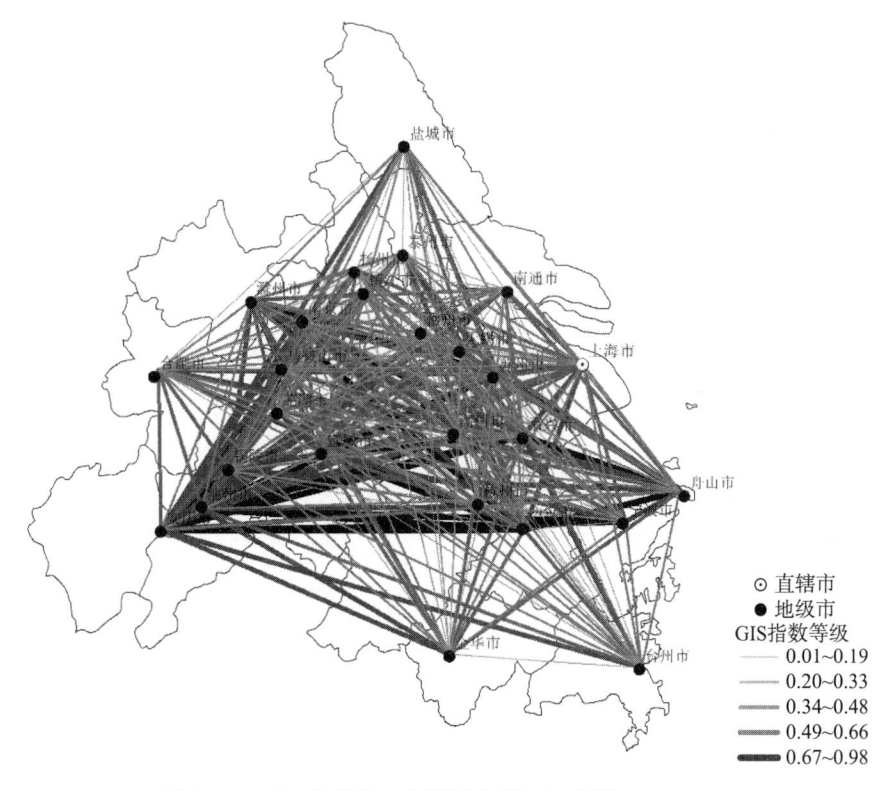

图 7-1 2006 年长江三角洲城市群 GSI 指数

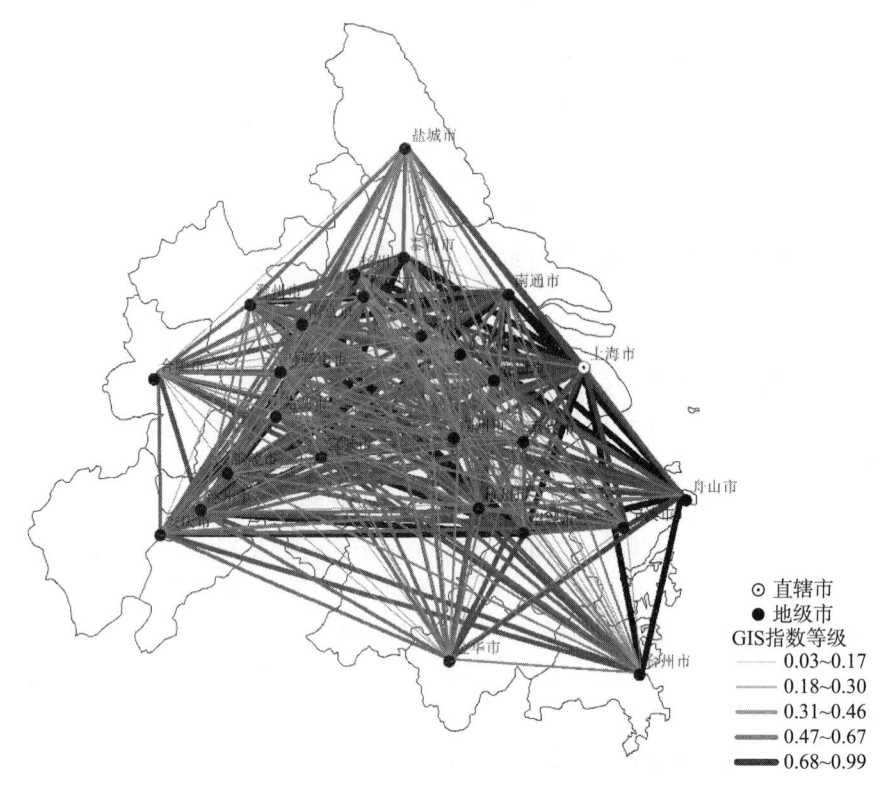

图 7-2　2017 年长江三角洲城市群 GSI 指数

表 7-79　　　　2006 年、2017 年长江三角洲城市群各市地区间专业化指数

地区	2006 年	2017 年	地区	2006 年	2017 年
上海—南京	0.158	0.237	苏州—南通	0.319	0.181
上海—无锡	0.290	0.625	苏州—无锡	0.355	0.174
上海—常州	0.316	0.581	苏州—常州	0.393	0.251
上海—苏州	0.618	0.800	苏州—盐城	0.476	0.232
上海—南通	0.362	0.981	苏州—扬州	0.389	0.057
上海—盐城	0.259	0.619	苏州—镇江	0.405	0.359
上海—扬州	0.362	0.821	苏州—泰州	0.509	0.095
上海—镇江	0.275	0.538	苏州—杭州	0.446	0.494
上海—泰州	0.305	0.894	苏州—宁波	0.179	0.239
上海—杭州	0.198	0.320	苏州—嘉兴	0.043	0.194
上海—宁波	0.439	0.560	苏州—湖州	0.234	0.208
上海—嘉兴	0.655	0.611	苏州—绍兴	0.014	0.152
上海—湖州	0.416	0.631	苏州—金华	0.372	0.338
上海—绍兴	0.609	0.952	苏州—舟山	0.735	0.796

续表

地区	2006年	2017年	地区	2006年	2017年
上海—金华	0.301	0.592	苏州—台州	0.458	0.146
上海—舟山	0.276	0.326	苏州—合肥	0.590	0.321
上海—台州	0.314	0.714	苏州—芜湖	0.282	0.395
上海—合肥	0.185	0.326	苏州—马鞍山	0.151	0.405
上海—芜湖	0.337	0.714	苏州—铜陵	0.165	0.310
上海—马鞍山	0.467	0.479	苏州—安庆	0.941	0.600
上海—铜陵	0.462	0.489	苏州—滁州	0.689	0.536
上海—安庆	0.605	0.534	苏州—池州	0.849	0.714
上海—滁州	0.422	0.611	苏州—宣城	0.696	0.658
上海—池州	0.577	0.560	杭州—无锡	0.092	0.319
上海—宣城	0.464	0.593	杭州—常州	0.119	0.261
南京—无锡	0.193	0.399	杭州—南通	0.446	0.494
南京—常州	0.158	0.345	杭州—盐城	0.165	0.675
南京—苏州	0.540	0.573	杭州—扬州	0.133	0.299
南京—南通	0.221	0.755	杭州—镇江	0.165	0.515
南京—盐城	0.117	0.382	杭州—泰州	0.077	0.218
南京—扬州	0.204	0.595	杭州—宁波	0.267	0.254
南京—镇江	0.144	0.301	杭州—嘉兴	0.483	0.306
南京—泰州	0.174	0.668	杭州—湖州	0.218	0.326
南京—杭州	0.168	0.097	杭州—绍兴	0.437	0.646
南京—宁波	0.361	0.334	杭州—金华	0.103	0.272
南京—嘉兴	0.577	0.385	杭州—舟山	0.328	0.327
南京—湖州	0.306	0.405	杭州—台州	0.133	0.408
南京—绍兴	0.531	0.725	杭州—合肥	0.221	0.181
南京—金华	0.241	0.355	杭州—芜湖	0.164	0.168
南京—舟山	0.231	0.311	杭州—马鞍山	0.295	0.213
南京—台州	0.182	0.488	杭州—铜陵	0.289	0.291
南京—合肥	0.080	0.252	杭州—安庆	0.587	0.369
南京—芜湖	0.258	0.252	杭州—滁州	0.396	0.322

续表

地区	2006 年	2017 年	地区	2006 年	2017 年
南京—马鞍山	0.389	0.297	杭州—池州	0.551	0.362
南京—铜陵	0.383	0.374	杭州—宣城	0.438	0.387
南京—安庆	0.526	0.373			
南京—滁州	0.342	0.356			
南京—池州	0.534	0.366			
南京—宣城	0.384	0.391			

由图 7-3、图 7-4 和表 7-80 可知，每年京津冀城市群 13 个城市之间对比的地区专业化指数共有 78 对，其中有 55 对城市明显上升，有 3 对城市基本保持不变，有 20 对城市明显下降。专业化指数上升的比例比较高，说明从京津冀城市群整体来看，其产业专门化的水平是整体提升的，但是在专业化指数下降的城市中，唐山和廊坊两市下降较为明显，说明两市之间的产业发展逐渐趋同。北京与京津冀城市群各市的专业化指数均较大，天津次之，说明北京和天津的产业专业化程度均较高。总体来看，京津冀城市群产业职能的专业化程度以北京与各市为主，天津为辅的分工格局。

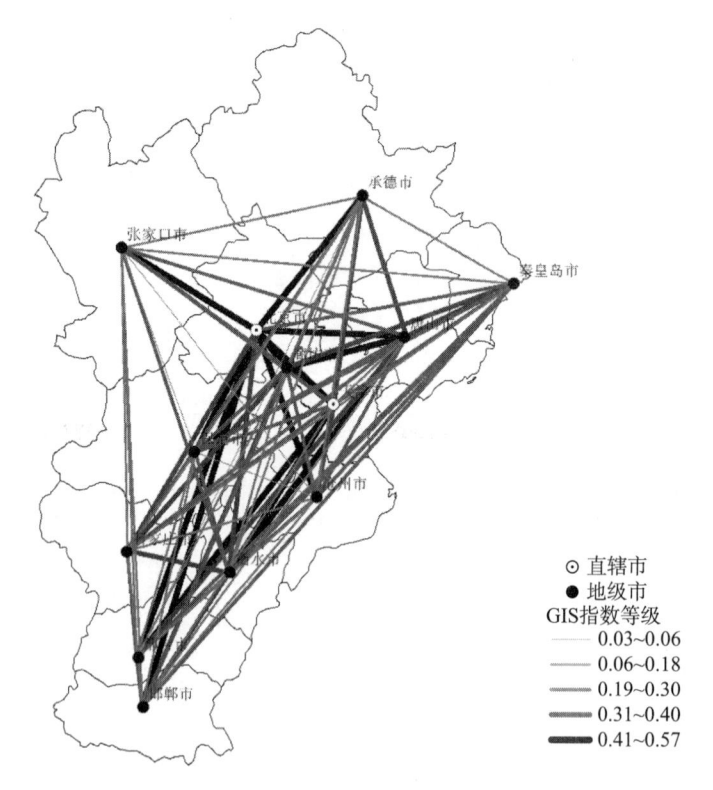

图 7-3 2006 年京津冀城市群 GSI 指数

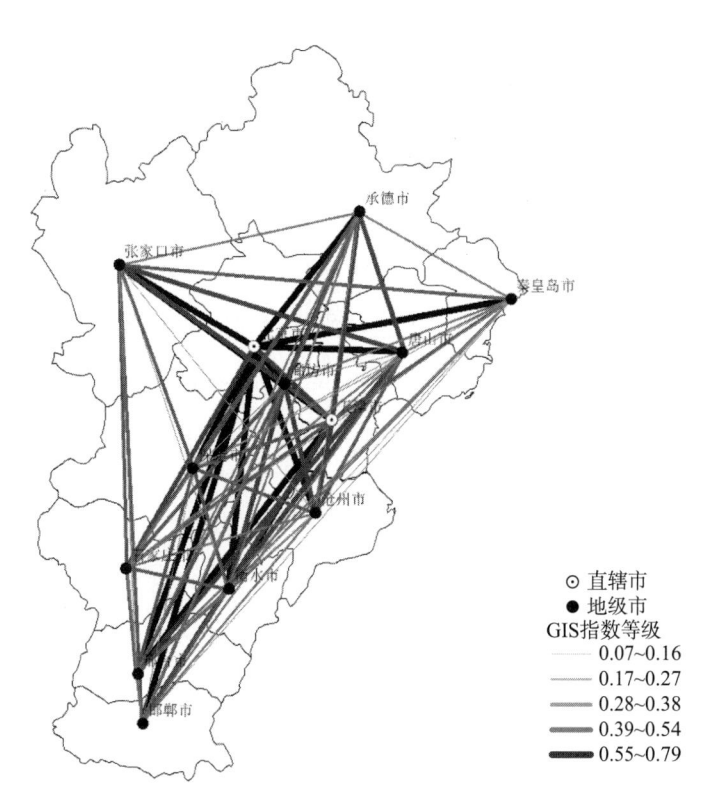

图 7-4 2017 年京津冀城市群 GSI 指数

表 7-80 2006 年、2017 年京津冀城市群各市地区间专业化指数

地区	2006 年	2017 年	地区	2006 年	2017 年
北京—天津	0.457	0.519	秦皇岛—邯郸	0.230	0.150
北京—石家庄	0.330	0.485	秦皇岛—邢台	0.213	0.269
北京—唐山	0.517	0.656	秦皇岛—保定	0.203	0.135
北京—秦皇岛	0.280	0.585	秦皇岛—张家口	0.146	0.308
北京—邯郸	0.470	0.734	秦皇岛—承德	0.177	0.231
北京—邢台	0.469	0.787	秦皇岛—沧州	0.209	0.165
北京—保定	0.483	0.678	秦皇岛—廊坊	0.352	0.263
北京—张家口	0.426	0.691	秦皇岛—衡水	0.235	0.243
北京—承德	0.446	0.568	邯郸—邢台	0.273	0.231
北京—沧州	0.489	0.615	邯郸—保定	0.115	0.089
北京—廊坊	0.511	0.746	邯郸—张家口	0.156	0.305
北京—衡水	0.364	0.615	邯郸—承德	0.241	0.286
天津—石家庄	0.224	0.286	邯郸—沧州	0.147	0.237
天津—唐山	0.138	0.192	邯郸—廊坊	0.393	0.189
天津—秦皇岛	0.302	0.348	邯郸—衡水	0.378	0.314
天津—邯郸	0.180	0.395	邢台—保定	0.165	0.312

续表

地区	2006年	2017年	地区	2006年	2017年
天津—邢台	0.434	0.618	邢台—张家口	0.174	0.135
天津—保定	0.295	0.306	邢台—承德	0.037	0.219
天津—张家口	0.285	0.657	邢台—沧州	0.139	0.172
天津—承德	0.397	0.545	邢台—廊坊	0.139	0.371
天津—沧州	0.327	0.513	邢台—衡水	0.123	0.171
天津—廊坊	0.573	0.281	保定—张家口	0.057	0.371
天津—衡水	0.464	0.590	保定—承德	0.139	0.354
石家庄—唐山	0.263	0.251	保定—沧州	0.033	0.276
石家庄—秦皇岛	0.101	0.100	保定—廊坊	0.281	0.135
石家庄—邯郸	0.140	0.249	保定—衡水	0.276	0.346
石家庄—邢台	0.280	0.346	张家口—承德	0.142	0.193
石家庄—保定	0.153	0.193	张家口—沧州	0.062	0.144
石家庄—张家口	0.117	0.385	张家口—廊坊	0.290	0.465
石家庄—承德	0.247	0.307	张家口—衡水	0.229	0.075
石家庄—沧州	0.159	0.241	承德—沧州	0.112	0.100
石家庄—廊坊	0.404	0.286	承德—廊坊	0.176	0.421
石家庄—衡水	0.319	0.318	承德—衡水	0.137	0.174
唐山—秦皇岛	0.362	0.228	沧州—廊坊	0.254	0.397
唐山—邯郸	0.139	0.204	沧州—衡水	0.250	0.098
唐山—邢台	0.388	0.426	廊坊—衡水	0.147	0.474
唐山—保定	0.247	0.121			
唐山—张家口	0.295	0.465			
唐山—承德	0.373	0.440			
唐山—沧州	0.280	0.362			
唐山—廊坊	0.495	0.090			
唐山—衡水	0.510	0.439			

由图7-5、图7-6和表7-81可知，2006年和2017年珠江三角洲城市群9个城市之间对比的地区专业化指数共有36对，其中有19对城市明显上升，有1对城市基本保持不变，有16对城市明显下降。专业化指数上升的比例比较高，说明从珠江三角洲城市群整体来看，其产业专门化的水平是整体提升的，但是在专业化指数下降的城市中，佛山和惠州两市下降较为明显，说明两市之间的产业发展逐渐趋同。肇庆与除珠海、惠州和江门外的珠江三角洲其余各市的专业化分工指数都有所上升，说明肇庆的主导产业与其他城市均有较大的差异；广州和深圳对其他城市的经济辐射作用也较小，缺乏产业分工协作的能力。

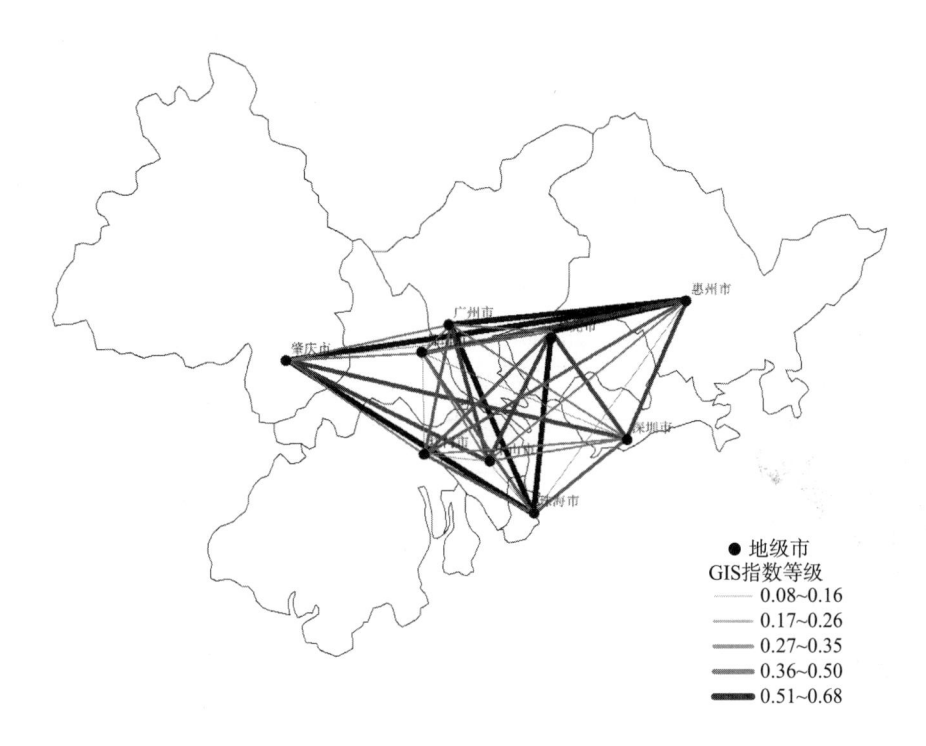

图 7-5　2006 年珠江三角洲城市群 GSI 指数

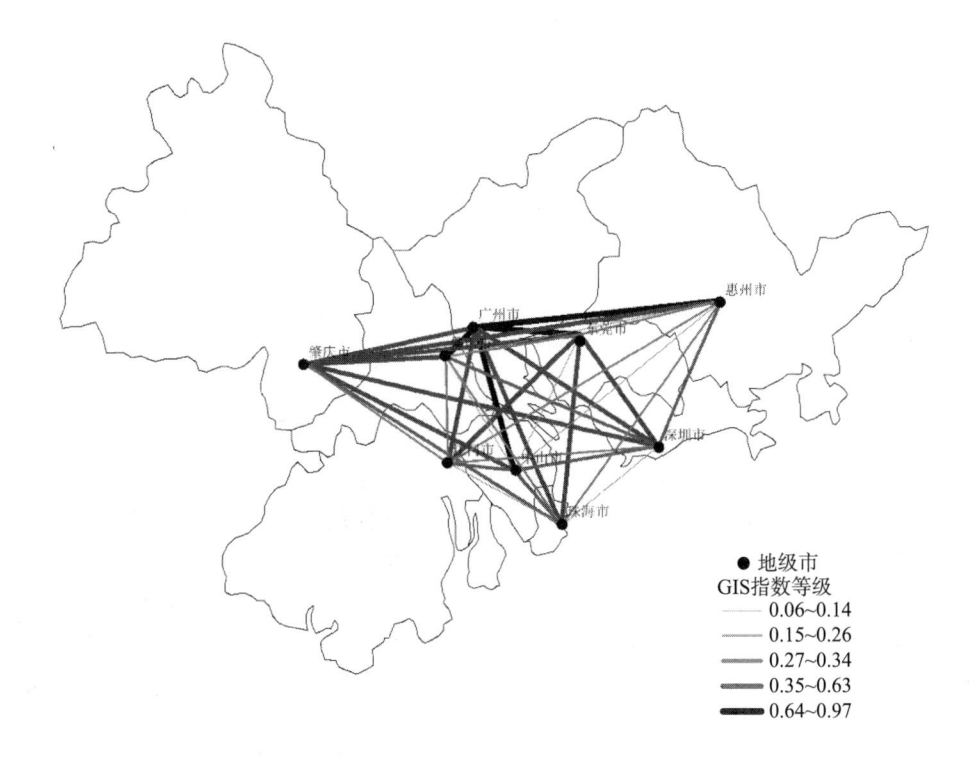

图 7-6　2017 年珠江三角洲城市群 GSI 指数

表7-81 2006年、2017年珠江三角洲城市群各市地区间专业化指数

地区	2006年	2017年	地区	2006年	2017年
广州—深圳	0.245	0.498	佛山—江门	0.126	0.262
广州—珠海	0.546	0.538	佛山—肇庆	0.246	0.421
广州—佛山	0.201	0.761	佛山—惠州	0.434	0.064
广州—江门	0.300	0.500	佛山—东莞	0.246	0.208
广州—肇庆	0.258	0.480	佛山—中山	0.224	0.079
广州—惠州	0.619	0.746	江门—肇庆	0.251	0.209
广州—东莞	0.234	0.968	江门—惠州	0.345	0.246
广州—中山	0.409	0.836	江门—东莞	0.335	0.468
深圳—珠海	0.318	0.138	江门—中山	0.158	0.336
深圳—佛山	0.158	0.299	肇庆—惠州	0.595	0.412
深圳—江门	0.242	0.222	肇庆—东莞	0.123	0.628
深圳—肇庆	0.404	0.429	肇庆—中山	0.390	0.496
深圳—惠州	0.391	0.327	惠州—东莞	0.679	0.222
深圳—东莞	0.386	0.470	惠州—中山	0.210	0.118
深圳—中山	0.219	0.338	东莞—中山	0.470	0.132
珠海—佛山	0.361	0.223			
珠海—江门	0.287	0.122			
珠海—肇庆	0.523	0.331			
珠海—惠州	0.081	0.208			
珠海—东莞	0.606	0.430			
珠海—中山	0.143	0.298			

由图7-7、图7-8和表7-82可知，山东半岛城市群16个城市之间专业化指数共有120对，其中有48对城市明显上升，有6对城市基本保持不变，有66对城市明显下降。专业化指数下降的比例比较高，说明山东半岛城市群整体的专业化分工水平在不断地下降。在专业化指数下降的城市中，青岛和临沂两市之间的专业化指数下降的幅度最大，说明两市之间的产业发展逐渐趋同；烟台和临沂两市之间的专业化指数下降的幅度也较大，说明两市之间的产业结构朝着相同的方向发展。总体来看，山东半岛城市群产业职能的专业化程度持续降低，城市间潜在的互补性发展不足。

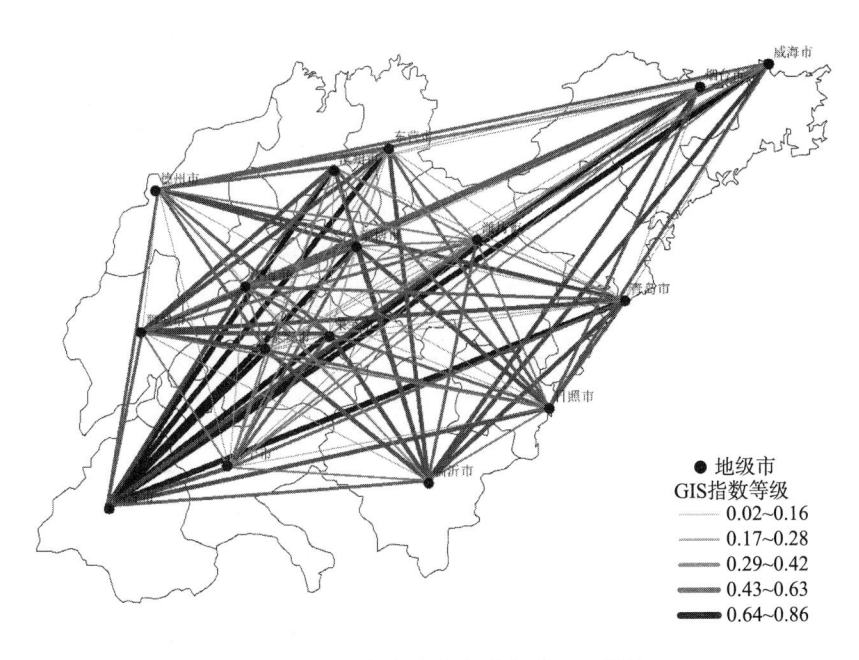

图 7-7 2006 年山东半岛城市群 GSI 指数

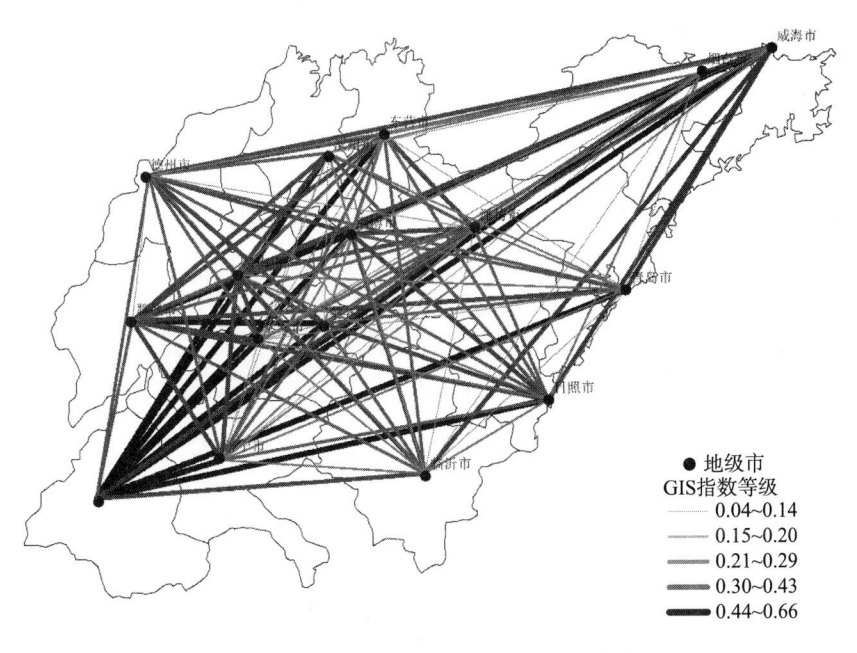

图 7-8 2017 年山东半岛城市群 GSI 指数

表 7-82　　2006 年、2017 年山东半岛城市群各市地区间专业化指数

地区	2006 年	2017 年	地区	2006 年	2017 年
济南—青岛	0.328	0.197	潍坊—威海	0.208	0.307
济南—淄博	0.376	0.463	潍坊—日照	0.200	0.216
济南—东营	0.260	0.259	潍坊—泰安	0.134	0.214
济南—烟台	0.320	0.308	潍坊—莱芜	0.204	0.327
济南—潍坊	0.212	0.357	潍坊—德州	0.209	0.103
济南—威海	0.322	0.497	潍坊—聊城	0.307	0.216
济南—日照	0.109	0.205	潍坊—滨州	0.176	0.207
济南—泰安	0.276	0.312	潍坊—菏泽	0.625	0.367
济南—莱芜	0.346	0.427	潍坊—济宁	0.103	0.152
济南—德州	0.222	0.302	潍坊—临沂	0.296	0.062
济南—聊城	0.284	0.249	威海—日照	0.376	0.363
济南—滨州	0.322	0.354	威海—泰安	0.075	0.185
济南—菏泽	0.621	0.502	威海—莱芜	0.064	0.126
济南—济宁	0.132	0.372	威海—德州	0.402	0.409
济南—临沂	0.265	0.295	威海—聊城	0.483	0.523
青岛—淄博	0.078	0.266	威海—滨州	0.085	0.143
青岛—东营	0.080	0.137	威海—菏泽	0.801	0.648
青岛—烟台	0.140	0.123	威海—济宁	0.280	0.182
青岛—潍坊	0.267	0.178	威海—临沂	0.472	0.327
青岛—威海	0.064	0.301	日照—泰安	0.330	0.193
青岛—日照	0.393	0.093	日照—莱芜	0.401	0.327
青岛—泰安	0.135	0.116	日照—德州	0.142	0.207
青岛—莱芜	0.113	0.234	日照—聊城	0.214	0.329
青岛—德州	0.439	0.226	日照—滨州	0.376	0.220
青岛—聊城	0.511	0.317	日照—菏泽	0.539	0.495
青岛—滨州	0.149	0.157	日照—济宁	0.131	0.231
青岛—菏泽	0.836	0.514	日照—临沂	0.212	0.156
青岛—济宁	0.313	0.187	泰安—莱芜	0.076	0.134
青岛—临沂	0.509	0.136	泰安—德州	0.339	0.262
淄博—东营	0.117	0.248	泰安—聊城	0.437	0.369
淄博—烟台	0.111	0.202	泰安—滨州	0.060	0.049
淄博—潍坊	0.238	0.296	泰安—菏泽	0.755	0.550
淄博—威海	0.061	0.050	泰安—济宁	0.234	0.108
淄博—日照	0.431	0.329	泰安—临沂	0.426	0.172
淄博—泰安	0.107	0.151	莱芜—德州	0.410	0.382
淄博—莱芜	0.068	0.108	莱芜—聊城	0.508	0.462

续表

地区	2006 年	2017 年	地区	2006 年	2017 年
淄博—德州	0.440	0.375	莱芜—滨州	0.055	0.119
淄博—聊城	0.538	0.489	莱芜—菏泽	0.826	0.662
淄博—滨州	0.120	0.109	莱芜—济宁	0.304	0.208
淄博—菏泽	0.856	0.607	莱芜—临沂	0.497	0.289
淄博—济宁	0.334	0.144	德州—聊城	0.098	0.130
淄博—临沂	0.527	0.292	德州—滨州	0.385	0.266
东营—烟台	0.146	0.181	德州—菏泽	0.418	0.288
东营—潍坊	0.212	0.299	德州—济宁	0.133	0.236
东营—威海	0.071	0.266	德州—临沂	0.088	0.093
东营—日照	0.350	0.230	聊城—滨州	0.483	0.387
东营—泰安	0.096	0.138	聊城—菏泽	0.337	0.253
东营—莱芜	0.126	0.168	聊城—济宁	0.203	0.350
东营—德州	0.367	0.347	聊城—临沂	0.040	0.210
东营—聊城	0.431	0.382	滨州—菏泽	0.801	0.544
东营—滨州	0.156	0.186	滨州—济宁	0.280	0.089
东营—菏泽	0.766	0.634	滨州—临沂	0.472	0.183
东营—济宁	0.235	0.245	菏泽—济宁	0.532	0.468
东营—临沂	0.429	0.257	菏泽—临沂	0.370	0.378
烟台—潍坊	0.175	0.132	济宁—临沂	0.196	0.153
烟台—威海	0.081	0.224			
烟台—日照	0.374	0.167			
烟台—泰安	0.051	0.083			
烟台—莱芜	0.046	0.217			
烟台—德州	0.383	0.200			
烟台—聊城	0.481	0.330			
烟台—滨州	0.015	0.100			
烟台—菏泽	0.800	0.487			
烟台—济宁	0.278	0.071			
烟台—临沂	0.471	0.120			

由图 7-9、图 7-10 和表 7-83 可知，海峡西岸城市群 16 个城市之间专业化指数共有 120 对，其中有 59 对城市间专业化指数呈明显上升的态势，有 4 对城市间专业化指数基本保持不变，有 57 对城市间专业化指数呈明显下降的态势。专业化指数上升和下降的比例比较基本持平，说明海峡西岸城市群整体的专业化分工水平变化不大。在专业化指数下降的城市中，泉州和揭阳两市之间的专业化指数下降的幅度最大，说明两市之间的产业结构朝着相同的方向发展。总体来看，海峡西岸城市群产业职能的专业化程度在不断地上升，城市间潜在的互补性有所增强。

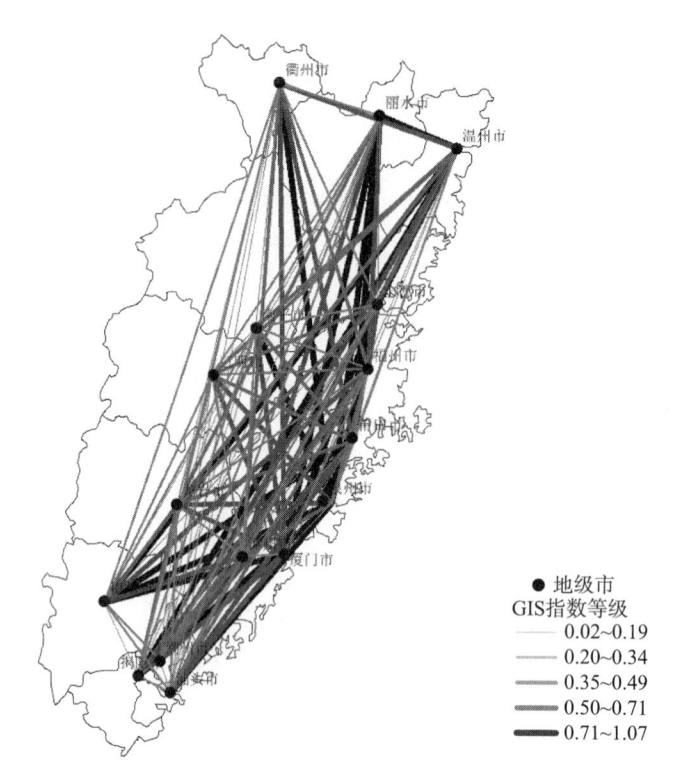

图 7-9　2006 年海峡西岸城市群 GSI 指数

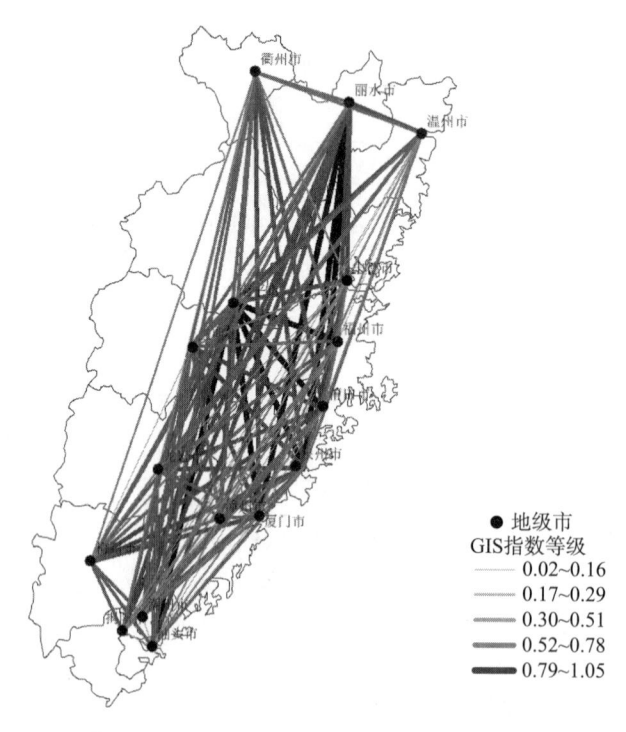

图 7-10　2017 年海峡西岸城市群 GSI 指数

表7-83　　　　2006年、2017年海峡西岸城市群各市地区间专业化指数

地区	2006年	2017年	地区	2006年	2017年
温州—衢州	0.534	0.384	莆田—三明	0.478	0.671
温州—丽水	0.786	0.732	莆田—泉州	0.237	0.096
温州—福州	0.185	0.089	莆田—漳州	0.174	0.309
温州—厦门	0.134	0.192	莆田—南平	0.494	0.964
温州—莆田	0.060	0.233	莆田—龙岩	0.445	0.582
温州—三明	0.460	0.451	莆田—宁德	0.836	0.444
温州—泉州	0.255	0.316	莆田—汕头	0.581	0.221
温州—漳州	0.160	0.125	莆田—梅州	0.756	0.639
温州—南平	0.476	0.776	莆田—潮州	0.535	0.301
温州—龙岩	0.433	0.363	莆田—揭阳	0.755	0.319
温州—宁德	0.818	0.225	三明—泉州	0.715	0.767
温州—汕头	0.563	0.048	三明—漳州	0.304	0.392
温州—梅州	0.738	0.460	三明—南平	0.031	0.417
温州—潮州	0.517	0.122	三明—龙岩	0.104	0.145
温州—揭阳	0.737	0.153	三明—宁德	0.358	0.227
衢州—丽水	0.253	0.348	三明—汕头	0.116	0.450
衢州—福州	0.406	0.425	三明—梅州	0.296	0.104
衢州—厦门	0.668	0.573	三明—潮州	0.067	0.407
衢州—莆田	0.551	0.614	三明—揭阳	0.298	0.373
衢州—三明	0.093	0.139	泉州—漳州	0.411	0.376
衢州—泉州	0.788	0.700	泉州—南平	0.731	1.030
衢州—漳州	0.377	0.324	泉州—龙岩	0.683	0.679
衢州—南平	0.107	0.508	泉州—宁德	1.073	0.541
衢州—龙岩	0.161	0.100	泉州—汕头	0.818	0.317
衢州—宁德	0.295	0.184	泉州—梅州	0.993	0.735
衢州—汕头	0.129	0.428	泉州—潮州	0.772	0.360
衢州—梅州	0.237	0.188	泉州—揭阳	0.992	0.394
衢州—潮州	0.050	0.340	漳州—南平	0.320	0.655
衢州—揭阳	0.241	0.341	漳州—龙岩	0.273	0.303
丽水—福州	0.612	0.760	漳州—宁德	0.662	0.165
丽水—厦门	0.882	0.908	漳州—汕头	0.408	0.154
丽水—莆田	0.804	0.952	漳州—梅州	0.582	0.360
丽水—三明	0.326	0.316	漳州—潮州	0.361	0.017
丽水—泉州	1.041	1.048	漳州—揭阳	0.582	0.054
丽水—漳州	0.631	0.672	南平—龙岩	0.123	0.562
丽水—南平	0.313	0.225	南平—宁德	0.342	0.612

续表

地区	2006年	2017年	地区	2006年	2017年
丽水—龙岩	0.384	0.434	南平—汕头	0.097	0.805
丽水—宁德	0.072	0.519	南平—梅州	0.307	0.345
丽水—汕头	0.305	0.763	南平—潮州	0.064	0.672
丽水—梅州	0.092	0.325	南平—揭阳	0.294	0.691
丽水—潮州	0.270	0.688	龙岩—宁德	0.456	0.138
丽水—揭阳	0.079	0.676	龙岩—汕头	0.220	0.362
福州—厦门	0.281	0.148	龙岩—梅州	0.398	0.217
福州—莆田	0.203	0.250	龙岩—潮州	0.171	0.318
福州—三明	0.313	0.444	龙岩—揭阳	0.403	0.285
福州—泉州	0.441	0.347	宁德—汕头	0.310	0.244
福州—漳州	0.083	0.182	宁德—梅州	0.080	0.268
福州—南平	0.299	0.834	宁德—潮州	0.301	0.180
福州—龙岩	0.305	0.332	宁德—揭阳	0.081	0.157
福州—宁德	0.632	0.241	汕头—梅州	0.289	0.460
福州—汕头	0.378	0.058	汕头—潮州	0.096	0.151
福州—梅州	0.594	0.489	汕头—揭阳	0.276	0.144
福州—潮州	0.356	0.180	梅州—潮州	0.243	0.375
福州—揭阳	0.575	0.173	梅州—揭阳	0.018	0.351
厦门—莆田	0.175	0.140	潮州—揭阳	0.232	0.052
厦门—三明	0.575	0.592			
厦门—泉州	0.160	0.236			
厦门—漳州	0.294	0.305			
厦门—南平	0.572	0.956			
厦门—龙岩	0.567	0.473			
厦门—宁德	0.913	0.389			
厦门—汕头	0.659	0.151			
厦门—梅州	0.855	0.611			
厦门—潮州	0.618	0.302			
厦门—揭阳	0.837	0.295			

由图7-11、图7-12和表7-84可知，本书选取长江中游城市群中发展较好的南昌、武汉、长沙、襄阳来分析城市群的产业分工水平和专业化程度的变化趋势。每年长江中游城市群之间对比的地区专业化指数共有102对，其中有47对呈上升的态势，有55对呈下降的态势。专业化指数下降的比例比较高，说明长江中游城市群整体的专业化分工水平在不断地下降。在专业化指数上升的城市中，襄阳与咸宁两市之间的专业化指数上升的幅度最大，说明两市之间的产业结构异质性有所增强。总体来看，长江中游城市群产业职能的专业化程度在不断地下降，城市间潜在的同质性有所增强。

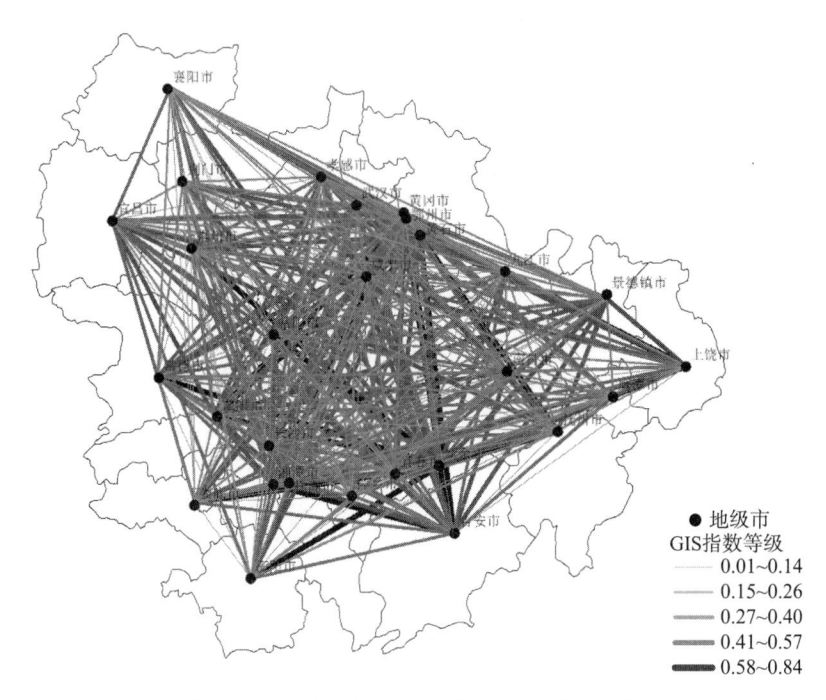

图 7-11　2006 年长江中游城市群 GSI 指数

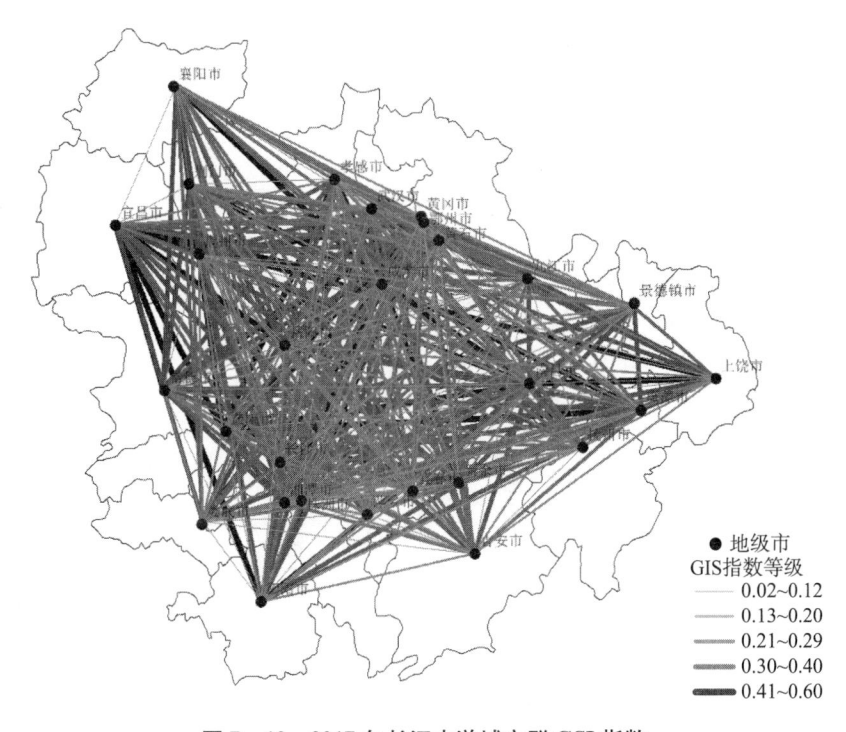

图 7-12　2017 年长江中游城市群 GSI 指数

表7-84 2006年、2017年长江中游城市群各市地区间专业化指数

地区	2006年	2017年	地区	2006年	2017年
南昌—景德镇	0.253	0.300	襄阳—景德镇	0.263	0.158
南昌—萍乡	0.197	0.308	襄阳—萍乡	0.117	0.252
南昌—九江	0.180	0.327	襄阳—九江	0.106	0.245
南昌—新余	0.395	0.196	襄阳—新余	0.537	0.256
南昌—鹰潭	0.205	0.131	襄阳—鹰潭	0.121	0.220
南昌—吉安	0.443	0.340	襄阳—吉安	0.300	0.233
南昌—宜春	0.300	0.289	襄阳—宜春	0.137	0.196
南昌—抚州	0.349	0.348	襄阳—抚州	0.197	0.257
南昌—上饶	0.371	0.493	襄阳—上饶	0.218	0.402
南昌—武汉	0.061	0.239	襄阳—黄石	0.476	0.225
南昌—黄石	0.466	0.165	襄阳—宜昌	0.275	0.103
南昌—宜昌	0.251	0.144	襄阳—鄂州	0.408	0.320
南昌—襄阳	0.164	0.225	襄阳—荆门	0.094	0.064
南昌—鄂州	0.399	0.153	襄阳—孝感	0.287	0.120
南昌—荆门	0.179	0.177	襄阳—荆州	0.105	0.336
南昌—孝感	0.261	0.127	襄阳—黄冈	0.288	0.215
南昌—荆州	0.260	0.417	襄阳—咸宁	0.116	0.438
南昌—黄冈	0.431	0.130	襄阳—长沙	0.082	0.184
南昌—咸宁	0.231	0.530	襄阳—株洲	0.285	0.234
南昌—长沙	0.108	0.259	襄阳—湘潭	0.376	0.256
南昌—株洲	0.259	0.210	襄阳—衡阳	0.090	0.354
南昌—湘潭	0.367	0.172	襄阳—岳阳	0.123	0.337
南昌—衡阳	0.223	0.429	襄阳—常德	0.149	0.339
南昌—岳阳	0.287	0.385	襄阳—益阳	0.284	0.467
南昌—常德	0.282	0.393	襄阳—娄底	0.138	0.283
南昌—益阳	0.426	0.515	长沙—景德镇	0.260	0.106
南昌—娄底	0.292	0.366	长沙—萍乡	0.122	0.236
武汉—景德镇	0.262	0.162	长沙—九江	0.087	0.180
武汉—萍乡	0.218	0.301	长沙—新余	0.502	0.319
武汉—九江	0.184	0.245	长沙—鹰潭	0.124	0.296
武汉—新余	0.353	0.329	长沙—吉安	0.342	0.220
武汉—鹰潭	0.220	0.277	长沙—宜春	0.218	0.185
武汉—吉安	0.485	0.285	长沙—抚州	0.267	0.265
武汉—宜春	0.361	0.250	长沙—上饶	0.289	0.302
武汉—抚州	0.410	0.330	长沙—黄石	0.473	0.277
武汉—上饶	0.432	0.387	长沙—宜昌	0.258	0.271
武汉—黄石	0.427	0.298	长沙—鄂州	0.406	0.412
武汉—宜昌	0.211	0.154	长沙—荆门	0.103	0.168
武汉—襄阳	0.225	0.073	长沙—孝感	0.268	0.184
武汉—鄂州	0.359	0.392	长沙—荆州	0.179	0.226
武汉—荆门	0.200	0.136	长沙—黄冈	0.338	0.232

续表

地区	2006 年	2017 年	地区	2006 年	2017 年
武汉—孝感	0.270	0.185	长沙—咸宁	0.156	0.339
武汉—荆州	0.321	0.311	长沙—株洲	0.266	0.217
武汉—黄冈	0.481	0.237	长沙—湘潭	0.374	0.219
武汉—咸宁	0.253	0.424	长沙—衡阳	0.146	0.206
武汉—长沙	0.150	0.117	长沙—岳阳	0.205	0.163
武汉—株洲	0.276	0.260	长沙—常德	0.200	0.216
武汉—湘潭	0.327	0.291	长沙—益阳	0.318	0.389
武汉—衡阳	0.265	0.323	长沙—娄底	0.217	0.237
武汉—岳阳	0.348	0.270			
武汉—常德	0.322	0.287			
武汉—益阳	0.468	0.400			
武汉—娄底	0.313	0.303			

由图 7 – 13、图 7 – 14 和表 7 – 85 可知,选取中原城市群中发展较好的邯郸、阜阳、郑州、洛阳来分析城市群的产业分工水平和专业化程度的变化趋势。每年中原城市群之间对比的地区专业化指数共有 106 对,即 106 对城市,其中有 65 对呈上升的态势,有 41 对呈下降的态势。专业化指数上升的比例比较高,说明中原城市群整体的专业化分工水平依然在不断地提高。在专业化指数下降的城市中,邯郸与菏泽两市之间的专业化指数下降的幅度最大,说明两市之间的产业发展逐渐趋同。不过总体来看,中原城市群产业职能专门化水平不断提升,潜在的城市经济互补性持续提高。

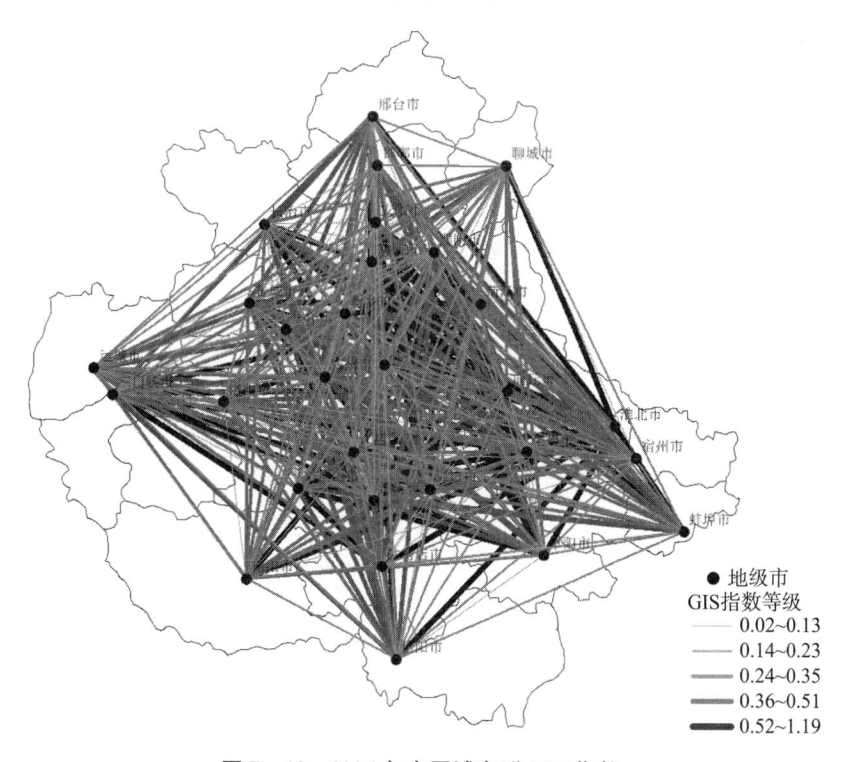

图 7 – 13 2006 年中原城市群 GSI 指数

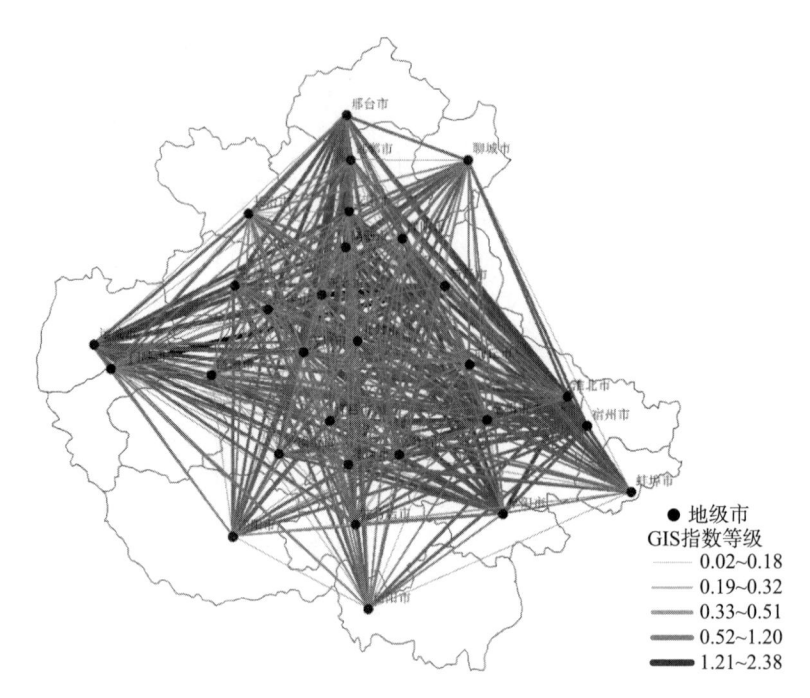

图 7-14　2017 年中原城市群 GSI 指数

表 7-85　2006 年、2017 年中原城市群各市地区间专业化指数

地区	2006 年	2017 年	地区	2006 年	2017 年
邯郸—邢台	0.273	0.231	郑州—邢台	0.305	0.634
邯郸—长治	0.109	0.317	郑州—长治	0.114	0.156
邯郸—晋城	0.133	0.493	郑州—晋城	0.140	0.189
邯郸—运城	0.150	0.132	郑州—运城	0.182	0.534
邯郸—蚌埠	0.248	0.195	郑州—蚌埠	0.241	0.216
邯郸—淮北	0.408	0.517	郑州—淮北	0.407	0.228
邯郸—阜阳	0.362	0.140	郑州—宿州	0.230	0.448
邯郸—宿州	0.190	0.387	郑州—亳州	0.447	0.444
邯郸—亳州	0.436	0.118	郑州—聊城	0.220	0.319
邯郸—聊城	0.180	0.129	郑州—菏泽	0.551	0.578
邯郸—菏泽	0.511	0.130	郑州—开封	0.269	0.146
邯郸—郑州	0.046	0.411	郑州—洛阳	0.040	0.187
邯郸—开封	0.269	0.360	郑州—平顶山	0.165	0.169
邯郸—洛阳	0.039	0.259	郑州—安阳	0.180	0.196
邯郸—平顶山	0.157	0.349	郑州—鹤壁	0.281	0.277
邯郸—安阳	0.173	0.452	郑州—新乡	0.117	0.239
邯郸—鹤壁	0.274	0.581	郑州—焦作	0.154	0.163
邯郸—新乡	0.116	0.469	郑州—濮阳	0.101	0.211
邯郸—焦作	0.146	0.496	郑州—许昌	0.198	0.225
邯郸—濮阳	0.101	0.412	郑州—漯河	0.135	0.216
邯郸—许昌	0.159	0.433	郑州—三门峡	0.162	0.172
邯郸—漯河	0.107	0.520	郑州—南阳	0.133	0.339

续表

地区	2006 年	2017 年	地区	2006 年	2017 年
邯郸—三门峡	0.168	0.283	郑州—商丘	0.424	0.236
邯郸—南阳	0.132	0.096	郑州—信阳	0.320	0.267
邯郸—商丘	0.423	0.226	郑州—周口	0.427	0.242
邯郸—信阳	0.320	0.181	郑州—驻马店	0.376	0.245
邯郸—周口	0.426	0.225	洛阳—邢台	0.286	0.489
邯郸—驻马店	0.375	0.246	洛阳—长治	0.148	0.120
阜阳—邢台	0.115	0.197	洛阳—晋城	0.162	0.287
阜阳—长治	0.469	0.435	洛阳—运城	0.163	0.390
阜阳—晋城	0.495	0.633	洛阳—蚌埠	0.222	0.124
阜阳—运城	0.252	0.131	洛阳—淮北	0.447	0.295
阜阳—蚌埠	0.191	0.265	洛阳—宿州	0.190	0.370
阜阳—淮北	0.759	0.656	洛阳—亳州	0.413	0.349
阜阳—宿州	0.195	0.415	洛阳—聊城	0.189	0.215
阜阳—亳州	0.096	0.067	洛阳—菏泽	0.567	0.809
阜阳—聊城	0.248	0.194	洛阳—开封	0.238	0.109
阜阳—菏泽	0.200	0.177	洛阳—平顶山	0.192	0.120
阜阳—郑州	0.355	0.463	洛阳—安阳	0.198	0.230
阜阳—开封	0.121	0.479	洛阳—鹤壁	0.299	0.350
阜阳—洛阳	0.337	0.370	洛阳—新乡	0.077	0.238
阜阳—平顶山	0.520	0.488	洛阳—焦作	0.172	0.237
阜阳—安阳	0.535	0.591	洛阳—濮阳	0.140	0.181
阜阳—鹤壁	0.636	0.720	洛阳—许昌	0.158	0.203
阜阳—新乡	0.325	0.608	洛阳—漯河	0.133	0.289
阜阳—焦作	0.509	0.606	洛阳—三门峡	0.180	0.087
阜阳—濮阳	0.453	0.552	洛阳—南阳	0.104	0.163
阜阳—许昌	0.256	0.573	洛阳—商丘	0.385	0.053
阜阳—漯河	0.469	0.659	洛阳—信阳	0.288	0.104
阜阳—三门峡	0.517	0.417	洛阳—周口	0.387	0.055
阜阳—南阳	0.260	0.226	洛阳—驻马店	0.347	0.089
阜阳—商丘	0.074	0.333			
阜阳—信阳	0.073	0.282			
阜阳—周口	0.075	0.364			
阜阳—驻马店	0.024	0.347			

由图 7-15、图 7-16 和表 7-86 可知，成渝城市群 16 个城市之间专业化指数共有 120 对，其中有 47 对城市间专业化指数呈明显上升的态势，有 10 对城市间专业化指数基本保持不变，有 63 对城市间专业化指数呈明显下降的态势。专业化指数下降的比例比较高，说明成渝城市群整体的专业化分工水平在不断地下降。在专业化指数下降的城市中，广安和大多数城市之间的专业化指数下降的幅度均较大，说明广安的主导产业与这些城市之间的产业结构朝着相同的方向发展。总体来看，成渝城市群产业职能的专业化程度持续降低，城市间潜在的互补性发展不足。

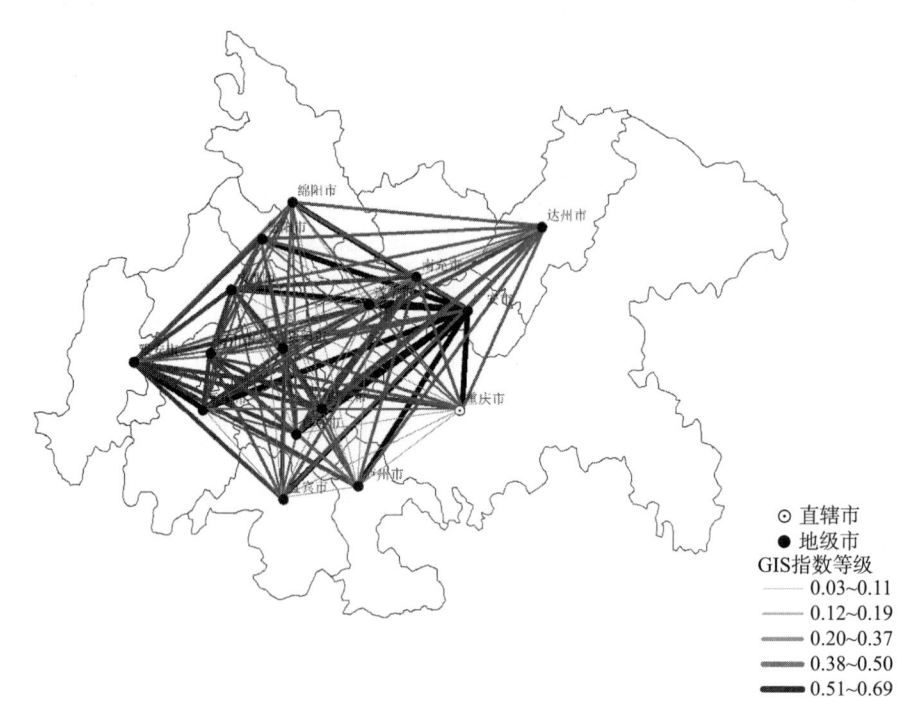

图 7-15 2006 年成渝城市群 GSI 指数

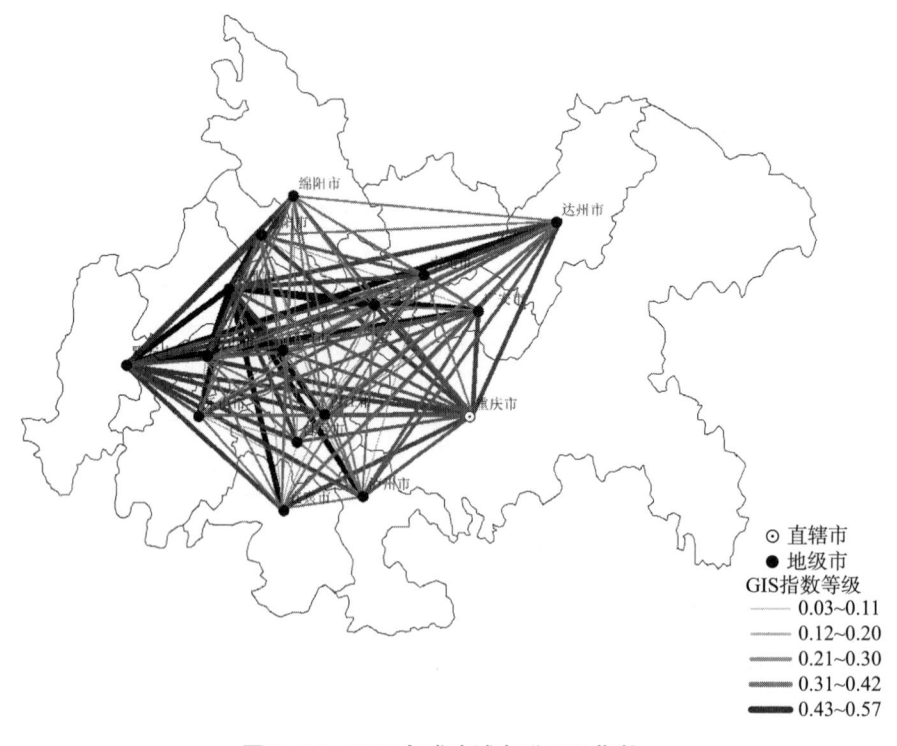

图 7-16 2017 年成渝城市群 GSI 指数

表7-86　　　　2006年、2017年成渝城市群各市地区间专业化指数

地区	2006年	2017年	地区	2006年	2017年
重庆—成都	0.075	0.208	绵阳—遂宁	0.068	0.139
重庆—自贡	0.057	0.203	绵阳—内江	0.121	0.129
重庆—泸州	0.048	0.236	绵阳—乐山	0.164	0.154
重庆—德阳	0.134	0.325	绵阳—南充	0.292	0.147
重庆—绵阳	0.118	0.247	绵阳—眉山	0.257	0.213
重庆—遂宁	0.151	0.335	绵阳—宜宾	0.082	0.117
重庆—内江	0.158	0.339	绵阳—广安	0.543	0.152
重庆—乐山	0.156	0.263	绵阳—达州	0.281	0.195
重庆—南充	0.349	0.171	绵阳—雅安	0.367	0.381
重庆—眉山	0.328	0.366	绵阳—资阳	0.303	0.097
重庆—宜宾	0.103	0.314	遂宁—内江	0.065	0.033
重庆—广安	0.597	0.399	遂宁—乐山	0.105	0.161
重庆—达州	0.293	0.345	遂宁—南充	0.360	0.222
重庆—雅安	0.439	0.330	遂宁—眉山	0.320	0.161
重庆—资阳	0.363	0.209	遂宁—宜宾	0.048	0.049
成都—自贡	0.034	0.411	遂宁—广安	0.610	0.124
成都—泸州	0.114	0.444	遂宁—达州	0.348	0.195
成都—德阳	0.167	0.491	遂宁—雅安	0.435	0.405
成都—绵阳	0.159	0.404	遂宁—资阳	0.370	0.159
成都—遂宁	0.192	0.543	内江—乐山	0.046	0.179
成都—内江	0.177	0.532	内江—南充	0.410	0.239
成都—乐山	0.135	0.470	内江—眉山	0.370	0.194
成都—南充	0.425	0.378	内江—宜宾	0.061	0.060
成都—眉山	0.404	0.573	内江—广安	0.661	0.110
成都—宜宾	0.144	0.521	内江—达州	0.399	0.168
成都—广安	0.655	0.495	内江—雅安	0.485	0.422
成都—达州	0.350	0.371	内江—资阳	0.421	0.176
成都—雅安	0.497	0.532	乐山—南充	0.437	0.092
成都—资阳	0.420	0.417	乐山—眉山	0.410	0.103
自贡—泸州	0.083	0.066	乐山—宜宾	0.082	0.146
自贡—德阳	0.160	0.122	乐山—广安	0.688	0.238
自贡—绵阳	0.140	0.078	乐山—达州	0.397	0.283
自贡—遂宁	0.164	0.132	乐山—雅安	0.529	0.272
自贡—内江	0.149	0.136	乐山—资阳	0.453	0.063
自贡—乐山	0.125	0.101	南充—眉山	0.040	0.195

续表

地区	2006 年	2017 年	地区	2006 年	2017 年
自贡—南充	0.403	0.112	南充—宜宾	0.354	0.187
自贡—眉山	0.377	0.163	南充—广安	0.251	0.299
自贡—宜宾	0.116	0.111	南充—达州	0.089	0.324
自贡—广安	0.654	0.196	南充—雅安	0.093	0.259
自贡—达州	0.350	0.211	南充—资阳	0.038	0.063
自贡—雅安	0.496	0.339	眉山—宜宾	0.328	0.161
自贡—资阳	0.420	0.073	眉山—广安	0.290	0.273
泸州—德阳	0.101	0.173	眉山—达州	0.096	0.344
泸州—绵阳	0.081	0.144	眉山—雅安	0.119	0.287
泸州—遂宁	0.104	0.151	眉山—资阳	0.052	0.157
泸州—内江	0.149	0.169	宜宾—广安	0.605	0.170
泸州—乐山	0.147	0.036	宜宾—达州	0.338	0.225
泸州—南充	0.322	0.080	宜宾—雅安	0.447	0.370
泸州—眉山	0.295	0.129	宜宾—资阳	0.371	0.124
泸州—宜宾	0.089	0.136	广安—达州	0.305	0.124
泸州—广安	0.573	0.228	广安—雅安	0.176	0.496
泸州—达州	0.268	0.248	广安—资阳	0.240	0.236
泸州—雅安	0.414	0.307	达州—雅安	0.147	0.550
泸州—资阳	0.338	0.060	达州—资阳	0.070	0.285
德阳—绵阳	0.045	0.087	雅安—资阳	0.080	0.283
德阳—遂宁	0.046	0.055			
德阳—内江	0.107	0.042			
德阳—乐山	0.151	0.184			
德阳—南充	0.337	0.225			
德阳—眉山	0.302	0.204			
德阳—宜宾	0.069	0.070			
德阳—广安	0.576	0.100			
德阳—达州	0.314	0.154			
德阳—雅安	0.400	0.409			
德阳—资阳	0.336	0.163			

由图 7-17、图 7-18 和表 7-87 可知，关中平原城市群 11 个城市之间专业化指数共有 55 对，其中有 23 对城市间专业化指数呈明显上升的态势，有 2 对城市间专业化指数基本保持不变，有 30 对城市间专业化指数呈明显下降的态势，其中运城与庆阳下降幅度最大，说明两市之间的产业发展逐渐趋同。专业化指数下降的比例相对较高，说明关中平原城市群整体的专业化分工水平在不断地下降，城市间潜在的互补性有待提高。

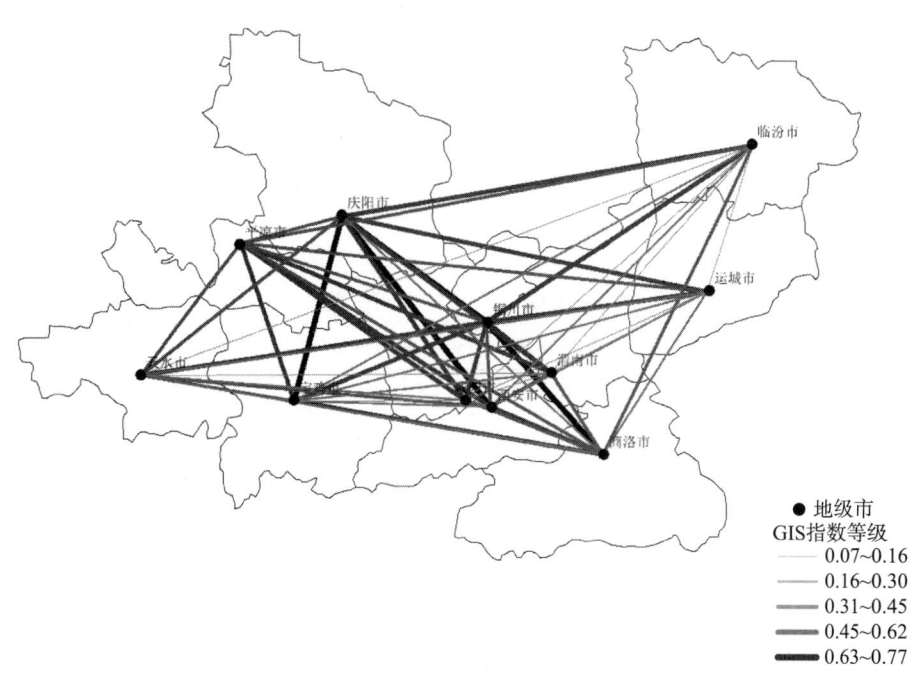

图 7-17 2006 年关中平原城市群 GSI 指数

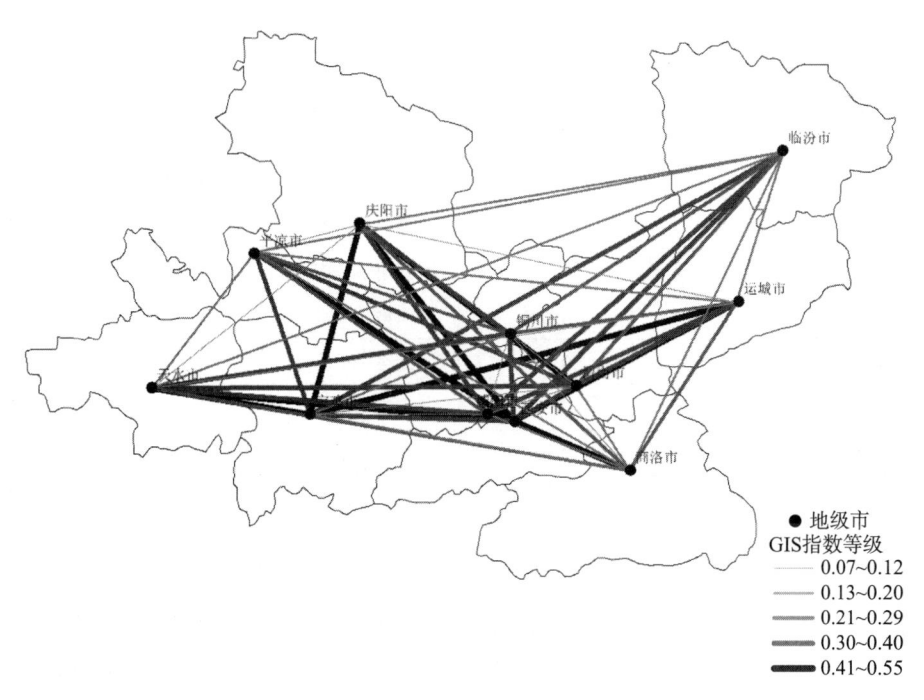

图 7-18 2017 年关中平原城市群 GSI 指数

表 7-87　　2006 年、2017 年关中平原城市群各市地区间专业化指数

地区	2006 年	2017 年	地区	2006 年	2017 年
运城—临汾	0.089	0.131	铜川—宝鸡	0.545	0.652
运城—西安	0.234	0.490	铜川—咸阳	0.552	0.654
运城—铜川	0.465	0.285	铜川—渭南	0.568	0.664
运城—宝鸡	0.246	0.438	铜川—商洛	0.767	0.617
运城—咸阳	0.137	0.356	铜川—天水	0.590	0.635
运城—渭南	0.165	0.357	铜川—平凉	0.344	0.382
运城—商洛	0.304	0.238	铜川—庆阳	0.737	0.724
运城—天水	0.184	0.083	宝鸡—咸阳	0.134	0.146
运城—平凉	0.374	0.136	宝鸡—渭南	0.208	0.197
运城—庆阳	0.529	0.075	宝鸡—商洛	0.550	0.459
临汾—西安	0.264	0.374	宝鸡—天水	0.322	0.324
临汾—铜川	0.517	0.218	宝鸡—平凉	0.501	0.378
临汾—宝鸡	0.198	0.332	宝鸡—庆阳	0.723	0.929
临汾—咸阳	0.070	0.312	咸阳—渭南	0.086	0.050
临汾—渭南	0.075	0.279	咸阳—商洛	0.422	0.315
临汾—商洛	0.352	0.184	咸阳—天水	0.220	0.203
临汾—天水	0.163	0.142	咸阳—平凉	0.485	0.301
临汾—平凉	0.450	0.165	咸阳—庆阳	0.620	0.798
临汾—庆阳	0.563	0.168	渭南—商洛	0.372	0.286
西安—铜川	0.402	0.346	渭南—天水	0.158	0.179
西安—宝鸡	0.181	0.379	渭南—平凉	0.501	0.312
西安—咸阳	0.241	0.442	渭南—庆阳	0.559	0.774
西安—渭南	0.327	0.321	商洛—天水	0.234	0.143
西安—商洛	0.536	0.413	商洛—平凉	0.432	0.329
西安—天水	0.405	0.516	商洛—庆阳	0.227	0.503
西安—平凉	0.487	0.475	天水—平凉	0.432	0.147
西安—庆阳	0.709	0.542	天水—庆阳	0.401	0.079
			平凉—庆阳	0.403	0.114

由图 7-19、图 7-20 和表 7-88 可知，北部湾城市群 10 个城市之间专业化指数共有 45 对，其中有 24 对城市间专业化指数呈明显上升的态势，有 2 对城市间专业化指数基本保持不变，有 19 对城市间专业化指数呈明显下降的态势。专业化指数上升的比例比较高，说明北部湾城市群整体的专业化分工水平在不断地上升，城市间潜在的互补性有所提高。

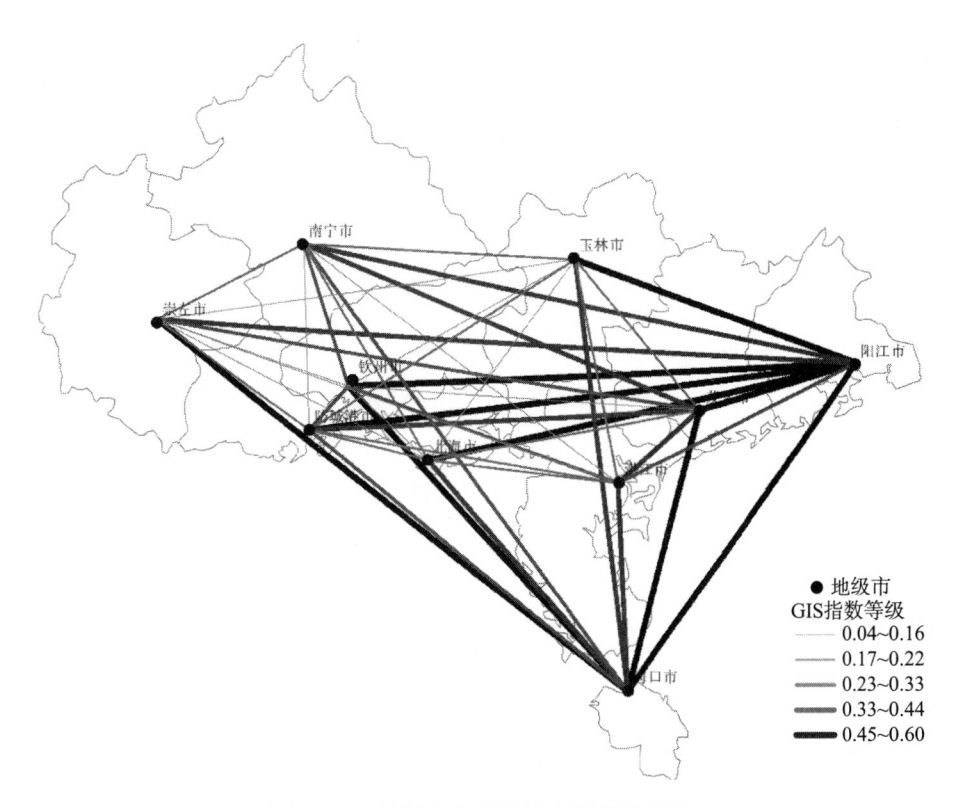

图 7–19　2006 年北部湾城市群 GSI 指数

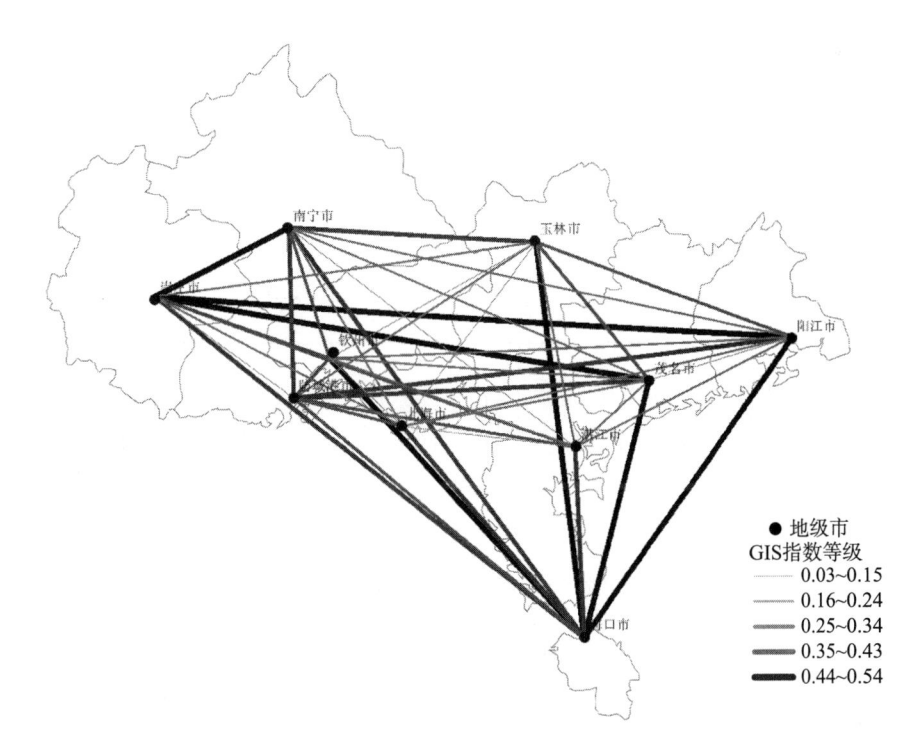

图 7–20　2017 年北部湾城市群 GSI 指数

表7-88　　2006年、2017年北部湾城市群各市地区间专业化指数

地区	2006年	2017年	地区	2006年	2017年
湛江—茂名	0.376	0.195	南宁—北海	0.225	0.224
湛江—阳江	0.318	0.176	南宁—防城港	0.137	0.386
湛江—南宁	0.158	0.128	南宁—钦州	0.325	0.267
湛江—北海	0.223	0.096	南宁—玉林	0.219	0.348
湛江—防城港	0.210	0.287	南宁—崇左	0.220	0.437
湛江—钦州	0.286	0.201	南宁—海口	0.281	0.409
湛江—玉林	0.207	0.220	北海—防城港	0.221	0.256
湛江—崇左	0.151	0.325	北海—钦州	0.100	0.124
湛江—海口	0.413	0.347	北海—玉林	0.041	0.124
茂名—阳江	0.601	0.030	北海—崇左	0.124	0.241
茂名—南宁	0.403	0.183	北海—海口	0.404	0.376
茂名—北海	0.178	0.229	防城港—钦州	0.263	0.311
茂名—防城港	0.374	0.428	防城港—玉林	0.205	0.160
茂名—钦州	0.111	0.201	防城港—崇左	0.207	0.121
茂名—玉林	0.184	0.308	防城港—海口	0.282	0.325
茂名—崇左	0.250	0.470	钦州—玉林	0.107	0.151
茂名—海口	0.547	0.542	钦州—崇左	0.139	0.336
阳江—南宁	0.437	0.189	钦州—海口	0.476	0.501
阳江—北海	0.532	0.217	玉林—崇左	0.083	0.184
阳江—防城港	0.490	0.409	玉林—海口	0.429	0.446
阳江—钦州	0.542	0.177	崇左—海口	0.476	0.351
阳江—玉林	0.490	0.295			
阳江—崇左	0.407	0.457			
阳江—海口	0.554	0.523			

由图7-21、图7-22和表7-89可知，呼包鄂榆城市群4个城市之间专业化指数共有6对，其中有1对城市间专业化指数呈明显上升的态势，有5对城市间专业化指数呈明显下降的态势。专业化指数下降的比例比较高，说明呼包鄂榆城市群整体的专业化分工水平在不断地下降，其产业网络同构趋势明显。

表7-89　　2006年、2017年呼包鄂榆城市群各市地区间专业化指数

地区	2006年	2017年	地区	2006年	2017年
呼和浩特—包头	0.599	0.439	包头—鄂尔多斯	0.342	0.088
呼和浩特—鄂尔多斯	0.333	0.396	包头—榆林	0.809	0.234
呼和浩特—榆林	0.334	0.309	鄂尔多斯—榆林	0.538	0.157

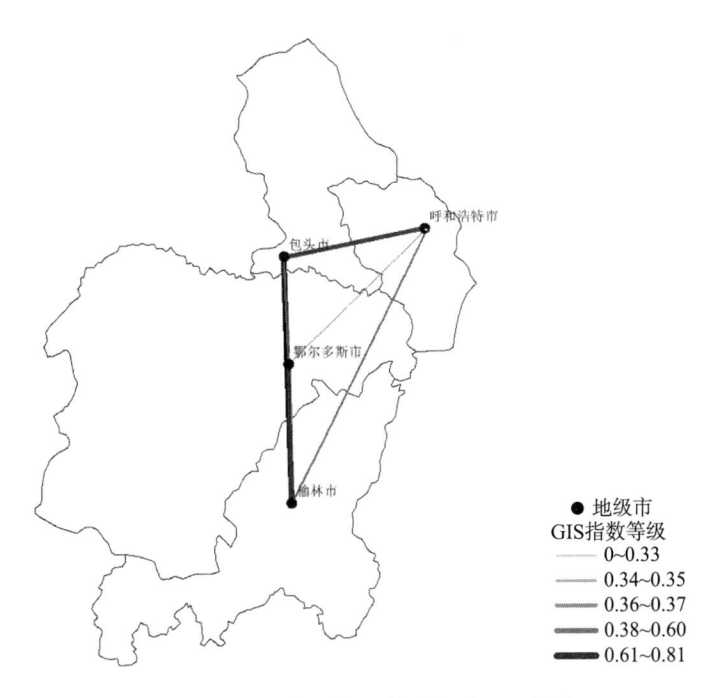

图 7-21 2006 年呼包鄂榆城市群 GSI 指数

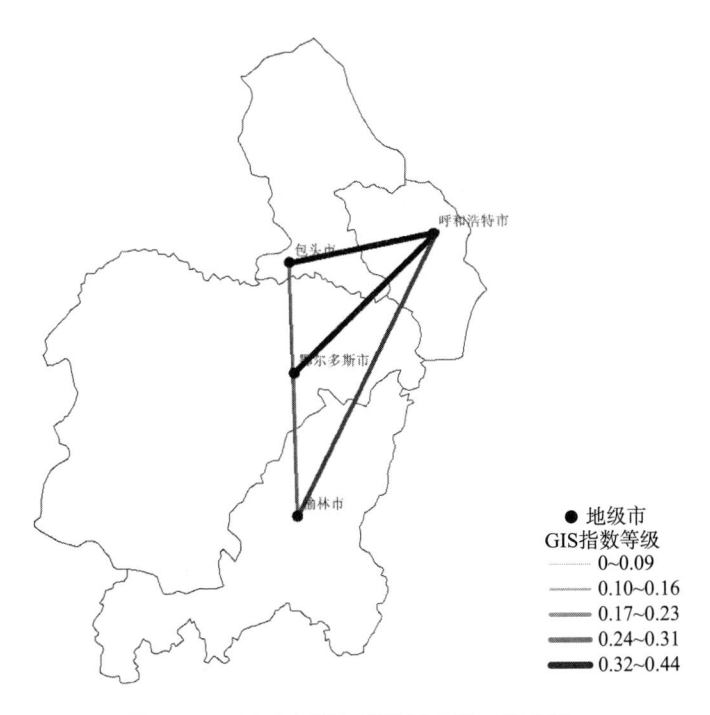

图 7-22 2017 年呼包鄂榆城市群 GSI 指数

由图 7-23、图 7-24 和表 7-90 可知，兰西城市群 4 个城市之间专业化指数共有 6 对，其中有 3 对城市间专业化指数呈明显上升的态势，有 3 对城市间专业化指数呈明显下降的态势。专业化指数下降和上升的比例相当，说明兰西城市群整体的专业化分工水平变化不大。

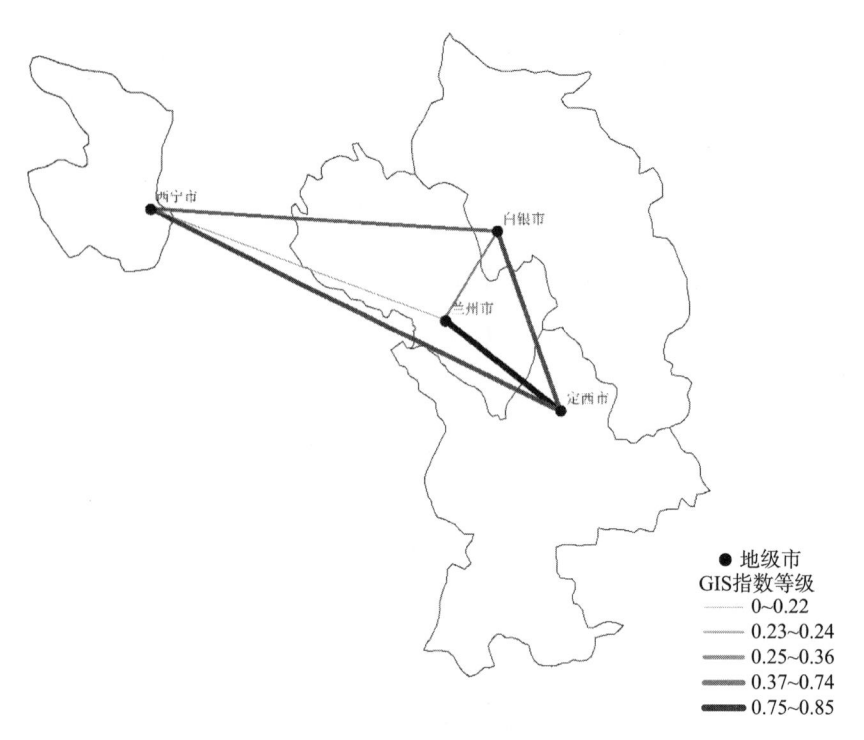

图 7–23　2006 年兰西城市群 GSI 指数

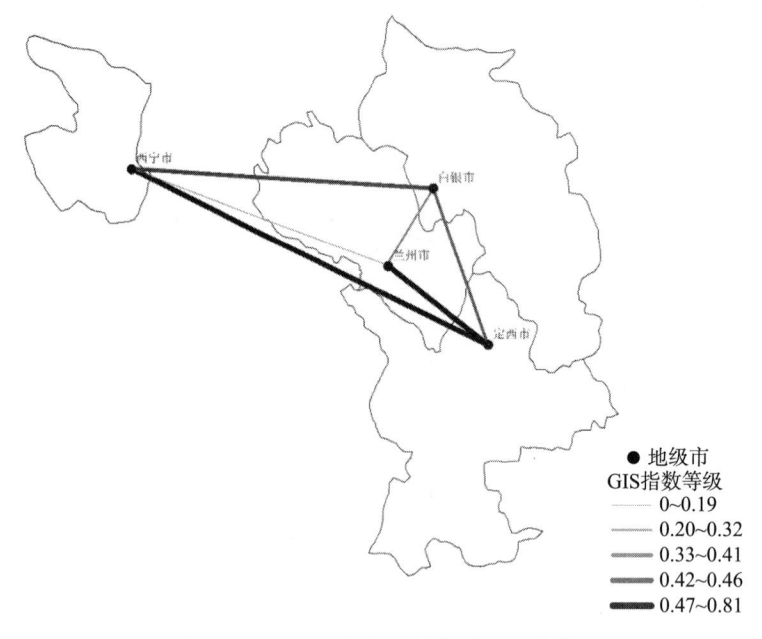

图 7–24　2017 年兰西城市群 GSI 指数

表 7–90　　　　　　　　　2006 年、2017 年兰西城市群各市地区间专业化指数

地区	2006 年	2017 年	地区	2006 年	2017 年
兰州—白银	0.239	0.318	白银—定西	0.743	0.414
兰州—定西	0.847	0.656	白银—西宁	0.357	0.459
兰州—西宁	0.222	0.199	定西—西宁	0.740	0.802

由图 7-25、图 7-26 和表 7-91 可知，黔中城市群 3 个城市之间专业化指数共有 3 对，其中贵阳—遵义和遵义—安顺两对城市之间专业化指数呈上升的态势，说明这些城市间产业职能的专业化程度增强；贵阳—安顺的专业化指数呈明显下降的态势，说明城市间潜在经济互补性有所下降。

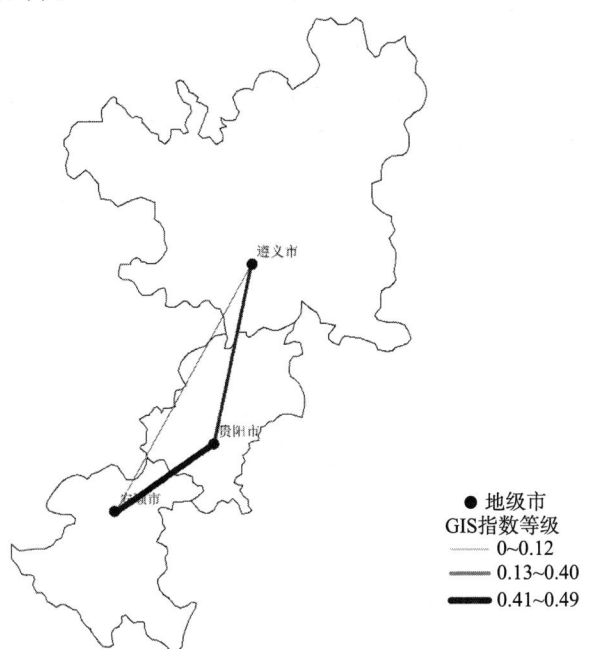

图 7-25　2006 年黔中城市群 GSI 指数

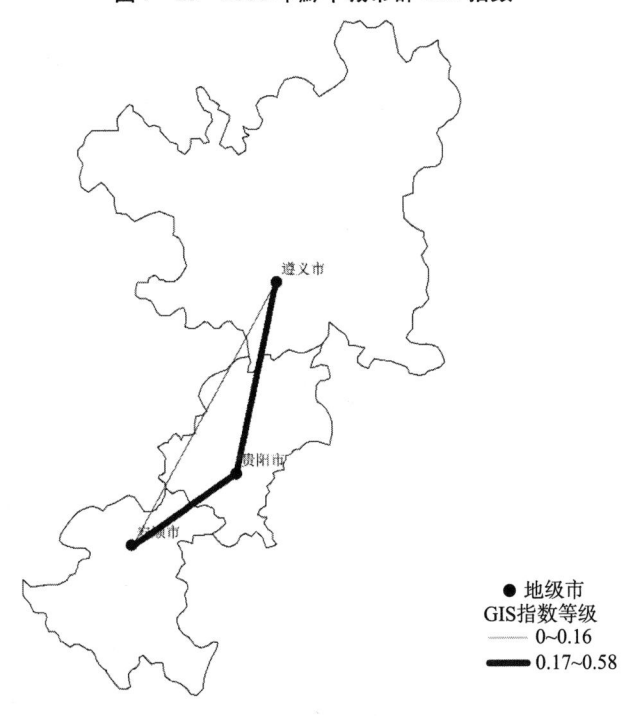

图 7-26　2017 年黔中城市群 GSI 指数

表 7-91　　2006 年、2017 年黔中城市群各市地区间专业化指数

地区	2006 年	2017 年	地区	2006 年	2017 年
贵阳—遵义	0.401	0.578	遵义—安顺	0.123	0.162
贵阳—安顺	0.492	0.454			

由图 7-27、图 7-28 和表 7-92 可知，滇中城市群 3 个城市之间专业化指数共有 3 对，这些城市之间专业化指数均呈下降的态势，说明滇中城市群内部城市间产业职能的专业化程度下降，城市间潜在经济互补性有所下降。

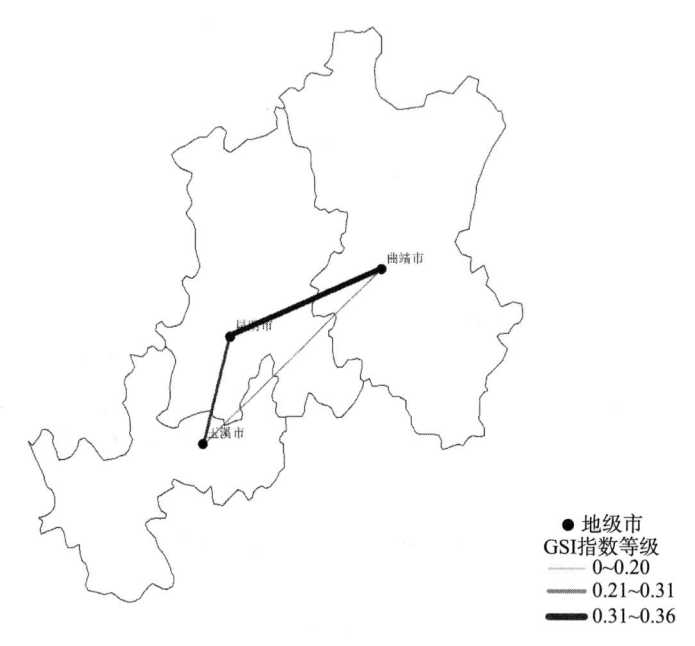

图 7-27　2006 年滇中城市群 GSI 指数

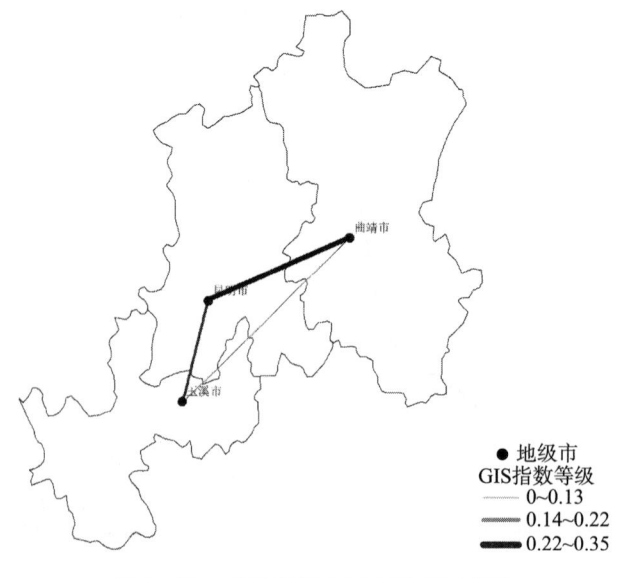

图 7-28　2017 年滇中城市群 GSI 指数

表7-92　　　　　　2006年、2017年滇中城市群各市地区间专业化指数

地区	2006年	2017年	地区	2006年	2017年
昆明—曲靖	0.358	0.345	曲靖—玉溪	0.195	0.125
昆明—玉溪	0.305	0.221			

由图7-29、图7-30和表7-93可知，宁夏沿黄城市群4个城市之间专业化指数共有6对，其中有4对城市间专业化指数呈明显上升的态势，有2对城市间专业化指数呈明显下降的态势。专业化指数上升的比例较高，说明宁夏沿黄城市群整体产业职能专业化程度不断增强。

图7-29　2006年宁夏沿黄城市群GSI指数

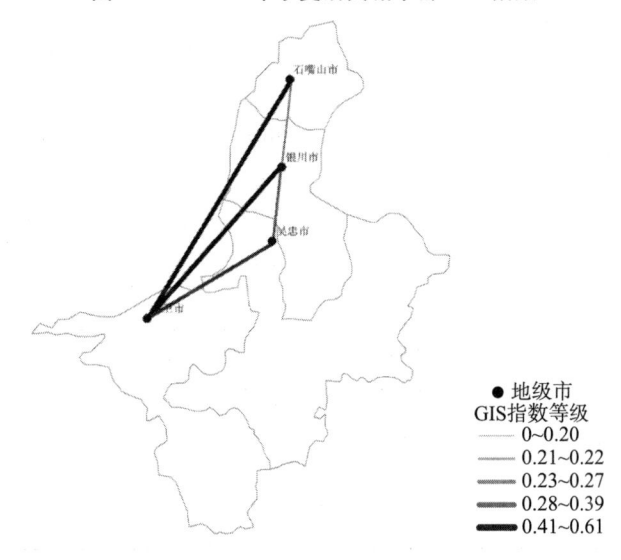

图7-30　2017年宁夏沿黄城市群GSI指数

表7-93　　2006年、2017年宁夏沿黄城市群各市地区间专业化指数

地区	2006年	2017年	地区	2006年	2017年
银川—石嘴山	0.139	0.205	石嘴山—吴忠	0.380	0.210
银川—吴忠	0.462	0.268	石嘴山—中卫	0.464	0.600
银川—中卫	0.511	0.540	吴忠—中卫	0.093	0.390

由图7-31、图7-32和表7-94可知,哈长城市群10个城市之间专业化指数共有45对,其中有32对城市间专业化指数呈明显上升的态势,有1对城市间专业化指数基本保持不变,有12对城市间专业化指数呈明显下降的态势。专业化指数上升的比例比较高,说明哈长城市群整体的专业化分工水平在不断地上升,城市间潜在的互补性有所提高。

表7-94　　2006年、2017年哈长城市群各市地区间专业化指数

地区	2006年	2017年	地区	2006年	2017年
长春—吉林	0.117	0.280	辽源—松原	0.017	0.220
长春—四平	0.337	0.548	辽源—哈尔滨	0.242	0.491
长春—辽源	0.149	0.226	辽源—齐齐哈尔	0.185	0.568
长春—松原	0.148	0.206	辽源—大庆	0.365	0.214
长春—哈尔滨	0.229	0.287	辽源—牡丹江	0.122	0.653
长春—齐齐哈尔	0.075	0.364	辽源—绥化	0.377	0.644
长春—大庆	0.352	0.133	松原—哈尔滨	0.225	0.420
长春—牡丹江	0.066	0.496	松原—齐齐哈尔	0.179	0.367
长春—绥化	0.318	0.497	松原—大庆	0.348	0.277
吉林—四平	0.328	0.383	松原—牡丹江	0.125	0.453
吉林—辽源	0.038	0.294	松原—绥化	0.383	0.444
吉林—松原	0.038	0.083	哈尔滨—齐齐哈尔	0.158	0.137
吉林—哈尔滨	0.235	0.418	哈尔滨—大庆	0.162	0.372
吉林—齐齐哈尔	0.148	0.358	哈尔滨—牡丹江	0.295	0.329
吉林—大庆	0.359	0.354	哈尔滨—绥化	0.534	0.424
吉林—牡丹江	0.090	0.374	齐齐哈尔—大庆	0.320	0.449
吉林—绥化	0.346	0.365	齐齐哈尔—牡丹江	0.141	0.241
四平—辽源	0.365	0.662	齐齐哈尔—绥化	0.380	0.287
四平—松原	0.365	0.462	大庆—牡丹江	0.418	0.630
四平—哈尔滨	0.535	0.474	大庆—绥化	0.657	0.596
四平—齐齐哈尔	0.383	0.337	牡丹江—绥化	0.302	0.216
四平—大庆	0.659	0.629			
四平—牡丹江	0.302	0.242			
四平—绥化	0.037	0.051			

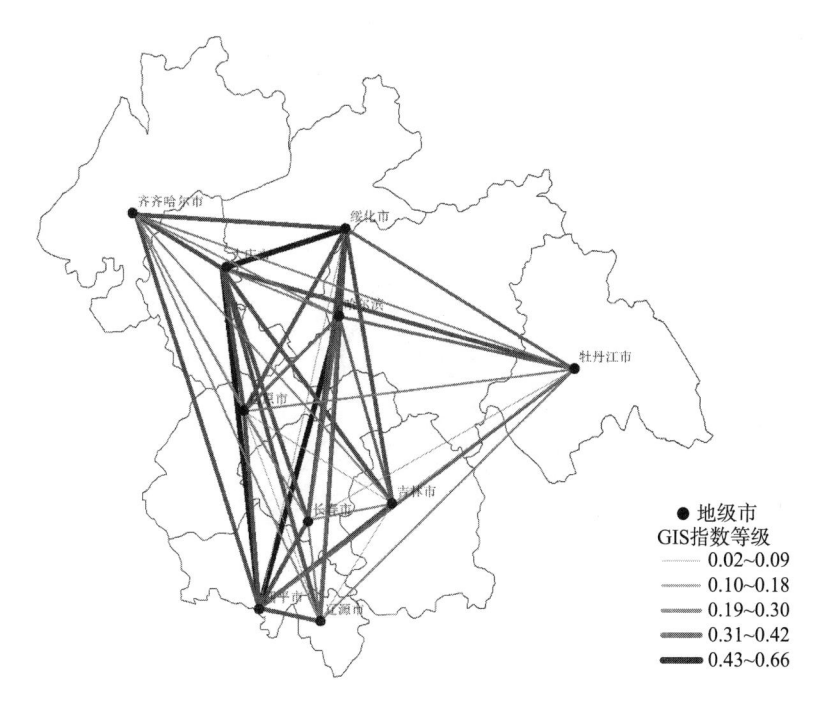

图 7-31 2006 年哈长城市群 GSI 指数

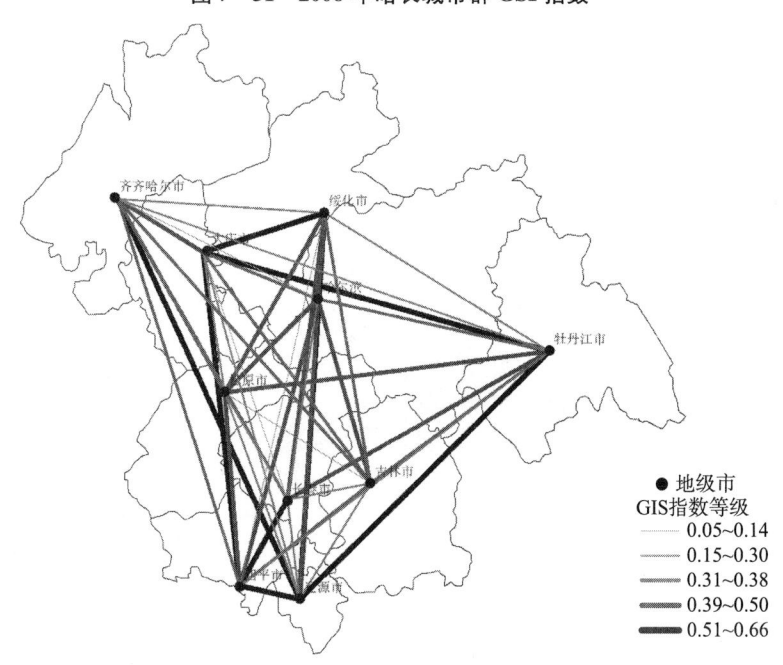

图 7-32 2017 年哈长城市群 GSI 指数

由图 7-33、图 7-34 和表 7-95 可知,每年辽中南城市群之间对比的地区专业化指数共有 78 对,其中有 34 对城市间专业化指数呈明显上升的态势,有 3 对城市间专业化指数基本保持不变,有 41 对城市间专业化指数呈明显下降的态势。专业化指数下降的比例比较高,说明辽中南城市群整体的专业化分工水平在不断地下降。在专业化指数下降的城市中,沈阳和本溪两市之间的专业化指数下降的幅度最大,说明两市之间的产业结构朝着相同的方向发展。总体来看,辽中南城市群核心城市沈阳与大多数城市的产业职能的专业化程度下降明显,产业的同质性有所增强。

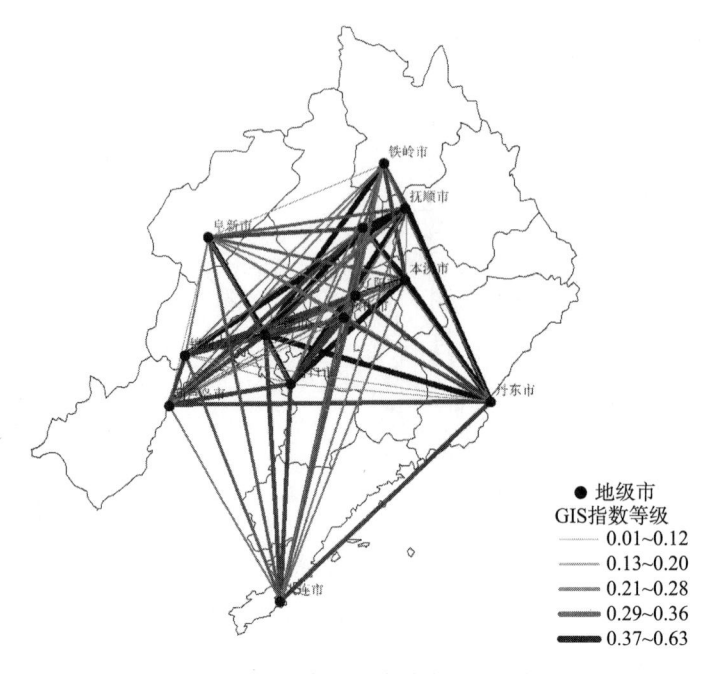

图 7-33　2006 年辽中南城市群 GSI 指数

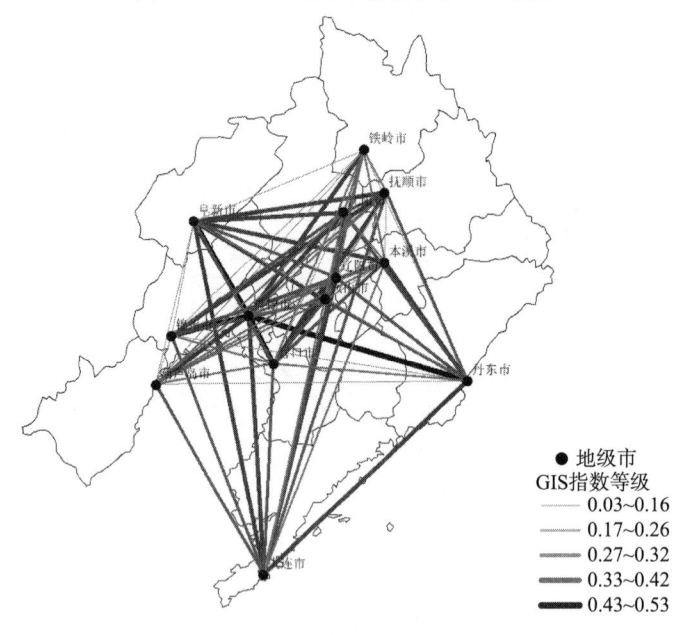

图 7-34　2017 年辽中南城市群 GSI 指数

表 7-95　　　　　　　2006 年、2017 年辽中南城市群各市地区间专业化指数

地区	2006 年	2017 年	地区	2006 年	2017 年
沈阳—大连	0.272	0.162	本溪—丹东	0.413	0.338
沈阳—鞍山	0.317	0.224	本溪—锦州	0.420	0.320

续表

地区	2006年	2017年	地区	2006年	2017年
沈阳—抚顺	0.432	0.276	本溪—营口	0.461	0.314
沈阳—本溪	0.432	0.215	本溪—阜新	0.246	0.377
沈阳—丹东	0.196	0.303	本溪—辽阳	0.151	0.138
沈阳—锦州	0.150	0.267	本溪—盘锦	0.242	0.205
沈阳—营口	0.203	0.117	本溪—铁岭	0.294	0.252
沈阳—阜新	0.304	0.342	本溪—葫芦岛	0.153	0.244
沈阳—辽阳	0.359	0.339	丹东—锦州	0.056	0.092
沈阳—盘锦	0.603	0.420	丹东—营口	0.048	0.237
沈阳—铁岭	0.279	0.243	丹东—阜新	0.176	0.105
沈阳—葫芦岛	0.318	0.236	丹东—辽阳	0.313	0.293
大连—鞍山	0.113	0.257	丹东—盘锦	0.597	0.500
大连—抚顺	0.162	0.309	丹东—铁岭	0.137	0.095
大连—本溪	0.162	0.235	丹东—葫芦岛	0.288	0.134
大连—丹东	0.299	0.358	锦州—营口	0.074	0.199
大连—锦州	0.258	0.296	锦州—阜新	0.182	0.079
大连—营口	0.324	0.278	锦州—辽阳	0.319	0.319
大连—阜新	0.231	0.369	锦州—盘锦	0.582	0.525
大连—辽阳	0.211	0.371	锦州—铁岭	0.139	0.109
大连—盘锦	0.331	0.398	锦州—葫芦岛	0.294	0.113
大连—铁岭	0.250	0.294	营口—阜新	0.223	0.274
大连—葫芦岛	0.169	0.283	营口—辽阳	0.360	0.352
鞍山—抚顺	0.115	0.054	营口—盘锦	0.632	0.520
鞍山—本溪	0.114	0.069	营口—铁岭	0.180	0.256
鞍山—丹东	0.299	0.269	营口—葫芦岛	0.335	0.249
鞍山—锦州	0.306	0.297	阜新—辽阳	0.137	0.314
鞍山—营口	0.347	0.288	阜新—盘锦	0.445	0.521
鞍山—阜新	0.165	0.372	阜新—铁岭	0.048	0.156
鞍山—辽阳	0.098	0.115	阜新—葫芦岛	0.117	0.133
鞍山—盘锦	0.301	0.231	辽阳—盘锦	0.333	0.229
鞍山—铁岭	0.193	0.216	辽阳—铁岭	0.181	0.210
鞍山—葫芦岛	0.067	0.239	辽阳—葫芦岛	0.042	0.206
抚顺—本溪	0.006	0.073	盘锦—铁岭	0.460	0.417
抚顺—丹东	0.414	0.319	盘锦—葫芦岛	0.328	0.412
抚顺—锦州	0.420	0.342	铁岭—葫芦岛	0.156	0.038
抚顺—营口	0.461	0.336			
抚顺—阜新	0.252	0.365			
抚顺—辽阳	0.155	0.086			
抚顺—盘锦	0.246	0.183			
抚顺—铁岭	0.300	0.233			
抚顺—葫芦岛	0.159	0.233			

第三节 研究发现与讨论

一、研究发现

通过对东部、中部、西部和东北地区城市群城市产业职能的演进进行分析，可以看出，东部地区各城市群的其他工业逐渐开始向沿江和航海湾地区转移和扩散，高级生产性服务业和一般生产性服务业向区域内的核心城市聚集，其他服务业在向核心城市集聚的同时也开始向次级中心城市集聚。中部地区长江中游、中原城市群的其他工业职能优势有所扩散，开始向外围地区扩散，其高级生产性服务业不仅核心城市保持着优势，也呈现扩散后在次级城市和外围城市在集聚的现象，其一般性生产性服务业和其他服务业的发育较为迟缓；晋中城市群的其他工业、高级生产性服务业、一般生产性服务业和其他服务业职能的格局基本没有改变。西部和东北地区成渝、关中平原、呼包鄂榆、兰西、滇中、天山北坡、辽中南城市群的其他工业职能呈现向外围城市扩散的趋势；北部湾、黔中、哈长城市群的其他工业职能呈现向发展状况较好的城市集聚的现象；成渝、关中平原、北部湾、呼包鄂榆、黔中、滇中、宁夏沿黄、天山北坡、辽中南高级生产性服务业和一般生产性服务业呈现向核心城市聚集的现象；兰西的高级生产性服务业呈向核心城市聚集，一般生产性服务业呈在外围城市集聚的现象；哈长城市群的高级生产性服务业呈向外围城市扩散，一般生产性服务业呈核心城市集聚的现象；其他服务业均呈现外围城市转移的态势。

通过对东部、中部、西部和东北地区内部城市群的总惯量和互补性率进行分析，可以看出东部地区长江三角洲、京津冀、珠江三角洲、山东半岛城市群的职能分工互补性率有所增大，其产业网络专业化增强，海峡西岸城市群的产业职能专业化在不断减弱。中部、西部和东北地区中原、晋中、成渝、关中平原、黔中、哈长城市群的产业职能趋于专业化，潜在城市经济互补性有所提高；长江中游、北部湾、呼包鄂榆、滇中、宁夏沿黄、天山北坡、辽中南城市群的职能分工互补性率下降，其潜在的城市互补性下降。

通过对东部、中部、西部和东北地区城市群内部城市间的地区专业化指数进行分析，可以看出东部地区长江三角洲、京津冀、珠江三角洲、山东半岛、海峡西岸城市群内部城市间整体的产业职能的专业化程度在不断上升，城市间潜在的互补性在不断增强，其内部等级较高城市间的职能分工较为明显。中部地区长江中游城市群产业职能的专业化程度在不断下降，城市间潜在的同质性有所增强；中原城市群产业职能的专业化程度在不断增强，潜在的城市经济互补性有所提高。西部和东北地区成渝、关中平原、呼包鄂榆、黔中、滇中、辽中南城市群内部主导城市间整体的专业化程度整体呈现下降的趋势，城市间的产业同质性有所增强；北部湾、哈长城市群内部主导城市间的专业化程度整体呈现上升的趋势，城市间的产业专业化程度有所增强；兰西城市群整体的专业化分工水平变化不大。

二、讨论

东部和中部地区各城市群的其他工业发展符合增长极理论。区域的经济增长一般是由大城市的优势产业作为经济发展最初的增长极，之后再随着产业链条的不断完善和规模扩大以及中心城市经济辐射带动能力的增强来形成增长极的增多和扩散，最终达到区域产业的整体发展。制造业在各个城市群中的就业人数依旧是最多的行业，是中国经济发展的基石，应致力于推动中国经济持续健康的发展，努力实现由中国制造向中国"智"造，最终达到中国创造的转型。东部和中部地区的生产性服务业在中心城市的发展较为突出，要加大发展城市群中心城市以外的其他城市的生产性服务业，来提高区域产业的竞争力，以便提高公共服务水平，形成宜居宜业型的城市群。在较为落后的东北和西部地区，核心城市是区域经济发展的"增长极"，但由于有些城市群的发展水平较低，规模偏小以及空间发展受地形等条件的限制，因此要利用好中心城市的核心作用，合理利用集聚扩散效应，以更好地带动区域产业的发展。

在东部地区产业分工波动幅度较大的情况下，沿海城市群凭借着人口、地理等优势会呈现产业竞争力进入高速发展的时期。经济较为发达的城市有着更为优越的产业基础、地理区位、交通基础设施等，而产业结构的优化对经济的长期发展有着非常突出的作用，因此在充分利用已有产业基础和比较优势的基础上，要优化调整产业结构，这是决定城市群长期竞争力的核心因素。中部、西部和东北地区城市群内部有些城市间专业化程度较高，但这些城市间的专业化程度差异较大，其相对专业化产业多为其他工业类。城市群内核心城市的制造业发生了有序扩散，制造业的结构差异性也在不断增强，在经济一体化的区域中，采用不同的产业分工与合作模式，将有利于产业的转移和升级。在发展核心城市专业化服务优势的同时要加强对中小城市服务业的发展，以产业结构多元促进区域的综合协同发展。

第八章 等级规模对中国城市群新型城镇格局优化影响实证研究

第一节 测定方法与数据来源

一、理论框架与研究假设

齐普夫定律通过对客观城市人口规模分布的考察提出梯度化的区域经济发展规律。新经济地理理论以规模报酬递增、冰山运输成本为前提建立中心—外围、核心—边缘等非均衡增长模型解释了城市的大规模集聚与邻近溢出效应，区域发展会形成梯度化的结构体系。而关于区域内中心城市的规模大小，卡尔多（1970）、阿隆索（1971）等人提出城市规模倒"U"形模型及最优城市规模理论，认为城市的规模扩张会受到资本边际收益、环境资源承载等方面的限制，存在着最优的城市规模范围。研究基于区域非均衡发展理论、城市最优规模倒"U"形模型对中心城市的集聚和扩散效应与区域协调发展的作用机制而展开分析。

本书首先对中心城市在集聚效应下对区域协调发展的抑制作用展开分析。中心城市在集聚效应的作用下形成对包含人口、资本、产业在内的各类要素资源的吸引作用，使得城市内部经济密度不断提升，形成规模经济。中心城市的规模经济对周边地区形成虹吸效应，各类要素资源在中心城市的集聚导致周边地区的竞争力不断降低，具体而言其"后发劣势"体现在两个方面：一方面，人口、资本及自然资源向中心城市的集聚效应使得周边地区主要依赖农业、旅游业、劳动密集型制造业展开经济发展，其产业结构、经济增长方式都呈现出不健康、不可持续的特征，并且中心城市在公共服务、基础设施、发展机遇、工资水平等方面的巨大优势，导致周边地区人力资本的匮乏，使得其难以提升劳动生产率，城市经济活动的竞争力不足。另一方面，中心城市向周边地区形成的扩散带动作用实际上存在区位的选择性，中心城市向外部形成的人口迁徙、资本流动、产业转移往往会选择具备区位优势的中小城市进行扩散，而部分地理位置偏远、基础设施较差、资源禀赋型城市则受到的中心城市带动作用较弱，导致中心城市的集聚与扩散效应进一步恶化了这一类地区的经济发展。

本书进一步对中心城市在扩散效应下对区域协调发展的推进作用展开分析。在规模经济的作用下，中心城市在科学技术、基础设施、全要素生产率等方面与周边地区拉开差距，其作为区域经济增长极的作用不断凸显。对于周边地区而言，中心城市作为经济增长极对其的带动作用，体现在三个方面：第一，周边地区不断向中心城市呈现的人口流动现象，不仅增加了流动人口的平均收入水平，也会提高本地居民各类资源的人均占有率，进而形成动态化的地区均衡；第二，中心城市在经济发展中由于产业结构优化、经济转型升级、市场规模扩张需求等原因形成的扩散效应使得周边地区可以通过承接其人口迁徙、资本流动、产业转移，从而实现经济的快速发展；第三，中心城市在科学技术、基础设施、全要素生产率方面形成的优势也有助于提升中心城市与周边地区的经济联系密度以及区域整体的劳动生产率，推动地区形成以点带面的城镇发展格局。

通过上述分析可以看到，中心城市存在着的集聚与扩散效应导致其对周边地区同时存在着"抑制"与"引领"作用，使得中心城市的规模扩大对区域经济呈现出非线性的作用规律。随着中心城市的规模扩大，具备区位优势的地区会在中心城市的扩散辐射下进入高速发展，不具备优势条件的地区其经济发展则难以摆脱困境，进而导致在区域经济发展形成"马太效应"。要推动区域形成协调、健康、可持续的发展模式，实现区域的空间正义，就必须充分发挥政府的调节、规制作用。因此，分析中心城市首位度对区域协调发展的影响，不仅要考虑到客观区域经济发展机制的作用，同时也要对政府的战略、政策的影响进行分析。研究在上述分析的基础上，建立中心城市首位度变化对区域经济协调发展影响关系的理论框架，如图8-1所示。

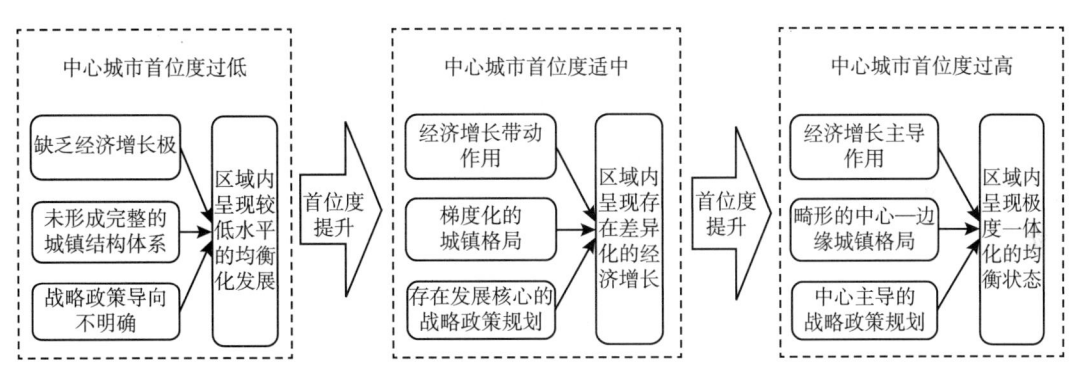

图 8-1 中心城市首位度变化对区域经济协调发展影响关系

中心城市规模较小，首位度偏低，反映出中心城市并不具备对其他城市的集聚效应优势，不能够承担区域经济发展增长极的作用，引领带动周边地区。同时中心城市首位度过低也说明区域内部城市间的差异性较小，各类要素资源并未在市场经济的作用下形成最优配置，区域的城镇结构体系不成熟，各城市呈现出离散的发展状态。不仅如此，中心城市首位度偏低还说明区域内并未形成明确导向、主次分明、突出重点的战略政策，政府未能实现以宏观调控的方式引导区域梯度化结构体系的建立。因此，在中心城市首位度较低时，区域呈现出较低水平的均衡化发展的趋势，各城市均未能充分发挥其比较优势。

中心城市规模适中，首位度适中的情况反映在中心城市集聚效应不断增强的过程。在这一阶段，中心城市对于区域经济发展的带动作用不断凸显，中心城市成为区域的"领头羊"。随着中心城市对周边地区所形成的扩散带动作用，具备区位优势、发展基础的其他地区得到快速发展，进而使得区域内部逐渐形成梯度化的城镇布局，各城市间的发展差距逐渐扩大。中心城市首位度的提升也受到来自政府战略政策倾斜优势的作用，政府对中城市的优惠政策、财政投入、资源分配都使其得以快速发展,在区域内具备绝对的优势地位。因此,在中心城市首位度提升的过程中,区域内原有的低水平的均衡发展被打破,区域开始存在差异性的经济增长,各城市的发展差距扩大。

中心城市规模较大,首位度过高,说明中心城市已然成为区域经济发展的绝对主导力量,中心城市的扩散效应直接决定了周边地区的经济发展状况。区域城镇结构体系呈现出极化的中心—边缘布局,中心城市成为区域内的"巨无霸",其他地区主要发挥着服务中心城市的职能作用。中心城市在首位度上的绝对优势也表明政府在这一阶段战略政策导向上的失衡,使得中心城市占据了区域发展的绝对主导地位,其他地区的发展并未在政府战略政策中受到足够重视。因此,在中心城市首位度过高时,区域内呈现出极度一体化状态下的区域的协调发展,各城市围绕着中心城市展开经济活动,实际上城市群的发展模式转化为畸形状态下的中心—边缘发展模式。

基于上述分析,可以看到随着中心城市规模扩大、首位度的提升,区域经济呈现出先低水平均衡发展到差异性非均衡发展再到极度一体化发展的演化规律。这一现象反映出中心城市对区域内其他城市的发展而言,实际上存在着最优的有效规模。因此,研究基于区域非均衡发展理论、城市最优规模倒"U"形模型的理论分析。

H1:中心城市首位度提升对经济增长起倒"U"形的作用,当中心城市首位度过高时,会抑制其他城市的经济发展,不利于区域经济发展的健康、稳定、可持续性。

H2:中心城市首位度对区域经济的协调发展呈现出"U"形的作用,在中心城市首位度提高的过程中会使得区域内部经济发展差距不断扩大,而当中心城市与周边地区形成极度一体化的经济模式后,区域经济又会趋向于协调发展。

H3:政府的战略规划引导、区域制度政策会显著地影响区域经济的协调发展。

二、模型设定

本书以中国 19 个城市群为研究对象,结合理论框架与研究假设分析,参考梁婧(2017)、王垚(2017)等人对城市规模非线性作用的研究框架,建立如下模型:

$$Y_{it} = \alpha + \beta_1 p_{it} + \beta_2 p_{it}^2 + \beta_i contorl + \varepsilon_i \qquad (8-1)$$

$$G_{it} = \alpha + \beta_1 p_{it} + \beta_2 p_{it}^2 + \beta_i contorl + \varepsilon_i \qquad (8-2)$$

其中,Y_{it} 为以常住人口衡量的城市群人均 GDP,G_{it} 为泰尔指数。研究分别通过分析中心城市首位度与城市群人均 GDP、城市群经济协调度的关系,以判断中心城市首位度如何影响区域经济的协调发展。p_{it} 为中心城市首位度,研究主要分析在经济学意义层面的中心城市首位度问题,因此参考田超的研究成果,以首位城市占城市群总体 GDP 的比重以表征中心城市首位度 p_{it}。p_{it}^2 为中心城市首位度的平方项,用以对中心城市首位度的"U"形作用变化进行验证。

三、数据来源与变量

采用中国 19 个城市群 2006~2017 年的面板数据(如表 4-3 所示),由于是对城市群进行分析,所以数据处理时均以城市群为地区基础单位计算。涉及城市的数据均来源于

《中国城市统计年鉴》和各省统计年鉴，部分数据由各城市国民经济和社会发展公报统计得到。研究所使用的相关价格数据运用《中国统计年鉴（2000~2017）》的 GDP 指数以 2000 年为基期进行平减，由于年鉴统计口径为省域数据，因此研究对各市的 GDP 指数用其所在省份数据进行换算。

本书进一步引入与首位度密切相关的城市群规模变量（area 和 emp），然后引入影响经济增长效率的交通水平（road）、研发水平（tec）和教育水平（teacher）等变量。其中，area 使用建成区面积对数，emp 使用城镇从业人员对数、road 使用年末实有道路面积对数，tec 使用科技支出对数，teacher 使用教师数对数，教师数包括普通小学教师数、普通中学教师数和高等学校教师数。表 8-1 为 19 个城市群面板数据的描述性统计。

表 8-1 变量的统计性描述

变量	平均值	标准差	最小值	中位数	最大值	观测值
Y	10.210	0.647	8.850	10.165	11.802	228
G	0.191	0.123	0.023	0.164	0.704	228
p	0.348	0.180	0.105	0.287	0.806	228
p^2	0.153	0.154	0.011	0.083	0.651	228
area	7.015	0.949	5.327	7.223	8.782	228
emp	6.000	1.130	3.912	6.175	8.115	228
road	9.493	1.080	7.423	9.654	11.611	228
tec	12.054	1.780	6.740	11.922	15.870	228
teacher	12.604	1.070	10.324	12.822	14.332	228

第二节 实证模型分析

一、基本回归模型估计

本书以中国 19 个城市群的数据作为全样本，对中心城市首位度与区域经济协调发展的影响关系展开研究。首先采用固定效应模型展开基本回归分析并使用目标函数进行 Robust 检验控制模型的异方差问题，具体结果见表 8-2。

表 8-2 基本回归结果

变量	模型（1）	模型（2）	模型（3）	模型（4）
	Y	G	Y	G
p	18.534 (7.213)	6.190 (1.533)	3.153 (1.422)	4.956 (1.777)
p^2	-10.409 (5.244)	-3.933 (1.182)	-2.549 (0.988)	-3.351 (1.248)
area			0.351 (0.166)	0.172 (0.068)
emp			0.323 (0.122)	-0.135 (0.064)

续表

变量	模型（1） Y	模型（2） G	模型（3） Y	模型（4） G
road			0.442 (0.107)	0.170 (0.096)
tec			0.123 (0.021)	-0.0694 (0.014)
teacher			-0.721 (0.298)	0.347 (0.225)
常数项	5.350 (1.697)	-1.161 (0.365)	8.512 (3.447)	-6.572 (2.639)
观测值	228	228	228	228
R^2	0.200	0.127	0.905	0.283

本书通过实证检验回归对研究假设进行了基本验证。在模型（1）、模型（2）仅对首位度及其平方项与城市群人均GDP、泰尔指数间的关系进行分析。结果显示中心城市首位度的一次项、二次项均在5%水平上显著，并且二次项系数为负，验证了中心城市首位度与人均GDP之间呈现出倒"U"形的关系。研究进一步通过模型（3）、模型（4）纳入控制变量对中心城市首位度与城市群人均GDP、泰尔指数的关系进行分析。在模型（3）中，中心城市首位度及其平方项依旧保持显著，且系数结果不变。说明对于城市群的经济发展而言，存在着一个最优的中心城市首位度范围，其数值范围经过简单计算大致为0.618。模型（4）中，中心城市首位度P的一次项、二次项均在5%水平上显著，并且二次项系数为负，验证了中心城市首位度与泰尔指数之间也呈现出倒"U"形的关系，表明中心城市首位度在一定的区间段内会对城市群的经济协调发展产生抑制作用，其最大抑制结构变化点数值经过简单计算大致为0.739。

本书进一步对其余控制变量展开简单分析，城市群的建成区面积、就业人口规模、交通水平、研发水平均对人均GDP产生正向作用，表明会促进城市群的经济发展；教育水平对城市群人均GDP产生负向作用，表明教育资源的发展往往也是集中于中心城市及大中城市，这一现象导致了城市群整体经济发展的差距扩大。城市群的建成区面积、交通水平、教育水平对泰尔指数产生正向作用，表明随着城市群的面积扩大、物流建设及教育资源发展，会加剧中心城市及大中城市的虹吸效应，导致城市群内部城市间发展差距的扩大；城市群的就业人口规模、研发水平对泰尔指数产生负向作用，表明城市群的劳动力资源扩大、科技进步会带动城市群整体的协调发展。

二、IV回归结果分析

由于首位城市规模增大会加快城市群经济发展水平的增长速度，但同时经济水平的增长会加强对资源要素的吸纳，从而也会导致首位城市规模扩大，这种双向因果关系会引起内生性问题，因此，为解决可能存在的内生性问题，采用工具变量法进行两阶段GMM估计，具体结果见表8-3。

表 8-3　　　　　　　　　　两阶段 GMM 估计结果

变量	模型（5） Y	模型（6） G
p	2.756 (0.525)	1.022 (0.309)
p^2	-2.218 (0.471)	-0.872 (0.274)
area	-0.036 (0.112)	0.071 (0.074)
emp	-0.480 (0.125)	-0.188 (0.066)
road	0.501 (0.090)	0.095 (0.066)
tec	0.586 (0.038)	0.07 (0.018)
teacher	-0.802 (0.073)	0.075 (0.041)
常数项	12.173 (0.928)	-1.461 (0.532)
观测值	209	209
R^2	0.862	0.120

选用首位度及其平方项的滞后项、以排序第一城市 GDP 与第二城市 GDP 之比计算的首位度及其平方项作为工具变量进行内生性估计。为确定工具变量选取的合理性，对模型（5）和模型（6）分别进行识别不足、过度识别、弱工具变量检验。模型（5）中，识别不足检定 P 值为 0.000，拒绝原假设，说明不存在识别不足的问题；在 Hansen 过度识别检定中 P 值为 0.580，接受原假设，说明模型能够实现过度识别效应；弱工具变量检验 Cragg - DonaldWaldF 为 1598.384，远大于 10% 的临界值，说明拒绝原假设，不存在弱工具变量的干扰，表明工具变量的选取是合理的。模型（6）中，识别不足检定 P 值为 0.000，拒绝原假设，说明不存在识别不足的问题；在 Hansen 过度识别检定中 P 值为 0.897，接受原假设，说明模型能够实现过度识别效应；弱工具变量检验 Cragg - DonaldWaldF 为 1598.384，远大于 10% 的临界值，说明拒绝原假设，不存在弱工具变量的干扰，表明工具变量的选取是合理的。

在对城市群人均 GDP、泰尔指数的两阶段 GMM 估计中，首位度的系数为正，首位度平方项的系数为负，且均在 1% 的水平上显著，与表 8-3 的回归结果相符，说明研究结论具备较高的科学性与可信性。

三、政府战略规划引导、区域制度政策影响的进一步分析

本书在理论框架分析部分提出政府的战略规划及区域制度政策会对区域的协调发展产生显著的影响。由此，本书针对城市群发展过程中国家中心城市政策、城市群内部的行政分割现象对区域协调发展的影响关系展开分析，具体结果见表 8-4。

表 8-4 国家中心城市政策、行政分割的回归分析

变量	模型（1） Y	模型（2） G	模型（3） Y	模型（4） G	模型（5） Y	模型（6） G
p	3.375 (1.45)	4.729 (1.720)	4.130 (1.540)	4.736 (1.955)	1.572 (0.910)	0.994 (0.466)
p^2	-2.914 (1.06)	-3.101 (1.212)	-3.438 (1.122)	-3.109 (1.374)	-1.360 (0.679)	-0.730 (0.432)
area	0.386 (0.141)	0.174 (0.069)	0.394 (0.147)	0.174 (0.069)	0.372 (0.103)	0.103 (0.064)
emp	0.310 (0.127)	-0.179 (0.070)	0.315 (0.125)	-0.160 (0.074)	0.261 (0.105)	-0.135 (0.051)
road	0.463 (0.109)	0.182 (0.100)	0.455 (0.112)	0.164 (0.104)	0.490 (0.107)	0.098 (0.059)
tec	0.113 (0.019)	-0.071 (0.014)	0.112 (0.019)	-0.071 (0.013)	0.128 (0.017)	-0.026 (0.010)
teacher	-0.788 (0.271)	0.304 (0.229)	-0.792 (0.262)	0.345 (0.248)	-1.043 (0.173)	0.054 (0.043)
central policy1	-0.020 (0.043)	0.063 (0.064)	0.193 (0.174)	1.020 (0.485)		
central policy2	0.100 (0.033)	0.071 (0.039)	0.554 (0.376)	2.078 (1.046)		
p × central policy			-0.832 (1.317)	-7.083 (3.679)		
p^2 × central policy			-0.033 (2.385)	12.22 (6.462)		
division					-0.0257 (0.198)	0.0366 (0.0199)
常数项	9.054 (3.200)	-5.845 (2.756)	8.923 (3.090)	-6.299 (2.868)	12.63 (1.729)	-1.262 (0.605)
观测值	228	228	228	228	228	228
R^2	0.913	0.298	0.915	0.320	0.909	0.217

通过模型（1）至模型（4）对国家中心城市政策对区域经济协调发展的影响关系展开分析。在模型（1）中，国家中心城市数量为 2 的城市群其战略规划对区域的经济增长起到显著的正向作用，而当城市群仅有 1 个国家中心城市时，其对城市群经济增长的解释力度较低，说明国家中心城市政策就目前而言并不是推动城市群经济增长的重要因素。在模型（2）中国家中心城市政策与区域协调发展之间的关联性并不高，说明区域的经济发展差距扩大与国家中心城市政策之间并不存在直接关联性。

在模型（3）和模型（4）中建立国家中心城市政策与中心城市首位度及其平方项的交互，回归结果表明，就城市群经济增长而言，国家中心城市政策的出现并未影响首位度与

经济增长间的倒"U"形关系,并且两者交互项不显著,表明两者并不具备协同作用。就城市协调发展而言,国家中心城市政策的出现导致首位度平方项的不显著,使得首位度与城市的非均衡发展呈现显著的正向作用,两者交互项也不显著,这一现象表明国家中心城市政策进一步促进了中心城市的虹吸效应。

研究通过模型(5)和模型(6)对城市群内部的行政分割现象展开分析。在模型(5)中,行政分割与城市群的经济增长之间的关联性较低,说明跨省域形成的城市群与省内形成的城市群其经济增长并不会显著地受到跨省域行政区划制度的影响;在模型(6)中行政分割对区域经济的不协调性产生正向作用,表明虽然行政分割并未影响到城市群整体的经济增长,但实际上会导致城市群内部不同省域间城市的发展差距扩大。

四、中心城市的首位度分布

本书通过理论分析、实证检验的方式发现中心城市首位度与区域经济起到倒"U"形的作用,当中心城市首位度过高时,会抑制其他城市的经济发展,不利于区域经济的健康、稳定、可持续性。同时中心城市首位度对区域经济的协调发展呈现出"U"形的作用,在中心城市首位度提高的过程中会使得区域内部经济发展差距不断扩大,而当中心城市与周边地区形成一体化的经济模式后,区域经济又会趋向于协调发展,在实证中简单计算得到中心城市首位度与经济增长的最优规模大致为 0.618,中心城市首位度的最大劣化点大致为 0.739。为确保研究的准确性,本书进一步对中心城市首位度与城市群人均 GDP、泰尔指数的非线性散点图展开分析,具体结果见图 8-1 至图 8-4。

由于天山北坡城市群与晋中城市群仅包含两个城市,其中心城市首位度可能存在偏误,因此研究同时展示了包含及剔除天山北坡城市群与晋中城市群的散点图结果。根据图 8-2、图 8-3 可以看到,中心城市首位度与城市群人均 GDP 之间的最优数值大致为 0.2~0.4 的区间。根据图 8-4、图 8-5 可以看到,中心城市首位度与城市泰尔指数之间的最大抑制点数值大致为 0.4~0.6 的区间范围。研究结合回归模型系数及散点图分析,按照 0.2、0.4、0.6 建立中心城市首位度的分布,具体结果见表 8-5。

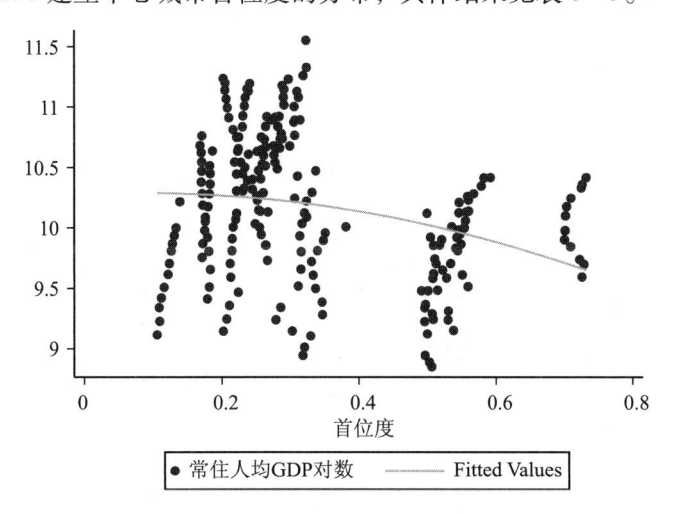

图 8-2 中国 19 个城市群中心城市首位度与人均 GDP 的散点图

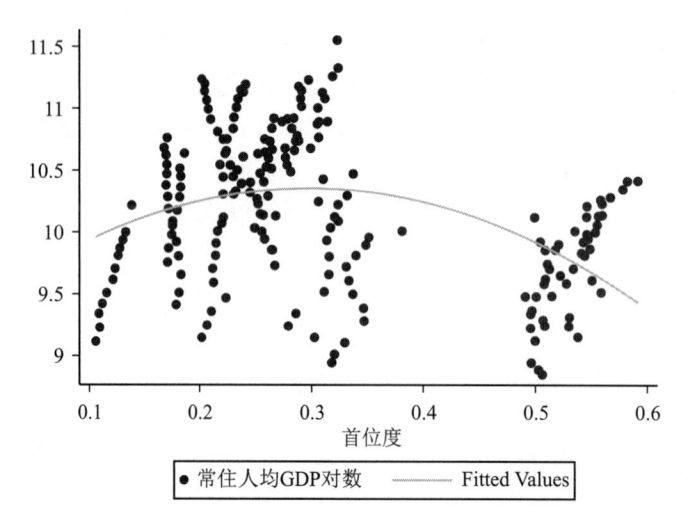

图 8-3　剔除天山北坡、晋中城市群后中国 17 个城市群中心城市首位度与人均 GDP 的散点图

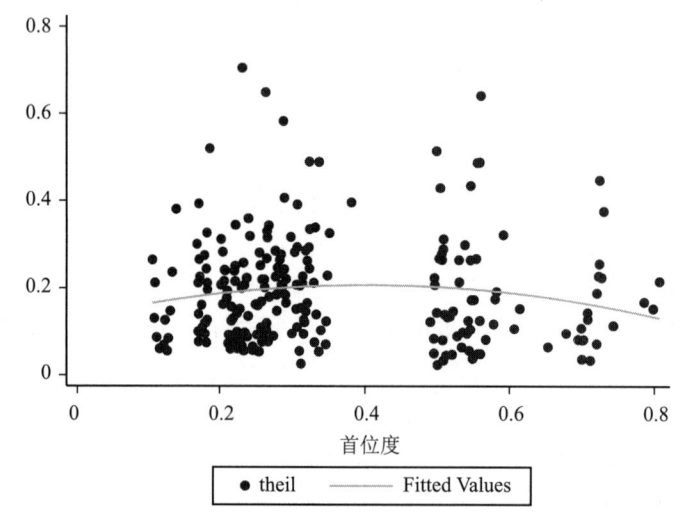

图 8-4　中国 19 个城市群中心城市首位度与泰尔指数的散点图

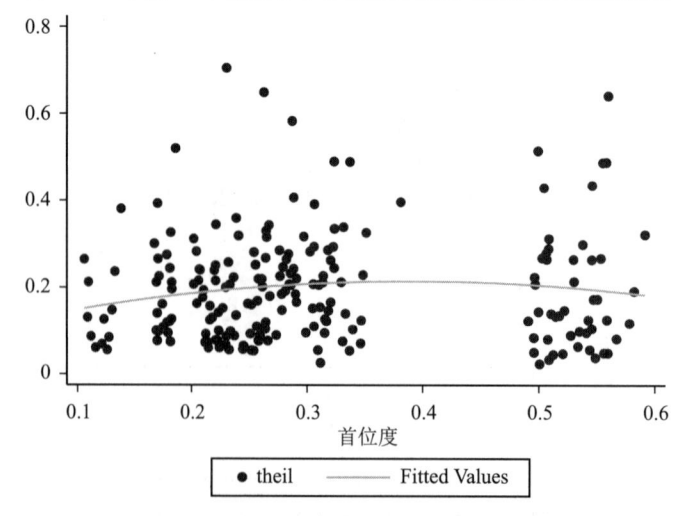

图 8-5　剔除天山北坡、晋中城市群后中国 17 个城市群中心城市首位度与泰尔指数的散点图

由表 8-5 中心城市首位度分布可以看到，大部分沿海及中西部地区大规模的城市群其中心城市首位度分布于 0.2~0.4 的区间；中心城市首位度小于 0.2 的城市群呈现出城市群内部主导不明确，尚未充分发挥其优势地位的特征；中心城市首位度高于 0.4 的城市群呈现出规模较小、发展不成熟、中心城市绝对主导的特征。根据回归模型及中心城市首位度的部分分析，对于沿海地区及中西部地区成熟的城市群应当积极提升中心城市首位度，推动地区形成经济发展的一体化，对于中西部地区尚在培育、不成熟的城市群应当着力推进对副中心城市、中小城市的建设发展，推动地区形成梯度化的城市群结构体系。

表 8-5　　　　　　　　　　　中心城市首位度分布

P 值分布区间	2015~2017 年
<0.2	海峡西岸、长江中游、中原
0.2~0.4	长江三角洲、京津冀、珠江三角洲、山东半岛、成渝、关中平原、北部湾、呼包鄂榆、哈长、辽中南
0.4~0.6	兰西、黔中、滇中、宁夏沿黄
>0.6	晋中、天山北坡

第三节　研究发现与讨论

一、研究发现

首先，本书在理论与实证层面验证了中心城市首位度对城市群的经济增长起到倒"U"形作用，存在着适应于城市群发展的最优城市规模区间，说明中心城市的集聚能力偏低导致的带动能力不足、集聚能力过度导致的虹吸效应都会导致城市群经济增长受到抑制。由于研究以中心城市的 GDP 占比衡量其首位度，其首位度偏低、过高地区是城市群发展初期的两种不同的特征及状态。中心城市首位度偏低，体现为地区尚未形成由中心城市带动和引领的城市群结构体系，地区内部呈现出低水平的均衡化状态。中心城市首位度过高，体现为地区内中心城市占据绝对的主导地位，城市群的结构体系实际上呈现出畸形的中心—边缘结构体系。无论是中心城市首位度偏低、过高，都反映出城市群结构体系的不成熟，处于发展的"萌芽期"，其经济发展水平偏低，因此使得中心城市首位度与区域经济增长之间呈现出一种两头低、中间高的倒"U"形关系。

其次，本书在理论与实证层面验证了中心城市首位度对城市群的协调发展起到"U"形作用，随着中心城市首位度的增加，城市群内部的发展差距不断扩大，而当中心城市与周边城市之间的关系演化为畸形状态下的中心—边缘结构，城市群会形成极度一体化的均衡状态。当中心城市首位度偏低时，城市群展现出较为初级的发展阶段，地区内部尚未形成经济增长极，各城市之间的发展差距较小，总体而言呈现出较低水平的均衡化状态。而随着中心城市在政府战略政策、市场化发展、区位优势条件等因素的作用下，形成集聚效应，规模不断扩大，导致城市间的发展出现差异性。城市间经济发展的不均衡一方面是来自中心城市规模经济集聚效应影响下所带来的中心城市与其余城市间的差距扩大；另一方面是来自中心城市外部扩散的区位选择性，使得中心城市周边地区、具备区位优势城市与其他中小城市间的发展差距也不断扩大。因此，随着中心城市的首位度提升，会导致城市间发展的不均衡。当中心城市首位度过高时，城市群实际上退化为畸形的中心—边缘结构体系，由于中心城市在经济发展过程中起绝对主导作用，使城市群在极度一体化的区域经济模型下形成均衡状态。由此解释了中心城市首位度与区域经济协调发展间的"U"形关系，由于中心城市首位度偏低、过高所反映出的均是城市群城镇结构体系尚不成熟的阶段，而城市群的培育成熟也反映在中心城市首位度的提升，进而导致城市间发展差距的扩大。

再次，本书通过在理论与实证分析层面的研究发现国家中心城市政策的出现会进一步促使中心城市的虹吸效应；虽然行政分割并未影响到城市群整体的经济增长，但会导致城市群内部不同省域间城市的发展差距扩大。说明国家中心城市政策的提出使得中心城市对于资源的集聚吸引能力进一步提升，随着中心城市在战略定位、资源配置、投资建设、基础设施、公共服务供给等方面更具备优势，导致其对周边地区的虹吸效应不断增强，这一现象也深刻地反映出国家战略政策、区域制度设计对区域经济协调发展的显著影响。行政区划制度的阻隔会对区域经济协调发展产生负向作用，导致区域经济协调发展、城市群的培育构建过程中政府、市场关系间的不协调，致使要素在各地区之间的自由流动受到抑制，以省域为界线的地方保护主义导致市场规模的扩张与统一也受到阻碍。

最后，本书通过在理论与实证分析层面的研究发现中国沿海地区及中西部地区成熟的城市群其中心城市首位度处于 0.2~0.4，而通过回归模型估计分析最优中心城市首位度大致在 0.618 左右；部分尚且不成熟的城市群呈现出中心城市首位度低于 0.2 或高于 0.6 的特征，而通过回归模型估计分析中心城市首位度的最大劣化点在 0.739 左右。研究发现说明目前中国沿海地区及中西部地区成熟的城市群其中心城市首位度还存在提升的空间。由于中国沿海地区及中西部地区成熟的城市群往往也是国家战略规划的重心，在未来发展过程中，我们不仅需要协调大中小城市与小城镇的协调发展，也应当充分发展中心城市的带动作用，不应当以协调为目的"抑制"中心城市的发展。部分城市首位度偏低、过高的城市群，核心地反映出这些地区城镇布局的不成熟，尚未形成完整的城市群结构体系，也进一步说明了中心城市首位度的提升需要与周边地区经济建设发展相协同。在以中心城市和城市群为主要空间发展形势的区域发展模式中，既要着眼于中心城市的发展，又不能忽略城市群的整体协调，要实现在发展中营造平衡。

二、讨论

通过对中国 19 个城市群中心城市首位度对区域经济协调发展的影响研究，发现为以区域协调发展战略形成以中心城市和城市群为主要空间形式构建大中小城市和小城镇协调发展的城镇格局、中央及各级政府的区域战略规划、政策制度的制定实施提供了重要的理论与实证参考。研究认为以下政策建议可以对新时代下中国中心城市及城市群的经济发展中存在的问题进行调整改革。

第一，沿海地区及中西部地区成熟的城市群应当积极提升中心城市首位度，推动地区形成经济发展的一体化。一方面政府应当积极提高沿海地区及中西部地区发展水平较好的城市群中心城市首位度，赋予中心城市应当的重大历史责任，以高水平、高要求建设中心城市，推动城市群向着世界级、国家级城市群发展。另一方面政府应当推动城市群的经济一体化建设，强化中心城市的辐射带动作用，建立城市群内部各梯度城市的协调发展机制，再采用政府转移支付、公共服务供给、战略政策支撑等方式推动后发地区的快速发展，最终实现在发展中营造平衡。

第二，中西部地区尚在培育、不成熟的城市群应当着力促进副中心城市、中小城市的建设发展，推动地区形成梯度化的城市群结构体系。一方面政府应当对部分中心城市首位度较低的城市群，积极推动中心城市的发展建设，充分发挥中心城市经济增长极的作用。另一方面政府应当对部分中心城市首位度过高的城市群，引导建立梯度化的城市群结构体系，推动中心城市周边地区、其他大中城市的经济发展，避免中心城市的过度极化，逐步扩大城市群范围以实现城市群的成熟发展。

第三，在城市群经济协调发展的过程中，国家中心城市政策的实施要兼顾发展的均衡性，避免城市群的畸形化发展；要进一步协调政府与市场关系，建立更有效的区域发展制度，避免因行政分割导致的发展不协调。一方面政府应当在国家中心城市政策的实施过程中避免城市群的过度极化，更好地发挥国家中心城市政策对城市群整体的推动作用，强化中心城市的辐射覆盖范围，强化中心城市与其他城市间的经济联系强度。另一方面政府应当在城市群的发展过程中深化区域合作机制，建立更有效的区域发展制度，避免城市群内部行政分割导致的效率劣化，积极探索行政区划制度的优化调整模式，切实实现以中心城市和城市群为新时代主要空间形式的目标。

第九章 空间结构对中国城市群新型城镇格局优化影响实证研究

第一节 测定方法与数据来源

一、城市中心性指数模型

德国地理学家克里斯泰勒在《德国南部的中心地》一书中最先提出了中心性。中心地主要是指为本地区及以外地区提供商品和服务等中心职能的居民点,中心性是用来衡量中心地等级高低的指标,反映了中心地为其之外的地区服务的相对重要性。本书运用熵值法来对19个城市群的城市中心性进行测度。可以根据熵的特性,运用其数值来判断某个指标的离散程度,如果城市间某个指标的离散程度越大,表明该城市群的中心性就越差。熵值法模型如下:

$$U = \sum_{i=1}^{n} Y_{ij} W_j \times 100 \qquad (9-1)$$

其中,U 为城市的评价值,n 为待评价城市个数,Y_{ij} 是指待评价指标标准化指数,W_j 是第 j 个指标的权重。

二、经济联系强度模型

经济联系强度是城市间空间作用力的大小,也可借用引力模型来衡量城市间经济联系强度的大小,同时也能够反映中心城市与周边地区之间的相互作用强度。本书修正后的引力模型如下所示:

$$R_{ij} = \alpha \frac{M_i \times M_j}{D_{ij}} \qquad (9-2)$$

其中,M_i、M_j 分别表示 i 城市和 j 城市的城市综合质量(本书采用的是中心性强度值);D_{ij} 为两地之间的乌鸦距离,α 取值为1。

同时为了进一步地研究中国城市群的经济联系作用方向,引入经济隶属度模型。经济隶属度是指某经济中心对次级经济中心经济辐射能力的大小,是利用城市经济联系强度所占比例的大小来确定经济联系的主要方向。经济隶属度计算公式如下:

$$F_{ij} = \frac{R_{ij}}{\sum_{j=1}^{m} R_{ij}} \tag{9-3}$$

其中，R_{ij} 是城市间经济联系强度，m 是次级城市的数量，F_{ij} 是经济隶属度（单位为%）。

三、空间经济断裂点模型

断裂点模型是通过引力模型的变形，这个模型将两个城市之间的经济吸引力的分界点定义为断裂点，其计算公式为：

$$D_a = \frac{D_{ab}}{1 + \sqrt{P_b/P_a}} \tag{9-4}$$

其中，D_a 是断裂点到城市 a 的距离，D_{ab} 是两个城市之间的距离，P_a 和 P_b 分别为两城市之间的质点。城市的质点反映的是城市综合实力，在已有的文献研究中多用城市人口规模或者经济总量来表示，但是城市实力并不只体现在城市人口规模或经济总量，所以，在该模型具体的计算中，本书采用城市中心性指数来代替城市质点指标。

四、数据来源及研究对象

本书主要在 GoogleEarth 地球软件、中国城市统计年鉴、各城市国民经济和社会发展统计公报、各省级统计年鉴提供的数据的基础上，来对相关数据进行统计分析和模型计算，研究对象为东部、中部、西部和东北地区的 19 个城市群，具体研究对象可见表 4-3。

第二节 城市体系空间结构要素特征测算

一、城市中心性测算

城市中心性功能有着多样性和复杂性，对城市群来说，经济中心性、物质要素中心性、服务中心性是城市对外辐射功能的主要表现。下面通过城市经济发展水平、城市物质要素建设水平、城市公共服务与居民生活水平来反映上述三个方面的中心性，选取 12 个指标构建中心性测度的指标体系，如表 9-1 所示。

表 9-1　　　　　　　　　　城市中心性评价指标体系

目标层	准则层	指标层
城市中心性水平	城市经济发展水平	地区生产总值
		人均地区生产总值
		非农产业产值比重
		社会消费品零售总额

续表

目标层	准则层	指标层
城市中心性水平	城市物质要素建设水平	常住人口城镇化率
		全社会固定资产投资总额（不含农户）
		房地产开发投资完成额
		城市年末实有道路面积
	城市公共服务与居民生活水平	一般公共预算收入
		中小学在校人数
		在岗职工平均工资
		金融机构存款余额

运用公式（9-1）来对各个城市群的城市中心性指数进行测算，因晋中城市群、天山北坡城市群、黔中城市群内部的城市数量较少，无法计算中心性指数，所以不进行测算，结果如表9-2至表9-4所示。

由表9-2至表9-4可知，在长江三角洲城市群中，中心性指数最大和最小的城市分别为上海（96.55）和池州（2.29），高于平均指数的城市有9个，比重为34.62%，低于平均指数的城市为17个，比重为65.38%，中心性指数排名前三位的城市分别是上海、南京和杭州。在京津冀城市群中，城市中心性指数最大（北京为83.43）是最小（衡水为2.88）的28.99倍，城市群内13个城市的平均指数为16.44，高于平均指数的城市有2个，低于平均指数的城市有11个。在珠江三角洲城市群中，中心性指数最大和最小的城市分别为广州（88.61）和肇庆（2.96），城市群内9个城市的平均指数为33.4，高于平均指数的城市有3个，低于平均指数的城市有6个，中心性指数高于50.00的城市为广州和深圳。在山东半岛城市群中，城市中心性指数最大（青岛为80.90）是最小（莱芜为6.73）的12.03倍，城市群内16个城市的平均指数为31.32，高于平均指数的城市有7个，低于平均指数的城市有9个，中心性指数高于50.00的城市为济南、青岛和潍坊。在海峡西岸城市群中，中心性指数最大和最小的城市分别为福州（88.23）和潮州（7.69），城市群内16个城市的平均指数为29.71，高于平均指数的城市有5个，低于平均指数的城市有11个。在长江中游城市群中，城市中心性指数最大（武汉为97.01）是最小（鄂州为5.40）的17.96倍，城市群内28个城市的平均指数为18.75，高于平均指数的城市有6个，低于平均指数的城市有22个。在中原城市群中，城市中心性指数最大（郑州为98.07）是最小（鹤壁为8.46）的11.59倍，城市群内29个城市的平均指数为19.79，高于平均指数的城市有7个，低于平均指数的城市有22个。在成渝城市群中，中心性指数最大和最小的城市分别为重庆（78.89）和雅安（1.39），城市群内15个城市的平均指数为14.37，高于平均指数的城市有3个，低于平均指数的城市有12个。在关中平原城市群中，中心性指数最大和最小的城市分别为西安（97.01）和商洛（2.69），城市群内11个城市的平均指数为18.05，高于平均指数的城市有3个，低于平均指数的城市有8个。在北部湾城市群中，城市中心性指数最大（南宁为67.02）是最小（崇左为5.28）的12.70倍，城市群内11个城市的平均指数为26.65，高于平均指数的城市有4个，低于平均指数的城市有7个。在呼包鄂榆城市群中，中心性指数最大和最小的城市分别为包头（52.77）和榆林（31.14），城市群内4个城市的平均指数为41.49，高于平均指数的城市有2个，低于平均指数的城市有2个。在兰西城市群中，中心性指数最大和最小的城市分别为兰州（97.76）和定西（7.05），城市群内4个城市的平均指数为44.42，高于平均指数的城市有2个，低于平均指数的城市有2个。在黔中城市群中，中心性指数最大和最小的城市分别为贵阳（90.17）和安顺（0.00），城市群内3个城市的平均指数为43.01，高于平均指数的城市有1个，低于平均指数的城市有2个。在滇中城市群中，中心性指数最大和最小的城市分别为昆明（98.91）和曲靖（9.17），城市群内3个城市的平均指数为40.00，高于平均指数的城市有1个，低于平均指数的城市有2个。在宁夏沿黄城市群中，中心性指数最大和最小的城市分别为银川（100.00）和中卫（4.67），城市群内4个城市的平均指数为35.86，高于平均指数的城市有1个，低于平均指数的城市有3个。在哈长城市群中，城市中心性指数最大（长春为87.41）的是最小（辽源为6.94）的12.60倍，城市群内10个城市的平均指数为29.98，高于平均指数的城市有3个，低于平均指数的城市有7个。在辽中南城市群中，中心性指数最大和最小的城市分别为沈阳（95.62）和阜新（4.67），城市群内13个城市的平均指数为24.33，高于平均指数的城市有2个，低于平均指数的城市有11个。整体来看，东部、中部、西部、东北地区城市群内各城市的中心性指数的差异显著，其中行政等级越高的城市，其城市的中心性指数也就越高，这主要是因为城市的行政级别越高，就越容易获得各类资源要素，在各方面更加容易形成集聚的优势。晋中和天山北坡城市群内部城市数量较少，无法计算出各个城市的中心性指数。

表9-2　　　　　　　　　　东部地区城市群中心性指数

长江三角洲		京津冀		珠江三角洲		山东半岛		海峡西岸	
上海	96.55	北京	83.43	广州	88.61	济南	70.74	温州	63.50
南京	48.23	天津	53.06	深圳	78.10	青岛	80.90	衢州	16.14
无锡	29.98	石家庄	15.82	珠海	22.20	淄博	34.06	丽水	14.38
常州	21.94	唐山	10.33	佛山	37.88	东营	29.47	福州	88.23
苏州	45.04	秦皇岛	3.62	江门	8.95	烟台	45.36	厦门	68.85
南通	21.08	邯郸	8.01	肇庆	2.96	潍坊	54.94	莆田	20.46
盐城	14.10	邢台	5.50	惠州	17.59	威海	22.61	三明	15.47
扬州	14.93	保定	8.47	东莞	30.76	日照	13.99	泉州	59.42
镇江	13.60	张家口	3.26	中山	13.58	泰安	16.70	漳州	27.62
泰州	12.85	承德	3.89			莱芜	6.73	南平	9.05
杭州	45.88	沧州	7.40			德州	17.53	龙岩	16.94
宁波	29.71	廊坊	8.04			聊城	13.72	宁德	10.82
嘉兴	12.83	衡水	2.88			滨州	14.19	汕头	32.68
湖州	8.78					菏泽	15.67	梅州	9.07
绍兴	14.97					济宁	32.36	潮州	7.69
金华	12.48					临沂	32.19	揭阳	15.09
舟山	7.18								
台州	14.05								
合肥	30.76								
芜湖	13.35								

续表

长江三角洲		京津冀		珠江三角洲		山东半岛		海峡西岸	
马鞍山	8.84								
铜陵	5.29								
安庆	5.70								
滁州	7.75								
池州	2.29								
宣城	3.56								

表9-3　　　　　　　　　中部和东北地区城市群中心性指数

长江中游		中原		哈长		辽中南	
南昌	39.88	邯郸	34.91	长春	87.41	沈阳	95.62
景德镇	10.15	邢台	18.77	吉林	20.50	大连	88.79
萍乡	10.79	长治	13.14	四平	13.21	鞍山	20.97
九江	18.25	晋城	12.96	辽源	6.94	抚顺	14.01
新余	10.33	运城	9.62	松原	12.76	本溪	9.86
鹰潭	9.89	蚌埠	23.36	哈尔滨	82.30	丹东	9.20
吉安	11.37	淮北	14.67	齐齐哈尔	14.90	锦州	14.91
宜春	10.60	阜阳	24.73	大庆	33.34	营口	17.34
抚州	8.09	宿州	18.22	牡丹江	21.40	阜新	4.67
上饶	15.84	亳州	10.55	绥化	7.01	辽阳	10.51
武汉	97.01	聊城	18.79			盘锦	16.50
黄石	12.87	菏泽	20.16			铁岭	4.68
宜昌	18.10	郑州	98.07			葫芦岛	9.19
襄阳	22.16	开封	13.97				
鄂州	5.40	洛阳	34.58				
荆门	9.75	平顶山	15.90				
孝感	8.90	安阳	16.03				
荆州	12.64	鹤壁	8.46				
黄冈	11.14	新乡	19.06				
咸宁	5.76	焦作	14.36				
长沙	66.33	濮阳	18.43				
株洲	20.13	许昌	17.15				
湘潭	17.62	漯河	9.80				
衡阳	18.78	三门峡	11.43				
岳阳	18.47	南阳	23.37				
常德	16.86	商丘	12.32				
益阳	9.04	信阳	14.67				
娄底	8.94	周口	13.19				
		驻马店	13.11				

表 9-4　　　　　　　　　　　　西部地区城市群中心性指数

成渝		关中平原		北部湾		呼包鄂榆		兰西		滇中		宁夏沿黄	
重庆	78.89	运城	10.40	湛江	32.00	呼和浩特	47.09	兰州	97.76	昆明	98.91	银川	100.00
成都	52.74	临汾	11.70	茂名	25.76	包头	52.77	白银	13.21	曲靖	9.17	石嘴山	24.49
自贡	5.70	西安	97.01	阳江	13.43	鄂尔多斯	34.96	定西	7.05	玉溪	11.92	吴忠	14.27
泸州	7.77	铜川	6.73	南宁	67.02	榆林	31.14	西宁	59.67			中卫	4.67
德阳	5.58	宝鸡	19.53	北海	18.32								
绵阳	7.53	咸阳	19.24	防城港	11.29								
遂宁	3.54	渭南	11.70	钦州	8.77								
内江	1.96	商洛	2.69	玉林	21.38								
乐山	5.63	天水	6.32	崇左	5.28								
南充	25.61	平凉	4.55	海口	57.93								
眉山	4.06	庆阳	8.69	湛江	32.00								
宜宾	6.83												
广安	4.42												
达州	3.86												
雅安	1.39												

二、城市群经济联系强度

为了研究东部、中部、西部、东北地区城市群空间网络结构，采用公式（9-2）计算出城市群内部各城市之间的经济联系强度，计算结果如图9-1至图9-16，再通过公式（9-3）计算出城市群内部各个城市对外的经济联系隶属度，计算结果如表9-5至表9-21所示。

在长江三角洲城市群中，按照城市行政级别和城市的综合实力，选取了上海、南京、苏州和杭州为主要经济主体，来测算长江三角洲城市群内主要城市间的经济联系强度和经济联系隶属度。

由图9-1和表9-5可知，长江三角洲城市群经济发展主要以上海为核心，大部分城市与上海保持着高度的经济联系。其中，与上海经济联系程度最大的城市是苏州，其经济联系强度为51.14，经济联系隶属度为19.64%。具体来看，与南京经济联系强度和经济联系隶属度最大的城市是上海，经济联系强度值为17.15，经济联系隶属度为11.86%，其次是苏州，经济联系强度值为11.38，经济联系隶属度为7.87%；与苏州经济联系强度和经济联系隶属度最大的城市是上海，经济联系强度值为51.14，经济联系隶属度为25.73%，其次是无锡，经济联系强度值为33.65，经济联系隶属度为16.93%；与杭州经济联系强度最大的城市是上海，经济联系强度值为26.89，经济联系隶属度为18.89%，其次是苏州，经济联系强度值为17.11，经济联系隶属度为12.02%。总体来看，长江三角洲城市群的经济联系程度较为协调。城市综合实力强的城市凭借着内部丰富的各类要素资源，能够较好地吸收外溢成果并加强对外辐射。

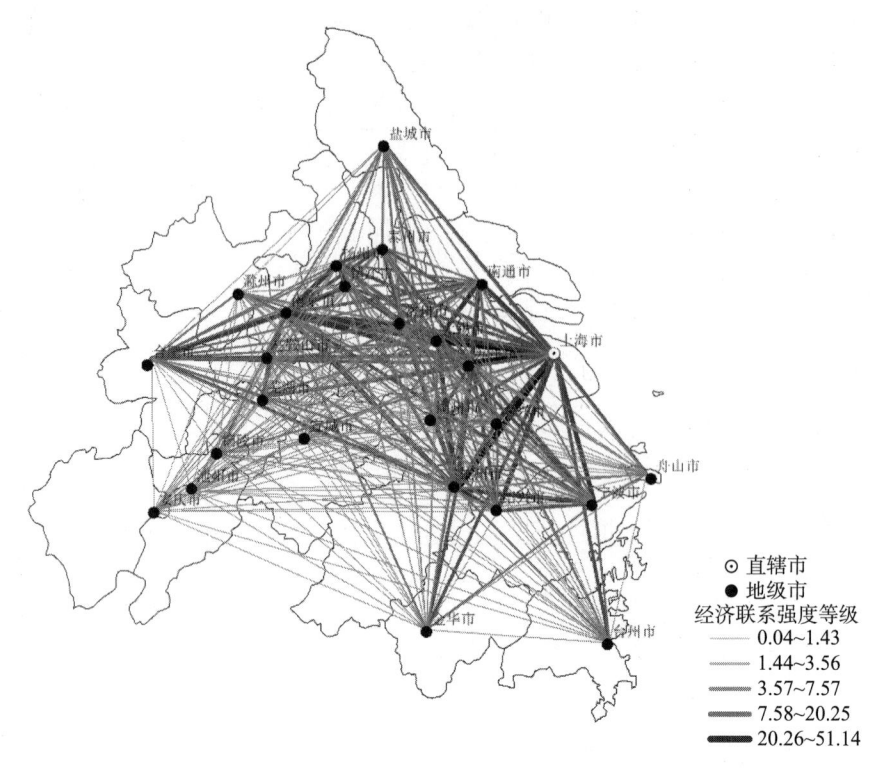

图 9-1　长江三角洲城市群经济联系强度

表 9-5　　　　　　　　长江三角洲城市群经济联系强度和经济联系隶属度

城市	上海		南京		苏州		杭州	
	经济联系强度	经济联系隶属度（%）	经济联系强度	经济联系隶属度（%）	经济联系强度	经济联系隶属度（%）	经济联系强度	经济联系隶属度（%）
上海			17.15	11.86	51.14	25.73	26.89	18.89
南京	17.15	6.59			11.38	5.73	9.29	6.53
无锡	24.65	9.47	9.38	6.49	33.65	16.93	9.53	6.70
常州	13.52	5.19	9.19	6.36	12.33	6.20	5.99	4.21
苏州	51.14	19.64	11.38	7.87			17.11	12.02
南通	20.25	7.78	5.12	3.54	11.74	5.91	4.80	3.37
盐城	5.10	1.96	3.55	2.45	2.74	1.38	1.89	1.33
扬州	6.13	2.35	10.44	7.22	4.06	2.04	2.78	1.95
镇江	5.98	2.30	10.12	7.00	4.18	2.10	2.79	1.96
泰州	6.21	2.38	5.37	3.71	4.06	2.04	2.43	1.71
杭州	26.89	10.33	9.29	6.42	17.11	8.61		
宁波	19.06	7.32	3.98	2.75	7.30	3.67	9.60	6.74
嘉兴	14.23	5.47	2.60	1.80	9.12	4.59	7.57	5.32
湖州	6.16	2.37	2.36	1.63	6.06	3.05	5.81	4.08
绍兴	8.93	3.43	2.52	1.74	4.66	2.34	13.45	9.45
金华	4.06	1.56	1.75	1.21	2.14	1.08	4.03	2.83
舟山	4.51	1.73	0.87	0.60	1.52	0.76	1.65	1.16
台州	4.78	1.84	1.49	1.03	2.09	1.05	2.97	2.09

续表

城市	上海		南京		苏州		杭州	
	经济联系强度	经济联系隶属度（%）	经济联系强度	经济联系隶属度（%）	经济联系强度	经济联系隶属度（%）	经济联系强度	经济联系隶属度（%）
合肥	7.32	2.81	10.09	6.98	4.31	2.17	4.33	3.04
芜湖	4.38	1.68	7.10	4.91	2.87	1.44	2.98	2.09
马鞍山	2.97	1.14	8.71	6.02	1.97	0.99	1.82	1.28
铜陵	1.46	0.56	1.63	1.13	0.89	0.45	1.03	0.72
安庆	1.28	0.49	1.16	0.80	0.74	0.37	0.88	0.62
滁州	2.33	0.89	7.43	5.14	1.45	0.73	1.25	0.88
池州	0.57	0.22	0.55	0.38	0.34	0.17	0.40	0.28
宣城	1.32	0.51	1.38	0.95	0.90	0.45	1.07	0.75

在京津冀城市群中，按照城市行政级别和城市的综合实力，选取了北京、天津、石家庄、唐山为主要经济主体，来测算京津冀城市群内主要城市间的经济联系强度和经济联系隶属度。

由图9-2和表9-6可知，京津冀城市群经济发展主要以北京为核心，各个城市与石家庄、唐山的经济联系程度比较低，城市群内部各城市间的经济联系呈明显的梯度结构。京津冀城市群中除了沧州外其他城市与北京的经济联系要大于与天津的联系强度；大部分城市与天津的经济联系要大于与石家庄的联系；各个城市与石家庄和唐山的经济联系差别较小。具体来看，与天津经济联系强度和经济联系隶属度最大的城市是北京，经济联系强度值为39.98，经济联系隶属度为59.11%，其次是廊坊，经济联系强度值为6.89，

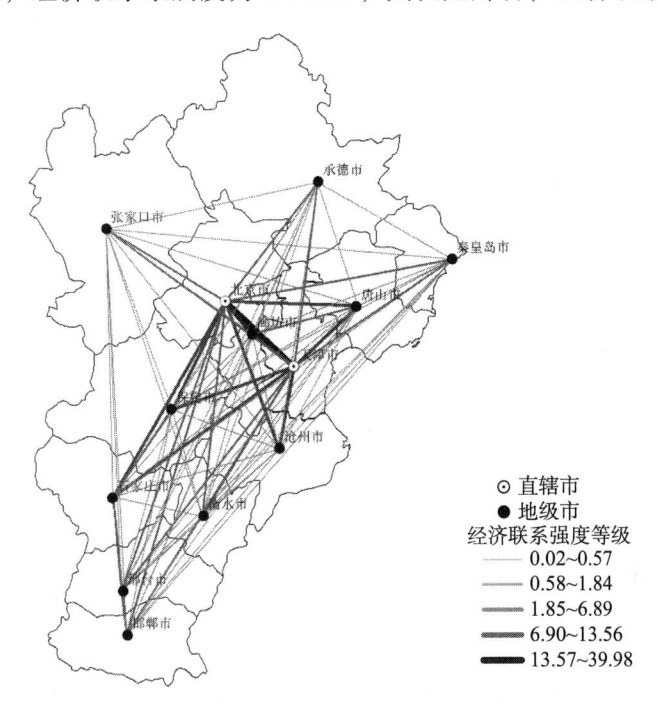

图9-2 京津冀城市群经济联系强度

经济联系隶属度为10.19%；与石家庄经济联系强度和经济联系隶属度最大的城市是北京，经济联系强度值为5.03，经济联系隶属度为37.79%，其次是天津，经济联系强度值为3.21，经济联系隶属度为24.12%；与唐山经济联系强度最大的城市是北京，经济联系强度值为5.49，经济联系隶属度为39.96%，其次是天津，经济联系强度值为5.32，经济联系隶属度为38.72%。总体来看，京津冀城市群内部各城市的经济联系主要集中在北京和天津，突出了北京和天津作为城市群中心城市的核心地位。

表9-6　　　　　　　　京津冀城市群经济联系强度和经济联系隶属度

城市	北京		天津		石家庄		唐山	
	经济联系强度	经济联系隶属度（%）	经济联系强度	经济联系隶属度（%）	经济联系强度	经济联系隶属度（%）	经济联系强度	经济联系隶属度（%）
北京			39.98	59.11	5.03	37.79	5.49	39.96
天津	39.98	49.36			3.21	24.12	5.32	38.72
石家庄	5.03	6.21	3.21	4.75			0.45	3.28
唐山	5.49	6.78	5.32	7.87	0.45	3.38		
秦皇岛	1.10	1.36	0.85	1.26	0.12	0.90	0.30	2.18
邯郸	1.66	2.05	1.16	1.71	0.80	6.01	0.18	1.31
邢台	1.29	1.59	0.88	1.30	0.80	6.01	0.13	0.95
保定	5.05	6.23	2.95	4.36	1.09	8.19	0.35	2.55
张家口	1.65	2.04	0.63	0.93	0.17	1.28	0.11	0.80
承德	1.84	2.27	0.96	1.42	0.14	1.05	0.27	1.97
沧州	3.39	4.19	4.06	6.00	0.57	4.28	0.40	2.91
廊坊	13.56	16.74	6.89	10.19	0.51	3.83	0.64	4.66
衡水	0.96	1.19	0.75	1.11	0.42	3.16	0.10	0.73

在珠江三角洲城市群中，按照城市行政级别和城市的综合实力，选取了广州、深圳、珠海、佛山为主要经济主体，来测算珠江三角洲城市群内主要城市间的经济联系强度和经济联系隶属度。

由图9-3和表9-7可知，珠江三角洲城市群经济发展主要以广州为核心，各个城市与广州保持着高度的经济联系。其中，佛山以170.85的经济联系强度和47.65%的经济联系隶属度成为了与广州经济联系"双高"城市，其中惠州与广州的经济联系最少，与广州的经济联系只占经济联系强度的一半左右。具体来看，与深圳经济联系强度和经济联系隶属度最大的城市是广州，经济联系强度值为67.31，经济联系隶属度为32.95%，其次是东莞，经济联系强度值为37.77，经济联系隶属度为18.49%；与珠海经济联系强度和经济联系隶属度最大的城市是深圳，经济联系强度值为29.68，经济联系隶属度为36.48%，其次是广州，经济联系强度值为19.56，经济联系隶属度为24.04%；与佛山经济联系强度最大的城市是广州，经济联系强度值为170.85，经济联系隶属度为69.23%，其次是深圳，经济联系强度值为27.18，经济联系隶属度为11.01%。总体来看，珠江三角洲城市群内部各城市的经济联系主要集中在广州和深圳，突出了广州和深圳作为城市群中心城市的核心地位。

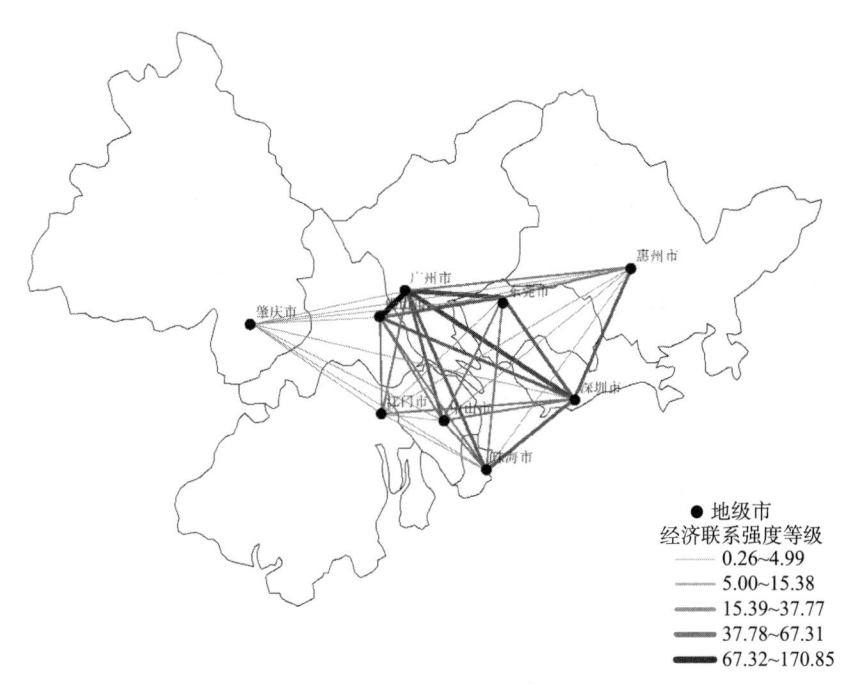

图 9-3 珠江三角洲城市群经济联系强度

表 9-7　　珠江三角洲城市群经济联系强度和经济联系隶属度

城市	广州		深圳		珠海		佛山	
	经济联系强度	经济联系隶属度（%）	经济联系强度	经济联系隶属度（%）	经济联系强度	经济联系隶属度（%）	经济联系强度	经济联系隶属度（%）
广州			67.31	32.95	19.56	24.04	170.85	69.23
深圳	67.31	18.77			29.68	36.48	27.18	11.01
珠海	19.56	5.46	29.68	14.53			8.81	3.57
佛山	170.85	47.65	27.18	13.31	8.81	10.83		
江门	12.34	3.44	7.01	3.43	3.25	4.00	6.90	2.80
肇庆	3.18	0.89	1.35	0.66	0.46	0.57	1.68	0.68
惠州	13.23	3.69	18.57	9.09	3.03	3.72	4.99	2.02
东莞	54.57	15.22	37.77	18.49	7.69	9.45	18.03	7.31
中山	17.49	4.88	15.38	7.53	8.87	10.90	8.33	3.38

在山东半岛城市群中，按照城市行政级别和城市的综合实力，选取了济南、青岛、烟台、潍坊为主要经济主体，来测算山东半岛城市群内主要城市间的经济联系强度和经济联系隶属度。

由图 9-4 和表 9-8 可知，山东半岛城市群经济发展主要以济南和青岛为核心，其中济南与各个城市之间的联系最为紧密，与济南经济联系最为密切的城市为淄博，经济联系强度值为 24.87，经济联系隶属度为 12.73%。烟台与各城市之间的经济联系程度相对较低。具体来看，与青岛经济联系强度和经济联系隶属度最大的城市是潍坊，经济联系强度值为 34.02，经济联系隶属度为 23.93%，其次是烟台，经济联系强度值为 20.4，经济联系隶属度为 14.35%；与烟台经济联系强度和经济联系隶属度最大的城市是青岛和淄博，经济联系强度值为 20.4，经济联系隶属度为 21.23%，其次是威海，经济联系强度值为 16.69，经济联系隶属度为 17.37%；与潍坊经济联系强度最大的城市是青岛，经济联系强度值为 34.02，经济联系隶属度为 24.61%，其次是济南，经济联系强度值为 20.06，经济联系隶属度为 14.51%。总体来看，山东半岛城市群经济发展以青岛为核心，济南、烟台、潍坊等城市的经济联系程度还有待加强。

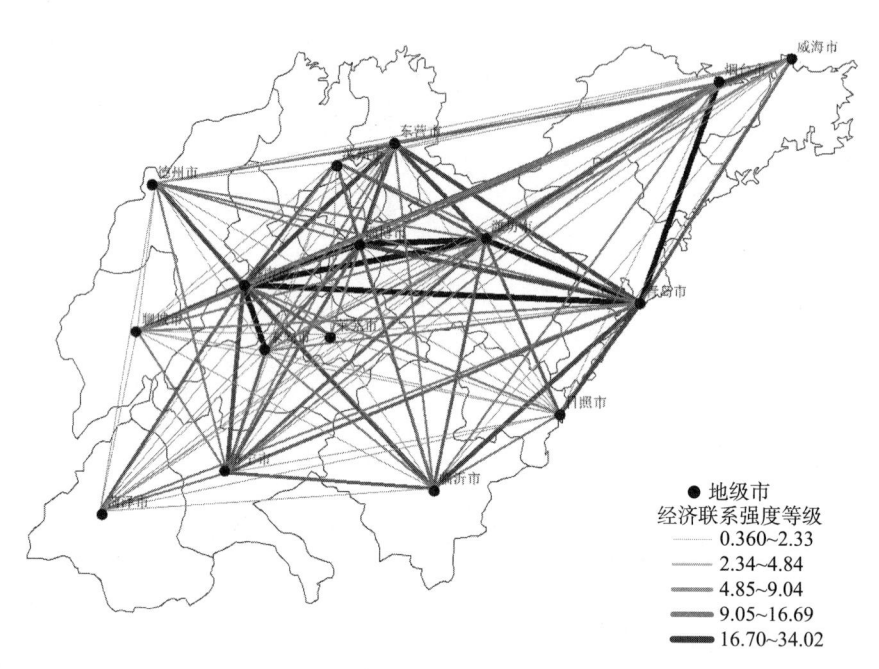

图 9-4　山东半岛城市群经济联系强度

表 9-8　山东半岛城市群经济联系强度和经济联系隶属度

城市	济南		青岛		烟台		潍坊	
	经济联系强度	经济联系隶属度（%）	经济联系强度	经济联系隶属度（%）	经济联系强度	经济联系隶属度（%）	经济联系强度	经济联系隶属度（%）
济南			18.34	12.90	7.93	8.25	20.06	14.51
青岛	18.34	10.74			20.40	21.23	34.02	24.61
淄博	24.87	14.57	12.26	8.62	20.40	21.23	18.90	13.67
东营	12.89	7.55	10.42	7.33	5.02	5.23	15.67	11.34
烟台	7.93	4.65	20.40	14.35			11.38	8.23
潍坊	20.06	11.75	34.02	23.93	11.38	11.85		
威海	3.43	2.01	8.17	5.75	16.69	17.37	4.45	3.22
日照	3.70	2.17	10.66	7.50	2.24	2.33	5.25	3.80
泰安	21.74	12.73	4.56	3.21	1.84	1.92	4.75	3.44
莱芜	5.98	3.50	2.24	1.58	0.85	0.88	2.61	1.89
德州	11.79	6.91	3.61	2.54	1.76	1.83	3.64	2.63
聊城	10.60	6.21	2.80	1.97	1.25	1.30	2.66	1.92

续表

城市	济南		青岛		烟台		潍坊	
	经济联系强度	经济联系隶属度（%）	经济联系强度	经济联系隶属度（%）	经济联系强度	经济联系隶属度（%）	经济联系强度	经济联系隶属度（%）
滨州	8.33	4.88	4.39	3.09	2.10	2.19	5.94	4.30
菏泽	5.32	3.12	2.79	1.96	1.21	1.26	2.33	1.69
济宁	15.74	9.22	7.49	5.27	3.00	3.12	6.55	4.74

在海峡西岸城市群中，按照城市行政级别和城市的综合实力，选取了温州、福州、厦门、泉州为主要经济主体，来测算海峡西岸城市群内主要城市间的经济联系强度和经济联系隶属度。

由图9-5和表9-9可知，海峡西岸城市群经济发展以福州为核心，温州、厦门、泉州三大区域中心城市引领作用明显。海峡西岸城市群内部大部分城市都与福州保持紧密的经济联系，其中与其经济联系强度和经济联系隶属度最大的城市是泉州。具体来看，与温州经济联系强度和经济联系隶属度最大的城市是福州，经济联系强度值为21.98，经济联系隶属度为27.5%，其次是衢州，经济联系强度值为9.99，经济联系隶属度为12.5%；与厦门经济联系强度和经济联系隶属度最大的城市是泉州，经济联系强度值为54.95，经济联系隶属度为28.5%，其次是漳州，经济联系强度值为43.43，经济联系隶属度为22.52%；与泉州经济联系强度最大的城市是厦门，经济联系强度值为54.95，经济联系隶属度为32.86%，其次是福州，经济联系强度值为35.46，经济联系隶属度为21.2%。总体来看，海峡西岸城市群中，福州与厦门与各个城市间的经济联系较为显著，但福建省内温州和泉州与各城市间的经济联系偏弱，综合实力不强。

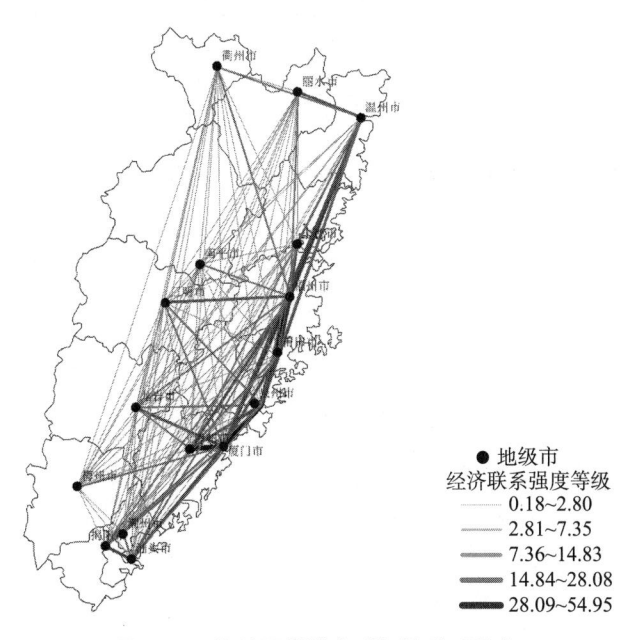

图9-5 海峡西岸城市群经济联系强度

表9-9 海峡西岸城市群经济联系强度和经济联系隶属度

城市	温州		福州		厦门		泉州	
	经济联系强度	经济联系隶属度（%）	经济联系强度	经济联系隶属度（%）	经济联系强度	经济联系隶属度（%）	经济联系强度	经济联系隶属度（%）
温州			21.98	12.48	9.28	4.81	9.39	5.61
丽水	4.95	6.19	4.45	2.53	2.22	1.15	2.13	1.27
衢州	9.99	12.50	4.68	2.66	2.07	1.07	2.05	1.23
福州	21.98	27.50			28.08	14.56	35.46	21.20
厦门	9.28	11.61	28.08	15.95			54.95	32.86
莆田	3.91	4.89	23.04	13.08	10.01	5.19	17.45	10.43
三明	2.72	3.40	8.07	4.58	5.21	2.70	4.91	2.94
泉州	9.39	11.75	35.46	20.14	54.95	28.50		
漳州	3.56	4.45	10.14	5.76	43.43	22.52	14.83	8.87
南平	1.97	2.46	6.17	3.50	2.58	1.34	2.64	1.58
龙岩	2.21	2.77	5.92	3.36	9.21	4.78	6.02	3.60
宁德	3.65	4.57	13.79	7.83	2.63	1.36	2.97	1.78
汕头	3.16	3.95	7.15	4.06	11.84	6.14	7.35	4.39
梅州	0.93	1.16	2.12	1.20	3.12	1.62	2.02	1.21
潮州	0.77	0.96	1.78	1.01	3.05	1.58	1.84	1.10
揭阳	1.45	1.81	3.26	1.85	5.13	2.66	3.24	1.94

在长江中游城市群中，按照城市行政级别和城市的综合实力，选取了南昌、武汉、襄阳、长沙为主要经济主体，来测算海峡西岸城市群内主要城市间的经济联系强度和经济联系隶属度。

由图9-6和表9-10可知，长江中游城市群经济发展以武汉为核心，南昌、襄阳、长沙的引领作用明显。长江中游城市群内部大部分城市都与武汉保持紧密的经济联系，其中与其经济联系强度和经济联系隶属度最大的城市是长沙，分别为21.79、11.08%。具体来看，与南昌经济联系强度和经济联系隶属度最大的城市是武汉，经济联系强度值为14.82，经济联系隶属度为3.82%，其次是长沙，经济联系强度值为9.12，经济联系隶属度为1.46%；与襄阳经济联系强度和经济联系隶属度最大的城市是武汉，经济联系强度值为8.32，经济联系隶属度为25.41%，其次是长沙，经济联系强度值为3.43，经济联系隶属度为10.48%；与长沙经济联系强度最大的城市是株洲，经济联系强度值为27.44，经济联系隶属度为15.75%，其次是湘潭，经济联系强度值为26.25，经济联系隶属度为15.07%。从总体来看，长江中游城市群内部各城市的经济联系主要集中于武汉和长沙，强化了武汉和长沙在城市群中的核心地位，但有待加强中小城市与主要经济主体之间的经济联系。

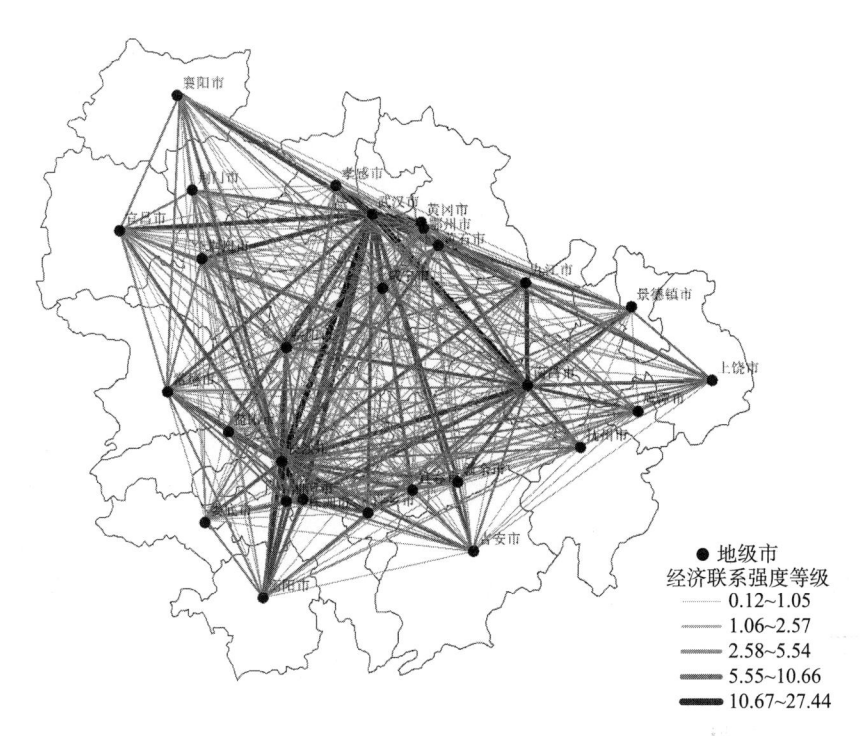

图 9-6　长江中游城市群经济联系强度

表 9-10　　　　　　长江中游城市群经济联系强度和经济联系隶属度

城市	南昌		武汉		襄阳		长沙	
	经济联系强度	经济联系隶属度（%）	经济联系强度	经济联系隶属度（%）	经济联系强度	经济联系隶属度（%）	经济联系强度	经济联系隶属度（%）
南昌			14.82	7.53	1.72	5.25	9.12	5.24
景德镇	2.80	0.00	3.14	1.60	0.39	1.19	1.57	0.90
萍乡	1.88	3.53	3.14	1.60	0.46	1.41	6.36	3.65
九江	6.36	2.37	9.23	4.69	0.90	2.75	3.55	2.04
新余	3.12	8.01	3.18	1.62	0.43	1.31	3.41	1.96
鹰潭	3.09	3.93	2.57	1.31	0.35	1.07	1.62	0.93
吉安	2.34	3.89	2.81	1.43	0.41	1.25	3.18	1.83
宜春	2.43	2.95	3.30	1.68	0.45	1.37	4.68	2.69
抚州	3.58	3.06	2.24	1.14	0.30	0.92	1.59	0.91
上饶	3.03	4.51	3.59	1.83	0.51	1.56	2.13	1.22
武汉	14.82	3.82			8.32	25.41	21.79	12.51
黄石	2.74	18.66	15.03	7.64	0.84	2.57	2.85	1.64
宜昌	1.46	3.45	6.07	3.09	2.38	7.27	3.78	2.17
襄阳	1.72	1.84	8.32	4.23			3.43	1.97
鄂州	1.01	2.17	8.75	4.45	0.38	1.16	1.17	0.67
荆门	0.89	1.27	4.58	2.33	1.96	5.99	2.02	1.16
孝感	1.14	1.12	16.71	8.49	0.95	2.90	1.87	1.07
荆州	1.27	1.44	6.10	3.10	1.49	4.55	3.44	1.97
黄冈	2.03	1.60	18.92	9.62	0.79	2.41	2.38	1.37

续表

城市	南昌		武汉		襄阳		长沙	
	经济联系强度	经济联系隶属度（%）	经济联系强度	经济联系隶属度（%）	经济联系强度	经济联系隶属度（%）	经济联系强度	经济联系隶属度（%）
咸宁	1.16	2.56	6.69	3.40	0.40	1.22	1.70	0.98
长沙	9.12	1.46	21.79	11.08	3.43	10.48		
株洲	2.84	11.49	5.94	3.02	0.94	2.87	27.44	15.75
湘潭	2.33	3.58	5.09	2.59	0.83	2.54	26.25	15.07
衡阳	1.98	2.93	4.09	2.08	0.73	2.23	8.18	4.70
岳阳	2.66	2.49	10.07	5.12	1.32	4.03	9.55	5.48
常德	1.65	3.35	5.34	2.71	1.12	3.42	7.33	4.21
益阳	1.04	2.08	2.98	1.51	0.53	1.62	8.26	4.74
娄底	0.91	1.31	2.22	1.13	0.41	1.25	5.54	3.18

在中原城市群中，按照城市行政级别和城市的综合实力，选取了邯郸、阜阳、郑州、洛阳为主要经济主体，来测算中原城市群内主要城市间的经济联系强度和经济联系隶属度。

由图9-7和表9-11可知，中原城市群经济发展主要以郑州为核心城市，邯郸、阜阳、洛阳引领的作用明显。各城市与郑州之间的经济联系较为紧密，其中洛阳以31.38的经济联系强度和10.29%的经济联系隶属度，成为了与郑州经济联系"双高"城市。具体来看，与邯郸经济联系强度和经济联系隶属度最大的城市是郑州，经济联系强度值为15.4，经济联系隶属度为15.93%，其次是邢台，经济联系强度值为13.08，经济联系隶属度为13.53%；与阜阳经济联系强度和经济联系隶属度最大的城市是郑州，经济联系强

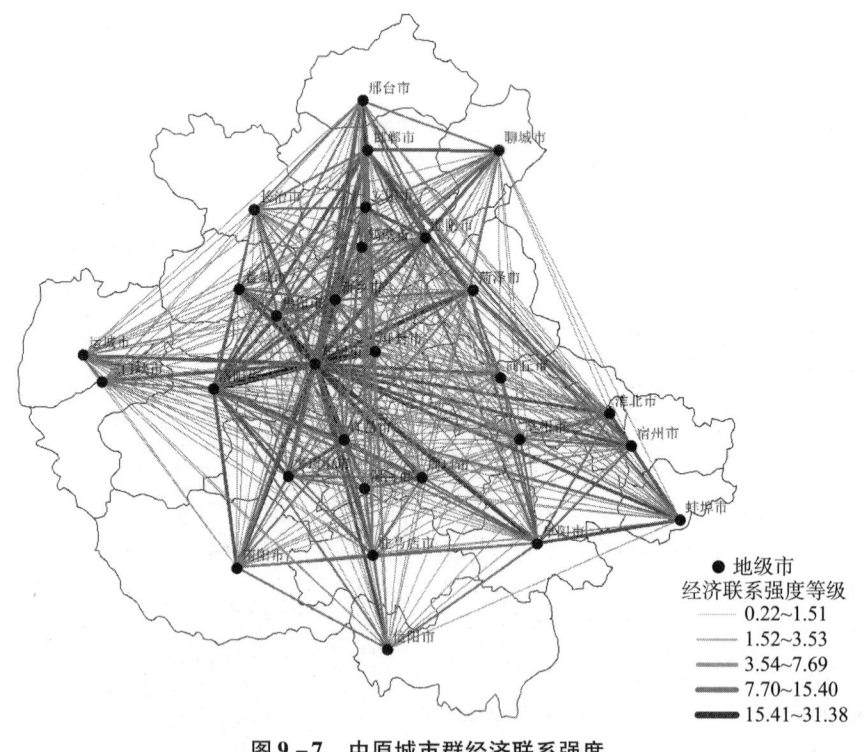

图9-7 中原城市群经济联系强度

度值为 8.38，经济联系隶属度为 15.78%，其次是蚌埠，经济联系强度值为 3.96，经济联系隶属度为 7.46%；与洛阳经济联系强度最大的城市是郑州，经济联系强度值为 31.38，经济联系隶属度为 30.63%，其次是焦作，经济联系强度值为 5.02，经济联系隶属度为 4.9%。总体来看，中原城市城市群中的郑州发展较好，洛阳的发展得益于郑州的城市功能外溢，需要加强中小城市与主要经济主体之间的经济联系。

表 9-11 中原城市群经济联系强度和经济联系隶属度

城市	邯郸		阜阳		郑州		洛阳	
	经济联系强度	经济联系隶属度（%）	经济联系强度	经济联系隶属度（%）	经济联系强度	经济联系隶属度（%）	经济联系强度	经济联系隶属度（%）
邯郸			2.00	3.77	15.40	5.05	4.18	4.08
邢台	13.08	13.53	0.97	1.83	6.83	2.24	1.98	1.93
长治	3.52	3.64	0.73	1.38	7.69	2.52	2.44	2.38
晋城	2.33	2.41	0.80	1.51	11.54	3.78	4.31	4.21
运城	0.93	0.96	0.47	0.89	3.88	1.27	2.35	2.29
蚌埠	1.66	1.72	3.96	7.46	5.69	1.87	1.64	1.60
淮北	1.41	1.46	2.45	4.61	4.71	1.54	1.25	1.22
阜阳	2.00	2.07			8.38	2.75	2.34	2.28
宿州	1.58	1.63	3.33	6.27	5.36	1.76	1.46	1.42
亳州	1.11	1.15	2.47	4.65	4.65	1.53	1.15	1.12
聊城	4.84	5.01	1.18	2.22	6.46	2.12	1.71	1.67
菏泽	4.00	4.14	1.90	3.58	11.37	3.73	2.48	2.42
郑州	15.40	15.93	8.38	15.78			31.38	30.63
开封	2.40	2.48	1.36	2.56	21.95	7.20	2.83	2.76
洛阳	4.18	4.32	2.34	4.41	31.38	10.29		
平顶山	1.64	1.70	1.49	2.81	13.40	4.39	4.74	4.63
安阳	9.55	9.88	1.04	1.96	9.51	3.12	2.30	2.24
鹤壁	3.00	3.10	0.60	1.13	6.56	2.15	1.40	1.37
新乡	4.27	4.42	1.47	2.77	28.18	9.24	4.33	4.23
焦作	2.62	2.71	1.01	1.90	22.63	7.42	5.02	4.90
濮阳	6.03	6.24	1.39	2.62	10.56	3.46	2.38	2.32
许昌	2.04	2.11	1.91	3.60	20.29	6.65	4.10	4.00
漯河	1.00	1.03	1.32	2.49	7.10	2.33	1.83	1.79
三门峡	1.11	1.15	0.59	1.11	5.07	1.66	3.41	3.33
南阳	1.85	1.91	1.87	3.52	10.43	3.42	4.48	4.37
商丘	1.63	1.69	1.76	3.32	6.39	2.10	1.45	1.42
信阳	1.02	1.05	1.96	3.69	4.88	1.60	1.61	1.57
周口	1.38	1.43	2.41	4.54	8.21	2.69	1.97	1.92
驻马店	1.12	1.16	1.93	3.64	6.41	2.10	1.94	1.89

在成渝城市群中，按照城市行政级别和城市的综合实力，选取了重庆、成都、泸州、南充为主要经济主体，来测算成渝城市群内主要城市间的经济联系强度和经济联系隶属度。

由图 9-8 和表 9-12 可知，在成渝城市群中经济发展以重庆和成都为核心，绵阳和南充的作用也较为显著，各城市与重庆和成都之间的经济联系较为紧密。具体来看，与重庆经济联系强度和经济联系隶属度最大的城市是成都，经济联系强度值为 15.51，经济联系隶属度为 27.99%，其次是南充，经济联系强度值为 14.22，经济联系隶属度为 25.66%；与成都经济联系强度和经济联系隶属度最大的城市是重庆，经济联系强度值为 15.51，经济联系隶属度为 32.82%，其次是南充，经济联系强度值为 7.01，经济联系隶属度为 14.83%；与绵阳经济联系强度最大的城市是成都，经济联系强度值为 3.64，经济联系隶属度为 38.2%，其次是重庆，经济联系强度值为 2.17，经济联系隶属度为 22.77%；与南充经济联系强度最大的城市是重庆，经济联系强度值为 14.22，经济联系隶属度为 45.06%，其次是成都，经济联系强度值为 7.01，经济联系隶属度为 22.21%。总体来看，成渝城市群中成都、重庆和南充之间的经济联系较为紧密，其他中小城市与主体之间的经济联系还需要进一步加强。

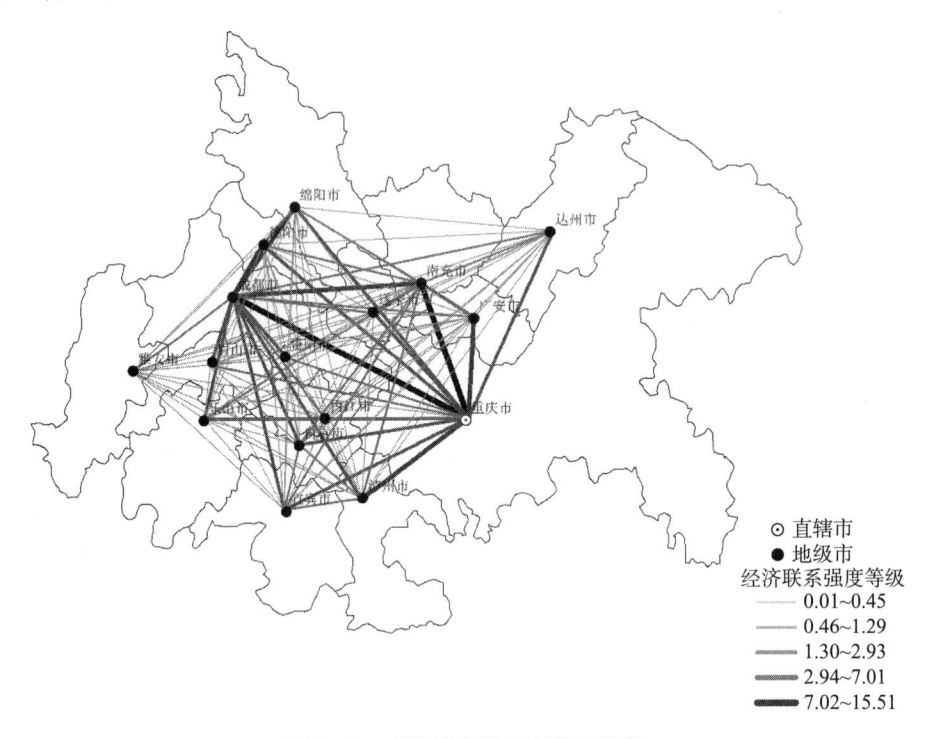

图 9-8 成渝城市群经济联系强度

表 9-12　　　　　　　　成渝城市群经济联系强度和经济联系隶属度

城市	重庆		成都		绵阳		南充	
	经济联系强度	经济联系隶属度（%）	经济联系强度	经济联系隶属度（%）	经济联系强度	经济联系隶属度（%）	经济联系强度	经济联系隶属度（%）
重庆			15.51	32.82	2.17	22.77	14.22	45.06
成都	15.51	27.99			3.64	38.20	7.01	22.21
自贡	2.60	4.69	1.86	3.94	0.18	1.89	0.72	2.28
泸州	4.58	8.26	1.71	3.62	0.20	2.10	0.90	2.85
德阳	1.62	2.92	4.97	10.52	0.83	8.71	0.86	2.72
绵阳	2.17	3.92	3.64	7.70			1.29	4.09
遂宁	1.97	3.55	1.29	2.73	0.20	2.10	1.60	5.07
内江	1.06	1.91	0.67	1.42	0.07	0.73	0.30	0.95

续表

城市	重庆		成都		绵阳		南充	
	经济联系强度	经济联系隶属度（%）	经济联系强度	经济联系隶属度（%）	经济联系强度	经济联系隶属度（%）	经济联系强度	经济联系隶属度（%）
乐山	1.65	2.98	2.36	4.99	0.18	1.89	0.55	1.74
南充	14.22	25.66	7.01	14.83	1.29	13.54		
眉山	1.19	2.15	2.94	6.22	0.17	1.78	0.45	1.43
宜宾	2.60	4.69	1.65	3.49	0.17	1.78	0.66	2.09
广安	3.47	6.26	0.95	2.01	0.16	1.68	1.80	5.70
达州	1.48	2.67	0.61	1.29	0.11	1.15	0.69	2.19
雅安	0.32	0.58	0.57	1.21	0.04	0.42	0.12	0.38
资阳	0.98	1.77	1.52	3.22	0.12	1.26	0.39	1.24

在关中平原城市群中，按照城市行政级别和城市的综合实力，选取了运城、西安、宝鸡、咸阳为主要经济主体，来测算关中平原城市群内主要城市间的经济联系强度和经济联系隶属度。

由图9-9和表9-13可知，关中平原城市群经济发展以西安为核心，各城市与运城、宝鸡和咸阳的经济联系程度较低。咸阳是与西安经济联系程度最大的城市，其经济联系强度为84.13，经济联系隶属度为58.64%。具体来看，与运城经济联系强度和经济联系隶属度最大的城市是西安，经济联系强度值为4.91，经济联系隶属度为53.14%，其次是临汾，经济联系强度值为0.95，经济联系隶属度为10.28%；与宝鸡经济联系强度和经济联

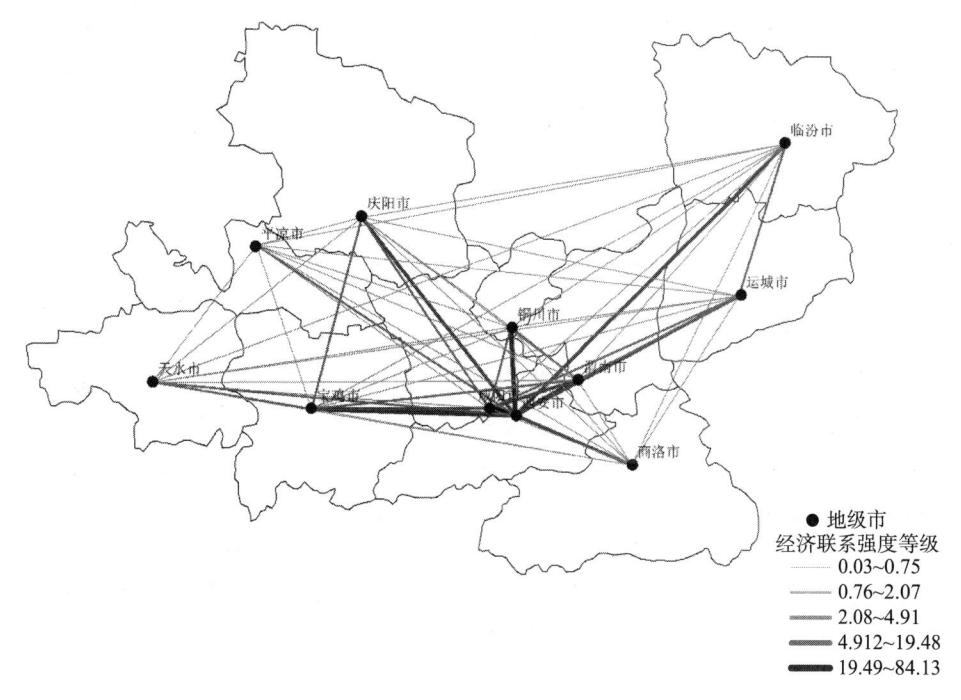

图9-9 关中平原城市群经济联系强度

系隶属度最大的城市是西安，经济联系强度值为11.42，经济联系隶属度为57.82%，其次是咸阳，经济联系强度值为2.6，经济联系隶属度为13.16%；与咸阳经济联系强度最大的城市是西安，经济联系强度值为84.13，经济联系隶属度为88.2%，其次是渭南，经济联系强度值为2.97，经济联系隶属度为3.11%。总体来看，关中平原城市群中西安与各城市间的联系最为紧密，形成了以西安为核心的经济发展趋势，但西安与本省内部的城市经济联系更为紧密，与省外城市的经济联系一般。

表9-13　　　　　　　关中平原城市群经济联系强度和经济联系隶属度

城市	运城		西安		宝鸡		咸阳	
	经济联系强度	经济联系隶属度（%）	经济联系强度	经济联系隶属度（%）	经济联系强度	经济联系隶属度（%）	经济联系强度	经济联系隶属度（%）
运城			4.91	3.42	0.56	2.84	0.90	0.94
临汾	0.95	10.28	3.66	2.55	0.52	2.63	0.70	0.73
西安	4.91	53.14			11.42	57.82	84.13	88.20
铜川	0.37	4.00	9.31	6.49	0.75	3.80	1.94	2.03
宝鸡	0.56	6.06	11.42	7.96			2.60	2.73
咸阳	0.90	9.74	84.13	58.64	2.60	13.16		
渭南	0.83	8.98	19.48	13.58	1.05	5.32	2.97	3.11
商洛	0.17	1.84	2.55	1.78	0.20	1.01	0.42	0.44
天水	0.14	1.52	2.07	1.44	0.94	4.76	0.44	0.46
平凉	0.12	1.30	1.76	1.23	0.64	3.24	0.38	0.40
庆阳	0.29	3.14	4.19	2.92	1.07	5.42	0.91	0.95

在北部湾城市群中，按照城市行政级别和城市的综合实力，选取了湛江、阳江、南宁、海口为主要经济主体，来测算北部湾城市群内主要城市间的经济联系强度和经济联系隶属度。

由图9-10和表9-14可知，在北部湾城市群中，南宁与各城市之间的经济联系较为紧密，与其经济联系强度最大的城市是海口，经济联系强度值为10.48，经济联系隶属度为17.35%。具体来看，与湛江经济联系强度和经济联系隶属度最大的城市是海口，经济联系强度值为13.43，经济联系隶属度为28.2%，其次是茂名，经济联系强度值为11.15，经济联系隶属度为23.41%；与阳江经济联系强度和经济联系隶属度最大的城市是南宁，经济联系强度值为9.51，经济联系隶属度为31.87%，其次是茂名，经济联系强度值为4.68，经济联系隶属度为15.68%；与海口经济联系强度最大的城市是湛江，经济联系强度值为13.43，经济联系隶属度为29.37%，其次是南宁，经济联系强度值为10.48，经济联系隶属度为22.92%。总体来看，北部湾城市群以南宁为核心与各城市之间的经济联系较为紧密，但各城市与主体城市之间的经济联系还有很大的提升空间。

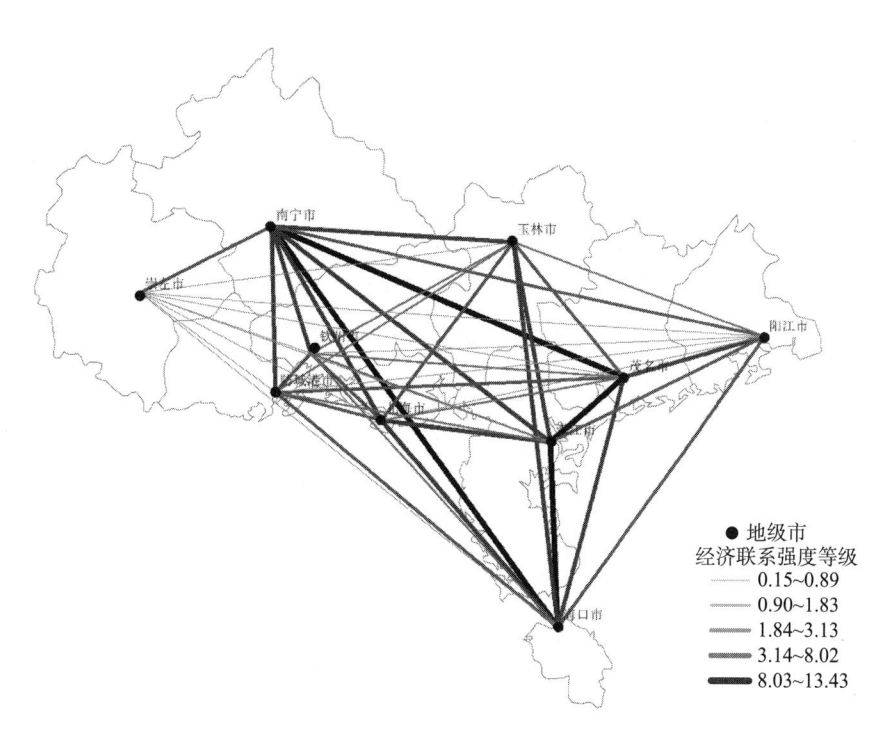

图 9-10　北部湾城市群经济联系强度

表 9-14　　　　　　　　　北部湾城市群经济联系强度和经济联系隶属度

城市	湛江		阳江		南宁		海口	
	经济联系强度	经济联系隶属度（%）	经济联系强度	经济联系隶属度（%）	经济联系强度	经济联系隶属度（%）	经济联系强度	经济联系隶属度（%）
湛江			2.37	7.94	8.02	13.28	13.43	29.37
茂名	11.15	23.41	4.68	15.68	2.33	3.86	2.91	6.36
阳江	2.37	4.98			9.51	15.74	4.49	9.82
南宁	8.02	16.84	9.51	31.87			10.48	22.92
北海	4.52	9.49	1.77	5.93	7.31	12.10	5.20	11.37
防城港	1.70	3.57	2.24	7.51	6.07	10.05	2.36	5.16
钦州	1.44	3.02	1.06	3.55	5.86	9.70	1.83	4.00
玉林	4.49	9.43	2.83	9.48	7.70	12.75	4.27	9.34
崇左	0.51	1.07	0.89	2.98	3.13	5.18	0.76	1.66
海口	13.43	28.20	4.49	15.05	10.48	17.35		

在呼包鄂榆城市群中，计算呼和浩特、包头、鄂尔多斯和榆林城市间的经济联系强度和经济联系隶属度。

由图 9-11 和表 9-15 可知，呼包鄂榆城市群中包头与各城市之间的经济联系较为紧密，与其经济联系强度最大的城市是鄂尔多斯，经济联系强度值为 16.09，经济联系隶属度为 42.67%。具体来看，与呼和浩特经济联系强度和经济联系隶属度最大的城市是包头，经济联系强度值为 15.39，经济联系隶属度为 55.82%，其次是鄂尔多斯，经济联系强度值为 7.76，经济联系隶属度为 28.15%；与鄂尔多斯经济联系强度和经济联系隶属度最大的城市是包头，经济联系强度值为 16.09，经济联系隶属度为 51.67%，其次是呼和浩特，经济联系强度值为 7.76，经济联系隶属度为 24.92%；与榆林经济联系强度最大的城市是鄂尔多斯，经济联系强度值为 6.23，经济联系隶属度为 41.34%，其次是呼和浩特和包头，经济联系强度值均为 4.42，经济联系隶属度均为 29.33%。总体来看，呼和浩特与包头、鄂尔多斯和榆林的经济联系仍需加强，其对其他三个城市的辐射带动作用也较小，说明呼和浩特没能形成具有核心竞争的特色支柱产业，其自身的发展动力有所不足。

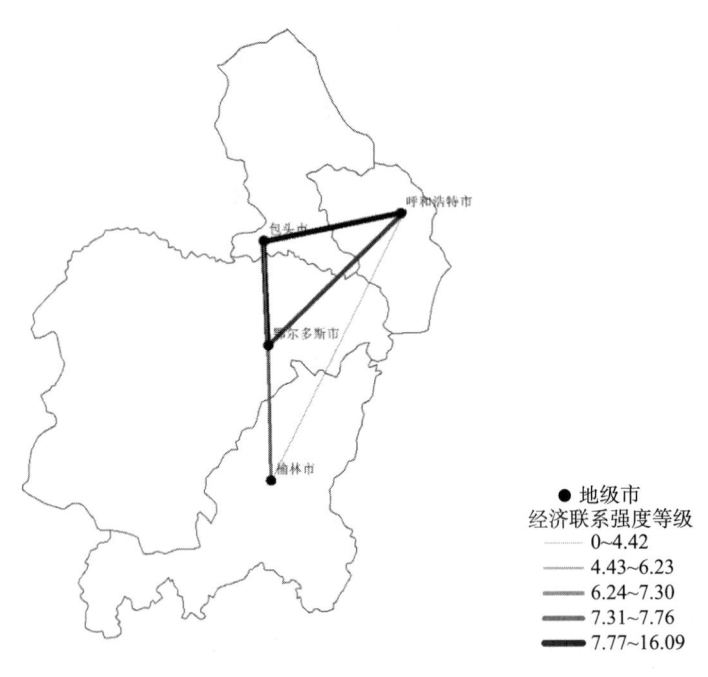

图 9-11　呼包鄂榆城市群经济联系强度

表 9-15　　　　　　呼包鄂榆城市群经济联系强度和经济联系隶属度

城市	呼和浩特		包头		鄂尔多斯		榆林	
	经济联系强度	经济联系隶属度（%）	经济联系强度	经济联系隶属度（%）	经济联系强度	经济联系隶属度（%）	经济联系强度	经济联系隶属度（%）
呼和浩特			15.39	40.81	7.76	24.92	4.42	29.33
包头	15.39	55.82			16.09	51.67	4.42	29.33
鄂尔多斯	7.76	28.15	16.09	42.67			6.23	41.34
榆林	4.42	16.03	6.23	16.52	7.29	23.41		

在兰西城市群中，计算兰州、白银、定西、西宁城市间的经济联系强度和经济联系隶属度。

由图 9-12 和表 9-16 可知，兰西城市群经济发展以兰州为核心，白银、定西、西宁的作用较不显著。兰州与各城市之间的经济联系较为紧密，与其经济联系强度最大的城市是西宁，经济联系强度值为30.25，经济联系隶属度为51.67%。具体来看，与白银经济联系强度和经济联系隶属度最大的城市是兰州，经济联系强度值为20.68，经济联系隶属度为82.19%，其次是西宁，经济联系强度值为3.67，经济联系隶属度为14.59%；与定西经济联系强度和经济联系隶属度最大的城市是兰州，经济联系强度值为7.62，经济联系隶属度为76.74%，其次是西宁，经济联系强度值为1.5，经济联系隶属度为15.11%；与西宁经济联系强度最大的城市是兰州，经济联系强度值为30.25，经济联系隶属度为85.4%，其次是白银，经济联系强度值为3.67，经济联系隶属度为10.36%。总体来看，虽然兰州与各城市的经济联系强度较大，但由于兰州经济发展受到了地形限制，因此应当充分发挥与白银市之间的区位优势带动一体化进程，从而构建起可以辐射带动整个兰西城市群的经济体系。

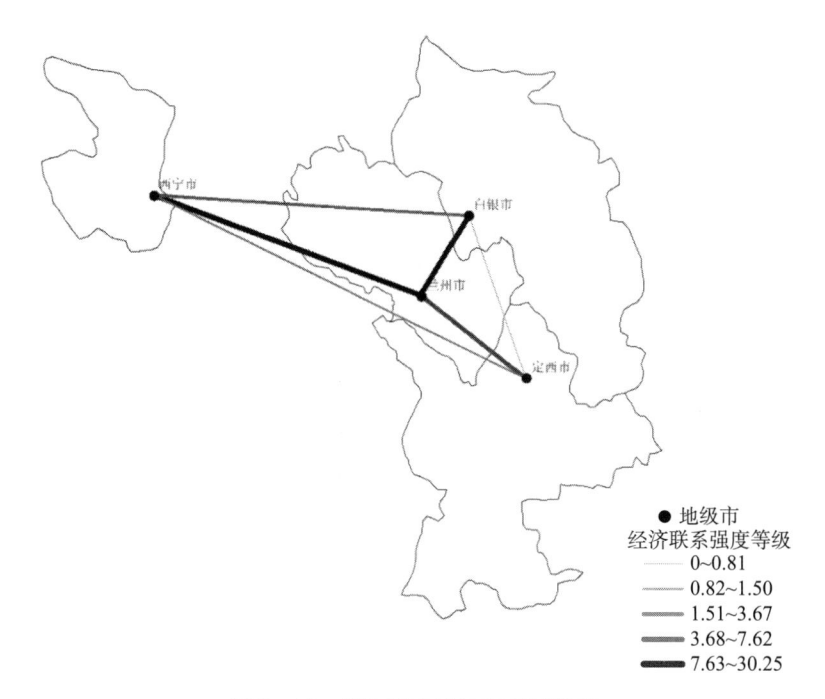

图 9-12　兰西城市群经济联系强度

表 9-16　　　　　　　兰西城市群经济联系强度和经济联系隶属度

城市	兰州		白银		定西		西宁	
	经济联系强度	经济联系隶属度（%）	经济联系强度	经济联系隶属度（%）	经济联系强度	经济联系隶属度（%）	经济联系强度	经济联系隶属度（%）
兰州			20.68	82.19	7.62	76.74	30.25	85.40
白银	20.68	35.32		0.00	0.81	8.16	3.67	10.36
定西	7.62	13.01	0.81	3.22			1.50	4.23
西宁	30.25	51.67	3.67	14.59	1.50	15.11		

在滇中城市群中，计算昆明、曲靖、玉溪3个城市间的经济联系强度和经济联系隶属度。由图9-13和表9-17可知，昆明与曲靖和玉溪的经济联系均较为紧密，与其经济联

系强度最大的城市是玉溪,经济联系强度值为 14.77,经济联系隶属度为 66.09%。具体来看,与曲靖和玉溪经济联系强度和经济联系隶属度最大的城市均是昆明,经济联系强度值分别为 7.58、14.77,经济联系隶属度分别为 92.55%、96.03%。总体来看,昆明作为滇中城市群的核心增长极,它对整个区域的经济带动作用较为明显,但同时也要加强对曲靖、玉溪作为次级中心城市的培育。

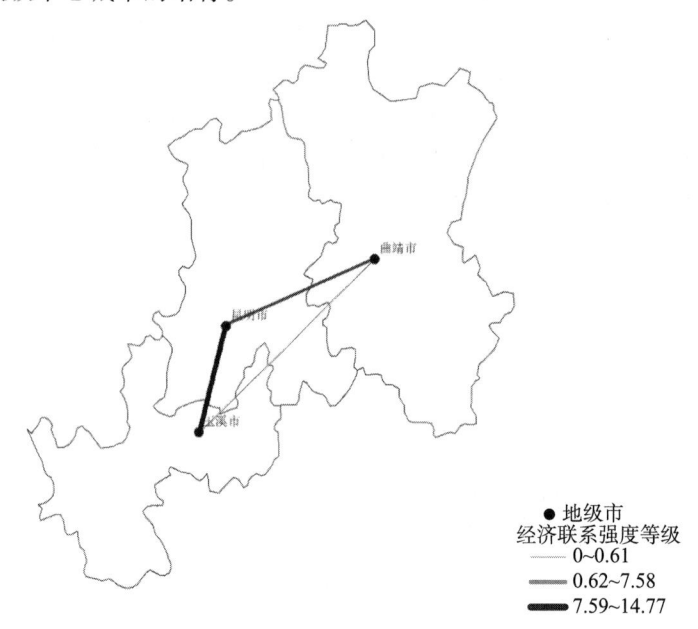

图 9-13 滇中城市群经济联系强度

表 9-17 滇中城市群经济联系强度和经济联系隶属度

城市	昆明		曲靖		玉溪	
	经济联系强度	经济联系隶属度(%)	经济联系强度	经济联系隶属度(%)	经济联系强度	经济联系隶属度(%)
昆明			7.58	92.55	14.77	96.03
曲靖	7.58	33.91			0.61	3.97
玉溪	14.77	66.09	0.61	7.45		

在宁夏沿黄城市群中,计算银川、石嘴山、吴忠、中卫 4 个城市间的经济联系强度和经济联系隶属度。

由图 9-14 和表 9-18 可知,宁夏沿黄经济发展以银川为核心,石嘴山、吴忠、中卫的作用较不显著。各城市与银川之间的经济联系较为紧密,与中卫经济联系程度较低,与银川经济联系强度最大的城市是石嘴山,经济联系强度值为 39.6,经济联系隶属度为 57.56%。具体来看,与石嘴山经济联系强度和经济联系隶属度最大的城市是银川,经济联系强度值为 39.6,经济联系隶属度为 91.73%,其次是吴忠,经济联系强度值为 2.99,经济联系隶属度为 6.93%;与吴忠经济联系强度和经济联系隶属度最大的城市是银川,经济联系强度值为 25.94,经济联系隶属度为 87.72%,其次是石嘴山,经济联系强度值为 2.99,经济联系隶属度为 10.11%;与中卫经济联系强度最大的城市是银川,经济联系强度值为 3.26，经济联系隶属度为 61.05%，其次是吴忠，经济联系强度值为 1.5，经济联系隶属度为 28.09%。总体来看，宁西沿黄城市群中银川作为核心城市带动着周围地区的发展，但其自身的经济发展受到限制，所以要加强对银川作为中心城市的培育。

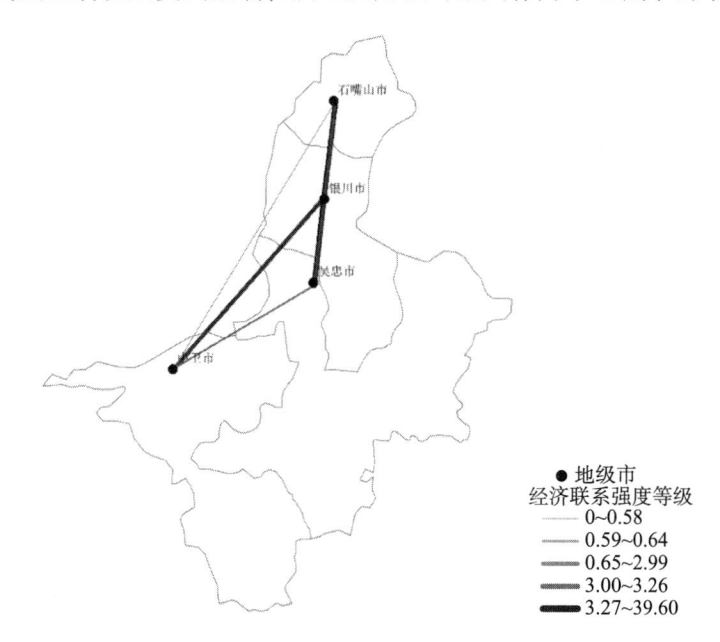

图 9-14 宁夏沿黄城市群经济联系强度

表 9-18　　　　　　宁夏沿黄城市群经济联系强度和经济联系隶属度

城市	银川		石嘴山		吴忠		中卫	
	经济联系强度	经济联系隶属度（%）	经济联系强度	经济联系隶属度（%）	经济联系强度	经济联系隶属度（%）	经济联系强度	经济联系隶属度（%）
银川			39.60	91.73	25.94	87.72	3.26	61.05
石嘴山	39.60	57.56			2.99	10.11	0.58	10.86
吴忠	25.94	37.70	2.99	6.93			1.50	28.09
中卫	3.26	4.74	0.58	1.34	0.64	2.16		

在哈长城市群中，按照城市行政级别和城市的综合实力，选取了长春、吉林、哈尔滨、大庆为主要经济主体，来测算关中平原城市群内主要城市间的经济联系强度和经济联系隶属度。

由图 9-15 和表 9-19 可知，哈长城市群经济发展以哈尔滨为核心，长春、吉林、大庆的引领作用较为显著。城市群内大部分城市与哈尔滨保持着紧密的联系，与其经济联系强度最大的城市是长春，经济联系强度值为 31，经济联系隶属度为 35.91%。具体来看，与长春经济联系强度和经济联系隶属度最大的城市是哈尔滨，经济联系强度值为 31，经济联系隶属度为 33.45%，其次是吉林，经济联系强度值为 18.1，经济联系隶属度为 19.53%；与吉林经济联系强度和经济联系隶属度最大的城市是长春，经济联系强度值为 18.1，经济联系隶属度为 52.66%，其次是哈尔滨，经济联系强度值为 7.69，经济联系隶属度为 22.37%；与大庆经济联系强度最大的城市是哈尔滨，经济联系强度值为 18.98，经济联系隶属度为 44.51%，其次是长春，经济联系强度值为 9.74，经济联系隶属度为

22.84%。总体来看,哈长城市群城市之间的经济联系程度差异较大,其中城市群以哈尔滨为核心,与各城市间联系较为紧密,但其核心城市的辐射和带动作用还有待加强,同时要加强培育长春、吉林、大庆等次级中心城市。

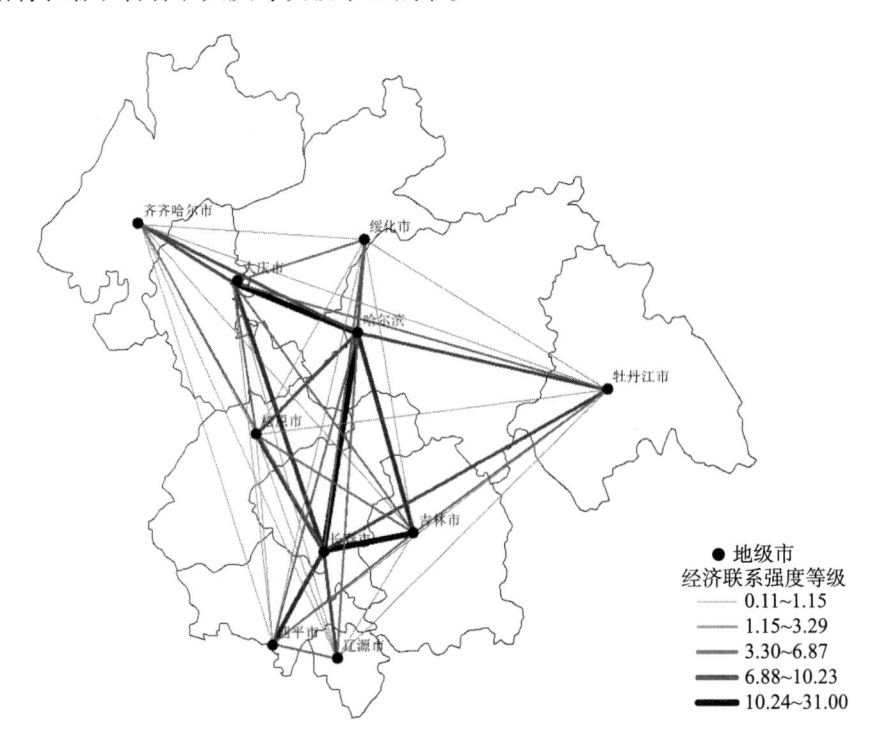

图 9-15 哈长城市群经济联系强度

表 9-19 哈长城市群经济联系强度和经济联系隶属度

城市	长春		吉林		哈尔滨		大庆	
	经济联系强度	经济联系隶属度(%)	经济联系强度	经济联系隶属度(%)	经济联系强度	经济联系隶属度(%)	经济联系强度	经济联系隶属度(%)
长春			18.10	52.66	31.00	35.91	9.74	22.84
吉林	18.10	19.53			7.69	8.91	2.08	4.88
四平	10.23	11.04	1.41	4.10	3.20	3.71	1.15	2.70
辽源	5.29	5.71	0.91	2.65	1.66	1.92	0.56	1.31
松原	7.83	8.45	1.31	3.81	6.87	7.96	2.62	6.14
哈尔滨	31.00	33.45	7.69	22.37			18.98	44.51
齐齐哈尔	3.29	3.55	0.70	2.04	4.70	5.44	4.24	9.94
大庆	9.74	10.51	2.08	6.05	18.98	21.99		
牡丹江	5.35	5.77	1.71	4.98	6.37	7.38	1.70	3.99
绥化	1.85	2.00	0.46	1.34	5.85	6.78	1.57	3.68

在辽中南城市群中,按照城市行政级别和城市的综合实力,选取了沈阳、大连、鞍山、营口为主要经济主体,来测算辽中南城市群内主要城市间的经济联系强度和经济联系隶属度。

由图 9-16 和表 9-21 可知,辽中南城市群经济发展以沈阳为核心,鞍山、大连、营口的引领作用不显著。城市群内大部分城市与沈阳保持着紧密的联系，与其他城市的经济联系程度较小。与沈阳经济联系程度最大的城市是抚顺，其经济联系强度值为28.82，经济联系隶属度为15.08%。具体来看，与大连经济联系强度和经济联系隶属度最大的城市是沈阳，经济联系强度值为23.88，经济联系隶属度为35.16%，其次是营口，经济联系强度值为7.64，经济联系隶属度为11.25%；与鞍山经济联系强度和经济联系隶属度最大的城市是沈阳，经济联系强度值为23.18，经济联系隶属度为39.23%，其次是辽阳，经济联系强度值为8.91，经济联系隶属度为15.08%；与营口经济联系强度最大的城市是沈阳，经济联系强度值为10.3，经济联系隶属度为27.31%，其次是大连，经济联系强度值为7.64，经济联系隶属度为20.25%。总体来看，辽中南城市群城市之间的经济联系程度差异较大，沈阳与各城市间联系较为紧密，但其核心城市的辐射和带动作用还有待加强，同时要加强培育鞍山、大连、营口等次级中心城市。

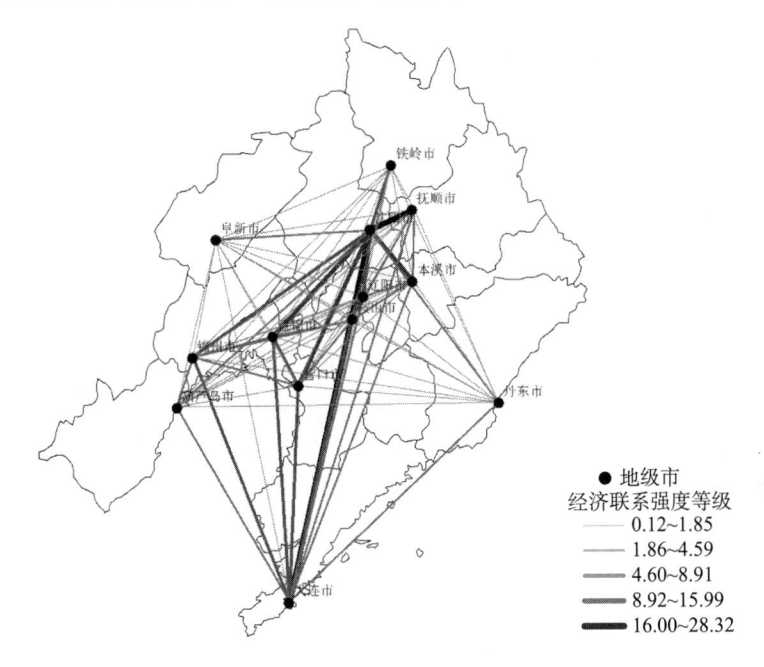

图9-16 辽中南城市群经济联系强度

表9-20 辽中南城市群经济联系强度和经济联系隶属度

城市	沈阳		大连		鞍山		营口	
	经济联系强度	经济联系隶属度（%）	经济联系强度	经济联系隶属度（%）	经济联系强度	经济联系隶属度（%）	经济联系强度	经济联系隶属度（%）
沈阳			23.88	35.16	23.18	39.23	10.30	27.31
大连	23.88	0.00			6.92	11.71	7.64	20.25
鞍山	23.18	15.53	6.92	10.19			4.59	12.17
抚顺	28.82	15.08	3.23	4.76	2.44	4.13	1.22	3.23
本溪	15.09	18.74	2.72	4.00	2.96	5.01	1.16	3.08
丹东	4.35	9.81	3.00	4.42	1.20	2.03	0.83	2.20
锦州	6.88	2.83	5.38	7.92	2.01	3.40	2.48	6.57
营口	10.30	4.47	7.64	11.25	4.59	7.77		

续表

城市	沈阳		大连		鞍山		营口	
	经济联系强度	经济联系隶属度（%）	经济联系强度	经济联系隶属度（%）	经济联系强度	经济联系隶属度（%）	经济联系强度	经济联系隶属度（%）
阜新	3.02	6.70	1.20	1.77	0.65	1.10	0.51	1.35
辽阳	15.99	1.96	3.19	4.70	8.91	15.08	1.76	4.67
盘锦	11.57	10.40	5.91	8.70	4.53	7.67	5.52	14.63
铁岭	7.13	7.53	0.99	1.46	0.66	1.12	0.36	0.95
葫芦岛	3.54	4.64	3.86	5.68	1.04	1.76	1.35	3.58

三、城市群空间结构形态

通过公式（9-4）计算各城市群内城市间的断裂点距离，计算结果如表9-21至表9-36所示。

由表9-21可知，在长三角洲城市群中上海和南京对周围城市的辐射范围较大。从断裂点角度分析，其中，上海对安庆的经济辐射范围最大，上海—安庆断裂点到安庆的距离为345千米；上海与城市群内其他城市断裂点到上海的距离均大于断裂点到其他城市的距离，说明上海作为城市群的核心城市，它的经济辐射能力强，其对各城市的影响要大于各城市对它的影响；上海—南京断裂点距离上海159千米，距离南京112千米，说明上海对南京方向的影响范围大于南京对上海的影响范围。南京对台州的经济影响范围最大，南京—台州断裂点到南京的距离为296千米，除上海外，南京对周围城市的经济辐射范围要大于各城市对它的经济影响。对苏州来说，除了上海、杭州和南京，其对剩余城市的经济辐射范围要大于各城市对其的经济影响力。对杭州来说，除了上海和南京，其对剩余城市的经济辐射范围要大于各城市对其的经济影响力。对无锡来说，无锡—安庆断裂点距离无锡230千米，距离安庆100千米，两者之比为2.29∶1，说明无锡对安庆方向的影响范围比安庆对无锡的影响范围大，除了上海、南京、苏州、杭州和合肥，无锡对剩余城市的经济辐射范围要大于各城市对其的经济影响。总体来说，长江三角洲城市群以上海为核心城市，其经济辐射能力较强，次级中心城市的经济影响力较好，需要加强对中小城市的培育。

表9-21　　　　　　长江三角洲城市群26个城市断裂点范围　　　　　　单位：千米

城市	上海	南京	无锡	常州	苏州	南通	盐城	扬州	镇江	泰州	杭州	宁波	嘉兴	湖州	绍兴	金华	舟山	台州	合肥	芜湖	马鞍山	铜陵	安庆	滁州	池州	宣城
上海		112	42	51	35	32	74	66	60	53	67	54	23	32	46	78	33	78	146	80	67	66	84	71	51	42
南京	159		68	46	94	79	67	25	22	37	118	158	81	54	103	116	111	160	65	31	15	39	61	14	36	27
无锡	75	86		19	22	33	81	52	43	41	80	111	40	27	73	111	83	138	146	74	60	73	100	69	62	42
常州	106	69	22		47	45	78	39	29	32	99	140	60	38	94	130	106	166	139	69	53	74	104	61	65	42
苏州	51	97	18	33		33	83	61	52	50	61	82	22	20	53	91	61	109	145	67	62	68	91	71	56	39
南通	68	119	39	46	48		75	67	61	46	120	132	60	50	102	149	94	167	188	110	89	104	136	92	88	68
盐城	193	124	118	98	149	92		64	71	50	220	242	144	120	190	232	175	267	191	138	106	132	167	88	112	100
扬州	169	44	74	47	105	80	63		11	24	157	203	108	78	145	177	155	225	125	74	50	83	117	43	75	57

续表

城市	上海	南京	无锡	常州	苏州	南通	盐城	扬州	镇江	泰州	杭州	宁波	嘉兴	湖州	绍兴	金华	舟山	台州	合肥	芜湖	马鞍山	铜陵	安庆	滁州	池州	宣城
镇江	160	42	64	37	95	76	73	12		26	145	195	100	70	137	170	151	220	127	70	47	80	116	46	74	52
泰州	146	76	63	42	93	59	52	26	26		159	196	102	78	145	187	149	227	159	97	72	102	138	66	90	69
杭州	97	121	65	69	60	81	122	90	79	84		63	27	31	19	49	57	77	147	72	68	59	78	83	47	33
宁波	97	201	112	121	101	111	167	144	132	129	79		49	64	40	80	21	55	234	138	125	112	134	138	87	76
嘉兴	64	157	61	78	41	77	151	116	103	103	51	75		30	44	96	69	123	215	119	108	110	142	126	93	66
湖州	106	126	50	60	45	86	152	101	87	95	48	91	36		63	112	108	156	188	93	87	94	131	111	84	49
绍兴	116	184	104	113	92	121	185	145	130	134	32	43	41	48		65	64	83	222	125	119	106	131	140	86	67
金华	218	227	173	172	172	194	246	193	178	189	93	106	108	94	71		115	92	234	142	143	107	120	168	92	79
舟山	121	288	169	186	152	160	245	223	208	199	143	32	93	119	79	152		96	347	228	211	200	235	229	166	144
台州	206	296	202	207	194	204	267	232	216	217	140	57	117	123	73	87	69		318	206	194	163	183	214	127	121
合肥	259	82	144	117	176	156	129	87	85	102	179	238	139	100	194	149	168	215		48	42	33	44	38	28	44
芜湖	214	59	111	88	135	138	142	79	70	95	134	209	116	76	157	137	167	211	73		19	27	61	47	33	19
马鞍山	220	34	111	84	140	138	134	65	58	86	155	179	131	87	139	169	190	245	78	24		47	85	33	51	34
铜陵	283	117	174	150	198	209	216	139	129	157	171	251	177	122	199	130	233	266	81	43	67		44	87	17	40
安庆	345	177	230	205	257	262	262	189	179	208	221	172	213	162	135	178	264	288	102	94	105	42		124	17	75
滁州	250	36	135	103	170	152	119	59	61	85	202	164	162	118	135	213	220	288	76	61	36	72	107		70	63
池州	334	163	225	201	248	267	278	191	179	214	212	175	220	166	192	294	315	103	80	100	26	27	128			70
宣城	219	98	121	105	139	165	198	116	102	131	120	87	126	78	61	147	204	241	129	36	53	49	95	93	56	

由表 9-22 可知，在京津冀城市群中，北京—天津断裂点距离北京 62 千米，距离天津 49 千米，说明北京对天津方向的影响范围大于天津对北京的影响范围；北京—石家庄断裂点距离北京 183 千米，距离石家庄 80 千米，说明北京对石家庄方向的影响范围大于石家庄对北京方向的影响范围；北京—唐山断裂点距离北京 116 千米，距离唐山 41 千米；北京对邯郸的经济辐射范围最大，北京—邯郸断裂点距离北京 307 千米。在京津冀城市群中，受北京经济影响范围排名前三位的城市分别是邯郸、邢台、秦皇岛，其断裂点到北京的距离分别是 307 千米、284 千米、226 千米；排名后三位的城市分别为廊坊、天津、保定，其断裂点到北京的距离分别是 38 千米、62 千米、106 千米。受天津经济影响范围排名前三位的城市分别是邯郸、邢台、张家口，其断裂点到天津的距离分别为 264 千米、250 千米、219 千米；排名后三位的城市分别是廊坊、北京、沧州，其断裂点到天津的距离分别为 45 千米、49 千米、70 千米。受石家庄经济影响范围排名前三位的城市分别是秦皇岛、承德、张家口，其断裂点到石家庄的距离分别为 329 千米、292 千米、213 千米。受唐山经济影响范围排名前三的城市分别为邢台、邯郸、张家口，其断裂点到唐山的距离分别为 250 千米、248 千米、200 千米。受秦皇岛经济影响范围排名前三的城市分别为邢台、邯郸、衡水。受邯郸经济影响范围排名前三的城市分别为秦皇岛、承德、张家口，其断裂点到邯郸的距离分别为 347 千米、335 千米、286 千米。受衡水经济影响范围排名前三的城市分别为秦皇岛、承德、张家口，其断裂点到衡水的距离分别为 197 千米、189 千米、170 千米。总体来看，京津冀城市群中北京和天津对周围城市的经济影响范围较广，

需要加强培育中小城市的发展。

表9-22 京津冀城市群13个城市间断裂点范围   单位：千米

城市	北京	天津	石家庄	唐山	秦皇岛	邯郸	邢台	保定	张家口	承德	沧州	廊坊	衡水
北京		49	80	41	47	95	73	34	27	31	42	12	39
天津	62		92	32	47	103	80	43	54	46	26	17	38
石家庄	183	169		163	157	66	40	52	97	145	83	104	32
唐山	116	72	201		46	219	182	119	112	57	87	61	105
秦皇岛	226	178	329	78		347	303	226	201	93	177	151	197
邯郸	307	264	93	248	233		23	134	183	234	137	189	61
邢台	284	250	69	250	245	27		121	182	241	133	183	54
保定	106	109	71	131	148	131	97		85	127	65	63	47
张家口	137	219	213	200	212	286	237	138		134	196	129	170
承德	145	169	292	94	90	335	286	187	123		181	113	189
沧州	140	70	121	103	124	142	115	69	130	131		0	0
廊坊	38	45	146	69	101	188	151	65	82	79	0		0
衡水	210	165	76	199	221	102	75	81	181	220	0	0	

由表9-23可知，在珠江三角洲城市群中，受广州经济影响范围排名前三的城市分别为惠州、肇庆、珠海，其断裂点到广州的距离分别为81千米、70千米、67千米；受深圳经济影响范围排名前三的城市分别为肇庆、江门、佛山，其断裂点到深圳的距离分别为143千米、75千米、64千米；受珠海经济影响范围排名前三位的肇庆、惠州、东莞（佛山），其断裂点到珠海的距离分别为104千米、68千米、41千米；受佛山经济影响范围排名前三的城市分别为惠州、珠海、肇庆，其断裂点到佛山的距离分别为79千米、54千米、52千米；受江门经济影响范围排名前三的城市分别为惠州、肇庆、东莞，其断裂点到江门的距离分别为62千米、52千米、30千米；受肇庆经济影响范围排名前三的城市分别为惠州、珠海、中山，其断裂点到肇庆的距离分别为58千米、38千米、35千米；受惠州经济影响范围排名前三的城市分别为肇庆、江门、中山，其断裂点到惠州的距离分别为142千米、88千米、67千米；受东莞经济影响范围排名前三的城市分别为肇庆、江门、珠海，其断裂点到东莞的距离分别为100千米、56千米、48千米；受中山经济影响范围排名前三的城市分别为肇庆、惠州、东莞，其断裂点到中山的距离分别为75千米、59千米、28千米。总体来看，珠江三角洲城市群的核心城市对其他城市的经济辐射和带动力较弱，要加大对城市群核心城市的培育，以其扩大对其他城市的经济影响力。

表9-23 珠江三角洲城市群9个城市间断裂点范围   单位：千米

城市	广州	深圳	珠海	佛山	江门	肇庆	惠州	东莞	中山
广州		50	34	8	15	13	36	19	19
深圳	53		20	45	25	28	24	25	20
珠海	67	38		54	24	38	61	48	15
佛山	12	64	41		16	15	54	31	23
江门	49	75	37	33		30	88	56	17
肇庆	70	143	104	52	52		142	100	75

续表

城市	广州	深圳	珠海	佛山	江门	肇庆	惠州	东莞	中山
惠州	81	50	68	79	62	58		39	59
东莞	31	39	41	34	30	31	30		28
中山	49	49	19	39	14	35	67	42	

由表9-24可知,在山东半岛城市群中,受济南经济影响范围排名前三的城市分别为威海、烟台、日照,其断裂点到济南的距离分别为298千米、225千米、185千米;受青岛经济影响范围排名前三的城市分别为菏泽、聊城、德州,其断裂点到青岛的距离分别为315千米、281千米、268千米;受淄博经济影响范围排名前三名的城市分别为威海、菏泽、烟台,其断裂点到淄博的距离分别为204千米、173千米、143千米;受东营经济影响范围排名前三的城市分别为菏泽、威海、聊城,其断裂点到东营的距离分别为212千米、170千米、149千米;受烟台经济影响范围排名前三的城市分别为菏泽、聊城、德州,其断裂点到烟台的距离分别为370千米、320千米、278千米;受潍坊经济影响范围排名前三的城市分别为菏泽、聊城、威海,其断裂点到潍坊的距离分别为241千米、189千米、170千米;受威海经济影响范围排名前三的城市分别为菏泽、聊城、德州(莱芜),其断裂点到威海的距离分别为353千米、313千米、272千米;受日照经济影响范围排名前三的城市分别为菏泽、德州、聊城,其断裂点到日照的距离分别为179千米、172千米、170千米;受泰安经济影响范围排名前三的城市分别为威海、烟台、日照,其断裂点到泰安的距离分别为218千米、155千米、123千米;受莱芜经济影响范围排名前三的城市分别为威海、烟台、菏泽,其断裂点到莱芜的距离分别为148千米、100千米、90千米;受德州经济影响范围排名前三的城市分别为威海、日照、烟台,其断裂点到德州的距离分别为239千米、193千米、173千米;受聊城经济影响范围排名前三的城市分别为威海、烟台、日照,其断裂点到聊城的距离分别为244千米、176千米、168千米;受滨州经济影响范围排名前三的城市分别为威海、菏泽、日照,其断裂点到滨州的距离分别为162千米、160千米、131千米;受菏泽经济影响范围排名前三的城市分别为威海、烟台、日照,其断裂点到菏泽的距离分别为294千米、218千米、190千米;受济宁经济影响范围排名前三的城市分别为威海、烟台、日照,其断裂点到济宁的距离分别为298千米、224千米、160千米;受临沂经济影响范围排名前三的城市分别为威海、德州、烟台,其断裂点到临沂的距离分别为237千米、185千米、175千米。总体来看,山东半岛城市群中济南为核心城市,济南和青岛对其他城市的辐射和带动能力强,威海和烟台对其他城市的辐射和带动能力较好,需要加强对中小城市的培育。

表9-24 山东半岛城市群16个城市间断裂点范围 单位:千米

城市	济南	青岛	淄博	东营	烟台	潍坊	威海	日照	泰安	莱芜	德州	聊城	滨州	菏泽	济宁	临沂
济南		161	40	63	180	91	168	82	18	19	35	28	37	67	59	87
青岛	151		88	86	77	59	77	31	92	54	125	116	77	139	135	83
淄博	57	136		40	165	55	166	80	46	23	70	73	26	117	101	97
东营	98	143	43		143	60	149	100	82	50	83	101	19	155	147	137
烟台	225	103	143	116		115	25	101	155	100	173	176	112	218	224	175

续表

城市	济南	青岛	淄博	东营	烟台	潍坊	威海	日照	泰安	莱芜	德州	聊城	滨州	菏泽	济宁	临沂
潍坊	103	72	44	44	104		109	49	69	37	95	95	44	128	118	85
威海	298	146	204	170	36	170		145	218	148	239	244	162	294	298	237
日照	185	75	125	146	182	97	185		123	77	193	168	131	190	160	69
泰安	37	204	65	108	256	124	254	113		21	79	49	75	89	57	98
莱芜	61	189	51	106	260	105	272	112	33		113	90	79	138	92	98
德州	70	268	98	108	278	169	272	172	77	70		54	69	125	133	185
聊城	64	281	115	149	320	189	313	170	54	63	61		104	73	79	159
滨州	83	184	40	28	196	87	205	130	82	55	76	102		168	154	158
菏泽	142	315	173	212	370	241	353	179	91	90	132	69	160		62	155
济宁	87	214	104	140	265	154	249	105	41	42	98	51	102	52		81
临沂	129	132	100	131	208	111	198	45	70	45	136	104	105	108	81	

由表9-25可知，在海峡西岸城市群中，受温州经济影响范围排名前三的城市分别为潮州、梅州、揭阳，其断裂点到温州的距离分别为469千米、448千米、443千米；受衢州经济影响前三位的城市分别为潮州、梅州、揭阳，其断裂点到衢州的距离分别为371千米、335千米、330千米；受丽水经济影响范围排名前三的城市分别为潮州、梅州、揭阳，其断裂点到丽水的距离分别为362千米、334千米、322千米；受福州经济影响范围排名前三位的城市分别为潮州、揭阳、梅州，其断裂点到福州的距离分别为294千米、289千米、286千米；受厦门经济影响范围排名前三位的城市分别为衢州、丽水、温州，其断裂点到厦门距离分别为338千米、328千米、240千米；受莆田经济影响范围排名前三位的城市分别为衢州、潮州、梅州，其断裂点到莆田距离分别为206千米、193千米、191千米；受三明经济影响范围排名前三位的城市分别为潮州、丽水、揭阳，其断裂点到三明距离分别为180千米、169千米、165千米；受泉州经济影响范围排名前三位的城市分别为衢州、丽水、温州，其断裂点到泉州距离分别为297千米、279千米、198千米；受漳州经济影响范围排名前三位的城市分别为衢州、丽水、温州，其断裂点到漳州距离分别为287千米、286千米、196千米；受南平经济影响范围排名前三位的城市分别为潮州、揭阳、梅州，其断裂点到南平距离分别为191千米、170千米、167千米；受龙岩经济影响范围排名前三位的城市分别为丽水、衢州、宁德，其断裂点到龙岩距离分别为245千米、235千米、169千米；受宁德经济影响范围排名前三位的城市分别为潮州、梅州、揭阳，其断裂点到宁德距离分别为241千米、226千米、216千米；受汕头经济影响范围排名前三位的城市分别为丽水、衢州、宁德，其断裂点到汕头距离分别为393千米、387千米、297千米；受梅州经济影响范围排名前三位的城市分别为丽水、衢州、宁德，其断裂点到梅州距离分别为265千米、251千米、207千米；受潮州经济影响范围排名前三位的城市分别为丽水、衢州、宁德，其断裂点到潮州距离分别为264千米、256千米、203千米；受揭阳经济影响范围排名前三位的城市分别为丽水、衢州、宁德，其断裂点到揭阳距离分别为329千米、319千米、255千米。总体来看，海峡西岸城市群中的中心城市发展较好，能够很好地辐射和带动其他城市的发展。

表 9-25　　　　　　　　　海峡西岸城市群 16 个城市间断裂点范围　　　　　　单位：千米

城市	温州	衢州	丽水	福州	厦门	莆田	三明	泉州	漳州	南平	龙岩	宁德	汕头	梅州	潮州	揭阳
温州		69	29	138	240	120	119	198	196	80	166	55	274	169	163	216
衢州	138		56	224	338	206	159	297	287	113	235	117	387	251	256	319
丽水	62	59		193	328	189	169	279	286	117	245	94	393	265	264	329
福州	117	96	78		101	25	50	67	86	31	77	18	153	92	87	120
厦门	231	164	150	115		50	66	36	17	64	42	80	78	53	43	65
莆田	212	183	159	53	91		78	44	91	64	96	62	184	127	118	157
三明	242	162	163	119	139	89		124	111	30	73	89	201	116	127	163
泉州	204	155	137	81	39	26	63		45	57	58	65	113	75	66	93
漳州	297	219	206	154	27	79	83	66		88	40	117	85	57	49	72
南平	212	150	148	98	177	96	39	146	154		120	70	260	167	176	220
龙岩	322	229	226	176	85	106	70	109	50	87		135	115	55	66	90
宁德	133	143	108	51	203	85	106	152	187	64	169		297	207	203	255
汕头	382	272	261	251	113	146	138	152	78	137	83	171		41	12	16
梅州	448	335	334	286	147	191	152	192	100	167	75	226	77		41	48
潮州	469	371	362	294	130	193	180	182	92	191	98	241	24	42		17
揭阳	443	330	322	289	138	165	184	97	170	95	216	23	44	12	17	

由表 9-26 可知，在长江中游城市群中，受南昌经济影响范围排名前三位的城市分别为宜昌、襄阳、荆门，其断裂点到南昌距离分别为 296 千米、295 千米、294 千米；受景德镇经济影响范围排名前三位的城市分别为娄底、荆门、宜昌，其断裂点到景德镇距离分别为 275 千米、261 千米、252 千米；受萍乡经济影响范围排名前三位的城市分别为襄阳、武汉、宜昌，其断裂点到萍乡距离分别为 304 千米、250 千米、239 千米；受九江经济影响范围排名前三位的城市分别为娄底、宜昌、荆门，其断裂点到九江距离分别为 263 千米、234 千米、228 千米；受新余经济影响范围排名前三位的城市分别为荆门、襄阳、宜昌，其断裂点到新余距离分别为 225 千米、218 千米、205 千米；受鹰潭经济影响范围排名前三位的城市分别为荆门、宜昌、娄底，其断裂点到鹰潭距离分别为 282 千米、265 千米、257 千米；受吉安经济影响范围排名前三位的城市分别为荆门、襄阳、宜昌，其断裂点到吉安距离分别为 266 千米、255 千米、238 千米；受宜春经济影响范围排名前三位的城市分别为荆门、襄阳、宜昌，其断裂点到宜春距离分别为 213 千米、211 千米、191 千米；受武汉经济影响范围排名前三位的城市分别为衡阳、上饶、娄底，其断裂点到武汉距离分别为 309 千米、305 千米、299 千米；受襄阳经济影响范围排名前三位的城市分别为鹰潭、抚州、上饶，其断裂点到襄阳距离分别为 378 千米、376 千米、372 千米；受长沙经济影响范围排名前三位的城市分别为上饶、景德镇、鹰潭，其断裂点到长沙距离分别为 332 千米、309 千米、293 千米；受株洲经济影响范围排名前三位的城市分别为上饶、景德镇、襄阳，其断裂点到株洲距离分别为 254 千米、249 千米、232 千米；受衡阳经济影响范围排名前三位的城市分别为景德镇、鄂州、上饶，其断裂点到衡阳的距离分别为 301 千米、293 千米、292 千米。总体来看，长江中游城市群的经济发展较为好，其核心城市对周围其他城市辐射和带动作用较好，但核心城市的经济发展仍需加强，以便能够更好地带领其他城市的发展，促使城市群经济综合实力的提高。

表 9-26   长江中游城市群 28 个城市断裂点范围   单位：千米

城市	南昌	景德镇	萍乡	九江	新余	鹰潭	吉安	宜春	抚州	上饶	武汉	黄石	宜昌	襄阳	鄂州	荆门	孝感	荆州	黄冈	咸宁	长沙	株洲	湘潭	衡阳	岳阳	常德	益阳	娄底
南昌		78	46	45	42	67	59	28	81	159	68	200	220	57	145	100	143	76	54	163	118	120	154	112	161	111	126	
景德镇	96		189	70	137	56	165	161	77	67	237	123	337	340	107	256	176	259	132	122	309	249	253	301	226	301	232	259
萍乡	150	183		176	53	159	63	28	116	227	250	161	239	304	134	200	175	176	166	106	80	43	52	86	117	147	88	87
九江	68	53	136		101	81	134	114	77	114	34	50	233	236	47	166	100	168	60	59	224	179	181	231	141	208	156	184
新余	88	136	53	134		107	40	27	67	140	272	320	121	219	173	201	149	100	144	103	111	146	141	194	130	139		
鹰潭	85	56	159	110	110		125	137	36	50	283	156	358	378	135	280	207	277	166	139	293	229	234	272	233	302	228	245
吉安	126	156	63	170	38	117		47	76	178	293	177	300	356	149	246	205	229	184	129	168	114	121	135	174	213	146	142
宜春	115	157	28	150	26	132	49		91	198	234	144	250	305	122	204	168	183	151	97	107	71	80	117	122	167	106	112
抚州	62	86	116	115	75	40	91	104		97	273	154	345	376	136	275	206	265	166	131	250	194	201	237	211	278	206	220
上饶	128	53	227	123	137	40	151	162	69		305	164	359	372	136	276	205	281	171	146	332	254	256	292	251	314	238	254
武汉	102	77	250	58	78	90	100	77	79	123		22	87	84	11	50	12	53	14	16	134	103	100	136	54	90	69	91
黄石	119	109	161	59	125	137	166	131	122	182	61		198	194	10	133	61	134	15	32	208	179	180	240	112	186	145	183
宜昌	296	252	239	234	205	265	238	191	231	336	202	167		89	122	40	105	46	152	111	209	188	177	223	116	92	105	139
襄阳	295	230	304	214	218	253	255	211	227	314	175	148	80		105	44	80	81	130	107	272	232	223	274	148	155	148	186
鄂州	156	147	134	86	167	183	216	171	167	234	16	16	224	212		152	61	154	3	41	239	219	221	293	133	220	180	230
荆门	294	261	200	228	225	282	266	213	250	351	157	153	55	66	113		80	42	136	105	231	217	208	268	119	128	133	180
孝感	212	188	175	143	186	218	232	183	196	274	40	73	149	227	48	84		95	56	56	231	212	209	277	112	174	152	201
荆州	253	232	176	202	182	245	218	168	212	314	135	54	127	101	36	80	123		84	169	163	155	211	75	82	88	133	
黄冈	143	126	166	77	144	157	186	148	142	203	43	16	193	183	2	127	50	131		36	220	193	193	257	117	191	152	195
咸宁	143	162	106	104	134	182	181	131	155	242	67	47	196	211	40	137	70	124	50		174	165	167	238	82	171	133	181
长沙	127	121	80	117	57	113	69	43	87	162	162	92	109	157	68	89	85	74	90	51		17	15	53	44	51	20	29
株洲	165	177	43	170	74	161	85	52	133	226	143	178	244	151	141	129	144	88	31		10		58	84	94	47	45	
湘潭	181	192	52	184	85	175	97	62	136	243	235	154	180	250	122	155	149	131	154	96	29	10		56	87	90	44	38
衡阳	225	222	86	228	108	197	55	88	156	268	309	199	219	298	157	193	191	173	198	132	99	60	54		140	124	78	44
岳阳	165	167	117	140	105	171	136	92	140	232	14	94	115	162	72	86	78	82	91	46	84	88	85	141		71	48	87
常德	248	233	147	217	152	231	175	132	193	304	216	151	96	178	124	98	127	71	155	100	101	103	92	131	74		34	63
益阳	234	246	88	222	139	238	115	195	315	225	173	149	229	138	150	104	169	106	53	70	61	113	68	46			51	
娄底	266	275	87	263	149	257	160	122	209	338	199	188	201	158	217	146	78	67	54	64	126	87	51					

由表 9-27 可知，在中原城市群中，受邯郸经济影响范围排名前三位的城市分别为信阳、蚌埠、驻马店，其断裂点到邯郸的距离分别为 304 千米、269 千米、253 千米；受邢台经济影响范围排名前三位的城市分别为信阳、蚌埠、驻马店，其断裂点到邢台的距离分别为 293 千米、252 千米、249 千米；受蚌埠经济影响范围排名前三位的城市分别为运城、三门峡、长治，其断裂点到蚌埠的距离分别为 387 千米、357 千米、305 千米；受阜阳经济影响范围排名前三位的城市分别为运城、三门峡、邢台，其断裂点到的距离分别为 311 千米、283 千米、257 千米；受郑州经济影响范围排名前三位的城市分别为蚌埠、宿州、淮北，其断裂点到郑州的距离分别为 271 千米、233 千米、220 千米；受开封经济影响范围排名前三位的城市分别为运城、蚌埠、三门峡，其断裂点到开封的距离分别为 166 千米、154 千米、149 千米；受洛阳经济影响范围排名前三位的城市分别为蚌埠、宿州、淮北，其断裂点到洛阳的距离分别为 271 千米、250 千米、246 千米。总体来看，中原城市

群中核心城市对其他城市的经济影响力较大,但没有充分发挥核心城市的作用,这是因为核心城市自身的发展受限,需要提高核心城市的综合经济实力,同时也要加大对中小城市的培育力度。

表9-27　　　　　　　　　　中原城市群29个城市断裂点范围　　　　　　　　　单位:千米

城市	邯郸	邢台	长治	晋城	运城	蚌埠	淮北	阜阳	宿州	亳州	聊城	菏泽	郑州	开封	洛阳	平顶山	安阳	鹤壁	新乡	焦作	濮阳	许昌	漯河	三门峡	南阳	商丘	信阳	周口	驻马店
邯郸		21	50	73	125	220	143	197	169	117	57	76	139	79	144	136	24	32	66	75	45	121	118	131	198	98	197	127	155
邢台	29		71	104	162	281	190	257	221	162	75	112	188	117	189	185	52	59	102	109	76	168	164	171	257	139	259	175	208
长治	81	85		41	108	305	215	256	245	169	140	130	123	96	115	142	60	52	67	56	97	134	140	113	206	148	237	160	184
晋城	120	125	41		82	291	207	232	235	155	132	81	79	64	103	82	60	55	109	101	112	82	160	139	202	134	151		
运城	238	227	126	95		387	302	311	332	235	279	240	185	166	93	138	186	150	156	114	219	163	162	17	162	229	238	200	194
蚌埠	269	252	229	217	248		56	74	41	73	195	152	271	154	271	182	203	160	197	202	181	162	126	250	227	98	143	114	134
淮北	221	215	203	195	245	71		84	21	44	153	103	220	123	246	171	166	132	163	176	137	142	117	245	229	57	163	98	136
阜阳	234	223	187	168	194	72	64		62	42	184	125	193	109	198	117	169	128	150	152	101	71	192	152	72	81	57	71	
宿州	234	224	208	198	241	46	19	73		49	165	117	233	130	250	170	176	138	171	181	149	144	116	242	223	69	151	99	131
亳州	213	216	188	172	224	108	51	64	65		166	92	168	95	133	155	119	135	150	128	101	81	221	169	35	135	87	100	
聊城	78	75	118	137	200	218	135	211	162	124		73	198	150	274	188	71	60	75	85	31	147	240	262	101	240	154	194	
菏泽	100	108	105	106	166	163	88	138	112	66	71		120	52	159	124	64	47	69	91	34	95	93	167	190	40	170	87	126
郑州	83	82	45	29	58	132	85	97	100	55	87	54		17	40	33	48	29	17	52	24	33	56	72	49	82	42	54	
开封	124	136	93	76	138	199	126	145	149	80	128	62	45		104	80	75	46	54	68	54	45	135	146	63	151	67	100	
洛阳	145	139	71	39	49	223	161	168	182	113	161	121	68	66		47	97	69	65	39	113	70	64	42	81	110	124	88	89
平顶山	202	201	129	93	107	220	164	146	182	108	204	139	83	75	69		141	102	95	79	145	35	35	189	58	112	98	65	56
安阳	35	56	54	73	144	245	159	210	187	126	77	71	118	70	143	140		17	52	69	36	120	124	148	211	101	217	132	166
鹤壁	66	89	64	74	150	265	173	219	203	135	103	72	98	59	140	140	22		47	62	40	115	126	162	216	229	133	172	
新乡	90	102	56	45	111	219	143	171	167	101	113	71	46	31	87	87	47	24		28	57	69	80	150	83	165	90	117	
焦作	117	125	54	24	94	257	178	199	204	128	150	107	45	53	60	83	73	48	32		92	75	89	91	144	113	177	107	127
濮阳	62	77	82	92	158	203	122	176	148	97	35	119	59	155	135	33	27	58	81		109	110	161	204	71	196	111	148	
许昌	173	175	117	88	122	189	131	121	149	79	170	85	45	34	116	81	73	69	113		23	116	91	79	102	41	55		
漯河	223	227	163	128	160	195	143	113	158	82	133	103	75	54	159	117	126	107	151	30		152	93	87	89	31	36		
三门峡	229	219	122	87	16	357	278	283	305	182	264	222	165	140	71	116	175	258	120	204	142		137	208	211	178	170		
南阳	243	230	154	119	104	184	156	197	128	45	176	148	113	99	64	130	136	125	187	60	96		140	77	90	60			
商丘	165	171	153	143	203	135	62	102	84	33	124	51	140	67	184	128	116	87	103	122	87	93	84	201	192		155	66	113
信阳	304	293	224	190	193	180	163	105	168	114	272	199	212	147	191	102	226	174	188	175	219	110	73	186	97	142		85	46
周口	207	209	160	133	171	152	104	78	117	55	184	107	115	69	173	72	145	107	112	131	46	27	185	120	64	90			46
驻马店	253	249	184	150	166	179	144	97	154	90	183	147	104	80	137	76	147	104	165	183	138	141	133	176	63	31	159	80	110	49	46

由表9-28可知,在成渝城市群中,受重庆经济影响范围排名前三位的城市分别为雅安、眉山、德阳,其断裂点到重庆的距离分别为305千米、219千米、214千米;受成都经济影响范围排名前三位的城市分别为达州、广安、泸州,其断裂点到成都的距离分别为262千米、191千米、173千米;受自贡经济影响范围排名前三位的城市分别为达州、雅安、广安,其断裂点到自贡的距离分别为183千米、124千米、116千米;受泸州经济影响范围排名前三位的城市分别为达州、雅安、绵阳,其断裂点到泸州的距离分别为193千米、187千米、150千米;受德阳经济影响范围排名前三位的城市分别为达州、宜宾、泸

州，其断裂点到德阳的距离分别为162千米、125千米、124千米；受绵阳经济影响范围排名前三位的城市分别为雅安、达州、宜宾，其断裂点到绵阳的距离分别为164千米、154千米、154千米；受遂宁经济影响范围排名前三位的城市分别为雅安、达州、宜宾，其断裂点到遂宁的距离分别为156千米、98千米、90千米；受内江经济影响范围排名前三位的城市分别为达州、雅安、广安，其断裂点到内江的距离分别为124千米、110千米、73千米；受乐山经济影响范围排名前三位的城市分别为达州、广安、遂宁，其断裂点到乐山的距离分别为220千米、156千米、113千米；受南充经济影响范围排名前三位的城市分别为雅安、乐山、宜宾，其断裂点到南充的距离分别为250千米、177千米、174千米；受眉山经济影响范围排名前三位的城市分别为达州、广安、遂宁，其断裂点到眉山的距离分别为190千米、134千米、91千米；受宜宾经济影响范围排名前三位的城市分别为达州、广安、绵阳，其断裂点到宜宾的距离分别为222千米、150千米、147千米；受广安经济影响范围排名前三位的城市分别为雅安、眉山、乐山，其断裂点到广安的距离分别为226千米、140千米、138千米；受达州经济影响范围排名前三位的城市分别为雅安、眉山、乐山，其断裂点到达州的距离分别为283千米、185千米、182千米；受雅安经济影响范围排名前三位的城市分别为达州、广安、遂宁，其断裂点到雅安的距离分别为170千米、127千米、98千米；受资阳经济影响范围排名前三位的城市分别为达州、雅安、广安，其断裂点到资阳的距离分别为132千米、91千米、82千米。总体来看，成渝城市群中重庆和成都对其他城市的经济影响范围较大，但其自身的经济实力和辐射范围有限，从而引起主导城市的发展动力不足。

表9-28   成渝城市群16个城市间断裂点范围   单位：千米

城市	重庆	成都	自贡	泸州	德阳	绵阳	遂宁	内江	乐山	南充	眉山	宜宾	广安	达州	雅安	资阳
重庆		121	37	32	57	65	25	20	57	52	50	47	19	37	41	29
成都	148		40	66	15	30	30	25	31	79	16	58	55	71	18	15
自贡	137	122		45	100	126	66	14	50	138	55	35	102	151	61	34
泸州	102	173	38		124	147	74	29	82	143	85	39	91	136	79	57
德阳	214	45	101	147		27		69	92	114	60	139	107	135	61	46
绵阳	209	79	110	150	23		54	72	107	97	76	147	92	110	70	54
遂宁	117	115	84	110	74	79		49	113	41	91	125	54	102	98	45
内江	125	129	23	58	116	141	67		78	130	76	65	109	174	93	38
乐山	212	95	51	97	91	124	90	46		177	25	64	138	182	29	41
南充	91	114	65	79	53	53	15	36	83		66	90	18	40	58	36
眉山	219	57	65	118	71	104	53	29	165			91	140	185	30	34
宜宾	160	160	32	41	125	154	90	35	58	174	70		121	167	64	56
广安	81	191	116	121	120	120	48	73	156	44	134	150		57	127	82
达州	168	262	183	193	162	154	98	124	220	104	190	222	61		170	132
雅安	305	110	124	187	123	164	156	110	58	250	51	143	226	283		91
资阳	165	68	53	102	70	96	54	34	63	119	45	94	112	167	69	

由表9-29可知，在关中平原城市群中，受运城经济影响范围排名前三位的城市分别为天水、平凉、庆阳，其断裂点到运城距离分别为272千米、238千米、164千米；受临

汾经济影响范围排名前三位的城市分别为天水、平凉、宝鸡，其断裂点到临汾的距离分别为 318 千米、272 千米、193 千米；受西安经济影响范围排名前三位的城市分别为临汾、天水、平凉，其断裂点到西安的距离分别为 230 千米、236 千米、206 千米；受铜川经济影响范围排名前三位的城市分别为天水、平凉、临汾，其断裂点到铜川距离分别为 150 千米、120 千米、116 千米；受宝鸡经济影响范围排名前三位的城市分别为临汾、运城、商洛，其断裂点到宝鸡的距离分别为 249 千米、208 千米、192 千米；受咸阳经济影响范围排名前三位的城市分别为临汾、天水、平凉，其断裂点到咸阳的距离分别为 181 千米、175 千米、155 千米；受渭南经济影响范围排名前三位的城市分别为天水、平凉、临汾，其断裂点到渭南的距离分别为 200 千米、174 千米、127 千米；受商洛经济影响范围排名前三位城市分别为天水、平凉、庆阳，其断裂点到商洛的距离分别为 156 千米、153 千米、106 千米；受天水经济影响范围排名前三位城市分别为商洛、临汾、运城，其断裂点到天水的距离分别为 239 千米、234 千米、212 千米；受平凉经济影响范围排名前三位城市分别为商洛、临汾、运城，其断裂点到平凉的距离分别为 199 千米、170 千米、158 千米；受庆阳经济影响范围排名前三位城市分别为商洛、临汾、运城，其断裂点到庆阳距离分别为 190 千米、163 千米、150 千米。总体来看，在关中平原城市群中，西安作为核心城市，因其自身发展动力不足，对其周围城市的辐射和带动作用较小。

表 9-29　关中平原城市群 11 个城市间断裂点范围　　　单位：千米

城市	运城	临汾	西安	铜川	宝鸡	咸阳	渭南	商洛	天水	平凉	庆阳
运城		66	155	84	208	128	76	54	212	158	150
临汾	62		230	116	249	181	127	93	234	170	163
西安	51	80		15	51	7	15	15	60	45	46
铜川	104	153	56		110	42	39	57	146	98	80
宝鸡	152	193	114	65		72	95	71	48	45	63
咸阳	94	141	15	25	72		33	34	100	75	74
渭南	71	127	43	30	123	43		26	147	109	101
商洛	106	193	88	90	192	91	54		239	199	190
天水	272	318	236	150	84	175	200	156		64	117
平凉	238	272	206	120	93	155	174	153	75		52
庆阳	164	190	155	70	95	110	117	106	99	37	

由表 9-30 可知，在北部湾城市群中，受湛江经济影响范围排名前三位的城市分别为崇左、防城港、钦州，其断裂点到湛江的距离分别为 237 千米、133 千米、128 千米；受茂名经济影响范围排名前三位的城市分别为北海、钦州、海口，其断裂点到茂名的距离分别为 145 千米、134 千米、133 千米；受阳江经济影响范围排名前三位的城市分别为崇左、防城港、钦州，其断裂点到阳江的距离分别为 294 千米、196 千米、192 千米；受南宁经济影响范围排名前三位的城市分别为阳江、海口、湛江，其断裂点到南宁的距离分别为 267 千米、192 千米、158 千米；受北海经济影响范围排名前三位的城市分别为阳江、崇左、茂名，其断裂点到北海的距离分别为 161 千米、135 千米、122 千米；受防城港经济影响范围排名前三位的城市分别为阳江、玉林、海口，其断裂点到防城港的距离分别为 180 千米、90 千米、85 千米；受钦州经济影响范围排名前三位的城市分别为阳江、崇左、

海口，其断裂点到钦州的距离分别为 155 千米、78 千米、78 千米；受玉林经济影响范围排名前三位的城市分别为崇左、防城港、阳江，其断裂点到玉林的距离分别为 193 千米、124 千米、114 千米；受崇左经济影响范围排名前三位的城市分别为阳江、湛江、玉林，其断裂点到崇左的距离分别为 185 千米、96 千米、96 千米；受海口经济影响范围排名前三位的城市分别为崇左、钦州、茂名，其断裂点到的距离分别为 310 千米、200 千米、200 千米。总体来看，北部湾城市群中因核心城市自身经济实力和辐射范围有限，从而引起城市群呈现发展动力不足的现象。

表 9-30　　　　　　　　　　北部湾城市群 10 个城市间断裂点范围　　　　　　　　单位：千米

城市	湛江	茂名	阳江	南宁	北海	防城港	钦州	玉林	崇左	海口
湛江		35	71	158	56	79	67	69	96	79
茂名	39		31	112	122	52	78	93	48	200
阳江	110	43		267	161	180	155	114	185	181
南宁	109	69	120		58	36	27	67	25	179
北海	74	145	138	110		37	30	87	73	131
防城港	133	78	196	88	47		18	124	52	192
钦州	128	134	192	74	43	21		108	60	200
玉林	84	102	91	119	81	90	69		96	180
崇左	237	105	294	88	135	76	78	193		310
海口	59	133	87	192	73	85	78	110	94	

由表 9-31 可知，在呼包鄂榆城市群中，受呼和浩特经济影响范围最大的城市为榆林，其断裂点到呼和浩特的距离为 183 千米；受包头经济影响范围最大的城市为榆林，其断裂点到包头的距离为 149 千米；受鄂尔多斯经济影响范围最大的城市为呼和浩特，其断裂点到鄂尔多斯的距离为 98 千米；受榆林经济影响范围最大的城市为呼和浩特，其断裂点到榆林的距离为 149 千米。总体来看，呼包鄂榆城市群中呼和浩特作为核心城市，其对其他城市的辐射带动范围较小，资本吸引力不强，可以通过增强核心城市带动辐射作用和加强培育中间序列以上城市等方法来增强城市群的活力。

表 9-31　　　　　　　　呼包鄂榆城市群 4 个城市间断裂点范围　　　　　　　　单位：千米

城市	呼和浩特	包头	鄂尔多斯	榆林
呼和浩特		83	98	149
包头	78		51	115
鄂尔多斯	114	63		72
榆林	183	149	77	

由表 9-32 可知，在兰西城市群中，受兰州经济影响范围最大的城市为西宁，其断裂点到兰西的距离为 108 千米；受白银经济影响范围最大的城市为西宁，其断裂点到白银的距离为 69 千米；受定西经济影响范围最大的城市为西宁，其断裂点到定西的距离为 72 千米；受西宁经济影响范围最大的城市为定西，其断裂点到西宁的距离为 209 千米。总体来看，兰西城市群中核心城市对其他城市的辐射带动范围较小。

表 9-32　　　　　　　　　兰西城市群 4 个城市间断裂点范围　　　　　　　单位：千米

城市	兰州	白银	定西	西宁
兰州		17	19	85
白银	46		49	146
定西	71	66		209
西宁	108	69	72	

由表 9-33 可知，在滇中城市群中，受昆明经济影响范围最大的城市为曲靖，其断裂点到昆明的距离为 92 千米；受曲靖经济影响范围最大的城市为玉溪，其断裂点到曲靖的距离为 84 千米；受玉溪经济影响范围最大的城市为曲靖，其断裂点到玉溪的距离为 96 千米。总体来看，滇中城市群核心城市发展动力不足，不能够很好地发挥核心城市在城市群中的主导地位。

表 9-33　　　　　　　　　滇中城市群 3 个城市间断裂点范围　　　　　　　单位：千米

城市	昆明	曲靖	玉溪
昆明		28	21
曲靖	92		96
玉溪	59	84	

由表 9-34 可知，在宁夏沿黄城市群中，受银川经济影响范围最大的城市为中卫，其断裂点到银川的距离为 118 千米；受石嘴山经济影响范围最大的城市为中卫，其断裂点到石嘴山的距离为 137 千米；受吴忠经济影响范围最大的城市为中卫，其断裂点到吴忠的距离为 66 千米；受中卫经济影响范围最大的城市为石嘴山，其断裂点到中卫的距离为 60 千米。总体来说，在宁夏沿黄城市群中，核心城市经济发展水平较差，不能够对其他城市起到很好的带动作用。

表 9-34　　　　　　　　宁夏沿黄城市群 4 个城市间断裂点范围　　　　　　单位：千米

城市	银川	石嘴山	吴忠	中卫
银川		20	15	25
石嘴山	41		51	60
吴忠	40	66		38
中卫	118	137	66	

由表 9-35 可知，在哈长城市群中，受长春经济影响范围排名前三位的城市分别为齐齐哈尔、绥化、牡丹江，其断裂点到长春的距离分别为 281 千米、258 千米、234 千米；受吉林经济影响范围排名前三位的城市分别为齐齐哈尔、绥化、大庆，其断裂点到吉林的距离分别为 237 千米、198 千米、144 千米；受四平经济影响范围排名前三位的城市分别为绥化、齐齐哈尔、牡丹江，其断裂点到四平的距离分别为 253 千米、225 千米、198 千米；受辽源经济影响范围排名前三位的城市分别为绥化、齐齐哈尔、牡丹江，其断裂点到辽源的距离分别为 221 千米、204 千米、147 千米；受松原经济影响范围排名前三位的城市分别为牡丹江、辽源、绥化，其断裂点到松原的距离分别为 166 千米、145 千米、136 千米；受哈尔滨经济影响范围排名前三位的城市分别为辽源、四平、牡丹江，其断裂点到

哈尔滨的距离分别为266千米、243千米、183千米；受齐齐哈尔经济影响范围排名前三位的城市分别为辽源、牡丹江、四平，其断裂点到齐齐哈尔的距离分别为300千米、243千米、239千米；受大庆经济影响范围排名前三位的城市分别为辽源、四平、牡丹江，其断裂点到大庆的距离分别为283千米、235千米、233千米；受牡丹江经济影响范围排名前三位的城市分别为齐齐哈尔、辽源、四平，其断裂点到牡丹江的距离分别为291千米、259千米、252千米；受绥化经济影响范围排名前三位的城市分别为辽源、四平、吉林，其断裂点到绥化的距离分别为222千米、184千米、116千米。总体来看，在哈长城市群中因核心城市自身经济实力和辐射范围有限，从而引起城市群呈现发展动力不足的现象。

表9-35 哈长城市群10个城市间断裂点范围 单位：千米

城市	长春	吉林	四平	辽源	松原	哈尔滨	齐齐哈尔	大庆	牡丹江	绥化
长春		32	32	25	39	114	116	114	116	73
吉林	67		86	57	88	146	202	184	130	116
四平	81	107		30	110	243	239	235	252	184
辽源	89	99	41		145	266	300	283	259	222
松原	103	112	112	107		110	132	100	216	101
哈尔滨	118	73	97	77	43		78	56	93	22
齐齐哈尔	281	237	225	204	122	183		70	291	99
大庆	185	144	148	129	62	88	47		187	47
牡丹江	234	127	198	147	166	183	243	233		111
绥化	258	198	253	221	136	76	144	102	195	

由表9-36可知，在辽中南城市群中，受沈阳经济影响范围排名前三位的城市分别为葫芦岛、大连、丹东，其断裂点到沈阳的距离分别为190千米、181千米、154千米；受大连经济影响范围排名前三位的城市分别为铁岭、阜新、抚顺，其断裂点到大连的距离分别为340千米、281千米、276千米；受鞍山经济影响范围排名前三位的城市分别为葫芦岛、阜新、铁岭，其断裂点到鞍山的距离分别为112千米、102千米、101千米；受抚顺经济影响范围排名前三位的城市分别为葫芦岛、锦州、阜新，其断裂点到抚顺的距离分别为162千米、125千米、122千米；受本溪经济影响范围排名前三位的城市分别为葫芦岛、阜新、锦州，其断裂点到本溪的距离分别为130千米、114千米、100千米；受丹东经济影响范围排名前三位的城市分别为阜新、葫芦岛、铁岭，其断裂点到丹东的距离分别为181千米、154千米、142千米；受锦州经济影响范围排名前三位的城市分别为铁岭、丹东、抚顺，其断裂点到锦州的距离分别为167千米、165千米、128千米；受营口经济影响范围排名前三位的城市分别为铁岭、丹东、抚顺，其断裂点到营口的距离分别为147千米、111千米、105千米；受阜新经济影响范围排名前三位的城市分别为丹东、铁岭、本溪，其断裂点到阜新的距离分别为129千米、90千米、78千米；受辽阳经济影响范围排名前三位的城市分别为葫芦岛、阜新、丹东，其断裂点到辽阳的距离分别为106千米、90千米、84千米；受盘锦经济影响范围排名前三位的城市分别为丹东、铁岭、抚顺，其断裂点到盘锦的距离分别为128千米、127千米、94千米；受铁岭经济影响范围排名前三位的城市分别为葫芦岛、丹东、锦州，其断裂点到铁岭的距离分别为127千米、102千米、93千米；受葫芦岛经济影响范围排名前三位的城市分别为铁岭、丹东、抚顺，其断裂点到葫

芦岛的距离分别为 178 千米、154 千米、131 千米。总体来看，辽中南城市群中核心城市对其他城市的经济影响力较好，但没有充分发挥核心城市的作用，这是因为核心城市自身的发展受限，需要提高核心城市的综合经济实力，同时也要加大对中小城市的培育力度。

表 9-36　　　　　　　　辽中南城市群 13 个城市间断裂点范围　　　　　　　单位：千米

城市	沈阳	大连	鞍山	抚顺	本溪	丹东	锦州	营口	阜新	辽阳	盘锦	铁岭	葫芦岛
沈阳		174	28	13	15	48	59	48	27	16	40	11	59
大连	181		88	110	80	66	72	62	64	75	75	78	51
鞍山	59	181		54	28	64	71	38	48	10	36	48	74
抚顺	34	276	66		31	88	128	105	70	44	94	17	131
本溪	47	242	41	36		69	123	84	78	26	81	45	125
丹东	154	206	96	109	71		165	111	129	84	128	102	154
锦州	148	175	84	125	100	130		54	40	78	40	93	22
营口	113	140	41	94	63	81	50		54	45	26	76	50
阜新	121	281	102	122	114	181	72	104		90	69	90	94
辽阳	47	218	14	51	25	79	93	58	60		52	50	99
盘锦	96	173	40	86	63	96	38	26	37	42		68	48
铁岭	51	340	101	29	65	142	167	147	90	75	127		178
葫芦岛	190	160	112	162	130	154	28	68	67	106	65	127	

第三节　研究发现与讨论

一、研究发现

通过东部、中部、西部和东北地区城市群中心性指数的分析，可以看出城市群内各城市的中心性指数的差异显著，其中行政等级越高的城市，其城市的中心性指数也就越高，这主要是因为城市的行政级别越高，就越容易获得各类资源要素，在各方面更加容易形成集聚的优势。晋中和天山北坡城市群内部城市数量较少，无法算出各个城市的中心性指数。

通过研究东部、中部、西部、东北地区城市群空间网络结构，分析城市群内各城市间的经济联系强度和经济联系隶属度可知，各城市群中大中城市间的经济联系较强，其自身内部的各类资源较为丰富，能够良好地吸收外溢成果并加强对外辐射带动作用，但也要加强中小城市与主要经济主体之间的经济联系，如东北地区哈长城市群的核心城市的辐射和带动作用还有待加强，同时要加强培育长春、吉林、大庆等次级中心城市的经济发展；西部地区的呼包鄂榆、兰西、滇中和宁夏沿黄城市群内城市数量较少，规模较为分散，需要通过对中小城镇进行政策引导和培育，来扩大其经济影响的范围，构建区域的经济一体化。

通过对东部、中部、西部和东北地区城市群断裂点数值的分析，东部地区中长江三角洲、京津冀、山东半岛、海峡西岸城市群的核心城市的经济发展对周围城市的辐射和带动能力较好，其中京津冀是北京—天津双核驱动发展的城市群，其对其他城市的影响范围更广。中部、西部和东北地区中长江中游、中原、成渝、关中平原、北部湾、哈长、辽中南城市群内部核心城市的在经济和社会发展中占有举足轻重的位置，对周边的城市具有辐射扩散的作用，其中成渝是双核驱动发展的城市群，但其他城市群还需要提高核心城市的综合实力，以便扩大对周边城市的影响范围；呼包鄂榆、兰西、黔中、滇中、宁夏沿黄城市群内部城市数量较少，城市规模较小、地理位置等以及核心城市自身经济和辐射范围有限，从而引起了城市群发展不足的问题。

二、讨论

东部、中部、西部和东北地区城市群内部行政等级较高的城市，其吸收各类资源要素的能力也较强，优越的自然条件、较高的行政等级能够促进城市规模扩大。各城市群内部发展较为不平衡，表现为大城市的承载力不足，小城市发展水平不足，要充分利用好大城市的带动作用，支撑城市群内部的副中心城市和其他支点城市的发展，同时要对城市群的功能加以划分，明晰城市发展定位。在城市群发展的过程中，要秉承联通性和平衡性并重的原则，不断推进高质量发展，东部沿海地区城市群的核心城市要利用地理位置和政策等优势，使城市的发展方向更加地多元化，使其核心城市的经济辐射范围也较广；中部、西部和东北地区城市群的经济发展主要靠基础建设的投资，其资本吸引较弱，发展方式较为单一，但城市群内部的大中城市可以看作是其经济的增长极点，小城镇就是连接各个城市的重要轴线，通过点轴网络将城市连接，以便实现城市群内部广泛的经济互联体系。点轴开发理论从客观上来看，需要强调交通网络经过地带作用重点开发扶持的对象，明确中心区位城市的核心地位和等级规模体系，使得各类要素资源沿着交通网络进行集聚，以便城市群形成较为均衡一体的发展模式。

基于经济断裂点模型的运用，东部、西部、中部和东北地区城市群内部核心城市产生的辐射场强弱和辐射效果与其交通网络结构的关系较为紧密，在区域的协调发展中交通网络的完善与否会给城市群间的合作分工带来便利，节约时间成本，进一步地带动城市群的经济发展。各城市群要加强断层区域的发展，找到断层的原因，重点扶持、提升城市群的综合竞争力，城市经济区格局的变化会影响城市相应的经济政策，从而改变城市的经济发展方向。各城市群之间经济发展的差异与其所处的地理位置有关，东部沿海城市主要以外向型经济作为主要的驱动力，并且交通便利和产业结构发展方向更加多元化，西部地区城市区群的核心城市主要借助政府的优惠政策来推动自身的发展，而为突破行政壁垒的束缚，已严重制约了城市群整体的活力，应通过提高城市群内部整体网络中心性水平，合理调节经济发展方式和产业结构，改善不合理的集聚模式，积极发挥政府的引导作用，从而促进整体城市群的协调发展。

第十章　中国城市群人口流动网络实证研究

第一节　测定方法与数据来源

一、社会网络分析法

社会网络分析法是通过分析网络中的关系来剖析网络的结构特征和属性特征。采用社会网络分析法，构建中国地级及以上城市间人口流动网络，以城市为网络节点，通过人口流向来表示节点间的相互关系。本书对各省流入地级市的人口分析，采用自然断裂点分级法将东部、中部、西部、东北地区城市群内城市节点进行分类，在通过欧氏距离的测算方法计算各城市节点间的距离，来分析空间距离对人口流动的束缚情况。

二、地理坐标法求解城市间距离

S_{ij}是第 i 个城市与第 j 个城市的距离，本书通过 GoogleEarth 软件，获得了各城市的经纬度，参考曾鹏（2011）相关研究，对各个城市之间最短距离（欧式距离）通过各个城市间的经度和维度以及地球半径来进行计算。计算公式如式（10-1）所示，结果见表 6-168 至表 6-186。

$$S = 2\arcsin\sqrt{\sin^2\left(\frac{(Lat1 - Lat2)\times \pi}{360}\right) + \cos\left(\frac{Lat1 \times \pi}{180}\right) \times \cos\left(\frac{Lat2 \times \pi}{180}\right)\sin^2\left(\frac{(Long1 - Long2)\times \pi}{360}\right)} \times 6378.137 \quad (10-1)$$

其中，Lat、Long 分别表示城市的纬度和经度，考虑到地球纬度和经度是矢量，所以研究设定东经、北纬为正值。6378.137 为地球的半径，单位是千米。

三、数据来源与研究对象

本书中所使用的人口流动数据来源于 2015 年《中国分市流动人口基本特征数据》和 GoogleEarth 软件所提供的直接数据或经过相关公式计算得到的，研究对象为东部、中部、西部和东北地区的 19 个城市群。

第二节 中国城市群内城市人口流动网络测算

一、城市群内部城市人口流动网络的空间布局

本书通过研究东部、中部、西部和东北地区各城市群内城市流入人口的情况，来分析各地级市之间人口流动情况的差异。

由表 10-1 至表 10-5 可知，从城市人口流入情况的角度分析，长江三角洲城市群中上海的流入人口排名第一，流入 31068 人，其次是常州和宁波流入 3181 人和 2020 人，分别排名第二和第三，流入人口排名后三位的分别是池州、宣城、盐城，分别为 7 人、7 人、3 人；京津冀城市群中北京的流入人口排名第一，流入 31068 人，其次是天津和石家庄流入 17476 人和 4369 人，分别排名第二和第三，流入人口排名最末位的是衡水，流入 78 人；珠江三角洲城市群中，人口流入排名靠前的城市分别为佛山、广州、深圳东莞和中山，其流入人口数分别为佛山 2796 人，其他城市均为 1942 人，排名后三位的城市分别为江门、珠海、肇庆；山东半岛城市群中人口流入排名前两位的城市分别为济南（青岛）和烟台，其流动人口数分别为 1942 人、112 人，排名最末位的城市分别为莱芜、日照、泰安、菏泽；海峡西岸城市群中福州、厦门、泉州和温州的流入人口均较多，衢州的流入人口最少。总体来看，东部地区中长江三角洲、京津冀、珠江三角洲城市群流入的人口较多，且内部城市等级较高的直辖市上海和北京对人口的吸引力优势明显，但各城市群内部各城市间流入人口数的差距较大。山东半岛和海峡西岸城市群中省会城市对人口的吸引力也较强，但城市群对人口的吸引力还有待加强。

表 10-1　　2015 年长江三角洲城市群各地级市人口流入情况　　单位：人

城市	流入人口数	排序
上海	31068	1
南京	1942	4
无锡	1942	4
常州	3181	2
苏州	1942	4
南通	343	9
盐城	3	26
扬州	63	13
镇江	63	13
泰州	199	11
杭州	1865	5
宁波	2020	3
嘉兴	1942	4
湖州	152	12
绍兴	1243	7

续表

城市	流入人口数	排序
金华	1370	6
舟山	311	10
台州	525	8
合肥	1942	4
芜湖	152	12
马鞍山	12	17
铜陵	19	16
安庆	28	15
滁州	38	14
池州	7	18
宣城	7	18

表10-2　2015年京津冀城市群各地级市人口流入情况　　单位：人

城市	流入人口数	排序
北京	31068	1
天津	17476	2
石家庄	4369	3
唐山	485	4
秦皇岛	175	6
邯郸	175	6
邢台	175	6
保定	484	5
张家口	175	6
承德	175	6
沧州	175	6
廊坊	485	4
衡水	78	7

表10-3　2015年珠江三角洲城市群各地级市人口流入情况　　单位：人

城市	流入人口数	排序
广州	1942	2
深圳	1942	2
珠海	224	5
佛山	2796	1
江门	411	4
肇庆	50	6
惠州	609	3
东莞	1942	2
中山	1942	2

表 10-4   2015 年山东半岛城市群各地级市人口流入情况   单位：人

城市	流入人口数	排序
济南	1942	1
青岛	1942	1
淄博	7	5
东营	12	4
烟台	112	2
潍坊	19	3
威海	19	3
日照	1	7
泰安	1	7
莱芜	1	7
德州	12	4
聊城	3	6
滨州	7	5
菏泽	1	7
济宁	7	5
临沂	12	4

表 10-5   2015 年海峡西岸城市群各地级市人口流入情况   单位：人

城市	流入人口数	排序
温州	1790	2
衢州	1	8
丽水	63	3
福州	1942	1
厦门	1942	1
莆田	19	4
三明	12	5
泉州	1942	1
漳州	12	5
南平	19	4
龙岩	7	6
宁德	7	6
汕头	19	4
梅州	7	6
潮州	7	6
揭阳	3	7

由表 10-6 至表 10-8 可知，从城市人口流入情况的角度分析，长江中游城市群中人口流入排名第一的城市分别为南昌、武汉、长沙，流入人口排名最末位的城市是鄂州；中原城市群中人口流入排名前两位的城市分别为郑州和新乡，其流入人口数量分别为 1942

人、224人；晋中城市群中太原的流入人口较多。总体来看，中部地区各城市群的省会城市对人口的吸引力较强，但大部分城市对人口的吸引力较差。

表 10-6　　2015 年长江中游城市群各地级市人口流入情况　　单位：人

城市	流入人口数	排序
南昌	1942	1
景德镇	63	8
萍乡	12	11
九江	131	5
新余	38	9
鹰潭	12	11
吉安	7	12
宜春	28	10
抚州	12	11
上饶	28	10
武汉	1942	1
黄石	7	12
宜昌	252	3
襄阳	224	4
鄂州	1	14
荆门	3	13
孝感	7	12
荆州	78	7
黄冈	38	9
咸宁	7	12
长沙	1942	1
株洲	485	2
湘潭	38	9
衡阳	94	6
岳阳	131	5
常德	78	7
益阳	3	13
娄底	94	6

表 10-7　　2015 年中原城市群各地级市人口流入情况　　单位：人

城市	流入人口数	排序
邯郸	175	3
邢台	175	3
长治	19	10
晋城	50	8
运城	19	10

续表

城市	流入人口数	排序
蚌埠	19	10
淮北	1	13
阜阳	63	7
宿州	1	13
亳州	3	12
聊城	3	12
菏泽	1	13
郑州	1942	1
开封	3	12
洛阳	152	4
平顶山	94	5
安阳	28	9
鹤壁	1	13
新乡	224	2
焦作	1	13
濮阳	78	6
许昌	7	11
漯河	1	13
三门峡	63	7
南阳	78	6
商丘	19	10
信阳	3	12
周口	1	13
驻马店	3	12

表10-8　　　　　2015年晋中城市群各地级市人口流入情况　　　　　单位：人

城市	流入人口数	排序
太原	1942	1
晋中	78	2

由表10-9至表10-17可知，从城市人口流入情况的角度分析，成渝城市群中人口流入排名前两位的城市分别为重庆和成都，其流入人口数分别为17476人、3806人，流入人口排名后两位的分别是雅安和广安；关中平原城市群中人口流入排名前两位的城市为西安和咸阳，其人口流入数为1942人和485人，排名后两位的城市为天水和商洛；北部湾城市群中人口流入排名首位的城市分别为南宁和海口，排名最末位的城市为茂名、钦州和崇左；呼包鄂榆、兰西、黔中、滇中、宁夏沿黄、天山北坡城市群人口流入最大的城市分别为呼和浩特、兰州、贵阳、昆明、银川、乌鲁木齐。总体来看，西部地区中成渝城市群中城市行政级别最高的重庆人口流入数最多，该城市群对人口的吸引力较好，剩余城市群的省会城市对人口的吸引力较强，但大部分城市对人口的吸引力较差。

表 10-9　　2015 年成渝城市群各地级市人口流入情况　　单位：人

城市	流入人口数	排序
重庆	17476	1
成都	3806	2
自贡	12	8
泸州	12	8
德阳	12	8
绵阳	152	4
遂宁	12	8
内江	19	7
乐山	19	7
南充	28	6
眉山	38	5
宜宾	311	3
广安	1	10
达州	19	7
雅安	3	9
资阳	12	8

表 10-10　　2015 年关中平原城市群各地级市人口流入情况　　单位：人

城市	流入人口数	排序
运城	19	7
临汾	50	5
西安	1942	1
铜川	7	8
宝鸡	19	7
咸阳	485	2
渭南	38	6
商洛	0	10
天水	3	9
平凉	199	4
庆阳	343	3

表 10-11　　2015 年北部湾城市群各地级市人口流入情况　　单位：人

城市	流入人口数	排序
湛江	12	4
茂名	3	6
阳江	7	5
南宁	1942	1
北海	28	3
防城港	63	2
钦州	3	6

续表

城市	流入人口数	排序
玉林	12	4
崇左	3	6
海口	1942	1

表 10-12　　　　2015 年呼包鄂榆城市群各地级市人口流入情况　　　　单位：人

城市	流入人口数	排序
呼和浩特	1942	1
包头	311	3
鄂尔多斯	280	4
榆林	1306	2

表 10-13　　　　2015 年兰西城市群各地级市人口流入情况　　　　单位：人

城市	流入人口数	排序
兰州	1942	1
白银	112	2
定西	28	3
西宁	1942	1

表 10-14　　　　2015 年黔中城市群各地级市人口流入情况　　　　单位：人

城市	流入人口数	排序
贵阳	1942	1
遵义	199	2
安顺	7	3

表 10-15　　　　2015 年滇中城市群各地级市人口流入情况　　　　单位：人

城市	流入人口数	排序
昆明	1942	1
曲靖	28	3
玉溪	175	2

表 10-16　　　　2015 年宁夏沿黄城市群各地级市人口流入情况　　　　单位：人

城市	流入人口数	排序
银川	1942	1
石嘴山	199	3
吴忠	94	4
中卫	252	2

表 10-17　　2015 年天山北坡城市群各地级市人口流入情况　　单位：人

城市	流入人口数	排序
乌鲁木齐	2020	1
克拉玛依	175	2

由表 10-18 和表 10-19 可知，从城市人口流入情况的角度分析，哈长城市群中人口流入排名靠前的城市为长春和哈尔滨，排名靠后的分别是牡丹江、辽源和绥化；辽中南城市群中人口流入排名靠前的城市为沈阳和大连，排名靠后的城市为本溪、抚顺和阜新。从数据分析可以看出，东北地区城市群内除了省会城市对人口的吸引力较大，其他城市对人口的吸引力较弱，即人口的流动性较差。

表 10-18　　2015 年哈长城市群各地级市人口流入情况　　单位：人

城市	流入人口数	排序
长春	1942	1
吉林	38	4
四平	3	6
辽源	1	7
松原	94	3
哈尔滨	1942	1
齐齐哈尔	7	5
大庆	525	2
牡丹江	1	7
绥化	1	7

表 10-19　　2015 年辽中南城市群各地级市人口流入情况　　单位：人

城市	流入人口数	排序
沈阳	1942	1
大连	1942	1
鞍山	28	2
抚顺	0	9
本溪	0	9
丹东	1	7
锦州	3	6
营口	19	3
阜新	0	9
辽阳	7	5
盘锦	7	5
铁岭	12	4
葫芦岛	1	8

二、城市群内部城市人口流动网络的层级划分

根据东部、中部、西部和东北地区中城市群内部所有城市的人口流入数进行排序，发现城市间人口流动网络呈现出明显的等级层次性。为了增强同级间的同质性和各层次间的差异性，本书采用自然断裂点分级法将219个城市分为5个层级（见表10-20）。

由表10-20可知，第一序列（全国性网络中心）的城市为北京和上海，均是东部地区的城市，其行政级别均为直辖市；第二序列（全国性网络副中心）城市为重庆、成都、石家庄和天津；第三序列（区域性网络中心）其中有一半的城市来自西部地区，部分边缘地区城市在网络中还处于较高的地位，如昆明、银川、兰州、长春、哈尔滨等位于区域网络中心。在西部地区人口的第一流动选择并非北上广，而是相对较近的省会等中心城市，这充分论证了农村人口先向中心城市流动，最终再向高层次城市迁移的人口迁移规律。对中部、西部及东北地区内部城市群多以单核心城市来说，这种吸引现象更加明显。邯郸、秦皇岛、庆阳等经济条件一般，但是其人口基数和交通区位致使其在网络中心也有一定的地位。人口流动传统意义上主要的影响因素是城市的综合经济实力，而即时性人口的日常流动受到了空间距离的限制和出行方式的影响，致使人口更容易向更近的交通枢纽流动。这从一定程度上说明了人口流动的城市网络体系并不是仅仅受经济和人口规模的影响，交通条件以及地理位置的影响作用同样十分巨大。

表10-20　　　　　　　　　城市人口流动网络层级划分　　　　　　　单位：人

网络层级	城市
全国性网络中心（>30000）	北京、上海
全国性网络副中心（3500~30000）	重庆、天津、石家庄、成都
区域性网络中心（1800~3500）	南京、无锡、常州、苏州、杭州、宁波、嘉兴、合肥、广州、深圳、佛山、东莞、中山、济南、青岛、福州、厦门、泉州、南昌、武汉、长沙、郑州、太原、西安、南宁、海口、呼和浩特、兰州、贵阳、昆明、银川、乌鲁木齐、长春、哈尔滨、沈阳、大连
地方性网络中心（100~1800）	南通、泰州、湖州、芜湖、绍兴、金华、舟山、台州、唐山、秦皇岛、邯郸、邢台、张家口、承德、沧州、保定、廊坊、珠海、江门、惠州、烟台、温州、九江、宜昌、襄阳、株洲、新乡、宜宾、咸阳、岳阳、洛阳、庆阳、包头、鄂尔多斯、榆林、中卫、大庆、绵阳、平凉、白银、西宁、遵义、玉溪、石嘴山、克拉玛依
地方性网络节点（0~100）	盐城、扬州、镇江、马鞍山、铜陵、安庆、滁州、池州、宣城、衡水、肇庆、淄博、东营、潍坊、威海、日照、泰安、莱芜、德州、滨州、济宁、临沂、衢州、丽水、莆田、三明、漳州、南平、龙岩、宁德、汕头、梅州、潮州、揭阳、景德镇、萍乡、新余、鹰潭、吉安、宜春、抚州、上饶、黄石、鄂州、荆门、孝感、荆州、黄冈、咸宁、湘潭、衡阳、常德、益阳、娄底、长治、晋城、运城、蚌埠、淮北、阜阳、宿州、亳州、聊城、菏泽、开封、平顶山、安阳、鹤壁、焦作、濮阳、许昌、漯河、三门峡、南阳、驻马店、晋中、自贡、泸州、德阳、遂宁、内江、乐山、南充、眉山、广安、达州、雅安、资阳、运城、临汾、铜川、宝鸡、渭南、商洛、天水、湛江、茂名、阳江、北海、防城港、钦州、玉林、崇左、定西、安顺、曲靖、吴忠、吉林、四平、辽源、松原、齐齐哈尔、牡丹江、绥化、鞍山、抚顺、本溪、丹东、锦州、营口、阜新、辽阳、盘锦、铁岭、葫芦岛

三、各城市群内人口流动网络的空间布局与中心城市的流场分布

通过对各省份流入东部、中部、西部和东北地区内部城市群核心城市的人口数进行分析，发现各城市群在人口流动分布方面具备以下特征（见表10-21）。

由表10-21可知，与长江三角洲、京津冀、珠江三角洲城市群之间是高值联系的省份较多，其中流向长江三角洲城市群人口最多的三个省份分别为河南、四川和江西，流向京津冀城市群人口最多的三个省份分别为山西、辽宁、吉林，流向珠江三角洲城市群人口最多的三个省份为广西、湖南、四川。这三个城市群辐射范围较广，长江三角洲城市群主要覆盖华东、中原和华南地区，京津冀城市群主要覆盖华北、东北、西北和华东地区，珠江三角洲城市群主要覆盖华东和华中地区。山东半岛和海峡西岸城市群的辐射范围相对较小，主要覆盖邻近的省份。中部、西部和东北地区中，长江中游和中原城市群的辐射范围较大，剩余城市群的辐射范围较小。河南、山东、四川、广东、江苏、河北、湖南、安徽、湖北前9位城市人口大省是中国人口流动的主要流出地。

本书通过GoogleEarth软件，来对各城市的经纬度进行收集，并运用欧式距离的测算方法对东部、西部、中部和东北地区中城市群内中心城市与各省会之间的距离进行测算并取其平均值，用来表示人口在城市间的流动距离。

表10-21　东部、西部、中部和东北地区城市群人口流动网络节点人口流动情况

城市群	高值联系	中值联系	低值联系
长江三角洲	河南、四川、江西、贵州、湖北、山东、湖南、云南、重庆、福建	陕西、甘肃、黑龙江、广西、河北	吉林、山西、广东、青海、新疆、北京、海南、宁夏
京津冀	山西、辽宁、吉林、内蒙古、山东、河南、黑龙江、安徽、湖北、四川	浙江、陕西、福建、江苏、甘肃、江西、湖南、重庆	广东、贵州、云南、广西、青海、新疆、西藏、宁夏、海南、上海
珠江三角洲	广西、湖南、四川、湖北、江西、河南、贵州	重庆、福建、云南、安徽、陕西	海南、浙江、甘肃、山东、河北、内蒙古、山西
山东半岛	河南、黑龙江、安徽、四川、吉林、浙江	河北、湖北、江苏、福建、陕西、江西、内蒙古	辽宁、湖南、重庆、山西、广东、青海、贵州
海峡西岸	江西、四川、贵州、湖北、安徽	河南、重庆、湖南、浙江、云南	广东、广西、陕西、黑龙江、甘肃、河北、辽宁、海南、陕西、北京、青海、新疆、内蒙古
长江中游	湖南、河南、安徽、福建、四川	浙江、贵州、重庆、江苏、广东、甘肃、山东、广西、河北	陕西、云南、黑龙江、青海、山西、新疆、辽宁、北京、吉林、宁夏
中原	浙江、山东、四川、福建	江西、重庆、江苏、河北、陕西	湖南、甘肃、青海、黑龙江、广西、辽宁、广东
晋中	河南、河北	四川、山东、安徽、浙江、陕西、福建、湖北、江苏	江西、黑龙江、重庆、内蒙古、湖南、甘肃、吉林、辽宁、贵州、云南、青海、广东、广西

续表

城市群	高值联系	中值联系	低值联系
成渝	湖北、贵州、湖南	河南、江西、浙江、云南、陕西、福建、河北、江苏	广东、安徽、甘肃、新疆、山西、山东、西藏、广西、辽宁、吉林、青海、黑龙江、内蒙古、北京、海南、宁夏
关中平原	河南、四川	甘肃、湖北、安徽、山东、浙江、重庆、湖南、河北、福建	江西、江苏、青海、新疆、贵州、宁夏、辽宁、内蒙古、黑龙江、广东、吉林、云南
北部湾	湖南	福建、四川、江西、湖北	贵州、河南、黑龙江、云南、重庆、山东、海南、吉林、安徽、河北、山西、辽宁、江苏、陕西、甘肃、内蒙古
呼包鄂榆	山西	河北、河南、甘肃	安徽、黑龙江、宁夏、辽宁、山东、四川、浙江、湖北、吉林、重庆、江苏、江西、湖南、福建、云南、青海
兰西	西藏	河南	重庆、湖北、云南、浙江、安徽、江苏、福建、山东、湖南、江西、河北、海南、陕西、山西、内蒙古、四川
黔中			贵州、湖南、四川、安徽、河南、重庆、山西、江西、湖北
滇中		四川	湖南、重庆、湖北、江西、浙江、福建、河南、安徽、江苏、广东、河北、辽宁、陕西、山西、广西、吉林、黑龙江、山东
宁夏沿黄	甘肃	河南、陕西	安徽、四川、浙江、湖北、山东、内蒙古、山西、河北、江苏、江西、福建、重庆、湖南、辽宁、黑龙江、新疆、青海
天山北坡		甘肃、河南、四川	陕西、宁夏、安徽、湖北、山东、湖南、浙江、河北、江苏、重庆、福建、山西、黑龙江、辽宁、江西、内蒙古、贵州
哈长		安徽、山东、辽宁、内蒙古	湖北、河北、江苏、四川、浙江、福建、湖南、江西、山西、重庆、甘肃、天津、广东、云南、陕西、新疆
辽中南	黑龙江、吉林	山东、内蒙古、河南	安徽、河北、浙江、四川、江苏、湖北、福建、重庆、广东、陕西、江西、山西、湖南、甘肃、青海、北京、上海、广西、贵州、新疆

由表 10-22 可知，人口的流动与两个城市间的经济、人口规模和地理位置有着密切的关系，因而，要考虑空间距离对人口流动的约束。东部地区长江三角洲和京津冀城市群人口流动的平均距离较大，说明这些城市群的影响范围较广，其中北京和上海甚至能够与

流动距离在 1000 千米左右的新疆和西藏产生联系。珠江三角洲城市群内部广州和深圳人口流动平均距离分别为 262.30 千米和 325.965 千米，山东半岛城市群中济南和青岛人口流动的平均距离分别为 260.65 千米和 382.31 千米，海峡西岸城市群中温州和厦门的人口流动的平均距离分别为 146.87 千米和 536.48 千米。中部、西部和东北地区内部各城市群中等级较高的城市其人口流动平均距离也较大，如长春、哈尔滨、重庆、西安等城市的人口流动的平均距离在 800 千米左右，即人口流动网络中城市等级与平均流动的距离存在一定的正相关。人口流动趋向于与等级较高的城市建立联系，表明了核心城市强大的吸引力和控制力。

表 10-22　　　　　　　　城市群中心城市节点网络联系的平均距离

城市群	城市	平均距离（千米）
长江三角洲	上海	919.19
	苏州	295.39
京津冀	北京	1023.21
	天津	867.00
珠江三角洲	广州	262.30
	深圳	325.96
山东半岛	济南	260.65
	青岛	382.31
海峡西岸	温州	146.87
	厦门	536.48
长江中游	武汉	407.42
	长沙	203.14
中原	郑州	235.97
	邯郸	48.03
晋中	太原	408.20
	晋中	96.78
成渝	重庆	846.46
	成都	394.79
关中平原	西安	791.65
	宝鸡	16.75
北部湾	南宁	380.83
	海口	545.04
呼包鄂榆	呼和浩特	383.89
	包头	202.91
兰西	兰州	398.52
	西宁	548.14
黔中	贵阳	687.62
	遵义	71.02
滇中	昆明	456.49
	玉溪	103.64

续表

城市群	城市	平均距离（千米）
宁夏沿黄	银川	590.87
	石嘴山	150.32
天山北坡	乌鲁木齐	774.83
	克拉玛依	283.03
哈长	长春	881.84
	哈尔滨	867.66
辽中南	沈阳	844.42
	大连	453.33

第三节　研究发现与讨论

一、研究发现

从城市人口流入情况的角度分析，东部地区各城市群中对人口吸引力最大的城市分别为上海、北京、佛山、济南、福州，中部地区各城市群中对人口吸引力最大的城市分别为南昌、郑州、太原，西部地区各城市群中对人口吸引力最大的城市分别为重庆、西安、南宁、呼和浩特、兰州、贵阳、昆明、银川、乌鲁木齐，东北地区各城市群中对人口吸引力最大的城市分别为长春和沈阳。在这些城市中，上海、北京、天津、重庆四个直辖市对人口的吸引力最大，其次是各省会城市，说明城市行政级别的提升对城市人口的流入有着显著的正向作用，行政级别高的城市都处于明显的优势地位。各城市群内流入人口数差距较大，整体来看呈现出东部地区多于中部、东北地区多于西部地区的态势。

根据各城市流入人口数来对城市进行分级，可以看出各城市间人口流动网络呈现明显的层次性。东部地区沿海的三大城市群仍是人口流动的热点区域，全国性网络中心内城市均来自东部地区。西部地区中心城市的网络地位也有所提升，其中全国性网络副中心内的城市有一半来自西部地区。这从一定程度上说明了人口流动的城市网络体系并不是仅仅受经济和人口规模的影响，交通条件以及地理位置的影响作用同样十分巨大。

各城市节点均有明确的辐射范围，东部地区城市群辐射范围最大，其次是中部、东北、西部地区。人口的流动与两个城市间的经济、人口规模和地理位置有着密切的关系，因而，要考虑空间距离对人口流动的约束。人口流动网络中城市节点网络等级与平均距离存在一定的正相关性，东部地区城市群的城市影响范围较广，其中属于全国性的网络中心城市能够与新疆和西藏这些边缘城市保持着较高的联系，中部、西部和东北地区内部各城市群中等级较高的城市其人口流动平均距离也较大。人口流动趋向于与等级较高的城市建立联系，表明了核心城市强大的吸引力和控制力。

二、讨论

东部、中部、西部和东北地区人口流动空间格局呈现明显的核心—边缘结构，城市网络具有明显的东密西疏、东部并联和中部、西部、东北串联的网络关联特征。各城市之间在人口流动网络中的地位差异较大，各城市人口流动网络体现了帕累托分布的"二八定律"，也说明人口流动空间分布的非均衡性呈现出典型的"小世界"网络特征，表明人口能够在城市间自由有序地流动。东部地区城市群人口流动网络结构在不断完善，节点数量明显增多，但也存在节点等级结构不合理、次级核心节点和地方节点对核心节点的支撑力不足的问题，经济和社会因素对人口流动网络的演化具有较为明显的正向作用。中部、东北和西部相比，城市群内部大城市的人口流动差异较小，而中小城市的差异较为明显。城市人口的流入取决于城市所能够提供的"综合机会"，流入城市的现代性和国际性特征及其生活质量成为吸引外来人口的重要条件。东部地区城市流入的主要作用力是其开始呈现高生活质量驱动、知识密集型和技术密集型的创新驱动力和高端服务业的驱动，但中部、西部和东北地区城市流动人口增长的驱动力较为复杂。

通过对东部、中部、西部和东北地区城市群空间辐射范围研究，各城市人口的流动并不是仅仅受经济和人口规模的影响，交通条件以及地理位置的影响作用同样十分巨大。中国城市人口流动分布符合城乡"三元"结构，东部聚集、中部和东北密集、西部稀疏，通过区域发展战略的实施、国内外因素引起的区域经济发展环境的变化和交通发达使距离、相邻性等这些空间恒定因素对人口迁移区域影响相对减弱，可以促使中国城市人口迁移区域模式发生局部变化。

第十一章　区域协调发展战略和城市群新型城镇格局互动模式实现路径的研究

第一节　区域协调发展战略和城市群新型城镇格局优化互动模式构建的政策含义

实施区域协调发展战略，对增强中国各区域间发展协同性、拓展区域发展新空间、推动构建现代化经济体系具有重大战略意义。城市发展的主流和大趋势是城市群，城市群是人口大国城镇化的主要空间载体，要坚定不移地以城市群为主体形态推进城镇化发展。党的十九大报告中从促进区域协调发展层面提出了加强分类指导，统筹推进西部大开发、东北振兴、中部崛起、东部优化发展四大区域的空间竞争与合作以及"以城市群为主体构建大中小城市和小城镇协调发展的城镇格局"的城市群新型城镇格局的模式、路径和重点战略部署，这是区域发展和城镇化发展都到了一定阶段的必然选择。通过构建"区域协调发展战略引领城市群新型城镇格局构建—城市群新型城镇格局构建优化区域协调发展"互动模式，进行系统政策设计，拓宽发展空间、增强发展后劲、构建协调机制，并以补短板、强弱项为抓手，在规划和建设上高效集聚地在中国城市群新型城镇格局构建中推进西部大开发、东北振兴、中部崛起、东部优化发展，从而破解中国的区域不平衡不充分发展的现实困境，带动中小城市和小城镇发展，推进区域平衡、城乡平衡。

本书在理论方面阐述了区域协调发展战略和城市群新型城镇格局优化关系的作用机理，并对其演化发展的趋势进行了一定分析。通过构建区域协调发展与城市群新型城镇格局优化关系的作用机理理论框架，对区域协调发展与城市群新型城镇格局优化之间的关系进行了动静态和时空维度的分析。实现城市群新型城镇格局优化重点均在于提升大中小城市和小城镇的协调发展规模和水平。从演化过程的角度来看，区域协调发展与城市群新型城镇格局优化在发展方向上保持一致，二者的演化过程中存在相互作用和相互促进的关系，通过极化扩散模型、中心外围模型、非均衡协调发展理论模型共同作用，促进城市群内部资源要素合理流动和高效集聚，使其资源配置与承载能力有所增强。并且，通过城市增长极理论模型、比较优势理论模型、位序理论模型、集聚扩散理论模型、空间相互作用理论模型对城市群的空间规模进行不断扩大，促进了城市群内部的结构稳定，有利于形成经济辐射扩散效应。此外，再通过"双推—拉力"模型不断调整优化城市群内部结构，促使人口与土地流动的方向一致，进而缩小各城市间的发展差距，以推动城市群内部大中小城市与小城镇形成协调发展的模式。通过对区域协调发展与城市群新型城镇格局优化发展动力机制及演化作用机理进行动态分析结果显示，城市群是新型城镇格局优化的主要空间载体，各地区协调发展是实现新型城镇格局的基础，区域协调发展与城市群新型城镇格局优化之间存在着相互促进和相互推动的作用。通过集聚扩散效应，中心城市的经济实力得到了不断地增强并形成转移，从而能提升周边地区发展规模和发展水平，推动周边地区的经济发展的同时还形成区域之间经济互联，并在城市群新型城镇格局的方面进行优化。因此，区域协调发展与城市群新型城镇格局优化的研究，不能分别讨论，需要探寻两者之间相互促进和相互作用的关系特征。因而通过将城市群作为区域协调发展引领城市群新型城镇格局优化发展研究的研究对象进行分析讨论，提升城市群内部的协调发展水平就变成了实现城市群新型城镇格局优化的主要实现方向。

本书通过对城市群发展格局的识别和城市群内部各城市间协调发展测度两个方面的分析框架数学模型，对区域协调发展与城市群新型城镇格局优化之间的内在关系作用机理进行静态分析的研究。通过构建地理信息系统辐射场强模型来界定中国城市群的空间范围和发展格局以及各城市间协调发展水平，发现城市群内部多数中心城市的经济辐射能力还有待提高，城市群内部资源要素流动较不合理，在资源配置方面还有待优化，还需要进一步提高中心城市的承载力，以更好地带动城市群健康发展，从而在构建以城市群为主体的内部协调发展的新型城镇格局方面有所突破。

本书利用构建包含中国城市群结构特征趋势测度判断、中国城市群新型城镇化互动格局两个方面的多元分析框架数学模型，对区域协调发展战略和城市群新型城镇格局优化之间内在关系的作用机理进行动态分析研究。通过对中国城市群结构特征、中国城市群人口流动情况测度结果显示，中国内部多数城市群普遍存在城市群结构规模较不稳定，发展规模和发展水平较低，内部城市之间的发展差距较大，对中心城市以及城市群内部的支柱产业依赖度过高等问题。对中国城市群内部城市间人口流动特征进行分析，发现人口流动与土地流动方向不一致，土地流动速度要快于人口流动速度，也为城市群新型城镇格局优化发展提供科学合理的政策制定标准和依据。总之，区域协调发展应当以城市群内部结构的协调发展作为新型城镇格局优化战略的发展重心，充分发挥特大中心城市的辐射带动作用，重点加强对周边中小城市和特色小城镇的发展力度，从而能够有效地承接特大城市的部分功能转移，更好地应对人口和环境压力。这些研究结果具有十分明显的政策含义。

一、城市群新型城镇格局的范围规划与协调发展

本书通过对中国城市群发展格局的识别与城镇协调发展的评估，为精准城市群内部城市自身发展定位，推动其经济发展方式升级提供了科学可信的实证依据。新型城镇格局的构建要实现城市经济的高质量转型，在新型城镇格局构建方面利用好创新动能，对区域内部各类城市的发展定位进行明晰工作，推动城市群内部城市经济精准化转型，实现各类城市的创新式发展转变。各城市应当根据城市群整体发展结构特征结合城市自身的实际优势进行有效的产业结构调整优化路径选择。

研究发现区域内各类城市具有十分明显的发展差异性，需要为各类城市进行等级规模结构和空间布局结构的制定设立科学合理的标准。新型城镇格局的构建要通过调整行政区

划,来优化立市标准研究,进一步对区域内城市的影响边界场进行测算,为政府进行行政区划调整,对各类城市发展现状进行合理测算评估,优化其要素资源自由配置具有重要作用。本书可以为新型城镇格局的构建进行科学合理的标准制定,通过制定一整套完善的设置标准,科学指导各地区规模扩大,合理优化各类要素资源配置,提高土地的利用效率。研究发现中国中部、西部与东北地区内城市由于内部普遍存在城市数量和规模不足的问题,与东部地区城市在发展规模和水平上存在明显差距,如何科学合理地指导城市空间有序扩散,带动周边城市进入新型城镇格局的范畴中,是实现区域协调发展与城市群新型城镇格局优化选址的重要实现方向。此外,本书通过对"影响边界场"的测度,科学合理地引导各区域进行行政区划、设市标准的更新调整,为区域内城市需要将人口、经济、城市建设达到一定规模和标准的县(镇)适度改设为市,提供了十分重要的理论依据,推动了新型城镇格局的优化与完善。

新型城镇格局的构建要加强基础设施建设,提升公共服务水平。通过切实地提高各区域内中小城市和小城镇的公共服务质量,显著提升其服务水平。经过分析可以得知,具备职能优势的城市在各区域整体来看都较少,这说明区域内部大部分城市普遍出现了产业集聚水平不足的问题,需要重新对城市内部功能区进行合理规划,以更好地实现城市可持续发展。通过分析城市的特征结构以及区位条件可以重新定位城市功能,客观科学地分析城市公共服务现存弊端。

新型城镇格局的构建要提升城市规划水平,优化城市建设水平。研究在对区域内各城市的结构特征进行系统性分析之后,发现区域内城市存在着城市规划不科学的问题,应当强化对城市规划的全面把控,通过城市规划对城市内部的资源要素进行合理配置,推动产业不断集聚,进一步拓展其竞争优势,同时更好地利用好区域内部城市的比较优势,通过优化协调资源配置,提升资源利用效率实现各类城市的跨越式发展。

新型城镇格局的构建要加强城市社会治理,优化政府治理效率。在区域内城镇化水平显著提升的现实情况下,吸引越来越多的外来人口,为区域内社会治理结构建设和社会治理体制机制的完善提供科学依据,还通过对农业转移人口市民化身份转变过程的研究探索,为减少城市各类社会问题的出现提供了预警机制和指导作用。

二、城市群新型城镇格局的结构优化与体系构建

中国城市群体系优化政策制定要基于城市群发展的现实情况,从全局的角度进行宏观考虑。研究通过对中国城市群的范围识别与协调发展水平测算,发现中国城市群新型城镇格局优化存在着各种阻碍,其中最为突出的问题为城市群内部各类城市间的发展差异性较大,城市群功能定位不明晰,战略规划相对滞后或不匹配。在中国城市群的战略规划制定过程中,应当充分将重点论和两点论相结合,秉承从现实出发的原则,将城市群发展的优势进行深层次剖析,在此基础上对首位城市和其他大中小城市与小城镇之间的经济发展进行协调,制定重点化和特色化并重的城市群战略规划。对中国城市群体系优化的第一任务是能够从宏观全局的角度对城市群的战略规划进行制定和完善,梳理城市群内部、城市群之间的发展关系。实现中国城市群体系优化发展的重要路径就是加快对城市群内部经济互联网络的构建,推动城市群之间的经济交流,提高各类要素资源在城市群之间的自由流动

效率。

本书对中国城市群体系结构特征和发展趋势的测算分析,可以作为评估国务院《全国主体功能区规划》中对中国区域功能定位和发展方向与现实发展情况的对比参照。随着中国经济发展,城市群内部结构和城镇化规模不断变化,如何针对这些变化来对城市群发展进行科学引导,以及对于出现的新问题、新现象如何及时反馈解决,对政府执政能力和治理效率提出了新的考验,本书对相关政策的评估以及新问题新反馈做出了详细分析。中国城市群体系优化要通过落实政府的政策规划对城市群内部的等级规模结构进行深度剖析,进而推动城市群内部协调发展。随着经济发展和城镇化水平的不断提升,城市群内部的等级规模结构呈现出新趋势,各类城市的发展失衡,首位城市的优势过于突出,各类要素资源集聚在首位城市,其他城市的发展受到限制。要实现中国城市群体系优化需要通过对城市群等级规模结构的深度剖析,对城市群内部所有城市的发展规模和水平进行全面协调性的调控,一方面要利用相关政策推动经济转型升级,保证首位城市和其他大中城市的可持续发展,另一方面也需要构建起完备的评估体系对城市群内部各类城市的等级规模进行科学可信的评估,利用好行政区划、宏观调控的方式对各类要素资源进行优化配置,推动城市群等级规模结构的稳定成熟。

中国城市群体系优化要合理规划城市群的发展规模,防止城市群无限扩张。要解决中国城市群内部大中小城市与小城镇协调发展的问题,需利用结构模型对城市群的空间布局结构进行科学可信的测算,基于现实情况对城市群自身空间结构特征进行测算评估,进而推动有序合理的空间扩张。将空间扩张与等级规模相联系,将城市空间的扩张与其发展规模相适应,实现城市群的梯度化网络结构形成。研究以中国城市群空间布局结构和城市群重心的变化为指导,对城市群进行空间布局结构优化,为评估城市群空间结构演化方向提供了实证依据。本书还充分根据城市群内部人口规模结构和流动变化趋势,为城市群在交通运输网络的构建方面提供参考。

三、城市群新型城镇格局的要素高效集聚与合理流动

重塑大中小城市和小城镇协调发展,在进行西部大开发、东北振兴、中部崛起、东部优化发展过程中,要促进各类资源高效配置,推动产业高质量发展。加强产业规划和空间规划的有机衔接,以功能定位为基础,优化空间布局、协同产业提质增效,从而打造具有高集中度和高显示度等特征的特色产业集聚区;要坚持使用市场化和法制化的手段来促进生产要素的合理流动与优化组合,加快淘汰落后产能,引进优质的企业,从而推动经济高质量的发展。建立产业高质量发展的评价体系,制定项目优选的标准,引进新的项目,并对其进行分区分类引导,严格把控土地的供应和产业的进入。

重塑大中小城市和小城镇协调发展,在进行西部大开发、东北振兴、中部崛起、东部优化发展过程中,要增强城市经济发展优势,推动空间承载力提升。增强经济承载力,协同推进人口发展与产业转型升级,要构建现代化的农业产业体系,梳理出中心城市低端劳动密集型产业,加大对新兴产业的发展力度,进而提升第二产业的经济承载力,加大对金融、教育及信息技术等现代服务业的发展力度,优化迁入人口的结构,通过增强就业能力来适应城镇产业转型的升级以及市场竞争环境下劳动人口迁入的规模,强化对高层次人才

吸引的政策倾斜。提高空间承载力，促进人口合理的分布，因地制宜地引导区域人口的均衡布局，科学地划分人口发展功能区，通过农业转移人口融入城镇，健全农业转移人口的城镇化推进机制，对吸纳农业转移人口较多的城镇，需要加大财政和土地的支持力度。

重塑大中小城市和小城镇协调发展，在进行西部大开发、东北振兴、中部崛起、东部优化发展过程中，要发挥中心城市带动作用，释放城市群发展活力。加快城市群建设，利用好中心城市的核心作用。由于城市群将经济、人口、产业相互关联，使得若干中心城市及其周边中小城市和小城镇协调在同一体系中，通过加快城市群建设，利用好中心城市的聚集效应有利于带动城市群整体发展水平，同时中心城市的扩散效应可以带动小城市和小城镇发展，实现城市群内部的大中小城市和小城镇协调发展。

第二节 区域协调发展战略推动城市群体系优化

一、落实城市群发展规划，推动发展协调机制建立

一是统筹制定并积极落实城市群总体发展规划。城市群在中国城镇化战略格局中处于主体地位，合理规划城市群的布局对发挥城市群内部不同城市和小城镇分布相对密集、规模经济及范围经济显著、分工协作关系紧密的优势有着重要作用，更好地推动形成大中小城市和小城镇协调发展的新型城镇格局。在客观层面，城市群规划目标的实施由于受到了国家各级行政区划分散化的制约，极有可能达不到初始的目的，在传统城镇体系规划的实施过程中，其可操作性不强、针对性不足、规划制定未能从现实出发等问题都凸显了对区域整体缺乏宏观系统方面的考虑，需要充分利用结合城市群规划和城镇体系整体规划的优势，对城市群内部的城镇体系进行合理化建设，立足于各类城市的发展现实以及城市群整体的战略定位，保证战略规划与城市群空间布局的对应性。在实现区域协调发展引领中国城市群新型城镇格局优化的过程中，需要保证战略规划的合理性、可操作性及可实施性，这就需要一定的评估体系来予以支撑，在此基础上制定出一套对各类城市群的发展具有针对性的规划方案。首先，政府应当根据当前19个城市群不同的城镇化发展阶段特点，来对城市群的发展方向和发展目标进行科学合理的定位，并对可实现度进行可行性分析，完善各类城市群的分工协作机制，推动城市群内部劳动力市场、技术市场、信息市场及金融市场一体化发展，构建起城市群内部经济社会联系网络，推动信息的互动、互补及共享。通过对中国城市群的三大结构、流动人口的分析，发现通过发展城市群可以促进人流、物流和信息流等资源的高效利用，从而缩小各区域之间的经济差异，进而来确保在城镇化的过程中人员能够自由有序的流动，这对推动中国城镇化的整体健康的有序的发展具有重要的意义。其次，政府应当注重实现基本服务公等化，引导生产要素能够跨区域合理自由地流动。通过对中国各区域城市群研究发现，与中部、西部和东北地区相比，东部地区的城市群整体的发展状况较好，但各区域内城市群普遍存在内部各城市发展规模和发展水平差异较大的问题。要想缩小区域间发展的差异，需要政府要在投资项目、税收政策和财政转移支付等方面着力支持西部地区，不断改善城市群内部投资环境，更好地吸引资本，加强

与东部地区的合作，引导东部地区的资本参与到西部地区城市群的建设中来。中部地区可以着力于推进农业产业化和改造传统产业，来加大对城市群内部产业结构的调整力度，从而培育新的经济增长点，进而加快工业化和城镇化的进程。东部地区的城市群可以着力于发展现代农业、高新技术产业和高附加值加工制造业，来加快城市群内部产业结构的升级，积极推动产业转移。东北地区的城市群可以着力于内部老工业基地的调整改造，在此基础上发展以资源开采为主的城市群发展的接续产业，政府要加快城市群内部以粮食为主产区的扶持力度。最后，政府应当结合区域内各类城市群的实际发展状况，有针对性地设立城市群发展协调机构，来负责各项规划的编制、执行及管理。通过对中国城市群结构特征研究，发现区域内城市群普遍存在城市群等级规模发展规模分布较不合理的现象，中心城市对各类要素资源的吸引力较强，虽然自身发展的优势较为突出，但从整体来看，城市群内部的各类要素资源结构稳定性较差；重工业在众多城市中属于基础性产业，城市产业结构的转型较慢；城市群内部城市规模数量较少，整体空间布局结构较为紧密且不稳定。各级政府应该针对各类城市群不同的现实情况，建立起新型分工协作机制，明确规划编制和具体实施方面的权责，推进城市群规划与新型城镇格局优化进程，提高土地利用效率和保护生态环境。各区域内城市群要进行功能规划，将国家定位和区域特色并重，合理地规划各级节点的空间布局结构，使得城市网络的扩散效应不断凸显，立足于各类城市群的区位优势和现实发展水平进行功能定位，进一步协调发展过程中的大中小城市和小城镇关系。

二是建立完善多元主体参与的跨区域城市发展协调机制。在经济全球化的背景下，构建起城市群的协调发展机制带动中国的综合竞争力。中国各类城市群间进行跨区域合作，有利于推动经济要素自由流动、优势互补及共同发展，进而构成协调组织模式与机制，推动城市间更为广泛的经济合作，在实现城市群与行政区间的协调发展的路径当中，不仅可以通过优化行政区划设置的方式，还可以通过利用宏观战略规划对各类城市群间合作机制及治理模式进行协调整合。受限于经济、自然、历史文化、社会等多种背景的现实因素，各类城市群之间的发展规模和发展水平差异性较大，单纯地利用调整行政区划的手段未必能够有效促进城市群间形成协调发展机制，所以需要利用好区域性组织和城市群之间的行政协议来推动各类城市群间协调机制的形成。首先，政府应当在区域协调发展战略的实施过程中关注到城市群的跨区影响，通过共同规划应对和相互补偿合作，推动城市群整体合力的形成。在全球化的背景下，各城市竞争力的提高将有利于城市组团式的发展壮大。可以通过完善城市群内部各城市间的协调发展机制，来实现城市群的健康发展；可以通过构建治理网络，激发社会组织功能和公众的作用，不断完善相关机制，形成一股合力推动跨区域多元主体的协调发展。其次，政府应当促进各城市群内部城市间通过加强合作交流，打破各城市间的政策和制度壁垒，加快人流、物流、信息流和资金流等各种经济要素的流动，通过降低区域内要素资源流动和交易成本，将区域内产业进行重构，进而实现要素资源的自由流动。为了能够促进城市群健康稳定的发展，为各城市创造公平、公正、公开的合作竞争环境，通过将各类资源要素的合理流通与科学组合，将淡化区划观念，打破行政壁垒，充分发挥各级城市间优势，形成互补效应。为实现区域内资源的合理配置，将区域内教育、就业、社保和住房等制度进行统一，实现区域内部资源要素的自由流动。最后，政府应当积极引导推动区域合作，营造良好的竞争环境，充分发挥政府的政策引导作用，推动构建广泛合作的互联环境以及城市群的协调合作。城市群之间的协调合作应秉承成本共担、合作发展和互惠共赢为基本准则,利用设立协同发展基金的方式建立各城市间跨区域的联合互动、协调发展政策引导机制与组织管理机制;再通过转变地方政府在考核方面的唯 GDP 论的心态,加快将城市群的建设效果一并纳入地方政府及相关部门的绩效考核体系中的步伐,从政府心态和工作内容上推动各城市之间的合作互联关系;还需通过强化中央对地方政府的调控力度,自上而下地对其工作进行监督考核,并在必要时进行协调帮助,完善利益的共享机制,形成区域经济利益共同体。

二、优化城市群体系结构,促进各类城市协调发展

一是要不断强化城市群内部的首位城市地位,优化城市群内部的产业布局结构。中国城市群内部要突出中心城市的经济中心职能,有效地利用好经济集聚与扩散效应。要明确首位城市的功能定位,进而采取科学合理的措施来提升首位城市的发展规模和水平,要以建设特大型的城市作为发展目标。要想形成较为合理的等级规模结构,需要通过提升首位城市的经济集聚和扩散效应,来辐射带动周边地区的经济发展。从城市群等级规模结构角度分析,需要充分理解首位城市在城市群政治、经济、科技等方面所发挥的重要作用,因而构建起综合性的大型城市。通过对中国城市群等级规模结构的实证分析可以得出,通过提升城市群内大中城市以及中间序列城市的发展水平使得城市群内的梯形结构不断稳定,推进城市群的平稳发展。首先,政府应当对首位城市的产业布局结构进行转型升级,扩大高新技术产业的集聚效应,依据城市群内部首位城市自身的区位条件和发展现状合理配置资源要素。通过城市群本来具有的产业优势和区位优势,利用交通网络中的枢纽地位,大力发展现代贸易物流业务,进一步突出城市群内部首位城市的重要枢纽作用。通过对首位城市服务业和金融业的强化,来扩大贸易在 GDP 中的比重,在此基础上进行贸易进出口结构和产业结构升级,将外资和本土资金有机地结合利用。其次,政府应当积极落实开放战略,通过优化自身产业结构,营造良好的产业培育环境,有利于增强城市群产业竞争力,进而在国际竞争中取得优势。中国城市群在发展的过程中,需要着眼于全球供应链重构的机遇,立足于国家产业振兴的现实基础,通过转变经济增长的方式来实现城市群的经济综合实力的升级,利用好国内和国外两种资源,对产业进行重组,合理调整产业结构,全面对城市群产业结构进行优化升级,实现农业现代化、制造业现代化、服务业现代化的全方位城市群现代产业体系,以产业集聚区建设为契机,增强城市群产业的紧凑度,提高产业环境竞争力。再次,政府应当充分发挥城市群内首位城市在社会服务行业的核心作用,通过利用交通网络中心优势,在加强原有交通基础设施疏通和维护的基础上,合理规划未来的交通基础设施建设,以更好地提升首位城市的交通服务功能。充分利用首位城市在要素资源方面的配置优势,发挥其经济组织管理服务职能,通过构建和完善企业电子信息服务平台,建立专门的创业服务体系,不断推动创业辅导服务体系的现代化,满足城市群内部的创业服务需求。因而,需要加快对城市群创新体系的建设,整合各类社会资源要素,立足城市群内部的发展现实,积极探索服务机构新机制,实现社会服务的现代化。最后,城市群内部要基于对产业结构布局的分析不断升级优化产业结构,整体提高城市群的产业结构质量,从而在竞争激烈的环境中获得一定的优势。

二是着眼于中小城市发展,推动小城镇建设。城市群内部构成不仅仅是由首位城市和

中间序列城市组成，更多的是中小城市。中小城市的发展和小城镇建设是区域内城市群建立稳定均衡的结构体系的基础，要构建起完善的均衡的城镇体系，合理扩大中小城市的数量以及行政区面积，形成各城市之间良好的互动格局关系，才能推进中小城市在城市群中与其他城市之间在功能、区位等方面的共赢和互补。首先，政府应当打破行政体制机制的僵化模式，灵活利用财政补贴、奖励、贴息等多种手段，加大城镇公共基础设施和公共服务资源向中小城市和县城倾斜的力度。区域内城市群体系优化的重点就在于中小城市和小城镇的产业发展与升级。因此，城市群的新型城镇格局优化需要构建起完备的城市群交通网络和信息沟通平台，实现中小城市、县城和特色小城镇与首位城市的有效对接，利用好首位城市的扩散效应，抓住机遇，利用好自身较强的资源环境承载力和发展潜力，形成特色产业集群，带动城市产业规模化、专业化发展，打造新的区域增长极。其次，政府应当以政策带动中小城市和小城镇的经济增长和产业开发，利用行政手段刺激当地经济发展。在人口有相对优势的城市，需要利用好劳动力较为廉价的优势，承接东部地区劳动密集型等产业转移，不断利用税收、金融、土地使用等方面的优惠政策吸引龙头企业进驻中小城市，积极引导重点企业和关联企业集聚，形成新型的产业园，形成集聚效应，进一步发挥本地园区规模效应和辐射带动作用。在产业发展有一定基础的城市，需要利用好中介组织，充分发挥其社会组织的良性作用，在此基础上利用自身农业、生态等方面的优势进行产业开发升级，通过建立农业特色园区、生态旅游园区等方式，挖掘新型经济增长点。最后，政府应当以产业发展为基础，对城镇布局与发展进行前瞻性规划，加快城市基础设施建设，以硬件设施来吸引投资，扩大投资规模，提升投资质量。从中小城市和小城镇的产业特点出发，以市场为导向，加快产业结构调整，实现产业的专业化，形成特色产业，加快区位优势、资源优势向经济优势的转变。对小城市和条件较好的小城镇进行综合发展，依托中间序列城市的经济辐射和带动作用，小城市和小城镇需要利用好中间序列城市的带动效应，不断提升自身发展水平。

三、改良城市群空间设计，强化综合交通运输网络

一是优化地区城市体系空间结构，实现城市梯度化发展。从城市群内部来看，区域内城市群当中存在着大量的中小规模城市，其地理位置较为分散，同时其基础设施建设水平同样参差不齐，在城市群内部需要将已有的交通线路有机整合，形成交通网络体系，发挥铁路与公路的重要作用，为城市交流和经济增长提供基础性服务。从城市群外部来看，区域内城市群还担负着与其他城市群乃至境外交流沟通的任务，在完善城市群内部交通网络的基础上，还要积极与境外沟通，与境外交通网络相连接，通过加快建设国际交通大通道，并且利用首位城市的经济、政治、社会等方面的优势，有计划地构建起全球性的交通枢纽都市，以更好地带动城市群内部与其他城市群以及世界的交流与发展，进而推动城市群内的产业升级优化，获得较好的社会、经济和环境效益。首先，政府应充分发挥首位城市在城市群的核心地位，利用其完备的基础设施建设和优质的政策待遇，吸引高精尖人才进驻，优化功能分区结构和城市群内产业布局，加强科技创新，带动产业发展。通过发挥内外经济联系的优势，不断完善发展制造业、服务业、金融物流业等，进一步巩固首位城市的综合经济实力，更好地发挥辐射带动作用。此外，区域内城市群应构建起包括海陆空

在内的完善交通网络体系，加强交通互动与合作，推动城市群内外的信息沟通和经济要素连接。其次，政府应当充分利用政府职能，在规划的过程中有针对性地开发专业产业园区。深入挖掘本地在原材料、劳动力、政策环境、市场需求等方面的优势，并以此为卖点吸引外来资本进驻，通过专业化服务和良好的投资环境，吸引企业来到区域内城市群集聚，带动本地的产业发展。最后，通过基础设施的建设和完善，应在物流行业和信息行业有所作为，加快生产要素的集聚和行业之间的信息交换，为企业提供良好的外部条件，激发企业之间的合作意向，构建经济联系的信息网络和交通网络来填补产业链空缺，推动产业链的紧密程度。在此过程中，企业之间加强了联系，为了逐利企业会更加集聚，生产环节之间的效率加快，生产成本降低，所得利润增多，逐渐在地区主导产业带领下形成周边产业，地区整体的生产效率逐渐上升，政府在管理方面受利于产业的集聚，其管理效率也会有所增强，同时也有利于环境保护、循环经济培养和可持续发展。

二是扩张中小型规模城市，高效合理利用空间资源。区域内城市群结构特征和发展趋势的分析测度研究结果表明，受利于各方面的优势地位，首位城市的发展速度与其他城市相比十分迅速，而中间序列以下城市的发展规模不足，发展速率偏低，所以需要对区域内城市群内部结构进行合理调整，对中间序列以下的城市定位需要进一步明晰，以更好地实现城市群内部的协调发展，其中的关键就是利用首位城市巨大的带动作用，对中小城市进行辐射，带动其协调发展，从而使得城市群内部的空间布局和整体结构不断稳定。现实中城市群内部中小城镇数量较多，所能够利用的生产要素资源十分有限，而现有的城市群体系仍不够完善，导致了城市群内部发展差距过大。政府应当从行政区划的角度出发，合理调整中小城市的空间扩张规划和城市群的整体布局，高效利用未开发的空间资源，促使城镇体系整体健康发展。首先，政府应当强化城市群互联，扩大首位城市的辐射带动能力。现阶段各区域内城市群普遍存在着由于城市群结构不合理导致的首位城市以及大中城市辐射扩散能力不强等问题，需要政府从规划层面对城市群内部城镇体系进行重新考量，充分利用好首位城市的空间布局扩张的影响力带动周边中小城镇的发展。对城市群资源进行合理优化配置，对闲置、荒废土地进行开发利用。同时现阶段各区域内城市群还存在着中间序列以上城市的发展潜力挖掘不到位，仍需进一步开发发展的问题，需要有效扩大中间序列以上城市的空间结构，从而使其规模等级得以提升和发展。其次，政府应当提升空间资源利用效率，合理进行空间布局规划。根据城市群空间指向性、轴线成长性、群带集群性、区域差异性等空间结构特征，有效合理地对城市群规模等级进行划分，利用行政区划调整的手段，基于中小型规模城市进行合理定位，调整城市群内部的空间结构。利用城市群特殊地理优势对内部中小城镇进行合理科学的职能定位和规划。最后，政府应当通过行政区划调整充分发挥首位城市的带动辐射作用。利用城市群内部撤乡并镇及撤县并市等方式，拉动中小型规模城市在空间上的扩张和经济上的发展，加强城市群内部的经济互联性和城市相互依赖性。在构建和培育区域内城市群，更好地推动经济可持续、高质量发展的问题上，政策制定应避免对城市群内部中小城镇进行盲目扩张，在明晰各城市的功能定位的基础上，对城市规模的扩张进行科学分析与探讨，并在此过程中进行监督和调整。在内部城市规模扩张优化的过程中，可以通过吸纳城市进入城市群范畴和对现有城镇进行空间扩张两个方向，运用本书中"影响边界场"的结论制定科学合理的标准，并以此作为行政区划调整以及设市标准的依据。

三是需要优化空间布局结构，提升整体城镇规模体系发展水平。在城市群新型城镇空间扩张加速的过程中，必定会对城市间资源分配以及职能定位等提出新的挑战，需要对目前现有城镇空间布局进行整体分析，在此基础上总结出一定的规律，分析出现有模式的优劣，在利用行政区划优势的基础上对现实问题进行针对性地解决。如何提出科学客观的建议，制定出合理的对策战略，事关中国未来城市群健康高质量发展的前途，所以在政策规划引导方面要基于中国现有的国情，有效规划城市群内部中小城市的扩张质量，不仅要解决现有问题，更要顾及以后可能发生的空间问题，减少因盲目扩张导致的资源、社会等一系列问题的出现。首先，政府应当提升首位城市发展水平，全面提高城镇规模等级结构。中西部地区城市群存在着首位城市发展水平不足，整体城镇规模等级机构不完善，城市群内部空间利用不合理等诸多问题，与东部城市群之间的发展差距较大，内部空间结构的合理性也同样有着较大差距，所以中西部城市群需要更好地利用行政区划调整的手段，将县市改市辖区等方式灵活运用，将有限的发展成果充分利用，发挥好首位城市和中间序列以上城市的带动辐射作用，将周围的未利用地区整合入市，刺激城市产业的集聚，形成良好的集聚效应，在城市群内部的互联网络中发挥其重要作用。通过加大对中间序列以上城市的政策支持和资源投入，通过空间整合和产业集聚等手段将中间序列以上城市的数量和发展水平提升，推动城市群内部多核发展，在规模结构上建设合理规划的省内都市圈，并进行科学的空间及规模职能规划，为其社会经济发展保留充足的空间。其次，政府应当针对城市群进行内部空间布局优化，梳理城镇规模结构。中小城市作为城市群内部的基础也是主体部分，其发展程度深刻地影响了区域内城市群的发展进程，需要将现存的在经济、人口、科技等方面具有相对优势的小城镇进行合并或重新规划，发挥其综合吸纳能力，在城市群内部扩大中小型规模城市的结构效应，带动城市群区域发展。中小城镇是中间序列以上城市与城镇、乡村的连接纽带，在完善城市群空间布局方面十分关键。需要对城市群内部城市的发展规模进行详细的评估，基于中小城镇的现实发展情况和特色产业优势，对其进行科学的职能定位与空间规划，进而发挥中间序列以上城市的经济辐射和带动作用，因地制宜实现对部分中小城镇的调整。最后，政府应当合理利用政策规划引导，防止中小规模城市盲目扩张。由于利用行政区划手段对中小城镇进行调整合并是十分有效的推动经济集聚的手段，所以应当对不同城市的不同地理特征进行合理分析并加以利用，构建起多中心的放射性城市体系。在此过程中利用合并县市、减少规模等级层级的方式既加快了城市之间的交流，又可以有效地提高政府治理效率。利用开发区建设等形式推动城市资源向外扩散，构建充分利用各地特点的空间布局规划，有利于破解西部地区发展动能不足的现实困境。

四是建立健全城市群内外的交通运输网络体系。利用好交通网络和信息网络两种现代经济发展的基础性设施，加快其建设进程，更好地推动城市空间网络化结构和产业结构信息化共同发展，对城市群转型升级有着十分重要的作用与价值。城市群体系的优化与发展，离不开城市群内部各类城市之间的交流互动，而各类城市内部的公共基础设施和公共服务设施建设就十分关键，各类城市之间互联互通效率增加，有利于推动各项资源最优化配置，在生态环境方面也有着十分重要的现实意义。在各类城市交流互动的过程中，中小城市的发展潜能被不断激发，首位城市的带动能力逐渐凸显，首位城市与非首位城市之间会形成一条完整的产业链，并且伴随着交通网络和信息网络的不断完善，产业链会不断完善，能更好地反馈给各类城市以基础设施建设和社会服务，形成良性循环。首先，政府应当完善城市群之间综合交通运输网络。加强各城市之间的政府协调，加强城市之间的联合开发建设，加强统筹规划和交通基础设施建设，通过设立统一的市场运营准则，为实现城市群利益最大化而相互协调。在城市群之间建立专门的城市群交通发展协调机构，各城市群政府联合设立交通基础设施建设专项资金，构建良好有序的区域协调发展机制，搭建起区域交通运输网络，推动各城市之间联合互动。从城市群整体出发，根据各个城市群所处地理环境以及客货流量的不同，对各城市群的主要交通网络建设进行分别规划，将铁路、水路、公路、航线等交通方式合理布局，构建起城市群之间的多样化交通网络体系，在此基础上形成高集成度的城市群交通运输信息平台，服务于多种交通方式，从而在城市群中构建起有利于各城市交通网络协调发展的交通运输系统，加快城市群内外的运输效率。其次，政府应当构建城市群内部综合交通运输网络，统筹制定城市群内部交通发展战略规划，推动各城市交通协调化，最终实现发展的共赢。根据已有的城市交通条件，逐渐形成城市群内部的交通一体化格局，不断提升运输效率，建立种类多样、高效节能的区域交通运输网络。以首位城市为核心，以其现有的轨道交通和高速路为基础，建设轨道交通网络和高速路网络，连接其他非首位城市，带动城市群内部交通一体化进程，同时加强与城市周边的郊区和乡镇的沟通，在小尺度层面构建起密集型的交通网络。在交通规则制定方面各城市政府相互统筹规划，将公交出行等公共服务标准进行统一，推动居民出行便捷化发展，在城际交通运输方面适当减免过路费，刺激生产要素的快速流通。根据城市群发展阶段不同，着力建设不同的运输体系，在城市群形成初期，需要加强主要城市之间和城镇之间的沟通，应选择以公路客运为主，加快人员流动，完善交通服务。提高客运班线网络密度；在城市群发展中期，交通运输出现多样化需求，需要建立以高速公路和轨道交通为主的城际交通系统，满足大规模的客运和专业化货运需求，以带动乡镇和非首位城市的发展。最后，政府应当建设并合理规划城市综合交通枢纽，以更好地辐射周边地区，高效中转人、货。在综合交通枢纽建设方面，需要积极采取多种融资手段，吸纳优秀社会资源，推动重大基础设施项目建设，明晰政府职能，秉承"放、管、服"原则，在监督、协调等方面下足功夫，为综合性交通枢纽建设提供政策保障。在城市群内部形成多种综合交通枢纽模式，充分利用好交通网络中的网络节点，科学规划，合理建造，更好地提升交通运输效率，减少交通枢纽职能重叠的现象发生。加快国省干线公路的建设与优化，在道路通行能力、交通服务水平、铁路覆盖率等方面提升中小城市、县城及特色小城镇的交通服务水平。加快交通枢纽协调机制建设，在交通枢纽建成后，有效协调城市群内部的多种交通枢纽职能，在运营管理方面做好服务工作，保障交通枢纽的建设价值得以凸显，推进城市群交通一体化进程，保证城市群的可持续、高质量发展。

第三节　区域协调发展战略引导城市群个体城市优化

一、优化城市产业结构，支撑良好环境创新

一是分析城市的职能定位，调整整体产业结构。在对城市群内部的城市功能定位过程

中，既要对城市的资源要素配置情况和其产业发展历史进行调查研究，又需要对该城市现有的承受辐射带动的能力进行科学分析，在适合该城市的承载力的基础上进行大力发展，与此同时城市在发展的过程还需要从自身出发进行自我剖析，在产业布局方面下足功夫，实现产业的集约化与现代化，以提高城市产业的竞争力。首先，政府应当对城市群内部的各城市按照其区位因素、发展现实、现有产业等综合能力进行分类，分别设计适合其自身发展并带有当地特色的产业结构，塑造集综合性与特色性于一体的现代城市产业体系，进而带动城市产业结构的转型与升级。在此基础上，要将各城市之间的产业进行有效划分，首先要对首位城市的职能及其产业发展结构进行科学定位，在充分发挥大中城市的经济"集聚扩散"效应，带动周围城市快速发展的基础上，对周围城市的产业进行适当地调整与协调，进行科学合理的规划，充分发挥不同城市的产业优势和区域特征，避免不同城市产业之间的恶性竞争和产业重叠，造成区域内部的不可持续发展。其次，政府应当在对城市群整体进行产业布局的过程当中，着重将生产性服务业、高新科技产业等一系列现代化产业向首位城市集聚，以求得该产业更高质量的发展，进而对周围城市进行辐射，带动城市群整体的产业升级。在优化城市产业分布的过程当中，要利用好政策引导，实现各城市发展不尽相同，现阶段城市群内的首位城市大多还是以重工业为主，这就需要对传统的经济发展模式进行更新换代，向现代化产业进行转变，进而在遵循集聚式发展→辐射扩散发展→网格化发展的客观规律下，更好地实现产业的集聚，提升产业发展质量。最后，政府应当推动中小城市和小城镇在城市群整体产业结构升级调整的过程当中，承接好首位城市因产业集聚升级而导致外迁的传统产业。实现由粗放式发展向集约式发展的转型，对污染较为严重的产业予以淘汰或升级，重点关注循环经济的推进，利用科技创新和与首位城市的信息交换来带动自身产业的升级优化，探寻合适的转型路径，通过支柱产业的优化和升级，加快由资源依赖型城市向多元动力型城市转变，培育多核类型的支柱产业带动城市发展；加强对城市内部的产业链建设，通过加强与首位城市的不断互动加快自身建设，构建起合理的城市产业分工布局，最终实现城市的可持续发展。

二是利用好政策规划，提升城市创新能力。创新对城市发展的影响体现在方方面面，在产业发展方面，一个城市的创新能力可以带动知识要素和科技要素的转换，形成新型的产业动能，使得产业发展更持续、稳定，从而更好地推动城市可持续发展。整体来看，一个城市的创新能力不仅体现在知识、科技、产业等经济发展层面，还体现在制度、政策、服务等方面，这些从上层建筑到经济基础均有涉及的方面，一同推动了城市的良好运作与转型发展。当前，区域内城市群面临着结构转型的新型问题，在资源利用方面不能再沿袭以前的老路，市场竞争压力不断增强，如何利用创新推动经济健康可持续发展，因地制宜探索新型发展道路是现阶段区域内城市群需要着重考虑的问题。首先，政府应当激发城市群的创新动能，对现阶段发展及未来发展趋势进行科学评估，紧跟现代城市群发展和产业发展规律，基于本区域科技发展水平和产业发展基础，对区域内部的科技创新主体进行充分利用，进而实现城市创新载体的带动效应，以更好地探索出新型发展道路。在此过程中，需要认清人才、资金、政策等要素的重要作用以及在创新当中各自的地位，对这些要素进行必要的支持。其次，政府应当从政策、制度、金融等角度不断优化自身的创新环境，营造良好的创新氛围，更好地吸引创新主体参与到城市创新中来，推动城市在技术、商业、管理等多个方面进行深层次创新，并加以总结形成模式化经验。其中利用政策对企业支持加强其创新能力带动其发展，加强政企业之间的协同创新，充分发挥大型企业在科技创新方面的引领作用，带动其他企业加入科技创新的队伍当中；利用补助和政府投资对科技开发进行支持，建立科技创新孵化基地，加快相关科技成果的研发和落地，利用相关机制的建立引导科学与技术的对接，加快各类创新要素的流通；利用科研院所的建立培育充足的创新型人才，加强政府与企业之间的互动，担任起人才培训和定向培养的责任，更好地建立创新渠道，加强信息互动；利用公共平台的构建来对加强信息交换和风险预测能力，更好地解决企业科研院所在创新方面的后顾之忧，实现创新成果的产业化和资本化。最后，政府应当在制度保障方面营造鼓励创新的良好舆论氛围，对科技创新的先进人物予以表彰，在社会上形成一股科技创新的风潮，将科技创意与城市文化相融合，构建良好的创新文化环境。政府还应当不断完善相关机制和法律法规，以更好地激发创新动能，形成良好的创新氛围，对知识产权进行保护，帮助创新成果迅速落地，实现相关创新成果的产业化发展，进而推动城市发展的创新化进程。

三是在中小城镇发挥创新作用，利用创新带动人才就业。人作为城市发展的主要受益者，其经济活动对经济、城市发展有着至关重要的作用，而在人才就业方面的创新化对城市整体发展创新化的影响同样十分巨大，在区域内城市群内部城市中，人力资源分布十分不均衡，一般来说大城市人力资源较为充足，甚至能够达到饱和或过剩的状态，其人口承载力的压力也不断增强，而中小城镇的人力资源相对匮乏，发展吸引力相对不足造成了人口的流失，当地的发展失去人才的支撑造成了发展动能不足。而伴随着大型城市人力资源过剩情况的出现和中小城市城镇化进程不断加快，人力资源开始向中小城镇转移，这就需要对人力资源进行充分利用，以更好地保障中小城市的经济发展和城市发展的可持续性。首先，政府应当营造良好的创业环境，在"大众创业万众创新"的背景下充分利用好创业对城市发展的正向作用。政府需要做好服务监督工作，构建起新型创业体系，加强对创业环境的营造，对创业市场的完善和对创业政策的实施来引导创业活动的开展，利用完善的创业体系来引领社会创新发展，实现粗放式经济向集约化转变。其次，政府应当着重做好监督服务工作，搭建创业平台，构建创新创业的长效机制，营造起良好的创业环境，在政策、补贴方面对创业予以支持。通过财政补贴、税费减免、科技支撑等一系列政策性手段降低创业成本，并提供良好的金融服务，带动区域内创业活动的开展；同时应当注重技能的培训和人才的培养，利用好创业专项资金，一方面对口高校，促使高校培养大批优质的创业人才，另一方面以高校作为培训基地，对社会人员进行技能培训，以更好地带动创业活动产生。最后，政府应当营造良好的就业环境，缓解就业压力，解决就业问题，政府需要构建完善的人力资源平台，让求职者的信息能够快速呈现在资方面前，利用多种手段解决企业招不到人，求职者找不到工作的劳资双方供求不匹配的问题。同时还需要对求职者进行培养和二次培训，一方面是不断完善城市内部的就业培训体系，为农业转移人口提供必要的培训服务和补贴，提升其综合素质，另一方面要利用好高校和培育基地，对毕业大学生提供专项技能服务，更好地利用好相关政策优惠，实现劳动力的就地就业问题，减少人才外流。

二、优化行政区划设置，推动城市格局完善

一是要基于城市群发展现实，加快行政区划的调整。自中国改革开放以来，中国经济

快速增长，尤其是经济进入新常态后，东部地区的产业和人口规模不断扩张，并逐渐向中西部地区转移，推动了城市群的快速发展，城市群内部首位城市的经济集聚扩散效应愈发明显，使得城市群内部的城市在人口、经济、行政区划等方面有了十分新型的变化，在此现实条件下，应当根据不同城市的发展现实，有理有据地科学调整行政区划，使之与当地发展相匹配，进而更好地提供城市服务，带动城市进一步发展。首先，政府应当组织社会各界专家对城市群内部的城市发展状况进行科学测评，总结发展规律和发展特色，适当放权，减少审批环节，提升政府自身的办事效率。在经济发展迅速，人口增长明显的县，应当根据其发展水平适当建市，让其在行政区划的层面上有所提升，给予其更加多面化的管理权限，进一步吸引劳动力转移，促进经济发展；而发展水平相对落后，人口流失严重的县，应当相对应地对其行政定位和产业结构予以调整，对其降级或并入附近较为发达的市，以带动其发展。其次，政府应当在调整行政区划的过程当中，充分利用土地和其他社会资源，基于当地的人口密度和产业结构规划出科学的城区建设标准，对新城区的建设予以科学的规划，十分注意空间的扩散问题，在审批方面严格把关，限制城市边界无限扩张。防止其盲目扩散，在土地规划方面将公共用地、居民用地和商业用地科学划分，不断探索新型的开发模式，将人口数量和土地开发相适应，提高土地利用效率。最后，政府应当在产业布局上，要加快产业的集约化和高端化发展，减少土地使用面积，建设复合型建筑以满足人民多种需求。同时在开发的过程中不可避免地会出现土地利用和环境保护的问题，在土地开发的过程中应当十分注重环境保护，利用新型交通方式和现代环保技术，将城区规划得科学化、合理化、可持续化，利用完备的城市公共服务等级网络来加快城市群内部的联系，实现集约型和内涵式的发展。

二是对不同行政区划的承载力进行科学测评，以带动城市群综合发展。就目前来看，中国的城市行政区划的划分依据基本以人口规模为准，当时在城市体系发展的过程中，单以人口作为划分依据不利于城市群内部的协调，限制了中小城市的发展和优化。在城市发展的过程中，不同的行政区划发挥的作用不尽相同，在城市群体系当中各自发挥着重要用途。首先，政府应当在新型城镇格局优化过程中基于其发展承载力和潜力来与行政区划配套，才能充分地兑现其发展天赋，本书将区域资源环境承载力、人口承载力等纳入了行政区划规模研究当中，充分地反映了人口、经济和现有建成面积，为科学合理的行政区划做出了学术支撑。其次，政府应当科学合理推动城市群发展，以适应中国城市群发展的新型要求。通过因地制宜，提供差别化政策，对发展较为快速的地区进行"切块设市"，将其尽快建市，基于现实发展情况，依据本书的研究成果，对整体建设方案进行科学规划。最后，政府应当加快试点工作进程，在符合建市的地区进行相关试点工作，以便日后更好地带动其他地区建市，加强优惠政策力度和补贴力度，在公共交通和公共服务方面予以必要支持，这样可以更快地吸引产业集聚和人口集聚，适当放权以更好地调动当地发展积极性。

三是深化现有改革内容，不同行政区域之间良性竞争。伴随着中国迅速发展，一系列新型问题不断涌现。自改革开放以来，中国一直坚持在经济、政治、社会等方面进行不断改革，以更好地适应人们的需求，融入全球化的浪潮中。在制度层面上，中国现有的五级行政架构不完善的地方愈发凸显，在五级行政架构中，不同级别的行政区划所拥有的权限天差地别，在中国发展不均衡的现实基础上，如何让不同行政级别的区域能够享受到与自身发展相匹配的权限是当下急需解决的现实问题，这事关中国特色社会主义现代化建设的整体布局。首先，政府应当积极发挥引领作用，对不同行政区域之间的发展差距予以调整。由于种种现实原因，中国的东部地区发展较为迅速，与中西部地区的差距越来越大，在产业结构方面的问题越发突出，在中国现代化布局中应当重点协调东中西部发展不均衡的现实问题，实现国民经济的协调发展。在此过程中需要利用政府干预和市场发展相结合的手段对现有的发展不均衡的情况予以纠正，逐渐建造起公平正义的市场环境，充分发挥市场的优势，带动不同行政区域之间的协调发展。其次，政府应当展开经济管理制度改革，在政企分开制度方面应当继续深化，明确企业的所有权与经营权，减少政府对企业的干涉，实现企业发展的市场化和高效化，在国有资产管理方面严格规范政府投资行为，加强相关资金管理，明确政府投资范围并加强相关监督机制。最后，政府应当展开资源分配体制改革，公共财政体系应当不断完善，地方政府的财政职责应当适度放宽，在接受相关机制的监督和制约的前提下，推动资金流动、管理高效化，带动社会服务的发展和社会保障的实现。

三、加强基础设施建设，提升公共服务水平

一是优化中心城市功能，带动空间合理布局。根据国内外城市群的发展规律来看，一般情况下中心城市的发展在城市群中十分重要，中心城市的集聚扩散效应直接影响着城市群中其他城市的发展，如此来看，中心城市的发展在某种程度上来说是直接影响着城市群整体发展的。中心城市在产生空间集聚效应的过程当中，其产业会不断专业化、集聚化，产业与产业之间的合作不断加深，并逐渐开始向外扩散，一般遵循着一般集聚→高度集聚→一般集聚的规律，所以，要推动城市群的优化升级必须要对中心城区进行战略规划。首先，政府应当明晰中心城市定位，基于其现实发展情况、资源禀赋和地理位置等要素，进行科学合理的发展战略部署，在充分利用自身资源的基础上有效吸收外来资源，将生产要素高效合理地利用，以更好地带动特色产业发展，进而提升城市竞争力。其次，政府应当将中心城市的部分功能转移到卫星城市，着重发展中心城市的高端产业，将其引领作用充分发挥，带动周边城市的协同发展，逐渐打造区域品牌效应，实现整体区域的核心竞争力提升。在此过程中要十分关注中心城市的高端服务业和金融业等产业，有效吸引周围城市的农民城镇化，以人的城镇化带动整体区域的城镇化，通过中心城市产业专业化发展塑造多层次、多内涵的高级产业布局。最后，政府应当合理展开城市群空间布局规划，对内科学管理。在空间布局规划过程中，要充分利用好土地资源和公共资源，遵循"低成本，高效益"的原则，对不同区域进行合理高效的布局，实现生态与城市发展的并重，防止产业区域的无限扩张，在改造城区内的过程当中，不仅要整顿房地产市场，对危房旧房综合治理，加强绿色治理，将环保和居住相结合，改善当地居民的居住环境。

二是提高城市服务质量，改善人民居住条件。区域内的城市发展成果需要与人民共享，在当地居民的日常生活中应当使其感受到发展的成果，所以需要不断完善公共服务质量，防止公共服务差别化现象的发生，从公共服务需求的角度出发，加快政务信息化平台建设，进行政务公开，实现社会多元参与。首先，政府应当从科教文卫等方面对居民的生活进行公共服务供给，利用好相关公共财政机制，将财政高效化利用，将相关医院、学

校、文化中心、图书馆等公共服务设施进行合理布局，以满足城市内部的教育、公共卫生、社会保障等社会需求。在教育方面需要对中小学、幼儿园等学校进行合理的规划建设，确保城市内部的教育资源能够合理利用，更好地满足当地儿童的上学需求，使之覆盖区域内的全部适龄儿童。在医疗方面要不断满足不同患者的需求，在区域内部建立起妇幼医院、传染病医院等多样化的医疗设施，构建医疗卫生服务网络，提高医疗服务质量和效率。在文化方面需要不断构建公共图书馆、博物馆等相关文化传播教育的公共服务设施，对满足当地居民文化需求，构造当地文化氛围有着重要意义。其次，政府应当不断完善城市公用设施的建设水平，将市政公共设施不断完善，构建市政公共服务网络体系，实现信息共享，不断推进不同地区市政设施建设均衡化发展，以更好地解决公共服务水平不均的问题。在用电用气方面，不断推进管道入地的手段，在减少用地的基础上有效地保障管道正常运输。在用水方面，不断加快供水设施的升级改造，保证居民正常用水，同时加大科技投入和科技产品的购买使用，加强对污水的处理以及循环利用，实现资源利用的可持续性。在城市垃圾处理方面，不断增进科技研发，将垃圾无害化处理并重新利用，既可以实现城市资源的循环利用，又保护了当地的生态环境，推动了城市的可持续发展。在其他城市公用设施建设方面，应当加快农产品和菜市场的构建，确保能够覆盖城镇居民的日常生活，形成新型的蔬菜配送模式，加快物流圈建设，实现居民生活的便捷化、舒适化。应当加快住宅区周围的配套设施建设，将一系列商超、娱乐场所合理规划，在为居民提供便利的同时还能提升居民的生活质量。最后，政府应当不断完善城市交通网络，提供多样化的交通出行方式。大力推广公共交通出行方式，一方面是不断减少城市内部相关交通盲区，真正地保障城市内部居民都可以享受到公共交通，实现公共服务的均等化。与此同时公共交通网络的建立对城市的治理和经济的发展同样有着十分重要的作用，基于完善的公共交通网络，城市内部资源要素的流动性大大增强，十分有利于资源的合理调配，以更好地带动城市合理化发展。另一方面是公共交通的完善对环境保护工作的推进至关重要，通过不断明晰公交车企业的职能，推动公共服务信息化建设，加快公共出行交通系统的智能化建设，实现城市公共交通信息的共享，有效利用好多种公共交通资源，提高公共交通的运行效率，让居民在出行的过程中有多种选择，同时还应制定合理的收费标准，以更有效地刺激居民选择公共交通出行，有利于节约能源，也有利于对环境的保护。

四、更新城市发展理念，提升整体规划水平

一是在理念上有所创新，摒弃传统的城市规划理念。在传统的城市规划思路中，大多关注的是城市如何快速发展，对于城市发展和环境保护之间的协调的关注度不足，所以在理念革新的过程中，需要十分注意绿色理念的贯彻和落实，推动城市绿色化发展。在基于当地城市的发展现实基础上，保护当地的特色产业和传统文化，秉承可持续发展的理念对城市规划理念进行革新。首先，政府应当提高资源利用效率，不断推进科技创新，优先使用高效环保的生产技术，积极使用循环发展技术，构建绿色发展的产业体系。从政策规划的角度将绿色产业不断聚集，将污染严重和资源利用不合理的产业进行升级改造，必要时要对相关企业进行处罚或取缔。其次，政府应当强化生态环境保护的体制建设，吸引社会多元主体参与，进行长效化管理监督，加快宣传绿色出行和绿色消费观念。从长远发展的角

度出发,加大对城市群内部环境状况的改善力度,对已经开发的环境资源要进行科学合理地利用,对环境被破坏的地区要采取措施来恢复环境资源以改善环境状况,在未开发的地区秉承可持续开发的理念,走高效、节能、绿色、安全、长期可持续发展的道路。环境资源是带动城市群经济发展的动力,因而,推动经济社会的发展要对环境资源进行有效的利用,构建完备的环境友好型发展模式,从而保证环境资源状况能够得到完善。部分地区在高耗能、高污染和低产出的发展模式下,各区域内城市群大多数的环境资源被破坏得非常严重,给区域内城市群可持续发展带来了消极的影响。通过积极宣传环保教育知识,增强环保意识,利用现代环保技术,对资源环境破坏严重的地区进行保护、恢复,促使区域内城市的可持续发展。最后,政府应当秉承低碳可持续的理念构建相关制度,对城市发展的边界进行合理规划,减少由于盲目扩张导致的空间压缩和低效利用,优化空间布局,增强经济的集聚效应。在规划过程中,应当对城市发展的"三区四线"不断明确,对相关管理主体和职责予以明确划分,并进行相关监管。整体规划开发过程中应当兼顾城乡发展,不断健全空间开发协调机制,对土地进行规范化处理,实现土地开发和生态环境的协调。另外在整体规划实施之前,应当邀请社会上、科研院所的相关专家对规划进行整体评估,在评估结束过后将整体规划向社会公开,听取各方合理建议,确保城市规划的科学性和民主性。在具体实施方面,要建立起完善的可再生能源体系,推动新型能源的使用,减少大气污染,改善空气质量;在建筑行业要建立起绿色建筑评价体系,在开工前进行科学评估,改进对环境污染较大的建筑项目,利用政策补贴推动绿色建筑材料的使用,同时在建设的过程中要十分关注其与生态环境之间的协调,建成高效利用的生态环境走廊。

二是严抓建筑质量,加强监控管理。由于城市群发展伴随着人口大规模的城镇化,在此过程中不可避免地会出现城市空间扩张过度、生态遭到破坏等问题,为了避免人与自然不和谐发展问题的出现,要对城市的发展规划不断进行科学合理的评估和纠正,将保护环境作为城市发展的先提条件。首先,政府应当合理利用法律推动城市的整体发展和相关管控的实施,加强对规划实施过程中的监督,确保由政府主导的城市扩张具有权威性,既避免了城市建设的浪费和腐败,又能确实保证城市建设带动城市群有序发展。其次,政府应当充分发挥好监管的作用,对政府部门、相关负责人、开发商的违规行为进行及时纠正和惩罚,同时将城市规划建设的内容纳入政府的年终考核当中,以提升政府相关部门的办公效率和重视程度。最后,政府应当充分利用好现代科技不断完善相关监管工作,对建筑工作从设计、施工、装饰到维修一系列流程都进行完善的监控。在建筑的招标环节进行透明公开,向社会公布并征求意见。在建筑的施工过程中,对材料采购、资质验证、工人技能培训等方面同样要加强审查,防止不合格、不安全的施工行为出现,同样也防止腐败行为的滋生。

三是科技推动智慧城市,传承当地优秀文化。利用好第四次工业革命的浪潮,加快城市群的信息化进程,全方面提升其公共服务质量,在多种情况下利用科技提高效率;同时,不断传承发展当地文化,是推动城市发展的精神支柱,对城市文化遗产的保护与传承,是体现当地文化底蕴和人文素养的有效手段,整体体现出城市的历史性和人文性。首先,政府应当明确其在智慧城市建设中的定位,充分发挥市场的作用;利用现有的信息化平台,在此基础上进行升级优化,实现政府部门内部的信息互动,进而提高政府的办事效率;加大科技投入,进一步开发新兴成果,并推动落地,构建智慧政务平台,以更好地实现民主决策。在医疗、社区等场景充分发挥高新科技设施的便利性，支持便民项目建设，为居民提供智能化、便捷化的生活服务选择，不断对智慧城市进行普及型宣传，让居民懂得其内涵和便利性，进而增强居民对智慧项目的使用频率，以更好地改善居民的生活质量。其次，政府应当在城市建设过程中协调好现代建设、环境、文化间的关系。尽可能地在保持城市原有风貌的基础上予以开发改造，实现城市现代化进程与文化继承并重，另外在保护和继承当地文化的同时，可以结合现实发展情况，对当地的文化内涵加以丰富，在发展中注入新的活力。最后，政府应当在当地文化继承传播的过程中，除了要利用好相关文化机构为当地居民带来文化服务外，更要注重文化产品的开发，不断推动文化产业的发展，既带来经济效益，又开发了良好的文化传承路径，让更多的人了解当地文化，实现城市文化品牌的树立。同时，文化的继承对城市旅游的发展有着重要意义，现阶段中国大力推行全域旅游，以文化作为引领，凸显城市魅力，以此拉动经济增长是带动城市发展的重要路径。

五、加强城市社会治理，优化政府治理效率

一是加强社会治理体制转型，不断创新自治模式。在区域内城市群内部的城市发展情况各不相同，其中发展水平较为突出的首位城市和其他大中城市由于人口和生产要素的不断积累，逐渐会出现人口饱和，承载力压力不断增大等问题，而城市群内部的中小城镇在发展方面则显得有些效率低下，其竞争力也较弱。在这种现实问题出现的背景下，应当在区域内将社会治理体系不断完善，提升政府的治理能力。首先，应当充分发挥党委和政府在城市发展中的引领作用，从城市发展战略构建和现有治理体系的完善出发，对城市定位和城市治理进行深层次的剖析并将其进行匹配，在决策实施的过程中，应当不断探索科学、客观、合理的城市治理体系的构建，不断优化政府的治理能力，加强政府的反应效率。认真落实权责统一的原则，将各层治理的任务分配到部门乃至个人，有效构建多层次的社会治理模式。其次，政府应当积极推进社会自治的机制创新。在城市治理当中，社区自治是推进城市治理民主化和科学化的重要组成部分，有利于增强社区内部的沟通，进而形成居民自治的长效化管理机制，扩大社区内部的民主化建设。推动社区自治体系的建立与完善，需要政府不断调配社会资源，推动公共事业的发展，将政府治理与居民自治相适应。在此过程中需要秉承依法治理的原则，加强相关法律的健全，不断推出条例以更好地适应现实情况，将社会矛盾逐渐解决，同时也要利用好道德，将法治和德治相结合，协调各方利益，在社会上形成良好的风气。要稳抓源头，运用多种社会管理手段，不断完善基层服务管理水平，将城市中经常出现的社会问题及时有效地解决，并通过构建重大事件风险评估机制来加强政府治理和社区自治的水平。最后，政府应当主动推动社会治理相关专业人才培养工作的进展。在推动社区自治的过程当中，离不开相关专业人才，要不断加强专业人才的培养与二次培训，不断总结社区自治的经验与模式，将相关经验吸纳整合，提升社区自治的效率，完善社区自治的体制建设。在城市治理的过程中，政府应当适度放权给社区自治组织，明晰其职责，更好地推动社区自治进程。

二是加强应急管理措施，保障城市正常运行。在城镇化的过程当中不可避免地伴随着人口增多，自然环境破坏等一系列问题的出现，人口的增多容易导致社会矛盾的出现和激

化，自然环境的破坏容易导致自然灾害的发生，所以现阶段对城市的应急管理措施提出了新的要求，整体看来分为两部分，第一部分是社会治安应急管理，第二部分是自然灾害应急管理，在这两部分中的相同部分就是都需要对应急管理机制进行完善和创新，将各项制度有机结合，构建相关的协调衔接机制。首先，在社会治安应急管理方面，政府应当不断健全公共安全治理机制。从源头入手进行综合管理，在动态监测、应急响应等方面下足功夫，对社会整体实行立体化多角度式管理，有效整合政府部门中的现有资源，不断提升政府的服务和响应水平，同时要利用好各种社会资源，积极推动社会力量参与到社会管理当中。其次，在自然灾害应急管理方面，政府应当从整体上加强突发性自然灾害应急体制建设，构建完善的信息网络平台推动各部门在处理突发自然灾害过程中各司其职，有效地实现信息共享。不断构建并完善相关应急服务设施，对相关救援工作人员的技能进行完善性培训；从预防的角度来看，要加强对地震、气象、防台防汛等方面的检测体系构建，积极宣传防灾知识，在处理自然灾害的过程中做到有条不紊；从处理的角度来看，构建明晰的政府处理信息平台，并接受社会各界的监督，完善相关问责机制。

第四节 区域协调发展战略构建大中小城市和小城镇协调发展

一、促进各类资源高效配置，推动产业高质量发展

一是加强产业规划布局的统筹，推动城市群产业升级。以城市群为主体的大中小城市和小城镇协调发展的城镇格局优化需要提高资源配置效率效能、推动资源向着优质企业和产品集中，并且积极稳妥腾退化解旧的产能，以"腾笼换鸟"政策创新为支撑，以便推动存量产业用地的有效盘活和高效利用，以高质量发展为引领，加快推进质量变革、效率变革以及动力变革，重点提升城市能级和核心竞争力。首先，政府应当强化首位城市的极化功能，确保不同层次的增长极之间功能互补，推动整个城市群区域经济社会的共同发展。城市群的产业规划布局应当优先发展先进装备制造、电子信息、新能源等战略性新兴产业，重点发展物流、文化创意、科技服务等现代服务业，提升首位城市的产业集聚度、科技创新度和高端服务能力。其次，政府应当加快发展关联性强、具备良好发展潜力和效益的产业集群，适当引导首位城市人口、产业、设施和功能向周边地区疏散，促进劳动密集型产业、中低端产业以及中高端产业的加工制造环节向周边城市和小城镇转移和集聚，以不断扩大产业集群规模，推动产业城镇化与人口城镇化协同发展，更好地发挥首位城市的扩散效应。最后，政府应当在城市群产业规划布局过程中统筹推进首位城市与中小城市的发展阶段，实现协调发展。超大城市应将自身发展和区域发展紧密结合，借助对周边区域的扩散和反哺使自身功能结构不断优化升级，改造提升传统优势产业，加快推动、产业升级改造，提升其核心竞争力。与此同时，要充分发挥中小城市和小城镇的竞争力优势，调整城市群产业布局，区域内城市群需要通过对内部区位优势和整体发展水平的科学评估，认清产业优势，从而进行产业结构调整优化。

二是实施资源利用效率评价制度，提升城市群资源配置与使用效率。城市群的发展需

要以功能定位为基础，优化空间布局，充分发挥集聚—扩散效应的推动作用，实现要素的高效集聚与合理流动，推动资源配置与使用效率的提高。大中小城市和小城镇的协调发展，应当在发展中走向平衡，在提高效率的过程中实现协调。首先，政府应当建立资源利用效率评价制度，以用地、用水、用能等资源要素产出率、科技创新及劳动效率等创新要素生产率为重点，对存量工业用地进行资源利用效率的评价。各地区需要因地制宜地构建具体的评价体系，结合规划引导、行业特征及企业特点等因素，综合考虑区域产业、品牌、专利和环保等奖惩因素，设定加分、降级及一票否决等来调整规则。其次，政府应当实施差别化政策指导，根据评价的结果，来建立资源要素差别化的配置机制。市场部门可以在技术改造、产业准入、土地供应、环保等方面进行差别化政策指导，协同地推进资源进行合理地配置。最后，政府应当通过加大空间优化治理的力度，通过对资源利用效率高的中心城市和城市群进行引导，提升其发展品质，同时要加大对资源低效利用的中小城市和小城镇，要加大对其产业结构的调整与"腾笼换鸟"的力度。

三是建立高质量的发展标准体系，使产业规划和空间规划能够有机衔接。城市群要实现高质量发展，需要协同产业提质增效，从而打造具有高集中度和高显示度等特征的特色产业集聚区，促进生产要素的合理流动与优化组合，加快淘汰落后产能，引进优质的企业，从而推动经济高质量的发展。建立产业高质量发展的评价体系，制定项目优选的标准，引进新的项目，并对其进行分区分类引导，严格把控土地的供应和产业的进入。首先，政府应当促进中心城市的产业升级与结构调整。落实产业项目的准入统筹与落地机制，提供重点行业的项目开发和产出强度标准，重点淘汰高能耗、高污染、高风险的企业，减少低端加工型、低效用地型等一般制造企业。其次，政府应当以产业地图为引导，制定各类产业领域高质量发展规划，建立指标体系动态调整机制，引导资源要素聚焦在中小城市和小城镇内的关键环节和薄弱的领域，促进全产业链条整体上升，全面提高经济的投入产出效率。

二、增强城市经济发展优势，推动空间承载力提升

一是增强经济承载力，协同推进人口发展与产业转型升级。以城市群为主体的新型城镇格局优化就是要推进大中小城市和小城镇的可持续发展，在增强中心城市发展活力的同时，推动经济持续、适度快速和协调增长。通过产业转型升级增强城市的就业能力，来适应城镇产业转型的升级以及市场竞争环境的劳动人口迁入的规模，强化城市群对人力资本的集聚吸引能力，要充分利用产业结构的优化升级来带动高质量的就业。首先，政府应当加快由主要依靠增加物质资源消耗转变为主要依靠科技进步、劳动者素质提高及管理创新来构建现代化的农业产业体系。在新型城镇化过程中，以农村消费市场为切入点，根据地区自身的优势和资源特点，加大对特色农业、现代畜牧业及现代渔业的发展力度，进而促进农村居民市民化和提高农业经济的承载力。其次，政府应当加大对新兴产业的发展力度，利用先进技术尤其是高新技术改造传统产业。通过梳理城市群的低端劳动密集型产业，进而提升第二产业的经济承载力，再通过推动从业人口的结构置换，来提高劳动生产效率，进而推动劳动密集型产业和劳动力的"双转移"。最后，政府应当加快对金融、教育及信息技术等现代服务业的发展力度，提高经济资源的开发转化效率和第三产业对转移

就业人口的吸纳能力，进而拓展服务业的发展空间及优化服务业结构。通过加强对中小城市和小城镇的公共基础设施和社会保障体制建设，进而增强中小城市和小城镇的服务业发展能力、人才和劳动力的吸纳能力。

二是提高空间承载力，促进人口合理的分布。城市群新型城镇格局优化要加强对城市群发展规划引导，合理完成城市群和都市圈的规划，防止城市群范围的盲目扩张，各区域在制定政策时应秉承"因地制宜，因材施教"的原则，根据当地实际情况，提升城市群的空间承载能力与人口分布情况。首先，政府应当因地制宜地引导区域人口的均衡布局，实施分类分区和差异引导的人口布局策略，中心城市要以优化控制为主，适度地调控人口的规模和落户情况，重点引进高技术人才和高净值群体，增强对周边城镇的辐射带动能力，引导中心城市的人口向着周边城镇流动。其次，政府应当科学地划分人口发展功能区，按照产城融合与集聚人口的原则，有序地推进中小城市和小城镇人口集聚区的建设，加强对其基础设施和服务设施配套的建设，来提高产业集聚与人口吸纳的综合承载力。最后，政府应当通过农业转移人口融入城镇，贯彻实施居住证的相关制度，积极向农业转移人口提供城镇化的基本公共服务，保障其平等权益。再通过健全农业转移人口的城镇化推进机制，对吸纳农业转移人口较多的城镇，需要加大财政和土地的支持力度。

三、发挥中心城市带动作用，释放城市群发展活力

一是要加快城市群的整体建设，贯彻落实城市群发展战略。在区域协调发展的过程中，区域内各城市群的发展阶段、区位条件存在着较大差异。也就使得城市群的建设一方面要由宏观层面以区域的协调发展为目标，统筹推进西部大开发、东北振兴、中部崛起、东部优化发展，另一方面也需要各城市群有针对性地落实贯彻城市群发展规划，充分发挥比较优势，优化构建城市群新型城镇格局。首先，政府应当针对东部地区城市群推动可持续发展，提升城市群综合竞争力。东部地区的城市群发展速度快，开放程度高，创新能力强，地理位置好，拥有更为突出的发展优势，但同时也出现了人力资源饱和，生产资源过剩的新型问题，所以要推动城市群的可持续发展。政府应当以提升首位城市发展水平为抓手，通过城市群的产业升级、经济互联，提升城市群综合竞争力。以京津冀、长三角、珠三角城市群为核心建立中国三大世界级城市群，推动中国区域经济的健康稳定可持续发展。其次，政府应当针对中西部地区城市群着重发挥中心城市的职能，不断提升其公共服务水平。中西部地区的城市群与东部地区相比开放程度较为不足，地理区位优势较不明显，发展基础较为落后，伴随着国家西部大开发、中部崛起、东北老工业基地振兴等一系列国家战略的出台和实施，不同地区的城市群建设水平差距逐渐缩小，在中西部城市群发展的过程中，需要对东部城市群发展出现的问题进行总结归纳，有效规避相关问题，在开发过程中要十分注意生态保护和经济发展的协调问题，发挥好中西部地区资源富足的优势，加大自身资源的利用率，提高资源使用效率，积极承接东部地区的产业转移，加快自身特色产业的发展，不断增强城市群发展水平。

二是要不断挖掘中小城市的发展潜能，缩小城市群内部发展差距。中小城市作为城市群中的基础性角色，需要不断挖掘其自身潜能，培育成为城市群发展的增长极，既有利于疏解中心城市在发展过程中所带来的压力，又能防止中小城市的社会资源在发展过程中流

失,提升城市群整体的资源利用水平,实现城市群多核化发展。首先,政府应当加快中小城市的基础设施建设,统筹推进城市群的基础设施一体化发展。通过首位城市与中小城市间的基础设施互联系统,一方面能更好地发挥中小城市的区位优势,实现要素的活跃流动,另一方面还可以通过完善中小城市基础设施实现首位城市的产业转移与结构调整,形成城市群整体的产业链网络。其次,政府应当从交通、医疗、教育、资源等多角度切入,构建完善的现代城市服务体系,积极承接中心城市的产业转移,不断优化自身产业结构,延长产业链,增加产业链附加值,推动产业郊区化,合理利用土地资源为产业集聚提供基础服务保障。

三是加快人口的流动,释放城市群发展活力。城市群发展的过程中中心城市呈现出绝对的发展优势,随着城市群内部铁路网公路网的完善,人口的流动更为密集且活跃,一方面促进首位城市的人口规模扩大,另一方面也使得中小城市出现人力资源不足的困境。在城市群新型城镇格局优化过程中要促进人口的流动,释放城市群发展活力。首先,政府应当提升首位城市的承载能力与资源配置能力。首位城市在集聚效应的作用下,呈现出对要素资源的吸引能力。政府应当在城市群规划过程中给予首位城市发展空间,将要素流动与区域经济发展的大趋势相协同。在人口流动过程中推动人口市民化的体制机制调整,充分发挥中心城市的经济增长极作用。其次,政府应当通过产业转移促进中小城镇加快发展,首位城市将过剩的人力资源向人力资源不足的地区转移。产业的转移不仅为中小城镇的剩余劳动力带来了大量的就业机会,还为中小城镇带来了大量的劳动力,激发其创新创业的潜能,通过完善公共服务,增强相关政策补贴,引导人才的合理配置,充分发挥小城镇的环境承载力优势,产业在中小城镇不断集聚,推动中小城镇的发展,进而促进城市群内的整体协调。

结　　论

本书以区域协调发展战略引领中国城市群新型城镇格局优化为研究对象，通过对区域协调发展战略和城市群新型城镇格局优化互动模式的文献分析、现实研判，构建区域协调发展战略和城市群新型城镇格局优化互动模式的理论框架，比较静态地模拟出区域协调发展战略和城市群新型城镇格局优化互动模式所存在的内在关系以及作用机理。研究进一步用实证检验的方式先从静态维度对中国城市群空间范围界定和城市群综合发展水平展开测算分析，再从动态维度通过对中国城市群体系三大结构特征（职能结构、等级规模结构、空间布局结构）、中国城市群人口日常流动网络模型进行检验估计，得到一个多元实证分析框架。通过实证分析得出结论，以此提出区域协调发展战略和城市群新型城镇格局优化互动模式实现路径的对策建议。研究所进行的创新性工作和所得出的主要结论如下：

首先，在明晰区域协调发展战略和城市群新型城镇格局优化互动模式的内涵、特征、构成维度、必要性和可行性的基础上，通过对区域协调发展战略和城市群新型城镇格局优化互动模式的空间格局及发展趋势的分析，由静态—动态、时空互动两个维度对区域协调发展战略和城市群新型城镇化格局优化互动模式的影响机制展开分析。按照"中心城市的辐射扩散能力→形成城市群格局→极化扩散效应理论、中心外围理论，城市群要素合理流动和高效流动→城市群资源配置与承载力能力增强→非均衡协调发展理论、动态协调发展理论，城市群优势产业优先发展→城市群职能结构动态变化→增长极理论、比较优势理论，城市群发展规模扩大→城市群等级规模结构发生变化→位序理论、分形理论，城市群经济集聚扩散效应→城市群空间布局结构发生变化→集聚扩散理论、空间相互作用理论，城市群人口与土地流动方向一致→流动人口趋势发生变化→双推拉理论→城市群新型城镇格局发展不断稳定成熟，且这一发展过程以城市群为主体的大中小城市与小城镇间发展的协调度增大"的思路构建了区域协调发展战略和城市群新型城镇格局优化互动模式的作用机理的分析框架。

其次，构建了区域协调发展战略和城市群新型城镇格局优化互动模式的演化过程、作用机制模型。研究比较静态地模拟出"区域协调发展战略引领城市群新型城镇格局构建—城市群新型城镇格局构建优化区域协调发展"的作用机理。建立出基于"变异—选择—保持"循环过程的主动、被动两个维度的区域协调发展与城市群新型城镇格局优化演化过程，讨论区域协调发展战略和城市群新型城镇格局优化互动模式的发展演化一般规律及动力机制。

再次，构建了区域协调发展战略引领城市群新型城镇格局优化的多元分析实证模型，通过对中国城市群地理信息系统辐射场能模型、三大结构（等级规模结构、职能结构、空间分布结构）特征、城市流动人口情况展开测度研究，全方位、多角度地分析区域协调发展战略和城市群新型城镇格局优化互动模式的主要影响因素及发展过程中存在的突出问题。通过构建地理信息系统辐射场能模型，研究对中国城市群的地理表面场强曲率进行计算，对城市辐射作用强度的高值区域识别，发现中国城市群的规划范围总体偏大，东部地区城市群的数量较多且分布较为集中，中部、西部和东北地区城市群的数量较少且分布较为分散，城市群内部的空间范围还有待发育。通过建立中国城市群协调发展综合评估体系，对中国城市群内部大中小城市和小城镇的协调发展水平进行测算，发现东部地区城市群经济城镇化和人口城镇化的发展较为成熟，其内部大中城市的城镇化水平较高，与中小城市和小城镇存在一定差距，整体城镇化水平有待提高。西部、中部和东北地区中经济城镇化和人口城镇化是影响城市群城镇化水平的主要动力，其内部城市群整体的城镇化水平较低，呈现较不均衡的发展态势。通过对中国城市群职能结构进行测算研究，对区域内各城市群的职能定位、职能分工、产业转移方面进行分析，发现东部和中部地区城市群内部城市间整体的产业职能专业化程度不断上升，城市间潜在的互补性不断增强，其内部等级较高城市间的职能分工较为明显。西部和东北地区城市群，内部主导城市间整体的专业化程度整体呈现下降的趋势，城市间的产业同质性有所增强，内部城市专业化分工水平变化不大。通过对中国城市群等级结构进行测算，对区域内城市群首位城市与城市群经济协调发展的关系、等级规模结构、各类资源要素集聚的状况进行分析，发现中心城市首位度对城市群的经济增长起倒"U"形作用，对城市群的协调发展起到"U"形作用。通过对中国城市群空间布局结构进行测算研究，对区域内各城市群空间布局结构变化趋势、各城市空间扩张方向、城市空间重心变动规律进行分析，发现中国城市群内部行政级别等级越高的城市，就越容易获得各类资源要素，在各方面更加容易形成集聚的优势。通过对中国城市群人口流动状况进行测算，对区域内城市群城市的节点进行分类，对空间距离对人口流动的束缚情况进行分析，发现东部地区流入的人口数最多和辐射范围最大，其次是中部地区和东北地区，西部地区对人口的吸引力和辐射范围最差。

最后，构建区域协调发展与城市群新型城镇格局优化的制度顶层设计分析，提出促进区域协调发展战略引领中国城市群新型城镇格局优化的政策建议。从城市群体系优化实现路径的角度，推出城市群发展协调机制建立，促进各类城市协调发展，强化综合交通运输网络等政策措施，实现区域协调发展战略和城市群新型城镇格局优化互动模式。从个体城市优化实现路径的角度，提出支撑良好环境创新推动城市格局完善，提升公共服务水平，提升整体规划水平，优化政府治理效率等政策措施，实现区域协调发展战略和城市群新型城镇格局优化互动模式。从大中小城市和小城镇协调发展实现路径的角度，促进各类资源高效配置，推动产业高质量发展，增强城市经济发展优势，推动空间承载力提升，发挥中心城市的带动作用，释放城市群发展活力，实现区域协调发展战略和城市群新型城镇格局优化互动模式。

还可以做进一步的研究工作：

一方面，由于中国城市群地理、要素、经济结构复杂，影响区域协调发展和城市群新型城镇格局优化的因素很多，研究通过建立"区域协调发展战略引领城市群新型城镇格局构建—城市群新型城镇格局构建优化区域协调发展"的理论框架、实证分析、系统政策设计，但依旧有一定的局限性。还可以通过更为细致的田野调查与实证分析相结合，在宏中微三个维度扩展调查研究范围、调查研究深度、调查研究时间，进一步提升研究的准确性。

另一方面，由于《中国城市统计年鉴》上关于中国城市群地级以上城市的数据年份以及指标体系有限，由此使得研究对中国城市群城镇格局评估分析上受到了客观数据的限制。在今后的研究中还可以进一步通过对县域数据的收集，建立中国城市群市县数据库，从而形成对省—市—县完整行政区划维度下城镇格局的分析工作。

参考文献

[1] 安虎森,肖欢. 我国区域经济理论形成与演进 [J]. 南京社会科学,2015 (9): 23-30.

[2] 安景文,毕胜,梁志霞. 京津冀城市群空间联系研究 [J]. 商业经济研究,2019 (23): 162-165.

[3] 安俞静,刘静玉,刘梦丽,等. 河南省人口——空间城镇化耦合协调的多尺度时空格局研究 [J]. 现代城市研究,2018 (5): 115-123.

[4] 白春梅,黄涛珍. 城市规模与集聚效应分析 [J]. 河海大学学报,2005 (3): 27-30.

[5] 白洁. 长江中游城市群产业分工协作的基础条件分析 [J]. 湖北社会科学,2012 (6): 61-64.

[6] 白永亮,石磊,党彦龙. 长江中游城市群空间集聚与扩散——基于31个城市18个行业的劳动力要素流动检验 [J]. 经济地理,2016,36 (11): 38-46.

[7] 柏春广,蔡先华. 南京市交通网络的分形特征 [J]. 地理研究,2008 (6): 1419-1426.

[8] 鲍常勇. 我国286个地级及以上城市流动人口分布特征分析 [J]. 人口研究,2007 (6): 67-75.

[9] 毕秀晶,宁越敏. 长三角大都市区空间溢出与城市群集聚扩散的空间计量分析 [J]. 经济地理,2013 (1): 46-53.

[10] 毕学成,谷人旭,苏勤. 制造业区域产业专业化、竞合关系与分工——基于江苏省市域面板数据的计量分析 [J]. 长江流域资源与环境,2018,27 (10): 2201-2213.

[11] 蔡莉丽,马学广,陈伟劲,等. 基于客运交通流的珠三角城市区域功能多中心特征研究 [J]. 经济地理,2013,33 (11): 52-57.

[12] 蔡宁,丛雅静,吴婧文. 中国绿色发展与新型城镇化——基于SBM-DDF模型的双维度研究 [J]. 北京师范大学学报(社会科学版),2014 (5): 130-139.

[13] 蔡玉程,刘阳. 吉林省人口城镇化问题研究 [J]. 人口学刊,2014,36 (5): 105-112.

[14] 曹炳汝,孙巧. 产业集聚与城镇空间格局的耦合关系及时空演化——以长三角区域为例 [J]. 地理研究,2019,38 (12): 3055-3070.

[15] 曹海军,鲍操. 社区治理共同体建设——新时代社区治理制度化的理论逻辑与实现路径 [J]. 理论探讨,2020 (1): 12-18.

[16] 曹宁. 基于区位熵方法的旅游集群产业集聚度评价:以沈阳市为例 [J]. 辽宁

大学学报(哲学社会科学版),2013,41(5):84-88.

[17] 柴攀峰,黄中伟.基于协同发展的长三角城市群空间格局研究[J].经济地理,2014,34(6):75-79.

[18] 常瑞祥,安树伟.中国区域发展空间的格局演变与新拓展[J].区域经济评论,2019(3):129-138.

[19] 晁静,赵新正,李同昇,等.长江经济带三大城市群经济差异演变及影响因素——基于多源灯光数据的比较研究[J].经济地理,2019,39(5):92-100.

[20] 陈爱川.十八大以来我国区域经济协调发展的理论与实践[J].山东社会科学,2016(S1):209-210.

[21] 陈晨,修春亮.基于灰色关联理论的哈大巨型城市走廊产业结构趋同性[J].城市发展研究,2014,21(7):23-31.

[22] 陈丰龙,王美昌,徐康宁.中国区域经济协调发展的演变特征:空间收敛的视角[J].财贸经济,2018,39(7):128-143.

[23] 陈广汉.论泛珠三角区域合作格局的新发展[J].华南师范大学学报(社会科学版),2010(4):110-114,160.

[24] 陈红娟,孙桂平,石晓丽.基于地理信息系统的京津冀地区新型城镇化水平时空格局演化[J].生态经济,2016,32(8):73-77.

[25] 陈红霞,李国平.京津冀区域经济协调发展的时空差异分析[J].城市发展研究,2010,17(5):7-11.

[26] 陈景森,高明.金融集聚与产业集聚的耦合协调度比较研究——以中国十大城市群为例[J].北京科技大学学报(社会科学版),2019,35(6):58-73.

[27] 陈林生.聚集效应、中心地理论与区域经济协调发展[J].财经科学,2004(1):107-109.

[28] 陈明华,刘华军,孙亚男,等.中国五大城市群经济发展的空间差异及溢出效应[J].城市发展研究,2016,23(3):57-63.

[29] 陈明星,郭莎莎,陆大道.新型城镇化背景下京津冀城市群流动人口特征与格局[J].地理科学进展,2018,37(3):363-372.

[30] 陈群元,宋玉祥.长株潭"3+5"城市群产业结构效益与竞争力研究[J].地域研究与开发,2009,28(2):66-70.

[31] 陈剩勇,马斌.区域间政府合作:区域经济一体化的路径选择[J].政治学研究,2004(1):24-34.

[32] 陈守强,黄金川.城市群空间发育范围识别方法综述[J].地理科学进展,2015,34(3):313-320.

[33] 陈水英.京津冀地区生态经济的协调发展与土地空间演化[J].生态经济,2018,34(3):107-111.

[34] 陈田.省域城镇空间结构优化组织的理论与方法[J].城市问题,1992(2):7-15.

[35] 陈亭旭,苏维词.川南城市群县域产业结构与竞争力时空演变研究[J].重庆师范大学学报(自然科学版),2019,36(2):136-145.

[36] 陈伟,常黎丽,彭翀. 基于网络化发展的长株潭城市群空间格局及优化策略 [J]. 经济地理, 2016, 36 (2): 74-79.

[37] 陈晓峰. 生产性服务业与制造业的协同集聚效应分析——以长三角地区为例 [J]. 城市问题, 2016 (12): 63-70.

[38] 陈兴雷,郭忠兴,刘小红,等. 大城市边缘区农村居民点用地空间布局优化研究——对上海南汇地区的考察 [J]. 地域研究与开发, 2011, 30 (3): 117-122.

[39] 陈彦光,刘继生. 城市土地利用结构和形态的定量描述: 从信息熵到分数维 [J]. 地理研究, 2001 (2): 146-152.

[40] 陈彦光,刘继生. 基于引力模型的城市空间互相关和功率谱分析——引力模型的理论证明、函数推广及应用实例 [J]. 地理研究, 2002 (6): 742-752.

[41] 陈玉光. 大城市空间扩展的动力与模式研究 [J]. 求实, 2016 (7): 46-54.

[42] 陈玉光. 关于大城市空间扩展的几个问题 [J]. 北京行政学院学报, 2010 (5): 18-22.

[43] 陈昱,田伟腾,马文博. 人口城镇化与土地城镇化的耦合关系及其空间差异——以中原城市群为例 [J]. 生态经济, 2019, 35 (8): 104-110.

[44] 陈悦,陈超美,刘则渊,等. Citespace知识图谱的方法论功能 [J]. 科学学研究, 2015, 33 (2): 242-253.

[45] 陈泽鹏,李文秀. 区域中心城市服务业空间布局实证研究 [J]. 广东社会科学, 2008 (1): 31-36.

[46] 程开明. 城市体系分布结构与功能联系——基于长三角的实证研究 [J]. 开发研究, 2010 (3): 11-15.

[47] 程世勇. 城乡融合视域下雄安新区区域协调发展路径分析 [J]. 新视野, 2019 (6): 21-27.

[48] 程玉鸿,罗金济. 城市群协调发展研究述评 [J]. 城市问题, 2013 (1): 26-31.

[49] 程钰,陈延斌,任建兰,等. 城市群产业结构与分工的测度研究——以辽中南城市群为例 [J]. 城市发展研究, 2012 (6): 1-5.

[50] 池仁勇,朱非白. 城市创业环境指数研究——基于长江三角洲实证 [J]. 科技进步与对策, 2010, 27 (9): 110-114.

[51] 初楠臣,姜博,赵映慧,等. 城际高铁对未来黑龙江城镇体系空间格局的影响及优化 [J]. 经济地理, 2016, 36 (4): 78-83, 125.

[52] 丛海彬,邹德玲,刘程军. 新型城镇化背景下产城融合的时空格局分析——来自中国285个地级市的实际考察 [J]. 经济地理, 2017, 37 (7): 46-55.

[53] 崔大树. 长江三角洲地区高新技术产业一体化发展研究 [J]. 中国工业经济, 2003 (3): 64-71.

[54] 崔大树,杨永亮. 生产性服务业空间分异的动因与表现——一个理论分析框架 [J]. 学术月刊, 2014 (3): 94-102.

[55] 邓玲,杜黎明. 主体功能区建设的区域协调功能研究 [J]. 经济学家, 2006 (4): 60-64.

[56] 邓先瑞,徐东文,邓巍. 关于江汉平原城市群的若干问题 [J]. 经济地理,

1997 (4): 82-86.

[57] 邓祥征, 钟海玥, 白雪梅, 等. 中国西部城镇化可持续发展路径的探讨 [J]. 中国人口·资源与环境, 2013, 23 (10): 24-30.

[58] 邓元慧, 欧国立, 邢虎松. 城市群形成与演化: 基于演化经济地理学的分析 [J]. 科技进步与对策, 2015 (6): 45-50.

[59] 邓祖涛, 周玉翠, 梁滨. 武汉城市圈旅游流集聚扩散特征及路径分析 [J]. 经济地理, 2014, 34 (3): 170-175.

[60] 丁建军. 城市群经济、多城市群与区域协调发展 [J]. 经济地理, 2010, 30 (12): 2018-2022.

[61] 丁志伟, 韩明珑, 张改素, 等. 县域尺度下中原城市群C2C淘宝店铺服务质量的空间分异及其影响因素 [J]. 经济地理, 2019, 39 (5): 143-154.

[62] 丁志伟, 黄迺茗, 谢慧钰, 等. 中原城市群镇域经济空间格局及其影响因素 [J]. 经济地理, 2019, 39 (11): 60-68.

[63] 丁志伟, 张改素, 王发曾, 等. 中国工业化、城镇化、农业现代化、信息化、绿色化"五化"协调定量评价的进展与反思 [J]. 地理科学进展, 2016, 35 (1): 4-13.

[64] 董微微, 谌琦. 京津冀城市群各城市的区域发展结构性差异与协同发展路径 [J]. 工业技术经济, 2019, 38 (8): 41-48.

[65] 杜德林, 王姣娥, 焦敬娟. 长江经济带知识产权空间格局与区域经济发展耦合性研究 [J]. 长江流域资源与环境, 2019, 28 (11): 2564-2573.

[66] 杜人淮. 中国城镇化可持续发展的困境与破解 [J]. 现代经济探讨, 2013 (6): 5-9.

[67] 杜文忠, 唐贵伍. 西部地区县域特色产业发展对策研究 [J]. 重庆大学学报 (社会科学版), 2010 (3): 1-6.

[68] 段佩利, 刘曙光, 尹鹏. 区域开发强度与资源环境承载力耦合协调分析——以中国沿海城市群为例 [J]. 资源开发与市场, 2018, 34 (7): 930-934, 1009.

[69] 樊杰, 洪辉. 现今中国区域发展值得关注的问题及其经济地理阐释 [J]. 经济地理, 2012, 32 (1): 1-6.

[70] 樊杰, 梁博, 郭锐. 新时代完善区域协调发展格局的战略重点 [J]. 经济地理, 2018, 38 (1): 1-10.

[71] 范恒山. 关于"十三五"促进区域协调发展基本思路的思考 [J]. 理论视野, 2015 (12): 19-22.

[72] 范楠楠, 虞阳. 重启县级市设置: 深层难题及其治理策略 [J]. 社会科学, 2017 (7): 11-17.

[73] 范擎宇, 杨山. 协调视角下长三角城市群的空间结构演变与优化 [J]. 自然资源学报, 2019, 34 (8): 1581-1592.

[74] 范玉凤, 刘子杨, 马宇博. 基于网络化空间模型的京津冀城市群空间布局优化研究 [J]. 商业经济研究, 2019 (9): 156-159.

[75] 方创琳, 宋吉涛, 张蔷, 等. 中国城市群结构体系的组成与空间分异格局 [J]. 地理学报, 2005 (5): 827-840.

[76] 方创琳. 中国城市发展方针的演变调整与城市规模新格局 [J]. 地理研究, 2014, 33 (4): 674-686.

[77] 方创琳. 中国城市群研究取得的重要进展与未来发展方向 [J]. 地理学报, 2014, 69 (8): 1130-1144.

[78] 方大春, 马为彪. 中国区域创新与产业结构耦合协调度及其经济效应研究 [J]. 当代经济管理, 2019, 41 (7): 50-58.

[79] 方大春, 孙明月. 高铁时代下长三角城市群空间结构重构——基于社会网络分析 [J]. 经济地理, 2015 (10): 50-56.

[80] 方大春, 杨义武. 高铁时代长三角城市群交通网络空间结构分形特征研究 [J]. 地域研究与开发, 2013 (2): 52-56.

[81] 方士雄. 上海市创新社会治理的经验与思路 [J]. 社会治理, 2015 (1): 71-77.

[82] 方玮轩, 杨惠, 方斌. 基于通勤行为的小城镇土地利用与格局优化对策研究——以扬中市为例 [J]. 中国土地科学, 2017, 31 (2): 40-47, 97.

[83] 方忠权, 丁四保. 主体功能区划与中国区域规划创新 [J]. 地理科学, 2008 (4): 483-487.

[84] 房庆方, 杨细平, 蔡瀛. 区域协调和可持续发展——珠江三角洲经济区城市群规划及其实施 [J]. 城市规划, 1997 (1): 7-10, 60.

[85] 苏飞, 张平宇. 辽中南城市群城市规模分布演变特征 [J]. 地理科学, 2010, 30 (3): 343-349.

[86] 丰海英, 刘素仙. 区域经济协调发展问题研究 [J]. 理论探索, 2005 (2): 68-69.

[87] 冯邦彦, 尹来盛. 城市群区域治理结构的动态演变——以珠江三角洲为例 [J]. 城市问题, 2011 (7): 11-15.

[88] 冯长春, 谢旦杏, 马学广, 等. 基于城际轨道交通流的珠三角城市区域功能多中心研究 [J]. 地理科学, 2014, 34 (6): 648-655.

[89] 冯婧, 江孝君, 杨青山. 中国城市群经济社会协调发展水平及效率时空格局 [J]. 资源开发与市场, 2018, 34 (8): 1123-1132.

[90] 冯德显, 贾晶, 乔旭宁. 区域性中心城市辐射力及其评价——以郑州市为例 [J]. 地理科学, 2006 (3): 266-272.

[91] 冯兴华, 钟业喜, 李建新, 等. 长江中游城市群县域城镇化水平空间格局演变及驱动因子分析 [J]. 长江流域资源与环境, 2015 (6): 899-908.

[92] 冯彦杰, 王之禹. 我国老工业城市振兴问题研究——基于产业结构转型视角的分析 [J]. 价格理论与实践, 2019 (6): 156-159.

[93] 付金存, 李豫新, 徐匆匆. 城市综合承载力的内涵辨析与限制性因素发掘 [J]. 城市发展研究, 2014, 21 (3): 106-111.

[94] 傅毅明, 赵彦云. 基于公路交通流的城市群关联网络研究——以京津冀城市群为例 [J]. 河北大学学报 (哲学社会科学版), 2016 (4): 91-100.

[95] 高军波, 付景保, 张晓峰. 中部欠发达地区城镇化特征及其动力机制分析——以河南省信阳市雷山村为例 [J]. 国土资源科技管理, 2013 (3): 6-12.

[96] 高丽娜,蒋伏心,马澜.规模效应、创新外部性与区域经济增长差异——基于中国新世纪以来的数据分析[J].西部论坛,2016,26(3):54-61.

[97] 葛宝山,李虹霖.我国典型地区创业环境实证研究[J].经济纵横,2006(7):69-70.

[98] 龚勤林,郭帅新,龚剑.基于协同创新的城市职能识别与优化研究——以长江中游城市群为例[J].经济体制改革,2017(3):38-45.

[99] 辜胜阻,李华,易善策.城镇化是扩大内需实现经济可持续发展的引擎[J].中国人口科学,2010(3):2-10,111.

[100] 辜胜阻,李华,易善策.均衡城镇化:大都市与中小城市协调共进[J].人口研究,2010,34(5):3-11.

[101] 辜胜阻,刘江日,李洪斌.中国城镇化的转型方向和配套改革[J].中国人口科学,2013(3):2-9,126.

[102] 辜胜阻,易善策,李华.中国特色城镇化道路研究[J].中国人口·资源与环境,2009,19(1):47-52.

[103] 顾朝林.城市群研究进展与展望[J].地理研究,2011,30(5):771-784.

[104] 顾朝林,王颖,邵园,等.基于功能区的行政区划调整研究——以绍兴城市群为例[J].地理学报,2015,70(8):1187-1201.

[105] 顾浩,陈勇.浙江省新型城市化背景下城乡规划编制的探索与实践[J].城市规划学刊,2012(2):106-111.

[106] 顾松年.我国城镇化的创新演进及其区域整合[J].现代经济探讨,2015(12):5-9.

[107] 关晓光,刘柳.基于修正引力模型的京津冀城市群空间联系分析[J].城市问题,2014(11):21-26.

[108] 关兴良,魏后凯,鲁莎莎,等.中国城镇化进程中的空间集聚、机理及其科学问题[J].地理研究,2016,35(2):227-241.

[109] 郭爱君,毛锦凰.丝绸之路经济带与西北城市群协同发展研究[J].甘肃社会科学,2016(1):74-79.

[110] 郭东杰,王晓庆.经济开放与人口流动及城镇化发展研究[J].中国人口科学,2013(5):78-86,127.

[111] 郭庆宾,许泱,刘承良.长江中游城市群资源集聚能力影响因素与形成机理[J].中国人口·资源与环境,2018,28(2):151-157.

[112] 郭庆宾,张中华.长江中游城市群要素集聚能力的时空演变[J].地理学报,2017,72(10):1746-1761.

[113] 郭荣朝,苗长虹.基于特色产业簇群的城市群空间结构优化研究[J].人文地理,2010,25(5):47-52.

[114] 郭锐,樊杰.城市群规划多规协同状态分析与路径研究[J].城市规划学刊,2015(2):24-30.

[115] 韩峰,李玉双.产业集聚、公共服务供给与城市规模扩张[J].经济研究,2019,54(11):149-164.

[116] 韩峰, 王琢卓, 阳立高. 生产性服务业集聚、空间技术溢出效应与经济增长 [J]. 产业经济研究, 2014 (2): 1-10.

[117] 韩增林, 郭建科, 仉培宏. 沈阳城市空间优化与管治策略 [J]. 城市发展研究, 2011, 18 (4): 91-98.

[118] 郝伟伟, 高红岩, 刘宗庆. 城际轨道交通对城市群紧凑发展及其经济效率的影响研究——基于中国十大城市群面板数据的实证分析 [J]. 宏观经济研究, 2019 (10): 144-156.

[119] 何冬梅, 杜宇玮. 长三角区域经济格局演变、驱动因素及空间溢出效应研究 [J]. 现代经济探讨, 2018 (12): 7-16, 55.

[120] 何晖, 刘德学. 珠三角城市群内部职能专业化水平测度与分析 [J]. 科技管理研究, 2016 (8): 80-86.

[121] 何龙斌. 省际边缘区接受中心城市经济辐射研究 [J]. 经济纵横, 2013 (6): 12-16.

[122] 何胜, 唐承丽, 周国华. 长江中游城市群空间相互作用研究 [J]. 经济地理, 2014 (4): 46-53.

[123] 何伟纯, 姜玉玲, 康江江, 等. 河南省经济差异的时空演变及其动力机制 [J]. 地域研究与开发, 2016, 35 (4): 22-26, 31.

[124] 贺曲夫, 刘友金, 向云波. 长株潭城市群区域整合与行政管理体制创新研究 [J]. 湖南科技大学学报 (社会科学版), 2013 (5): 128-134.

[125] 贺三维, 邵玺. 京津冀地区人口—土地—经济城镇化空间集聚及耦合协调发展研究 [J]. 经济地理, 2018, 38 (1): 95-102.

[126] 赫胜彬, 王华伟. 京津冀城市群空间结构研究 [J]. 经济问题探索, 2015 (6): 105-111.

[127] 赫曦滢. 哈长城市群的空间结构与整合发展 [J]. 城市学刊, 2015 (2): 66-71.

[128] 胡荣涛. 新时代推进我国城市群发展的理论逻辑与实践进路 [J]. 新疆社会科学, 2019 (5): 23-34, 152-153.

[129] 胡霞. 互联网背景下流通业发展对区域经济集聚的影响及溢出效应——以海岸带城市群为例 [J]. 商业经济研究, 2019 (16): 157-160.

[130] 胡晓立. 长三角区域经济社会协调发展理论研讨会综述 [J]. 浙江社会科学, 2008 (1): 121-124, 129.

[131] 胡序威. 有关城市化与城镇体系规划的若干思考 [J]. 城市规划, 2000 (1): 16-20, 64.

[132] 花晨, 陈文喆, 黄新建. 基于中心城市最优规模的江西城市结构体系研究 [J]. 企业经济, 2015 (5): 148-152.

[133] 苏华. 中国城市产业结构的专业化与多样化特征分析 [J]. 人文地理, 2012, 27 (1): 98-101.

[134] 黄彬. 通过行政区管理体制改革促进城市群结构优化——以长江三角洲城市群为例 [J]. 经济社会体制比较, 2015 (4): 100-107.

[135] 黄春芳,韩清.高铁线路对城市经济活动存在"集聚阴影"吗?——来自京沪高铁周边城市夜间灯光的证据[J].上海经济研究,2019(11):46-58.

[136] 黄金川,孙贵艳,闫梅,等.中国城市场强格局演化及空间自相关特征[J].地理研究,2012,31(8):1355-1364.

[137] 黄新建,李剑.环鄱阳湖城市群等级规模结构分析[J].南昌大学学报(人文社会科学版),2010(2):74-77.

[138] 黄亚平,陈瞻,谢来荣.新型城镇化背景下异地城镇化的特征及趋势[J].城市发展研究,2011,18(8):11-16.

[139] 黄园淅,杨波.从胡焕庸人口线看地理环境决定论[J].云南师范大学学报(哲学社会科学版),2012,44(1):68-73.

[140] 黄征学,覃成林,李正图,等."十四五"时期的区域发展[J].区域经济评论,2019(6):1-12,165.

[141] 黄志基,马妍,贺灿飞.中国城市群承载力研究[J].城市问题,2012(9):2-8.

[142] 黄祖辉,邵峰,朋文.推进工业化、城镇化和农业现代化协调发展[J].中国农村经济,2013(1):8-14,39.

[143] 简新华,罗钜钧,黄锟.中国城镇化的质量问题和健康发展[J].当代财经,2013(9):5-16.

[144] 江红莉,何建敏.区域经济与生态环境系统动态耦合协调发展研究——基于江苏省的数据[J].软科学,2010,24(3):63-68.

[145] 江孝君,杨青山,耿清格,等.长江经济带生态—经济—社会系统协调发展时空分异及驱动机制[J].长江流域资源与环境,2019,28(3):493-504.

[146] 江孝君,杨青山,刘鉴.中国地级以上城市"五化"协调发展时空格局及影响因素[J].地理科学进展,2017,36(7):806-819.

[147] 江孝君,杨青山,张郁,等.中国经济社会协调发展水平空间分异特征[J].经济地理,2017,37(8):17-26.

[148] 姜安印.主体功能区:区域发展理论新境界和实践新格局[J].开发研究,2007(2):14-17.

[149] 姜文仙,覃成林.区域协调发展研究的进展与方向[J].经济与管理研究,2009(10):90-95.

[150] 蒋小荣,汪胜兰.中国地级以上城市人口流动网络研究——基于百度迁徙大数据的分析[J].中国人口科学,2017(2):35-46,127.

[151] 蒋娅娜.城市新区空间优化布局的挑战与对策——以重庆市南川区为例[J].西南师范大学学报(自然科学版),2018,43(5):127-130.

[152] 蒋子龙,樊杰,陈东.2001~2010年中国人口与经济的空间集聚与均衡特征分析[J].经济地理,2014(5):9-13,82.

[153] 焦继文,郭宝洁.中心城市科技资源集聚辐射力评价[J].统计与决策,2015(23):56-59.

[154] 金祥荣,赵雪娇.行政权分割、市场分割与城市经济效率——基于计划单列市

视角的实证分析 [J]. 经济理论与经济管理, 2017 (3): 14-25.

[155] 谷丽娟, 疏良仁, 颜剑英, 等. 构建多样性的城市文化旅游区——以江苏运河文化城整体规划为例 [J]. 规划师, 2011, 27 (8): 52-58.

[156] 阚大学, 吕连菊. 职业教育对中国城镇化水平影响的实证研究 [J]. 中国人口科学, 2014 (1): 66-75, 127.

[157] 柯善咨, 赵曜. 产业结构、城市规模与中国城市生产率 [J]. 经济研究, 2014, 49 (4): 76-88, 115.

[158] 孔凡文, 许世卫. 论城镇化速度与质量协调发展 [J]. 城市问题, 2005 (5): 58-61.

[159] 孔娜娜. 社区公共服务碎片化的整体性治理 [J]. 华中师范大学学报 (人文社会科学版), 2014, 53 (5): 29-35.

[160] 蓝荣钦, 王家耀. 智慧城市空间信息基础设施支撑力评价体系研究 [J]. 测绘科学技术学报, 2015, 32 (1): 78-81.

[161] 劳昕, 张远, 沈体雁, 等. 长江中游城市群城市职能结构特征研究 [J]. 城市发展研究, 2017, 24 (11): 111-117.

[162] 李斌, 吴书胜, 朱业. 农业技术进步、新型城镇化与农村剩余劳动力转移——基于"推拉理论"和省际动态面板数据的实证研究 [J]. 财经论丛, 2015 (10): 3-10.

[163] 李程骅. 新型城镇化战略下的城市转型路径探讨 [J]. 南京社会科学, 2013 (2): 7-13, 22.

[164] 李传武, 张小林, 吴威. 基于分形理论的江苏沿江城镇体系研究 [J]. 长江流域资源与环境, 2010 (1): 1-6.

[165] 李东光, 郭凤城. 产业集群与城市群协调发展对区域经济的影响 [J]. 经济纵横, 2011 (8): 40-43.

[166] 李国敏, 匡耀求, 黄宁生, 等. 基于耦合协调度的城镇化质量评价——以珠三角城市群为例 [J]. 现代城市研究, 2015 (6): 93-100.

[167] 李国平, 罗心然. 京津冀地区人口与经济协调发展关系研究 [J]. 地理科学进展, 2017, 36 (1): 25-33.

[168] 李海东, 王帅, 刘阳. 基于灰色关联理论和距离协同模型的区域协同发展评价方法及实证 [J]. 系统工程理论与实践, 2014 (7): 1749-1755.

[169] 李怀. 新型城镇化的合法性与有效性: 一个解释框架 [J]. 北京工业大学学报 (社会科学版), 2015 (3): 1-7.

[170] 李剑波, 涂建军. 成渝城市群新型城镇化发展协调度时序特征 [J]. 现代城市研究, 2018 (9): 47-55.

[171] 李健. 新城发展中的智慧城市建设战略与框架 [J]. 南京社会科学, 2013 (11): 66-71.

[172] 李金龙, 闫倩倩, 廖灿. 县辖市: 新型城镇化中设市模式创新的基本路径 [J]. 经济地理, 2016 (4): 52-58, 69.

[173] 李凯, 刘涛, 曹广忠. 城市群空间集聚和扩散的特征与机制——以长三角城市群、武汉城市群和成渝城市群为例 [J]. 城市规划, 2016, 40 (2): 18-26, 60.

[174] 李珂, 杨敏. 小城镇循环经济发展模式研究——以兰州市榆中县金崖镇为例 [J]. 开发研究, 2011 (6): 29-32.

[175] 李娜. 长三角城市群空间演化与特征 [J]. 华东经济管理, 2010 (2): 33-36.

[176] 李培鑫. 城市群的演进规律和一体化发展特征分析 [J]. 上海城市管理, 2019, 28 (5): 15-20.

[177] 李松霞. 北部湾城市群空间关联性研究 [J]. 技术经济与管理研究, 2018 (2): 119-123.

[178] 李夏苗, 王国明, 胡正东, 等. 城市群交通网络层级结构与组团结构识别 [J]. 系统工程, 2012 (5): 81-88.

[179] 李翔, 张雯静. 基于物流增长极的区域一体化发展模式研究 [J]. 商业经济研究, 2018 (15): 84-87.

[180] 李晓斌. 以产业转型升级推进新型城镇化的动力机制研究 [J]. 求实, 2015 (2): 59-64.

[181] 李晓江, 尹强, 张娟, 等. 《中国城镇化道路、模式与政策》研究报告综述 [J]. 城市规划学刊, 2014 (2): 1-14.

[182] 李晓西, 卢一沙. 长三角城市群空间格局的演进及区域协调发展 [J]. 规划师, 2011, 27 (1): 11-15.

[183] 李学鑫, 苗长虹. 城市群产业结构与分工的测度研究——以中原城市群为例 [J]. 人文地理, 2006 (4): 25-28, 122.

[184] 李月起. 新时代成渝城市群协调发展策略研究 [J]. 西部论坛, 2018, 28 (3): 94-99.

[185] 李震, 刘品安. 珠三角世界级城市群建设路径创新 [J]. 开放导报, 2016 (2): 55-58.

[186] 李震, 杨永春, 刘宇香. 西北地级城市的行业分工测度研究 [J]. 地域研究与开发, 2010, 29 (2): 65-71.

[187] 梁国强, 侯海燕, 任佩丽, 等. 高质量论文使用次数与被引次数相关性的特征分析 [J]. 情报杂志, 2018, 37 (4): 147-153.

[188] 梁婧, 张庆华, 龚六堂. 城市规模与劳动生产率: 中国城市规模是否过小?——基于中国城市数据的研究 [J]. 经济学 (季刊), 2015, 14 (3): 1053-1072.

[189] 梁龙武, 王振波, 方创琳, 等. 京津冀城市群城市化与生态环境时空分异及协同发展格局 [J]. 生态学报, 2019, 39 (4): 1212-1225.

[190] 林雄斌, 马学广, 晁恒, 等. 珠江三角洲巨型区域空间组织与空间结构演变研究 [J]. 人文地理, 2014, 29 (4): 59-65, 97.

[191] 刘安国, 张越, 张英奎. 新经济地理学扩展视角下的区域协调发展理论研究——综述与展望 [J]. 经济问题探索, 2014 (11): 184-190.

[192] 刘安乐, 杨承玥, 明庆忠, 等. 边疆山地城市群交通网络的时空演化——以滇中城市群为例 [J]. 经济地理, 2016 (4): 70-77.

[193] 刘秉镰, 朱俊丰. 新中国 70 年城镇化发展: 历程、问题与展望 [J]. 经济与

管理研究,2019,40(11):3-14.

[194] 刘承良,余瑞林,熊剑平,等.武汉都市圈经济联系的空间结构[J].地理研究,2007(1):197-209.

[195] 刘定惠,杨永春.区域经济—旅游—生态环境耦合协调度研究——以安徽省为例[J].长江流域资源与环境,2011,20(7):892-896.

[196] 刘锋,刘贤腾,余忠.协同区域产业发展空间布局初探——以沿淮城市群为例[J].城市规划,2009,33(6):88-92.

[197] 刘海龙,石培基,张学斌,等.基于生态承载力的黄土高原地区城镇体系空间结构演化——以庆阳市为例[J].干旱区研究,2013,30(4):749-756.

[198] 刘浩,马琳.1992-2013年京津冀地区经济发展失衡的溢出效应[J].经济问题探索,2016(11):59-66.

[199] 刘继生,陈涛.东北地区城市体系空间结构的分形研究[J].地理科学,1995(2):136-143,199.

[200] 刘继生,陈彦光.城镇体系空间结构的分形维数及其测算方法[J].地理研究,1999(2):60-67.

[201] 刘继生,陈彦光.交通网络空间结构的分形维数及其测算方法探讨[J].地理学报,1999(5):471-478.

[202] 刘鉴,杨青山,江孝君,等.长三角城市群城市创新产出的空间集聚及其溢出效应[J].长江流域资源与环境,2018,27(2):225-234.

[203] 刘静玉,刘玉振,邵宁宁,等.河南省新型城镇化的空间格局演变研究[J].地域研究与开发,2012,31(5):143-147.

[204] 刘德军.山东新型城镇化发展路径研究[J].经济研究参考,2013(31):33-48.

[205] 刘立平,穆桂松.中原城市群空间结构与空间关联研究[J].地域研究与开发,2011(6):164-168.

[206] 刘丽娟.长江经济带区域经济协调发展评价——基于区域差异的综合分析[J].商业经济研究,2016(14):196-198.

[207] 刘梅,赵曦.城市群网络空间结构及其经济协调发展——基于长江经济带三大城市群的比较分析[J].经济问题探索,2019(9):100-111.

[208] 刘乃全.中国经济学如何研究协调发展[J].改革,2016(5):131-141.

[209] 刘涛,齐元静,曹广忠.中国流动人口空间格局演变机制及城镇化效应——基于2000年和2010年人口普查分县数据的分析[J].地理学报,2015,70(4):567-581.

[210] 刘法威,许恒周,王姝.人口—土地—经济城镇化的时空耦合协调性分析——基于中国省际面板数据的实证研究[J].城市发展研究,2014,21(8):7-11.

[211] 刘西忠.跨区域城市发展的协调与治理机制[J].南京社会科学,2014(5):70-76.

[212] 刘小康."行政区经济"概念再探讨[J].中国行政管理,2010(3):42-47.

[213] 刘晓阳,黄晓东,丁志伟.长江经济带县域信息化水平的空间差异及影响因素

[J]. 长江流域资源与环境, 2019, 28 (6): 1262 - 1275.

[214] 刘修岩, 邵军, 薛玉立. 集聚与地区经济增长: 基于中国地级城市数据的再检验 [J]. 南开经济研究, 2012 (3): 52 - 64.

[215] 刘秀兰, 王珏, 付强. 西部民族地区产业结构的问题与对策 [J]. 财经科学, 2010 (5): 101 - 109.

[216] 刘学功, 郑敬刚. 产业结构演变与农业劳动力转移之比较研究——中原城市群农村劳动力转移实证分析 [J]. 农业经济, 2011 (7): 64 - 66.

[217] 刘彦随, 陈聪, 李玉恒. 中国新型城镇化村镇建设格局研究 [J]. 地域研究与开发, 2014 (6): 1 - 6.

[218] 刘艳清. 区域经济可持续发展系统的协调度研究 [J]. 社会科学辑刊, 2000 (5): 79 - 83.

[219] 刘耀彬, 白彩全, 李政通, 等. 环鄱阳湖城市体系规模结构变动——基于距离、规模、创新扩散的解释 [J]. 经济地理, 2015 (4): 62 - 69.

[220] 刘耀彬, 王英, 谢非. 环鄱阳湖城市群城市规模结构演变特征 [J]. 经济地理, 2013 (4): 70 - 76.

[221] 刘耀森, 杨勇. 西部地区城乡二元经济结构的演化历程分析——以重庆为例 [J]. 求索, 2010 (2): 44 - 46.

[222] 刘银, 刘慈航, 梁倬骞. 欧盟区域经济协调发展制度及启示 [J]. 经济纵横, 2014 (9): 114 - 117.

[223] 刘玉. 基于功能定位的北京区域产业发展格局分析 [J]. 城市发展研究, 2013 (10): 117 - 123.

[224] 刘兆德, 杨琦. 山东半岛城市群地区空间极化及其影响因素研究 [J]. 长江流域资源与环境, 2011 (7): 790 - 795.

[225] 柳伍生, 周和平, 陈凤. 城市群城际公交网络设计模型与算法 [J]. 系统工程, 2011 (10): 92 - 96.

[226] 龙玉清, 陈彦光. 京津冀交通路网结构特征及其演变的分形刻画 [J]. 人文地理, 2019, 34 (4): 115 - 125.

[227] 龙泽巨. 城市社会治安管理的基点放在哪 [J]. 社会, 1993 (12): 39 - 40.

[228] 卢林, 姜滨滨. 产业集群与社会资本: 一个文献综述 [J]. 商业研究, 2009 (10): 27 - 30.

[229] 陆杰华, 韩承明. 论小城镇与我国的城镇化发展道路 [J]. 中国特色社会主义研究, 2013 (1): 98 - 104.

[230] 陆铭. 城市、区域和国家发展——空间政治经济学的现在与未来 [J]. 经济学 (季刊), 2017, 16 (4): 1499 - 1532.

[231] 路旭, 马学广, 李贵才. 基于国际高级生产者服务业布局的珠三角城市网络空间格局研究 [J]. 经济地理, 2012, 32 (4): 50 - 54.

[232] 吕政, 刘勇, 王钦. 中国生产性服务业发展的战略选择——基于产业互动的研究视角 [J]. 中国工业经济, 2006 (8): 5 - 12.

[233] 罗波阳. 城市群区域城镇协调发展: 内涵、特征与路径 [J]. 求索, 2014

(8): 52-56.

[234] 罗丹阳. 增强中心城市聚集效应研究——以贵州省贵阳市为例 [J]. 贵州社会科学, 2019 (11): 127-133.

[235] 罗山. 城市创新型创业环境结构分析与设计 [J]. 科技进步与对策, 2010, 27 (18): 17-21.

[236] 罗震东, 何鹤鸣. 全球城市区域中的小城镇发展特征与趋势研究——以长江三角洲为例 [J]. 城市规划, 2013 (1): 9-16.

[237] 罗震东, 韦江绿, 张京祥. 城乡基本公共服务设施均等化发展特征分析——基于常州市的调查 [J]. 城市发展研究, 2010 (12): 36-42.

[238] 马洪福, 郝寿义. 产业转型升级水平测度及其对劳动生产率的影响——以长江中游城市群26个城市为例 [J]. 经济地理, 2017, 37 (10): 116-125.

[239] 马静, 邓宏兵, 张红. 长江经济带区域经济差异与空间格局分析 [J]. 统计与决策, 2017 (16): 86-90.

[240] 马静, 李小帆, 张红. 长江中游城市群城市发展质量系统协调性研究 [J]. 经济地理, 2016, 36 (7): 53-61.

[241] 马强, 王军. 城镇化缩小城乡收入差距的机制与效应——基于中国271个城市面板数据的分析 [J]. 城市问题, 2018 (10): 12-19.

[242] 马小燕, 郑晓齐. 高等教育文献研究范式的嬗变、问题及反思 [J]. 高教探索, 2019 (8): 37-43.

[243] 马延吉. 辽中南城市群产业集聚发展与格局 [J]. 经济地理, 2010 (8): 1294-1298.

[244] 马燕坤. 城市群功能空间分工形成的演化模型与实证分析 [J]. 经济管理, 2016, 38 (12): 31-46.

[245] 马燕坤, 肖金成. 都市区、都市圈与城市群的概念界定及其比较分析 [J]. 经济与管理, 2020, 34 (1): 18-26.

[246] 马勇, 董观志. 武汉大旅游圈的构建与发展模式研究 [J]. 经济地理, 1996 (2): 99-104.

[247] 毛汉英. 新时期区域规划的理论、方法与实践 [J]. 地域研究与开发, 2005 (6): 1-6.

[248] 梅志雄, 徐颂军, 欧阳军. 珠三角城市群城市空间吸引范围界定及其变化 [J]. 经济地理, 2012, 32 (12): 47-52, 60.

[249] 孟祥林. 核心城市与腹地间的关系: 以京沪为例的经济学分析 [J]. 城市发展研究, 2008 (2): 13-19.

[250] 孟祥林. 京津冀城市圈发展布局: 差异化城市扩展进程的问题与对策探索 [J]. 城市发展研究, 2009, 16 (3): 6-15.

[251] 孟祥林. 京津冀协同发展背景下涿州城镇体系发展构想 [J]. 北京交通大学学报 (社会科学版), 2020 (1): 1-10.

[252] 孟祥林, 王妙英. 行政区划沿革视角下京津冀城市群的发展思路分析 [J]. 城市发展研究, 2013, 20 (6): 64-71.

[253] 孟祥林. 小城镇发展的战略选择：实践证明与理论分析 [J]. 人口学刊, 2005 (2): 9-15.

[254] 苗洁, 吴海峰. 中国区域协调发展研究综述 [J]. 开发研究, 2014 (6): 1-5.

[255] 慕慧娟, 崔光莲. 共建"丝绸之路经济带"背景下西北五省（区）经济协调发展研究 [J]. 经济纵横, 2015 (5): 93-97.

[256] 倪鹏飞. 关于中国新型城镇化的若干思考 [J]. 经济纵横, 2014 (9): 11-13.

[257] 倪维秋. 新型城镇化及其协调发展测度——以京津冀城市群为例 [J]. 江苏农业科学, 2017, 45 (8): 317-323.

[258] 宁越敏, 严重敏. 我国中心城市的不平衡发展及空间扩散的研究 [J]. 地理学报, 1993 (2): 97-104.

[259] 牛婷, 李斌, 任保平. 我国城市化与产业结构及其优化的互动关系研究 [J]. 统计与决策, 2014 (1): 93-95.

[260] 牛雪峰, 王桂新. 河南省城市体系的经济规模分布特征研究 [J]. 经济问题探索, 2015 (9): 104-109.

[261] 欧阳峣, 生延超. 城市群理论研究新进展 [J]. 经济学动态, 2008 (8): 104-108.

[262] 潘竟虎, 赖建波. 中国城市间人口流动空间格局的网络分析——以国庆—中秋长假和腾讯迁徙数据为例 [J]. 地理研究, 2019, 38 (7): 1678-1693.

[263] 潘竟虎, 刘伟圣. 基于腹地划分的中国城市群空间影响范围识别 [J]. 地球科学进展, 2014, 29 (3): 352-360.

[264] 潘文卿. 中国的区域关联与经济增长的空间溢出效应 [J]. 经济研究, 2012, 47 (1): 54-65.

[265] 庞晶, 叶裕民. 全球化对城市空间结构的作用机制分析 [J]. 城市发展研究, 2012 (4): 50-54.

[266] 庞娟. 产业转移与区域经济协调发展 [J]. 理论与改革, 2000 (3): 81-82.

[267] 彭荣胜. 区域经济协调发展内涵的新见解 [J]. 学术交流, 2009 (3): 101-105.

[268] 彭姗妮, 魏春雨. 长株潭城市群体空间结构研究及相关建议 [J]. 湖南科技大学学报（社会科学版）, 2012 (1): 103-107.

[269] 皮亚彬, 薄文广, 何力武. 城市区位、城市规模与中国城市化路径 [J]. 经济与管理研究, 2014 (3): 59-65.

[270] 蒲英霞, 马荣华, 马晓冬, 等. 长江三角洲地区城市规模分布的时空演变特征 [J]. 地理研究, 2009, 28 (1): 161-172.

[271] 齐讴歌, 赵勇. 城市群功能分工的时序演变与区域差异 [J]. 财经科学, 2014 (7): 114-121.

[272] 秦佳, 李建民. 中国人口城镇化的空间差异与影响因素 [J]. 人口研究, 2013 (2): 25-40.

[273] 秦志琴, 张平宇. 辽宁沿海城市带空间结构 [J]. 地理科学进展, 2011, 30 (4): 491-497.

[274] 秦志琴, 张平宇, 王国霞. 辽宁沿海城市带空间结构演变及优化 [J]. 经济地理, 2012 (10): 36-41.

[275] 秦尊文, 汤鹏飞. 长江中游城市群经济联系分析 [J]. 湖北社会科学, 2013 (10): 52-56.

[276] 仇方道, 金娜, 袁荷, 等. 徐州都市圈产业结构转型城镇空间响应的时空异质性 [J]. 地理科学, 2017, 37 (10): 1459-1468.

[277] 仇方道, 孙莉莉, 郭梦梦, 等. 再生性资源型城市工业化与城镇空间耦合格局及驱动因素——以徐州市为例 [J]. 地理科学, 2018, 38 (10): 1670-1680.

[278] 仇怡. 城市体系与创新扩散效应的关系——以长三角地区为例 [J]. 城市问题, 2015 (8): 90-96.

[279] 邱均平, 董克. 作者共现网络的科学研究结构揭示能力比较研究 [J]. 中国图书馆学报, 2014, 40 (1): 15-24.

[280] 邱灵, 方创琳. 城市产业结构优化的纵向测度与横向诊断模型及应用——以北京市为例 [J]. 地理研究, 2010, 29 (2): 327-337.

[281] 权衡. 中国区域经济发展战略理论研究述评 [J]. 中国社会科学, 1997 (6): 44-51.

[282] 全雨霏, 吴潇. 关中平原城市群城镇体系演化特征及优化策略 [J]. 宏观经济管理, 2018 (1): 72-76.

[283] 任宏, 李振坤. 中国三大城市群经济增长的影响因素及其空间效应 [J]. 城市问题, 2019 (10): 63-68.

[284] 单海燕, 杨君良. 长三角区域生态经济系统耦合协调演化分析 [J]. 统计与决策, 2017 (24): 128-133.

[285] 尚永珍, 陈耀. 城市群内功能分工有助于经济增长吗?——基于十大城市群面板数据的经验研究 [J]. 经济经纬, 2020, 37 (1): 1-8.

[286] 尚永珍, 陈耀. 功能空间分工与城市群经济增长——基于京津冀和长三角城市群的对比分析 [J]. 经济问题探索, 2019 (4): 77-83.

[287] 尚勇敏, 王振. 长江经济带城市资源环境承载力评价及影响因素 [J]. 上海经济研究, 2019 (7): 14-25, 44.

[288] 邵璇璇, 姚永玲. 长江中游城市群的空间网络特征及其影响机制 [J]. 城市问题, 2019 (10): 15-26.

[289] 申鹏, 凌玲. 产业转型对农村劳动力区域流动的影响研究 [J]. 经济问题探索, 2014 (6): 80-86.

[290] 沈惊宏, 陆玉麒, 韩立钦, 等. 基于"点—轴"理论的皖江城市带旅游空间布局整合 [J]. 经济地理, 2012, 32 (7): 43-49.

[291] 圣云, 翟晨阳, 顾筱和. 长江中游城市群空间联系网络结构及其动态演化 [J]. 长江流域资源与环境, 2016 (3): 353-364.

[292] 师博, 沈坤荣. 政府干预、经济集聚与能源效率 [J]. 管理世界, 2013 (10):

6-18，187.

[293] 石瑾，尚海洋. 兰白经济区新型城镇化发展模式研究 [J]. 西北人口，2014 (3)：118-122，128.

[294] 石磊，张琢，金兆怀. 东北地区城市空间协调发展的动力与对策 [J]. 经济纵横，2018 (10)：98-106.

[295] 石忆邵. 从单中心城市到多中心城市——中国特大城市发展的空间组织模式 [J]. 城市规划汇刊，1999 (3)：26-80.

[296] 石忆邵. 对我国新型城镇化顶层设计中若干问题的思考 [J]. 广东社会科学，2014 (5)：5-12.

[297] 舒波，何海燕，康晓伟. 国家综合配套改革试验区空间布局与分维差异 [J]. 北京理工大学学报（社会科学版），2010 (5)：31-35.

[298] 斯劲. 贵州促进城镇化进程中的公共服务政策研究 [J]. 贵州社会科学，2012 (10)：87-90.

[299] 宋涛，董冠鹏，唐志鹏，等. 能源—环境—就业三重约束下的京津冀产业结构优化 [J]. 地理研究，2017，36 (11)：2184-2196.

[300] 宋洋，吴昊. 珠三角区域一体化、地区专业化与产业布局的实证分析 [J]. 统计与决策，2018，34 (16)：130-133.

[301] 孙斌栋，金晓溪，林杰. 走向大中小城市协调发展的中国新型城镇化格局——1952年以来中国城市规模分布演化与影响因素 [J]. 地理研究，2019，38 (1)：75-84.

[302] 孙斌栋，潘鑫. 城市空间结构对交通出行影响研究的进展——单中心与多中心的论争 [J]. 城市问题，2008 (1)：19-22，28.

[303] 孙斌栋，王颖. 制度变迁与区域经济增长——中国实证分析 [J]. 上海经济研究，2007 (12)：3-11.

[304] 孙斌栋，魏旭红. 上海都市区就业—人口空间结构演化特征 [J]. 地理学报，2014，69 (6)：747-758.

[305] 孙斌栋，吴雅菲. 中国城市居住空间分异研究的进展与展望 [J]. 城市规划，2009，33 (6)：73-80.

[306] 孙斌栋，郑燕. 我国区域发展战略的回顾、评价与启示 [J]. 人文地理，2014，29 (5)：1-7.

[307] 孙桂平，韩东，贾梦琴. 京津冀城市群人口流动网络结构及影响因素研究 [J]. 地域研究与开发，2019，38 (4)：166-169，180.

[308] 孙红玲. 中心城市发育、城市群形成与中部崛起——基于长沙都市圈与湖南崛起的研究 [J]. 中国工业经济，2012 (11)：31-43.

[309] 孙红玲. 组建长沙特大中心城市的构想分析 [J]. 经济地理，2011 (3)：420-425，482.

[310] 孙红梅，雷喻捷. 长三角城市群产业发展与环境规制的耦合关系：微观数据实证 [J]. 城市发展研究，2019，26 (11)：19-26.

[311] 孙久文，丁鸿君. 京津冀区域经济一体化进程研究 [J]. 经济与管理研究，2012 (7)：52-58.

[312] 孙久文, 姚鹏. 基于空间异质性视角下的中国区域经济差异研究 [J]. 上海经济研究, 2014 (5): 83-92.

[313] 孙久文, 原倩. 京津冀协同发展战略的比较和演进重点 [J]. 经济社会体制比较, 2014 (5): 1-11.

[314] 孙久文, 周玉龙. 城乡差距、劳动力迁移与城镇化——基于县域面板数据的经验研究 [J]. 经济评论, 2015 (2): 29-40, 77.

[315] 孙铁山, 李国平, 卢明华. 京津冀都市圈人口集聚与扩散及其影响因素——基于区域密度函数的实证研究 [J]. 地理学报, 2009, 64 (8): 956-966.

[316] 孙铁山, 王兰兰, 李国平. 北京都市区多中心空间结构特征与形成机制 [J]. 城市规划, 2013 (7): 28-32, 41.

[317] 孙铁山. 中国三大城市群集聚空间结构演化与地区经济增长 [J]. 经济地理, 2016 (5): 63-70.

[318] 孙希华, 张淑敏. 山东省区域经济差异分析与协调发展研究 [J]. 经济地理, 2003 (5): 611-614, 620.

[319] 孙晓芳. 城镇群空间结构与要素集聚 [J]. 经济问题, 2015 (1): 124-128.

[320] 孙艺璇, 程钰, 张含朔. 环渤海地区产业绿色转型时空演变特征与影响因素研究 [J]. 生态经济, 2019, 35 (12): 44-52, 78.

[321] 孙永森. "十五"时期区域经济协调发展的若干问题 [J]. 浙江经济, 2000 (11): 4-6.

[322] 孙元元, 杨刚强, 江洪. 中部地区小城镇建设的城乡统筹发展 [J]. 宏观经济管理, 2014 (10): 33-36.

[323] 覃成林. 论经济市场化与区域经济协调发展 [J]. 经济纵横, 1998 (1): 7-11.

[324] 覃成林. 区域协调发展机制体系研究 [J]. 经济学家, 2011 (4): 63-70.

[325] 覃成林, 张华, 毛超. 区域经济协调发展: 概念辨析、判断标准与评价方法 [J]. 经济体制改革, 2011 (4): 34-38.

[326] 覃成林, 郑云峰, 张华. 我国区域经济协调发展的趋势及特征分析 [J]. 经济地理, 2013, 33 (1): 9-14.

[327] 唐建荣, 张鑫, 杜聪. 基于引力模型的区域物流网络结构研究——以江苏省为例 [J]. 华东经济管理, 2016, 30 (1): 76-82.

[328] 陶长琪, 彭永樟. 经济集聚下技术创新强度对产业结构升级的空间效应分析 [J]. 产业经济研究, 2017 (3): 91-103.

[329] 陶娅娜. 金融空间分布与产业布局研究——兼论对京津冀协同发展的启示 [J]. 金融与经济, 2018 (12): 13-19.

[330] 滕飞, 申红艳. 基于多区域中心城市的省际交界地区区域合作研究 [J]. 中国软科学, 2017 (6): 81-88.

[331] 田超. 首位城市过大是否阻碍省域经济协调发展——基于中国省级面板数据的实证分析 [J]. 中国人口·资源与环境, 2015, 25 (10): 87-94.

[332] 童中贤, 曾群华. 长江中游城市群空间整合进路研究 [J]. 城市发展研究,

2016，23（1）：49-57.

[333] 童中贤. 中部地区城市群空间范围界定 [J]. 城市问题，2011（7）：20-25.

[334] 涂建军，何海林. 重庆市新型城镇化测度及其时空格局演变特征 [J]. 西南大学学报（自然科学版），2014，36（6）：128-134.

[335] 涂正革，叶航，谌仁俊. 中国城镇化的动力机制及其发展模式 [J]. 华中师范大学学报（人文社会科学版），2016（5）：44-54.

[336] 万庆，曾菊新. 基于空间相互作用视角的城市群产业结构优化——以武汉城市群为例 [J]. 经济地理，2013（7）：102-108.

[337] 万婷，孙雪成. 东北区域城市空间重构与生态环境协调发展问题与对策研究 [J]. 生态经济，2019，35（2）：123-127.

[338] 万晓光. 发展经济学 [M]. 北京：中国展望出版社，1987.

[339] 汪阳红. 促进城市群城市间合理分工与发展 [J]. 宏观经济管理，2014（3）：35-38.

[340] 王成港，宁晓刚，王浩，等. 利用夜间灯光数据的城市群格局变化分析 [J]. 测绘科学，2019，44（6）：176-186.

[341] 王成新，崔学刚，王雪芹. 新型城镇化背景下中国"城市群病"现象探析 [J]. 城市发展研究，2014，21（10）：12-17.

[342] 王春萌，杨珍，谷人旭. 长三角城市群服务业空间分工及其经济联系 [J]. 企业经济，2018（12）：148-155.

[343] 王发曾，郭志富，刘晓丽，等. 基于城市群整合发展的中原地区城市体系结构优化 [J]. 地理研究，2007（4）：637-650，857.

[344] 王发曾，刘静玉. 我国城市群整合发展的基础与实践 [J]. 地理科学进展，2007（5）：88-99.

[345] 王锋，张芳，林翔燕，等. 长三角"人口—土地—经济—社会"城镇化的耦合协调性研究 [J]. 工业技术经济，2018，37（4）：45-52.

[346] 王桂新，胡健. 中国东部三大城市群人口城市化对产业结构转型影响的研究 [J]. 社会发展研究，2019，6（1）：33-48，242-243.

[347] 王桂新，潘泽瀚，陆燕秋. 中国省际人口迁移区域模式变化及其影响因素——基于2000年和2010年人口普查资料的分析 [J]. 中国人口科学，2012（5）：2-13，111.

[348] 王海江，苗长虹，刘春国，等. 中国中心城市的外向功能联系与时空格局 [J]. 地域研究与开发，2013（3）：11-17.

[349] 王海江，苗长虹，牛海鹏，等. 中国中心城市公路客运联系及其空间格局 [J]. 地理研究，2016，35（4）：745-756.

[350] 王海军，王惠霞，邓羽，等. 武汉城市圈城镇用地扩展的时空格局与规模等级模式分异研究 [J]. 长江流域资源与环境，2018，27（2）：272-285.

[351] 王海军，张彬，刘耀林，等. 基于重心-GTWR模型的京津冀城市群城镇扩展格局与驱动力多维解析 [J]. 地理学报，2018，73（6）：1076-1092.

[352] 王贺. 珠三角区域大学生就业吸引力的实证分析——基于2008—2014年面板数据的研究 [J]. 中国高教研究，2015（12）：41-44.

[353] 王红霞. 要素流动、空间集聚与城市互动发展的定量研究——以长三角地区为例 [J]. 上海经济研究, 2011 (12): 45-55, 63.

[354] 王佳宁, 罗重谱. 新时代中国区域协调发展战略论纲 [J]. 改革, 2017 (12): 52-67.

[355] 王建康, 谷国锋, 姚丽, 等. 中国新型城镇化的空间格局演变及影响因素分析——基于285个地级市的面板数据 [J]. 地理科学, 2016, 36 (1): 63-71.

[356] 王健, 彭山桂, 王鹏, 等. 中国城市新增建设用地扩张: 基于策略互动视角分析 [J]. 中国土地科学, 2019, 33 (10): 39-47.

[357] 王洁玉. 基于断裂点理论的中心城市空间影响范围变化研究 [J]. 河北省科学院学报, 2010, 27 (1): 56-59.

[358] 王晶晶, 黄繁华, 于诚. 服务业集聚的动态溢出效应研究——来自中国261个地级及以上城市的经验证据 [J]. 经济理论与经济管理, 2014 (3): 48-58.

[359] 王婧, 李裕瑞. 中国县域城镇化发展格局及其影响因素——基于2000年和2010年全国人口普查分县数据 [J]. 地理学报, 2016 (4): 621-636.

[360] 王开泳, 李曼, 张弘玓. 新时期我国城乡规划管理一体化研究 [J]. 城市发展研究, 2013 (5): 51-55.

[361] 王克强, 贺俊刚, 刘红梅. 户籍堤坝效应与东部城市就业吸引力研究 [J]. 中国人口科学, 2014 (6): 2-14, 126.

[362] 王磊. 城市产业结构调整与城市空间结构演化——以武汉市为例 [J]. 城市规划汇刊, 2001 (3): 55-58, 80-82.

[363] 王丽, 邓羽, 牛文元. 城市群的界定与识别研究 [J]. 地理学报, 2013 (8): 1059-1070.

[364] 王德利, 杨青山. 中国城市群规模结构的合理性诊断及演变特征 [J]. 中国人口·资源与环境, 2018, 28 (9): 123-132.

[365] 王琴梅. 区域协调发展内涵新解 [J]. 甘肃社会科学, 2007 (6): 46-50.

[366] 王青, 金春. 中国城市群经济发展水平不平衡的定量测度 [J]. 数量经济技术经济研究, 2018, 35 (11): 77-94.

[367] 王少剑, 高爽, 王宇渠. 基于流空间视角的城市群空间结构研究——以珠三角城市群为例 [J]. 地理研究, 2019, 38 (8): 1849-1861.

[368] 王胜今, 杨鸿儒. 我国中原经济区人口与经济空间格局演变研究 [J]. 人口学刊, 2019, 41 (5): 35-44.

[369] 王圣云, 秦尊文, 戴璐, 等. 长江中游城市集群空间经济联系与网络结构——基于运输成本和网络分析方法 [J]. 经济地理, 2013 (4): 64-69.

[370] 王圣云, 翟晨阳. 长江经济带城市集群网络结构与空间合作路径 [J]. 经济地理, 2015 (11): 61-70.

[371] 王圣云, 翟晨阳, 顾筱和. 长江中游城市群空间联系网络结构及其动态演化 [J]. 长江流域资源与环境, 2016, 25 (3): 353-364.

[372] 王婷琳. 行政区划调整与城镇空间结构的变化研究 [J]. 城市发展研究, 2017, 24 (6): 155-160.

[373] 王伟, 吴志强. 中国三大城市群空间结构集合能效测度与比较 [J]. 城市发展研究, 2013 (7): 63-71.

[374] 王小敏, 徐冉, 张文新. 河南省人口—经济—土地—社会城镇化协调发展时空演变研究 [J]. 北京师范大学学报 (自然科学版), 2019, 55 (2): 254-262.

[375] 王晓芳, 姜玉培, 卓蓉蓉, 等. 长江经济带地区发展差距与协调发展策略 [J]. 城市发展研究, 2015, 22 (6): 65-70, 76.

[376] 王彦彭, 张高峰. 新经济地理学视角下商业集聚与城镇化耦合关系分析——来自中原城市群17城市的经验证据 [J]. 商业经济研究, 2018 (14): 146-149.

[377] 王燕军, 宗跃光, 欧阳理, 等. 关中—天水经济区协调发展进程的社会网络分析 [J]. 地域研究与开发, 2011, 30 (6): 18-21.

[378] 王垚, 年猛, 王春华. 产业结构、最优规模与中国城市化路径选择 [J]. 经济学 (季刊), 2017, 16 (2): 441-462.

[379] 王垚, 王春华, 洪俊杰, 等. 自然条件、行政等级与中国城市发展 [J]. 管理世界, 2015 (1): 41-50.

[380] 王业强, 魏后凯. "十三五"时期国家区域发展战略调整与应对 [J]. 中国软科学, 2015 (5): 83-91.

[381] 王一鸣. "十三五"时期推动区域协调发展的几点思考 [J]. 中国发展观察, 2016 (3): 15-17.

[382] 王颖, 孙平军, 李诚固, 等. 2003年以来东北地区城乡协调发展的时空演化 [J]. 经济地理, 2018, 38 (7): 59-66.

[383] 王兆宇. 关—天城市群资源配置空间结构的经济学分析 [J]. 人文杂志, 2012 (6): 68-71.

[384] 王振坡, 游斌, 王丽艳. 基于精明增长的城市新区空间结构优化研究——以天津市滨海新区为例 [J]. 地域研究与开发, 2014, 33 (4): 90-95.

[385] 王振坡, 翟婧彤, 张颖, 等. 京津冀城市群城市规模分布特征研究 [J]. 上海经济研究, 2015 (7): 79-88.

[386] 王铮, 孙翊. 中国主体功能区协调发展与产业结构演化 [J]. 地理科学, 2013, 33 (6): 641-648.

[387] 王知津, 李博雅. 我国情报学研究热点及问题分析——基于2010~2014年情报学核心期刊 [J]. 情报理论与实践, 2016, 39 (9): 7-13.

[388] 魏后凯, 高春亮. 中国区域协调发展态势与政策调整思路 [J]. 河南社会科学, 2012, 20 (1): 73-81, 107-108.

[389] 魏后凯. 中国城镇化进程中两极化倾向与规模格局重构 [J]. 中国工业经济, 2014 (3): 18-30.

[390] 魏后凯. 中国国家区域政策的调整与展望 [J]. 西南民族大学学报 (人文社科版), 2008 (10): 56-64.

[391] 魏建飞, 程迪, 丁志伟, 等. 安徽省镇域经济发展水平的时空分异及空间格局影响因素 [J]. 长江流域资源与环境, 2019, 28 (8): 1860-1871.

[392] 魏立华, 阎小培. 快速城市化中城市规划和行政区划的关系研究——以珠江三

角洲为例 [J]. 城市规划, 2004 (2): 48-51, 76.

[393] 魏守华, 陈扬科, 陆思桦. 城市蔓延、多中心集聚与生产率 [J]. 中国工业经济, 2016 (8): 58-75.

[394] 魏守华, 周山人, 千慧雄. 中国城市规模偏差研究 [J]. 中国工业经济, 2015 (4): 5-17.

[395] 温佳楠. 成渝地区城市收缩识别及其驱动因素分析 [J]. 经济论坛, 2019 (10): 69-76.

[396] 温彦平, 王雪峰. 长江中游城市群城镇化视角下产业结构与生态环境耦合协调关系研究 [J]. 华中师范大学学报 (自然科学版), 2019, 53 (2): 263-271.

[397] 吴常艳, 黄贤金, 陈博文, 等. 长江经济带经济联系空间格局及其经济一体化趋势 [J]. 经济地理, 2017, 37 (7): 71-78.

[398] 吴传清, 万庆. 长江经济带城镇化发展的时空格局与驱动机制研究——基于九大城市群2004~2013年数据的实证分析 [J]. 武汉大学学报 (哲学社会科学版), 2015 (5): 44-51.

[399] 吴福象, 沈浩平. 新型城镇化、基础设施空间溢出与地区产业结构升级——基于长三角城市群16个核心城市的实证分析 [J]. 财经科学, 2013 (7): 89-98.

[400] 吴海瑾. 论现代服务业集聚区与中国城市转型发展 [J]. 山东社会科学, 2011 (10): 149-152.

[401] 吴浩, 王秀, 周宏浩, 等. 东北三省资源型收缩城市经济效率与生计脆弱性的时空分异与协调演化特征 [J]. 地理科学, 2019, 39 (12): 1962-1971.

[402] 吴金群, 廖超超. 我国城市行政区划改革中的尺度重组与地域重构——基于1978年以来的数据 [J]. 江苏社会科学, 2019 (5): 90-106, 258.

[403] 吴兢. 打破"胡焕庸线"背后的发展鸿沟 [J]. 中国党政干部论坛, 2019 (1): 95-96.

[404] 吴威, 曹有挥, 曹卫东, 等. 长三角地区交通优势度的空间格局 [J]. 地理研究, 2011, 30 (12): 2199-2208.

[405] 吴威, 曹有挥, 梁双波. 20世纪80年代以来长三角地区综合交通可达性的时空演化 [J]. 地理科学进展, 2010, 29 (5): 619-626.

[406] 吴晓舜, 张紫雯, 王士君. 辽西地区中心地等级关系和空间结构研究 [J]. 经济地理, 2013 (5): 54-59.

[407] 吴茵, 李满春, 毛亮. 地理信息系统支持的县域城镇体系空间结构定量分析——以浙江省临安市为例 [J]. 地理与地理信息科学, 2006 (2): 73-77.

[408] 吴玉鸣. 县域经济增长集聚与差异: 空间计量经济实证分析 [J]. 世界经济文汇, 2007 (2): 37-57.

[409] 吴玉鸣, 张燕. 中国区域经济增长与环境的耦合协调发展研究 [J]. 资源科学, 2008 (1): 25-30.

[410] 吴志军. 长江中游城市群协调发展及合作路径 [J]. 经济地理, 2015, 35 (3): 60-65.

[411] 夏江敬. 区域经济协调发展政策研究 [J]. 科技进步与对策, 2007 (12):

40-42.

[412] 夏德孝,张道宏. 区域协调发展理论的研究综述 [J]. 生产力研究, 2008 (1): 144-147.

[413] 向春玲. 中国城镇化进程中的"城市病"及其治理 [J]. 新疆师范大学学报 (哲学社会科学版), 2014 (2): 45-53.

[414] 肖金成,安树伟. 从区域非均衡发展到区域协调发展——中国区域发展40年 [J]. 区域经济评论, 2019 (1): 13-24.

[415] 肖金成,黄征学. 长江经济带城镇化战略思路研究 [J]. 江淮论坛, 2015 (1): 2, 5-10.

[416] 肖金成,史育龙,申兵,等. 中国特色城镇化道路的内涵和发展途径 [J]. 宏观经济管理, 2008 (11): 19-22.

[417] 肖金成. 我国城市群的发展阶段与十大城市群的功能定位 [J]. 改革, 2009 (9): 5-23.

[418] 肖晓勇,曹晅,吴少华. 城市化耦合演化: 经济增长动力研究的新视角 [J]. 学习与实践, 2014 (5): 36-44.

[419] 辛俸语. 城市群空间结构优化研究——以内蒙古、东部地区为例 [J]. 甘肃理论学刊, 2014 (5): 162-165.

[420] 邢志平. 城镇化对企业生产率的作用: 集聚效应还是拥挤效应? [J]. 现代经济探讨, 2017 (11): 93-101.

[421] 熊雪如,覃成林. 我国城市群协调发展模式分析——基于长三角、珠三角和长株潭城市群的案例 [J]. 学习与实践, 2013 (3): 5-12.

[422] 熊鹰,徐亚丹,孙维筠,等. 城市群空间结构效益评价与优化研究——以长株潭城市群与环洞庭湖城市群为例 [J]. 地理科学, 2019, 39 (10): 1561-1569.

[423] 徐建斌,占强,刘春浩,等. 基于经济联系与空间流的长株潭城市群空间异质性分析 [J]. 经济地理, 2015, 35 (10): 36-43.

[424] 徐康宁. 区域协调发展的新内涵与新思路 [J]. 江海学刊, 2014 (2): 72-77, 238.

[425] 徐梦洁,陈黎,林庶民,等. 行政区划调整与城市群空间分形特征的变化研究——以长江三角洲为例 [J]. 经济地理, 2011, 31 (6): 940-946.

[426] 徐升艳,邹径纬. 城市地价扭曲、产业结构与生态环境质量 [J]. 管理现代化, 2019, 39 (4): 105-107.

[427] 徐维祥,刘程军. 产业集群创新与县域城镇化耦合协调的空间格局及驱动力——以浙江为实证 [J]. 地理科学, 2015, 35 (11): 1347-1356.

[428] 徐现祥,李郇. 市场一体化与区域协调发展 [J]. 经济研究, 2005 (12): 57-67.

[429] 徐现祥,王贤彬,高元骅. 中国区域发展的政治经济学 [J]. 世界经济文汇, 2011 (3): 26-58.

[430] 徐宜青,曾刚,王秋玉. 长三角城市群协同创新网络格局发展演变及优化策略 [J]. 经济地理, 2018, 38 (11): 133-140.

[431] 许庆明, 胡晨光, 刘道学. 城市群人口集聚梯度与产业结构优化升级——中国长三角地区与日本、韩国的比较 [J]. 中国人口科学, 2015 (1): 29-37, 126.

[432] 许芸鹭, 雷国平. 辽中南城市群空间联系测度 [J]. 城市问题, 2018 (11): 65-74.

[433] 薛东前, 段志勇, 贺伟光. 关中城市群工业分工协调及密集带规划研究 [J]. 干旱区地理, 2013, 36 (6): 1125-1135.

[434] 苏雪串. 城市化进程中的要素集聚、产业集群和城市群发展 [J]. 中央财经大学学报, 2004 (1): 49-52.

[435] 闫曼娇, 马学广, 娄成武. 中国沿海城市带城市职能分工互补性比较研究 [J]. 经济地理, 2016, 36 (1): 69-74, 88.

[436] 闫玉科, 张萌, 章政. 广东新型城镇化发展路径研究——基于制度创新视角 [J]. 农业经济问题, 2016 (3): 51-60, 111.

[437] 严坤, 孙然好. 京津冀县域城镇化与景观格局变化的协调性研究 [J]. 生态环境学报, 2018, 27 (1): 62-70.

[438] 阎东彬, 范玉凤. 京津冀城市群功能空间失衡状态测度及治理对策 [J]. 河北大学学报 (哲学社会科学版), 2019, 44 (2): 63-70.

[439] 颜世辉, 白国强. 区域经济协调发展内涵新探 [J]. 湖北社会科学, 2009 (3): 95-98.

[440] 晏玲菊. 城镇化质量提升的理论逻辑与路径选择 [J]. 学习与实践, 2014 (2): 17-26.

[441] 杨爱平. 我国省内区域发展马太效应的制度探源——"国家的简单化"的理论视角 [J]. 中山大学学报 (社会科学版), 2005 (5): 68-72, 126.

[442] 杨保军. 区域协调发展析论 [J]. 城市规划, 2004 (5): 20-24, 42.

[443] 杨传喜, 丁璐扬, 张珺. 基于Citespace的科技资源研究演进脉络梳理及前沿热点分析 [J]. 科技管理研究, 2019, 39 (3): 205-212.

[444] 杨谨铖. 国内外反恐情报研究的进展与趋势——基于Citespace V的可视化计量 [J]. 情报杂志, 2020, 39 (1): 45-55, 145.

[445] 杨军剑. 城市社区治理效能的整体提升及优化路径探析 [J]. 学习论坛, 2019 (8): 85-89.

[446] 杨军. 推进安徽新型城镇化建设 [J]. 宏观经济管理, 2013 (6): 75-76.

[447] 杨龙. 中国经济区域化发展的行政协调 [J]. 中国人民大学学报, 2007 (2): 93-98.

[448] 杨敏. 区域差距与区域协调发展 [J]. 中国人民大学学报, 2005 (2): 26-32.

[449] 杨莎莎, 邓闻静, 纪明. 中国十大城市群核心城市影响力比较分析 [J]. 统计与决策, 2017 (23): 123-128.

[450] 杨剩富, 胡守庚, 叶菁, 等. 中部地区新型城镇化发展协调度时空变化及形成机制 [J]. 经济地理, 2014, 34 (11): 23-29.

[451] 杨守德, 赵德海. 城市群要素集聚对区域经济效率的增益效应——以哈长城市

群为例 [J]. 技术经济, 2017, 36 (4): 100-109.

[452] 杨伟肖, 孙桂平, 马秀杰, 等. 京津冀城市群经济网络结构分析 [J]. 地域研究与开发, 2016, 35 (2): 1-5, 57.

[453] 杨晓东, 白人朴. 小城镇环境污染问题及对策 [J]. 中国农业大学学报, 1999 (6): 110-114.

[454] 杨晓, 胡爱君. 基于优势特色产业的县域循环经济发展水平实证研究——以陕西省汉中市为例 [J]. 农村经济, 2018 (6): 68-72.

[455] 杨修志, 潘庆, 张王燕, 等. 济南都市圈城市体系规模等级结构与区域经济联系强度分析 [J]. 国土与自然资源研究, 2010 (3): 29-32.

[456] 杨仪青. 区域协调发展视角下我国新型城镇化建设路径探析 [J]. 现代经济探讨, 2015 (5): 35-39.

[457] 杨永春, 赵鹏军. 中国西部河谷型城市职能分类初探 [J]. 经济地理, 2000 (6): 61-64.

[458] 杨友才, 潘妍妍. 城镇化过程中的行政区划空间演进及其经济效应研究 [J]. 理论学刊, 2016 (4): 74-79.

[459] 杨子江, 张剑锋, 冯长春. 中原城市群集聚效应与最优规模演进研究 [J]. 地域研究与开发, 2015, 34 (3): 61-66, 72.

[460] 姚士谋, 陈爽. 长江三角洲地区城市空间演化趋势 [J]. 地理学报, 1998 (S1): 1-10.

[461] 姚士谋. 我国城市群的特征、类型与空间布局 [J]. 城市问题, 1992 (1): 10-15, 66.

[462] 姚艳玲. 2017 年国际人工智能领域研究前沿的分析与研究 [J]. 计算机科学, 2018, 45 (9): 1-10.

[463] 叶强, 曹诗怡, 聂承锋. 基于地理信息系统的城市居住与商业空间结构演变相关性研究——以长沙为例 [J]. 经济地理, 2012 (5): 65-70.

[464] 叶文辉, 伍运春. 成渝城市群空间集聚效应、溢出效应和协同发展研究 [J]. 财经问题研究, 2019 (9): 88-94.

[465] 叶玉瑶. 城市群空间演化动力机制初探——以珠江三角洲城市群为例 [J]. 城市规划, 2006 (1): 61-66, 87.

[466] 叶玉瑶, 张虹鸥. 珠江三角洲城市群空间集聚与扩散 [J]. 经济地理, 2007 (5): 773-776.

[467] 衣保中, 黄鑫昊. 我国同城化发展的现状及其效应分析 [J]. 理论探讨, 2012 (6): 85-89.

[468] 殷江滨, 李郇. 产业转移背景下县域城镇化发展——基于地方政府行为的视角 [J]. 经济地理, 2012 (8): 71-77.

[469] 殷为华. 长三角城市群工业韧性综合评价及其空间演化研究 [J]. 学术论坛, 2019, 42 (5): 124-132.

[470] 尹娟, 董少华, 陈红. 2004~2013 年滇中城市群城市空间联系强度时空演变 [J]. 地域研究与开发, 2015 (1): 65-70.

[471] 游景如, 黄甫全. 新兴系统性文献综述法: 涵义、依据与原理 [J]. 学术研究, 2017 (3): 145-151, 178.

[472] 于斌斌, 金刚. 中国城市结构调整与模式选择的空间溢出效应 [J]. 中国工业经济, 2014 (2): 31-44.

[473] 于斌斌. 中国城市群产业集聚与经济效率差异的门槛效应研究 [J]. 经济理论与经济管理, 2015 (3): 60-73.

[474] 于谨凯, 马健秋. 山东半岛城市群经济联系空间格局演变研究 [J]. 地理科学, 2018, 38 (11): 1875-1882.

[475] 于娟. 新时期促进区域协调发展的体制机制创新 [J]. 宏观经济管理, 2010 (1): 28-31.

[476] 于涛方. 中国城市人口流动增长的空间类型及影响因素 [J]. 中国人口科学, 2012 (4): 47-58, 111-112.

[477] 于炜. 我国三大城市群内部发展的平衡性差异 [J]. 南通大学学报 (社会科学版), 2014 (3): 19-24.

[478] 于杨, 金玥. 《情报科学》的文献计量研究: 热点主题与知识基础 [J]. 情报科学, 2019, 37 (9): 126-132.

[479] 余静文, 赵大利. 城市群落的崛起、经济绩效与区域收入差距——基于京津冀、长三角和珠三角城市圈的分析 [J]. 中南财经政法大学学报, 2010 (4): 15-20, 142.

[480] 虞虎, 陆林, 朱冬芳. 长江三角洲城市旅游与城市发展协调性及影响因素 [J]. 自然资源学报, 2012, 27 (10): 1746-1757.

[481] 郁鸿胜. 国内外统筹城乡发展的经验启示及上海的实践 [J]. 学习与实践, 2010 (8): 2, 5-11.

[482] 袁彪, 蒋毅一. 经济辐射理论及分析方法研究 [J]. 商场现代, 2007 (1): 396-397.

[483] 袁方. 多中心治理下城市边缘社区治安管理模式探析——基于北京市B村的调查 [J]. 中州学刊, 2011 (3): 130-134.

[484] 袁怀宇. 福建海峡西岸经济区城市群发展对策 [J]. 经济地理, 2012 (2): 66-70.

[485] 袁新敏. 我国区域经济发展战略回顾与评述 [J]. 湖南科技大学学报 (社会科学版), 2010, 13 (6): 94-96.

[486] 臧良震, 苏毅清. 我国新型城镇化水平空间格局及其演变趋势研究 [J]. 生态经济, 2019, 35 (4): 81-85, 110.

[487] 曾鹏, 陈芬. 我国十大城市群等级规模结构特征比较研究 [J]. 科技进步与对策, 2013, 30 (5): 42-46.

[488] 曾鹏, 蒋团标, 廉超. 基于经济重心空间演变的新疆反边缘化策略研究 [J]. 经济地理, 2011 (1): 32-39, 46.

[489] 曾鹏, 李洪涛. 城市集聚—扩散效应: 空间信息场叠加模型下的中国城市空间资源配置研究 [J]. 海派经济学, 2018, 16 (3): 82-112.

[490] 曾鹏, 李洪涛. 城市空间生产关系的集聚—扩散效应: 时空修复与空间正义 [J]. 社会科学, 2018 (5): 32-41.

[491] 曾鹏, 李洪涛. 中国十大城市群产业结构及分工比较研究 [J]. 科技进步与对策, 2017, 34 (6): 39-46.

[492] 曾鹏, 庞基展. 中国十大城市群中心城市经济扩散力比较研究 [J]. 云南师范大学学报 (哲学社会科学版), 2016 (2): 122-131.

[493] 曾鹏, 张显春, 阙菲菲. 海峡西岸经济区城市体系结构优化战略研究 [J]. 亚太经济, 2010 (1): 111-115.

[494] 曾鹏, 张显春, 阙菲菲. 宁夏城市体系结构优化战略研究 [J]. 商业研究, 2010 (6): 63-69.

[495] 曾志伟, 汤放华, 易纯, 等. 新型城镇化新型度评价研究——以环长株潭城市群为例 [J]. 城市发展研究, 2012, 19 (3): 125-128.

[496] 翟静. 城市就业结构对城市集聚经济水平的影响研究 [J]. 商业时代, 2014 (20): 126-128.

[497] 张车伟, 蔡翼飞. 中国城镇化格局变动与人口合理分布 [J]. 中国人口科学, 2012 (6): 44-57, 111-112.

[498] 张贡生, 陈奎. 工业综合竞争力评价——基于我国12省数据的分析 [J]. 经济问题, 2012 (5): 93-98.

[499] 张贡生. 改革以来我国区域经济板块的划分及其走势 [J]. 湖南社会科学, 2008 (2): 104-109.

[500] 张贡生. 基于西部大开发视角的大兰州空间布局研究 [J]. 开发研究, 2011 (3): 6-9.

[501] 张贡生, 罗登义. 新型城镇化之"新"诠释 [J]. 经济问题, 2014 (6): 6-12.

[502] 张贡生. 我国区域产业规划的历史回顾及其走势分析 [J]. 甘肃社会科学, 2010 (1): 100-102.

[503] 张贡生. 我国区域协调发展战略的演进逻辑 [J]. 经济问题, 2018 (3): 7-13.

[504] 张浩然, 衣保中. 城市群空间结构特征与经济绩效——来自中国的经验证据 [J]. 经济评论, 2012 (1): 42-47, 115.

[505] 张剑, 雒占福. 兰白西城市群空间集聚与扩散分析 [J]. 现代城市研究, 2015 (3): 104-109, 116.

[506] 张京祥, 沈建法, 黄钧尧, 等. 都市密集地区区域管治中行政区划的影响 [J]. 城市规划, 2002 (9): 40-44.

[507] 张景奇, 周思静, 修春亮. 基于夜间灯光数据的中国五大区域级城市群空间扩张协同性对比 [J]. 中国土地科学, 2019, 33 (10): 56-65.

[508] 张魁伟. 产业结构与城市化、区域经济的协调发展 [J]. 经济学家, 2004 (4): 9-14.

[509] 张坤. 中国农村人口流动的影响因素与实施对策——基于推拉理论的托达罗修

正模型 [J]. 统计与信息论坛, 2014 (7): 22-28.

[510] 张士杰, 周加来. 城市群辐射区域与资源有限性关系研究述评 [J]. 财贸研究, 2010 (4): 29-34.

[511] 张文合. 我国区域经济发展战略的转变与选择 [J]. 经济研究, 1989 (10): 71-76.

[512] 张文霞. 国家级新区时空分布特征及发展趋势展望 [J]. 商业经济研究, 2018 (4): 190-192.

[513] 张晓东, 池天河. 90 年代中国省级区域经济与环境协调度分析 [J]. 地理研究, 2001 (4): 506-515.

[514] 张晓东, 朱德海. 中国区域经济与环境协调度预测分析 [J]. 资源科学, 2003 (2): 1-6.

[515] 张新芝, 李政通. 新型城镇化与两类区域产业转移: 演化与交互作用机制 [J]. 社会科学研究, 2016 (5): 71-78.

[516] 张鑫, 沈清基, 李豫泽. 中国十大城市群差异性及空间结构特征研究 [J]. 城市规划学刊, 2016 (3): 36-44.

[517] 张学良, 聂清凯. 高速铁路建设与中国区域经济一体化发展 [J]. 现代城市研究, 2010, 25 (6): 7-10.

[518] 张学良. 中国交通基础设施促进了区域经济增长吗——兼论交通基础设施的空间溢出效应 [J]. 中国社会科学, 2012 (3): 60-77, 206.

[519] 张学良. 中国交通基础设施与经济增长的区域比较分析 [J]. 财经研究, 2007 (8): 51-63.

[520] 张学良. 中国区域经济收敛的空间计量分析——基于长三角 1993~2006 年 132 个县市区的实证研究 [J]. 财经研究, 2009, 35 (7): 100-109.

[521] 张艳, 程遥, 刘婧. 中心城市发展与城市群产业整合——以郑州及中原城市群为例 [J]. 经济地理, 2010, 30 (4): 579-584.

[522] 张艳, 刘亮. 经济集聚与经济增长——基于中国城市数据的实证分析 [J]. 世界经济文汇, 2007 (1): 48-56.

[523] 张耀军, 岑俏. 中国人口空间流动格局与省际流动影响因素研究 [J]. 人口研究, 2014, 38 (5): 54-71.

[524] 张永岳, 王元华. 我国新型城镇化的推进路径研究 [J]. 华东师范大学学报 (哲学社会科学版), 2014 (1): 92-100, 154.

[525] 张勇民, 梁世夫, 郭超然. 民族地区农业现代化与新型城镇化协调发展研究 [J]. 农业经济问题, 2014 (10): 87-94.

[526] 张玉周. 新型城镇化的区域空间布局优化研究——基于河南的实证分析 [J]. 中州学刊, 2015 (3): 32-36.

[527] 张云飞. 城市群内产业集聚与经济增长关系的实证研究——基于面板数据的分析 [J]. 经济地理, 2014, 34 (1): 108-113.

[528] 张贞冰, 陈银蓉, 王婧. 武汉城市圈空间组织演化评价 [J]. 长江流域资源与环境, 2014 (10): 1344-1350.

[529] 张震宇, 魏立华. 转型期珠三角中小城镇产业发展态势及规划对策研究 [J]. 城市规划学刊, 2011 (4): 46-50.

[530] 张志斌, 李雪梅. 城市产业结构调整与空间结构优化的研究——以兰州市为例 [J]. 干旱区资源与环境, 2007 (12): 1-5.

[531] 张治栋, 廖常文. 区域市场化、技术创新与长江经济带产业升级 [J]. 产经评论, 2019, 10 (5): 94-107.

[532] 张祚, 周敏, 金贵, 等. 湖北"两圈两带"格局下的新型城镇化与土地集约利用协调度分析 [J]. 世界地理研究, 2018, 27 (2): 65-75.

[533] 赵川. 城市群的产业—人口—空间耦合协调发展研究——以成渝城市群为例 [J]. 经济体制改革, 2019 (5): 51-59.

[534] 赵峰, 姜德波. 长三角区域合作机制的经验借鉴与进一步发展思路 [J]. 中国行政管理, 2011 (2): 81-84.

[535] 赵海军. 城镇化对区域经济发展的影响研究 [J]. 调研世界, 2015 (2): 19-23.

[536] 赵弘. 中国区域经济40年的发展成就与展望 [J]. 区域经济评论, 2019 (6): 23-34.

[537] 赵吉. 城市支点、协调发展与长江经济带城市群走向 [J]. 重庆社会科学, 2017 (2): 42-49.

[538] 赵家羚, 姜安印. 生产性服务业集聚对城镇化的影响——基于中国35个大中城市面板数据的分析 [J]. 城市问题, 2016 (11): 61-67.

[539] 赵可, 张安录. 城市建设用地、经济发展与城市化关系的计量分析 [J]. 中国人口·资源与环境, 2011 (1): 7-12.

[540] 赵娜, 王博, 刘燕. 城市群、集聚效应与"投资潮涌"——基于中国20个城市群的实证研究 [J]. 中国工业经济, 2017 (11): 81-99.

[541] 赵佩佩, 顾浩, 孙加凤. 新型城镇化背景下城乡规划的转型思考 [J]. 规划师, 2014, 30 (4): 95-100.

[542] 赵蓉英, 许丽敏. 文献计量学发展演进与研究前沿的知识图谱探析 [J]. 中国图书馆学报, 2010, 36 (5): 60-68.

[543] 赵瑞霞, 胡黎明, 刘友金. 基于Logistic模型的城市群空间结构模式研究 [J]. 统计与决策, 2011 (3): 55-57.

[544] 赵世芳, 闫文彤. 检索词和逻辑运算符 [J]. 情报杂志, 2010, 29 (S1): 202-204.

[545] 赵伟, 余峥. 中国城市群集聚辐射效应测度 [J]. 城市问题, 2017 (10): 13-24.

[546] 赵秀清, 白永平, 白永亮. 长江中游城市集群经济增长与区域协调发展 [J]. 城市发展研究, 2016, 23 (12): 15-18.

[547] 赵莹. 新时代资源型城市经济转型路径探析——基于"递进—关联"支持机制的分析 [J]. 长白学刊, 2020 (1): 103-111.

[548] 赵莹雪. 广东省县际经济差异与协调发展研究 [J]. 经济地理, 2003 (4): 467-471.

[549] 赵勇,白永秀. 中国城市群功能分工测度与分析 [J]. 中国工业经济, 2012 (11): 18-30.

[550] 赵正,侯一蕾. 城市群中心城市空间联系演变特征与对策研究 [J]. 城市与环境研究, 2019 (2): 67-79.

[551] 郑海涛. 产业集聚影响企业技术创新绩效的机理研究——基于广东产业集群案例和458家企业数据的实证研究 [J]. 中国科技论坛, 2011 (10): 55-62.

[552] 郑良海,邓晓兰,侯英. 基于引力模型的关中城市间联系测度分析 [J]. 人文地理, 2011 (2): 80-84, 107.

[553] 钟海燕,赵小敏,黄宏胜. 环鄱阳湖区32城市的等级结构与空间关联研究 [J]. 长江流域资源与环境, 2010 (10): 1119-1123.

[554] 钟新桥. 我国中部地区产业结构布局现状与调整战略研究 [J]. 上海经济研究, 2004 (11): 14-22.

[555] 钟业喜,冯兴华,文玉钊. 长江经济带经济网络结构演变及其驱动机制研究 [J]. 地理科学, 2016, 36 (1): 10-19.

[556] 钟业喜,陆玉麒. 基于空间联系的城市腹地范围划分——以江苏省为例 [J]. 地理科学, 2012, 32 (5): 536-543.

[557] 周国华,贺艳华. 长沙城市土地扩张特征及影响因素 [J]. 地理学报, 2006 (11): 1171-1180.

[558] 周岚,施嘉泓,崔曙平,等. 新时代大国空间治理的构想——刍议中国新型城镇化区域协调发展路径 [J]. 城市规划, 2018, 42 (1): 20-25, 34.

[559] 周亮,车磊,孙东琪. 中国城镇化与经济增长的耦合协调发展及影响因素 [J]. 经济地理, 2019, 39 (6): 97-107.

[560] 周扬,潘春燕,王红扬. "两型社会"建设背景下的城市群城镇体系规划编制探索——以《湖南省环长株潭城市群城镇体系规划》为例 [J]. 规划研究, 2013 (6): 16-22.

[561] 周依敏,刘敏. 关于我国区域规划编制趋势特点的思考 [J]. 经济体制改革, 2014 (2): 45-48.

[562] 周奕. 产业协同集聚效应的空间溢出与区域经济协调发展——基于"产业—空间—制度"三位一体视角 [J]. 商业经济研究, 2018 (21): 135-138.

[563] 周翼,陈英,谢保鹏,等. 关中平原城市群城市联系与影响范围分析 [J]. 地域研究与开发, 2019, 38 (3): 54-59.

[564] 周元,孙新章. 中国城镇化道路的反思与对策 [J]. 中国人口·资源与环境, 2012 (4): 56-59.

[565] 周振华,陈维,汤静波,等. 国内若干大城市综合竞争力比较研究 [J]. 上海经济研究, 2001 (1): 14-24.

[566] 周振华. 增长轴心转移:中国进入城市化推动型经济增长阶段 [J]. 经济研究, 1995 (1): 3-10.

[567] 朱传耿,顾朝林,马荣华,等. 中国流动人口的影响要素与空间分布 [J]. 地理学报, 2001 (5): 548-559.

［568］朱建华，陈田，王开泳，等. 改革开放以来中国行政区划格局演变与驱动力分析［J］. 地理研究，2015，34（2）：247－258.

［569］朱江丽，李子联. 长三角城市群产业—人口—空间耦合协调发展研究［J］. 中国人口·资源与环境，2015（2）：75－82.

［570］朱介鸣. 城市发展战略规划的发展机制——政府推动城市发展的新加坡经验［J］. 城市规划学刊，2012（4）：22－27.

［571］朱介鸣. 城乡统筹发展：城市整体规划与乡村自治发展［J］. 城市规划学刊，2013（1）：10－17.

［572］朱英明，姚士谋. 我国城市群发展方针研究［J］. 城市规划汇刊，1999（5）：28－30，80.

［573］朱瑞. 创新城市社会治理的路径选择［J］. 宏观经济管理，2016（10）：41－44.

［574］朱顺娟，郑伯红. 城市群网络化联系研究——以长株潭城市群为例［J］. 人文地理，2010（5）：31，65－68.

［575］朱文龙，孙乾翔，秦萧，等. 基于夜间灯光数据的淮海城市群空间扩张及驱动力研究［J］. 西北师范大学学报（自然科学版），2019，55（5）：106－113.

［576］朱子明，郁鸿胜. 长三角核心城市群经济竞争力评价研究［J］. 生态经济，2013（12）：57－60.

［577］邹海荣，王亦男，吴国强. 长三角城市金融资源集聚与经济发展协调度研究［J］. 江西社会科学，2018，38（3）：80－86.

［578］邹军，朱杰. 经济转型和新型城市化背景下的城市规划应对［J］. 城市规划，2011（2）：9－10.

［579］Alonso W. The Economics of Urban Size［J］. Pap Reg Sci Assoc，1971，26（1）：67－83.

［580］Assessing Urbanization Quality Using Structure and Function Analyses：A Case Study of the Urban Gather Around Hangzhou Bay（UAHB），China［J］. Habitat International，2015，49：165－176.

［581］Capello R，Camagni R. Beyond Optimal City Size：an Evaluation of Alternative Urban Growth Patterns［J］. Urban Studies，2000，37（9）：1479－1496.

［582］Chi G，Zhu J. Spatial Regression Models for Demographic Analysis［J］. Population Research and Policy Review，2008，27（1）：17－42.

［583］Chris Goodall. How to Live a Low-carbon Life［M］. Sterling，VA：Earthscan，2007.

［584］Das R J，Dutt A K. Rank-size Distribution and Primate City Characteristics in India：A Temporal Analysis［J］. GeoJournal，1993（2）：124－137.

［585］Deng X，Huang J，Rozelle S，et al. Economic Growth and the Expansion of Urban l and in China［J］. Urban Studies，2010，47（4）：813－843.

［586］DTI（Department of Trade and Industry）. UK Energy White Paper：Our Energy Future-creating a Low Carbon Economy［R］. London：TSO（The Stationery Office），2003.

[587] Florian Noseleit. The Role of Entry and Market Selection for the Dynamics of Regional Diversity and Specialization [J]. Regional Studies, 2015, 49 (1): 76-94.

[588] Florinsky, Igor V. Derivation of Topographic Variables From a Digital Elevation Model Given by a Spheroidal Trapezoidal Grid [J]. International Journal of Geographical Information Science, 1998, 12 (8): 829-852.

[589] Glaeser E L, Kallal H D, Scheinkman J A, et al. Growth in City [J]. Journal of Political Economy, 1992, 100: 1126-1152.

[590] Hinloopen J, Van Marrewijk. On the Empirical Distribution of the RCA [J]. Weltwirts Chaftliches hiv, 2001 (137): 1-35.

[591] Kaldor N. The case for Regional Polices [J]. Scottish Journal of Political Economy 1970, 17 (3): 337-348.

[592] Krugman P. R. Increasing Returns and Economic Geography [J]. Journal of Political Economt, 1991, 99 (2): 484-499.

[593] Liu Z, He C, Zhang Q, et al. Extracting the Dynamics of Urban Expansion in China Using DMSP-OLS Nighttime Light Data From 1992 to 2008 [J]. L and Scape and Urban Planning, 2012, 106 (1): 1-72.

[594] Long H, Zou J, Liu Y. Differentiation of Rural Development Driven by Industrialization and Urbanization in Eastern Coastal China [J]. Habitat International, 2009, 33 (4): 454-462.

[595] Long H, Zou J, Pykett J, et al. Analysis of Rural Transformation Development in China Since the Turn of the New Millennium [J]. Applied Geography, 2011, 31 (3): 1-1105.

[596] Nelson H J A. Service Classification of American City [J]. Economic Geography, 1955 (31): 189-210.

[597] Peter Hall, Kathy Pain. The Polycentric Metropolis: Learning from Mega-City Regions in Europe [M]. UK and USA: Earthscan, 2006.

[598] Robret Argenbright. Moscow on The Rise: From Primate City to Megaregion [J]. Geographical Review, 2013 (1): 20-36.

[599] Wang, ShaoJian, Ma H, Zhao Y B. Exploring the Relationship Between Urbanization and the Eco-environment-A Case Study of Beijing-Tianjin-Hebei Region [J]. 2014.

[600] Zhang Z, Su S, Xiao R, et al. Identifying Determinants of Urban Growth From a Multi-Scale Perspective: A Case Study of the Urban Gather Around Hangzhou Bay, China [J]. Applied Geography, 2013, 45 (Complete): 193-202.

[601] Zhong C, Arisona S M, Huang X, et al. Detecting the Dynamics of Urban Structure Through Spatial Network Analysis [J]. International Journal of Geographical Information Science, 2014, 28 (11): 2178-2199.

[602] Zipf G K. Human Behavior and the Principle of Least Effort [M]. Cambridge: Addison-Wselsy, 1949.

后　记

习近平总书记在党的十九大报告中从促进区域协调发展层面提出加强分类指导，统筹推进西部大开发、东北振兴、中部崛起、东部优化发展四大区域的空间竞争与合作和"以城市群为主体构建大中小城市和小城镇协调发展的城镇格局"的未来中国城市群新型城镇格局的模式、路径和重点战略部署。"区域协调发展战略"和"以城市群为主体构建大中小城市和小城镇协调发展的城镇格局"作为党和国家区域发展和城市群发展的重大战略决策，是我国在经济新常态下城市群新型城镇格局优化的重要方向。因此，构建出"区域协调发展战略引领城市群新型城镇格局构建—城市群新型城镇格局构建优化区域协调发展"互动模式是破解中国不平衡不充分发展，推动大中小城市和小城镇协调发展，城市群新型城镇格局优化的关键。

本书是我主持的2018年国家社会科学基金重点项目《区域协调发展战略引领中国城市群新型城镇格局优化研究》（18AJL010）的主要研究成果。该课题于2018年6月获得立项，2020年5月被批准结题，并获得"优秀"的等级。

本书是我和即将成为我的博士生的唐婷婷同学及我的硕士生胡月同学共同努力的研究成果，从选题到确定写作提纲，从实地调研到论文撰写，从数据处理到理论分析，既有艰辛和不易，也有快乐和成就。

在本书即将付梓之际，我的政治经济学专业博士生导师、著名经济学家、中国社会科学院学部委员、中国社会科学院大学首席教授程恩富教授，我的理论经济学专业博士后合作导师、著名经济学家、长江学者、山东大学经济研究院院长黄少安教授和我的技术经济及管理专业博士生导师、著名经济学家、哈尔滨工业大学发展战略研究中心主任于渤教授三位老师欣然为本书作序。在此，谨向指导我学习和成长的程恩富老师、黄少安老师和于渤老师表达我最衷心的感谢。

我还要对广西民族大学的卞成林书记表达最衷心的感谢，如果不是卞成林书记为我创造的良好的科研环境和条件，本书难以付梓；感谢广西民族大学谢尚果校长、黄晓娟副校长、宣传部陈铭彬部长、社科处刘金林处长、民族学与社会学学院王柏中院长的大力支持和帮助，使我在一个全新的工作环境中能够快速地进入角色并融入广西民族大学这个温暖的大集体中；感谢广西民族大学研究生院的胡良人书记、黄焕汉副院长及研究生院的其他各位同志，是他们在工作上对我的大力支持和帮助，使我在繁忙的工作中能够静下心来深入思考，最终完成本书的撰写，对他们的付出，我心怀感激；感谢经济科学出版社的李晓杰师妹对本书出版所付出的辛勤劳动，感谢在本书的校对和出版过程中所有付出心血的朋友们。

曾　鹏
2020年7月